山右叢書·三編

山右歷史文化研究院　編

上海古籍出版社

一

圖書在版編目（CIP）數據

山右叢書三編／山右歷史文化研究院編. —上海：
上海古籍出版社，2021.5
ISBN 978-7-5325-9904-2

Ⅰ.①山…　Ⅱ.①山…　Ⅲ.①地方叢書－山西　Ⅳ.
①Z122.25

中國版本圖書館 CIP 數據核字（2021）第 050207 號

ISBN 978-7-5325-9904-2

山右叢書三編
（全十二册）
山右歷史文化研究院　編
上海古籍出版社出版發行
（上海瑞金二路 272 號　郵政編碼 200020）
（1）網址：www.guji.com.cn
（2）E-mail：guji1@guji.com.cn
（3）易文網網址：www.ewen.co
常熟新驊印刷有限公司印刷
開本 700×1000　1/16　印張 586.75　插頁 61　字數 7,098,000
2021 年 5 月第 1 版　2021 年 5 月第 1 次印刷
ISBN 978-7-5325-9904-2
Z·468　定價：2580.00 元
如有質量問題，請與承印公司聯繫

前　言

　　《山右叢書·三編》，輯録二十五位明代山西學人的著作，含經解、奏疏、詩文集等二十九部，内容涉及自正德至崇禎各朝歷史。通覽全編五百餘萬字的文獻，明代後半葉的政治及社會狀況歷歷可見，若説是相當於半部明史，亦庶幾乎！

　　其中如《韓忠定公集》，著者韓文，山西洪洞人，成化二年進士。官户部尚書，總理財政，上疏條陳"鹽政夙弊七事"，禁止官商占奪民田，又奏請裁革皇莊，限制宗室擴田，以及約束皇宫靡費、精减冗濫内官等奏議，均顯示了他惜財和體恤民艱的理念。正德帝日貪遊樂，政事倚信禍國殃民的宦官劉瑾。韓文以憂國憂民的抱負，冒死彈劾劉瑾集團"八虎"，説"縱事無濟，吾年足死矣！不死，不足報國"，表現了勇於抗爭邪惡勢力的正直磊落的氣節。結果備受迫害，遭廷杖拷打，捕入詔獄，并罰米輸邊。劉瑾服誅後，耄耋之年的韓文才得以復職，旋退休還鄉。今觀其文集，可知韓文不愧是明代山西知識分子的一位優秀代表。

　　又如《虎谷集》，著者王雲鳳，山西和順人，也是一位爲民請命的循吏。雲鳳舉成化二十年進士，任禮部祠祭司郎中。弘治年間，太監李廣大肆接受賄賂，恃權謀利，强占民田，贓迹昭著。雲鳳上疏請斬李廣以謝天下,言辭激切。李廣藉故構陷,將雲鳳下錦衣衛獄。李廣死後,雲鳳得以重新起用,官至右僉都御史,巡撫宣府。明朝是一個宦官專橫的黑暗時代,有賴一些立朝剛正的直臣,於政治昏暗中才稍見一線光亮。王雲鳳與太原王瓊、樂平(今昔陽)喬宇爲同科進士,故有"河東三鳳"之美譽。本叢書二編所收王瓊的奏議,此編所收喬宇的《喬莊簡公集》,都不乏有文情並茂的傑作。

明朝初期,朱元璋實行絕對專制制度,廢除歷代通行的中書丞相制,皇帝親掌六部。選任大學士組成的內閣,只是作爲皇帝的秘書機構,并没有行政權,結果導致宦官當權。但在宦官失勢的情況下,皇帝倚重閣臣,内閣首輔便可近似於丞相的地位,起到決策作用。山西名賢張四維、王家屏、韓爌,曾先後出任當國首輔,都有若干政績可稱道。本編收錄王家屏《復宿山房集》,載有詩賦、奏書、講章、議論、序言、碑文、書札等,大抵可以反映萬曆一朝的政象,資料豐贍,爲文亦典雅。

明朝中樞的監察機關都察院,設御史稱爲"言官"。澤州張養蒙於萬曆朝居言職,即以"慷慨好建白"而著名。聲譽極佳的上黨名產潞綢被列爲貢品,萬曆帝詔潞安府年進綢二千四百匹,後又命增進五千匹。時因天旱桑枯,蠶絲大減,又商稅苛繁,織綢機户不堪重負。張養蒙爲此上疏,力爭減徵,竟未獲准。萬曆二十四年,張養蒙極諫時政闕失,指責弊政有"三輕二重",謂"部院之體漸輕,科道之職漸輕,撫按之任漸輕,而進獻之途及内差之勢漸重",語皆切中。沁水孫居相,亦爲萬曆御史,史稱其"負氣敢言",嘗疏陳時政謂:"政事日廢,治道日乖,天變人怨,究且瓦解土崩,縱珠玉金寶亙地彌天,何救危亂?"本編所收張養蒙《張毅敏公集》、孫居相《兩臺疏草》,都有一些罕見的史事載述。

瓦剌和韃靼擾邊,是明代歷史上的重大事件,大同邊境尤其戰事連綿。隆慶四年,王崇古總督宣大山西軍務,面臨北境蒙古俺答汗頻繁南侵。他分析形勢，認爲"華夷交困，兵連禍結"，主張息兵通市。適逢俺答之孫把漢那吉率領家室降明，王崇古將其留住大同，陳奏提議"厚加資養，結以恩義"。疏上，朝議多有異同。內閣大學士高拱、張居正采王崇古議，詔授把漢那吉指揮使，賜緋衣一襲。俺答得報，大喜過望，遂遣使議和。王崇古又奏《確議封貢事宜疏》，力言互市之利。隆慶帝采王崇古議，敕封俺答爲順義王。自此，明朝與韃靼蒙古結爲一家，使邊地居民得以安心耕牧，漢蒙商民往來貿易，百餘年來爭戰不休的邊境出現了和平繁榮的景象。這是王崇古在明代歷史上一個不可磨滅的重大功勳。王崇古係山西蒲州(今永濟市)人，萬曆初年詔加少保，遷刑部尚書，改兵部，致仕歸里。本編收有《少保鑒川王公督府奏議》，涉邊疆戰防及隆慶和議，以及漢蒙宗教文化交流的史料，殊爲難得。

　　舉世聞名的晋商興起，與明代邊防政策有關。由於邊境屯軍，運送軍糧艱巨，曾實行"開中法"，向邊境運糧可給予食鹽購銷的權利，糧商兼做鹽商，造就了一批資本雄厚的晋商。邊貿的繁榮更加拓開了晋商的眼界，經營迅速擴張，他們闖蕩海內，遠驅境外，出現了一個時代的晋商大潮。因是之故，似乎形成了一種晋人以經商爲重的風俗，所謂"子弟俊秀者多入貿易之途"，其實並不盡然。山西這塊古老的土地，有着悠久的農耕傳統，也有着悠久的文化教育傳統，耕學並重在吾晋人民中情習甚深。耕稼不忘讀書，經商仍不忘讀書，故晋商多爲誠信重義的儒商，豪商大賈之家亦無不重視子女的詩書學業。由明代進士名録可知，山西登第人數相當可觀。從本編所收撰著來看，作者大都是科舉出身，具有從政在官的經歷。至於那種浮雲富貴的雅逸之士，山右學子中亦歷來有之。《巢雲詩集》作者裴邦奇，一生未仕，性情孤介，詩格高逸，或有意追步王摩詰。《桑暉升先生遺集》作者桑拱陽，自號松風道人，潛心理學，建弘道堂，聚弟子講學，從者數百人，講究不輟，可謂有文中子遺風。

　　瀏覽全編,感想甚多。其一,史料珍貴,務期博采。本編著作點校所據底本多是孤本或稀本,如果不經搜訪和整理,它們可能會永遠默默無聞地被壓在圖書館的深暗處,漸被遺忘。例如張鳳翼此人,明崇禎時任兵部尚書,史稱“庸儒無戡亂才”,清兵入京後無奈而服大黃致病卒,《山西通志·鄉賢錄》不錄。平心而論,崇禎年間那種亂局是一個兵部尚書能夠解决的嗎? 明朝的滅亡與他有多少責任呢? 只能説在那種時候擔當兵部尚書,實乃遭逢厄運。《張鳳翼兵部奏疏》原來並未成書,係從《中國明朝檔案總匯》中輯錄而成,加以整理點校而入編。這些奏議記録了明晚期的九邊軍情,包括長城修補的軼事,對於當時軍政之腐敗及朝廷之艱難亦有所反映,無疑都具有彌補史遺的價值。其二,前賢著述,尤當景重。在明朝那樣一個可悲的時代,難得有這樣一批學術著作保留下來,難得有這樣一些文學作品流傳下來,它們不僅是重要的史料,而且可以看作一個歷史階段的思想文化史。閱讀這些文什,還可以使我們看到,諸多山右讀書人曾經在一種怎樣惡劣的環境下堅守,而又能夠立功、立德、立言,保持了真正的知識分子的應有品質。這難道還不令今人景慕嗎? 我們還不應該用心去研究和體味嗎? 其三,整理古籍,責望我輩。我們成立山右歷史文化研究院,旨在真正弘揚優秀的傳統文化。經過這些年的强學力行,深刻體會到了“人間無價是文章”,愈來愈增强了我們梳理前賢遺學的信念。然而,功利主義已成爲當下做學問的大敵,只見一個名利熙攘的文化界,嘩衆取寵者比比皆是。當此之際,我們應當有一種惕厲之思,務必不能隨波逐流,務必要以堅忍不拔的精神,再下實工夫,繼有新進展。

　　庚子之春,新冠肺炎突襲,也使本書的編輯工作受到影響,延緩了出版時間。現在終於可以付梓了,應當感謝參與點校的各位學者的辛勤努力，應當感謝上海古籍出版社的鼎力支持！而在喜賀本書出版之時，又將立即轉入下一編的編纂，疫情愈益使人感到時間的緊迫和寶貴，我們多麽希望義和真能夠停鞭徐行，望崦嵫而勿迫！共同編纂《山右叢書》的所有同人，正是應該將這古老的偉大詩篇中的名句，作爲我們的座右銘：

路漫漫其修遠兮，吾將上下而求索！

山右歷史文化研究院文獻委員會
二零二零年十一月

總目録

第四册

第五册

第六册

第七册

第八册

第九册

目　録

韓忠定公集

〔明〕韓　文　撰　喬因羽　編　〔清〕韓宗蕃　重輯

王卯根　點校

虎谷集

〔明〕王雲鳳 撰

張勇耀 李澤婧 點校

博趣齋稿卷二

喬莊簡公集

〔明〕喬　宇　撰

趙瑞斐　點校

韓忠定公集

〔明〕韓　文　撰　喬因羽　編
〔清〕韓宗蕃　重輯
王卯根　點校

點校説明

《韓忠定公集》四卷，明韓文撰，喬因羽編，清韓宗蕃重輯。

韓文（1441—1526）字貫道，號質庵，明山西平陽府洪洞縣李保村（一説賈村）人[一]，爲宋宰相韓琦後裔。成化乙酉（1465）科舉人，丙戌（1466）科進士。初授工科給事中，進右給事中，遷湖廣布政司右參議，轉左參議。弘治改元，歷任山東布政司左參政、雲南布政司左布政使、湖廣巡撫、河南巡撫、户部右侍郎、吏部右侍郎、吏部左侍郎、南京兵部尚書，官至户部尚書。正德元年（1506），宦官劉瑾等“八虎”惑亂皇帝，專權誤國，韓文首倡廷臣上疏請誅，因而遭受迫害，被降級致仕，構陷入獄，罰米三千石，并株連二子罷職。及劉瑾謀逆事發，處以凌遲，武宗詔復原職致仕。嘉靖即位，加太子太保，進階光禄大夫，勛柱國。卒後謚忠定，祀鄉賢。韓氏服事三朝，揚歷中外，“憂時憂民，深以國計爲慮”[二]，“倡危言而叩闕，甘奇禍以忘家”[三]，爲一時名臣。《明史》有傳，稱其“凝厚雍粹，居常抑抑，至臨大事，剛斷無所撓”；郡人作詩，偕王與齡、陶琰、張潤并列“平陽四賢”[四]。可謂彪炳史册，增輝三晉。

韓氏曾有《質庵奏議》《質庵存稿》《歸田稿》行世[五]，原書俱已亡逸，唯《質菴存稿序》尚見於明何瑭《柏齋集》。今存《韓忠定公集》四卷，乃萬曆八年（1580）洪洞知縣喬因羽檢韓氏笥中遺存者編成[六]，較其平生之作“特十之一二”[七]。集中《奏議》兩卷，蓋源自《質庵奏議》，收入韓氏於弘治末年至正德元年任户部尚書期間所上奏疏。其内容大凡針對内憂外患、財政匱乏、外戚貪殘、宦官驕侈，懇請皇上明察處置，凡二十篇。

韓氏爲官之初即犯顏直諫，身居要職猶初心不改。其奏疏不僅從職責所涉時弊出發，有的放矢，從而反映出當時朝政許多細節，而且往往引述朝臣與地方官員乃至民間上奏，具保留原始文獻史料之效，可補正史之不足，於今日之研究有所裨益。韓氏奏議所體現之風概氣度及其從政理念令後世景仰，故選入明黃訓《名臣經濟錄》、清乾隆《御選明臣奏議》，以及《明史》本傳、《平陽府志》《洪洞縣志》等，其中尤以《劾宦官疏》著稱於世。

又《詩》一卷，蓋源自《質庵存稿》《歸田稿》，輯錄韓氏仕宦期間及罷職之後詩作，以七言近體居多。其詩自往來贈答、送別悼亡、宴集酬唱、旅途吊古、賞景抒懷，以至書畫題詞、思鄉教子，無不即事吟咏，而於勉勵耿介左遷之臣、贊美恬退歸田之士、思慕前賢往哲著墨尤重，與其奏議交相輝映。嘉靖間何瑭爲《質菴存稿》作序，首論其詩云：“意態溫淳，如春風良玉；句法清新，如行雲流水。險韻賡和至數十首，而句穩意新，無牽強重累之病，如層濤疊浪，可喜可愕，而無一不出於自然。”清初朱彝尊編《明詩綜》，選錄韓文詩《西藍禪院》《羅漢院》二首，并於作者小傳節引何粹夫（何瑭之字）評語。乾隆時謝濟世序《韓忠定公集》，稱其詩：“雄深雅健不如空同（李夢陽字），然抒寫性情得之心而應之手，校空同一趨一步規仿少陵者雞尸牛從，孰得孰失也?”韓氏亦於三晉詩壇獨樹一幟，其《玉峰山》《皋陶祠》《羅漢寺》等篇見諸《山西通志》《平陽府志》《洪洞縣志》。

據韓氏曾孫景暨《刻先忠定祖後跋》，此書於萬曆八年由洪洞知縣喬因羽編成并刊行，是爲初刻本。雍正《山西通志·經籍》著錄“韓文《忠定公集》四卷”，蓋爲此本。又據《重刻〈忠定公集〉後跋》，韓氏九代孫宗蕃因萬曆本“年久藏板散闕”，於乾隆三年重輯刊印。另有萬曆八年喬因羽刻遞修本、明崇禎刻清後印本及清道光十四年序刻本等版本，見於諸家館藏著録。目前較通行易得之版本有下述兩種：

其一爲明萬曆續編補刻本，《明別集叢刊》第一輯第五十八册曾予影印。卷一於書名卷次下署"賜進士出身文林郎知洪洞縣事關中喬因羽編，曾孫國子諸生景復、諸城知縣景暨、丙午亞魁繽祖校"，後三卷則署"賜進士出身文林郎知洪洞縣事關中喬因羽編，曾孫景復、景暨、繽祖校"。其編排體例如下：

卷首列萬曆二十二年王嗣美序[八]，後附韓文玄孫嗣祖補記。目録下刊《韓忠定公小像》，以及盛儀《忠定公遺像贊》。

卷一輯録有關韓氏生前身後履歷殊榮之文獻資料，包括皇帝敕諭誥命、禮部起用疏、吏部存問疏、歷官階品、館閣名公賀壽文、《韓忠定公傳》，以及皇帝諭祭文、墓志銘、神道碑、新阡記、館閣名公祭文等。其中生前誥敕及祝壽文蓋源自韓士奇所編《完名榮壽録》[九]。

卷二内容分爲兩類：一類爲塋記、祠記及其祭靈謁祠之文，均係他人所爲。據諸篇所記年代皆萬曆八年之後，當爲續編重刻時補入。另一類則爲奏議（上），以弘治十八年上疏爲主。

卷三録奏議（下），以正德元年所作爲主。本卷末附《韓忠定公自傳》。

卷四乃詩歌專輯，編次既不分詩體，且不依年月。

卷末依次載萬曆庚戌蔡應龍《讀韓忠定公集》、萬曆四十年朱延禧《前高唐州太守呆齋韓公祠堂碑記》，以及《附忠定公子姓》、韓景暨《刻先忠定祖後跋》。

此本版式爲蝴蝶裝，白口，單白魚尾，四周單欄綫。魚尾上方象鼻處標書名"韓忠定公集"，下方標卷數及頁碼。正文每半頁十行，行滿二十字，皆爲柳體楷書。《明別集叢刊》影印時將原本兩頁并爲一大頁，分上下兩欄。

其二爲清乾隆三年韓宗蕃改編重刻本，山西省祁縣圖書館館藏。是本各卷均署“明關中喬先生因羽編；曾孫景復、景暨，玄孫續祖同校；九代孫宗蕃校輯重鐫”。此番校輯重鐫，於編排體例較之前本大爲改觀，兹略述如下：

一、將前本卷一及分散於二、三、四卷之文獻資料合爲“附記”歸并至卷四；

二、將前本分置於卷二、卷三之“奏議”上下抽出分別依次排列於卷一、卷二；

三、將前本卷四“詩”調至卷三；

四、將前本卷二《韓忠定公傳》、卷三《韓忠定公自傳》抽出調至卷首；

五、將前本卷末韓景暨《刻先忠定祖後跋》調至卷四《附記》之末，改題《原跋》。

如此改編，一革萬曆本奏議、詩集與其他材料參差混雜、主次不分之弊，使詩文在集中之主體地位得以凸顯。又該本卷首列謝濟世於乾隆戊午、彭人瑛於乾隆丁巳分別所撰《重刻〈韓忠定公集〉序》，卷末列乾隆三年韓宗蕃《重刻〈忠定公集〉後跋》，《附記》補韓氏玄孫續祖所錄《吕狀元謚議》，删去原本卷四《附忠定公子姓》。

此本版式爲包背裝，白口，單黑魚尾，四周雙欄綫。魚尾上方象鼻處標書名“韓忠定公集”，下方標卷數及頁碼。正文每半頁十行，行滿二十字，皆爲宋體。

比較上述兩種版本，前者原非初刻，漫漶處比比皆是，且編排體例欠嚴謹，而後者字口清晰，條理井然，除《附忠定公子姓》一篇不錄外，内容齊全而有所增益，故此番校點以清乾隆三年韓宗蕃改編重刻本爲底本。所參校明萬曆續編補刻本，於校記中簡稱“萬曆本”。又參校明黄訓《名臣經濟録》、明何瑭《柏齋集》、明吕楠《三晋名賢議》、清乾隆《御選明臣奏議》，以及清雍正《山西通志》、清乾隆《平陽府志》、清乾隆《解州全志》、清順治《洪洞縣續志》、民國《洪洞縣志》等方志之藝文志。又據上述諸書及其清朱彝尊《明詩綜》，補入本集未收詩文若干篇，按奏議、記、詩編録於《集外散佚纂録》題下，附於是集之後，以資增廣。其餘事項詳本書校勘記，恕不一一。

　　囿于學識水平及文獻資料條件，書中文字處理、校勘、標點諸方面必有謬闕，敬祈方家不吝賜教。

校勘記

　　〔一〕參見萬曆《山西通志・古迹》："韓文墓，洪洞縣東十里李保村。"又本書《太傅韓忠定公改建新祠記》："公家洪洞城北賈村故有公祠。"

　　〔二〕引自明章懋《與韓文書》。

　　〔三〕見本書《司徒官保誥命》。

　　〔四〕見雍正《山西通志・人物・王與齡》。

　　〔五〕見民國《洪洞縣志・藝文・著録》。

　　〔六〕王嗣美序後附韓嗣祖補記則稱："先君諸城尹諱景曁挂冠，來彙忠定祖遺稿成帙，會鴻翁喬先生尹敝邑，索其集梓之。"依此該書爲韓景曁所編，喬因羽刊刻。

　　〔七〕見本書《原跋》，即韓文曾孫景曁《刻先忠定祖後跋》。

　　〔八〕"明萬曆八年喬因羽刻二十二年印本"之説蓋以是爲據。

　　〔九〕見民國《洪洞縣志・藝文・著録》。

重刻《韓忠定公集》序

　　幼讀李空同代韓忠定公劾劉瑾疏，竊疑公蓋有勇而不必有言者，故倩他人捉筆。後閱《明紀會纂》諸書，見公事實甚略，又疑捉筆者，瑾且欲置之死地，而首禍者自單騎出都外無聞焉，意當時亦必有康對山其人陰為排解之。頃來長沙，識公九世孫善化令宗蕃，得讀公集，不覺爽然失云。

　　公之為給諫也，劾威寧伯啟釁開邊，又以申救李秉、王竑受杖於文華殿。及其為大司農也，論貴戚壞鹽政、占民田，又請裁內官、冗員，停采買大婚珠寶。不具論，論劾瑾一事。正德初年，八閹亂政，公率僚屬聯名抗疏。武宗悟，將罪諸閹。已而諸閹環跪泣訴乞恩，事遂寢，遇瑾益厚。由是瑾益專，是疏中列名者悉中傷報復之，空同甚焉，而公尤甚。初矯旨鐫級致仕，并二子皆除名；繼逮至錦衣衛獄，羅織鍛煉無所得，猶勒令輸米大同，至再至三，直至家無錐立而後已。瑾敗，餘黨用事者猶忌憚公。於時耆舊相繼起用，即空同亦起提學江西，而公止復原銜及二子官而已。

　　公閑居二十年，安貧樂道不必言，其在獄中日與華容劉司馬吟詠倡和，視囹圄如花間席上焉。就令當時有對山其人者，公豈肯出片紙以求之曰"救我"云乎哉？公論貴戚諸疏，集中具在，仁義之言藹如秩如。其劾瑾疏亦載集中。相傳公屬空同為檢子，既就，公覽之曰："是不可以文，文恐難曉也；又不可以繁，繁恐弗竟也。"文者質之，繁者簡之，出於一手而成於兩手，故彼此集均載焉。矧徒知空同以草疏被禍，而不知空同之禍止一身，不久即解，公之禍及一家，久而不解；徒知空同代公草疏，而不知空同特草創之，公實刪改訂定之。此余之所以爽然失也。

集中詩一卷，七言近體居多，其雄深雅健不及空同，然抒寫性情得之心而應之手，校空同一趨一步規仿少陵者鷄尸牛從，孰得孰失也？

集版字多訛，已毀於火，宗蕃將校讎重刻之，徵余序。余慄慕公之氣節文章，願爲執鞭不可得，冀得挂名集中也，乃焚香盥手而序之。

乾隆戊午冬至，桂林後學謝濟世序

重刻《韓忠定公集》序

　　吾鄉洪洞韓忠定公學識淵博，氣度凝重，由前明成化二年進士授諫垣，仕至戶部尚書，歷官中外四十年。正君德，培國本，蘇民困，籌軍糈，發之至誠，參考古今時勢而變化以出之，無不動合機宜，言罔不效，如操左券。其尤難者，當武宗朝，逆瑾等擅權肆奸，流毒遍天下，一時在朝諸臣并未有敢側目而視者，公獨抗章，率群僚伏闕論之，內外倚重，雖匹夫愚婦莫不知有洪洞韓公焉。湖南漵浦令韓君宗蕃，公之裔也，丁巳春初，以公事謁余長沙，詞既畢，手捧一編，起而請曰："此先忠定公文集也。藏版久失，恐遂湮沒無存，今欲稍加編輯而重鋟之，敢乞一言以弁卷首，可乎？"予惟忠定公一生功業在天地，奏疏在史冊，姓名在人口碑，豈必藉文而顯？然非文無以載道，則公之深心大力或未必盡爲後人所知，亦無從而效之。然則此集之重鋟所係大矣，又烏容已耶？昔吾夫子欲論夏商之禮，文獻無徵，不得不于杞宋是責，如漵浦者豈不加於人一等哉？

　　夫爲善不倦謂之德，操于人者也；後嗣貴盛謂之福，定之天者也。操于人者可以力致，定之天者不可必得，自古已然。如公之生平，以直諫敢言，雖亦屢遭斥辱，幾至不免，而卒之官至極品，壽踰八十，家居之日猶存問賜予不絕，子孫繁衍，科名世世相繼，死之日追封易名，朝野悼惜，可不謂生榮死哀乎？迨八九世尚有廉能如漵浦者不一而足，豈非德之厚者福亦與之俱厚哉？余素不喜言功利，而展卷操筆，不禁欣然及之，所以勉漵浦輩之勿忘祖德，且以堅天下後世爲良臣者之心也。

　　乾隆貳年歲在丁巳春仲，湖南司臬鄉後學安邑彭人瑛謹序

《韓忠定公集》原序

不佞髮未燥，嘗聞諸先達稱引，即知有韓忠定公云，然未諳其詳也。後閱《通紀》，見其立朝大節屹然如山岳，不覺擊節侈艷，即爲之執鞭，所欣慕焉。萬曆癸巳之仲冬，濫竽河東，瓜代道楊，縣有座師韓公者顧余于署邸，促膝話舊，大慰平生，因出先大父《忠定公集》示余，且委之序。余披閱一再過，得公之歷履益習，而既辱在世講，且有式閭表墓之任，益難以不文辭，遂略其疏節而序之曰：

夫忠定公之立朝也，有三善焉。何以故？當武宗之時，諸奄恣肆，日以狗馬弋獵娛上。時事在宫寝，未彰著，人咸以爲内事，外臣不宜與聞，不則以爲人主燕居，細過無關國是，忽慢不之救正。公獨深憂過計，至爲泣下，曰："禍機在此矣！萌孽不伐而斧柯之是尋，焉得智？"乃率六列暨若屬及臺諫諸臣叩闕，疏發其奸，必欲殲除後已。事雖不濟，而厥後毒流縉紳，幾危社稷，一一與疏中言若合符券，此非明炳幾先而爲天下之大智乎？其善一。諸奄皆青宫舊寵，且各樹其黨，互相比周以齮齕異己者，此其勢焰可畏奚啻炙熱？而舉朝之臣咸縮舌咋指，不敢發一語。公獨毅然首事，排閹斥詆，鼎鑊刀鋸不之顧慮，即所謂批鱗折檻者何加焉？此非見義必爲而爲天下之大勇乎？其善二。公疏既上，中官持之不下，旁觀者以爲禍且不測，而一時夤緣附托之臣且陰泄其機於内豎，以爲己異日地。此其懷二心以事主，視古豫讓輩當愧死入地。而公獨矢心爲國捐軀以圖報稱，無銖兩身家之繫。此其肫肫一念，可以誓神明而對天日，非仁者不能也。其善三。

卒之逆瑾就誅，群奸竄逐，社稷賴以底定，雖天祚皇朝，神奪其魄，而非公出其智仁勇之疏也者發於先幾，何不爲曹節、仇士良輩致黨錮、甘露之禍不可救藥耶？余嘗以公之重望比昌黎之在唐，而士仰之如太山北斗；其節操如貞松勁柏，挺然於歲寒之後，與韓魏公無異。此二公者皆韓姓，爲唐宋名臣，公豈其後身耶？輝耀青史，流芳異世，直與日月爭光有由矣。公其千載之正氣，一代之偉人哉！國家養士之報，非公收之而誰耶？嗟嗟！身世幻迹，富貴長物，古今所不朽者名耳。公生前扼於權奸，備嘗艱阻，雖未獲大究其用，而祭葬嘉謚優厚於身殁之日，峻節鴻聲流芳於百代之遠，亦不可謂不寵榮矣。矧衣冠蟬聯，科第林立，迄今爲三晋名閥，則又昌黎、魏公所未有，天之所篤祐忠貞者尚未艾哉！彼世之齷齪洶洶以圖眉睫之富貴，其竟也名喪身辱，與草木同腐朽。以此絜長較短，其人之賢不肖何如也？其他居鄉恂恂，與夫揚歷中外，所條奏建樹，即更僕未易盡，然其詳在喬公傳中，無俟不佞喋喋也。

萬曆歲次甲午季夏，賜進士第、山西按察司分巡河東道兼理兵備僉事、前奉敕總理黄冊南京户科給事中關中通家晚生王嗣美頓首拜

　　　　先君諸城尹諱景暨挂冠來彙忠定祖遺稿成帙，會鴻翁喬先生尹敝邑，索其集梓之，其年萬曆庚辰也。越乙未，含翁王先生飭兵河東，蒙表揚忠義，冠以名言。兩翁關中人，王先生乃先君丙子典試所舉士也，皆功德余韓氏，俾吾祖立朝大節、先君承家偉志并得不朽云。

　　不肖孫高唐州州判嗣祖百拜謹志

像　贊

　　維公彌誕，維岳降靈。先公死者惜未見公之成，後公生者恨未賭公之形。弗先且後，孰與之京？徒瞻汾霍而仰止，亦暨夷夏以知名。其獨立於朝也，國之典刑；其歷試於外也，邦之干城。晚年抗節，讜論盈廷。存不朽矣，托彼傳銘。儻或見之，勝爾丹青。嗚呼！言之既不盡其意，貌之曷以罄其真？惟忠定之賜諡，庶足概見其生平也與！

　　湖廣左布政使江都晚生盛儀頓首拜書

韓忠定公傳

公諱文，姓韓氏，字貫道，別號質庵，山西洪洞人也。其先世出相州宋魏公之裔，七世祖永始避金亂於洪洞，因家焉。母吉氏嘗夢紫衣人來告曰：“吾送文潞公與爾。”覺而生公，父肅因以“文”命公名。及長，力於學，領成化乙酉鄉薦，登丙戌〔一〕進士，授工科給事中。初持節詣韓府行冊封禮，有所饋遺，悉不受。

總制陝西憲臣要功致引邊釁，公率同官劾之。前吏部尚書李公秉、兵部尚書王公竑皆忠鯁，以近倖請托不行，相繼罷去。上疏薦起，辭傷激切，憲朝怒，幾不能免。嘗勘理邊帥不法事，由間道往，至則盡廉其狀上之，各抵法。吏部屢薦爲都給事中，竟阻於忌者。以九年滿，遷湖廣右參議，提督武當山，兼撫流民。時鎮守中貴縱虐奪民利，公至，一劃奸弊，嚴設禁制。又節省浮費，積有羨餘，因易穀萬餘石備賑饑饉。改理司事，分守襄南道，平稅理冤，勘處夷情，聲譽日起。轉左參議，丁外艱。終制，以大臣會薦，升山東左參政，繼升雲南左布政使。公振舉頹廢，疏雪滯枉，善政居多。升湖廣巡撫都御史，贊理軍務。貴州都勻弗靖，檄諸道兵以平，被敕獎諭。武昌諸郡歉，公上疏乞蠲租停稅，民稍安輯。移撫河南，懷孟以北旱，饑民多流徙，令所司發銀分賑，存活甚衆。屆春，民方東作，牛種無所於出，公命官措而給之，歲乃稔。守備都指揮李端貪殘暴刻，公按治之，群屬凜然。升戶部右侍郎，佐尚書太原周公清冗食，革蠹緣，風裁益著。以內艱歸，服闋，改吏部右侍郎，轉左侍郎。冢宰缺，公署篆且久，采資望用人，藻鑒精當。升南京兵部尚書參贊機務，至則留務一新。歲告荒，米價踴貴，死者相藉。公咨戶曹，以官軍糧俸預支三月以濟。度支難之，公曰：“救荒如救焚。民命在旦夕，安能忍死以待？第發，獲罪某坐。”遂發三十萬〔二〕，米價漸平，人不病糴。往時留都事多可否於內守備，公一以至公處之，上下咸服。

俄有旨徵拜戶部尚書，屢辭不獲。召見之日，諭以鹽法積弊，欲議處釐革，以充邊餉。公遂陳七事：一曰革開中引鹽之弊，二曰革興販私鹽之弊，三曰革賤賣官鹽之弊，四曰革買補殘鹽之弊，五曰革夾帶餘鹽之弊，六曰革越境賣鹽之弊，七曰革運司廢弛之弊。論議剴切，孝廟嘉納，於是數十年宿垢積蠹剔搜殆盡。未幾，孝廟賓天，婚喪大禮相繼，屬西北邊警告急，命將出師，經費不貲，又更化之初，賞賚繁夥，公矢心經畫，供應固缺。太監苗逵、保國公朱暉、都御史史琳奉命討賊，坐擁重兵，宿留邊徼，公劾奏，下詔切責。道士謝應循者，以齋醮盜取帑藏，奏乞追究。時戚畹宦豎怙寵驕侈，掠民田產，窩占引鹽，及乞討織造，紛然雜出，公悉奏裁抑舉正之。然權幸叢集怨誹，人皆慮公，公不爲動。

明年，武宗皇帝即位，耕藉田，幸太學，公與九推分獻之例。兩值吏部，尚書缺員，言官交薦，廷臣會議，皆首舉公，竟不果用。頃之，逆瑾恃青宮舊寵，恣弄威福，逞其凶惡，納賄構獄，勢焰熏天，士大夫環視莫敢昌言以排者。公曰：“禍機在此矣。若是不言，豈不危廟社乎？”遂糾率公卿、臺諫合辭抗疏，暴其罪惡數十事，請置之法以謝天下。武皇始爲覺悟，旋爲所惑，置之弗問。瑾由是矯旨降公職級致仕，隨矯令落職閑住。公子士聰時任高唐知州，士奇任刑部主事，瑾皆令罷職。瑾怒公猶未已，復欲中傷，爰据撫部曹遺失舊事，械繫至京，下詔獄考訊，必置之死。公與司馬劉公東山同在圄中，倡和自若，人服二公雅量。理官狀上，仍矯旨罰米一千石，押赴大同親納。續以他事，數次罰米二千餘石。自是業産蕩然，兼稱貸以給，公亦不以爲意。始瑾之搆公也，士林皆爲公危之。既而有飛語，言瑾罪惡欲陷韓某以必死，人始嘩，瑾聞而怒少釋。越二載，瑾伏誅，詔還公職級。時兩京科道交薦公才望氣節足勝大任，邃庵楊公在吏部亦數薦之，俱不報。比國是既定，公論大明，而公老且病，不任事矣。公雖家居，然玉音綸章稠叠賜賚，所以褒崇慰問之典，蓋數十年來所僅見，宜海内莫不想慕其風采也。

公素清儉，一布帛衣至屢浣濯不易。元配夫人張卒，誓不再娶，凡獨居者三十年。好汲引後進，有休休樂善之量。尤嗜吟咏，多至千餘首。愛作楷行細書，垂老未嘗倦於學。至是以疾不起，前夕晝夜晦冥，烈風暴至。有司具奏，上爲輟朝一日，優賜葬祭之禮。先是，禮部覆議，僉謂公忠清直亮，終始一節，有寧武子之風。疏聞，賜謚曰忠定。噫！若公可謂完名盛福，生榮死哀者矣。子三，曰士聰、士奇、士賢，皆以科第承其家世。士奇爲參政，才猷行業方嚮用於時。

宇恒記公與少保先君爲同鄉，交至厚。宇自童子時親承誨語，暨長又爲公屬吏，感公知愛獨深。士奇以傳請，義曷可辭？論曰：

在昔治朝，必有宏碩端亮之臣，謇直不阿，屹如山岳，中外倚以爲重，求之一代不數人焉，可不謂難哉？觀公居鄉行履，恂恂惟恐惡聲入於耳。及揚歷仕途，風節竣[三]介，聞善必行，遇義乃發，雖賁、育不可禦，信哉孔子曰"仁者必有勇"也！方瑾幸用時，欲陷縉紳以不測之禍，一時侃侃敢言之士咸縮秘弗暇爲計，公獨忠憤自許，爲宗社鋤誅奸佞，功雖不成，誠可謂偉然大丈夫矣。既蹈患難，至死靡悔，君子謂"古之遺直"，維公有焉。

　　嘉靖五年，歲在丙戌冬十月既望，光禄大夫、柱國少保兼太子太保、吏部尚書、侍經筵官致仕門下太原喬宇謹傳

校勘記

　　〔一〕"戌"，據本卷《韓忠定公自傳》并參上文"乙酉鄉薦"當作"戌"，乃形似而誤。

　　〔二〕"三十萬"，本卷《韓忠定公自傳》及卷四費宏《神道碑銘》并作"三十三萬石"。

　　〔三〕"竣"，萬曆本同，據文意當作"峻"，乃音同形似而誤。

韓忠定公自傳

文弱冠從雲南解元杜公時泰學《易》，深荷開講。後杜擢進士，授南京户部主事，遂入邑庠爲弟子員。時翰林檢討襄陵邢公遜之以憂制居家，復游門下，與進益力。年二十五，領成化二年乙酉鄉試。次年丙戌，登狀元羅倫榜進士第。是年進士例放依親。己丑春三月，赴京選補工科給事中。越三年壬辰，進階徵仕郎。敕封父杏莊先人世恭如己官，母吉氏、妻張氏俱孺人。

來歲，欽命恭順侯吳鑒爲正使，文爲副使，持節册封韓府高平王。凡所饋遺白金鞍馬緞匹等物纖毫無所受，至强之再三亦不從，吳頗不悅，次日起程遂分路而行。左都御史王越總制西夏、榆林等三邊，輕信寡謀，邀功生事，假稱搜套，引惹邊釁，首倡各科連名上章劾之。及稱前吏部尚書李秉、兵部尚書王竑皆骨鯁老臣，夙著重望，以觸權奸，俱令致仕，應合起用。及本内頗與兩宫之事，忤憲宗先帝意，於文華殿前親問，重責三十大棍，幸而不死，實再生也。陝西三邊紀功郎中張謹奏總兵、都御史等官劉聚等殺降報功，極爲欺罔，上命六科選差公正給事中一員親詣體勘。衆以文應詔，遂由間道密切詢訪，廉得其實，并以官軍所獲首級逐一驗看，孰爲漢人，孰爲□□[一]，孰爲男子小厮，孰爲婦人女子，明白開奏。朝廷是其言，各以罪之輕重示罰，不少貸。縉紳士夫咸稱之，曰如某者庶不負“公正”二字矣。

一日早朝，時方四鼓，至長安西街，於馬上見道左有青袱囊一件，令僕取之，不知爲何物。抵朝房，封記付吏人收。候待天明開視，乃雲南景東衛指揮張幹襲職公文一帙及各色寶石金銀首飾一包。當取紙照數封緘，仍備書得物之由，於各處牌坊貼之，令其自取。午間，果二人啼泣而至，乃失物者。審無僞，遂照原封付之。其人感謝而去，但云遠人無以爲報，惟願相公子子孫孫異代爲顯宦耳。

戊戌春，九年考滿，在科平昔取怨貴近甚多，該部累嘗奏補吏、刑二科都給事中，俱弗與待銓選次。幾二年，方有湖廣參議提督武當諸宮觀之除，人多屈之。西涯學士以詩餞別，有「人言才大難爲用，我愛官閑好讀書」之句。某則處之裕如，且曰：「參議位居方面，衣紫腰金，書生之事畢矣，第恐不能稱厥職耳。」均州亢旱已逾三年，軍民甚不聊生，淨樂宮開敕甫畢，須臾天雨如注，平地水涌三尺，人皆異之。前提督者以責主羽流事多寬縱，某則惟以敬神恤民爲己任，百凡宿弊悉與鏟革。時太監韋貴鎮守本山，頗以聲勢凌人，但以誠心處之，事屬已往者率不之咎。軍人張福隸貴門下，恃酒凶狠，無敢與抗者，一日被人訴於案下，覽其狀，百惡皆備，遂按法重治。同類者率皆知懼，多至遠遁，貴亦心服其公，益加敬憚。各宮提典道衆幾六百員名，月有應得口糧，歲有布絹茶鹽等物，往時皆爲貪饕者侵剋之，至則各照原數分給。又起官倉數連，羨餘者悉糴穀上倉，近數萬石。羽流有不守教規者，皆罷遣之。提督本山僅半年許，適本司左參議缺員，撫巡都憲吳公克誠以某處非其地，奏補之。左布政何公廷秀廉公有學，第難爲人，一見即爲知己，事無巨細咸商確之。湖湘糧重訟繁，素稱難理，巡歷去處，一以鋤強扶善爲務，軍民訴冤者悉與辯雪。至贓官污吏，尤切齒痛恨，加意懲治，不少寬恕。九溪衛桑植安撫司長官、桑植種頭目白嘴俾[二]雛殺鄰邦，侵地奪印，殆無虛歲，累嘗差官撫勘，而頑梗執拗，迷而不悟。撫巡者以爲係地方安危至計，必得久任練事、深曉夷情者以往。於是由三峽抵施州衛，將各夷撫之，諭以朝廷恩威殺伐利害，衆皆輸服。就將原印追出，問擬如律，地方幸保無虞。

在任八年，以父喪守制，服滿起復。時三原王公宗貫爲冢宰，惜其久淹仕途，遂有山東左參政之擢。齊魯之俗，遇旱則群小聚集，以打旱魃爲名，甚至挾仇發冢，開棺見屍者有之，習以爲常，恬不爲怪。時分守濟南地方適有民人王禮者犯之，乃置諸重典，仍通行所屬一體禁治，至今遂無此俗。甫及一載，禮部侍郎倪公援例奏薦堪任方伯，遂拜雲南左布政使。舊例，司府州縣及倉場庫務等衙門，吏典役滿三年，不拘資格高下，遇缺即與參充，至有八九考或十四五考者，弊政因循，殊難覺察。看得雲南地方文物衣冠夐非昔比，特援例奏行，出身之資俱照腹裏，至今以爲定制。雲南右衛指揮徐榮侵欺糧銀七百餘兩，事發，理問所監追一十九年，無力完納。詢其故，乃正妻邱氏恨其娶妾王氏，與伊另居，商同五子誓不相顧，止妾王氏貨賣針指供夫飯食。遂拘邱氏母子到官，詰之果然，不勝憤激，遂痛加責治。乃以原侵官銀分派諸子，各照數賠納，五日而完。指揮徐榮因而保全身命，與妻邱氏完聚同居。此固一時權宜處置，亦使遐方異域知綱常倫理所當重焉。

越二年，升都察院右副都御史，奉敕巡撫湖廣地方兼贊理軍務。時貴州黑苗作亂，進兵剿捕，命鄰省巡撫官設法運糧各二萬石軍前接濟，皆如期而至。後地方寧靖，特降璽書獎諭，至有“忠誠爲國”之褒。未幾，武昌黃州地方荒歉，米價騰貴，餓莩枕藉於大江之濱者難以數計，且冬雪餘四十日方止，耕牛凍死者十至六七。乃連具疏，乞減免租稅，停止徭役。上嘉納之，民始得蘇。

餘二載，改鎮河南。時河北懷慶、衛輝、彰德三府亢陽爲虐，秋夏無收者亦二年矣。至是民多趁食流移，有父子夫妻各自爲命者。於是行布政司查取官銀一萬兩，帶同該道守巡官隨路賑恤，仍親詣各府壇所行香祈禱，其應如響。由是撫屬處處雨澤，在在沾足，得以趁時播種。内極貧無力、缺少牛牲[三]種子者，就將前銀量爲給發。次年二麥大熟，民皆復業。守備河南府地方都指揮李端貪濁殘忍，毒害軍民，參拿問革，降職閑住，人皆稱快。

再轉户部右侍郎，與尚書周公伯常、左侍郎劉公時雍矢心協力，共圖報稱。是冬連副都御史并侍郎通算歷任三年考滿，誥贈祖父德深、父世恭俱正議大夫、户部右侍郎；贈祖母李氏，封母吉氏、妻張氏俱淑人。後張氏偶得亟疾捐館，朝廷賜祭一壇，遣布政司參議繆昌行禮。五月，老母亦以舊病奄棄，欽命工部進士李達造墳安葬，本布政司參政孫珪諭祭，皆殊典也。服滿起復，改吏部右侍郎。至則尚書屠公潮宗[四]、侍郎林公亨大皆同年夙契，且志同道合，不敢私爲異同。是後又偕尚書倪公舜咨、馬公負圖、侍郎王公濟之、梁公叔厚爲同僚，亦甚相得。鄉先生宋繼儒自幼涉獵書史，尤長於吏事，每以狷介自持。後携妻子商販於外者六十餘年，雖生計漸微，而一毫不肯妄取於人。既而妻子相繼淪没，寄葬於長垣之南野村，而先生年逾八旬，僑居邳州，不幸物故，淺葬本州城東十里官鋪之側。某因慕先生爲吾鄉士大夫之雅，且與杏莊先人素相知厚，乃遺書長垣令白思誠差人親赴本州起取而歸，與妻盧氏合葬本家塋次，俾先生與妻若子皆不爲他鄉之鬼，而吾之夙願亦可以少酬矣。

一日，參贊南京守備機務兵部尚書缺員，廷議謂南都祖宗根本重地，佐理留務實爲重任，必得公廉端謹之人庶克負荷。衆以某薦，上乃是之。至則又值天時久旱，抵任之日忽淋雨大作，移時乃止，内外守備咸曰“福星至矣”。時斗米價值百錢，鄰邦饑民輻輳，京城餓死者日以數百計。乃移咨南京户部，將官軍月糧連放三個月，以濟其急。時大司徒王公用敬以未經奏請爲辭，某曰：“前項糧米乃官軍應得之物，非分外事也，況恤灾如救焚拯溺，否則緩不及事矣。脱有罪，某當自任。”遂預放米三十三萬石，京城米價遂平，餓莩始少，人心始安。先是，外守備者凡會同內守備議事，率皆畏縮遜避，不敢輕出一語，至於聽斷詞訟亦惟以內守備者爲可否。某曰：“天下之事，理與法耳，悉以無心處之。”諸中貴非特不疑，且加敬服，蓋亦秉彝之良心也。吏部移文改戶部尚書，起程之日，內外守備及府部諸公俱至龍江驛餞別，兩岸軍民號泣攀留者殆數萬人。到京之日，陳請懇辭。奉孝宗先皇帝聖旨：“國計重任，以卿清慎老成，才望素著，特兹簡命，宜勉就職。”不允所辭。

是年四月初九日早朝畢，召至奉天門欽奉聖旨：“祖宗設立鹽法，以濟緊急邊餉，係國家重務。近來廢弛殆盡，商賈不通，各邊開中全無實用，恁戶部便通查舊例及前項弊端，明白計議停當來説。”隨將舊制事宜及今日各項弊端列爲七條：一曰革開中引鹽之弊，二曰革興販私鹽之弊，三曰革賤賣官鹽之弊，四曰革買補殘鹽之弊，五曰革夾帶餘鹽之弊，六曰革越境賣鹽之弊，七曰革運司廢弛之弊。俱一一准行。未幾，宣、大二鎮犯邊，地方失利，京營總兵等官統軍征剿，糧料草束不穀[五]主客兵兩月之用。又值大喪大婚相繼舉行，并內外及各王府、諸邊賞賜銀兩共九百餘萬，日夜憂惶，強爲支撐，幸免誤事。

太監苗逵、保國公朱暉、都御史史琳奉命討賊，擁兵自衛，辱國喪師，且縱軍剽掠，若罔聞知，坐費錢糧，重貽邊患。乃指名糾舉，事下該部，移文切責。朱暉等暗唆苗逵出名奏稱“各邊缺少糧草數多，官軍支用不敷，乞行尚書韓某督理處置”，實欲乘機中傷之也。仰蒙皇上明見萬里，痛悉前弊，事竟中止。真人謝應循等假以讖緯邪術，盜取帑藏金銀不貲，奏乞追究還官，以備緩急之用。雖聖意優容，此流終知警惕，不敢仍蹈覆轍。是年春，以南京兵部并戶部尚書通計三年滿考，賜二品誥命，進階資政大夫，追贈祖父、父俱如己官，祖母、母、妻俱夫人。又内戚、宦官置買莊所，報中引鹽，或以民田捏作牧馬草場，或假織造妄討官鹽變賣，悉與查例執奏，多荷俞允，而斂怨招尤亦不顧也。吏部尚書二次缺員，時吏科給事中邱俊奏稱某"剛方正直，才望夙著，堪任上命"。廷臣會議，疏名上請，皆在首舉，俱不與。非造物者靳此名器，然襪綫之材不可以補袞，豈待智者後知邪？

太監劉瑾、馬永成等狎昵青宮舊愛，惑亂聖聰，淫巧百出，以夜爲日，恣肆無度，以致龍顏清癯，起居失節。某忝任股肱大臣，寧不憂懼？於是會同府部大臣及九卿衙門堂上并科道官、太師等官英國公張懋等伏闕上章，實欲急除群邪，以保聖躬，以安宗社。不料奸人預泄其事，遂降級致仕。隨該都給事中徐昂論救，乞留復職。徐坐除名，而某亦有冠帶閑住之命，遂由陸路旅宿而還。未幾，高唐知州長男士聰、刑部主事次男士奇同日傳奉聖旨俱除名。

切念某本以樗朽濫竽甲第，歷官中外餘四十年，叨祿苟安，殊無寸補，況兒輩亦忝科名，繼登仕版，作郡者乏循良之譽，司刑者欠果斷之明，反躬自咎，愧負良多。目今犬馬之齒七十有八，且遭太平熙洽之世，得爲林下散人，誠萬萬無涯之福也。但恨甘老岩穴，與草木同腐，而先憂後樂之語不能不仰止於前賢云。

校勘記

〔一〕"□□"，底本因避清諱空兩格，據萬曆本當作"達虜"。

〔二〕"九溪衛"至"白嘴俾"，雍正《山西通志·藝文·費宏〈韓忠定公墓碑銘〉》作"九溪酋長白嘴鼻"。

〔三〕"牲"，據萬曆本當作"愪"，乃形似而誤。

〔四〕"潮宗",據《明清進士題名録・歷科進士・成化二年丙戌科》及雍正《浙江通志・人物一》當作"朝宗"。"朝宗"爲吏部尚書屠滽之字,"潮"乃音同形似而誤。

〔五〕"穀",萬曆本作"勾"。

奏議上

追没妖道番僧賞賜以正國法疏[一]

户部尚書臣韓謹題，爲追冒濫以正國法事：

臣惟異端之害而佛老爲尤甚，洪範之政而食貨所當先。是以古昔帝王於佛老之徒必深惡而痛絶之，惟恐其蠹吾財，妨吾治也。如往年繼曉、鄧常恩輩，假以方術爲名，惑亂聖聰，虛耗國資。我孝宗皇帝即位之初，洞察其奸，明正典刑，財産没官，以故奸回懾伏，邪佞斂迹。日者妖道陳應循[二]、番僧那卜堅參等，本以市井小人左道進用，貪緣名號冒濫錫賞，托建齋醮規取官錢，數年以來不可勝計。仰惟皇上德并乾剛，明同離照，遵先帝之成憲，新繼體之宏規，將真人、高士、大國師、國師等職事封號既已查革，印誥玉帶又復追奪，嚴出入之禁，峻引誘之法，即今朝野歡呼，軍民慶幸，皆以爲堯舜文武之聖復見於今日矣。

臣竊謂朝廷之名器故所當慎，而庫藏之金帛亦所當惜。今革奪之典雖行，而籍没之命未下，使彼優游飽暖之域，逍遥輦轂之下，揆法論情，似不可貸。況前項内帑之珍蓄皆閭閻小民之脂膏，必須嚴加追治，庶幾痛快人心。臣職司邦計庫藏之事，亦當與知。如蒙乞敕都察院，將陳應循、那卜堅參等捉拿到官，會同司禮監吊查内府金銀出入簿籍，但係節年賞賜過一應金銀財帛等物，俱各照數追出，仍進内承運庫收貯，以備緩急支用。并將各犯係道流者俱發回原籍還俗爲民，係番僧者俱遞回原寺永遠閑住，以後再不許夤緣來京，希求進用。如此則國法正而妖邪不得以倖進，賚典公而帑藏不至於虛耗矣。

緣係追冒濫以正國法事理，未敢擅便，謹題請旨。

議處征進官軍以存省邊儲疏

户部尚書臣韓等謹題，爲存省邊儲事：

山西清吏司案呈，查得節該兵部咨開征進官軍合用賞賜銀布於本部照數關領，及稱宣府鎮巡等官奏稱□[三]情緊急，請兵策應，節蒙欽命總兵官保國公朱暉等統領京營官軍二萬員名前去征勦，及動調各處應援軍馬一萬有餘并本鎮各項官軍一萬有餘，通計主客兵共六萬餘員名。及查弘治十八年五月終，宣府在城見在糧二十五萬石，料二十三萬石，草二百四十萬束。切緣本鎮儲積有限，而前項軍馬支費無窮，雖蒙欽差本部左侍郎王前去整理，又恐倉卒難於措辦，理合呈乞議處等因，案呈到部。

臣等切惟：時有緩急，勢有輕重。善爲國者與時消息，審勢而動，則財用不竭，軍旅可興。日者宣府地方□□[四]深入，侵侮我邊疆，挫衂我戰士，抄掠我鄉村，百姓共仇，征進宜亟。陛下赫然斯怒，六月興師，舉措合宜，人心奮勇[五]。《詩》云“玁狁孔熾，我是用急”，此之謂也。近該鎮守宣府太監劉清奏稱：“□□[六]四散出境去訖，深井堡間有烽火之報，必是殘□零騎，數亦不多。”夫□[七]情變詐，兵機重大，臣等職非戎寄，固不敢輕議，緣軍前供億皆於本部取給，豈容坐視？竊[八]嘗審時度勢，揣我虛實，所據京營征進人馬應合議處。

臣聞王者之師其動如神，其疾如風，因利制權，變無常形。今□□既退，而我師久駐，彼勢日逸，我勢日勞，甚非所以養威重，示神速也。夫主客之兵，殊勢異形；客兵坐食，兵家所忌。姑以宣府見今儲蓄計之，糧只有半年之積，草不彀[九]三月之用，糧草匱竭，名爲自斃。孫子曰"久暴師則國用不足"，正以此也。矧今皇上嗣大歷服之初，大賚中外，所用不貲，若使宣府芻糧支用盡絶，萬一秋高馬肥，□衆復舉，當是之時，取之於外則外廩告乏，取之於内則内帑不繼，孫子所謂"雖有知者不能善其後矣"，豈不深可慮耶？曩者大同、榆林有警，儲餉之備不下百萬，多被京軍坐食，至今本部籌畫不給。且宣府密邇京畿，縱有急警，一晝一夜可以馳赴，比之遠塞勢蓋不同。臣等竊思，京營軍馬只合在京整鉓[一〇]，以待朝報則朝行，夕報則夕行，庶乎不動而威，有戰必勝也。國家承平日久，士卒驕惰，京軍所至，未免騷擾。臣等博采輿論，皆謂供京軍之費犒勞邊軍則士嬉馬騰，以戰爲志，其利必十倍於京軍矣。

臣等忝司邦計，目睹戎兵，朝維夕思，寢食俱廢，不忍坐待困竭，興言輒爲流涕。孫子又曰："國之貧於師者遠輸，遠輸則百姓貧。"今日時勢大率類此。伏望皇上念祖宗創業之難，適朝廷政令之始，圖治於將形，消患[一一]未萌，特敕五府、六部、都察院、通政司、大理寺堂上官并六科、十三道掌印官參酌臣言，從長計議，前項征進官軍何者應該撤回，何者應留防禦，務俾兵不挫銳，食無浪費，則安中國、制□□[一二]之策或在是矣。

緣係議處征進官軍、存省邊儲事理，未敢擅便，謹題請旨。

預審軍國大計以安内攘外疏

户部尚書臣韓等謹題，爲預審軍國大計以安内攘外事：

山西清吏司案呈，切照宣府、大同地方先因□□[一三]大舉深入，攻逼城堡，四散剽掠，見今調集京營并各處應援兵馬分布駐札，曠日持久，靡費糧餉，不可勝計。查得宣府近日送過銀五十萬兩，大同在庫銀見有八十餘萬兩，本部先差員外郎一員於山西地方清查拖欠，坐守催并，盡數起解應用，而本部侍郎王尚奏邊餉不敷，仍要添送銀兩，預徵糧價。再查陝西各邊自本年二月以來陸續送過銀五十萬兩，開中過淮浙等鹽二百萬引，而本部侍郎顧亦奏軍餉不敷，仍要加添銀兩，再中引鹽，且錢穀出納有限，而軍門取給無窮，若不預爲議處，切恐臨期有誤，所係非輕等因案呈。

臣等竊惟：國之大事，曰兵與食，是兵固所當重，而食尤不可緩焉者也。邇來□□〔一四〕犯順，寇我邊鄙，先皇帝惻然軫憂，夙夜靡寧，乃竭天下之力，罄府藏之財，輓芻積粟，養兵勵士，欲其相機剿殺，以圖成功。夫何邊塵未靖，國難繼作？此乘隙深入，以故宣、大二鎮俱遭荼毒，寧武以北腥膻偏野，千里蕭然，如履無人之境。今各主兵并調集京營、延綏、偏頭關等處兵馬不下八萬，俱閉門不出，束手無策，假衆寡不敵之名，爲怯懦自全之計。節年儲蓄被其坐食而盡，稍有不繼則將歸罪於司國計者矣。以故乞糧乞草日議於朝堂，送銀送鹽絡繹於道路，徒費百萬之資，未聞一矢之利。縱使芻輓如山，粟積如海，亦必無補於事，況值海內虛耗、中外困竭之時乎？思之痛心，言之流涕。

臣伏讀兵法，有曰："興師十萬，日費千金。"又曰："千里饋糧，士有饑色。"由是而觀，軍前供億自古爲難。設若攻克戰勝，雖費何惜？今乃不攻而餐，不戰而食，師老銳屈，他變必至。此臣之所以痛心流涕，不能自已者，非但爲臣一部事也。臣聞此□〔一五〕南侵彌月，尚無歸志，蓋緣掠我牛羊而食，踐我田禾而牧，誘我民人而爲鄉導，驅我俘虜而爲前鋒，縱橫無忌，往來自如。彼既有輕我之心，難保無覬覦之志。萬一秋高馬肥，彼勢愈熾，沿邊城堡告乏愈急。當是之時，取之於外則外廩盡虛，取之於內則內帑弗繼，雖有蕭何、劉晏，亦未如之何矣。臣考大同一帶，即古雁門、雲中之地，趙李牧一將耳，大破殺匈奴十餘萬騎，單于奔走，十餘歲不敢近邊；漢廉范一太守耳，計敗匈奴，斬首數萬級，由此不敢復向雲中。今大將提兵於塞上，諸將分布於要衝，不聞出一策以却□[一六]，結一陣以抗敵，損辱國威，莫此爲甚。以是物議沸騰，人心嗟怨。而議者又謂饋餉缺乏是在戶部，殊不知田賦民徵悉有定額，軍需國用非止一端，苟非神輸鬼運，安能填此無底之壑乎？臣才非經濟，性本迂疏，謬承任使垂四十年，先皇帝憐臣樸實，俾掌邦計，未及五月，適遭兹事，憂憒中切，至忘寢食。若又緘默不言，將來事勢危迫，誰任其咎？如蒙乞敕內閣及府部等衙門大臣并六科十三道掌印官會集計議，即今□□[一七]猖獗之故，官軍曠日之由，其咎安在，其計安出，務要同心酌處，共濟時艱。皇上無西北之憂，地方免塗炭之苦，而糧餉濫費亦可保其必無矣。

緣係預審軍國大計以安內攘外事理，未敢擅便，謹題請旨。

弘治十八年七月初八日具題，次日奉聖旨："這本所言邊情軍務誠爲切要，兵部便會府部科道等官計議停當來說。"欽此。

奉詔裁減添設內官疏

戶部尚書臣韓等謹題，爲開詔伏讀事：

廣東清吏司案呈，奉本部送，弘治十八年五月十八日伏睹詔書內一款："各馬房倉庫及各門等處添設管事內官數多，先帝已有成命，該部通查具奏裁減，其各處添設守備等項內官不係舊額者一體查奏取回。"欽此，欽奉。到部送司。查得先爲傳奉事，節該本部將革冗員、省浪費等事件議擬具題，奉孝宗皇帝聖旨："是。各倉門庫等處管事內官，通查永樂、正統年間原額并今見在員數來說，其餘都准議行。"欽此，欽遵。本部通查得正統等年間，京、通二倉原設總提督太監一員，每處監督太監三員，各馬房倉每處止有內官一員，管理錢糧二員或三員，專管馬匹及甲字等十庫每庫止有一員或二員掌管鎖鑰，此其原額，近來逐漸加添數多等因，開坐具題。奉先帝欽依："是。還著司禮監查奏定奪。"欽此，欽遵。當日已具手本，差員外郎張瓚賫赴內府司禮監，至今未曾查奏。

今奉前因，行據本部分管各倉場庫委官、員外郎等官胡雍等各將見在管事內官員名數目并駝馬牛羊開報，及據上林苑監手本開查得本監原額內官良牧署二員，嘉蔬、蕃育二署各三員，林衡署九員，通送到司，案呈到部。除臨清等處水次四倉管事內官本部查勘至日另行覆奏外，看得前項各馬房倉庫監局管事內官先年設立，多者不過二三員，少者止是一二員，以故官無冗濫，事有定規，誠爲經久之計。近年以來，舊規悉變，逐漸加添。且如壩上北馬房倉實在馬止有一百四十一匹，內官添至八員。又如上林苑監林衡一署，原額止有九員，今添至三十二員。其他大率類此。錢糧出納既有提督等官以總其綱，又有部署等官以分其目，體統相維，罔有滲漏。所據前項各該添設內官，參考舊額，審度時宜，誠爲冗濫。先帝深究此弊，特降綸音，敕令所司查奏裁革。成命具在，事竟未行。

仰惟皇上繼登大寶，首頒明詔，及將各處添設內官比欲式遵先帝成命一體裁減，此繼志述事之孝，雖古之帝王不是過也。臣等伏睹詔書，不勝忻躍，謹將各該倉庫監局等處見在管事內官員數查具上請，伏望皇上斷自宸衷，不惑群議，斟酌事務繁簡，查照舊額員數，每處量留一二員令其管事，其餘俱各取回，著爲令典，永遠遵守。以後如有夤緣希求、濫冒倖進者，許臣等指實執奏，治以重罪。如此庶事有定體而人不受害，官有定員而事不紛更矣。

緣係奉詔裁減添設內官事理，未敢擅便開坐，謹題請旨。

論鹽政七弊疏

户部尚書臣韓等謹題，爲欽奉事：

山東清吏司案呈，奉本部送。弘治十八年四月初九日早欽奉聖旨："祖宗設立鹽法，以濟緊急邊餉，係國家重務。近來廢弛殆盡，商賈不通，各邊開中雖多，全無實用。户部便通查舊制及今各項弊端，明白計議停當來説。"欽此，欽遵，欽奉。到部送司案呈。

臣等切惟：國家之務莫重於邊餉，飛輓之利莫良於鹽法，故我太祖高皇帝立爲禁條，至嚴且備。以是凡遇邊方有警，糧草缺乏，招商上納，無不響應。小民免轉運之勞，邊方得緊急之濟，效速而大，未有過於此者也。但近年以來，法久弊生，世殊時異，冒濫阻壞，廢弛殆盡，開中雖多，實用全無。荷蒙皇上重慮邊陲弗靖，蓄積少充，特召臣文，恭承聖諭，欲通鹽法，先求弊端。綸音一布，朝野歡騰，豈但軍民受福而已哉？臣等職司邦計，何勝慶幸，敢不驅策駑鈍，仰副聖情萬一？謹將舊制事宜及今日各項弊端逐一條具，開款上陳。伏望皇上少垂睿覽，早賜施行，上復祖宗之成憲，下革今日之宿弊。行之數年，若商賈仍前不通，軍餉照舊告乏，臣等甘受妄言之責。臣等待罪民部，日夜憂惶，區區犬馬之誠，無任惓惓爲國懇切之至。緣節該欽奉聖旨"鹽法近來廢弛殆盡，户部便通查舊制及今各項弊端，明白計議停當來説"事理，未敢擅便開坐，謹題請旨。計開：

一、革開中引鹽之弊。仰惟祖宗舊制，各處鹽課遇有邊方緊急聲息，糧草缺乏，方許招商開中。若權勢之人請買鹽引勘合、侵奪民利者，犯人問罪，鹽貨没官。以是法度嚴明，人心儆畏。近年以來，勢豪之家往往主令家人詭名報中，及至赴官上納則減削價值，下場關支則不等挨次，貨賣則夾帶私鹽，經過則不服盤詰，虛張聲勢，莫敢誰何，以致資本微細者斂迹退避，不敢營運，著實濟邊者坐困歲月，不得關支。及訪得各邊巡撫都御史并本部管糧郎中遇有開中著實用心者固多，任情忽略者亦有。且如

□□〔一八〕出没、軍馬屯聚去處，正當多積糧草以備支用，却乃不行坐撥，一遇緊急，束手莫措；其不係要害所在或附近腹裏地方糧料草束反至有餘，以致年久湮爛，不堪支用；甚至賣窩買窩〔一九〕而任其規利，折銀折布而本色不收，商賈不通，鹽法弊端莫此爲甚。合無通行禁約，今後如有前項豪强之輩冒禁中納，事發到官者，不分内外文武之家，俱查照律例施行。其各該巡撫并本部管糧官今後如遇開中，務要公同計議，照依地方遠近定立斗頭，先儘緊關要害及軍馬屯聚去處，糧料草束加倍存積，務穀〔二〇〕主客兵馬數年支用，斯爲得策。其餘不係緊要所在，酌量緩急報納，以防不虞。若是遇有開中再收輕賫，不收本色，及縱容賣窩買窩等項，聽本部指實參究。如此則邊鄙充實，而軍餉不至缺乏矣。

一、革興販私鹽之弊。仰惟祖宗舊制，巡禁私鹽，每年差委御史一員，專一禁革奸弊，疏通鹽法，而又行文各該守禦官司及有司巡檢司於該管地方并附場緊關去處，常川嚴加緝捕，立法至嚴，人不敢犯。近年以來，各處軍民人等爲因艱難缺食，不能聊生，濱海人家及有硝鹹去處私煎小鹽，隨處貨賣，以致官鹽阻滯，不得通行。又有等權豪之徒專買灶丁私鹽，假充官鹽發賣，經過關津去處，其守禦、巡司等官畏其勢重，不敢擅自阻當，任從到處貨賣。商賈不通，鹽法弊端莫此爲甚。合無通行各處行鹽地方巡鹽御史嚴督所在守禦、巡司等官，務要用心設法，時常巡視，但有興販私鹽之徒，即便拿問，查例發落。干礙内外官員指實參究，不許曲法回護，致生別議。如此則利興弊革，而人皆畏法矣。

一、革賤賣官鹽之弊。仰惟祖宗舊制，各處額辦鹽課俱候邊方開中招商，報納糧草，許令關支。近年以來，惟淮浙官鹽人皆樂中，其四川、廣東、雲南三省鹽課爲因地方窵遠，商人多不情願。間有中納者，每一引本地方價值七八錢止得六七分，一兩止得八九分，計其邊方所入，不及本地十分之一。商賈不通，鹽法弊端莫此為甚。合無今後照依山東、福建事例，本部行移四川、廣東、雲南巡撫官督同布政司掌印官并管鹽官員，各將提舉等司每年額辦鹽課，除客商先年在於各邊上納糧草給有倉鈔，本司已投勘合，見在守支，并舊例存留本處歲用俱照舊外，自弘治十九年為始，今後每年額辦鹽課，俱照彼中時價變賣銀兩，傾瀉成錠，批差的當官員，責限年終到部，轉發各邊糴買糧草，以備緊急支用。行之數年，果有利益，著為定規，日後悉依此例而行。如此則鹽不浪費，而軍餉皆得實用矣。

一、革買補殘鹽之弊。仰惟祖宗舊例，各處運鹽使司等衙門歲辦鹽課，照依額數徵完，堆積在場，聽候商人關支。百餘年來，行之無弊，商灶稱便。近者慶雲侯周壽家人周洪奏買兩淮殘鹽八十萬引，壽寧侯張鶴齡家人杜成、朱達等奏買長蘆、兩淮殘鹽九十六萬餘引，名雖買補殘鹽，其實侵奪正課，以招物議沸騰，人心積怨。商賈不通，鹽法弊端莫此為甚。合無將前項報中殘鹽原領引目赴官銷繳，價銀照數給還，未完之數悉皆停止，不許陸續上納。仍通行各該運司等衙門，今後額辦鹽課務要如法收積，聽候各邊商人挨次關支，不許勢要之家假以買補殘鹽為名，仍前主令家人奏討，侵奪商利，阻壞鹽法。違者聽本部及科道論奏究治。如此庶國體不傷，而豪強知所警懼矣。

一、革夾帶餘鹽之弊。仰惟祖宗舊例，各處運鹽使司等衙門客商關支引鹽每引帶耗止該二百二十斤，但有夾帶餘鹽者同私鹽法。立禁最嚴，人不敢犯。近年以來，官豪之家假以中買殘鹽為名，主使家人下場關支，狐假虎威，縱橫自如。或通同鹽灶作弊，或倚勢挾制官府夾帶餘鹽，每引或三四百斤者有之，或六七百斤者有之，以致正課虧欠。商賈不通，鹽法弊端莫此為甚。合無本部通行各該鹽運司等衙門，今後務要嚴加禁約，但有商人支出官鹽，各照斤數掣摯，敢有似前夾帶阻壞鹽法者，巡鹽御史并管鹽官員拿問如律，查例發落。如此庶奸人知懼，而鹽法得以疏通矣。

一、革越境賣鹽之弊。仰惟祖宗舊制，設置各該運鹽使司、提舉司、鹽課司，行鹽地方各有界至，立法之嚴既周且備。但自成化、弘治年來，長蘆鹽課節該親王順帶食鹽及内臣織造開賣鹽價，而回空馬快等船亦皆假借夤緣，私自裝載，越界前去兩淮地方發賣，輒稱欽賞、欽賜等項名色，橫行江河，攪奪市肆。商賈不通，鹽法弊端莫此爲甚。合無今後親王之國免帶食鹽，内臣織造免賣鹽價。本部仍通行各處巡鹽御史并管鹽官員，務遵舊制及查照節行事例嚴加禁約，各照行鹽地方，不許私自越境發賣。其裏河一帶洪閘等處一體搜檢，務在鹽法疏通，商人得利。如此則宿弊可除，而邊儲亦與有賴矣。

一、革運司廢弛之弊。仰惟祖宗舊制，各運鹽使司、提舉司、鹽課司既設，運使、提舉等官掌管鹽課，又設分司判官、各場大使副使等官分理其事，立法之意極爲周密。先年官多得人，鹽法修舉，額辦正課儘有附餘。近年以來，各該官員公廉守法者固有，貪懦壞事者尤多，以致竈丁疲弊，日就消耗；鹽課虧欠，經年不完。商賈不通，鹽法弊端莫此爲甚。合無本部移咨吏部，今後各鹽運司掌印、佐貳官員務要選用科目出身、素有聲望、久任老練之人轉補前職。其各該場分大使等官雖係吏員出身，亦要揀選年力精壯、素無過犯之人以充其任。仍通行各該巡撫、巡按、巡鹽等官，將各司見任大小官員逐一從公考察。要見某官廉能幹濟，任内經收鹽課依期早完，不失原額，相應旌擢；某官貪懦無爲，任内經收鹽課累年拖欠，虧損正課，相應罷黜。明白具奏，上請定奪。中間又有等奸頑無知之徒欺公玩法，靡所不爲，侵欺盜賣，肆無忌憚，查有實迹，應參奏者即便參奏，應拿問者就便拿問。如此庶鹽法得人，而百弊自除矣。

弘治十八年六月十五日具題，本月十八日奉聖旨："買補殘鹽，你每再議來說，其餘都准擬行。"欽此。

預備糧草以應邊方緊急疏

户部尚書臣韓等謹題，爲緊急聲息預備糧草事：

山西清吏司案呈，奉本部送，於户科抄出，欽差巡撫大同地方、贊理軍務、都察院右副都御史周南題，節准分守東中西三路地方參將等官蔡瑄等手本開稱，各據夜不收武清等走報，本年自六月以來，□□〔二一〕擁衆在邊住牧，時遣輕騎入寇，或拆墻燒門，或攻墩圍堡，或二三百騎，或三五千騎，直入腹裏地方，四散殺擄人畜，勢甚猖獗，路阻不通等因。又據□〔二二〕中走回人口曾禮等供稱，在□營時，聽得衆□□〔二三〕說稱"漢人若在東防，我便往西搶；漢人若在西防，我便往東搶。待他軍馬疲弊，糧草吃盡，我便大舉齊入搶殺蹂躪"等因。准此，會同總理大同糧儲、户部郎中孫禄議得：

禦□必資乎軍馬。軍馬一動，糧草爲先。及詢諸鄉城年老軍民人等，皆以爲自來□□〔二四〕侵犯未有如此之多。即今京營并宣府、延綏、偏頭關及本鎮軍馬五萬有餘，俱在本鎮住札，驗日支給行糧料草，比之尋常支費十倍猶多。臣等查得大同各城見在糧七十八萬四百三十四石八斗，料六十三萬八千四百三十石五斗，草一千二百二十萬一千九百四十四束。緣前項糧料草束雖稱有積，俱係本鎮軍馬歲用之數及尋常主客兵馬往來足轂〔二五〕支用，但今大軍畢集，支用浩繁，勢難接續。及查得大同府銀億庫見在銀雖有三十餘萬兩，日逐放支草價及給散商人等項，亦不轂今秋招買糧草之用。誠恐此□〔二六〕得志不退，我師曠日持久，見在糧草支費盡絶，又無銀兩收買接濟，臨期誤事，事勢窮迫，雖有知者，亦難爲力。欲催徵而小民辦納不前，欲招買而民間蓄積不多，欲丐運而附近無有餘糧草。或糧道阻絶，飛輓不通；或大軍繼至，支費不貲。□□猖獗於外，軍餉匱乏於内，萬一致誤地方大事，臣等雖獲重譴，於事何益？大抵事難逆料，患在預防。爲今之計，正宜作急多方整理，庶克有濟。伏望皇上軫念邊方重地，□情緊急，軍餉支用不敷，乞敕該部從長計議。合無照例請旨，差大臣一員前去整理，仍將江南運到折糧等項并太倉銀庫收貯銀兩先發二三十萬兩，差官運送前來，多方招買。或移文山西布政司，將弘治十八年秋糧馬草照依先年事例俱令徵收本色，作急督運前來，以圖接濟緊急支用，庶於地方大事不誤，實爲便益。

又該總理大同糧儲郎中孫禄亦奏，爲前事。各具本，該通政使司官奏，俱奉聖旨："户部看了來説。"欽此，欽遵。通抄送司案查。

先爲邊務事，該巡撫大同都御史許進題，本部議，將山西起運各邊糧料，太原府迤南州縣路道崎嶇者徵運折色，迤北州縣可通車路者徵運本色等因；又爲緊急聲息事，該大同總理糧儲郎中孫禄呈本部，查有左侍郎兼左僉都御史王見在宣府整理糧草，其大同糧儲宜行本官就近整理，另行請敕施行等因；近爲處置邊儲以備急用事，該本部左侍郎兼都察院左僉都御史王題，本部查照，大同倉場庫分糧料草束銀兩頗縠支用，合無行移彼處巡撫官督同司府州縣等官，將原派大同本色折色稅糧馬草等項作急徵完，解送彼管糧郎中孫禄處交收等因。俱經題准通行去後，今該前因案呈到部。

看得巡撫大同都御史等官周南等奏稱，大同東中西三路自六月以來，□□擁衆在邊住牧，時遣輕騎入寇，勢甚猖獗。既今京營并宣府、延綏、偏頭關及本鎮軍馬五萬有餘住札，驗日支給行糧料草，比之尋常支費十倍猶多，要差大臣一員前來整理，并將江南運到折糧等項并太倉銀庫收貯銀兩先發二三十萬兩，差官運送前來，多方招買。或移文山西布政司，將弘治十八年秋糧馬草照依先年事例俱令徵收本色，作急督運前來，以圖接濟緊急支用一節，除本部左侍郎兼左僉都御史王□今已換敕整理宣、大二鎮糧草別無議擬，及查大同糧草銀兩目今頗穀支用，其銀不必運送外，切緣山西地方起運大同稅糧馬草，太原迤南徵收折色，迤北徵收本色，行之年久，事體已定，人皆稱便。今若一概俱徵本色，未免人心嗟怨，愈加遲滯。合無本部行移巡撫山西都御史何鈞，即行該道分守、分巡等官，將原派大同夏稅秋糧馬草照依原擬地方，將各年已徵在官、拖欠未納并弘治十八年糧草應該本色者催徵本色，應該折色者催徵折色。仍委本府能幹佐貳官一員管解，定限本年十月終完納。此係邊方緊急軍餉，毋得視爲泛常，因循遲誤，自取罪戾。

其稱"誠恐此□得志不退，我師曠日持久，見在糧草支用不敷"，誠爲思患預防至計。合無行移左侍郎兼左僉都御史王□通融酌處，先將見在糧料草束撙節放支，或於緊要急缺城堡將在庫銀兩多方招買，務令支費不誤，軍儲有賴。如或在庫銀兩委得扣算不穀[二七]緊急支用，作急具奏上請定奪。

緣係緊急聲息預備糧草及節奉欽依"戶部看了來說"事理，未敢擅便，謹題請旨。

弘治十八年八月初七日具題，次日奉聖旨："是。"欽此。

乞遵依鹽法禁約皇親疏

戶部尚書臣韓等謹題，爲鹽法事：

山東清吏司案呈，奉本部送，戶科抄出，該本科都給事中張文等題：臣節該欽奉憲宗皇帝聖旨："朝廷開中鹽糧，本爲實邊儲，省轉輸，乃利國利民經久的良法。近體得内外官員之家詭名開報，包占數多。今後并不許中納包占，其客商引數亦不許過多。如違，在内從户部、户科給事中參奏，在外從巡撫、巡按御史糾察，都治以重罪不饒。"又欽奉孝宗皇帝聖旨："前事。"欽此。

臣等切見兩淮商人近因鹽法壞廢，惟私鹽橫行，網利倍蓰，其間遂有交結鹽徒，托名販鹽，因而聚衆肆行劫掠，白晝大都，剽吏奪金，如海賊施天泰、回賊牛勝之輩蓋不少矣。江淮之間數年騷然，勞勤剿捕，人不堪命。終雖授首，所得不補。夫豈無自而然哉？皆由鹽法不清，商人貧怨，其流弊之極一至此耳！如此而望其爲足邊備荒之用也，不亦難乎？是則鹽法之大壞，未有甚於此時者也。天啓神衷，明詔首下，鹽法一條極爲痛快，海内臣民踴躍歡呼，有如更生。事不旋踵，還自墜廢，謗議洶洶，萬口一談。臣等仰窺陛下天性至孝，無乃重違兩宫之意故耳，夫豈有他哉？但臣等稽之前史，漢明帝欲官自鬻鹽，其臣朱暉諫曰"鹽利歸官則人貧怨，非明主所宜行"，況盡歸之私家乎？利歸於私家一人，害及於天下生民，無窮怨讟歸之誰耶？是必有在矣。陛下何忍獨任天下之怨以快私親之欲哉？且今各處灾傷，人民困極，兩淮連年蝗蝻蔽天，長蘆霖潦爲灾，禾穀不收，人民缺食，餓莩盈途，盜賊蜂起，人心惶惶，朝不謀夕。天下商人聚於淮陽無慮數千萬人，而使之失業軼望，萬有一夫倡亂，乘機而起，陛下寧得安枕而卧耶？唐之黄巢、王仙芝，元之張士誠，皆鹽徒也，起於淮陽、曹濮之間，奮梃一呼，海内響應。此蓋往事已然之明驗，固不獨今日也。

先帝明并日月，憑几前之一月猶宣召内閣大臣，訪究鹽法利弊，亟從爬搔，以蘇民困，其深意蓋有在矣。不幸龍馭上升，成斷未下，大有爲之業緒付之陛下。今日正社稷安危之基，天下治亂之端，生民休戚之始，天命人心去就離合之時，舉動不可不慎，顧乃汲汲然於兩姓如此，豈以初政先務無若私親之急耶？漢文帝即位，首私其宮臣宋昌，前史猶陋之，況私其所親耶？又況彼皆禄入已厚，富貴已極，志欲已盈，有不必私耶？且如譚景清、馬亨、周洪輩皆兩家厮御小人，深爲商民之蠹者，乃敢憑藉聲勢，首爲亂階，阻撓利權，冒干國禁。此輩所宜深抑，以遏禍源。稍寬假之，是惠奸宄而賊良民矣。近日議者欲將各人已買鹽斤運至秤盤處所報名秤掣，而未秤掣者准其掣賣，固是權宜恤商之意，然亦稍與詔書不同。況此端一開，弊政百出，撰易簿書，交通賄賂，未秤掣者亦曰秤掣，未堆垛者亦稱堆垛，叫囂墮[二八]突，惟日不足，揆之事理，終亦難行。今日只合遵依明詔，更不得有別説。陛下若謂成命已下，事難中止，莫如諭令兩家皇親自以己意仍前辭退，或止令譚景清等出名，將前引目具首還官，該部亦照先擬給還原價，各不許再行奏擾。如此則事體稍當，人心悦服，上有以彰陛下納諫之明，下有以成兩家退讓之實，一舉而兩得，豈特一時稱快而已哉？將垂之天下後世無窮焉。臣等待罪言路，荷蒙先朝恩厚，寧言之而死於陛下，不忍不言以負先帝。況錢糧鹽法本科攸司，先帝遺旨凛然具在，誰敢違之？伏惟陛下察焉。臣等誠不勝忠憤愛國之至等因。

題奉聖旨："該衙門知道。"欽此，欽遵。抄出到部，送司案查。

先爲欽奉事，奉孝宗皇帝聖旨："祖宗設立鹽法，以濟緊急邊餉，係國家重務。近來廢弛殆盡，商賈不通。各邊開中雖多，全無實用。户部便通查舊制及今各項弊端，明白計議停當來説。"欽此。本部查議，開立條件内一件"革買補殘鹽之弊"，要將周洪并杜成、朱達等奏買長蘆、兩淮殘鹽停止等因。具題，未奉成命。

又爲開讀明詔事，伏睹詔書内一款："鹽糧以濟邊餉，國用所急。近年以來欽賞數多，及被内外勢要罔利之人奏討奏買存積常股，并盤割私餘及風雨消折等項鹽斤，攙越支賣，夾帶私販，以致鹽法阻壞，商賈不行。詔書到日，各該巡鹽、巡按御史即便從實查理，除已支賣外，其未支掣者俱各住支還官。今後行鹽各照地方，不許越境販賣。各邊開中引鹽及糴買糧草，俱不許勢要及内外官員之家求討占窩，領價上納。巡撫、管糧等官徇情受囑者，許巡按御史指實糾舉。"欽此。

又爲傳奉事，該少師兼太子太師、吏部尚書馬□題，前事内一件"重鹽法以備急用"，要將勢要權豪之人乞恩阻壞鹽法者許科道官指實劾奏等因。具題，奉孝宗皇帝聖旨："卿所言深切時弊，都著該衙門便查具來説。"欽此。本部議得，勢豪之家買補殘鹽、奏討侵奪商利者，聽巡鹽御史拿問等因。具題，奉聖旨："整理鹽法事宜，你每還開具來説，其餘准議。"欽此。

又爲前事，該本部再議奏，要將周洪、朱達等買各場殘鹽俱遵詔旨施行等因。題奉聖旨："買補殘鹽，你每再議來説，其餘都准擬行。"欽此。

又爲前事，該本部再議奏，要將周洪、朱達等奏買補殘鹽仍照原議住支等因題。奉聖旨："除已納價銀在部的照先帝聖旨還給與引目買補，其未納價的都著停止。"欽此。

又爲一詔令以全大信事，該本部題，要將周洪等并朱達等奏買引鹽住支還官等因。題奉聖旨："是。壽寧侯家人杜成等并商人譚景清等已有前旨了。"欽此。

又爲掣官延遲負累貧商資本事，該錦衣等衛車餘李琳等奏稱，遇例户部納價報中，長蘆運司勤灶煎剩餘鹽出場，告掣運官不肯等因。奏奉聖旨："該衙門與他分豁了來説。"欽此。節該刑科都給事中于瑁等參奏，李琳等夤緣奏擾，違背詔旨，阻壞鹽法等因。本部依擬具題，乞將李琳等拿送法司，明正其罪。奉聖旨：“這事已發落了。”欽此。

又為再辭鹽引，乞天恩嚴加禁約事，該壽寧侯張鶴齡奏，要將家人朱達、杜成衛佐所上引鹽辭退，不關引目，求全名節，用息物議，商人譚景清等聽其關引買補。乞仍敕都察院轉行巡鹽御史嚴加禁約，如遇下場買補，商人敢有指稱臣名，生事害人者，就行拿問如律等因。奉聖旨：“是。節次懇辭，准他朱達等原上買引鹽價銀還給與他，商人譚景清等照前旨給與引目，隨場買補。該衙門知道。”欽此。

又為重明詔以謹初服等事，該科道等衙門左給事中艾洪、監察御史黎鳳等各具題，要將慶雲侯周壽家人周洪并商人譚景清等報中鹽斤未支者給價住支，未掣者還官，及稱各商賈買補已完，運至秤盤處所者查審的實，給與變賣等因。俱奉聖旨：“戶部知道。”欽此。

續該慶雲侯周壽奏稱，周洪報中兩淮鹽，有商人馬亨等中過三十餘萬引要行買補，未曾上納者辭退還官等因。奏奉聖旨：“這引鹽已納價銀兩在部的還給與引目照價買補，未上納的停止。該部知道。”欽此。本部查議得，譚景清、馬亨等買補殘鹽合遵詔書內事理一體還官，或將各商未買補者給與引目銀兩，其買補已完，運至秤掣處所者審實給與引目，惟復照依先年監察御史王俸題准災傷事例停免等因。奏奉聖旨：“譚景清、馬亨俱係商人，既資本艱難，恐致失所，還照前旨給與引目陸續買補。着巡鹽御史好生禁約，但不許指稱皇親勢要，違者治罪。”欽此，欽遵。今該前因案呈到部。

看得戶科給事中張文等奏稱長蘆地方蝗蝻霖潦為災，禾穀不收，人民缺食，盜賊蜂起，人心惶惶，即今商人譚景清、馬亨、周洪等奏買兩淮、長蘆殘鹽，憑藉聲勢，阻撓利權，要行遵依明詔住支還官，若謂成命已下，事難終止，將譚景清等引目還官給還原價一節，臣等切惟：鹽課之設，祖宗法度甚嚴；鹽課之利，邊方倚賴尤重。但近因商人譚景清等奏買殘鹽，以致鹽法阻壞，商賈不通，邊儲無所資給，物議爲之沸騰。先帝悔悟之盛心，皇上繼述之美意，臣等已嘗屢陳而極言矣，未蒙欽斷俞允，仍令隨場買補，以故都給事中張文等又有此奏。意既懇到，言尤切實，此正聖明所當容納而采行者。況今賞賚内外官軍合用銀一百八十萬兩，到處搜括尚未及半。又本部侍郎王儼見在宣、大二鎮整理糧草，奏討銀一百二十餘萬兩，及遼東管糧郎中王蓋奏討銀四十萬兩。臣等輾轉思惟，計無所出。若是兩淮等處鹽法疏通，本部差去官員得以趁時變賣，則前項銀數尚可應酬。若容此輩隨場買補，則官鹽變賣誰與成交？況目今内外庫藏空虛，較之往年十不及一。況[二九]山、陝地方苦於乾旱，南北直隸等處苦於水潦，推原其故，皆因人心嗟怨，上干和氣所致。而淮陽一帶盜賊竊發，河道經行去處白晝行凶劫財傷人，未必不有鹽徒失所，嘯聚於其間者。此正天人交感之際，世道治忽之機，陛下新政之始，豈可不加之意哉？伏望聖明俯納群言，收回成命，將商人譚景清等奏買前項殘鹽仍依明詔住支還官，則上有納諫之美，下無違命之非，擴而充之，堯舜之治不外是矣。惟復將各商原上價銀照數給領，關過引目送官塗抹，如此則公法不廢，國利自存，而商人亦無所損，此又不得已之論也。臣等區區犬馬之誠，不勝惓惓憂畏之至，伏惟聖明鑒納，則天下幸甚，臣民幸甚。

　　緣係鹽法及奉欽依“該衙門知道”事理，未敢擅便，謹題請旨。

　　弘治十八年十一月二十四日具題，次日奉聖旨：“這鹽引已累有旨，行了罷！”欽此。

懲奸貪以全大信疏

户部尚書臣韓等謹題，爲懲奸貪以全大信事：

江西清吏司案呈，奉本部送於刑科等科，都給事中鄒軒等題，惟詔令者，朝廷所以示大信於天下；刑罰者，國家所以示大法於四方。信爲人君之寶，立信不以久遠而移；法秉天下之公，行法必自貴近而始。古昔帝王之所以服人心而致太平者在此。苟詔令不信於下民，刑法或撓於貴近，則人心不服，國本將搖，而何以言治哉？臣等伏睹弘治十八年五月十八日詔書内一款："各處災傷頻仍，賦役繁重，百姓甚是艱難。近來有等無藉之徒，將軍民祖業徵糧地土捏作抛荒無主及水灘[三〇]沙壓不堪耕種等項名目矇矓投獻王府并内外勢要之家，聽信撥置，奏討占奪，以致貧苦失業。詔書到日，限一個月以裏退還改正。如違，許被害之人赴官陳告，從公斷理。若係用價典買契書明白者，不在此例。"欽此，欽遵。明詔甫下，遠近歡騰，咸謂陛下嗣位之初乃能首察民瘼，明見萬里之外，割恩正法，誠不世出之主。天下拭目以觀新政，而翹首以望太平。於是河間府景州民高崇、東光縣軍民王敏等各具本奏稱，先年被無藉將軍民祖業徵糧地土妄捏抛荒，投獻内官楊泰，又行轉與皇親周彧，以致逼迫貧民失業逃竄等情。奏奉聖旨："户部知道。"欽此，欽遵。備行巡撫，轉行該府州縣勘問間。頃者皇親長寧伯周彧奏，爲豪民指稱詔旨，聚衆霸占欽賜莊田等情。奏奉欽依："這凶惡人犯高崇等，錦衣衛便差官校去拿解來京，送鎮撫司打著問[三一]。"命下之日，遠近驚惶，臣民失望，謂詔書初本以惠小民，而今反禍小民；初本以禁貪暴，而今反滋貪暴。何前後之背馳一至於此？田野嗷嗷，道路以目。臣等竊惟：今日被拿之凶犯，即前日赴訴之貧民。陛下念在貧民而首下是詔，貧民奉茲明詔而感激陳情，奈何詔墨未乾而遽失信於天下哉？爲照長寧伯周彧，以皇室舊親，荷累朝恩遇。富貴已極，不以滿盈爲懼；莊田不貲，尚肆無厭之求。受輾轉投獻之地，斂百千貧民之怨。且又不遵定例，聽徵税於有司；輒行奏請貪緣，乞自收乎子粒。遇蒙先帝俞允，以此愈加得志，縱令家人往各州縣地方輘轢官民，催徵急於星火，暴戾甚於虎狼。小民吞聲而不敢言，有司畏威而不敢問。人不聊生，已非一日。仰惟聖明之所洞燭，廟堂之所懷憂，乃有此詔，深得下情，以致前項軍民方敢具情上訴，命下該部，行之有司。若其果係虛詞，有司豈敢偏向？意者周彧自知實情難掩，慮恐己私莫售，因而捏詞爲先發制人之計，以鉗官民之口而快一己之私。且皇親之視小民，勢猶泰山之壓鷄卵，況又重以朝廷赫赫之威命，其何有司、軍民之敢復言？是朝廷之大信以一周彧而失，國家之大法以一周彧而壞，駭天下之人心，玷陛下之新政，其所損豈小小哉？伏望陛下上念祖宗付托之重，下憫生靈塗炭之苦，痛懲人心欺蔽之奸，將周彧拿送法司，明正其罪，以爲貪暴不悛之戒。及將高崇等亟行釋放，仍敕該部轉行該府州縣，務要從公查勘斷理。果係軍民産業，責限退還。敢有畏勢徇情致民再詞者，治以重罪，坐以疲軟罷職。庶明詔不爲虛文，國法不致撓阻，民心斯服而太平可望矣等因。

隨該江西等道監察御史陸偁等題，爲惇信禁奸以端治本事。近該左軍都督府帶俸太保長寧伯周彧奏爲豪民霸占莊田，奉聖旨：“這凶惡人犯高崇等，錦衣衛便差官校去拿解來京，送鎮撫司打著追問。”欽此，欽遵。臣等切謂：爲治有本，一由於正。欲正天下必先正朝廷，欲正朝廷必先正親昵。故大君初政，推恩始於困窮，行法始於貴近。昔人謂：“朝廷親昵之臣近也，有罪不治，其害大；天下疏外之臣遠也，有罪不治，其害小。”在遠臣尚然，況下民貧而且愚乎？貧民業輕而易動，下民心愚而若神，撫之則聚，擾之則散，可以德綏而難以威逼，可以道化而難以勢迫。先帝嘗下詔優恤，深根固本之計，其克弘治道有自來矣。皇上嗣統，擴愛民之仁，繼先帝之志，乃首詔天下開示："各處灾傷頻仍，賦役繁重，百姓甚是艱難。近來有等無藉之徒，將軍民祖業徵糧地土捏作抛荒無主及水灘[三二]沙壓不堪耕種等項名目朦朧投獻王府并內外勢要之家，聽信撥置，奏討占奪，以致貧困[三三]失業。詔書到日，限一個月以裏赴官陳告，從公斷理。"綸音傳播，良法具存，殆如日中天明昭罔極，如水行地澤潤不窮也。中外慰悅，方駢首屬耳，日望堯舜之治。有今[三四]景州東光縣軍民高崇、王敏等奏，蒙欽准行勘。間被周或挾私妄奏，誤惑聖聰，致蒙拿問，中外莫不驚駭。臣等以爲，今日之法非前日之詔也，今日民心非前日民心也。民望之切欲趨利以避害，明詔之意在袪害以興利。當詔旨未降之先，勢豪兼并，民害莫伸，往往有棄妻逐子以資口糧，有拆屋伐樹以納稅銀，甚至有寒餒道途斃踣溝壑者。幸承明詔，式副更生之願，不意復置之於刑，是求利未得而害已隨之。議者謂詔旨初意本以興利而反奪民之利，本以除害而反貽民之害，周或欺君誤國豈小小哉？況天下一家，孰親孰疏？王者一法，何厚何薄？周或與高崇等各執一詞，是非未定，論法固當均勘，原情亦當矜憫。設事不審實，惟據空言，恐非所謂罰必當罪也。設罪先窮民，姑容貴戚，恐非所謂法者天下之公也。信不孚，法不立，誠恐勢豪日盛，兼并日滋，百姓膏腴悉爲勢豪所奪，所謂弱之肉，强之食也。害若至此，何以保民致治而永固邦本哉？伏望皇上雄謀獨斷，守正秉公，存寬恕以恤民隱，謹法令以肅臣工，將高崇等暫免解問，與周或等各項奏詞特命戶部議委公正官員從公查勘。果係投獻地土，即令退還改正，照舊辦納糧差，仍將周或拿送法司問罪，以爲奸貪無恥之戒，庶幾正本澄源，伸冤理枉，利興而弊革，刑清而政平，所以輯寧邦家，永保天命者端在是矣。昔董仲舒推《春秋》謂一爲元之意，以爲視大始而欲正本也。正德體元，意亦以此。伏惟睿覽，不勝幸甚等因。

各具本於奉天門奏，俱奉聖旨：“該衙門知道。”欽此，欽遵。通抄送司案查。

先該直隸河間府景州東光縣順城等鄉軍民王敏等奏：本縣衛河迤西地，名孫四官莊，於永樂年間有內官劉永成開墾地六十四頃，東至賈恕地，南至郭有才地，西至王振地，北至韓玘地。後劉永成故，將前地一向空閑，無人敢種。至成化十四等年間，有本縣已故民人張亮、劉仿妄將景州、東光、阜城、交河四州縣臣等祖業徵糧地一千九百一十七頃捏作拋荒無主不堪耕種等項名色，朦朧投獻內官楊泰管業，後又轉與皇親周彧，蒙差家人周付等看管。遞年徵收子粒之時，四州縣貧民逼迫逃竄失業，及典男賣女，拆賣房屋，亦要辦納糧草水馬站役雜泛差徭，甚至艱難，負苦無伸。乞要遵依詔書內事理退還改正，照舊辦納本等糧差等因。

續該直隸河間府景州民人高崇等亦奏前事，本部議擬行移巡撫、都御史，轉行各該府州縣掌印正官踏勘去後，未報。今該前因案呈到部。

看得刑科等科都給事中鄒軒等、江西等道監察御史陸偶等各奏，太保長寧伯周彧受輾轉投獻地土，鞁轢官民，挾私妄奏，將景州東光等縣軍民高崇等亟行釋放一節。臣等切惟：王者不私其親，故能服天下；聖人不虐無告，故能得民心。目[三五]者陛下正位大寶，體念元元，特頒明詔，與民更始，而禁止無藉之徒投獻地土及內外勢要之家聽信撥置占奪民田，尤爲切至，以故小民高崇等含冤上鳴，仰天控訴，若在倒懸而求解，若蹈水火而求救也。本部已經行勘，未報，而長寧伯周彧輒便虛詞奏擾，誤犯聖怒，蒙差官校將高崇等拿解來京。田野愚夫，干冒威令，震驚之下，禍福未測，何以異於倒懸益急而水火益甚哉？況高崇等與周或争論地土，奉詔訴冤，已經行勘，是非曲直尚未分別，其不當拿解明矣。臣等切恐四方之人傳聞此事，將謂陛下私其所親而遂廢公法，何以取信於天下而懾服人心哉？伏望聖明俯從群情，收回成命，將高崇等即賜疏放，仍行巡撫等官從公勘理。如果前項地土委係軍民徵糧產業，被人輾轉投獻，即與改正，就令各家管業辦納糧差。如高崇等奏有虛詐，從重歸結。中間干碍長寧伯周彧，聽勘官徑自參奏拿問。如此則朝廷之公法不廢，詔令之大信不失矣。

緣係懲奸貪以全大信及節奉欽依"該衙門知道"事理，未敢擅便，謹題請旨。

弘治十八年二月十五日具題。次日奉聖旨："是。"欽此。

校勘記

〔一〕此標題原無，今據本文内容擬定。以下奏議各篇標題俱仿此。

〔二〕"陳應循"，《明史》本傳記此人作"陳應褿"。下同。

〔三〕"□"，底本因避清諱空一格，據萬曆本當作"賊"。下"必是殘□零騎""□衆復舉"同。

〔四〕"□□"，底本因避清諱空二格，據萬曆本當作"虜寇"。

〔五〕"奮勇"，萬曆本誤倒作"勇奮"，底本是。

〔六〕"□□"，底本因避清諱空二格，據萬曆本當作"虜賊"。下"今□□既退"同。

〔七〕"□"，底本因避清諱空一格，據萬曆本當作"虜"。

〔八〕"竊"，萬曆本作"切"。

〔九〕"穀"，萬曆本作"勾"。

〔一〇〕"鋤"，據萬曆本當作"搠"，乃音同形似而誤。

〔一一〕"消患"後，據萬曆本當有"於"，此誤脱。

〔一二〕"□□"，底本因避清諱空二格，據萬曆本當作"夷狄"。

〔一三〕"□□"，底本因避清諱空二格，據萬曆本當作"虜賊"。

〔一四〕"□□"，底本因避清諱空二格，據萬曆本當作"醜虜"。

〔一五〕"□"，底本因避清諱空一格，據萬曆本當作"賊"。

〔一六〕"□"，底本因避清諱空一格，據萬曆本當作"虜"。

〔一七〕"□□"，底本因避清諱空二格，據萬曆本當作"胡虜"。

〔一八〕"□□"，底本因避清諱空二格，據萬曆本當作"達賊"。

〔一九〕"賣窩買窩"，萬曆本作"買窩賣窩"。

〔二〇〕"觳"，萬曆本作"勾"。

〔二一〕"□□"，底本因避清諱空二格，據萬曆本當作"虜賊"。下"□□猖獗於外""□□擁衆在邊住牧"同。

〔二二〕"□"，底本因避清諱空一格，據萬曆本當作"虜"。下"在□譽時""禦□必資乎軍馬""□情緊急"同。

〔二三〕"□□"，底本此句因避清諱空二格，據萬曆本當作"達子"。

〔二四〕"□□"，底本因避清諱空二格，據萬曆本當作"達賊"。

〔二五〕"觳"，萬曆本作"勾"。下同。

〔二六〕"□"，底本因避清諱空一格，據萬曆本當作"賊"。下引此句同。

〔二七〕"觳"，萬曆本作"勾"。

〔二八〕"墮"，據萬曆本當作"隳"，乃形似音同（墮有huī音）而誤。

〔二九〕"況"，萬曆本同，據文意疑爲涉上而衍。

〔三〇〕"灘"，據萬曆本當作"淕"，乃沿襲萬曆本下文"陸偶等題"引此聖旨形誤。

〔三一〕"打著問"，萬曆本同，本篇下文"陸偶等題"引此聖旨"問"前有"追"字。

〔三二〕"灘"，萬曆本同，據文意并參該本上文"鄒軒等題"引此聖旨當作"淕"，底本沿襲此形誤。

〔三三〕"困"，萬曆本同，上文"鄒軒等題"引此聖旨作"苦"。

〔三四〕"有今"，萬曆本同，據文意并參本篇上文"鄒軒等題"記此事作"於是河間府景州民高崇……"，疑爲誤倒。

〔三五〕"目"，據萬曆本當作"日"，乃形似而誤。

奏議下

急處救荒疏

戶部等衙門尚書等官臣韓等謹題，爲急處救荒事：

先該巡撫陝西都御史楊一清題前事，內開陝西地方災傷，要行賑濟，乞敕該部大臣議處，給發官銀數十萬兩運送陝西布政司收，發被災州縣糴糧賑濟。若京庫銀兩所積不多，難以再給，合無再開淮、浙、四川等運司官鹽一百萬引定價招商，上納銀兩糴糧。仍乞各開淮鹽，庶幾速於收效。如明年麥熟民安，前銀賑濟支用不盡之數俱發布政司收，待年豐仍糴糧收積官倉，以備邊荒之用等因。會同府部等衙門查議得，先該戶部議擬，將各處運司弘治十八年以前見在存積等鹽差官前去盡行變賣銀兩解部，以備緊急支用。已經題准通行去後，至今半年之上并無分毫鹽銀到部。揆厥所由，蓋因商人譚景清等指以隨場買補爲名，霸占市利，商賈阻滯，以此官課無從變賣，國用無由充足。邊軍賞賜廢格而不行，邊倉糧儲緊急而無措。今本官又奏前因，臣等委難區處，合無將太倉銀庫見佇銀兩差官秤盤二十萬兩星馳運赴，前去陝西布政司交割，聽本官從宜支用。一面行長蘆、兩淮巡鹽御史，將商人譚景清等鹽課暫且停止，待官鹽賣畢、鹽法疏通之日，戶部另行上請定奪。仍行賣鹽官員作急解銀赴部，量送陝西，以備邊荒之用等因。本年正月二十五日會題，本月二十九日奉聖旨："是。陝西邊方災傷重大，賑濟爲急，這議處事宜都准行。鹽法你每再議來説。"欽此，欽遵。會同太師兼太子太師英國公張□、少師兼太子太師吏部尚書馬□等再議，查得先爲欽奉事，奉孝宗皇帝聖旨："祖宗設立鹽法，以濟緊急邊餉，係國家重務。近來廢弛殆盡，商賈不通，各邊開中雖多，全無實用。户部便通查舊制及今各項弊端，明白計議停當來説。"欽此。該户部查具弊端，釐爲七事，内一件"革買補殘鹽之弊"，要將周洪并杜成、朱達等奏買長蘆、兩淮殘鹽停止等因。具題，至今未奉成命。

又爲開讀事，伏睹詔書内一款："鹽糧以濟邊餉，國用所急。近年以來欽賞數多，及被内外勢要罔利之人奏討奏買存積常股，并盤割私餘及風雨消拆〔一〕等項鹽斤，攙越支賣，夾帶私販，以致鹽法阻壞，商賈不行。詔書到日，各該巡按、巡鹽〔二〕御史即便從實查理，除已支賣外，其未支掣者俱各住支還官。今後行鹽各照地方，不許越境販賣。各邊開中引鹽及糴買糧草，俱不許勢要及内外官員之家求討占窩，領價上糧〔三〕。巡撫、管糧等官徇情受囑者，許巡按御史指實糾舉。"欽此。

又爲傳奉事，該少師兼太子太師吏部尚書馬題，内一件"重鹽法以備急用"，户部議將商人朱達、杜成等買補殘鹽禁革等因。具題，奉聖旨："整理鹽法事宜，你每還開具來説，其餘准議。"欽此。

又爲前事，該户部再議，要將朱達、周洪等奏買殘鹽俱遵詔旨施行等因。題奉聖旨："買補殘鹽，你每再議了來説，其餘都准擬行。"欽此。

又爲前事，該户部再議，要將周洪、朱達等買補殘鹽仍照原議住支等因。題奉聖旨："除已納價銀在部的照先帝聖旨還給與引目買補，其未納價的都著停止。"欽此。

又爲一詔令以全大信事，該户部題，要將周洪并朱達等奏買引鹽住支還官等因。題奉聖旨：“是。壽寧侯家人杜成等已有前旨了。”欽此。

又為掣官延遲負累貧商資本事，該刑科等科都給事中于瑁等參奏，錦衣等衛軍餘李琳等貪緣奏擾，阻壞鹽法等因，戶部議擬具題，奉聖旨：“這事已發落了。”欽此。

又為再辭鹽引乞天恩嚴加禁約事，該壽寧侯張鶴齡奏，要將家人朱達、杜成衛佐所上引鹽辭退，不關引目，求全名節，用息物議等因。奉聖旨：“是。節次懇辭，准他。朱達等原上買引鹽價銀還給與他，商人譚景清等照前旨給與引目，隨場買補。該衙門知道。”欽此。

又為重明詔以謹初服等事，該科道等衙門左給事中艾洪等各具題，要將慶雲侯周壽家人周洪并商人譚景清等報中鹽斤未支者給價住支，未掣者還官，及稱各商買補已完，運至秤掣處所者查審是實，給與變賣等因。續該慶雲侯周壽奏稱，周洪報中兩淮引鹽，有商人馬亨等中過三十餘萬引要行買補，未曾上納者辭退還官等因。奏奉聖旨：“這引鹽已納價銀兩在部的還給與引目照價買補，未曾上納的停止。該部知道。”欽此。戶部查議得，譚景清、馬亨等買補殘鹽合遵詔書內事理一體還官，或將各商未賣補者給與引目銀兩，其買補已完、運至秤掣處所者，審實給與引目，准復照依先年題准災傷事例停免等因。具題，奉聖旨：“譚景清、馬亨俱係商人，既資本艱難，恐致失所，還照前旨給與引目，陸續買補。著巡鹽御史好生禁約，但不許指稱皇親勢要，違者治罪。”欽此。

又為鹽法事，該都給事中張文等題，要將商人譚景清等奏賣前項鹽引住支還官。本部依擬具題，奉聖旨：“這鹽引已累有旨，行了罷！”欽此。

又為運送銀兩事，該本部左侍郎王奏討銀兩整理糧草。本部議擬具題，奉聖旨："鹽法阻滯，你每還議處來説。"欽此。户部議，將譚景清等鹽斤暫行停止等因。奉聖旨："譚景清等既准行了，不必暫停。"欽此。

近爲應詔陳言興革以謹天戒事，該禮科都給事中周璽等題，内一件"清弊政以固人心"，開稱鹽法更不疏通，切恐内外訌詛，上下怨叛，乞要會集廷臣議處，追寢譚景清等成命，仍舊該部原擬等因。又爲新德政以隆聖治事，該監察御史何天衢等題，内一件"澄清宿弊"，開稱商人譚景清等引鹽若不查革，誠恐誤國害民，要乞收回成命，照依該部裁議，及禁絶勢要開中等因。具奏，俱奉聖旨："該衙門知道。"欽此。

又[四]奉前因，臣等切詳商人譚景清等買補殘鹽事情，先帝始因各商奏討，誤蒙准行。未幾，垂念邊餉缺乏，而隨有查議之旨。陛下嗣登大寶之初鋭意裁革，未幾憐其陳奏懇切，而又有分豁之命，以故臣下前後建白不下數十餘章，户部議擬覆奏亦經數十餘次。臣等豈不知詔旨之屢勤而紛擾之爲瀆哉？第法有成規，事不可緩。祖宗設立鹽法，專備各邊糧草及賑濟饑荒之用，不許官豪勢要人等阻[五]撓占中，此法之一定而不可易者也。山陝地方見今饑饉，人民隨處流移，□□[六]人寇，軍民多被搶掠，此事之至急而不可緩者也。法不可易，而守法者變之，必至於壞法；事不可緩，而任事者忽之，豈能濟大事哉？今鹽法一事，臣等已嘗執奏，未蒙陛下俞允。若以爲成命既下，勢難中止，則祖宗成憲傳之子孫，近日詔旨頒之天下者何乃一旦變更而中止乎？若以爲商人資本[七]恐致失所，則夫數百萬饑民轉於溝壑而莫之引手，果孰爲重乎？況今邊方報警，□□在套聲言大舉，又將簡練士馬，以備調用。即今帑藏空虛，邊儲無積，若買補之害不除，則鹽法之壞仍舊，官課何從變賣？糧草何所措辦？一有急用，何以應之？臣等反復思惟，再四計處，前項買補殘鹽必須遵依詔書內事理盡數沒官，方可以昭國法之至公，全天下之大信，杜奸宄之門，通飛輓之利。但念商人譚景清等銀兩已納在部，盡法沒官，情恐不堪。合無戶部將各商納過銀兩照數給還，原領引目盡行追收，不許隨場買補，庶幾情法兩盡，事體相宜，上不失朝廷之紀綱，下可絕群小之覬覦。臣等所見如此，蓋已集眾人之所長，極天下之公論，豈敢偏執阿私而自速罪戾也哉？伏望皇上大施乾斷，俯從輿情，宗社幸甚，生民幸甚。此外如欲別議，是陛下所以待臣等股肱耳目之臣不若譚景清等一商人矣，陛下所以為宗社生民之計不若商人譚景清等一家計矣，此皆臣等之所未喻也。事關國體，言多急切，無任惶悚待罪之至。

緣係急處救荒及奉欽依"是。陝西邊方災傷重大，賑濟為急，這議處事宜都准行。鹽法你每再議來說"事理，未敢擅便，謹題請旨。

正德元年二月□□□日具題。

會官計處急缺寶石西珠疏

戶部尚書臣韓等謹題，為急缺寶石西珠事：

先該戶部雲南清吏司案呈，奉本部抄出，送於內承運庫，署庫事內官監太監龍綬等題，仰惟皇上嗣登大寶，舉大婚禮，一應成造各項物料支用浩繁。近該御用監印信、題本、會關成造，斗冠、燕居冠、霞帔、頭面、花朵、珠環、頭繩、抹額等項合用金銀、各樣寶石、西珠數多，傳赴到庫。本庫會同御用監左少監等官楊銳等，隨於寶藏庫將見在收貯金銀、寶石、西珠并廣東珠逐一查點，除金銀另行湊[八]放外，數內該用寶石、西珍珠，眼同撿括旬月，通無相應塊頭。臣等思得：先年放支寶石、珍珠俱係永樂等年各番國等處買辦采取，兼以各番王頭目人等進到，先後相繼百十餘年，累因列聖大婚、鋪宮等項成造上用物件俱已用盡。自宣德年間以後，番夷既不進貢，國家又無采取，目今成造以故急缺。矧婚禮鋪宮又該進送金銀、寶石、珍珠等項，系遵祖宗舊制，不可有缺。若不具奏急行處置，未免有誤大事。合無敕下户部，即便照依後開該用寶石、西珍珠樣塊權宜處置，務要真正鮮明，作急進納，以應成造，不可視爲泛常，一概延緩，庶幾有濟，不致愴惶失措等因。具題，奉聖旨："急缺寶石、珍珠著户部便計處來説。"欽此，欽遵。抄出送司，案呈到部。看得太監龍綬等題，稱舉大婚禮合用寶石、西珍珠等項物件要行本部權宜區畫一節，緣前項物件係外夷出產難得之物，非本部所能計處，合無會同五府、六部、都察院、通政司、大理寺堂上官，六科、十三道掌印官公同計議處置，另行奏請定奪等因。弘治十八年十二月十九日具題，次日奉聖旨："是。"欽此，欽遵。

議得自古帝王之御天下，不寶遠物，不貴淫巧，一以杜絕蠱惑之漸，一以培養清儉之德。我朝列聖相承，皆用此道以風動四方。自宣德年來，番國罷珍寶之獻，朝廷嚴收采之禁，正謂異物無益，徒耗財用。矧惟皇上嗣大歷服之始，一舉一措關係治體，正宜涵養德性，屏絕奇玩。《書》曰："慎厥終，惟其始。"此其時也。邇者承運庫大〔九〕監龍綬題，該御用監揭帖開稱："即今舉大婚禮合用寶石、西珍珠奏行户部計處。"臣等伏睹祖宗以來婚禮之舉，珍寶之費，率皆取諸内藏，外人不得與聞，何至今日乃敕户部計處乎？且前代所遺，累朝所蓄，番珍海寶悉萃〔一○〕内藏，今稱缺乏而欲收買於外。臣等仰荷聖恩，涓埃莫報，反覆思惟，實難計處，顧惟國家大婚，敢不仰遵德意，一一奉行？但承平既久，采取進貢俱已停止，雖欲收買，從何而得？況即今内而賞賜不敷，外而邊餉告乏，自三月以來未及一年，陸續運送過銀三百餘萬兩。當此凋敝匱乏之際，而欲辦此難得之物，非惟勢不可爲，其實力不能支。查得成化末年，太監梁芳輩引用憸邪，收買寶石，虛耗庫藏。逮我先帝登極，深察此弊，將梁芳及發賣寶石人章瑾等俱置於法，至今人心痛快。不意今日復有是舉，萬一此端一開，奸巧之人因而夤緣蠱惑上心，其害有不可勝言者矣。且先帝初政禁之，而皇上初政行之，無乃於善繼善述之道猶有未純者乎？伏望皇上俯念各處灾傷頻仍，百姓艱苦無狀，賦役科取浩繁，庫藏空虛益甚，乞敕御用監、承運監太監等官龍綏等將內庫見在寶石、珍珠逐一選取，不必求購，但係堪用之數，量爲揀用，務使舊典不廢而大禮克成。仍禁左右近習不許指此爲由惑亂聖聰，乖違成憲。如此則勤儉之德日隆，繼述之孝益盛，堯舜之治可保其不難至矣。臣等公同計處，委的別無餘策，伏乞聖明鑒納，則天下幸甚，臣民幸甚。臣等區區犬馬之誠，不勝惓惓爲國仰望懇切之至。

緣奉欽依會官計處寶石、西珍珠事理，未敢擅便，謹題請旨。

弘治十八年十二月二十七日具題，正德元年二月二十七日奉聖旨："不必買辦。"欽此。

急處救荒疏

户部等衙門尚書等官臣韓等謹題，爲急處救荒事：

該户部題，陝西清吏司案呈，奉本部送，於户科抄出，巡撫陝西等處地方兼督理馬政、都察院左副都御史楊一清題，前事。准户部咨，該陝西鎮巡等官題，切照陝西地方接連邊境，糧草、徭役比之他處實爲浩繁，兹者又遇前項蟲旱等灾，米價騰貴，人民流移，誠爲可憫，難以照常勘處。合無不爲常例，本部移咨都察院，轉行巡按陝西監察御史，公同都布按三司守巡、管糧官，嚴督府衛州縣掌印官，一面將被灾地畝從公覈實，一面將該免錢糧照依分數先行除豁，仍將除豁過田畝稅糧等項、有收無收分數各備造文册奏繳，仍造清[一]册一本送部查考。本部再行巡撫、都御史，督同守巡、管糧等官，嚴督府衛州縣各該官員查勘缺食軍民，先儘見在預備倉糧按月放支賑濟，如有不敷，就將該庫收有見在銀兩等件設法糴買米穀，作急賑濟，務使人沾實惠，事有成效。此外別有救荒事宜，徑自區處施行，事體重大者作急具奏定奪等因。具題，奉聖旨：「是。陝西災傷重大，著楊一清好生設法賑濟，毋致失所。」欽此，欽遵。備咨到臣。

　　查得陝西災傷地方，西安爲甚，延安府次之，慶陽、鳳翔二府又次之，其餘平漢、臨鞏等府雖聞有旱雹等災，分數不多。但西安一府財賦供億實當七府之半，西安府告荒，雖七郡全收不足以補。況延慶邊郡亦復有災，他府稍登，僅能自給。已將被災地方應該分豁減免稅糧緣由節次具題，及行委分巡、分守等官各帶領府佐能幹官員分投遍歷所屬州縣，先將極貧人户今冬開倉驗口，給糧賑濟，次貧人户明春一體賑濟。如倉糧不敷，聽將官銀折放去後。兹者仰荷聖慈，該免稅糧准行巡按御史覈實除豁。天語叮嚀[一二]，又以「設法賑濟」責成愚臣，惟恐斯民失所，古帝王之用心不是過也。顧臣撫巡無狀，不能導引和氣，以厪宵旰之憂。若又不能仰承明詔，講求賑濟方略，坐視溝壑轉徙而莫之救，其罪安可逃哉？

　　查得各該州縣預備倉糧，多者不過萬餘石，少則二三千石，甚至止有數百石。陝西布政司查報在庫官銀八萬三千餘兩，俱該供邊并支折俸糧、布花之數尚恐不敷，亦難動支糴買糧米。夫以堂堂巨省而倉庫空虛至此，臣等晝夜思之，寢食俱廢。竊爲[一三]救荒以賑濟爲先，賑濟以儲蓄爲本。陝西地方關山環峙，舟楫不通，重以供給三邊，賦役繁重，故一年之收僅足[一四]周一年之用。加以頻年兵荒，瘡痍未復，猝遇久旱，遂成大饑。閭里蕭條，逃亡接踵。盜賊間起，剽掠潛行。困憊艱難，莫可名狀。又恐春夏之交米價亦^[一五]貴，民食愈難，官廩既空，官銀莫措，餓夫張口以待哺，官司束手而無策，民窮盜起，勢所必至。若麥秋有望，猶可支持，萬一套□^[一六]肆出，二麥不登，賑濟、轉輸兩無所賴。公私告急，內外俱困。愴惶狼狽，何可勝言？

臣又竊思：陝西成化十九、二十年間旱荒，彼時承平之餘，倉庫有積，又無邊患，尚且賑貸不敷，餓莩填渠，人至相食。後蒙憲宗皇帝準開救荒事例，措置銀糧數多，又將江南漕運糧米數十萬石差官由漢江及河南二路轉運，移民就食，賴以全活，而死徙之民已不可救，戶口耗凋，至今未復。今公私匱乏既非昔比，□□^[一七]跳梁又昔所無，若明年歲果不登，將來事變豈直如成化年間而已？及今多方區處，尚爲臨事有備，然糴買既苦於無資，開例復拘於犯禁，安能忍心坐貽後悔？

行據陝西布按二司左布政使柳應辰、右布政使羅鑒、按察司謝營等會同，將議處區畫錢糧及停免追徵等項事宜開呈前來，臣參酌衆論之中，求濟一時之急，敢用昧死上陳。伏望聖明省覽，乞敕該部大臣參詳可否，議擬上請，早爲施行，庶幾續民命於垂絕，奠疆土於無虞。關陝安則天下安、京師安，實宗社萬億年無疆之休也。臣不勝激切俟命之至等因。題奉聖旨："戶部知道。"欽此，欽遵。抄出送司，案呈到部。

看得都御史楊一清題，稱陝西西安等處地方荒歉太甚，人民饑窘，條陳區畫救荒八事，要行參詳可否，議擬上請，早爲施行一節，緣前項事情重大，多係別衙門掌行，本部難擅定擬，合無會同五府、六部、都察院、通政司、大理寺堂上官并六科、十三道掌科、掌道官公同議處，上請定奪。本年正月十六日具題，次日奉聖旨："是。"欽此，欽遵。會同太師兼太子太師英國公張、少師兼太子太師、吏部尚書馬等議得：

關陝地方外鄰強□，內困供億，比年邊鄙多警，民不聊生，官司庫廩在在空缺，徭役科派處處疲弊，加以年穀不登，赤野千里。目今□□〔一八〕深入，大肆搶掠。夫以窮迫垂死之民，遇此兵荒相仍之歲，人心搖動，它變必作，正當先事而慮，庶幾保無後愆。都御史楊一清身歷目睹，心切憂勞，條陳數事，乞早施行，言雖急迫，事實可采。昔人謂救荒莫如備荒，蓋以此耳。臣等切思：天人一理，相爲流通；灾祥感召，捷於影響。揆厥亢旱之由，實因乖氣所致。況關陝喉襟重地，尤當加意撫恤，大布惠澤，以救倒懸之厄，用消意外之虞。奈何國家多事，帑藏虛耗，生財之源既塞而不行，軍需之費多缺而不繼？近者各邊賞賜尚欠大半，其宣、大二鎮奏討糴買糧草銀兩，極力措辦，不及三分之一。言及於此，良可寒心，臣等伏睹累朝以來公私匱乏未有甚於此時者也。今將本官原擬八事斟酌上請，伏望聖慈軫念生民，俯賜鑒納，崇實德以消天變，守清儉以裕國用。臣等不勝惓惓憂畏激切之至。

緣係會議急處救荒事理，未敢擅便，謹題請旨。正德元年正月二十五日具題，本月二十九日奉聖旨："是。陝西邊方灾傷重大，賑濟爲急，這議處事宜都准行。鹽法你每再議來說。"欽此。

一詔令以全大信疏

户部尚書臣韓等謹題，爲一詔令以全大信事：

廣東清吏司案呈，奉本部送，該本部題。爲傳奉事，本司案呈，先該少師兼太子太師、吏部尚書馬題。節該本部議擬具題，奉聖旨："買補殘鹽，你每再議來說。"欽此，欽遵。

臣等看得買補殘鹽一節，先因慶雲侯周壽家人周洪奏買兩淮鹽引，并壽寧侯張鶴齡家人杜成、朱達等奏買長蘆、兩淮鹽引，名雖買補殘鹽，其實侵奪正課，以致物議沸騰，人心積怨。先帝深究此弊，特降綸音，反覆諄切，意欲痛加祛除，以正國法。不意偶值龍馭上升，志遂中止。仰惟皇上繼登大寶，首頒明詔，而於鹽課一款尤悉前弊。德音一布，中外騰歡，皆謂陛下善繼善述，足以慰先帝在天之靈，而啓億萬年無疆之休也。茲者又奉欽依，令臣等再議。切惟前項鹽課，本部先次議擬，要將各商原領引目赴官銷繳，價銀照數給還，未完之數悉皆停止，不許陸續上納。雖經題請，未蒙明示。續睹詔書所載，悉令住支還官，至今人心稱快，物論允協，著之令典，永宜遵守。況聖諭渙頒，傳播天下，人所共知，豈臣下所敢妄意更張，自速罪戾？臣等備位民曹，濫司邦計，再四籌慮，委難別議等因。具題，奉聖旨："除已納價銀在部的照先帝聖旨還給與引目買補，其未納價的都著停止。"欽此，欽奉。送司，案呈到部。

臣等竊聞《詩》著克終，《禮》稱謹始，惟公斯可以服天下，惟信斯可以結人心。仰惟皇上當九五應運之期，正萬物咸睹之日。登極一詔，法治具載，而鹽課一款尤爲周悉，群聽維新，歡呼動地，各該鹽場正在遵行。今乃奉有前旨，朝野驚愕，罔知攸措。且前項引鹽先帝雖嘗准令納銀隨場買補，後因廷臣論奏，尋復罷止。已而慶雲侯周壽、壽寧侯張鶴齡出名奏討，至再至三，乃不得已准令關支，遂使鹽法阻[一九]壞，商賈不通，故群工庶職每特奏於闕庭，雖田夫野老亦嗟怨於閭巷，先帝隨即悔悟，特優召臣面授敕旨，惟欲查照舊制，痛革弊端。睿意所發，正謂此耳。本部備將前項事宜開款上聞，不幸仙馭升遐，攀號莫及，然則成先帝欲爲之志，復祖宗不易之法，不有在於今日而何哉？

節該伏睹詔書："除已支賣外，其未支掣者悉皆住支還官。"欽此。今奉欽依，除已納價銀者即係未支應該住支之數，及給與引目者即係未掣應該還官之數。若未納價銀，則先帝已有成命停止，故不待於今日矣。邇者陛下俯念內外臣工人等效勞先帝有年，大行賞賚，命集廷臣多方議處，而帑藏空虛，計無所出，姑從衆議，差官分投變賣各處鹽課，解銀赴京，以備支用。内外臣工人等亦皆延頸跂足，想望前項鹽銀計日可得。今又准令二家買補，則商賈依舊不行，鹽課何從變賣？而賞賚之典畢竟廢格而付之空言矣。且慶雲侯周壽等姻聯戚畹，爵列通侯，禄享萬鍾，田連阡陌，其所以爲身計而遺子孫者不爲不厚矣，前項引鹽失之未足爲損，得之未足爲益，何獨孜孜需求，漫無厭足，使先帝前日之志抑鬱而未宣，陛下今日之令濡滯而不行，祖宗列聖之靈弗慰於在天也耶？況今水旱交作，盜賊蜂起，流移内聚，□□[二〇]外攻，地震山崩，日月薄蝕，又京城内外霪雨爲災，彌月不止，有識之士孰不寒心？彼周壽等亦陛下人臣耳，亦朝廷赤子耳，安忍獨享富貴，曾不爲之一動心耶？

臣等才本疏庸，叨司邦計，憂積於中，至忘寢食，況當財用匱乏之時，事勢危急之秋，若復緘默不言，將來誤事，罪臣何益？是以輒敢不顧忌諱，昧死上陳。伏望皇上獨斷宸衷，不惑群議，仍照臣等原擬，遵依先次詔旨，將慶雲侯周壽家人周洪，壽寧侯張鶴齡家人杜成、朱達等節次奏買長蘆、兩淮引鹽，除已支賣外，其未支者即與住支，已支未掣者悉皆還官。庶祖宗之法可遵而可守，先帝之志成始而成終，陛下之美善繼善述而垂裕於無窮矣，豈但鹽課疏通，國計有賴而已哉？

緣係一詔令以全大信事，未敢擅便，謹題請旨。

弘治十八年八月十一日具題，九月初二日奉聖旨："是。壽寧侯家人杜成等并商人譚景清等已有前旨了。"欽此。

爲國庫空虚裁冗食節冗費開財源疏

户部尚書臣韓等謹題，爲庫藏銀兩空虚等事：

廣西清吏司案呈。先該欽差總提督糧儲、本部右侍郎陳清，又該總提督京、通等處倉場御馬監太監蔡用等，續該兵科給事中徐枕〔二一〕各題前事，該部議擬題准，要行多官各陳所見，庶幾集眾人所見，審經權之宜等因。隨該戶科都給事中張文等亦題前事。奉聖旨："這本所言經制國用事重，戶部便會同多官從長議處，逐一開具明白來說。"欽此，欽遵。

臣等會同五府、六部、都察院、通政司、大理寺堂上官及六科、十三道掌科掌道官，查得〔二二〕京庫銀兩，以歲入言之，夏稅共該五萬五百餘兩，秋糧九十四萬四千八百餘兩，馬草二十三萬七千餘兩，鹽課折銀二十餘萬兩，雲南閘辦三萬餘兩，通計各項實該一百四十九萬餘兩〔二三〕；以歲用言之，宣府年例五萬兩，大同五萬兩，遼東一十五萬兩，延綏三萬兩，甘肅、寧夏各〔二四〕六萬兩，給散京衛軍官俸糧共三十三萬五千餘兩，內府成造寶冊等項其餘不得與知〔二五〕，大約并前折俸銀不下五六十萬餘兩，通計各項實收〔二六〕一百餘萬兩。其間支剩馬草等銀，節該本部題准，俱送太倉收候，以備邊方緊急支用，不許別項支銷。故太倉之積多者三四百〔二七〕萬，少亦不下二百餘萬。夫何近年以來前項額辦銀兩或災傷減免，或小民拖欠，或詔書〔二八〕蠲免，歲入既虧於原額，而歲用乃過於常數？姑以近日言之，宣府年例外運送過六十一萬餘兩，大同年例外運送過七十七萬餘兩，陝西各邊年例外運送過四十萬〔二九〕兩，遼東預送過三十三〔三〇〕萬四千餘兩，蓋為邊方緊急，糧草缺乏，鎮巡等官分外奏討之數。又征進京軍給賞過六萬九千六百餘兩，欽賞在京官軍人等共用過銀七十二萬四千二百六十餘兩，及各邊官軍共六十九萬三千三百二十兩。又陝西賑濟銀二十萬兩，密雲、紫荊、居庸、倒馬關等處招買糧草共銀一十二萬八千餘兩，買金進送內府一萬二千〔三一〕五百餘兩。迨上之取用未止，其數未可量指，一歲之間實用過四百余萬兩，并計舊例將及五百餘萬兩。是舊例與新用過銀兩殆四倍餘矣，帑藏何由而不空？國用何由而不匱也哉？

臣等竊聞：滄海不能實漏卮，杯水不能熄烈火，其勢使然也。今值海內虛耗，祇見四方災異不時，加以兵荒之相仍，供億之百出，事變之難日甚於前，奢靡之習漸長於後。以多方之用，欲倉卒取盈，豈不難哉？臣等叨職户曹，謬司國計，而極力區畫，未敢辭犬馬之勞，但晝維夜籌，量其所出。將欲少徇乎人情，又恐致傷於國體；將欲取給於目前，又恐貽患於將來。或益少而損多，或害重而利微。輾轉憂思，如芒負背。臣等所以不敢輕爲之議者，蓋以此也。竊嘗上觀往古迄唐宋〔三二〕，遠揆先王之制，近睹祖宗之法，莫不以理財爲務，量入爲節，以勤儉愛惜爲本，以侈靡妄費爲戒。蓋因生之有限，用之無窮，若不撙節於平日，何以克濟於臨時？然撙節之道未有不自君身始者。伏望陛下念天命至重，祖業至大，民事至艱，躬履儉約，爲天下先，俯將臣等議擬條件留神覽察，斷在必行，庶乎轉嗇以爲豐，伸縮以爲贏，濟一時之用，培萬年之基。臣等下情不勝惓惓憂惕仰望之至。除有禁例難行及各官另有條陳，户部徑自覆奏外，今將會議過事件逐一開坐，上請定奪等因。具題，奉聖旨："是。本内所開事件都准擬行。近年支用緣何比前日漸增加多至數倍，及各邊解送銀兩數多，用過、存留數目還都備查細究明白，并其餘別有可行長策再議處來説。"欽此，欽遵。

臣等恭承明命，仰窺聖心以國祚爲重，以民窮爲憂，故欲究冗費加增之由，查邊方支用之數，再開長策之端，特采群工之議。臣等莫不欣躍感激，仰戴聖明，苟有管見，安敢循默？其近年以來内外支用金銀并冗食冗費大約數目，臣等前奏已嘗備陳而詳列矣。追惟其故，銀兩支用由於京軍屢出，調度頻繁，山、陝饑荒供億加倍。往者孝廟登極，賞賚之費悉出内帑，户部止湊銀三十餘萬兩，今次賞賜共銀一百四十餘萬兩，皆自户部出矣。往者内府成造金册等項皆取内庫金兩，今則户部節進過金一萬四千八百餘兩矣。往者户部進送内庫銀兩止備官軍折俸等項支用，今則賞賜無名〔三三〕、無益齋醮多取而用之矣。此銀費所以日增也。以冗食言之，招收、投充之匠，傳升、乞升之官，役占、影射之軍，皆夤緣權貴，蠹公營私，憑城據社，莫敢誰何。或臣下諫言而裁革不行，或方行裁革而旋復仍舊，根深滋蔓，消耗京儲，此冗食所以日增也。以冗費言之，光禄寺供應每稱不敷，内監局工作略無停息。至如玉帶之賜，舊例甚爲珍重，近來一概濫賜，充滿左右，名器不無太濫矣；蟒衣之賞，舊例未嘗輕易，近來一概濫賞，接踵前後，靡費不無太甚矣。其餘瑣細，不敢枚舉。此冗費所以日增也。夫天下之賦不少加於前，而軍國之費乃數倍於昔。又兼水旱之頻仍，賦斂之促迫，民怨日結於下，天道屢變於上，將來時事豈不誠爲可憂哉？

臣等竊聞：自古繼體之君，願治之主，其於庶事不患於不知，惟患於不行。故傅説進戒高宗曰："知之非難，行之惟艱。"今日財用匱乏之由，撙節愛恤之要，臣等已懇懇言之矣。前奏事件已蒙俞允，令各該衙門查奏定奪矣。伏望皇上毋視空言，斷在必行。俟其查奏至日，將冗官、冗兵、冗匠及冗食、冗費等項應裁革者即賜裁革，應減省者即賜減省，與夫無名賞賜、無益齋醮悉皆停止。務復祖宗之舊規，用敦清儉之美俗，天下臣民不勝至願。其各邊解送銀兩用過、存留數目，臣等難以遥度。合無行移各邊巡按御史，各照地方，自弘治十三年爲始，吊取各年文卷，逐一從實查勘。要見户部陸續解送銀兩若干，迄今用過若干，見存若干，某處糴過糧料草束各若干，中間有無假以按伏等項爲名，不審軍情緩急輒便輕動，妄冒關支情弊，備查明白，造册奏繳，仍造清〔三四〕册送部參究施行。待後户部奏差科道官員查盤邊儲之日，仍照此例行令嚴加查考，如有前項情弊，一體參究。臣等今將再議條件開坐上陳，雖非長策，要皆可行，伏乞聖明裁處。

　　緣係缺乏銀兩，庫藏空虛，及節奉欽依"近年支用緣何比前日漸增加多至數倍，及各邊解送銀兩數多，用過、存留數目還都備細查究[三五]明白，并其餘別有可行長策再議處來說"事理，未敢擅便，謹題請旨。計開：

　　一、收復官稅。切惟先王廣山澤之禁，立市廛之征，使地無遺利，國無惰農，故財用恒足。近年以來，各處空閑山場湖陂及稅課司局河泊等所多被王府奏討管業，遞相仿效，請乞無厭，以此存留在官十無二三。國用不足，此其一也。臣等伏睹祖訓，凡宗室分封，各有常禄供給，其一應田土稅課并不該載。蓋以天下之財賦有限，軍國之費用無窮，不以嗇此豐彼、損公益私亦明矣。合無户部通行天下稅泊司所，但係王府奏討管業者，不分年月久近，盡取還官。仍行撫巡等官查算各該司所歲課所入，照依見行折收錢鈔事例，每錢七文折銀一分，鈔一貫折銀三釐，行令各府類總起解户部。其山場湖陂田土等項除見管業外，或有王國改遷被人侵欺隱占者，亦行撫巡等官從公盡數查出，行令有司招人，應佃種者照例每畝征銀三分，應漁牧者量定則例收取花利，各赴該州縣上納彙解户部，以備各項支用。

　　一、修舉邊屯。切惟足邊之道，屯田爲本。蓋進戰退耕，得寓兵於農之義；自種自食，無千里饋糧之勞。如李牧之守雁門，充國之備金城，是其明驗。我朝屯田之制雖存，修舉之法不講，年復一年，馴至大壞。先帝博采廷議，常命科道等官分頭清理，然但止於腹裏，未及乎邊方。臣等訪得沿邊屯田廢弛尤甚，近便膏腴之田既侵奪於權豪，鄰境堪種之地復牽制於禁例。又兼租額太重，軍士不堪，往往逃竄影射，拋棄原業，遂使禾菽之地盡爲草莽之區。似此宿弊難以枚舉。子粒既缺則倉廩必虛，倉廩既虛則軍餉自乏。比來户部運送糴買銀兩，年例之外加至數倍，内帑空虛大率坐此。除遼東另行外，合無户部請敕數道，付順便公差人員齎付各邊總制巡撫大臣，會同各該巡按御史，有户部管糧郎中去處，仍會同郎中，督同各該巡守管屯等官，將原額并新增屯田逐一清查。除見在軍士領糧外，中間但係權豪恃强奪占年久，務要從公追究改正。其餘空閑抛荒地土設法處置，著令各該衛所軍餘或附近人民盡數開墾承種，寬限三年，待其成熟，然後起科上納子粒。如豪强之家仍前霸占，不即退還者，即便指實參究，治以重罪，仍追每年花利入官。其或租額太重，量爲遞減，奏聞定奪。鄰境之地果係膏腴可耕，亦要隨時酌處，不必拘泥禁例。務使官軍有警則進而征剿[三六]，無事則退而務農，食既可足，兵亦有賴。行之歲久，獲效必多。事完之日，各將清查處置過事宜造册奏繳，仍造清[三七]册送部查考。

一、查勘官地。查得弘治二年九月内，節該給事中等官鄭寓等查勘順天、保定等府已故太監莊田造册前來，本部議擬具題，節奉孝宗皇帝聖旨："這各莊田欽賞年久，其人已故，本都當入官，但中間有轉賣等項，今定與例。不及二十頃的仍與見管業之人耕種，照民田則例起科納糧；二十頃以上至三十頃酌量除五頃，三十頃以上的每三十頃遞除五頃，留與管業之人耕種納糧。不願耕種的聽餘地并收入官，其有本主見在的仍管業不動，認種納子粒的著種納，辭退無主的招人佃種。以上地畝糧數還着原委官分撥取勘明白，造册備照。"欽此。欽遵通行外，但經今年久，各該先後欽賞，莊田業主存亡不一，若非差官整理中間受價典賣、朦朧乞討等項，奸弊百出，不可悉舉，將來弊痼日深，愈難救藥。合無照例選差給事中、御史、本部屬官各一員請敕前去，會同順天并直隸保定等府巡撫、巡按，將各該內官節年奏討并欽賜各項田土除見在外，其已故者通行取勘，要見是何內官，何年奏討，何年病故，原賞頃畝若干，有無包占民田在內，即今何人耕種，何人收租，其家人弟侄恐被勢要奏討，有無投托見在太監勛戚等家，稱作已賣及佃種，并隱匿等項情弊，務要吊取文册，查照原撥四至盡數清出，遵奉先帝敕旨量爲遞減。其已管業之人悉照民田則例每畝三分起科，有不願領種者行令有司招人佃種，各將租銀送附近并該管州縣上納彙解户部，以備各項支用。仍將佃種花名、田地頃畝、子粒數目通行造册奏繳，仍造清[三八]册一本送户部備照。如此則上不失公家應得之利，下可革奸人隱占之弊矣。

正德元年五月二十二日具題，二十五日奉聖旨："是。本内所開事件都准議[三九]行，近年支用緣何比前日漸增加多至數倍，及各邊解送銀兩數多，用過、存留數目，還都備細查究[四〇]明白，并其餘別有可行長策再議處來説。"欽此。

分豁太監王佐等更變牛房成憲疏

户部尚書臣韓等謹題，爲分豁更變成憲事：

江西清吏司案呈，奉本部送，於户科抄出，提督裏外牛房等處尚膳監太監王佐等題，臣等切照，宗廟供獻并上用膳羞，自永樂年間設立擠乳三處牛房，差太監管理，每年該蓄牧千户所官軍派種牛草場官地納徵買牛并養牛，倒死者本房官員時估變賣銀兩，湊買牛隻。近該巡按、部屬等官節次具奏，創立新規，造册報數。如有倒死數多并侵欺等情，將經該官軍參送法司究問等因，備申到職。臣等照得，節次奉命提督牛房太監相繼以來，原未經部屬等官查照[四一]比較牛隻損益、草料增減。臣等每月三次親臨比較，一一俱見下落，并無徇私等情。臣等草芥，職居太監名目，敢不奉公守法？今奏比較一節雖有國計之益，但未詳牛隻倒斃之原，其牛日日擠乳不歇，未免羸弱，豈能保全？非爲欠缺草料失養之故。其子粒銀兩比與馬房一處錢糧十分之一。再照養馬牛軍士日逐擠乳，未得隙時，今依奉部屬等官常常造册伺候，回房急欲切草磨料，顧此失彼。伏望聖明仰惟宗廟供獻舊規重務，乞敕戶部并巡清[四二]等官悉遵舊制，免行查點等因。題奉聖旨："擠乳供獻係舊制，只照舊不必查點。該衙門知道。"欽此。

　　續該戶科右給事中倪議題，爲遵成法照原旨以革弊端事，近該太監王佐等題，要將各房擠乳牛隻免行查點等因。奉聖旨："擠乳供獻係舊制，只照舊不必查點。該衙門知道。"欽此。竊惟查點馬牛駝羊俱有先帝成法，每年差科道等官會同各該內官通行查點一次，造册送部，以憑會計草料。蓋因作弊年久，爲害日深，特發綸音，痛爲除革。然自查點之後，一年計省草料折銀二十七萬餘兩，其所關於國計者不爲不重，其有益於朝政者不爲不多，是非先帝之聖明斷不能舉。第因公私不兩全，前之所費者皆爲私門之資，今之所省者盡歸公家之用，凡職此事、得此利者，孰肯甘心而已哉？以此太監楊俊等當皇上踐祚之初遂倡爲不必查點之說，恣意朦朧，誤見俞允。當該科道論列，該部執奏，以至府部大臣會同，題奉聖旨："卿等說的是，查點會計仍遵照先帝原旨行。楊俊等肆爲欺弊，好生不畏法度，本當拿問，且饒這遭。"欽此。夫洞察之下卒不能遁，轉移之間初無所難，是非皇上之聖明斷不能繼。伏以先帝之成法既如彼，皇上之原旨又如此，今經未及半年，而王佐等復敢爲此請。即其奏詞，有謂自永樂年間設立擠乳牛房，差太監等官提督管理，原未經部屬等官查點，此舊制似不可紛更也。曾不思事久則弊生，彼各馬牛房冒報馬牛數多，虛費錢糧萬計。尚欲拘於舊制，亦聽其妄爲，日復一日，年復一年，徵求以之而益濫，掊克以之而益深，蠹國病民，其何以堪？且馬牛羊房事體相同，查點會計法當歸一，今牛房因無舊制而欲免其查點，則馬房緣何舊制而獨爲之查點乎？縱於此必不能行於彼，壞於此必無以全於彼也。又謂子粒銀兩比於馬房一處錢糧十分之一，豈敢徇私作弊，此多彼寡，似當爲之辨别也。曾不思事同一體，馬匹係原奉命查點，牛隻亦奉命查點。蓋利之所在，弊所由生；弊之所在，法所宜革。今只當究其弊之有無，固不當分其利之多寡。況各牛房牛隻之數，臣經查點，本不多减於各馬房馬匹之數，十一之説豈足信乎？又謂養牛軍士日逐擠乳，今依部屬等官常常造册伺候，回房急欲切草磨料，不能兩全。此尤不根之論，欺罔之言也。一年止該造册一次，一房止用寫字一人，一册止費三五日程。自從造報之後，再不令其伺候。至於部屬官處遞數，今若聽其虚詞，准免查點牛隻，則管馬羊者各相比并來奏，亦何患其無詞？將使先帝之成法廢格，皇上之原旨牴牾，其虧損國計豈小小哉？然則肆爲欺弊者不獨楊俊等之爲非，不畏法度者更有王佐之尤甚。伏望皇上普施離照，大奮乾剛，收回近日之所俞允，恪〔四三〕守前日之所依擬，將内外牛房出入牛隻照舊與同馬羊一例差官查點，仍將王佐等拿送法司，問擬重罪，以爲將來僥倖之徒請託之戒。如此則既不壞先帝之成法，亦不違皇上原旨，奸不容爲，弊不復作，而事有定規，人知遵守等因。具本於奉天門奏，奉聖旨："該衙門知道。"欽此，欽遵。抄出到部，送司案查。

　　先爲傳奉事，該本部右侍郎陳清題，要將十九馬數查點。本部依擬具題，節奉孝宗皇帝聖旨："是。"欽此。

　　續該吏科等衙門給事中許天賜等題稱，蕃牧千户所四百户軍人五百名，每人領種牛房地六十五畝，歲納銀二兩五錢，每年該銀一千二百五十兩，自成化十五年起，所收銀兩不知幾萬，買過牛隻不知幾何，經收官員輾轉侵漁，無憑稽考，要行差官清查稽考。具題，節奉聖旨："是。"欽此。

　　後該御馬監太監楊俊等題，奉聖旨："各馬房馬匹年終只着楊俊每查數會計料草，科道等官不必差。該衙門知道。"欽此。

隨該太師兼太子太師英國公張懋等題，稱各馬房馬匹仍令巡視倉場科道等官會同查點，及要將太監楊俊等拿送法司究問等因。題奉聖旨：「卿等說的是，查點會計仍遵照先帝原旨行。楊俊等肆爲奸[四四]弊，好生不畏法度，本當拿問，且饒這遭。」欽此。

續該戶科右給事中倪議題，稱查點馬牛俱奉有先帝成法、皇上原旨，乞要照舊一例差官查點，仍將王佐等拿送法司，問擬重罪，以爲將來僥倖請托之戒一節。臣等切詳，太監王佐等所奏不過一己之私情，給事中倪議劾奏實出天下之公論，且各處牛羊馬房同一事體，先年冒濫虛增均一弊政。觀太監劉祥等往日子粒銀兩查無下落，此其明驗。今若止憑王佐等一面之詞，果於不行查點，則將來之弊未免旋踵復舊，而各該馬房亦將效尤陳乞。陛下將欲聽之邪，則萬世之公議難容；將欲止之邪，則各官之比例有據。與其貽患於將來，孰若慎之於今日？況先帝之成命具在，所宜恪遵而謹守；陛下之原旨既出，不可朝更而夕改。伏願皇上體先帝付托之重，念天下治理之難，乞將成命收回，仍照先帝原旨及節次奏奉欽依，每年仍差科道、部屬等官親詣各該牛房，會同內官將見年牛隻逐一查點，及將子粒銀兩照數稽考，永爲定規。所據太監王佐等故違成命，朦朧奏擾，欺罔之罪昭然可見，伏乞聖明將各官拿送法司，明正其罪，庶法度嚴明，人知警懼，命令歸一，而事可遵守矣。

緣係節奉欽依「擠乳供獻係舊制，只照舊不必查點」及奉欽依「該衙門知道」事理，未敢擅便，謹題請旨。

正德元年六月十七日本部尚書韓具題，次日奉聖旨：「是。牛隻、子粒銀兩還差官查點稽考，王佐等饒這遭。」欽此。

處置奸商以通鹽法足財用疏

戶部尚書臣韓等謹題，爲分別引鹽，乞恩照依前旨掣賣，以救生命事：

四川清吏司案呈，奉本部送，於户科抄出，河間長蘆都轉運鹽使司聽掣引鹽商人葛伯達等奏：臣等於弘治十六等年遇蒙户部招納價銀，給與勘合，賫赴運司，納紙領引，另補銀兩買鹽出場二路，顧覓車船載運至秤盤所，爲因已〔四五〕久，不得掣賣。弘治十八年十月内該商人李琳等具本奏，奉聖旨："准給與明文去掣賣。户部知道。"欽此，欽遵。續該巡鹽御史委官到彼，正值久寒時月，止掣過李琳等鹽七萬三千七百餘引。因河凍阻不能過掣，遺下臣鹽一十八萬餘引，待河開之日掣賣。不意户部又將臣等前鹽不分已買未買一概禁止，追收引目，給還原價。其兩淮運司商人譚景清等并長蘆運司商人林春、張璨等俱各未曾買鹽已經奏奉欽依掣賣之數〔四六〕，況原領引目所司截去一角，已爲廢物。又經科道官奏稱，如果商人買補已完，運至秤盤處所，若概止之，未免負累資本，亦於國家原招商大信不無虧損等因。今臣等聽掣引鹽，正與科道所擬情節相合，如蒙聖恩廣好生之德，乞敕巡鹽御史照依科道官所擬，將臣等聽掣引鹽仍前掣放，給與變賣，庶使臣等資本、性命兩不虧陷等因。具本該通政使司官於奉天門，奉聖旨："該衙門知道。"欽此，欽遵。

户科參看得，河間長蘆都轉運鹽使司商人葛伯達等奏，要分別引鹽照依前旨掣賣一節，爲照前此言者雖有已運至秤盤處所而未秤掣者許其掣賣之說，然隨該本部本科爲與詔書相違，累經論列。又該府部及内閣大臣再三懇請，聖心洞燭其弊，悉依該部議處，鹽法稍復，物議頗快。今葛伯達等何人？乃敢執持前說，不顧後命，紛紜奏擾，肆無忌憚，論其情罪，死有餘辜。宜從抄出，將本内有名人犯俱各參送法司從重究治，追銷引目，其鹽價照依詔書及近奉欽依盡數没官。如此庶奸人知懼，鹽法可整理矣。通抄送司案查。

先爲申明失職，懇辭重任事，該大學士劉等題，稱商人譚景清等附托皇親奏討殘鹽，既不肯奉詔還官，又不肯領回原價，挾制朝廷，搖撼官府，阻陛下之美政，累母后之盛德，論其情罪，死有餘辜等情，節奉聖旨："所言事件着各衙門查奏定奪。"欽此。

該本部議得，前項買補殘鹽若遵奉詔旨，參詳律例，止合盡數没官，不應給價還主。本部前項會議已是屈法伸情，難再別議。合無仍依本部原議并今大學士劉等所言，將各商原納價銀照數給還，先領引目追收還官，仍行各該巡鹽御史及運司衙門禁約，今後敢有仍前指以買補爲名夤緣貴近、阻撓鹽法者，即便參奏拿問，從重處置等因。具題。節該奉聖旨："是。"欽此，欽遵。已經通行外，續據商人譚景清等奏，爲伸訴虧枉，乞恩分辯，以救生命事，本部議得，譚景清等先因貪圖厚利，夤緣奏買殘鹽，且又强悍無狀，輾轉遷延，見有價銀在部，不肯遵依關領。乞將各商拿問如律，查例發落，以爲阻壞鹽法、輕侮憲章之戒。仍遵前旨，令其將原領引目還官銷繳，將兩淮運司解到鹽價等銀照數給還。如是各商執迷不悟，仍前不行赴部銷繳引目，收領原價，照依欽奉詔書事例盡數入官等因。正德元年五月初三日具題，次日奉聖旨："是。譚景清等本當拿問，且饒這遭，便著赴部領價。"欽此，欽遵。

行據長蘆都轉運鹽使司繳到商人張琛等原投勘合二百六十五道，該鹽六十二萬四千五百引到部，隨據商人張琛等賫執領狀前來關領價銀三萬一千二百二十五兩去訖。其餘引目俱係各商收領，不見赴部銷繳領價。今該前因案呈到部。

臣等切詳，鹽法一事係足國重務，比者爲因商人譚景清等假托皇親之名肆爲買補之説，輾轉興販，阻壞鹽法，遂使邊儲由之而不足，庫藏由之而空虛，人心痛恨，物議沸騰。陛下即位之始，首下没官之詔，天理、人心允爲至當。其後各商怙惡不悛，累經奏擾，以故科道等官既交章論列，内閣大臣復懇切上言，而本部執奏至再至三。荷蒙聖慈免其拿送法司，便着赴部領價，爲各商者正宜感恩悔過，急領原價，以贖前罪。今數内商人葛伯達等貪心無厭，執迷不悟，乃敢抗違成命，肆無忌憚，觀望遷延，重復奏擾，仍欲掣挈變賣，公然不服領價。迹其罪惡，死有餘辜；揆之國法，決難輕貸。況該科參出前事，誠爲有見。本部欲行都察院，將葛伯達等查提到官，問擬如律，照例發落，仍遵奉詔書事例，將各商該領鹽價盡數没官，原關引目追收銷繳。如此則禁令昭彰而奸商知懼，鹽法流通而財用自足矣。

緣係處置奸商及奉欽依“該衙門知道”事理，未敢擅便，謹題請旨。

正德元年六月十五日具題，次日奉聖旨：“葛伯達等本當究問，且饒這遭，仍著赴部領價。若再來打擾，必罪不饒。”欽此。

懇乞停止賣鹽織造疏

户部尚書臣韓等謹題，爲懇乞停止賣鹽織造事：

四川清吏司案呈，奉本部送，該本部題。爲援舊例以便織造事，先該内承運庫署庫事内官監太監崔杲等題，稱前往南京織造緞匹。續該工部尚書曾鑒等題，稱停止内官織造等因。奉聖旨：“公用缺乏，止着前旨行，再不必來説。”欽此，欽遵。

臣等猥以庸愚叨承委任，夙夜驚惕，恐不自勝，有負皇上之明命也。自受命以來，再三籌畫。先年收貯絲料等項，南方地氣蒸濕，恐經年久或有瀝黷迹污，浥爛不堪，難以織造。臣等思得，上用奇品花樣緞匹，凡遇節令進用三宫并年例上用上分中分等分各衣約用萬餘匹，及欽賞内外官員所用各色緞匹數多。臣等查得，成化年間織造准與長蘆引鹽五萬引，弘治年間織造准與長蘆引鹽三萬餘引，并兩淮鹽引銀兩尚且不敷，今若止領前銀六千餘兩到彼并工織造，使有不足，臨期何由措置？臣等又查得，弘治十二年四月十一日，該署庫事尚衣監太監秦文等奉敕南京織造，孝宗皇帝准與長蘆引鹽二萬引，陸續支過八千引，其餘一萬二千尚未支領。乞照先年事例，准給長蘆未支引鹽一萬二千引陸續支去，變賣銀兩，隨路收買諸城紅花絲料，顧覓織挽等匠并工織造等因。具題，奉聖旨："是。引鹽未支過的准他陸續支用。戶部知道。"欽此，欽遵。戶科參看，織造太監崔杲等奏，要將長蘆運司先年餘下引鹽陸續關支一節，爲照鹽法先因織造等項阻壞已極，方行差官整理，又復動支，則邊餉日見缺乏。況近該言官交章輪[四七]列未已，雖奉前旨，事委窒礙，宜從抄出施行。

隨該工科等科右給事中陶諧等題，爲懇乞停止差官賣鹽織造事，准差右少監崔杲等請敕支銀及准領長蘆鹽一萬二千引變賣銀兩前往南京織造緞匹，該工部及臣等各奏停止。節奉欽依："公用缺乏，只照前旨行，不必來說。"欽此，欽遵。臣等仰奉明命，寢食不安，竊謂陛下不宜偏聽左右近習之言至於若是其信且篤也。夫人主理天下之政在兼聽并觀，而後裁之以理，斷之以義，斯政無過舉，故古之大聖莫如堯舜，必稽眾舍己，明目達聰。今陛下當此英年，總茲庶政，雖天縱聰明，洞見理道，然九重高遠，勢難周知，萬機紛紜，寧無一失？謀之在多，斷之在獨，然後可也。奈何一言既出，眾議莫移，言官論列之章曾不一加省覽，該部執奏之旨復令再不必說？殆恐執中用言之道不如是也。古人有言曰："與眾同欲靡不興，違眾自用靡不廢。"此名言也，惟陛下熟察之。臣等又聞之："君子之事君也，務引其君以當道，志於仁而已。"若陛下行不當道，不志於仁，阿諛順旨，當言而默，固非臣等以言爲職之義，亦豈君子事君之道哉？且今供應緞匹固不可缺，而當此之時差官賣鹽，其於國政甚爲不可，臣等敢歷為陛下陳之。杭、嘉、蘇、湖、松、應天等處遞年以來差官織造，民不堪命。恭遇皇上龍飛，渙頒明詔，停免各處織造內官，方逾一年而復差官，是蘇息之望方慰而憔悴之政旋加，此朝廷自違明詔，失信於民，其不可者一也。我國家鹽課之設專為給邊，祖宗之時立法甚嚴，為例甚博。近年以來一壞於王府之求討，二壞於內官之織造，三壞於皇親勢要之占中，而法與利有不可言者矣。頃因庫藏空虛，朝廷議差大臣整理，庶幾商賈復通，國用可給。今又准令支鹽變賣，則將來商賈誰不聞風斂迹？況夫網利之徒如譚景清輩又將貪緣附帶，公十私百，奸弊滋蔓，莫之能究，差去大臣整理何事？此朝廷自壞鹽法以虧國計，其不可者二也。天下州縣之狼狽，夫役之勞苦，莫甚於河道一帶，況連年北直隸、山東水潦不絕，饑饉洊臻，揚州迤南等處當人相食之餘。若前鹽一發，則隨路州縣之供應，夫役之運送，勞費何堪？況所差內官多不循理，縱使群小虛張聲勢，恐嚇官吏人等索取分外財物，一不滿欲，非法捆打，生事害人，固難悉數。此重困衰弊地方，其不可者三也。南京祖宗根本之地，陛下所宜軫念者，況近年災異南京居多，若復差官騷擾，意外之變難保必無。是輕視根本重地，其不可者四也。先皇帝時該太監龍綏等題，內官趙純支鹽織造，後因陳言修省，先皇帝特旨停免。皇上即位以來，災異之生既甚且多，非特陛下修德省身尤宜汲汲，反差官織造，為此失信壞法、困民貽患之舉，是不能修德敬天，懋隆大孝，其不可者五也。凡此五不可者一舉而兼有之，此豈臣等所宜默，陛下所宜深信力行者哉？改過不吝，成湯之所以盛也。伏望皇上博采群言，特詔宸斷，將差去內官即與停免，勿謂已行憚於更改。如果緞匹缺乏，敕令該部作急區處，行令南京工部及守備衙門督同織染局責限成造送用，以昭儉德，則用人媲美堯舜，改過匹休成湯，而天下之幸有不足言矣。臣等煩瀆聰明，實深惶懼，區區犬馬之誠良有不能自已也。伏惟聖慈恕察。

又該四川等道監察御史杜旻等題，爲經國計重〔四八〕事，近爲急缺緞匹，該承運庫尚衣監太監秦文等奏，要借支引鹽，差官織造。又該太監崔杲等奏，要加支引鹽，陸續變賣。誤蒙聖聽，舉朝竦愕。臣等以爲，朝廷政事有利有害，皆大臣相與裁定，而後施行。若未敢奉行者，必以輿論未協，法制未宜，灼見利害之的也。該部先已執奏，專論差官織造，尚未及阻壞鹽法之害。皇上以一人聰明酬應萬機，豈皆周知而亦何暇參詳？故或有失誤，責在耳目之官。知之不可不言，言之不可不盡，言而不行不可不靜，所謂"隨事納忠，有犯無隱"，諒哉！切惟國家大計，財用爲重，其要不過曰理財、曰節用二者。能理財則經常循故，輕重得宜，必不紛更以壞成法；能節財則節用愛人，隆殺有制，不必〔四九〕煩擾以拂衆情。我祖宗之法經理撙節具有成規，上不病國，下不損民。比者皇上成大婚禮，舉大恩典，先以緞匹遍賜文武百官，既而庫藏已竭，內用未周，其斟酌之宜責在該部裁奏，奈何太監秦文、崔杲等先後誤陳未蒙追寢？夫財用以邊費爲重，經費次之，浮費又次之。鹽法專給邊費，緞匹泛給經費，浮費者周否緩急自有輕重公私於其間。且歲造緞匹隨造隨解，專造督造各有其職，而彼乘間陳奏，輾轉扳援。其欲責官者，非爲織造也，假公用以圖販鹽之利也；其欲加引鹽者，非爲織造不敷也，藉多引以掩夾帶之私也。倘果誤信其言，是因其所私而廢其所公，奪其所重而逐其所輕。事體不順，究觀今昔而知其大有不然者。我先帝爲陳言修省停止織造，天下慕之未已，若止而復行，是傾天下之怨也。況彗星近見，殊爲驚駭，獨可以不修省乎？皇上爲奏討奏買首詔禁革，天下信之方切，若禁而復弛，是失天下之信，起天下之疑也。況邊報屢警，尚未休息，顧可以不預備乎？反覆思惟，事體大關國計，機謀實涉近幸。所賴以扶正者，大臣奏覆、言官論列耳。若論奏不行則國體損於近幸，公議奪於私情，遂使紀綱之正莫懾奸邪之心，耳目之官適資浮議之口。此臣等所以發於忠誠，寧以言得罪於今日，不忍不言得罪於後日也。古人謂："義所當興〔五〇〕，可以仰裨聖明者，苟得竭盡，則雖退就黜責，靡敢自愛。"臣等之心蓋亦同之。伏望皇上廣開聖心，奮回英斷，前項緞匹仍聽該部執奏，暫且停止。如或不必可行，乞免差官支鹽，特命工部從公議處，支給官價及顧覓人匠如式織造，立限解納，其或違式，聽科道劾奏。庶幾法令嚴明，緩急有濟，以遏僥倖之萌，以伸忠直之氣，以壯太平之觀，祖宗盛時之治將復見於今矣。宗祖幸甚，生靈幸甚。

又該山西道監察御史邵清題，止〔五一〕織造以肅清鹽法事，近日太監秦文奏，准差太監崔杲等支領引鹽，隨路變賣，前往南京織造緞匹。先該工科等科右給事中等官陶諧等極爲論列及工部奏乞停止，未蒙俞允，且曰"再不必來説"。臣豈愚昧不知避忌而違拂哉？抑事關聖德國計民瘼之不得已者而輒敢有説焉。臣竊惟國家歲用至廣，邊儲特重，兩稅之外，仰給於鹽課者居多，祖宗相承，朝夕計慮，與夫賢臣謀士補葺闕遺，纖悉備具，著在令典，垂之永久。故商人輸芻粟於官謂之入納，及其請鹽於煮海之場，則待次之期有遠有近，幸而及期則泉貨流通，萬一法令少變，則本已消折，尚何子利之可冀乎？所貴乎鹽法者，必使商人樂於入納，而邊儲爲之充積可也。比者規求近效，昧忽遠圖，變賣引鹽織造緞匹一舉，此事爲害數多，臣請爲陛下言之：夫祖宗以來最重鹽法，故鬻賣有地方，私貿有屬禁，而不容違犯之者。今乃領鹽變賣，聞之闋然。此途一開，趨者如市，跟從者多投托家人，裝載者有馬快船隻小甲人等，爭先營利，罔畏法律，虎噬狼貪，乘機夾帶。又有積年光棍狐假虎威，顧覓民船交通爲害。在官者僅得三分之一，而私者將大半矣。私鹽流通，官鹽阻滯，萬一邊方有警，府庫空虛，財用匱乏，孰肯飛芻輓粟，以濟危急之用哉？此其爲害國計，一也。《書》曰：「民惟邦本，本固邦寧。」《易》曰：「上以厚下安宅。」即今裏河一帶民力凋瘵，繼以皇鹽經行，愈見憔悴，官司應付，需索百端，如或不前，鞭楚笞背。況當秋深，泥濘盈途，裸跣以行，加以腹無飽食，僵卧道傍，哀號之聲聞於遠邇，經過去處無不殘傷。及到南京，坐待織造，日每下程，兩縣出辦。京民素無田產，生意久已蕭索，根本重地尤宜致慮。此其爲害民瘼，二也。臣又聞：儉爲德之美，侈爲害之大。自古帝王之訓天下，未有不以儉爲德也。陛下奄有四海，君臨萬邦，享天下之奉亦分之所宜然者，況正用缺乏者乎？然不知尚有大於此者。昔漢文帝露臺惜百金之費，後宮衣不曳地，帷帳無文綉，以示敦樸，爲天下先。唐太宗遣使凉州，諷李亮獻名鷹犬，亮不可，太宗深嘉之。詔曰：「有臣若此，朕復何憂？」李德裕在浙西，詔造銀盌妝具二十事，織綾二千匹。德裕上疏極論，亦爲停止。之數君者，名光汗簡，至今傳之以爲美事也。陛下天性英明，動法堯舜，方申飭禮典，風厲薄俗，而豈漢唐之弗逮者？昔楊縮人臣也，以清德在位，尚能使人减驂徹御，罷去聲樂，況以大君躬行者乎？今節儉之政方施，織造之令隨出，臣恐中外以爲奸令異致，靡然從風，而莫知省約。此其爲害聖德，三也。況嗣服之初，災異之形不知其幾，故語曰「天心仁愛」，特以示警戒也。邇者迅雷擊柱，彗星吐芒，變不虛發，必有徵應，此臣所以夙夜拳拳思進苦言，冀有以開悟聖聽而弗能已也。伏望陛下恢廓弘度，堅秉宸慮，無以反汗〔五二〕之小嫌致傷從諫之聖德，以災譴屢形爲大警而常存戒懼之心，以鹽法未清爲宿弊而即施更張之令。乞敕該部，將臣奏疏詳議可否。緞匹固不可以缺用，而鹽法尤不可以阻壞。姑俟豐稔之歲另給別項之儲，收回成命，停止織造，此則聖德尊顯，帝命眷顧，人心胥悦，邊儲充積而鹽法肅清矣等因。

各具本俱奏，奉聖旨：「該衙門知道。」欽此，欽遵，通抄送司。查得先該太監秦文奏稱織造不敷，要支長蘆引鹽陸續支領，買辦絲料應用等因，節奉孝宗皇帝聖旨：「長蘆引鹽准與二萬引。」欽此。

續爲會計錢糧以足國裕民事，節該本部會同英國公等官張懋等議得内一件「清鹽法」，查得織造緞匹支領鹽價動以萬計，鹽法大壞莫甚於此，今後内臣織造再不許奏討等因。具題，節奉孝宗皇帝聖旨：「是。」欽此。俱經欽遵外，今該前因案呈到部。

臣等切惟：我朝運司鹽課之設專備各邊糧草所需，其爲利最多，其效甚速，是以行鹽各有地方，私販累有屬禁，非邊報之緊急不許擅開，非商人之正名不許代支。祖宗立法至嚴且備，初與工部織造緞匹略無相干，蓋自成化、弘治年來，織造内臣惟欲圖便己私，却乃夤緣奏討，馴致鹽法大壞，邊餉不充。節該本部論列及府部科道等官建議，今後不許奏討。荷蒙先帝俞允，俱各停止。陛下登極，詔書又復申明禁例。既將皇親買補殘鹽一切裁革，續命風憲大臣再行清理，内外人心莫不忻幸，以爲鹽法疏通，國計有所仰賴。今織造太監崔杲等又以先年支剩引鹽一萬二千引爲言，欲要陸續支領，隨路變賣，誤蒙聖聽，特與准行。緣滄州迤南即非長蘆行鹽地方，若果准其越境貨賣，則隨行人役必至假公營私，無知小人又將乘機附搭[五三]。各官以欽命爲名，關津莫敢盤詰，以百而夾帶至千，以千而夾帶至萬，輾轉興販，漫無紀極，時價因之低賤，商旅爲之阻塞。萬一各邊聲息不絕，支費匆餉不貲，臨期雖欲開中，誰敢趨赴報納？緩急無備，爲患非細，鹽法之壞弊正坐此，是前日所布詔書殆爲虛文，而近日所差大臣似爲徒設矣。且查得長蘆運司鹽額，先因三邊及宣、大二鎮動調主客兵馬，糧草支用不敷，其巡撫、管糧等官節次奏開殆盡，見在之數無幾。若織造官員經過就欲關領，倉卒無從支給，官攢被其凌辱，場灶任其箠楚，勢所必至，害不可言。只今上天變異疊見，四方水旱頻仍，閭閻多愁嘆之聲，田野盡流離之輩，盜賊生發在處有之。況南京爲祖宗根本重地，漕河乃南北往來要津，廩費困於供輸，夫役苦於牽挽，內臣所至騷擾百端，意外之虞尤可爲慮。陛下當此之時，正宜斥奢以崇儉約，修德以弭災異，省工作以息民，節賞賚以足國，豈可爲此不急之務，以重困元元哉？故給事中陶諧等、御史杜旻等連名累牘，懇切上言，忠愛一心，人所同見。伏望皇上克謹天戒，俯念時艱，以群議所當信從，近倖不可偏聽，慎重鹽法，預備邊餉，收回前項成命，停止織造差官，合用緞匹敕令工部另項處治[五四]供應，以省勞費，天下臣民不勝幸甚。其或果如聖諭"公用缺乏"，必欲施行，則該部自有班匠抽分等銀可以支給應用，所據長蘆引鹽決不宜冒禁支賣，以壞祖宗之法。臣等待罪民曹，叨司國計，事關利害，分當盡言，豈敢曲意奉行，以致僨事誤國？伏乞聖明留意。

緣係賣鹽織造及奉欽依"引鹽未支過的准他陸續支用，戶部知道"并"該衙門知道"事理，未敢擅便，謹題請旨。

正德元年九月初一日具題，本月初二日奉聖旨："只照前旨行，再不必來說。"欽此。

再懇乞停止賣鹽織造收回成命疏

戶部尚書臣韓等謹題，爲懇乞停止賣鹽織造事：

四川清吏司案呈，奉本部送，該本部題。爲援舊例以便織造事，先該內承運庫題，該內官監太監崔杲等題，稱前往南京織造緞匹，乞照先年事例，准給長蘆未支引鹽一萬二千引陸續領去，變賣銀兩，隨路收買諸城紅花絲料，顧覓織挽等匠并工織造等因。具題，奉聖旨："是。引鹽未支過的准他陸續支用。戶部知道。”欽此。

隨該工科等科右給事中陶諧等題，爲懇乞停止差官賣鹽織造事；又該四川等道監察御史杜旻等題，爲經國重計事；又該山西道監察御史邵清題，爲止織造以肅清鹽法等事。各具本俱奏，奉聖旨：“該衙門知道。”欽此。通抄送司。查得先該太監秦文奏稱織造不敷，要支長蘆引鹽陸續支領，買補[五五]絲料應用等因，節奉孝宗皇帝聖旨：“長蘆引鹽准與二萬引。”欽此。

續爲會計錢糧以足國裕民事，節該本部會同英國公張懋等議得，内一件“清鹽法”，查得織造緞匹先年原無支鹽事例，今後内臣織造再不許奏討，違者許户部該科論奏等因。具題，弘治十六年四月二十六日節奉孝宗皇帝聖旨：“是。”欽此。俱經欽遵外，今該前因案呈到部。

臣等切惟：我朝運司鹽課之設專備各邊糧草所需，其爲利最多，其得效甚速，是以行鹽各有地方，私販累有屬禁，非邊報之緊急不許擅開，非商人之正名不許代支。祖宗立法至嚴且備，初與工部織造緞匹略無相干，蓋自成化、弘治年來，織造内臣惟欲圖便己私，却乃夤緣奏討，馴致鹽法大壞，邊餉不充。節經[五六]本部論列及府部科道等官建議，今後不許奏討，荷蒙先帝俞允，俱各停止。陛下登極，詔書又復申明禁例，既將皇親買補殘鹽一切裁革，續命風憲大臣再行清理，内外人心莫不欣幸，以爲鹽法自此疏通，國計有所仰賴。今織造太監崔杲又以先年支剩引鹽一萬二千引爲言，欲要陸續支領，隨路變賣，誤蒙聖聽，特與准行。緣滄州迤南即非長蘆行鹽地方，若果准其越境貨賣，則隨行人役必至假公營私，無知小人又將乘機附塔[五七]。各官以欽命爲名，關津莫敢盤詰，以百而夾帶至千，以千而夾帶至萬，輾轉興販，漫無紀極，時價因之低賤，商旅爲之阻塞。萬一各邊聲息不絶，支費匱餉不貲，臨期雖欲開中，誰肯趨赴報納？緩急無備，爲患非細，鹽法之壞弊正坐此，是前日所布詔書殆爲虛文，而近日所差大臣似爲徒設矣。伏望皇上克謹天戒，俯念時艱，以群議所當信從，近倖不可偏聽，慎重鹽法，預備邊餉，收回前項成命，停止織造差官，合用緞匹敕令工部另項處治供應，以省勞費，天下臣民不勝幸甚。其或果如聖諭"公用缺乏"，必欲施行，則該部自有班匠抽分等銀可以支給應用，所據長蘆引鹽決不宜冒禁支賣，以壞祖宗之法。臣等待罪民曹，叨司國計，事關利害，分當盡言，豈敢曲意奉行，以致僨事誤國？伏乞聖明留意等因。正德元年九月初一日具題，次日奉聖旨："只照前旨行，再不必來說。"欽此。

臣等聞命自天，措躬無地，夙夜憂懼，寢食弗寧。緣織造賣鹽奸弊多端，難以備述，科道之交章，臣等之覆奏，無非爲朝廷紀綱惜也，顧乃未蒙俞允，且令"不必來說"。詔旨一頒，舉朝驚愕，咸謂陛下英年睿質，聖德方新，舜之舍己從人、湯之從諫弗咈正宜取法，以隆政治，豈意陛下未察，一至於此？豈臣等之心忠誠扞格而聖明未之信邪？抑豈左右之人雍蔽掩飾而陛下未之見邪？臣等猥以凡庸叨承委任，事關國計，豈敢循默依阿？蓋以織造內臣支鹽變賣必自長蘆之北，越過兩淮之南，久慣興販之徒乘此機會附搭，況許陸續支用，則經年累歲，何有紀極？私鹽盛行，官鹽阻滯，異時變賣，邊儲缺乏將何所賴？且內臣一出，騷擾地方，撐駕、馬快、官船動以數十餘隻，起取沿路夫役何止數百餘人？漕河軍民豈勝困苦？及長蘆運司先年支剩引鹽各邊奏開俱已盡絕，今內庫緞匹既稱急缺，若使到彼無鹽支給，豈不反爲誤事？所據賣鹽織造，揆之事體委的窒礙難行，臣等斷不敢曲意奉承，以資奸人無厭之貪，以貽鹽法無窮之害。伏望皇上俯察群情，特昭宸斷，收回前旨。其織造緞匹不必支賣前鹽，所用價銀本應工部出辦，但今差官事迫，合無本部權宜處置，將長蘆鹽一萬二千引每引折銀一兩，共銀一萬二千兩，除太倉銀庫查係專備各邊緊急糧草支用難以輕動外，暫於本部見收鹽價并別項銀内那湊前數給與崔杲等收領前去，以充買料顧工等項支用。如此庶鹽法可清，邊儲有賴，省軍民挽運之勞，免漕河騷擾之患，而皇上修德弭災之遠圖，經國籌邊之急務，諒亦不出此矣。臣等區區犬馬之誠，無任戰慄待罪、懇切爲國之至。伏惟聖明監察，幸甚。

緣係懇乞停止賣鹽織造及奉欽依"只照前旨行，再不必來説"事理，未敢擅便，謹題請旨。

正德元年九月初六日具題，初八日奉聖旨："這鹽累有旨不准支價銀，你每數數不行，只來奏擾，不准。"欽此。

正鹽法以重國計疏

户部尚書臣韓會同後軍都督府等衙門掌府事太師英國公等官張等謹題，爲正鹽法以重國計事：

近該内承運庫太監秦文等奏差太監崔杲等前往南京織造，隨該本管題稱乞要支領長蘆鹽一萬二千引變賣銀兩織造等因，奉聖旨："是。引鹽未支過的准他陸續支用。户部知道。"欽此。隨該科道官陶諧等建言及户部覆奏前項引鹽不宜越境貨賣等因，題奉聖旨："只照前旨行，再不必來説。"欽此。又該户部議得，長蘆引鹽決難支給變賣，要行權宜處置，將前鹽每引折銀一兩，共銀一萬二千兩，給與太監崔杲等前去織造等因。具題，奉聖旨："這鹽累有旨不准支價銀，你每數數不行，只來奏擾，不准。"欽此。詔旨一頒，中外臣工罔不疑懼，咸謂君以從諫爲聖，臣以進諫爲忠，朝政偶有缺失，臣下正宜匡救。使或阿順不言，言之而不力，則天下之事必至於敗壞而不可收拾矣。臣等義同休戚，情激於中，不能自已，故敢不避忌諱，復爲陛下陳之。

切惟我朝鹽課之設，外以濟邊儲之急，内以充軍國之需，其為利益甚多。掌管委之運司，巡察責之御史，著在令典，故祖宗之時立法最備，發賣限以地方，屬禁嚴於私販，誠萬世不可易者也。奈何近年以來一壞於內臣之織造，再壞於皇親之買補？節今臣等交章論列，內閣大臣懇疏上言，既蒙先帝敕旨俞允停止於前，續奉皇上登極詔書裁革於後，近又簡命侍郎張憲、都御史王瓊親詣兩淮等處分投清理，人情物論之始稱快。今太監崔杲等又因織造乞要賣鹽，此端一開，其弊莫救。緣長蘆行鹽地方止於畿內諸郡，若陸續支領前鹽，越過兩淮貨賣，則奸商小人乘機附塔〔五八〕，欽給雖止一萬二千，夾帶豈下數十餘萬？關津不敢盤詰，官府無所稽考，鹽法阻壞，商旅壅塞，國計邊儲將何所賴？兼以漕河一帶軍民騷擾之勞，船隻往來之費，又有不可言者。夫利歸於奸人，害及於百姓，而歸怨於朝廷，其所係豈細故哉？是以戶部不敢阿意奉行，至於執奏再四，然又權宜處置，量給價銀，可謂情法兩盡，不致誤事矣。顧乃未蒙准信，必欲照前支鹽，此臣等所以疑懼而未喻者也。且前項織造無徑自用鹽之理，必須變賣銀兩方可買辦物料，今就給與價銀，豈不省事簡便？必欲支鹽，不願領價，其心果何如哉？顯是太監崔杲等必欲圖遂己私，不恤政體，欺罔朝廷，雍蔽天聽，以至於此，揆之國法，罪難輕貸。況今上天示戒，災異疊見，四方水旱相仍，盜賊竊發在處有之，加以庫藏空虛，國用匱乏，深為可憂。陛下當嗣大歷服之初，值天心仁愛之日，正宜修德弭災，納諫圖治，豈可信嬖倖、拒忠言以重違天意哉？伏望皇上大奮乾剛，特昭宸斷，求眾論之公，不惑群小之議，收回前項成命，著令該部照依原擬，給與價銀一萬二千兩。如慮不穀〔五九〕支用，許查照舊例，每引添銀二錢，以充織造之費。仍將崔杲等拿問如律，以為將來欺罔之戒。另選老成持重內臣二員前去織造。如此庶政體不紊，人情少安，鹽法由是可清。事關國家大計，豈敢坐視循默？區區犬馬之誠，無任懇切惓惓爲國之至。伏乞聖明留意。

緣係正鹽法以重國計事理，未敢擅便，謹題請旨。

正德元年九月十三日，英國公會同五府、六部、都察院、大理寺、通政使司、六科、十三道具題。十五日奉聖旨："卿等所言的是。鹽只支與一半，其一半支與價銀。"欽此。

陳言興革謹天戒以保治道疏

戶部尚書臣韓等謹題，陳言興革謹天戒以保治道事：

廣東清吏司案呈，奉本部送，准禮部咨，祠祭清吏司案呈，奉本部送，於禮科抄出，南京、雲南等道監察御史李熙等奏，近該禮科題，爲灾異事，奉聖旨："是。近來京城及各處灾變非常，深切恐懼，事關朕躬的自當體行爾。文武大小群臣宜同心痛加修省，以回天意。事有當興革的，各該衙門逐一開具來説，務切時弊，毋事虛文。"欽此，欽遵。

臣等伏睹陛下嗣登大寶，首頒明詔，恢張大猷，克紹前烈，補偏救弊，興利除害，誠大有爲之君也。天下咸謂明主出震繼離，統天理物，庶績不勞而興，太平可坐而致，宜乎五氣順布，四海寧謐，靈瑞應而嘉祥臻，以昭文明之化，以徵至治之休也。夫何一歲之間灾異疊出？太白經天，霖雨彌月，流星如電，白虹貫日，山移地陷，雷震水涌；□□〔六〇〕侵陵而喪師折將，海寇猖獗而傷財害民；近者上天動威，風雷示變，內自禁門，外及壇殿，所傷非止於一處，其異并在於一時；至於孝陵迅雷震木，鳳陽大水爲灾，誠有如聖諭所謂"灾變非常"者也。且南京根本之地，而孝陵關係爲甚重；鳳陽興王之都，而京師徵驗爲尤切。嘗聞天人相與之際捷於影響，和氣致祥，乖氣致異，自然之理也。蓋好尚不謹則足以致異，刑賞不中則足以致異，薦舉乖錯則足以致異，武略不競則足以致異，大臣不職則足以致異，庶官不修則足以致異，章奏寢格則足以致異，軍政廢弛則足以致異，巡邏騷擾則足以致異，鹽法阻壞則足以致異，然此特其末者耳。至於彌灾消異之本，惟在聖心一轉移之間而已矣。意者陛下臨御以來，或信用非人，疏遠耆德，天心仁愛之意殆將以是警之也。昔太甲以不任阿衡而敗度，成王以無遺壽耇而作人，高宗以夢得良弼而嘉靖，商紂以崇信奸回而召亂。夫老成耆德，用舍係治亂之機；君子小人，進退關興衰之漸。可不慎歟？伏望陛下念王業締造之艱難，思大統嗣承之不易，應天以實，大示修省。《書》曰："天壽平格，保乂有殷。"《易》曰："開國承家，小人勿用。"惟陛下念之哉！臣等待罪言路，奉詔拳拳，不勝憂惕，謹以興革十事條列於後，仰塵睿覽，俯賜采納，天下幸甚等因。具奏，奉聖旨："該衙門知道。"欽此，欽遵。備咨送司，案呈到部。

看得南京、雲南等道監察御史李熙等所奏皆切要事務，除"復章疏以防壅蔽"另行外，今後"清鹽法以防欺隱"議擬開坐上請，伏乞聖裁。

緣係陳言興革謹天戒以保治道及奉欽依"該衙門知道"事理，未敢擅便，謹題請旨。

計開：十曰清鹽法以防欺隱。切惟國家鹽課初意專爲濟邊而設，舊制鹽有定斤，引有定價，商人輸粟以餉邊，朝廷給鹽以償粟，彼此相易，公私俱利。當時權勢有禁，私販有禁，阻壞有禁，夾帶有禁，故在邊無缺餉之虞，在場無虧課之患，良有以也。自後法弛弊興，皇親之家大肆侵奪，權勢之徒多方包中，賣窩轉販莫有紀極，影射夾帶何啻倍蓗？用是商人困於守支，灶户疲於煎炒，國課日虧，邊儲歲缺。近年以來，又有折納餘鹽銀兩事例，其弊愈甚。及照南京石灰山關，舊係秤盤商鹽處所，應天府屬縣遞年額邊秤子五名，官秤一把止秤二百餘斤。本關設有官吏監督秤掣，每鹽一引二百零五斤例該餘鹽十兩，每一百引船户例納料鈔四十五貫。近因商人儀真架下買到鹽包太大，每引四五百斤者有之，六七百斤者有之，雖稱揚州上客納過餘鹽銀兩，其掣鹽委官中間多有通同賄賂欺隱之弊。下客接買到關，因是秤小引大，難以扛抬秤掣，以致商人引大而餘鹽不加，船户載多而料鈔如舊，若不關防禁革，弊日益增，不無阻壞鹽法。如蒙乞敕該部轉行兩淮巡鹽監察御史及揚州等處掣鹽衙門，今後商人秤掣引鹽務照舊制斤兩，如有折納餘鹽銀兩事例，委掣衙門各員要出給印信明文開報，如商人某人正引若干，餘鹽若干，收納過餘鹽銀兩若干。如遇下客接買，就將原給印信明文各付收執，到關查驗，以絕欺隱夾帶之弊。其大引餘鹽，本關查算每二百零五斤加納餘鹽十兩，上倉船户裝載餘鹽每一百斤加收料四十五貫，彙解仍行南京户部知會施行，庶鹽法清而公私俱利矣。

前件看得，監察御史李熙等奏，要將商人秤掣引鹽務遵舊制斤兩，及稱折納餘鹽銀兩各要出給印信明文，并將大引者加納餘鹽，裝載者加收料鈔一節，不爲無見。緣今見差大臣在彼清理，立法鏟弊是其職務，合無移咨，令其斟酌應否，徑自查處施行。

正德元年十月二十六日本部具題，次日奉聖旨："准議。"欽此。

急除群奸以保聖躬疏[六一]

户部尚書臣韓等謹題，爲急除群奸以保聖躬事：

伏惟人主以辯奸爲明，人臣以犯顏爲忠，況群小作朋，逼近君側，社稷安危、天下治亂所係者乎？臣等備員股肱，當主少國疑之秋，仰觀天象，俯察物議，瞻前慮後，憂心如割，至於長嘆涕泣而不能自已，輒敢昧死爲陛下言之。蓋寧盡言以死，不忍苟容以生，此臣之志，亦臣之職也。臣等伏覩近歲以來，朝政日非，號令失當。自入秋來，視朝漸晚。仰窺聖容，日漸清癯。細究其故，皆緣太監馬永成、谷大用、張永、羅祥、魏彬、劉瑾、邱聚[六二]等置造巧僞，淫蕩上心。或擊毬走馬，或放鷹逐犬，或俳優雜劇錯陳於前，或導萬乘之尊與外人交易，狎暱媟褻，無復禮體。日游不足，繼之以夜，勞耗精神，虧損至[六三]德，遂使天道失序，地氣靡寧，雷異星變，桃李秋華。考厥占候，咸非吉徵。切緣此等奸人，惟知蠱惑君上，以便己私，殊不思赫赫天命、皇皇帝業在陛下一身。方今大婚雖畢，儲嗣未建，萬一游宴損身，起居失節，將此輩齏粉葅醢[六四]，何補於事？可不畏哉！可不懼哉！昔我高皇[六五]帝艱難百戰，取有四海，列聖[六六]繼承，傳之先帝，以至陛下[六七]。先帝臨終顧命之語，陛下所聞也，奈何姑信[六八]群小，置之左右，爲長夜之游，恣無厭之欲，以累聖德乎？

竊觀前古閹宦誤國，其禍尤烈，漢十常侍、唐甘露之變是其明驗。今照馬永成等罪惡既著，若縱而不治，將來無所忌憚，爲患非細。伏望陛下奮剛斷，割私愛，上告兩宮，下諭百僚，將馬永成等拿送法司，明正典刑，以回天地之變，以泄神人之憤，潛消禍亂之階，永保靈長之業，則皇上爲守成之令主，臣等亦得爲太平之具臣矣。事干安危，情出迫切，不勝戰慄俟命之至。

緣係急除群奸以保聖躬事理，未敢擅便，謹題請旨。

正德元年十一月□□□日奉聖旨："卿等所言皆是愛君愛國之意，馬永成等朕自處置，但凡一應事盡皆停止。"欽此。

校勘記

〔一〕"拆"，萬曆本同，據本書卷一《奏議上·乞遵依鹽法禁約皇親疏》當作"折"，乃形似而誤。

〔二〕"巡按、巡鹽"，萬曆本同，本書卷一《奏議上·乞遵依鹽約皇親疏》作"巡鹽、巡按"。

〔三〕"糧",萬曆本同,據本書卷一《奏議上·乞遵依鹽法禁約皇親疏》當作"納",乃涉上下文而誤。

〔四〕"又",據萬曆本當作"今",乃涉上且形似而誤。

〔五〕"阻",萬曆本作"沮"。

〔六〕"□□",底本因避清諱空二格,據萬曆本當作"虜賊"。下"□□在套"句同。

〔七〕"資本"後,卷四《摘〈名山集〉内叙忠定公傳》引此語有"艱難",上文"又爲重明詔以謹初服等事"一段引聖旨亦作"既資本艱難,恐致失所"。

〔八〕"湊",萬曆本作"輳"。

〔九〕"大",據萬曆本并參本篇上文"署庫事内官監太監龍綏等題"當作"太",乃形似而誤。

〔一〇〕"萃",萬曆本同,雍正《山西通志》卷一百八十六《藝文五·札子·奏疏二·韓文〈爲急闕寶石西珠事〉》作"具"。

〔一一〕"清",萬曆本作"青"。

〔一二〕"叮嚀",萬曆本作"丁寧"。

〔一三〕"爲",據萬曆本當作"惟",乃音同而誤。

〔一四〕"足"後,據萬曆本當有"以",此誤脱。

〔一五〕"亦",萬曆本同,據文意疑當作"益",恐爲音訛。

〔一六〕"□",底本因避清諱空一格,據萬曆本當作"虜"。下"關陝地方外鄰强□"句同。

〔一七〕"□□",底本因避清諱空二格,據萬曆本當作"戎虜"。

〔一八〕"□□",底本因避清諱空二格,據萬曆本當作"虜賊"。

〔一九〕"阻",萬曆本作"沮"。

〔二〇〕"□□",底本因避清諱空二格,據萬曆本當作"夷狄"。

〔二一〕"徐枕",據萬曆本并參《名臣經濟録·韓文〈裁革冗食節冗費奏〉》及雍正《畿輔通志·進士·弘治丙辰科朱希周榜》當作"徐忱","枕"乃形似音近而誤。

〔二二〕“得”，萬曆本同，同前校引及《明臣奏議・韓文〈裁冗食節冗費奏〉》并作“理”。

〔二三〕“一百四十九萬餘兩”，萬曆本同，同前校引兩書并作“一百四十萬九百餘兩”。

〔二四〕“各”，萬曆本同，同前校引兩書并作“共”。

〔二五〕“内府成造寶册等項其餘不得與知”，萬曆本同，句中“册”、“餘”二字據同前校引兩書疑分别當作“玩”、“數”。

〔二六〕“收”，萬曆本同，據同前校引兩書并參前文“以歲入言之……通計各項實該一百四十九萬餘兩”，又該句針對“以歲用言之”，疑當作“該”。

〔二七〕“百”後，萬曆本同，據同前校引兩書疑當有“餘”。

〔二八〕“書”，萬曆本同，同前校引兩書并作“旨”。

〔二九〕“四十萬”後，據同前校引兩書疑當有“餘”。

〔三〇〕“三十三”，萬曆本同，同前校引兩書則并作“三十二”。

〔三一〕“一萬二千”，萬曆本同，同前校引兩書則并作“二萬六千”。

〔三二〕“竊嘗上觀往古迄唐宋”，萬曆本同，同前校引兩書“迄”前有“下”。

〔三三〕“賞賜無名”誤倒，據本疏下文“與夫無名賞賜、無益齋醮悉皆停止”，當作“無名賞賜”。

〔三四〕“清”，萬曆本作“青”。

〔三五〕“備細查究”，萬曆本同，本篇上文載同一聖旨則作“備查細究”。

〔三六〕“剿”，萬曆本作“操”。

〔三七〕“清”，萬曆本作“青”。

〔三八〕“清”，萬曆本作“青”。

〔三九〕“議”，萬曆本同，本篇首見同一聖旨則作“擬”。

〔四〇〕“備細查究”，萬曆本同，本篇首見同一聖旨則作“備查細究”。

〔四一〕“照”，據萬曆本并參本篇下文節引此語及聖旨回復“不必查點”之語當作“點”，乃形似而誤。

〔四二〕"清"，萬曆本作"青"。

〔四三〕"恪"，萬曆本誤作"挌"。

〔四四〕"奸"，萬曆本同，本篇上文同一聖旨作"欺"。

〔四五〕"已"，萬曆本作"日"。

〔四六〕"其兩淮運司……掣賣之數"，萬曆本同。此句與上下文語意不相銜接，疑有脱誤。

〔四七〕"輪"，據萬曆本當作"論"，乃音近形似而誤。

〔四八〕"計重"誤倒，據本卷下篇同句當作"重計"。

〔四九〕"不必"誤倒，據萬曆本并參文意當作"必不"。

〔五〇〕"興"，萬曆本同，據《歷代名臣奏議·聽言·寧宗慶元元年大府寺丞吕祖儉奏》當作"言"，乃形似而誤。

〔五一〕"止"，萬曆本同，據本卷下篇《再懇乞停止賣鹽織造收回成命疏》引此語并參本書奏疏通例，此字前疑當有"爲"。

〔五二〕"汗"，萬曆本誤作"污"。

〔五三〕"搭"，萬曆本誤作"答"。

〔五四〕"治"，萬曆本作"置"，字異而義同。

〔五五〕"補"，萬曆本同，本卷上篇《懇乞停止賣鹽織造疏》則作"辦"。

〔五六〕"經"，萬曆本同，本卷上篇《懇乞停止賣鹽織造疏》則作"該"。

〔五七〕"塔"，據萬曆本當作"搭"，乃音近形似而誤。

〔五八〕"塔"，據萬曆本當作"搭"，乃音近形似而誤。

〔五九〕"穀"，萬曆本作"勾"。

〔六〇〕"□□"，底本因避清諱空二格，據萬曆本當作"夷狄"。

〔六一〕群書選此篇作《劾宦官疏》或《請誅宦官疏》。

〔六二〕"邱聚"後，據《御選明臣奏議·韓文〈劾宦官疏〉》，并參《明史》本傳"是時青宫舊奄劉瑾等八人號'八虎'"，"邱聚"後當有"高鳳"。

〔六三〕"至"，據同前校引及萬曆本、《名臣經濟録·韓文〈劾宦官疏〉》、乾隆《平陽府志·藝文·韓文〈誅逆瑾疏〉》、順治《洪洞縣續志·藝文·韓文〈誅逆瑾疏〉》、民國《洪洞縣志·藝文·韓文〈誅逆瑾疏〉》，當作"志"，乃音同而誤。

〔六四〕"將此輩齏粉菹醢"，萬曆本及乾隆《平陽府志》、順治《洪洞縣續志》、民國《洪洞縣志》同，《名臣經濟録》、《御選明臣奏議》"將"前有"雖"字，《明史》本傳則節引作"雖齏粉若輩"。

〔六五〕"高皇"，原殘缺，據同前校引諸書補。

〔六六〕"列聖"，原殘缺，據同前校引諸書補。

〔六七〕"先帝""以"兩處凡三字，原殘缺，據前校引《名臣經濟録》及《洪洞縣續志》補。

〔六八〕"姑信"，萬曆本同。《明史》本傳及《名臣經濟録》《御選明臣奏議》作"姑息"，乾隆《平陽府志》及順治《洪洞縣續志》、民國《洪洞縣志》又作"怙信"，據此疑本書或"姑"爲形誤，或"信"爲音訛。

詩 集

慶楊學士維新壽是日荷花盛開次韻

曲沼新分太液波，偶逢初度盛開荷。清香滿院無塵到，喜氣盈門有客過。稱壽況逢花對酒，放懷寧惜夜彈歌？當筵剩有燕山桂，幾度令人感慨多。

中秋賞月〔一〕和張文淵韻

雲斂晴空萬里寬，嫦娥扶月上林端。光涵銀闕連天白，影浸〔二〕冰壺徹夜寒。賞處不知更漏永，邀來且助酒杯歡。幾回乘興渾忘倦，倚遍危樓十二闌。

其二

坐待銀蟾出海東，秋光分在此宵中。一尊有興催佳句，萬里無雲翳碧空。風度玉樓飄桂子，露凝金井濕梧桐。呼童試探更消息，譙鼓聲催第幾通？

其三

晚來無事坐西廊，喜見冰輪上短墻。碧漢雲收蟾弄影，廣寒秋冷桂飄香。四時月色今宵最，千里鄉心此夜長。幾度凭闌吟未歇，不勝清氣逼人涼。

其四

序屬中秋夜氣清，一輪寶鑒自東升。人當此夕應須賞，月到今宵分外明。對酒渾忘身外慮，放懷聊寄客邊情。倦來斜倚繩床坐，忽報譙樓鼓二更。

三原道中遇雪

匹馬迢迢路不平，漫漫春雪點衣輕。荒村有寺鐘聲杳，遠道無塵旅況清。山擁白雲迷客望，柳舒青眼送人行。秦關百二山河舊，幾度吟餘感慨生。

送戴師中綉衣巡按雲南

短長亭外雨初晴，鐵面郎官萬里行。楊柳風輕驄馬緩，杏花日暖綉衣明。雲開薊北山川秀，路入滇南瘴癘清。況復榮歸過故里，斑衣仍慰倚門情。

送張少參天瑞同年之任陝西

同插宮花宴上林，論交更喜最知心。金門曉漏鳴珂待，柳陌東風并轡吟。尊酒有時還對月，笑談無日不開襟。臨期[三]惆悵難爲別，立馬長亭思不禁。

其二

簪笏曾同侍冕旒，藩參新拜荷恩優。幾年獻納推青瑣，千里旬宣尚黑頭。敷政會看民有賴，籌邊須爲主分憂。范韓事業關西在，竹帛流芳擬匹休。

走筆答元益同年

曲江同是看花人，每羨高才似有神。義重敢忘交契久？情深不計往還頻。風雲慶會逢千載，瑣闥叨陪近一旬。無奈世情多變態，一番棋局一番新。

答張天瑞少參

無端秋色滿金臺，百二秦川首重回。別後好懷成遠夢，吟邊佳趣想高才。九重恩命先豪俊，千里音書慰草萊。何日朋簪還聚首，燭花影裏笑顏開。

溪南別墅爲彭性仁進士題

數椽茅屋傍林泉，不減王維舊輞川。隔岸柳藏沽酒斾，負堤人灌種花田。閑中風月渾多趣，静裏湖山别有天。身世陶然無個事，烟霞常鎖釣魚船。

送同年章德懋憲僉[四]致仕還金華會元

恬退高風久不聞，同年何幸見斯人。功名眼底看來薄，道義胸中認得真。架上書多歡教子，床頭酒熟羨[五]留賓。相逢莫訝休官早，五柳門前别有春。

其二

諫草曾封進御看，詞林聲價重於山。提刑纔喜臺端去，謝事俄從闕下還。萬古清風光汗竹，百年高節滿塵寰。不才叨廁同年後，景仰令人益厚顏。

瀛州宴集和同年郭子聲韻

昔年金榜共豪雄，回首俄驚一夢中。何幸瀛州人復會，始知霄漢路皆通。青春敢說功名遂？晚節還期事業同。醉跨驕驄歸未晚，鳥聲還聽玉橋東。

其二

隔坐鶯聲趁好風，衣冠錦綉喜相同。九天仙樂來蓬島，一代英才集梵宮。竹葉謾傾金斝綠，杏花還憶曲江紅。丈夫憂樂關天下，麟閣誰收第一功？

春日同周張二翰林游城南泥鰍寺次養正韻

勝日尋芳偶上樓，賞懷偏逐景悠悠。鳥啼林外鐘[六]聲靜，雲散天邊雁影浮。杏圃春晴爭艷冶，柳堤風軟鬥輕柔。盤桓未盡登臨興，還擬重來續舊游。

其二

躨步長廊又上樓，幾回縱目思悠悠。雲霞掩映千山近，金碧輝煌五色浮。人倚東風隨意樂，鳥啼晴日轉聲柔。夕陽不覺歸鞭晚，總為韶華惜壯游。

其三

吟倚東風懶下樓，無邊光景自悠悠。山圍翠黛朦朧見，酒泛金尊潋灩浮。清氣襲人花雨細，輕寒拂面柳風柔。太平時節春如海，勝看王孫陌上游。

和韻答馬天祿掌科時以給事滿考在部

未報君恩敢道歸？寸心常切在彤闈。夢回曉枕家山遠，門掩秋風故舊稀。官曠無才書諫草，囊空有意典朝衣。夕郎老我吟懷倦，斜倚南樓看落暉。

苦 雨

霢雨無情夏復秋，不堪愁緒壓眉頭。十年定省空多夢，四壁傾頹懶上樓。花倚闌干凝霧濕，水環院落帶溪流。西成已負農家望，經國誰分聖主憂？

寫懷答同僚仰進卿

故園西望路羊腸，數畝村田一半荒。門外青山添客恨，眼前白日爲誰忙？秋雲世事緣今薄，春夢歸心比舊長。最是羈懷難遣處，落花啼鳥滿它鄉。

其二

謾將斗酒破愁腸，潦倒於今百事荒。歲月無憑容易過，功名有分枉勞忙。夢回客枕添情切，門掩東風苦晝長。幾欲西歸歸未得，太行高處望家鄉。

暮春有感兼懷周內翰伯常

東風一任共誰期，三月何曾到客扉？無主野堂隨意老，有情杜宇送春歸。羈懷笑我成寥落，宦路悲人事巧機。却喜同鄉周太史，論交肯與昔年違？

答張都憲

曲闌昨夜試閑凭，老我羈懷强拂膺。自愧才疏甘落漠，敢因客久嘆飄零？虛名點檢全灰念，壯志消磨已去棱。爲憶故人頻北望，暮雲遥隔最高層。

元日早朝次蕭文明給事韻

銅壺漏盡曉星稀，曙色遥看近却微。五色祥雲隨鳳輦，九天瑞靄護龍旂。花含朝露沾衣潤，鳥帶春聲隔霧飛。却憶鳳凰池上客，抽毫日日侍彤闈。

其二

聖明無事諫書稀，萬國衣冠覲紫微。寶鼎騰烟薰黻扆，絳紗籠燭映旌旂。夢回鴛鷺瞻天近，樂奏蕭韶睹鳳飛。清蹕一聲歸輦處，鬱葱佳氣滿宮闈。

慶成宴

大祀初成宴百官，人生能得幾陪歡？龍顏咫尺傳宣近，天語丁寧勸酒乾。蒲柳敢言無我分？聖明未許嘆才難。太平有象春如海，報國終期一寸丹。

其二

筵開寶殿列千官，盛會無如此日歡。隔座但聞天語近，承恩不計酒杯乾。黃門老我謀猷拙，滄海懷君補報難。莫道功名無處著，麒麟閣畫炳如丹。

真定道中

東風匹馬過恒山，寂寞風光不忍看。春景誰知今日冷？貂裘猶似去年寒。催科政急逃亡夥，倉廩糧虛賑濟難。民瘼究應誰職任，趨朝定擬奏龍顏。

平定分司和趙總兵韻

匹馬西來過固關，賢勞王事敢辭艱？春光冷落隨流水，雲影模糊隔遠山。野鳥間關啼又歇，征人絡繹去仍還。逃亡破屋連村社，幾對東風泪慘顏。

壽陽道中

使節西還過壽陽，蕭條何處覓春光？柳桃未識東風面，岩谷常留六月霜。遠近好山迎馬首，崎嶇官路轉羊腸。幾回瞻望歸心急，不憚征途日夜忙。

送大行周近仁之任南京

鳳闕朝回出諫坡，別情無奈故人何？九重天上皇華去，千里江南晝錦過。柳顫東風牽客斾，鳥啼晴日雜離歌。青雲事業歸賢俊，況復嚴慈鬢未皤。

送董懷英知州之隰州

短長亭外送君行，照眼榴花的的明。驛路薰風隨五馬，禁城官柳拂雙旌。金臺故舊裁詩別，堯甸兒童跨竹迎。去去好將功業樹，五雲深處聽佳聲。

送周仲瞻給事赴南都和乃兄伯常内翰韻

舊官今日送新官，立馬郵亭意轉難。鴻雁暫分天外影，斑斕仍遂膝前歡。黃門地近春風早，丹鳳樓高夜月寒。獻納須知言責重，諫章休使外人看。

其二

一門恩自九天來，清白家聲絕點埃。旨酒謾斟都下別，皂囊頻上御前開。林泉親老應多福，瑣闥官清得俊才。潦倒深慚無好況，新詩吟就冀君裁。

同年會

看花同聽上林鶯，荏苒年光幾度更。盛事又逢今日會，賢科敢負後時名？鳥啼晴日催詩況，人倚東風醉酒觥。遭際幸逢堯舜世，共期葵藿向陽傾。

夜雪和海釣蕭文明韻

料峭東風勢轉隆，琪花亂落散瑤空。獨聯夜雪床前句，共聽寒山寺裏鐘。畫角聲催來枕席，梅花香送入簾籠。幾回坐久天將曙，十二瓊樓一望中。

夏日游梁園和郭子聲韻

乘涼閑坐柳塘東，滿耳蟬聲兩腋風。草色入簾分嫩綠，花顏對坐放嬌紅。吟邊興味三杯裏，眼底浮華一夢中。却憶雙親頭雪白，無邊鄉思着人濃。

早朝用前韻

鴛行叨列殿頭東，環珮珊瑚送曉風。寶鼎浮烟侵鬢綠，絳紗籠燭映袍紅。龍顏近睹光華表，仙樂遥聞杳靄中。青瑣歸來天未曙，鳳樓還對遠山濃。

其二

坐聽薰風遞雨聲，通宵不住到天明。農家處處歌無旱，社鼓村村慶有成。繞檻花開紅露濕，侵階草長綠添平。唐堯氣象今仍睹，朝野騰歡賀聖情。

其三

隔窗頻作耳邊聲，徹夜敲檐直到明。百辟歡呼歌大有，四民擊壤望西成。波添湖海連雲濕，花壓闌干接地平。却憶天涯羈旅客，荒城孤館不勝情。

送董子仁使琉球

九重詔許册藩王，玉節遥持命夕郎。畫錦有榮過故里，聖恩無地隔遐荒。雲開島嶼天涯闊，日出扶桑海角長。當宁臨朝親簡命，肯教薏苡載歸航？

其二

曉持龍節下中山，執手都門話別難。萬里烟波隨處穩，九天雨露自來寬。驛邊爭仰皇華使，海外歡迎近侍官。客裏詩囊收拾好，不妨留與遠人看。

送林元甫使占城

獻納曾看爲國謀，皇華新泛海東舟。一函帝詔天邊去，萬里蠻烟嶺外收。青瑣暫違簪筆近，白頭仍慰倚門愁。殊方聞説多佳勝，取次留題在上頭。

輓羅都堂兼少保

位進三孤德望尊，才兼文武更誰倫？曾因愛國常披膽，祇爲憂民不顧身。英氣忽聞還海岳，奇勛定擬畫麒麟。四朝元老知無幾，補袞應推第一人。

送鄭世英出使河南

甲第纔聽玉陛傳，皇華又喜荷恩偏。停杯都下難分袂，立馬風前謾着鞭。驛路看山詩有債，故鄉衣錦樂無邊。懸知戲彩稱觴處，重慶堂中日抵年。

題周中書《義田卷》

仗義江南素有聲，腴田買得與貧耕。黃金不惜床頭橐，清議終留史上名。無復新絲春裏賣，何愁官稅眼前征？賢郎天上官方好，積善誰云報不明？

題顧郎中《三世進士卷》

自是君家善有根，百年事業在乾坤。青雲甲第聯三世，昭代文明萃一門。袍笏滿床新與舊，芝蘭繞砌子兼孫。恩榮有字連華扁，贏得流芳淑後昆。

過界山和吳都堂韻

馬蹄連日踏紅塵，孤館荒凉恨轉頻。語燕有情還識主，落花無數解隨人。家山迢遞空多夢，王事賢勞敢顧身？却喜閭閻今按堵，謳歌都是太平民。

迎恩觀和憲副馬啓東韻

誰構行宮古道邊？藥爐丹火不生烟。仙家風景真多趣，塵世浮華況可肩。煮茗旋燒林下葉，灌花常引竹間泉。赤松我亦年來慕，只恨平生欠夙緣。

其二

野水灣環繞路邊，幾家茅屋起寒烟。客愁日晚頻催馬，人苦山行暫息肩。嶺樹號風飄落葉，溪雲拽雨漲飛泉。道人知我非山主，幾度牽衣問化緣。

其三

匹馬經行夕照邊，孤村處處有人烟。雲連故國重回首，霜壓征裘漸聳肩。紅葉滿山增感慨，青松夾道傍林泉。生平也欲學修養，爭奈無由斷俗緣？

辭太嶺祖師

曉肅衣冠謁祖師，瓣香三爇敢言私？九天日月同臨照，萬里山河永護持。金殿光凝容儼雅，丹崖路繞樹參差。小臣提調慚無補，獨對東風賦一詩。

紫霄宮

紫霄宮殿插雲端，塵世紛華了不干。亂樹吼聲風乍起，群峰留翠雨初殘。新詩遣興還頻和，佳景撩人不厭看。聖代尊崇恩典厚，萬年香火鎮名山。

南岩宮

南岩形勝勢嵯峨，比與蒼穹隔不多。萬壑送青山露髻，亂峰橫翠鳥驚蘿。雨清遠漢雲收脚，風動疏林樹挽歌。幾對山靈頻祝頌，皇圖永保萬年過。

五龍宮

儘日攀緣到五龍，好山無數翠玲瓏。巉岩怪石高低路，瑞靄祥烟遠近峰。塵世功名憐我老，仙家風味着人濃。東風更與吾師祝，萬載英靈翊聖躬。

玉虛宮

遍謁名山到玉虛，儼然身世在蓬壺。烟霞氣爽精神健，滄海塵生夢寐蘇。寶殿撐霄飛畫棟，碧桃滿地種玄都。太平有象春如海，嵩岳端期萬歲呼。

遇真宮

金殿朝回抵遇真，不勝清氣役吟魂。千年桃熟春常好，九轉丹成火尚溫。老我無緣居福地，知誰有幸鎮山門。明良慶會真奇遇，地久天長祝至尊。

净樂宮

琳館珠宮紫翠連，闌干十二倚雲烟。丹崖繞徑迷仙洞，黃葉漫空上客肩。但覺身心生爽快，誰知城市有林泉？殷勤更與山靈約，共祝皇圖億萬年。

寄永州府二守顧天錫同年和韻

爲采民風久駐驂，滿腔心事共誰談？寥寥歲月傷離思，落落交游嘆盍簪。毛遂囊錐終脫穎，張華寶劍自離函。西風望斷衡陽雁，雲樹茫茫詎可堪？

其二

黃金榜下憶逢君，才氣飄飄迥出群。仕路西東憐聚散，緘書重疊荷慇懃。新詩韻險難爲和，循吏聲高易得聞。回首瓊林同醉後，年光又隔幾朝曛？

再和山唐驛韻

鳥道崎嶇石磴斜，行人誰不動咨嗟。老懷戀闕仍多夢，泪眼看雲漸覺花。祇爲才疏慚竊祿，不因客久便思家。明時叨領旬宣寄，回首俄驚幾歲華。

晃州驛和壁間韻

客邊寒暑易推遷，遠水遙山更可憐。野鳥留人仍戀樹，西風催馬更加鞭。官叨金紫才何補，情切君親夢轉牽。懶把青銅閑裏對，恐驚華髮換流年。

新店驛和壁間韻

歲暮南巡尚未歸，思鄉常想太行西。征裘半壓風塵重，望眼多隨草樹迷。僧背夕陽投遠寺，馬嘶官路促驕蹄。因過荒館無聊賴，吟得新詩壁上題。

過大荊驛再和前韻

挑燈孤館坐更長，往事追思夢一場。道義憑誰開户牖？功名老我愧門墻。地爐添火烘衾暖，山月當空照夜涼。惟有此君知己在，清風何減召家棠？

五開道中

茫茫江海宦情多，一葉扁舟萬頃波。世事如棋閑裏看，年光似箭夢中過。遣懷暫假詩人筆，竊禄深慚進士科。最喜漁翁偏得趣，一鈎香餌任高歌。

靖州道中

旬宣寄重久懷慚，世事新奇未飽諳。兩屐紅塵催客路，十年青瑣憶朝簪。駑駼力鈍勞頻策，霜鬢根深懶去搔。莫道春光隨處好，邊城寥落更難堪。

其二

功名老去漸灰心，肯向人前嘆陸沉？報國曾無分寸益，思親空有短長吟。獨憐鄉國經千里，始信家書抵萬金。惟有多情江上柳，年年青眼只如今。

長沙道中

九十春光過幾分，宦懷羈思兩紛紜。才疏笑我催科拙，官好知誰撫字勤。民俗澆淳隨路訪，家書迢遞隔年聞。白頭親老關心切，十二時中只望雲。

九江遇同鄉申大倫太守

隔省頻聞治郡聲，鄉人經過不勝榮。停舟謾叙今宵話，握手還期後日盟。千里關山憐我苦，一壺冰玉愛君清。明朝又向江頭別，秋水長天無限情。

其二

不見君時苦憶君，見君情緒轉紛紜。明時深愧叨官久，清話何妨抵夜分？無奈年光催短髮，可堪世事薄浮雲。長安知己多如許，曾否音書慰遠人？

寄陝西梁方伯廷美

秦關隴樹隔遙岑，千里鄉書一寸心。兩鬢風塵憐客路，十年交好憶朋簪。敢夸得意詩無稿？深愧橫腰帶有金。自是平生蒲柳質，霜花先上鬢毛侵。

其二

功名堪笑更堪嗔，過眼浮華苦未真。世態如棋憐反覆，年光似箭愧因循。紅塵消息多時樣，青瑣交游少故人。却憶司空張慎節，滿腔心事爲誰陳？

出巡常德寄小兒士聰等

每笑痴兒類犬豚，那知成性貴存存？窮經到底還尋路，入德由來自有門。欲使功名成遠大，休將事業廢晨昏。西賓喜得嘉魚李，聞説師嚴道更尊。

其二

進士人中第一流，兒曹正好繼前修。梯雲早折三秋桂，獻策連登五鳳樓。朋友聯窗須尚義，弟兄一氣莫爲讎。長安此際春風動，金榜知誰作狀頭？

五月一日鐵都司到常德報長男士
聰生子喜而有作

潦倒年華越四旬，眼看生子又生孫。恨無事業酬明主，喜有詩書托後昆。頭角敢言期跨竈？蓬弧定擬滿懸門。從今萬事應知足，一任傍人笑犬豚。

常德遇沈仲律再和前韻

故人相見日初曛，肯許詩壇席半分？銅鼓風霜曾作客，金陵人物久推君。功名仕路休嗟晚，德望斯文獨見尊。惟有霜毫最知己，紀行隨處灑烟雲。

其二

知心遠别幾朝曛，猶記湘陰兩路分。客邸紅塵頻笑我，臺端青眼屢煩君。湖山有債歸吟筆，風月無邊對酒尊。最是羈懷難遣處，一天風雪滿山雲。

其三

扁舟曉發帶餘曛，雪映關山路不分。寂寞謾傷羈旅客，迂疏何補聖明君？但將往事頻加省，敢爲虛名妄自尊？忽憶雙親揩泪眼，不堪遙望太行雲。

襄陽遇于守正綉衣以言事謫官雲南次馬啓東韻

滇南迢遞萬山幽，豸史何嘗嘆遠游？一疏曾看封北闕，百川誰復障東流？明時未茸朱雲檻，清譽先歸庾亮樓。正喜逢君君又去，不堪老泪濕雙眸。

其二

萬里關山未是幽，丈夫何處不堪游。文章金榜傳三甲，人物清朝第一流。報國未酬心上事，分携忍對驛邊樓。行裝留得詩囊在，萬里雲山豁壯眸。

常德分司

千里湘江一葉舟，宦懷凄切轉堪愁。眼前世事新看好，鏡裏衰顏老對羞。無主野花隨意落，有情山鳥欲誰留？白雲忽動河陽念，甘旨關心泪自流。

其二

東風遙駕洞庭舟，民事關心只自愁。官曠久叨明主用，才疏深爲故人羞。但將好景吟邊采，敢冀虛名史上留？往古來今空感慨，滔滔都付水東流。

桃川宮和錢方伯韻

蓬萊自是脱囂塵，尚有漁郎舊渡津。欲訪丹臺消俗慮，還開青眼問山人。洞中藥竈全無火，谷口桃花剩有春。眼底風光隨處好，恨無名筆爲鋪陳。

其二

路入桃源便不塵，幾回駐馬問前津。種來松竹留啼鳥，借得烟霞當主人。流水尚環仙子洞，落花猶記武陵春。豪吟多是名家筆，淺薄深慚與并陳。

馬底驛再和前韻

歷盡深山又是山，宦途偏有許多難。瀰漫曉霧蒸衣濕，料峭東風上面寒。紫禁心懸隨夢繞，白頭親老對雲看。明朝又問辰陽路，滿馬春愁壓綉鞍。

其二

路入辰陽半是山，賢勞王事敢辭難？但知冀北三冬冷，豈料江南二月寒？吟稿在囊忙倦改，衰顔對鏡老羞看。觀風正欲求民隱，肯厭郵亭暫解鞍？

平溪值雨

瀟瀟風雨過平溪，草樹漫山望眼迷。啼鳥有情常傍客，落花無數半沾泥。邊城柳色籠衫袖，驛路苔痕印馬蹄。犬吠雞鳴隨處好，未應便説近雕題。

偏橋分司時彭參將同行

東風按部抵偏橋，甲胄雲連壯士驍。鐵甕城高人語靜，柳營春暖馬蹄驕。太平有象收邊檄，風火無聲響夜刁。寄與苗人休出沒，漢家今遣霍驃姚。

苦　雨

彼蒼何事太無情？雨去雲來未肯晴。近水漁村舟當屋，隔江山市玉爲粳。不愁歌館花初發，只恐農家麥未成。老我豈容甘坐視？停軺隨處問疲氓。

寄吳敏參軍

三邊節制重才猷，儘有威聲動遠酋。千里長城應有賴，九重南顧已無憂。荒墩草寨蠻烟净，野店山村酒斾稠。只爲寸心甘報國，蕭蕭白盡少年頭。

馬底驛和瞿綉衣韻

路入辰陽九月寒，西風不住促雕鞍。苔封石磴人行滑，雨漲山溪馬渡難。驛館遥連沽酒市，人家多傍釣魚灘。孤村野店尤荒落，竹屋茅居不忍看。

廷諫蕭文明謫官鎮寧別駕詩以慰之

十年青瑣侍吾皇，言路惟君屢抗章。但許一身甘報主，誰期萬里竟投荒？高名可并邱山重，正氣尤争日月光。莫道殊方成遠隔，明時雨露正汪洋。

其二

笑談不奉幾經秋，青瑣聯官憶舊游。鴻雁不傳天外信，雲山總是客邊愁。懷君每檢臨地帖，愛月誰分勸酒籌？滄海君恩隨處闊，遐方未許久淹留。

其三

半生憂國鬢如霜，豈料遷官落瘴鄉？流涕未忘心上事，衛生先錄嶺南方。客窗有夢懷知己，人事無憑問彼蒼。況復斯文同骨肉，雁書休惜過衡陽。

其三〔七〕

幾載叨陪侍禁闈，先生與我最相知。螭頭尚想抽毫處，柳外還思并轡時。直諫何慚唐陸贄？能書不讓晉羲之。斯文涉世千鈞重，聲教仍看被遠夷。

龍陽縣遇都諫董子仁謫官滇南縣尹詩以慰之

聖主南觀念遠人，親民特遣殿頭臣。諫垣自昔推唐介，嶺海於今借寇恂。憂國心勞雙鬢雪，隨車雨好萬家春。相逢莫惜牛刀試，要使蠻鄉識鳳麟。

其二

屈指暌違幾隔年，暮雲春樹總茫然。吟詩尚想陪花下，簪筆還思侍御前。報國寸心甘自許，之官萬里竟誰憐？盤桓且盡今宵樂，莫趁東風便着鞭。

其三

金榜聯名愧後塵，十年青瑣又同寅。廟堂前席期君久，肝膽交情爲我真。覆載有恩皆雨露，華夷無地不陽春。丈夫憂樂關天下，莫爲離懷便慘神。

其四

星軺遠報賈長沙，尊酒相逢日未斜。司諫有聲清議在，別懷無計故人嗟。客邊風雨三湘路，眼底雲山萬里家。四海車書皆一統，滇南未信是天涯。

其五

言路叨陪只厚顏，別來消息夢常關。朱雲愛國心偏赤，范老憂君鬢早斑。萬里孤身頻自保，百年高節許誰攀？鎮寧別駕君知舊，循吏當居伯仲間。

其六

歲暮旬宣興轉闌，故人邂逅不勝歡。沽來濁酒連瓶煮，吟得新詩帶稿看。直擬到時聲價重，不妨行處路途難。聖朝龍袞多豪邁，肯使南荒老諫官。

送嚴方伯致政和韻

四海交游幸此逢，惟君雅愛最謙恭。聲華烜赫鳴清世，問學淵源扣大鏞。義重金蘭懷敬久，形忘爾汝見情濃。斯文聲價知名舊，剩有才名在辟雍。

其二

晝錦歸來故里榮，浮華過眼羽毛輕。閑中詩酒歡留客，静裏滄浪喜濯纓。明月清風聊作伴，高山流水任怡情。緣知物外應多暇，錄得仙方學養生。

寄蕭文明別駕用李師中送唐介韻
因致期待之意云

十載黃門老諫官，從容就義古今難。名芳管取垂千古，路遠何堪隔萬山！眼底才賢推獨步，雪中松柏聳孤寒。聖明圖治多需舊，唐介行看嶺外還。

其二

一望南荒倍慘顏，別何容易見何難。閑中製作元無稿，醉裏登臨剩有山。瑣闥夢回鴛鷺遠，糟糠人去鏡妝寒。九重屢下求言詔，多少邊人次第還。

其三

鎮寧遠望路漫漫，尊酒相逢笑語難。嶺海月明驚客夢，瘴鄉人老憶家山。書遺冊舊憐情切，威振邊夷破膽寒。寄語相知蕭別駕，廟廊虛席待君還。

其四

幾見封章進御看，朝陽鳴鳳信才難。言關治道全書史，路入炎荒半是山。文氣愈增今日價，劍光尤勝昔年寒。明時正喜登賢俊，肯使先生獨後還？

其五

平生義膽與忠肝，言路何嘗少避難？鬢為憂民先點雪，心緣圖治肯歸山？珠遺老蚌情何苦_{喪子}，鏡掩游塵夢亦寒_{喪妻}。聖主恩深應有命，安車指日召南還。

寄同年董子仁用李師中〔八〕唐介韻

屈指三秋一夢間，懷君空切見君難。書陳北闕仍留草，目極南荒不斷山。雪夜每思清話久，金門猶憶早朝寒。花封鎮日彈琴暇，詩酒知誰共往還？

寄郭子聲舊都憲時謫射洪縣尹

勝敗兵家事亦常，幾看信史載尤詳。不緣□□〔九〕干天討，安得先生落瘴鄉？雙眼未乾憂國泪，千金須買衛生方。西川倘遇衡陽雁，莫惜緘書過武昌。

其二

三邊總制老臺臣，百里花封又近民。青瑣十年封事舊，錦袍雙袖血痕新。也知嶺外還唐介，暫使川中借寇恂。聞說長城圍未解，平□〔一〇〕獻策定何人？

和韻寄沈仲律

觀風幾度過辰陽，只有圖書載滿航。傲雪松筠元不改，驚人詞藻迥非常。未聞宦況嗟淹滯，但見威聲重激揚。一片雲臺冰玉似，澄清何止比滄浪？

其二

桂陽歷遍復衡陽，陸有肩輿水有航。歲月催人偏易過，江山在眼只如常。第慚鳩性平生拙，敢冀蝸名到處揚？聖世臣工圖報切，肯隨鷗鷺老滄浪？

寄小兒士聰

爾父年來鬢已斑，任隨緣分強加餐。塵寰忍見人情薄，宦路空嗟世事難。千里民風傷險詐，萬金家信喜平安。何時三鳳齊鳴去？金榜名中次第看。

其二

聞說吾鄉苦歲饑，居民凋弊半逃移。挽車猶自供邊餉，糊口何堪剝樹皮？寂寞年光頻憶汝，經綸手段尚憑誰？白頭忽動河陽念，甘旨曾無似舊時。

臘月三日長沙分司述懷用沈仲律韻

隔窗新笋過重檐，老眼驚看喜倍兼。中外每慚叨禄久，聖明寧敢說官淹？詩緣性癖吟偏苦，酒爲年豐價却廉。夙債未償塵世了，清風空自想陶潛。

其二

靈鵲何勞噪短檐？魚羹熊掌勢難兼。更張我怪王安石，憂樂誰知范仲淹？征斂有民愁逋負，催科無吏說清廉。疏星也被浮雲妒，纔見微光却又潛。

其三

衰年陡覺四旬餘，道德深慚日負初。身寄湖南頻有夢，雁歸塞北久無書。馬行山路吟懷澀，葉净霜林眼界疏。愧我平生多懶散，於今纔悔腹空虛。

其四

屈指年來兩月餘，羈懷多在五更初。愧無筆底驚人句，喜有床頭教子書。國事敢隨家事後？宦情偏與世情疏。求賢聖主心如渴，廊廟於今席正虛。

其五

眼裏同誰叙舊歡？隆冬偏抵客深寒。酒妨淡薄連瓶煮，詩苦推敲帶稿看。王事驅馳愁未了，年光荏苒恨將闌。太行西去河東路，南北迢迢望渺漫。

其六

年豐深爲萬民歡，肯避風霜客路寒？吟稿在囊忙倦改，衰顏對景老羞看。圍爐不厭頻添火，愛竹何妨遍倚闌。忽憶雙親違養久，不勝懷抱恨漫漫。

其七

歲晚頻看節序更，宦懷寥落厭崢嶸。人情世故隨長短，白羽黃金自重輕。民苦征輸愁破産，馬嫌駑鈍敢兼程。五雲深處重回首，青瑣誰陪輦路行？

其八

馬頭歧路傍橋分，强半衰顏借酒醺。入夢家山情耿耿，惱懷塵俗事紛紛。腐儒未解江南趣，肉眼難空冀北群。最是平生恩未報，白頭二老聖明君。

其九

竊祿明時愧此身，敢夸心上有經綸？誰家官府催租急，何處笙歌勸酒頻？待聘真儒藏匵玉，求賢聖主駕蒲輪。霜臺清沈文章伯，豈獨吟詩興有神？

其十

青雲幸喜致吾身，肯向江頭學釣綸？旅館忽驚爲客久，夢魂殊覺到家頻。紙窗隙小風傳箭，竹院樓高月挂輪。聞説衡山多秀麗，幾時登眺謾怡神？

其十一

湖南冬冷雁飛遲，匹馬東歸未有期。行草每臨西晉帖，短長閑和盛唐詩。吏多貪墨真堪惡，民苦瘡痍實欠醫。愧我薇垣徒竊禄，涓埃何補聖明時？

其十二

老去消磨壯歲豪，親恩深負報劬勞。天涯回首情何切，酒後吟詩句亦騷。竹上軒窗隨月影，松盤澗壑響風濤。馬蹄踏遍湘南路，民事關心每鬱陶。

其十三

平生詩酒興俱豪，宦薄方知案牘勞。事涉紛紜難打點，鬢經風雪易蕭騷。客懷貪路偏愁晚，旅館臨江厭聽濤。喜有霜臺舊知己，草茅何幸賴甄陶！

其十四

一官曾侍殿頭西，回首紅雲望眼迷。樗櫟自甘凡品用，鵷鷞寧敢上林栖？宦懷落寞憑誰訴？山路崎嶇儘日躋。幾向五開城下過，儼然風景似雕題。

其十五

江南節序驗來頻，雪裏梅開却漏春。駑鈍肯忘圖報國，詩書何止爲謀身？征輪政慘偏堪恨，貧賤交深更可親。莫道冬來偏冷落，歲寒松柏自精神。

其十六

欲剖民詞着意頻，筆端無路爲生春。誰施赤地千家雨？我愧青雲萬里身。直擬功名歸造化，肯將忠孝負君親？郢人妙曲難追和，爲撚吟鬚倍損神。

寶慶府同唐僉憲游高廟雙清亭

一上高亭俗慮忘，八窗灝氣接穹蒼。群山對拱珠簾捲，二水分流翠帶長。霞落忽驚孤鶩繞，波澄常見蟄龍藏。東風歸路官橋晚，仍有飛花送野香。

春日龍陽道中雜詠次憲副蕭彥祥韻

三春天氣日融和，又向龍陽陌上過。山色馬頭濃似畫，鶯聲柳外巧於歌。奔馳自覺年來倦，感慨誰知老去多？爭似牧童牛背上，夕陽一曲下山坡。

其二

幸際龍飛泰運和，山城肯厭往來過？貪看乳燕尋巢去，不管游人倚馬歌。楊柳溪灣僧寺遠，杏花村近酒家多。獨憐衛武淇園竹，都種深山蔓草坡。

其三

三月湖南景象和，馬蹄又是一番過。柳酣風暖輕盈舞，鳥趁春晴自在歌。但喜青山行處好，不愁華髮鬢邊多。明朝又問桃源路，半是高山半是坡。

寄致仕少司空張養正先生詩

調羹手段濟川舟，人品清朝第一流。官好却於安處退，名芳偏向去時留。天涯別後還青眼，林下歸來尚黑頭。莫道先生心便了，江湖定有廟廊憂。

其二

武略文韜羨兩兼，如何未老即投簪？黄花有幸邀新主，綠醑無緣叙舊談。薏苡可堪憐馬援，才華空自惜江淹。相逢莫爲流言辯，宦境争如蔗境甜？

其三

謝事歸來久杜門，只將風月當高鄰。不愁雲樹迷雙眼，且喜林泉見一人。抗疏尚留東閣草，投簪應念故鄉蒓。求賢聖主心如渴，補衮還看用老臣。

其四

經綸才器正當年，况復風流出自然。交重敢忘頻辱教，興闌何事便歸田？四時花鳥吟邊趣，滿目雲山静裏天。林下由來風味別，清風何减玉堂仙？

其五

梁園記得賞花時，共倚東風醉酒卮。鳥送好音聽却厭，詩分險韻和偏遲。柳林繫馬看流水，竹寺尋僧認古碑。回首舊游成一夢，故人落落更堪悲。

其六

爲問司空慎節齋，個中懷抱共誰開？恨無尊酒陪談笑，喜有音書慰草萊。古晋山川歸老眼，香山風月屬清才。九重進講知名久，未許嚴陵老釣臺。

其七

萬事無心只釣竿，北窗高卧夢常安。閑中風雨吟懷壯，静裏乾坤眼界寬。唾手功名良可笑，忘機鷗鷺幸相干。他時顧問尋踪迹，知在黄蘆第幾山。

和唐憲僉〔一〕游高廟雙清亭

尋春偶過陌頭來，萬紫千紅亂剪裁。芳草忍看閑處密，好懷强放客邊開。心關故國頻多夢，物借東風總息胎。世事紛紛休苦較，宦途何處不塵埃？

其二

山聳高峰跨巨川，闌干十二半空懸。八窗軒豁無塵到，四壁圖書有句聯。山枕龍頭添紫霧，水分燕尾界青天。追歡不覺歸鞭晚，遠寺疏鐘隔岸傳。

其三

山亭突兀傍長川，怪石巉岩亂倒懸。點水白鷗沙共立，行春驄馬轡同聯。百年老壁生蒼蘚，兩道澄江破碧天。寄語詩人須仔細，莫將風月任訛傳。

其四

誰構兹亭選棟梁？斷碑無字記遺忘。山分白虎雙頭險，水劈青龍二尾長。壯觀謾勞夸喜雨，澄清何必説滄浪。中流多少乘槎者，爲問漁人不姓張。

題《楚江別意卷》送徐公肅九年考滿

故舊寥寥半已非，楚江又忍送君歸。紫薇官久名逾重，白首交深願忽違。詩句謾題愁裏句，柳絲難繫客邊衣。西風倘遇衡陽雁，莫遣平安信息稀。

其二

傾蓋平生幾故人，可堪眼底半離群！看花上苑君同我，折柳長亭我贈君。五月南風催畫舫，九重北闕望紅雲。相思後夜知何處？月滿薇垣酒正醲。

其三

青瑣同官又紫薇，形忘爾汝更相知。蒹葭倚玉徒傷老，廊廟掄才更讓誰？綠酒江亭今日話，暮雲春樹後來思。宦途南北東西去，萍水相逢定幾時？

其四

鐵石肝腸錦綉胸，如君真有古人風。西垣諫草推唐介，南國甘棠詠召公。兩地忽驚今日別，一尊還許幾時同？不堪鸚鵡洲邊望，楚水吳山意萬重。

辰州分司和待用林秋官韻

富貴浮雲外，聲光汗竹中。孤忠甘自許，一疏竟誰同？直氣撐層漢，靈襟掃太空。茫茫俯仰内，不愧渺然躬。

和韻答王都堂世昌

才名韓范重，當代許誰過？正喜登台鼎，誰期隱薜蘿？詩題南楚遍，功樹北門多。忝竊西垣日，頻聞奏凱歌。

其二

渴慕先生久，重來暫駐軺。酒酣添客況，日轉下山腰。麟閣題名舊，龍沙望眼遥。江湖憂更切，萬歲祝神堯。

荆門州答王良璧寅契良璧舊任吏科都給事中用元韻

鴉噪疏林日漸曛，盈箱案牘杳難分。數千里外頻爲客，十五年前已識君。交久可堪情更密，才高況復德尤尊。明朝又問襄陽路，忍對江東日暮雲。

都憲楊承芳鄉先達左遷雲南副使邂逅荆南驛詩以慰之

迢迢馬首向南行，共惜長沙屈賈生。白眼尚流心上泪，青天誰問浙西名？先任嘉興知府，號楊青天，故云。瘴烟蠻雨千山路，楚水滇池萬里情。莫道雕題人梗化，豺狼也自望風驚。

吊古再用前韻

荆門吊古日初曛，三國曾將此地分。諸葛但期忠輔主，曹瞞〔一二〕何忍僞稱君？千年城廓荒基在，萬古綱常正統尊。況復關張終爲漢，儼然龍虎際風雲。

長沙道中和沈憲僉[一三]韻

君巡湖北我湖南，屈指暌違月已三。驄馬無緣聯轡話，青山有料與詩添。風霜更得陽和濟，辭賦尤將性理兼。滿耳賢聲隨路在，行人多少口碑談！

寫懷兼柬沈先生

荒城孤館伴寒燈，竹几蓬窗却類僧。千里家林歸未得，萬山苗路到何曾？紫薇竊祿慚無補，赤手平蠻笑未能。爲憶休文舊知己，詩壇近日許誰登？

和馮時用元倡年字韻

韶光迅速逼殘年，老入施南路[一四]幾千。鏡裏朱顏知我減，肘間金印許誰懸？更長漏冷鷄先報，月小山高鶴未眠。回首家鄉[一五]何處在，平安不見雁書傳。

其二

瓊林同醉記當年，感荷君恩有萬千。白玉階前袍笏賜，黄金榜上姓名懸。桃花浪暖春先透，楊柳條長晝未眠。最喜狀元歸第處，辟人便有吏呼傳。

其三

官叨中外幾經年，祿食公朝已過千。自愧菲才同木朽，敢言辯口似河懸？强斟杯酒拼先醉，細數更籌懶就眠。自是江南詩派好，少陵家數至今傳。

其四

爛[一六]珊歲事逼新年，歷盡艱危萬萬千。苦雨酸風雙鬢短，白雲紅日寸心懸。誰家租稅官中急，何處笙歌醉裏眠？老我宣旬無善政，好聲那得路人傳！

和馮時用元倡關字韻

一自瞿塘鐵鎖關，英雄何在尚留山？荒烟野草孤城外，古廟殘碑夕照間。灩澦不隨流水去，風波常送遠人還。聖朝近喜邊塵淨，細柳營中萬馬閑。

其二

一念雙親夢便關，瞻雲忍對太行山。謾嗟苦楚風塵裏，强付功名筆硯間。霜冷巴江無雁宿，月明竹寺有僧還。何如詩酒林和靖，獨對梅花盡日閑。

其三

公門地僻晝常關，獨立虛亭看遠山。野趣暫收詩卷裏，愁懷聊寄酒杯間。五更客夢雞催醒，千里鄉書雁帶還。莫道山城無受用，簿書贏得案頭閑。

其四

瞿塘翹首望鄉關，南北天涯隔萬山。殘歲萍踪憐客邸，老年風味想林間。懶雲無意那知出？倦鳥多情却解還。獨羨巴江沙上鷺，忘機終日對鷗閑。

年關二韻

邊館無聊日抵年，故鄉翹首里三千。嚴慈膝下無緣侍，兒女燈前有淚懸。歲逼殘冬情易慘，夢回孤枕夜難眠。隔林況有山僧寺，斷續疏鐘遠近傳。

其二

巡行特地到邊關，忍對巴江兩岸山。臘盡尚看淹客邸，愁來便覺上眉間。恨無好況供吟笑，賴有相知托往還。塵事糾纏千萬在，且從荒館暫偷閑。

題江東之學士《詔賜榮歸詩册》

萬里一官謫海濱，乞歸因憶故鄉蒓。誰知翰院班中客，却是香山社裏人。眼底五湖休負債，閑邊風月自怡神。先生久秉詞林筆，只恐經筵念老臣。

戲答馮時用和見招

雪裏公門候午開，每勞書扎下南臺。客懷正爾無聊賴，便整肩輿特故來。

其二

六出花飛昨夜開，乾坤何處不瑤臺？人逢此際應須賞，況復同年召我來。

其三

萬里彤[一七]雲撥不開，桐江誰釣子陵臺？如何却少鈎邊餌？莫怪游魚不上來。

其四

聞説清尊爲我開，肯辭冒雪上行臺？嗟予本是河東叟，莫買江南海味來。

和韻答仰進卿僉憲先任兵科舊寅

欲話幽懷未有期，茫茫雲樹映斜暉。抽毫尚想螭頭列，退直還思馬上歸。人事任隨時事改，老年纔覺少年非。幾時明月清風夜，共理絲桐指下徵。

題江學士《西園別墅卷》和謝宗仁大參韻

五柳門前別有風，花顏常助醉顏紅。形骸總寄三生外，勢利都歸一笑中。曲徑封苔軒左右，小橋流水岸西東。幽然林壑誰爲伴？只與僧家信息通。

其二

門對青山半掩風，落花無數點苔紅。江湖拍塞詩囊裏，天地收羅眼界中。喜聽琴聲過耳畔，懶看日色上檐東。烟霞隔斷紅塵路，翠竹深深一徑通。

其三

午窗睡足坐清風，淺淡山花映面紅。晚景且歸閑散外，浮雲元在有無中。肯隨冠蓋趨城市？只共漁樵作主東。莫道林莊無個事，河汾諸老望王通。

年字韻答四川謝大參

西江治郡幾經年，全活生靈有萬千。河上有人看虎渡，梁間無客愧魚懸。驅車但見歸春省，擊柝何曾警夜眠？多少甘棠留得在，召公今作謝公傳。

音字韻再和一首答謝大參送俞綉衣

詩豪偏得勝唐音，擲地鏗然似有金。驄馬每驚桓典過，草堂曾爲杜陵尋。蓬蒿常怯風霜面，山海難移鐵石心。只恐臺端留不住，恩波重沐五雲深。

戲答馮時用和前韻爲江學士賦

廿載抽書侍講筵，一官何事又南遷？天邊纔領歸田詔，囊里還餘潤筆錢。彩幣徒煩陳太守，草堂誰念杜先賢？文章愈重林泉價，可是優游樂暮年？

和韻答倪良弼寅契

千里思親黯遠眸，不堪雙泪濕征裘。獨憐歲月催人老，敢説江湖爲國憂？客邸[一八]投書還托雁，林間呼友却聞鳩。知心信有倪寬在，何日同登庚亮樓？

舟次楊[一九]州答仰進卿用元倡

風雨孤舟送晚凉，棹歌隨處聽滄浪。但期客裏情懷好，不管城頭刻漏長。肝膽久知曾爲國，文章何止已升堂？琴尊貪話西垣事，錯認江鄉是帝鄉。

其二

朔風釀雪逼重幃，客久歸心恨遠離。酒入愁腸攻易破，詩分險韻和難奇。孤懷忍對窗前月，雙鬢驚添鏡裏絲。滄海君恩慚莫報，未應便賦去來辭。

過鳴謙驛寄張養正侍郎

雞黍深盟久負期，好懷空慰夢中思。白頭老我還爲客，青眼如君却爲誰？一飯敢忘明主賜？寸心誰[二〇]許故人知。可堪雲樹茫茫在，尊酒論文定幾時？

留別王良弼僉憲

久仰才豪未識荆，相逢便有故人情。吟邊倚馬詩偏好，雪後看山眼倍明。戲彩正歡酬我願，牽衣又苦送君行。停鞭莫問關西路，只隔蒲東第一程。

賀童貳守乃尊八十

謝事歸來雪滿顛，鄉人争訝地行仙。官閑更喜封青瑣，身老何妨種玉田？天上蟠桃千歲實，日邊鸞誥五花鮮。雲仍繞膝知多少，福善由來信不偏。

送張九雲升河南方伯

曾見埋輪向洛陽，開封聲價更非常。同官正喜來東魯，惜別何堪去大梁？二品冠裳新牧伯，萬家霖雨舊甘棠。藩垣未許留君久，管取超遷入廟廊。

山東留別諸同寅和沈一之韻

紛紛冠蓋餞離筵，共説滇南萬里偏。報國無才慚竊禄，之官有路勝登船。雲瞻故里催歸夢，雁度秋風落遠田。最是同寅交莫逆，不勝惆悵憶才賢。

其二

聽罷驪歌已散筵，客懷更比宦懷偏。秋風冀北千山路，明月湖南萬里船。詩酒且酬行處景，林泉誰問老來田？紫薇寮友須珍重，聖主憂心正簡賢。

冬日賞雪和遜之韻

北風吹雪浩無涯，萬里關河眼界賒。海上有山皆種玉，人間無地不飛花。漁翁且罷江邊釣[二一]，學士還烹醉後茶。紙帳袁安方臥穩，那知塵世有榮華？

秋日題羅漢院壁間

白雲深處鎖禪關，不放紅塵到此間。雨過竹窗陰自密，鶴歸松院晝常閑。銜花野鹿穿林去，飛錫高僧帶月還。老我耽詩元有癖，捲簾贏得看西山。

其二

珠林瀟灑最怡情，水繞柴扉竹繞亭。籬菊曉侵人鬢白，篆烟濃罩佛頭青。香分蒲坐禪心定，雲散芝田鶴夢醒。怪道老僧渾不寐，月明猶自了殘經。

西藍和前人韻

蕭寺幽齋幸見分，淇園斜傍蓼花濱。犬因戀主常迎客，鳥爲多情不避人。撥悶且陪書滿几，思親空惹泪盈巾。老僧知我詩留壁，故遣袈裟袖拂塵。

其二

興到西藍分外濃，恍疑身在廣寒宮。每驚下榻多高士，且喜傳燈有舊風。松老尚留孤鶴睡，路崎還借小橋通。却憐蒲柳成衰朽，雙鬢蕭蕭似老翁。

其三

柴門面面向陽開，滿院松陰自不埃。霜淨楓林無鳥宿，月明竹寺有僧來。雲山東障千峰秀，汾水西環九曲回。老我未忘憂國念，幾番清夢繞金臺。

其四

小院周遭數畝寬，無邊野趣助清歡。茶烟滿竈薰衣濕，月影橫窗入夢寒。顧我敢期官一品？愛僧常睡日三竿。床頭坐取羲文《易》，至理偏宜靜裏觀。

和同年陸克深韻

宦路西東各一天，光陰屈指廿餘年。誰知竹寺吟邊客，却是瓊林宴裏仙。萍水幸逢非偶爾，君親欲報肯徒然？明朝我又齊東去，雲樹愁看落照前。

過鐘樓寺和杜先生韻

叢林勝概壓寰中，宦路東西未易逢。寶殿曉光浮翡翠，碧池秋水泛芙蓉。一簾晴色花經雨，滿耳清聲竹弄風。我亦昔年曾借榻，乘閑幾度問禪宗。

寄小兒士聰是年值鄉試

鵲聲連日噪重簷，又喜燈花昨夜添。想是吾兒消息近，泥金指日到滇南。

其二

較藝曾魁數百人，好聲贏得慰雙親。今秋折得蟾宮桂，留取明春獻紫宸。

寄小兒士奇已登鄉榜

仙桂曾攀月殿秋，男兒事業未全酬。來年春榜羅賢俊，會看朱衣又點頭。

其二

戰罷秋闈二載餘，賢關功業近何如？萬言獨對丹墀策，始信吾兒是丈夫。

聞大兒士聰秋闈取捷及勉第二小頑士奇同赴禮闈會試詩以期之

鎮日官庭鵲噪槐，吾兒果報好音來。青雲且喜登高第，白髮真堪慰老懷。桂籍家傳新際遇，杏林花茂舊栽培。明春又動長安選，莫遣郊祁獨擅才。

又仍用前韻

曾看王氏種三槐，餘慶元從積善來。直擬青錢還中選，敢言白髮未忘懷？盈門華撰〔二二〕恩波闊，繞砌蘭芽雨露培。五鳳樓前陳策罷，知誰果是狀元才？

送雲南憲長張汝振致政還蘇州

林下於今見一人，乾坤無愧百年身。忘情鷗鷺還堪狎，過眼功名總未真。醉裏湖山偏適趣，閑中風月自怡神。甘棠留得滇南在，萬里炎荒處處春。

《滇南送別卷》再爲汝振題

翩翩車騎送君行，路指東吳萬里程。秋水長天渾入畫，暮雲春樹總關情。身閑已遂吟邊樂，官好還留去後名。林下優游無個事，任將詩酒樂餘生。

送賀澤民憲副兵備金齒次林待用憲長韻

萬里邊庭簡憲臣，九重南顧路何頻！才兼文武方爲樂，舟載圖書豈是貧？丹詔又承新寵命，鐵冠還整舊精神。軍中莫謂無韓范，千古東吳尚有人。

送謝惟時憲副致政還蜀次韻

烏府中年拜好官，籌邊況得遠人歡。正夸范老能憂國，豈料逢萌便挂冠。醉裏江湖雙眼闊，閑中風月寸心寬。聖明正爾需才俊，未許東山臥謝安。

寄吉安顧天錫太守同年和元韻

細讀雲緘不厭頻，雅懷何事爲予真？百年膠漆慚知己，萬里關河憶故人。夢裏家山歸自好，眼前世態看何新！臚傳却想當年事，五色雲中拜紫宸。

題貴州巡按馮繡衣父母雙壽卷

伉儷相期共百年，褒封又喜荷恩偏。紫鸞近錫雙龍誥，白髮新添兩壽仙。萱草每依椿樹茂，霞裳爭比繡衣鮮。鳳毛貴省埋輪久，心逐春暉到綺筵。

送雲南賀參政致政歸長沙以廣西知府升前職

發解三湘又幾年？專城清譽滿南滇。紫薇進秩官逾好，白首歸心老更堅。醉裏江湖詩有債，閑中風月趣無邊。林泉況有黄山谷，洛社諸英肯讓賢？

送洪朝宗歸家致政詩

官拜藩參未隔年，乞休何事便歸田？莫嫌華髮頻催老，且喜青山不用錢。菊徑秋風携鶴杖，柳汀春水釣魚船。桂林佳景知多少，不數王維舊輞川。

寄梁廷美都堂時在四川巡撫

薄宦真成萬里游，滇南何處望神州？獨憐寄迹天涯外，敢説垂名史上頭？仰斗每懸徐稚榻，登仙空羨李膺舟。傷心又動河陽念，一度瞻雲一度愁。

其二

杯酒年來恨未傾，雲緘寄我費丁寧。宦懷强付新吟稿，歸夢還思舊草亭。歲月蹉跎催曉夢，交游零落嘆晨星。虛名嚼破渾無味，身世悠悠水上萍。

送白孟禽綉衣刷卷還内臺詩

聖主分明念遠人，觀風特簡内臺臣。一襟風月清無際，萬里霜威肅有神。烏府夢回丹闕近，碧鷄雲斂綉衣新。皂囊留得平蠻策，管取還朝獻紫宸。

次劉方伯元倡餞別詩

與君同是異鄉人，氣味相投分外親。萬里炎荒歸老眼，一壺冰玉絕纖塵。官遷牧伯知無忝，詩逼坡翁信有神。別後好懷仍我念，雁書休惜寄來頻。

張世安以湖廣憲長調雲南詩以慰之

十五年來不見君，宦途何幸又相親！半生事業慚知己，一節冰霜愧後塵。秋水兼葭忻倚玉，炎荒草木幸逢春。誰憐楚璞終無識？千古荊山自有人。

留別大理業師杜太守先生時以左 布政升都御史巡撫湖廣

路入蒼山恨杳漫，塞雲江樹幾回看。官叨中外慚無補，恩重君師報轉難。老去謾嗟成落寞，書來深喜寄平安。慚予濫拜中丞命，回首門墻益厚顏。

途中寄沐國公先生和韻

黃金印佩鎮邊城，閫外機宜得便行。范老久分當寧慮，子儀偏得遠夷情。馬歸華岳春常好，牛放桃林夜不驚。開國元勛真有後，吾人多少在權衡。

寄張都堂汝欽用元韻

叨隨塵後慚無地，惜別仍煩冒雨行。白雪已蒙歌郢調，瓊林猶憶識韓荊。鳳凰池上看遺墨，鸚鵡洲邊候去旌。廊廟江湖無限志，豈徒文采羨英英？

寄劉文煥綉衣用元韻

青驄嘶處綉衣過，況復新詩爲我歌。歷險每看身爲國，忘懷頻聽語懸河。馬周名重知何晚，鮑叔交深感更多。玉節還朝聞在邇，蘭舟應候楚江波。

題栖隱寺和壁間韻

大冶西來入萬山，巍然古刹坐當間。隔窗鳥下窺人語，飛錫僧歸伴鶴閑。風戰霜林黃葉亂，雲開晴嶂翠屏環。百年佛印知何在，空想東坡逸駕攀。

寄冢宰三原王老先生〔二三〕時致仕家居

白首孤忠賴主知，聲名贏得重當時。家山別業雖堪樂，砥柱中流更倚誰？君實有才終入相，仲淹無病可容辭。黃花莫戀東籬好，只恐吹香到鳳池。

其二

爲報君恩百計難，眼眶雙淚幾曾乾。袞衣屢對天邊補，諫書都歸史上看。受命周公終輔主，起莘伊尹可辭官。蒲輪早晚尋踪迹，知在終南第幾山。

其三

蓋世功名極品銜，乾坤俯仰尚何慚？四朝元老雙蓬鬢，千古清風一草庵。滿地黃花詩更好，三竿紅日夢初酣。洛中聞有耆英會，誰似先生五福兼？

其四

乞得身閑鬢已霜,依然琴鶴伴歸囊。百年事業銘彝鼎,兩字公廉重廟堂。清夢喜酬鄉國願,好懷都付午橋莊。鳳毛滿眼雲霄上,謾說燕山竇十郎。

送田文淵繡衣還朝詩

濟川舟楫棟梁才,儘有佳聲在柏臺。細采民風收諫草,普施膏雨潤蒿萊。萍踪最苦憐君去,茅塞憑誰為我開?種得甘棠滿南國,田公今作召公猜。

其二〔二四〕

冰檗操持錦繡才,好聲留得滿行臺。風霜威重搖山岳,雨露恩深遍草萊。玉節又隨天上去,皂囊還對御前開。廟堂正爾需賢俊,名覆金甌不用猜。

和鄭繡衣韻

妙年矛繡更多才,贏得風霜滿諫臺。官好已收南楚望,詩豪還賦北山萊。偶緣骨肉斯文會,況值乾坤泰運開。最喜中朝桓御史,乘驄到處有人猜。

又寄王冢宰老先生

憂切江湖道自尊,浣花元是杜陵村。官銜一品新恩在,家世三槐舊業存。風月滿懷詩共酒,芝蘭繞砌子兼孫。陰功謾説無陽報,請看于公駟馬門。

寄南都白睿之太僕

南都望望路何長!隴樹江雲思渺茫。直擬佳期同聚首,豈知衰鬢各經霜？夢回青瑣猶簪筆，老去丹心只向陽。兩地與君還預卜，幾時清夜共銜觴？

其二

韶光荏苒去難留，一別知心又幾秋。徐稚尚懸吟畔榻，仲宣空倚客邊樓。廿年膠漆情何密！千里關河路更修。經國才疏憐我老，不堪愁緒壓眉頭。

又絕句一首

笑談不奉幾年餘，草率還緘故舊書。何處思君情更切？梅花窗外月來初。

客中有懷王工部再次前韻

孤舟幾日阻風前，却憶能詩謝惠連。鏡裏朱顏羞我老，客中青眼愛君偏。春風坐席言猶在，彩筆緘書墨尚鮮。最是不堪回首處，夕陽雲樹楚江天。

黃陵崗和平江陳總兵詩韻

邂逅相逢笑語傾，忍看世態苦紛更。丹心留得孤忠在，白髮何妨兩鬢生？簪笏知君元有自，功名老我竟無成。趨朝好獻安民策，五鳳樓高日月明。

黃陵崗和平江伯韻

才望推君久，詩多七步成。琴尊聊叙舊，雲樹總關情。韜略稱充國，敷陳嘆賈生。封侯應有待，何必問君平？

其二

別苦正難禁，無端百慮侵。吟詩乘酒興，留客坐花陰。未下陳蕃榻，先懷范老心。《陽關三疊》罷，紅日漸西沉。

磁州道中值荒旱有感

亢陽肆虐蔽重陰，萬姓嗷嗷怨更深。耕鑿固難忘帝力，毒荼未必是天心。公私匱乏憑何濟？征斂頻繁況不任。赤地忍看千里在，幾回倚馬不成吟。

題三原王太保老先生《南山祝壽卷》

許國忠貞誓不渝，五朝勛業更誰如？歸來趙抃仍隨鶴，老去嚴陵只釣魚。芳譽管垂千載後，高年剛度八旬初。鳳毛滿眼雲霄上，謾説眉山有二蘇。

其二

社稷曾勞赤手扶，元臣遽忍賦歸歟？一陽適際新華旦，雙淚還餘舊諫書。謾説青山娛白髮，且看玉帶挂金魚。香山無計陪高宴，不厭重題卷裏圖。

寄小頑士聰等三弟兄赴京會試

正苦羈懷強自寬，泥金連喜報平安。氣同兄弟情宜厚，恩重君親報更難。謾説青雲騰踏去，還期金榜姓名看。河東三鳳元稱薛，今日誰知却姓韓？

其二

爾父心田種得寬，狀元金榜望長安。友朋交好求三益，兄弟才須繼二難。學業未容閑裏墮，策名還對御前看。丈夫千載懷成覰，肯讓軍中范與韓？

送林墅少參之貴州

家世三山舊典型[二五]，甲科又喜見諸英。十年郎署推清白，千里藩參屬老成。金紫纔承明主賜，雲霄先慰遠人情。湖湘岳伯難兄在，海內休教獨擅名。

同僚劉時雍累乞致仕詩以壯之

二十年前舊識韓，民曹何幸又同官！先憂小范偏憂國，未老逢萌可挂冠。勵俗正看增士氣，匡時詎忍負忠肝？求賢聖主心如渴，肯使東山臥謝安？

送劉司空致政歸閩

恬退年來僅見公，士林誰不仰高風？仲淹老去憂仍在，陶令歸來樂未窮。天上又加新少保，山中猶識舊司空。聖明正爾需良弼，三聘還看起臥龍。

和同鄉周先生侍經筵

緋袍犀帶入經筵，況是先生未老年。臺閣家聲元有自，帝王心學豈無傳？紫宸地切瞻龍衮，黃卷書香對聖賢。千載明良今幸睹，風雲慶會豈徒然？

送倪太宰之南京次韻

纔見銓曹轉上卿，別離無奈又關情。楓林落木驚秋晚，潞渚歸帆趁曉晴。青眼故人新少保，白頭老吏舊門生。天顏莫謂南都遠，聖祖龍飛正此城。

同年會次顧天錫大參韻

三十年前第甲科，臚傳曾喜共鳴珂。紅塵羈我還如此，白髮欺人可奈何？故友漸看天下少，歸心偏遂夢中多。明朝君又都門去，忍聽陽關載道歌。

慶成宴次同寅劉東山韻

一自玄都罷看桃，劉郎名已冠時髦。金鑾又喜重陪宴，紅錦還裁舊賜袍。百辟班中聞雅樂，九重天上醉香醪。不才叨步群英後，千載虞廷仰舜皋。

元日早朝次寅長伯常先生韻

巍巍聖帝仰重華，昭代臣工荷寵嘉。春滿玉階隨輦路，雲開金闕露檐牙。九重日月光天表，萬里山河壯帝家。賢俊登庸多少在，哦詩深嘆野人置。

同年會席間和林亨大先生上屠太宰詩韻

長安春榜憶南宮，三十年來一夢中。二品謾嗟遲九載，一官深喜到三公。南淮有策憑裴度，北海無尊愧孔融。當代才名君獨步，草玄何用羨楊雄？

寄吳廷振都憲時巡撫甘肅

黃岡記得別懷難，幾度臨風淚自潸。情好固知深似海，名高更喜重如山。仲淹憂國何妨老，馬援平交未是孱。爲念河西舊知己，魚書特遣出函關。

題屠太宰槐軒次韻

開得軒窗面古槐，公餘對此亦幽哉！誰知屠老心偏[二六]好，却是王公手自栽。笑引清風添酒量，坐邀明月備詩材。陳蕃肯下南州榻，避暑何妨故友來？

賞芍藥次寅長周先生韻

曲闌紅藥茂，滿地綠陰蕃。露浥根偏固，風歌[二七]葉自翻。賓朋無俗客，品味有珍殽。松露齋中景，何輸獨樂園？

其二

廣陵花正好，東道況何蕃！舊話傾心吐，新詩取案翻。賞餘渾適趣，坐久頓忘殽。更喜多時雨，經春免灌園。

再賀周先生得孫

偶聞佳報得賢孫，此樂真堪齒頰論。司寇五花新誥在，鄞侯萬卷舊書存。遺安可説囊無積，餘慶方知福有源。我忝通家趨賀晚，登龍深愧李膺門。

都門曉出

袍笏朝辭出禁宸，秋光又見一番新。雲開山谷應多秀，雨過郊原自少塵。遍野桑麻籠驛道，連村烟火接邊闉。無端正遇沙河漲，幾度停軺候晚津。

野橋閑步

秋水長天一色清，坐談閑對晚霞明。白雲深處山無數，綠柳橋邊寺有名。擾擾塵寰傷往事，茫茫宦海嘆浮生。詩狂幾欲登高去，争奈崎嶇路不平！

舊館小憩

駐馬荒村日未斜，居民茅屋半山遮。喜看秋色歸吟筆，倦倚
西風嗅野花。千古燕山稱竇氏，百年喬木數崔家。分明五世猶同
爨，何必東門種邵瓜？

次韻答致仕舊寅蕭子玉少參

淵源問學迥難量，更喜詩豪擬盛唐。老景久知娛歲月，緘書
豈料寄文章？懷君夢好還彈劍，愧我才疏只面牆。古道同寅須世
講，敢緣地遠便相忘？

其二

物外功名未足量，宦途誰謂老馮唐？百年晚節歸清議，千里
家音付短章。青眼有懷思管鮑，白頭無計對羹牆。丈夫憂樂關天
下，一飯君恩想未忘。

思　親

親去高堂歲月深，老懷無日不思尋。堪嗟斷織成千古，每睹
遺書抵萬金。祿養何由全子職？孝思無以答親心。分明記得連宵
夢，恍惚如聞謦咳音。

上太宰屠先生次泉山韻

正氣元鍾海岳間，明良幸際夢先關。兩朝相業推韓范，一代
才名重馬班。映日緋袍橫玉帶，朝陽彩鳳瑞丹山。修髯古貌真天
挺，何必金丹可駐顏。

除夕齋居

未年初盡又交申，月建依然只在寅。且喜東曹陪俊彥，每依北斗望星辰。廟堂我忝同僚末，宮保君當上國賓。歲晚齋居清話久，東風先報鳳城春。

元日早朝

天眷吾皇百福申，臣工仰荷敢忘寅？九重俄爾開中禁，萬象森然拱北辰。瑞靄祥雲紛自繞，遐方異域盡來賓。獨慚襪綫曾無補，隨列趨朝也得春。

南郊看牲上屠太宰仍用前韻

太宰年庚正坐申，看牲兩度意何寅！鷄聲纔報天開子，馬首俄驚月到辰。何處譙樓還弄角，誰家歌館尚留賓？曉來復命趨華蓋，帶得天香滿袖春。

上吳匏庵壽

冠世才豪又見申，蹇予何幸亦同寅。流年華旦方驚臘，甲榜魁名已占辰。調燮久歸黃閣老，文章元屬玉堂賓。交梨火棗尋常事，千歲蟠桃自有春。

題竹送許季升乃郎推官之大名

勁節虛心愛此君，眼看生子又生孫。朝家雨露深如許，管取移來近北門。

其二

誰寫琅玕入畫圖？鳳凰枝上見雙雛。澶淵指日清風播，早寄平安慰老夫。

清明謁陵回和丹山韻

楊柳東風夾道青，遙瞻王氣繞龍庭。諸陵謁罷頻翹首，月小山高尚有星。

其二

山色分明遠送青，衣冠曉肅對天庭。歸鞭笑指松稍月，也傍牽牛織女星。

送張光禄時達考滿還南都

三十年前舊識荊，相逢又喜話平生。青雲高第魁三甲，白首芳名重兩京。獻績已書天府最，歸期又數潞河程。南都故老如相問，爲道迂疏尚未更。

送徐公肅致仕

中外居官四十春，才名德望兩超群。仲淹爲國心何苦！元亮歸田意却欣。青眼有懷應念我，白頭無計再逢君。蒓鱸謾説江南美，只恐天書下五雲。

和李世賢學士賞葵花韻

花數分明待客開，賞懷寧惜醉深杯？應知丹悃傾陽久，更愛清香繞坐來。聞喜已陪司馬宴，翰林元重謫仙才。百年光景須臾事，盛會人生有幾回？

送許季升亞卿督軍北征次丹山韻

頭戴中丞舊法冠，專征又喜動鳴鑾。制頒鳳闕黃麻重，威振龍沙鐵面寒。滿望提兵驅□〔二八〕類，何妨躍馬度皋蘭？凱旋不日敲金鐙，韓范勛名擬并看。

張九雲都憲夫妻雙挽

張敞歸來已作仙，孟光又苦訃音傳。蘭閨夜冷雲封屋，柏府霜寒月滿天。錦誥有恩頒玉陛，白頭無夢返黃泉。不堪岵屺頻翹望，常使諸郎泪眼穿。

送白太傅涵碧亭

賀老纔看乞鑒湖，消閑便構小軒居。四圍山色烟雲外，萬頃波光翡翠餘。碧水夜寒舟載月，白蘋風捲鷺窺魚。個中多少江南景，縱有王維畫不如。

冬至謁陵遇雪次濟之先生韻

促裝纔向都門去，望入燕山景自奇。隔圃鐘聲千寺曉，連村烟靄萬家炊。一陽適際初來候，三白那堪正及時！為報吾民須樂業，有年先兆更何疑？

送同年陶質夫次呂大器〔二九〕韻

知命陶朱更樂天，歸來便買五湖船。相逢白首憐今日，同醉瓊林憶昔年。詩句不堪忙裏和，鄉心又逐夢中懸。鳳毛霄漢高騫在，奕世書香信有傳。

次馬先生韻送劉都憲廷式巡撫寧夏

蘭臺棘寺兩馳聲，總憲都臺更有榮。范老可能忘後樂，衛公終不負長城。謾夸經略多奇策，且喜招徠得勁兵。豪杰固知關隴在，也應操縱入權〔三〇〕衡。

再次前韻奉東山

徵詔曾看萬里馳，安車寧忍故遲遲？金蘭故舊還重話，魚水君臣可再辭？宦況未銷心上赤，霜花先點鬢邊絲。蒼生久渴東山望，霖雨弘敷正此時。

長至謁陵和少司寇屠元勛韻

兩年冬至遠朝陵，敢向人前説慣曾？馬踏溪冰驚躞蹀，雪消山骨露崚嶒。寺荒又見更新主，僧老何堪續舊燈？千載劉賁祠尚在，明秋還約共君登。

郊壇候駕次李石城韻

麗日和風似有期，天心響應可能移？三春淑氣隨龍馭，五色祥雲護鳳旂。錫宴仰聞天語近，退班親見老臣遲。萬年歷數歸真主，嵩岳三呼載祝禧。

三次看牲和王守溪韻

看牲老我備東曹，紅錦還穿舊賜袍。燈火尚聞燕市語，詞章敢和楚人騷？事關郊廟心逾切，更報譙樓月漸高。自分敬天臣子事，一春三度有何勞？

賀尹太宰老先生八十

銓府山濤典故存，五朝元老荷天恩。草茅我幸霑餘馥，桃李公多種滿門。千載清風光汗竹，百年老眼見賢孫。恭逢華旦緘詞賀，也當南山獻壽尊。

送史都憲同年督軍延綏

榆塞妖氛未盡平，都臺銜命事專征。風霜令肅驅沙漠，將相權[三一]兼屬老成。仗劍肯彈游子泪？敲鞭還聽凱歌聲。鄜延遺迹分明在，莫使希文獨擅名。

雪樵爲學士李世賢先生題

石城歸隱任逍遙，地僻真堪避俗囂。采藥每逢林下叟，踏雲偏愛雪中樵。棋殘仙子名猶在，柯爛山翁迹已消。更有尋梅高興者，蹇馿騎過小溪橋。

題青溪先生墨竹二絕

冰霜老幹拂青雲，久沐天朝雨露恩。自是君家培植厚，眼看生子又生孫。

其二

寫竹王郎妙入神，披圖遠見墨痕新。鳳池春雨多如許，贏得清風與後人。

送林太宰之南都

一會瓊林便定交，東曹何幸又同寮。賢門科第傳三世，太史文章重兩朝。鮑叔多情應念舊，山濤有量果遷喬。榮還況慰松楸願，肯向西風嘆路遙？

挽屠太宰乃尊詩

柱國曾封令子官，九旬高壽更難攀。四明佳景方娛老，一夢華胥竟不還。無復緋袍橫玉帶，獨留彩鳳瑞丹山。傷心最是鄞江月，夜夜橫窗對榻間。

送徐司空致政歸桐廬

仕路崢嶸四十年，乞休何事便歸田？司空舊任名何重，太傅新銜寵更偏。秋圃未栽陶令菊，潞河先放李膺船。桐江況有嚴陵釣〔三二〕，千載清風尚凜然。

送少宗伯李世賢之南都

黃金榜下憶逢君，才氣飄飄迥出群。翰苑文章唐李白，廟堂憂樂宋希文。謾嗟宦況餘三紀，且喜恩波下五雲。別後好懷仍我念，雁書休遣隔年聞。

寄同年少司徒許季升時致政在家

一自都門共解携，渴懷偏與夢相隨。清風凜凜君誰讓？白髮蕭蕭我更衰。老去希文憂尚在，間〔三三〕中靖節樂奚疑？黃花謾説東籬好，只恐吹香到鳳池。

和匏庵韻

雪後趨朝旋整冠，禁鐘俄聽報更闌。年豐已卜農家兆，夜直還憐衛士寒。雲繞御階天乍近，賦成梁苑興初殘。九重聖主方圖治，宵旰何曾一枕安？

和匏庵先生雪園

偶過君家圃，連朝雪護苔。有山皆玉樹，無地不瑤臺。未話芝蘭舊，先將芋栗煨。知心惟老鶴，肯厭故人來？

其二

三白殘冬見，名園似種瑤。酒邀金谷友，詩載灞陵橋[三四]。醫俗頻栽竹，供書只種蕉。捲簾西縱目，雲鎖萬山腰。

和燕騰霄慶成宴詩

郊祀初成聖駕還，金鑾又錫太平筵。春回海宇逢堯日，樂奏蕭韶入舜弦。拜舞群工爭獻頌，梯航萬國喜朝天。叨陪自顧生何幸！也得宮袍惹御烟。

分獻次韻

分祀郊壇忝後班，偶隨諸老强追攀。九天雨露乾坤外，一念精誠對越間。樂舞初停三獻畢，鑾輿已駕六龍還。太平有象休徵應，瑞靄分明護聖顔。

慶成次韻

慶成曾接廟堂班，顧我何緣得再攀？千載風雲交會處，五雲樓閣畫圖間。壽從萬歲山前祝，人向雙龍闕下還。滄海深恩殊未報，白頭尤愧對君顔。

送陳玉汝都堂之南都

詞林儲養擅才華，司諫都堂譽兩嘉。天上紫泥新拜寵，腰間金帶晚生花。詩吟下里羞登卷，舟過東吳喜是家。五老香山君又去，東風回首重堪嗟。

挽項司馬先生贈太保謚襄毅

霄漢飛騰四十年，老成才望讓誰前？廟堂久試經綸手，文武頻兼將相權。馬援聲光垂百粵，希文憂樂繫三邊。如公生死真無愧，贈諡新恩況兩全。

過朝天宮偶題

暫借仙家半畝陰，披襟且喜坐高岑。雲對石洞烟霞古，路入桃源紫翠深。登眺忽驚雙眼闊，衰頹應笑二毛侵。爛柯聞説殘棋在，醉倚南薰取次尋。

寄司徒周伯常先生時致政在家

玉帶黃麻荷寵還，清風贏得滿人間。仲淹老去憂仍在，元亮歸來夢却閑。五夜星辰瞻北斗，一天霖雨望東山。蒲輪管取明廷召，鵷鷺從容認舊班。

挽梁廷美先生

司徒才見引年歸，夢入泉臺事已非。綠野任隨春自老，青山竟與願相違。囊琴舊物元無恙，宮保新恩剩有輝。我為交深情更切，不堪雙泪幾沾衣。

寄舊寅長太師馬天官老先生

骨鯁賢名海內知，兼官又拜帝王師。迂疏晚進偏憐我，德望清朝更許誰？典選山公心愈赤，憂君范老鬢先絲。廟堂風采無由侍，仰止令人倍有思。

教場閱武回登江東樓和成國公韻

我為觀兵兩過樓，啜茶曾厭瓦為甌。思鄉正爾憐王粲，鴻雁那堪又報秋！

其二

雙闕遙瞻紫禁樓，敢期名姓覆金甌？鍾山王氣猶全盛，永固皇圖億萬秋。

思　親

花自含香月自輝，杳無消息到庭闈。遺書忍睹生前墨，寒織猶存斷後機。先壠松楸還隱隱，故園桃李自依依。九原無復歸來日，春露秋霜淚滿衣。

其二

百歲椿萱願已違，追思無奈夢相隨。蓼莪謾廢當時誦，風木徒勞此日悲。手澤依稀猶有在，神魂縹緲竟何之？春暉寸草應難報，淚灑西風強自題。

送王宗伯進表之京分韻得半字

丙戌三百人，落落真堪嘆。撚指四十年，星霜幾更換。仕路恨西東，萍踪憐聚散。宗伯老年兄，賢名自弱冠。禮樂并政刑，家庭素講貫。先憂重廟堂，直氣撐霄漢。豈止玄齡謀，且兼如晦斷。顧我襪綫材，碌碌奚足算？奉命抵留都，承乏備參贊。白首甘自羞，青眼煩君看。肩輿辱過臨，往返何嘗憚？酒不厭新篘，詩或翻舊案。葭玉正相依，客袂誰期判？天曹奏績〔三五〕行，祖帳江東岸。仙舟羨李膺，衮職思王旦。聖明念舊臣，前席虛夜半。

分得木字送林亨大冢宰

東曹爲我曾推轂，薄宦南來仍刮目。聞說閩中是大家，栽培尚有參天木。

送孫鴻臚考滿

緋袍金帶老鴻臚，風采還如識面初。稱壽纔看呼華岳，奏功又喜覲宸居。嬌鶯雪凍聲猶澀，嫩柳春寒眼未舒。最苦江南凋弊甚，九重須上萬言書。

題包孝肅誥身二通

待制頭銜自少聞，獨慚無計挹餘芬。龍章喜見中書誥，還是前朝御製文。

其二

輝煌宸翰宛如新，謂是龍圖舊誥身。不有廬江賢太守，表章誰識宋名臣？

題陳瑞卿太僕環山樓

聞說陳遵德政優，環山新扁最高樓。雲連棟宇丹青爛，日射檐楹紫翠浮。簾捲每邀江浦月，雁歸恒帶秣陵秋。滁人莫作尋常看，季子文章在上頭。

送李時雍司空進表之京

白首交游幸見君，不堪客袂又重分。詩緣才拙應難就，酒爲情深却易醺。五月南風催畫舫，九重北闕望紅雲。聖明若問江淮事，民隱須煩仔細陳。

題林少參《三世進士卷》和西涯韻

科名三世久，閩地說君家。憲府仍存柏，河陽尚有花。藩參新寵命，郡伯舊聲華。惟有燕山寶，門風可并夸。

題張廷紀《瓊林宴歸圖》

多君本是吾鄉彥，老我年來纔識面。月桂曾攀最上枝，携書又赴春闈戰。豪雄何止五千人？文章復中青錢選。萬言長策對丹墀，禮樂敷陳良可羨。分讀諸老夜燃藜，御筆親批狀元卷。百官入賀聽傳臚，祥雲忽繞金鑾殿。黃榜高題姓字香，盛事塵寰真罕見。東風頭角喜崢嶸，恩榮更賜瓊林宴。帽壓金花只自簪，杯傾玉液曾誰勸？鈞天大樂教坊呈，上品奇珍光禄薦。眼底風光正可人，看花杏苑那知倦？馬蹄不惜醉歸遲，一日長安都走遍。霄漢功名志已酬，寒窗尚有磨穿硯。曲江我亦少年游，回首韶華速如箭。但羞白髮披兩肩，敢謂黃金成百煉？南來且幸接乖崖，才望民曹獨久擅。況君生長堯舜都，仰止還看稷契傳。

東逢二字再和馬先生韻

萍水何緣此地逢，每從詞氣見雍容。朋簪有會偏憐晚，宦況無聊轉覺慵。東野才豪應下拜，郢人調古敢追踪？官曹昨夜懷君處，月在西軒鶴在松。

次韻答馬先生

公署連朝尚未回，新詩頻遣吏人催。愛君鳳沼曾爲客，老我鰥居不用媒。有待青山隨夢繞，無情白髮趁愁來。斯文幸遇程明道，得接春風勝酌杯。

送陳伯獻司諫尊甫先生受封南還

鶴發童顏老太邱，衣冠真是晉風流。纔承鳳闕黃門誥，又促龍江彩鷁舟。鄉國漫夸新晝錦，詩壇還訪舊交游。待用都憲乃尊舊友，故云。也知忠孝男兒事，誰似賢郎願兩酬？

同成國公九日登高用杜工部韻

偶逢重九客懷寬，尊酒論文且盡歡。休笑孟嘉曾落帽，只慚貢禹正彈冠。霜清陶圃黃花瘦，秋老吳江白雁寒。盛會也應成故事，茱萸何必醉中看？

和熊騰霄韻兼柬劉東山

鴛班還憶舊叨陪，敢謂官階接上台？老友每從天上看，故園多在夢中回。恨無尊酒逢君話，喜有緘書寄我開。聞說三邊烽火急，劉郎應得出山來。

寄劉東山

千軍筆掃見奇才，憂國雙眉鎖未開。怪道蒼生登壽域，東山元起謝公來。

其二

留務叨參愧譾才，等閑那得笑顏開？蕭蕭華髮盈頭在，未審青春可再來。

慶三原王冢宰老先生壽九十

間〔三六〕氣元從華岳鍾，甫申真見出關中。廟堂元老推王旦，洛社耆英仰潞公。百歲遐齡爭有幾，一陽生意更無窮。朝廷又下臨門詔，千載奇逢遂始終。

慶太師馬老先生壽八十

我為先生壽八旬，稱觴特拜李膺門。也知司馬真賢相，更喜山公號達尊。袍笏滿床文共武，芝蘭繞砌子兼孫。白頭剩有丹心在，肯負清朝五世恩？

送張時行黃門使安南同年汝弼之子

獻納頻看爲國謀，皇華又泛海南舟。二王家學名何重！一品宮袍寵更優。路轉珠厓天乍近，雲開銅柱瘴初收。榮行且賀張司諫，萬里同差有狀頭。

松露太保起用未至詩以促之

聖主龍飛嗣位初，舊臣先問老尚書。如何徵詔臨門久，未肯幡然下草廬？

送金德潤都憲還南畿

老臣持憲辭朝日，正是吾皇踐祚時。范叔有袍還戀舊，孟嘗無客不能詩。山圍故國龍蟠久，水拍寒江雁度遲。却憶南曹連榻夜，滿天涼月共敲棋。

賀劉東山先生七十

華誕初臨歲欲闌，我來稱賀不勝歡。身遭盛世今何幸！壽抵稀年古亦難。滿眼芝蘭孫共子，累朝事業范兼韓。徂徠松已參天久，蒼翠尤宜雪後看。

郊祀喜雪和李石城韻

禮行大祀值新春，瑞雪分明應吉辰。二麥未憂三月旱，六花先淨九街塵。爕調有意歸元老，醞釀無心屬化鈞。更喜年豐堪預卜，萬方同仰帝堯神。

贈喬太常卿〔三七〕丈奉命典祀事便道還晉

細雨穠花暗驛樓，使軺今喜下皇州。金臺暫許分香出，晉地爭夸衣錦游。古時月明瞻廟貌，故園春暮掃松楸。雲中况是經行處，邊策還應獻玉斾。

送吏科左司諫許君啓忠出使安南

詔下南郊遣近臣，宮袍又喜賜麒麟。九重暫輟螭頭筆，萬里還敷海外春。青瑣憂關應有夢，錦囊詩好自怡神。明珠管取無車載，重譯何煩問遠人？

送同年熊汝明都堂總督兩廣軍務

宴罷瓊林四十秋，可堪共白少年頭？君才久握兵機重，我老常含國計羞。戀闕心懸應有夢，平蠻策獻豈無憂？龍飛聖主今新政，名姓還看啓覆甌。

和三原王冢宰先生韻

一自龐公隱鹿門，清風高節滿乾坤。天曹耆舊推元老，關輔鄉賢仰達尊。千載勛名光汗竹，九重恩詔賁丘園。仲淹爲國憂何切！身在江湖尚有言。

再用回字韻奉答馬宗伯先生

過眼韶華恨不回，那堪節序又相催。孤鸞寡鳳元無侶，雌蝶雄蜂却有媒。賜箸〔三八〕敢期明主召，抱琴還望故人來。鄰曹羨殺賢宗伯，日日詩魔伴酒杯。

校勘記

〔一〕“中秋賞月”後，萬曆本有“四首”二字。

〔二〕“浸”，據萬曆本當作“侵”，乃音近而誤。

〔三〕“期”，據萬曆本當作“岐”，乃音同而誤。

〔四〕“憲僉”誤倒，據本卷後録《寶慶府同唐僉憲游高廟雙清亭》詩當作“僉憲”，爲僉都御史之美稱。

〔五〕“羡”，萬曆本作“旋”。

〔六〕“鐘”，萬曆本作“鍾”。

〔七〕“其三”，據是詩處於《其三》之後，此題當作《其四》”，“三”乃涉上而誤。

〔八〕“唐介”前，據萬曆本并參本卷前詩《寄蕭文明别駕用李師中送唐介韻》當有“送”，此誤脱。

〔九〕“□□”，底本因避清諱空二格，據萬曆本當作“醜虜”。

〔一〇〕“□”，底本因避清諱空一格，據萬曆本當作“胡”。

〔一一〕“憲僉”誤倒，萬曆本同，據本卷前録《寶慶府同唐僉憲游高廟雙清亭》當作“僉憲”，爲僉都御史之美稱。

〔一二〕“曹瞞”，萬曆本誤作“曹𥈭”。

〔一三〕“憲僉”誤倒，萬曆本同，據本卷前録《寶慶府同唐僉憲游高廟雙清亭》當作“僉憲”，爲僉都御史之美稱。

〔一四〕“路”，萬曆本作“箅”。

〔一五〕“鄉”，萬曆本作“山”。

〔一六〕“爛”，據萬曆本疑當作“瓓”。

〔一七〕“彤”，萬曆本作“同”。

〔一八〕“邸”，萬曆本誤作“抵”。

〔一九〕“楊”，據萬曆本當作“揚”，乃音同形似而誤。

〔二〇〕“誰”，據萬曆本當作“惟”，乃音近形似而誤。

〔二一〕“鈞”，萬曆本誤作“鈎”。

〔二二〕“揳”，據文意疑當作“楔”，恐音同形似而誤。

〔二三〕“生”後，萬曆本有“詩四首”，“四首”兩字隷屬小注。

〔二四〕此詩至"又絕句一首"凡六首據萬曆本補。又萬曆本組詩首篇之後不設序題，"其二"乃依底本通例增補。下同。

〔二五〕"型"，萬曆本作"刑"，用古字。

〔二六〕"偏"，萬曆本作"酷"。

〔二七〕"歌"，據萬曆本當作"欹"，乃形似而誤。

〔二八〕"□"，底本因避清諱空一格，據萬曆本當作"醜"。

〔二九〕"吕大器"，據萬曆本并參《明史·佀鍾傳》"字大器，鄆城人，成化二年進士"云云，當作"佀大器"，"吕"乃形似而誤。

〔三〇〕"權"，萬曆本誤作"拳"。

〔三一〕"權"，萬曆本誤作"拳"。

〔三二〕"釣"，萬曆本同，據《後漢書·逸民傳》"嚴光，字子陵……披羊裘釣澤中……後人名其釣處爲嚴陵瀨焉"云云當作"釣"，乃形似而誤。

〔三三〕"間"，據萬曆本當作"閒"，乃音近形似而誤。

〔三四〕"灞陵橋"，萬曆本作"霸陵橋"。

〔三五〕"績"，萬曆本作"蹟（迹）"，詞異而義同。

〔三六〕"間"，萬曆本誤作"閑"。

〔三七〕"卿"，據萬曆本當作"鄉"，乃形似而誤。

〔三八〕"箸"，萬曆本誤作"著"。

歷官階品

初任工科給事中；二任本科右給事中；三任湖廣布政司右參議；四任本布政司左參議；五任山東布政司左參政；六任雲南布政司左布政使；七任巡撫湖廣都察院右副都御史；八任巡撫河南都察院右副都御史；九任户部右侍郎；十任吏部右侍郎；十一任本部左侍郎；十二任南京參贊機務兵部尚書；十三任太子太保户部尚書；十四任特進光禄大夫，勛柱國。

歷官敕諭

巡撫湖廣都御史敕諭〔一〕

皇帝敕諭都察院右副都御史韓文：

今命爾巡撫湖廣地方，兼贊理軍務，整飭邊備，撫治民夷，提督屯田，預備糧儲，禁革奸弊，防察奸宄。遇有盜賊生發，隨即剿滅。若遇歲荒民饑，務須設法賑濟。官吏有能奉公守法、修舉政務者量加獎勸，其貪酷不才、害人誤事者從實黜罰。軍民詞訟若有告奸〔二〕贓私等項重情，干礙軍職及文武〔三〕五品以上者具奏拿問，其餘就便拿送所司問理。事有便於軍民者，聽爾從宜處置。凡一應軍機重務，悉與鎮守、總兵等官同心協和，計議停當而行。爾爲憲臣，務體朝廷憫念軍民之意，持廉秉公，正身率下，興利除害，撫恤軍民，俾地方寧靖，人民安妥，庶副委任。如或處事乖方，責有所歸。爾其如敕奉行！故諭。

弘治六年三月十六日〔四〕

巡撫河南都御史敕諭

皇帝敕諭都察院右副都御史韓文：

今特命爾巡撫河南地方，修理城池，安輯人民，及督理一應稅糧馬草，使軍民及時耕斂，依期輸納。凡遇居民饑荒，須設法量宜賑濟。流民復業，尤宜用心安插，俾不失所。若有盜賊生發，即便調遣官軍民壯剿捕，毋令滋蔓。爾所過之處宜宣布朝廷德意，戒諭軍衛有司務以安養軍民爲心，非奉朝廷明文，一毫不許擅科，一夫不許擅役。官吏有能奉公守法、修舉政務者量加獎勸，以禮相待；其貪酷不才、害人誤事者必須審實，毋或冤枉，然後從公黜罰。若軍職及文職五品以上有犯，具奏區處，其餘就便拿送所司究問。凡事有便於軍民者，悉聽爾從宜處置。應與鎮守三司等官會問者，亦須開心見誠，從長計議而行，毋得偏執自用。如遇陝西急缺糧草，必須酌量遠近，儧運接濟，不許自分彼此。爾爲風憲重臣，尤宜公廉勤慎，正己率下，務使軍民安妥，地方寧謐，庶副委任。如或行事乖方，招謗速怨，責有所歸。爾其勉之慎之！其徐恪原領符驗關防，爾即收用。故敕。

弘治八年正月二十九日

南京參贊機務兵部尚書敕諭

皇帝敕諭南京兵部尚書韓文：

朕惟南京國家根本重地，而機務重托非歷練老成奚堪委任？今特升爾前職，不妨部事參贊成國公朱輔等守備機務，整飭兵備，固守城池，操練軍馬，撫安人民。但遇賊寇生發，即調兵相機剿捕，毋令滋蔓。凡一應軍民事務，利有當興、弊有當革者，悉聽爾同守備內外官員處置。各大小頭目人等若有科擾克害，私自占役下人，致妨操練及不法等事，爾即禁約清理。敢有故違者，輕則量加懲治，重則參問區處。朕以爾才職老成，特茲委任。爾當益竭忠誠，持廉秉公，正身率下，俾事妥人安，以副任用。如或處置乖方，偏執誤事，責有所歸。爾其欽承朕命，勉之慎之！故諭。

弘治十六年七月十六日〔五〕

天恩存問敕諭〔六〕

皇帝敕諭致仕戶部尚書韓文：

卿以宏遠之才，清慎之操，揚歷中外，多閱歲年，晚貳銓衡，晉司邦計，勞績茂著，爲時名臣。越在先朝，首倡讜論，勍除群奸，遭讒去官，退居田里，凜然風概，天下想聞。乃能戀修靡懈，德望愈隆，壽考康寧，年逾八十，完名盛福，求諸今日，蓋僅見焉。

朕初嗣位，念卿一時碩輔，人望攸歸，已有旨起用。茲特先遣行人賫敕存問，并賜羊酒。仍令所司月給食米四石，歲撥人夫六名，以示優眷。行且起卿於家，來覲闕廷，以爲班行之光。卿其頤養天和，益邵乃德，康乃身，用副朕寤寐老成至意。抑《書》有之曰：“爾身在外，乃心罔不在王室。”卿有嘉謨嘉猷，未展盡於平素者，尚無所隱，以裨朕之不逮。卿其敬念之哉！故諭。

正德十六年七月十五日

禮部覆科道薦起用疏〔七〕

禮部爲急任才賢以輔新政事，儀制清吏司案呈，奉本部送，准吏部咨，該本部題；文選清吏司案呈，奉本部送，吏科抄出，兵科給事中汪思題：臣伏睹陛下嗣統之初，降明詔，刬宿弊，廣言路，汰群邪，聖政一新，天下稱快。然臣之愚尚有杞人之憂，以爲詔旨所革各色人員多係市井無賴，始皆乘時倖進，習以爲宜，其必不自悔咎，大生怨心，造論不根，動搖國是。此外又有奸邪訐告正人，圖脱己罪，大壞典章，尤爲可惡。當此之時，非得善類彙進協理同寅，何以鎮定人心而消彌禍變哉？五府所虚，團營所缺，已經府部各衙門題請，伏候俞音。其部院堂官缺十數員，臣以爲倉卒之際未能遽得多賢，布滿列位，謂宜先將緊要衙門，如吏部爲銓衡之司，兵部爲本兵之地，都察院爲憲綱之首，急擇廷臣之守正不阿，素蘊經濟，若掌詹事府事禮部尚書石者舉而任之。言官所薦耆舊如韓、彭、孫諸老中擇其才望尤重者，急宜遣官禮請，令其馳驛兼程而進，賜之手敕，責以大臣體國之義，冀其康濟，勿復養高，然後徐議其餘，皆必其當。蓋多事之時，既不可久虚其位，又不可任匪其人，須求非常之士，大勝前官，乃可壓服其心，共成大業。判正邪消長之勢，定國家安危之機，實在於此，不可一日少緩者。凡臣所舉，蓋出輿論之公，不敢少有一毫私意以欺陛下。伏望俯垂天聽，以爲社稷之謀，天下幸甚等因。奏奉聖旨："這所言有理，該部看了來説。"欽此，欽遵。

又訪巡按山東監察御史胡松題，爲舉遺賢以新聖政事，臣聞於經曰："濟濟多士，文王以寧。"又曰："無曠庶官，天工人其代之。"蓋謂賢才國家之利器，而自古及今未有舍之而能致理者也。臣以一介凡庸擢司風憲，賢而不知則失風憲之職，知而不舉則非爲國之心。每懷此憂，悉意咨訪，輒自揣擇，思舉所知，猶懼鑒識不明，品藻非當，反覆參校，未果上聞。兹以臣所諳知，兼聞公議，投閑置散之士，其中甚有可稱，謹具以聞，伏惟采納。訪得先任大學士謝□、先任户部尚書韓□、先任都察院左都御史彭□、先任巡撫四川等處都御史林□、先任巡撫保定等處都御史張□、先任南京吏部侍郎羅□之數臣者，文章足以華國，政事足以匡時，而氣節足以廉頑立懦，是以人心所屬，士論所推，一時人物蓋無能以出其右者。或遭讒忌被黜，或因連累乞休，或以恬退自高而甘心畎畝，或以老疾自諉而養志林泉。考之先朝咸著茂烈，問之今日皆謂良才，而況年齡尚早，精力未衰，兹欲旋乾轉坤，以圖維新之治，則數臣者恐不容於不用也。伏望陛下敦付物以能之義，闡恭己無爲之風，體陶唐有虞聰明之德以敷求，法聖祖神宗夢卜之心以拔擢，特敕所司，將前諸臣以禮起送赴京。仍乞因能授任，不參之以非人；推誠布公，不牽之以中制。夫然則凡有志之士皆將聞風興起，以仰承睿意，今日之政必有以增光祖宗，垂憲後世矣等因。奏奉聖旨："該部看了來説。"欽此，欽遵，通抄送司。

查得大學士謝□、尚書韓□，近該言官論薦，本部覆題，奉欽依起用。掌詹事府事禮部尚書石□，該本部等衙門會同推舉，欽改本部尚書。彭□改兵部尚書，孫□復原任户部尚書，林□改工部尚書，張□改總督兩廣軍務兼巡撫地方右副都御史。又查得右侍郎羅近已病故。今該前因通查案呈到部。

看得給事中汪思題稱，緊要衙門員缺，乞急擇廷臣如尚書石□者舉用，其尚書韓□、孫□，都御史彭□，擇其才望尤重者急宜禮請；御史胡松題稱大學士謝□，尚書韓□，都御史彭□、林□、張□，右侍郎羅□，皆士論所推，乞要起用一節。除羅□病故外，爲照謝□、韓□，節該本部題，奉欽依遇缺起取推用，石□、彭□、孫□、林□、張□近已荷蒙聖恩簡用。今給事中汪思、御史胡松各論奏前因，雖出公議，本部難再別擬。緣係急任才賢以輔新政等事，節該奉欽依"這所言有理，該部看了來説"

及"該部看了來説"事理，未敢擅便。

正德十六年七月初一日本部尚書石等具題，本月初三日奉聖旨："是。謝遷、韓文待有缺用，還先寫敕各差行人存問。謝遷着有司月給食米八石，歲撥人夫十名，韓文食米四石，人夫六名，各應用。"欽此，欽遵，擬合通行。爲此，除具手本前赴翰林院請敕及行各官原籍官司欽遵外，合咨貴部煩爲查照施行等因。咨部送司，案呈到部。除差進士張璠前去存問外，合咨貴職煩爲欽遵施行，須至咨者。

右咨

户部尚書韓

全印〔八〕

吏部覆謝恩存問疏〔九〕

吏部一本謝恩事，内開該致仕大學士謝遷奏，節該奉聖旨："是。廕卿子謝正中書舍人。同時守正被害致仕大學士劉健、尚書韓文有無恩廕，吏部還照詔旨查了來説。"

查得詔書内一款："守正被害去任等項備查明白，奏請定奪。致仕大臣量進階級，并與應得恩廕、人夫、月米，相應起用者以禮起用。"欽此。爲照致仕少師兼太子太師、吏部尚書、華蓋殿大學士劉健已給授正一品散官勛階訖，户部尚書韓文原未曾進階級。各官孫男中書舍人劉承恩、光禄寺典簿韓廷彦各係三品例廕，以後通未蒙有别項恩廕。緣劉健任内閣年久，弼亮忠誠，韓文揚歷中外，端方公慎，俱係守正被害致仕大臣，雖有前項詔書事例，未敢擅便。奉聖旨："是。劉健還廕他孫一人做中書舍人，韓文加太子太保與誥命，廕他孫一人做光禄寺署丞。"欽此。

資政大夫誥命〔一〇〕

奉天承運皇帝制曰：

民惟邦本，版籍重户口之蕃；食乃民天，倉廩急糧儲之贍。蓋自古賴以爲國，而於今任惟得人。眷我地卿，特膺簡命。既茂揚於偉績，宜超示以殊恩。咨爾户部尚書韓文，才識深長，器資端亮。起自科甲之彦，蔚爲邦家之光。諫垣輸獻納之忱，方伯布旬宣之政。一登都憲，專巡撫而丕振紀綱；兩擢貳卿，佐會計而載裨銓綜。贊司留務，膺重寄於保釐；茂建勛庸，合僉言於朝議。爰從南署，進掌内曹。賦欲緩乎征需，經畫推愛民之德意；財當節乎用度，疏封陳憂世之至言。國用寖充，都邑餘數年之積；軍興不乏，邊陲饋千里之師。顧清慎公勤，副四屬儀刑之望；而老成忠厚，爲三朝耆舊之臣。屬當慶禮之成，輀念忠賢之業。預加褒寵，實出常科。兹特進爾階資政大夫，錫之誥命。

於戲！予欲國富民安，爾毋忘什一之制；予欲治隆俗美，爾尚弘五教之規。共收阜成之功，以協明良之慶。欽哉！

司徒宫保誥命〔一一〕

奉天承運皇帝制曰：

儲宫太保，秩蓋擬乎三公；民曹上卿，位實尊於百辟。顧兹碩德，乃我名臣。歸田久遂乎雅懷，用世方懸於衆望。爰頒新命，以示眷私。咨爾太子太保、户部尚書韓文，德備忧恂，氣全剛大，自登高第，歷事累朝。内列瑣闈，言每關乎治體；外臨藩省，澤允被乎民心。存膺左轄之隆除，再授中丞之重寄。歷三階於二部，聯八座於兩都。踐履殊深，勛庸亦茂。比以權奸之竊柄，痛惟朝政之紛更，乃能守正不阿，以忠自誓。

倡危言而叩闕，屹乎山岳之難搖；甘奇禍以忘家，凜爾冰霜之不變。天下仰乎風采，神明相其壽康。公道既昭，寵恩彌厚。方朕纂承之始，尤深注想之懷。薦剡來聞，璽書往諭。再錫以非常之廳，仍加夫不備之官。煥布綸章，光生品服。此我朝之僅見，亦先代之所稀。茲特進爾階光祿大夫，勳柱國，錫之誥命。

於戲！起文彥博於九袞之餘，人心攸屬；繼韓魏公於百代之後，家慶彌彰。尚增重於本朝，益延休於上壽。

嘉靖元年六月初四日〔一二〕

贈太傅賜謚誥命〔一三〕

奉天承運皇帝制曰：

臣之事君，位至公孤而極；謚以昭德，實爲名節所關。雖稽古以推恩，每因人而示異。禮崇激勸，義篤始終。故致仕太子太保、戶部尚書韓文，才猷宏遠，性質純誠，致身甲科，蜚聲禁闥。歷升方岳，著旬宣之茂勛；載陟都臺，振撫綏之偉績。召還華省，歷任亞卿。望日以隆，志無或改。暨南持乎留鑰，戎務孔修；尋正位於司徒，邦儲由裕。忠勤體國，夙夜在公。計熟慮周，憂深思遠。凜危言之劘上，力扶紀綱；寧直道以事人，甘罹禍敗。屈抑既久，薦剡交騰。誣罔獲伸，官資仍復。遂林泉之高尚，完節保終；進宮保之穹階，頤神養靜。盛德化服乎鄉里，英聲增重夫朝廷。壽過八旬，身兼五福。倏聞哀訃，特切悼傷。眷往勛之難忘，豈恤恩之可後？茲贈爲特進光祿大夫、太傅，謚忠定，錫之誥命。

嗚呼！生有令名，足考平生之行；沒無遺憾，仍多似續之賢。慰爾明靈，服斯異渥。

嘉靖五年七月二十五日

參議公比例陳情疏^{〔一四〕}

禮部爲比例陳情，乞恩優恤，贈謚祭葬以光泉壤事：

該本部題，祠祭清吏司案呈，奉本部送禮科抄出，陝西布政使司丁憂右參政韓士奇奏：臣山西平陽府洪洞縣人，弘治十五年進士。臣父韓文，成化二年進士，授工科給事中，升右給事中。成化十五年升湖廣布政司右參議，奉敕提督武當山諸宮觀。成化十六年改本司額設管事。成化二十一年升本司左參議。成化二十二年丁父憂。弘治元年服闋，起復到部，升山東布政司左參政。弘治二年升雲南布政司左布政使。弘治六年升都察院右副都御史，奉敕巡撫湖廣地方兼贊理軍務。弘治八年改河南巡撫，本年升戶部右侍郎。弘治十年丁母憂。弘治十二年起復，間改吏部右侍郎，升本部左侍郎。弘治十六年升南京兵部尚書，奉敕參贊機務。弘治十七年改戶部尚書，詔侍經筵。嘉靖元年荷蒙皇上特加太子太保。臣父曩在正德元年，逆瑾專橫，紊亂朝政，臣父見其虐焰日盛，事勢日非，深以祖宗社稷爲憂，遂率府部大臣、科道等官伏闕上章，暴露其狀，乞置諸法。仰賴先帝覺悟，即欲俯從，無奈内外朋奸，輒報中止。瑾發怒，遂矯旨將臣父降級致仕。隨該給事中徐昂論救臣父實忠憤所激，不應停勒。瑾益怒，又矯旨將臣父再行降級，着冠帶閑住。正德二年七月内，臣兄士聰任山東高唐州知州，臣任刑部山東司主事，俱發回原籍爲民。瑾怒猶未已，正德三年五月内又捏駕帖，添差官校將臣父械繫至京，下錦衣衛獄，必欲置死以雪其恨。禁錮數月，百計搜求，無隙可入。鎮撫司具實上請，復被矯旨，將臣父不必擬罪，罰米一千石，責令親詣大同上納。後三次又罰米二千餘石，艱苦備嘗，家產蕩破。至正德五年，逆瑾方以前罪伏誅，荷蒙恩詔，始復原職，致仕。家居二十一年，惟時科道、撫按等官先後論薦，必欲起用，幾至百疏。幸際聖明登極，追念舊臣，遣官存問，賜敕褒嘉，有"越在先朝，首倡讜論，劾除群奸，遭讒去官，退居田里，凜然風采，天下想聞"等語，并賜羊酒，仍令有司月給食米四石，歲撥人夫六名應用。續蒙聖恩，復念臣父守正被害，給賜一品誥命，階光祿大夫，勳柱國，廕一孫爲光祿寺署丞。龍章赫奕，睿數頻仍，此實天地曠蕩之恩，日月重明之會。不幸臣父補報無及，於嘉靖五年二月十五日在家病故。切念臣父發身甲第，遭際明時，歷事三朝，受知列聖，內外揚歷四十餘年，行年八十六歲，爲國爲民盡心盡力，忠勤匪懈，砥礪自持，崇正履潔，寡欲清心，端方簡重，海內咸仰。無奈中遭禍變，頓令業與心違，厄因蓋致，賫志以歿，迄今識與不識罔不傷悼。顧臣糞土遺形，悲慟曷已？臣思得近年尚書王恕、馬文升、周經、劉大夏病故俱蒙欽賜，贈諡祭葬，臣父生前比之王恕等官階雖其同體，勞迹雖其同狀，而其屹砥柱於狂瀾，誓挽天日；寄餘生於大造，甘棄身家。由今追昔，臣父被逮之日，拘繫絆羈，星火檻遞，苦楚萬端，即此一節，激於中獨壯，嬰其禍獨慘，尤非前項諸臣所曾經歷。伏望皇上溥逮下之仁，垂恤舊之愛。念臣父屢常遭變，竭犬馬盡瘁之忠；憫臣父生寄沒歸，沛終始曲全之造。敕下該部，比例議擬，寵賜贈諡祭葬，差官造墳安厝，不惟臣父戮力之榮得以復沾於蓋棺之後，而臣泣血之痛亦可以少紓於枕塊之餘矣等因。奏奉聖旨："該部知道。"欽此。

　　隨該欽差提督雁門等關兼巡撫山西地方、都察院右副都御史江潮，巡按監察御史馬錄、儲良材，各題爲病故大臣事，內開原任戶部尚書韓文，生前簡重惇恪，廉慎公勤，累官有聲，持身無過。五旬喪偶，獨居房帷。教子義方，俱躋科目。自立朝以至居家，完名全節，天下素所仰望，鄉里亦無間言，比諸尋常實有不同。今已在家病故，既蒙殊遇於生前，宜荷寵嘉於歿後等因。俱奉聖旨："該衙門知道。"欽此，欽遵。通抄送司。行准吏部文選考功清吏司手本，查得本官歷官升任與奏相同。及准驗封清吏司手本，查得嘉靖元年五月二十二日該本部題，節奉聖旨"是。韓文加太子太保與誥命"等因。通回到司，查得先太子太保、吏部尚書王恕、少師兼太子太師吏部尚書馬文升、太子太保南京戶部尚書周經、太子太保兵部尚書劉大夏各病故，巡按御史秦昂等并伊男知州等官馬聰等奏乞祭葬贈諡，俱該本部議擬，奉欽依各照依在京一品文官事例各與祭九壇，工部應付棺木等項造墳安葬，并輟朝一日，各賜與諡號。開坐具題，奉武宗皇帝聖旨："是。造墳開壙工料價銀則例都准擬行。"欽此，欽遵外，今該前因案呈到部。看得太子太保、戶部尚書韓文在家病故，既該撫按等官各奏稱宜荷寵嘉，及伊男參政韓士奇奏乞比照尚書王恕、馬文升等事例，各查係應擬除贈官，移咨吏部施行外，合無照例與祭九壇，行移翰林院撰文，工部差官照依品級造墳安葬，及行山西布政司轉屬支給官錢買辦祭物、香燭紙，就遣本布政司堂上官致祭。所據賜諡一節，揆之輿論，僉謂本官於中於外，清修無間於險夷；有始有終，雅節不殊於老壯。向使群工協力而大計獲伸，九重眷依而柄用無替，可以弭禍方萌而上安宗社，可以解懸既倒而下慰蒼生。事既違心，雖九死以無悔；知惟有國，蓋百口之皆忘。丹衷鬱報主之誠，白首慎居鄉之節。子俱賢以延孫輩，義方之訓有徵；家無怨以達邦人，敬恕之風可考。愚同寧子而竟保其身，老似武公而不弛於學，人物詎專乎山右？官評久重於朝端。鍾兩儀間氣之生，收百年養士之效。例固應兼乎異數，恩宜尤[一五]錫以殊稱。但恩典出自朝廷，本部未敢擅便，均乞聖裁。

嘉靖五年六月二十六日太子太保、本部尚書席書等具題，二十九日奉聖旨："是。韓文清修忠亮，望重一時，准照例祭葬，還與他諡。"欽此，欽遵。擬合通行除外，合就照會於本布政司，着落該當官吏轉屬支給官錢買辦祭物香燭紙，遣本布政司堂上官致祭，仍將用過官錢開報戶部知數，母^{〔一六〕}得因而科擾不便。須至照會者。

計開：聞喪、首七至終七、下葬，每次諭祭一壇。

諭祭文：

維嘉靖五年歲次丙戌十月庚子朔初九日戊子，皇帝遣山西布政使司左參政李際可諭祭致仕太子太保、戶部尚書、贈特進光禄大夫、太傅謚忠定韓文曰：卿以剛毅之質，通敏之才，擢秀甲科，給事廷陛。藩垣洊歷，都憲超登。卿佐累遷，資望尤著。既濟司馬，參贊留都。遂陟地官，總司國計。清風直節，終始弗渝。出入勤勞，餘四十載。士推喬岳，民仰福星。在我先朝，實深眷注。既而權奸竊柄，時事多乖。率眾抗言，力犯雷霆之怒；竭誠爲國，志除城社之妖。雖讒譖朋興，身遭奇禍，而公是有定，人望益歸。既叙復乎舊官，尚未逭於召用。朕初嗣位，深切懷賢，乃加宮保之銜，載厪存問之使。宜膺壽祉，光我邦家。哲人云亡，良切傷悼。穸階加贈，稽行易名。祭葬特頒，庸彰異數。英靈如在，尚克歆承。

一、品物：

猪一口，羊一腔，饅頭五分，粉湯五分，果子五色^{每色五斤}，按酒五盤，鳳雞一隻，煠骨一塊，煠魚二尾，酥餅四個，酥錠四個，雞湯一分，魚湯一分，降真香一炷，燭一對^{重一斤}，酒二瓶，焚祝紙一百張。

首七祭文：

維嘉靖五年歲次丙戌某月某日^{〔一七〕}，皇帝遣山西布政使司左參政邵錫諭祭致仕太子太保、戶部尚書、贈特進光禄大夫、太傅謚忠定韓文曰：自卿徂謝，有識傷心。首七倏臨，益增震悼。再頒諭祭，用篤始終。靈其如存，服之無斁。

餘祭七壇等文同，但遇某七改云某七，下葬改云窆歹，品物俱同前。

右照會山西等處承宣布政使司，准此[一八]。

墓志銘[一九]

大明故光禄大夫、柱國、太子太保、户部尚書、贈特進光禄大夫、太傅謚忠定韓公墓志銘

賜進士第、光禄大夫、柱國、少師兼太子太師、吏部尚書、謹身殿大學士、知制誥兼經筵官石淙楊一清撰

賜進士第、資政大夫、户部尚書無錫秦金書

賜進士第、資政大夫、工部尚書安成趙璜篆

嘉靖丙戌二月十五日，致仕太子太保、户部尚書韓公以疾卒於家。有司以聞，上若曰：“是惟先朝耆舊，清修忠亮，望重一時，其贈特進光禄大夫、太傅，謚忠定，賜誥命，諭祭九壇，有司給棺木、喪儀、冥器，爲營葬域。”皆特恩也。

公諱文，字貫道，别號質庵，姓韓氏。成化間舉丙戌進士，授工科給事中，遷右給事中。出爲湖廣布政司右參議，轉左參議，擢山東左參政。弘治間擢雲南左布政使，尋擢都察院右副都御史，巡撫湖廣，兼理軍務。復改河南。召拜户部右侍郎，改吏部，進左侍郎。尋擢南京兵部尚書，參贊機務。召拜户部尚書。正德改元，時賊瑾恃從龍舊恩，竊持機柄，威福自恣，勢焰熏灼，士大夫側足而立，道路以目，莫敢訟言其非。公倡於諸公卿、科道云：“若是不已，將危及廟社。”及合辭抗章，暴其罪狀，請置之法以安人心。武皇始而覺悟，既乃爲群奸所惑，置之弗問。瑾由是益横，乃矯詔降公職級致仕，又矯令落職閑住。瑾伏誅，以廷薦得復舊官，致仕。今上嗣登大寶，賜敕遣官存問，特加太子太保，階光禄大夫，勛柱國，有司月給米四石，歲給輿

隸六人，且賜之誥命，贈其先世悉如其官，廕一孫爲光禄寺署丞。嗚呼！公之所以得於天、得於君者，可謂至矣。

葬宜有銘，其子陝西參政士奇以請於予。予與公少聯官給舍，雅相好，中雖南北軼掌，相見必歡洽，謝事後通訊不絶，士奇及其昆弟又予提學所造士，銘固當予屬。然以公平生政迹甚多，而晚年抗疏誅瑾一節尤卓犖奇偉，故先書其大者如此，乃按都憲張公汝霖所著狀叙而銘之。

公上世出相州宋魏公之裔。七世祖諱永，避金亂，徙山西之洪洞，因占籍焉。曾祖諱昌，祖諱淵，父諱肅，皆以公貴，累贈光禄大夫、柱國、太子太保、户部尚書。曾祖妣張氏、祖妣李氏、妣吉氏皆累贈一品夫人。

公生時，吉夫人夢紫衣人語之曰：“吾送文潞公與爾。”因以文名。公少，文思溢發，領成化乙酉鄉薦、丙戌進士。其爲給事，持節詣韓藩行册封禮，贈遺一無所受。嘗與同官會劾總制憲臣要功起邊釁，及薦起前吏部尚書曹南李公、兵部尚書河湟王公，辭涉近倖，憲皇怒，幾不免。勘理邊帥諸不法事，酌情與法，輿論稱平。吏部屢薦爲都給事中，爲忌者所沮，竟以九載滿考始得遷官外藩。其爲參議，提督武當山，兼撫流民。敬神恤民，一鏟宿弊。禁鎮守中貴侵漁病人，節省浮費，以其羨餘易榖萬餘石備賑。改理司事，分守襄南，平税理冤，勘處夷情，聲聞日起。參議以右轉左，蓋昔所無，由〔二〇〕忌者沮之耳。其在雲南，雪冤疏滯尤多。爲湖廣巡撫，會征貴苗，接濟軍儲，底於成功，被敕奬諭。武昌諸郡歲荒，上疏乞蠲租停税，民稍解倒懸。移撫河南，懷孟以北旱，饑民多流徙，檄令所司發銀分賑，多所存活。民方東作，牛種無所於出，公令官措而給之，是歲大熟，民乃安。守備武臣有不律者，按而治之，群屬凛凛。其爲户侍，佐尚書太原周公，清冗食，革蠹緣。比遷吏侍，署部篆久之，采資望用人，藻鑒精當。南京參贊尚書缺人，僉謂非公不可，至則留務一新。屬歲饑，米價騰踴，死者相枕籍。公咨戶部，將官軍糧俸預支三月以濟人急。度支以未得命爲辭，公曰：「救荒如救焚，民命在旦夕，安能忍死以待？即得罪，吾請當之。」遂發三十萬石[二一]，米價漸平，人不病糴。往者留都事惟內守備令是聽，公多所裁定，下上稱便焉。孝廟亮其公勤，故有地卿之命，屢辭不獲。嘗召見諭以鹽法積弊，欲議處釐革，以充邊餉。公陳七事，指摘弊端甚剴切，孝廟嘉納行之，於是數十年積弊大蠹滌除殆盡。屬時大婚大喪相繼，西北邊情告急，命將出師，經費不貲，又值更化之初，賞賚所費不可勝計，公悉心經畫，至忘寢食，供應罔缺。追究羽流幻妄之徒所盜內帑錢物，裁抑戚畹中貴占奪和買民田，及舉正窩占引鹽、乞討織造，皆事干權幸，怨仇叢集，人爲公危之，公裕如也。

　　武皇登極，命侍經筵。親耕耤田，與九推之列，賜白金、文綺、寶鏹。幸大學，釋奠先師孔子，預分獻禮。吏部尚書缺人，言官交薦公，又爲忌者所沮。蓋未幾而伏闕之章上，奇禍作矣。時其長子士聰爲高唐知州，士奇刑部主事，瑾皆勒令除名。瑾內銜未已，乃捃摘部曹遺失簿籍舊事，械繫至京，下詔獄考訊，欲置之死。公與司馬東山劉公同在圄圉，倡和自若，人服二公雅量。理官狀上，仍矯旨罰米一千石，監押赴大同親納。續以他事，數次罰米二千餘石。自是業產蕩然，兼稱貸以給，公亦不以爲意。越二載，罪人伏辜，詔還職級，并士聰、士奇俱得致仕。兩京言官交薦公才望氣節足勝大任，不報。予在吏部數薦之，亦不果。比國是既定，公論大明，而公年逾八十，老且病，不任事矣。公雖不出，而璽書誥命先後叠降，所以尊崇褒勵之者近歲所無。天下想望其風采，有裴晉公、韓魏公之風焉。而天不界之上壽，遽爾考終，是可惜已！

公素少疾，家居好吟咏，垂老猶能作楷、行細字。庚辰，忽感風疾，左手足不能舉。延醫問藥，竟未收全功。又越六年而卒。卒之前二日，雷電大作。屬纊之辰，烈風四起，天宇晦暝。吊者如市，皆哭盡哀，中外縉紳聞訃俱痛惜不已。

公家居行義可述者甚多，鄉里化之，惟恐惡聲入於耳。原配張贈一品夫人，蚤卒。獨居三十年，恒念糟糠，不忍再娶。

其生正統辛酉九月二十六日，得年八十有六。子三：長即士聰，起鄉薦；次即參政君，才猷行業方饗用於時；次士賢，起鄉薦，歷官開府同知，以公老乞侍養，進階兩淮運司同知致仕。孫男七：長廷彦，以廕補國子生，授光禄寺典簿；次廷臣，中壬午鄉試；次廷瑞，即受廕光禄署丞者；次廷采，國子生；次廷偉，登丙戌進士，授南京戶部主事；次廷諫、廷選，習舉業。孫女四：長適國子生郭瑶；次適李旦；次適張元憲，都憲汝霖之子；一尚幼。曾孫五：景休、景維、景愈、景復、景偓。曾孫女三。

諸子卜以卒之次年十月九日葬於邑東大錫溝之原新阡。予因憶國朝文臣謚忠定者惟少師蹇公一人，蹇公重厚博大，爲當代名臣。公德量概與之同，而得位行志則未若蹇公之顯且久者。至論其嫉惡之嚴，任事之勇，蹇公之在當時恐亦無能勝之哉！是宜銘。銘曰：

河山孕靈，希世之奇。奮其六翮，乘風以飛。周覽八極，止於帝違。以邑厥施，亦昌其辭。苟利於國，死生以之。有奸作孽，太阿倒持。請借尚方，誅以徇之。我躬弗恤，奚以官爲？不死者天，完名而歸。帝有錫命，尊之養之。胡然而逝？以[二二]莫不悲。以終視始，公不忸怩。有歸新阡，其藏在斯。後千百年，壤之樹之。

神道碑銘〔二三〕

明故光禄大夫、柱國、太子太保、户部尚書、贈特進光禄大夫、太傅謚忠定韓公神道碑銘

賜進士及第、光禄大夫、柱國、少師兼太子太保、吏部尚書、華蓋殿大學士、知制誥、經筵官、國史總裁鉛山費宏撰

賜進士第、太子太保、資政大夫、侍經筵、吏部尚書東光廖紀書

賜進士第、太子太保、資政大夫、侍經筵、禮部尚書遂寧席書篆

士有負正氣，懷直道，憤世嫉邪，以身犯難，嬰龍鱗，撩虎尾，不少顧恤，雖阽危瀕死，得奇禍於一時，然高風大節天下仰之，後世頌之，視彼脂韋淟涊，喪名辱身，以苟目前之富貴者，其品流區别已相什百。况天定勝人，剥終必復，其名位福履分所當得者卒之若持券取償，無一缺焉，豈非所謂君子以得福爲常而得禍爲不幸耶？求之於今，則公庶幾乎無愧於此矣。

當正德之初，中官劉瑾等嬖於武宗，潛肆蠱惑，謀移政柄。公時爲户部尚書，曰："亂其始此矣，爲人臣子忍坐視而無言耶？"率百僚伏闕流涕，請誅瑾等。武宗幾悟，將以瑾等置於法。公同列有乘時規相位者，與瑾等和應害其成。瑾愈肆，遂入中樞，賞罰黜陟悉由已出，銜公入骨髓，矯詔罷之。給事徐昂上疏救公，瑾黜昂，再降公秩。尋令以冠帶閑住，其子高唐知州士聰、刑部主事士奇皆黜爲民。瑾怒未已，乃假公在部時計簿有遺失者以爲公罪，遣官校械繫至京，將煅煉殺之。公在獄，與司馬東山劉公倡和如平日。瑾吹求既無所得，乃矯詔匃擬公罪，罰輸邊米千石，又緣他事羅織而罰者倍之。自是家業盡破，幾無以爲

養。越五年，瑾誅，有詔復公舊職。廷臣薦公百疏，而瑾黨尚在，卒不行。今天子嗣極，閔公守正罹害，賜敕褒慰，特加公太子太保，階光祿大夫，勳柱國，賜誥，贈其三世，復廕孫一人爲光祿[二四]署丞。及公捐館訃聞，上悼念不已，再賜誥，贈特進光祿大夫、太傅，謚忠定，仍遣官諭祭營葬。嗚呼！公以孤忠報主，甘受奇禍，一時縉紳莫不爲公扼腕，而彼惡直醜正之徒則或旁[二五]觀竊笑，以公爲不智，其甚者忿公異己，且從而下石焉，其亦可慨也已！然真[二六]松勁柏挺立於歲寒之後，完名盛福，公卒兼而有之。非公之所立無愧於天，無負於國家，曷克以臻茲耶？

公以某年某月某日卜葬大錫溝之原，士奇與其從子廷偉衰絰詣予，欲一言銘公墓道。予素荷公知，安敢辭？

公諱文，字貫道，號質庵，姓韓氏，其先世爲相人，蓋魏公之裔也。《譜》稱七世祖諱永，值金兵之亂去相，徙居山西之洪洞，是爲洪洞人。曾大父諱昌，祖諱淵，父諱蕭，皆以公貴，贈光祿大夫、柱國、太子太保、户部尚書。曾祖妣張、祖妣李、妣吉，皆贈一品夫人。公將生，吉夢紫衣人抱送文潞公與之，因名文。幼負奇質，才思溢發。既長，從太史襄陵邢公遜之游，學益淵博，領成化乙酉鄉薦，登丙戌進士第。初拜工科給事中，持節封韓府高平王，諸饋遺悉却不受。會左都御史王越總邊事，徼功啓釁，率同官列其罪狀，又論薦前冢宰李公秉、司馬王公竑可大用，語涉宮禁，純皇帝震怒，逮至文華殿，栲[二七]掠幾死。陝西紀功郎中張瑾疏總兵等官殺降罔上，命公往覈之，率以情之輕重其[二八]實還奏，人服其公。乙未升右給事中，以直言爲當道所忌。戊戌滿考，始升湖廣少參[二九]，提督太岳太和宮，分守荆南。談者以用非其地爲公負屈，而公處之裕如，勤於其職，分守中官與其下皆嚴憚歛戢，境內賴之。又稽覈諸宮羨銀，易穀創庚，以爲荒備。越三年，用巡撫吳公克誠薦改理司事。會九溪酋長白嘴鼻與鄰境爭地相攻，撫按屬公往視，其爭遂息。歷七年，以右轉左，聞者駭然。未幾以外艱歸，弘治戊申終喪赴部。冢宰王端毅公知公久滯，升山東左參政。濟南之俗，乘旱輒聚衆發人墓而暴其尸，謂之打魃。公曰：“是甚於尪巫之暴矣。”亟下令禁之。越二年庚戌，用宗伯倪文毅公之薦，超升雲南左布政使。先是，土官襲代，旁支恃賄與力輒相仇奪，土吏滿兩考者例不赴京，復於境內轉相參補，皆宿弊也，至公始立法以釐正之。越三年癸丑，升都察院右副都御史，巡撫湖廣地方兼贊理軍務。武昌諸郡歲歉，疏乞蠲逋賦以蘇窮民。乙卯，改撫河南。值懷孟以北旱饑，令所司發銀賑貸，復竭誠雩禱致雨，歲乃大熟。丙辰，轉户部右侍郎。丁巳，以內艱歸。庚申終喪，改吏部，明年轉左，銓綜平允，士論翕然〔三〇〕歸之。癸亥，升南京兵部尚書，參贊機務。先是，會守備中官議事，多遜避不發一言，或探其意嚮以爲可否。公曰：“事之可否，有理與法，吾惟以無私處之，可拱嘿爲避禍耶？”遇事輒昌言商確，聞者無不敬服。值水旱相仍，民饑而死者相繼，公移文户部，欲預支三月糧以平糴價。所司疑未請，公以身任之，竟發米三十三萬石，民賴以安。甲子，改户部尚書。於是時敬皇帝勵精圖治，公感激遭遇，蚤夜勤瘁，期於足國。早朝畢，嘗被召直至榻前，諭以鹽法廢弛，邊餉空虛，屬公稽考舊制及諸沮壞之弊。公疏陳七事，極其剴切，皆嘉納之。時監軍以征□〔三一〕宿兵近塞，日費不貲，戚畹中貴往往侵民田，窩占鹽引，黃冠又以左道禳禬蠹耗帑積，公銳却抑之，雖怨謗弗恤也。蓋公自筮仕以來揚歷中外幾四十年，凡職所當爲爲之，未嘗不盡其力。晚節末路，以身殉國，尤極忠懇，不以利害得喪易其所守，凛乎有古大臣之風，此後生小子所以仰其聲光，咨嗟願慕而自有不容已焉者也。

公將逝，雷電交作，天色晦冥。吊者如市，莫不悲號哽咽。蓋嘉靖丙戌二月十五日也，距其生正統辛酉九月二十六，享年八十有六。配張，德與公合，先公三十年卒，累贈一品夫人。子三：長士聰，中壬子鄉試，以知州致仕；次即士奇，登壬戌進士，今爲湖廣左參政；季士賢，中乙卯鄉試，授開封府同知，以乞侍公養進階兩淮運司同知致仕。孫男七：廷彥，以廕補國子生，授光禄寺典簿；廷臣，中壬午鄉試；廷瑞，即所廕署丞者也；廷采，國子生；廷偉，登丙戌進士，今爲南京户部主事；次廷諫、廷選，俱習舉子業。孫女四：長適國子生郭瑶，次適李旦，次適副都御史張潤之子元憲，一尚幼。曾孫男五，曰景休、景維、景愈、景復、景偓。曾孫女三：長聘御史南全之子有考，次聘都司副斷事郭鎣之子維屏，一尚幼。

所著有《質庵奏議》《質庵存稿》《歸田稿》藏於家。公風骨玉立，凝重和粹，有若天成，加以奮勵充養，學知原本，動必志於遠大，故平生所立卓然不苟，卒以勛業振耀，爲時名卿。其子能奉公之教而世其業，公可謂死而不朽矣。銘曰：

士貴自立，保終爲難。志不物挫，斯謂之完。宋有名臣，曰魏公韓。社稷賴之，如河如山。初終一節，罔避險艱。公豈其裔？嚮往夙端。以身許國，丹心桓桓。起家青瑣，乃歷屏翰。迴翔臺省，衍衍鴻盤[三二]。國有桑癴，公疾其奸。曰此巨蠹，治亂所關。首倡百僚，伏闕叩閽。危言劌切，烈甚輿棺。剛大之氣，可激懦頑。我道若是，寧我失官。如彼砥柱，屹於狂瀾。壁立萬仞，可望莫攀。聖明御極，進公穹班。褒忠嘉直，恩綸屢頒。麟袍玉帶，鶴髮朱顏。聲光燁燁[三三]，洋溢宇寰。如彼松柏，挺於歲寒。風饕雪虐，不摧以殘。抑有子孫，如玉如蘭。趾美續聞，世其衣冠。公死不朽，既順且安。忠定之謚，在公無慚。巋然堂封，過者聳觀。

新阡記^[三四]

賜進士第、特進光禄大夫、柱國、太保兼太子太保、禮部尚書、武英殿大學士、知制誥、經筵官、國史總裁臨潁^[三五]賈詠撰

賜進士第、資善大夫、刑部尚書昆山周倫書

賜進士第、資善大夫、都察院都御史巴陵顏頤壽篆

《新阡記》，記新阡也。新阡者何？大司徒特進光禄大夫、柱國、太傅兼太子太保、謚忠定河東韓公所卜以爲壽藏之地者也。夫韓公爲時名臣，上世本吾相州魏公之裔，金季避兵始徙洪洞居焉，今故爲河東人。歷世既久，族大而蕃，墟墓纍纍，有不容已於改圖者，豈得已而不已哉？阡去城東五里許，有溝曰大錫。大錫之野背霍而面澗，左箕山，右汾水，中餘百畝，廣阜如坪，厥土沃，厥木秀，厥草惟夭。忠定謝政家居，嘗杖其處，盤桓終日，依依不忍去，心竊好之，曰：“此樂邱也，吾將卜之以藏。”比公卒，子大參士奇、孫進士廷偉遵^[三六]治命，因葬公焉。事襄，請予爲之記。

予聞葬起於中古，禮定於先王，慎終於君子，故子之於親，生事葬祭，始終以禮而不可苟。孟軻氏又謂養生不足以當大事，惟送死可以當大事。經曰：“卜其宅兆而安厝之，爲之宗廟以鬼享之。”夫宅兆，今之塋域。所謂安厝，求以安之。其所謂卜，亦惟卜其地之美者以安體魄，如土脉膏腴，草木葱菁，以遠五患而已，豈陰陽者流葬書所載山川形勝、歲月支干之論以爲子孫貧富、貴賤、壽夭、賢愚之地者之非也哉？忠定新阡之卜正惟是。抑嘗論之，自昔名臣碩輔之生未嘗無本，《詩》曰：“維岳降神，生甫及申。”又曰：“保兹天子，生仲山甫。”忠定之毋^[三七]吉夫人嘗感紫衣使抱宋文潞公至而孕，故贈宮保公命之曰文，以識異

也。是蓋合三晉之靈秘鍾爲一代之偉人，應運而出，以成康濟之業，垂不朽之名，豈一鄉一邑之故而有此耶？是以公之立朝，揚歷中外，聲績耿耿。及批逆鱗，犯乳虎，身危禍迫，殊不少動。迨夫事定論公，而榮名申錫，孤卿之贈，上及三代一品之褒，下覃內人家世之貴，人莫與京，公之視之亦若固有而不之動。若忠定者，豈非夷險一節寵辱不驚者乎？新阡之圖特順公志。至於地之有神，又將鳩三晉之靈，復有繼公而出者，理則然耳。

是阡之作，後爲墓，中爲堂，左右爲厢，前爲門，四圍爲垣。餘若墓有表，碑有亭，列有石獸，悉如時制，而役畢矣。嗚呼！此公阡也，韓之子孫當世守之弗易。若家乘之淵源，官資之遷轉，履歷之纖悉，遭際之逆順，具見公志，兹故不復贅云。是爲記。

館閣名公祝壽文〔三八〕

慶大司徒質庵韓公八十詩序

壽可必得乎？曰：得其理，斯得壽矣。夫人之身原於妙合之氣，其始也絪緼固密，無少虧缺，壽之端固存焉。於是培植保護，節宣調劑，茹芳飲潔，閑邪導和，內保英靈，外嚴戕擊，則壽矣。然或體羸而氣索，志憊而神瘁，防弛而侮侵，寧能無夭乎？於是乎謹戰兢之念，遠自作之孽，罪無在緇而災匪剥床，則壽矣。然或立岩墙，罹桎梏，納罟攫，陷阱〔三九〕而莫知避焉，豈能勿夭乎？夫是二者，所謂壽之理也，有弗然者則數存焉。君子得其理，雖弗壽猶壽也，而況奇齡遐算有能加於人者哉？夫得壽必得其理，要皆以漸而至，而凡偶逢而苟得者不與焉。故自艾而耆，由艾而望焉，耆未可必也；自耋而耄，由耋而望焉，耄未可必也。然則身與化而同久，齒與福而相尋，古所謂地仙人瑞者，蓋舉世以爲難，是不亦可慶也哉？

大司徒洪洞韓公，吾邦達尊也。維公毓河山之完氣，生治平之盛時，容體外腴，神采內燁，其稟則壽矣。安恬履素，心不外馳；敦義執禮，身無妄動。輕爵禄而弗靡[四〇]，遠妾媵而不御，其養則厚矣。夫若是，公惡乎而不壽哉？公蚤登甲科，職禁近，領句宣。有論諫以陳，有德惠以施。及其操憲權，正卿位，則令猷偉績加於朝廷、行乎四方者多矣。卒之以忠憤觸權奸，中奇禍，挂冠而歸，英聲直接[四一]振竦一時，是其自修之實所以合天心，參吉會，而爲引年之地者宜何如也？公又惡乎而不壽哉？公生稟既異，而無歉於理，如此則數以德符，慶與理應，穹齒而茂臻，綿延而不艾者，夫豈漫然無自者同耶？

公今年躋八袠，步趨矍鑠，食飲居起康强不衰。九月二十六日爲初度之辰，廟堂諸老皆有歌詩爲壽，所以眷耆碩，惇風誼，意藹如也。鄉之人仕於京者又從而和焉。公之仲子秀夫自鳳陽，季子相夫自開封，皆以同知入覲於朝，將以公暇過家拜慶堂下，而諸公篇什因托以獻。予公之鄉人也，昔官民曹，常爲公屬。及入內臺理鹺政，實公薦揚之力。辱公知遇，亦舊矣，輒爲序述如此，而區區懷仰之私因竊附焉。

夫公任三朝，歷兩京，登八座，三子者皆捷鄉科，一舉進士，入則簉郎曹，出則領巨郡，河東仕宦之家，凡享螽斯之盛，擅圭組之華者，指不可多屈，是宜侈談樂播而末言者，義專於壽，重耆老也。今當國家需賢求治之日，縉紳大夫莫不延頸跂足，望公之出，以弘濟時艱，建振古之雄業，而以高蹈沉晦未足盡公學術之大，此又夫人同願而末言者，辭主於慶，先頌祝也。若夫頤養性靈，優游裕樂，以期公壽於無涯者，則群什既言之矣，予無復舉焉。

正德十五年歲次庚辰秋七月朔旦，賜進士出身、光祿大夫、柱國、少師兼太子太師、兵部尚書兼總十二營軍務、詔侍經筵、前戶部尚書太原王瓊書

壽大司徒質庵韓公八十序

曩孝皇勵精圖治，簡用耆俊，時則有若洪洞質庵韓公拜大司徒。崇文幸在屬下，荷公教愛，如子弟然。暨時遷事變，公致政歸。崇文歷藩臬垂十載，至汴，則公之季子士賢官開封同知，時時獲詢公起居，計來歲庚辰為八袠期，謀所以為賀，少布私感。己卯春，崇文甫以病家居，同知君修河，往來曹境必相見。君欲考最赴京，而九月廿六日為公初度之辰，過家稱慶，以文見屬，乃崇文夙心也。

竊惟古人以七十為稀，年至八十則稱中壽，雖閭閻間亦罕有之，公卿之貴顯尤不易見也。蓋上天眷祐人國，必生賢才為之輔相，而賢才者必有耆艾之壽以享國家隆洽之福。粵若我宣德、正統間，氣運亨嘉，公生於其時，厚重剛大之氣得於天。既游庠序，登科第，荷列聖涵育成就，迥然與常人殊。故其守正不阿，入諫垣，參湖省，輒九載不遷，公澹如也。迨弘治更化，公論有在，即超擢左方伯，晉都御史、天官侍郎、南京兵部參贊尚書，以至大司徒，掌天下利柄，權貴請求一切沮抑，或自內出亦執弗奉行，天下翕翕，望登至治也。他若人物、禮樂、刑獄、兵馬罔不留情，而接引後進如恐不及，崇文朝夕左右身親見之。於戲！若公者真古之社稷臣哉！公歸田，幾遭奇禍，泰然不少見之辭色。邇聖天子篤念舊臣，復加優禮，公日以書史自娛，其憂時愛君之意未嘗一日忘。今耳目聰明，筋力強健，上天於茲信有意也耶？昔文潞公以太師致仕，年九十餘再起平章重事，隱然朝野增

重，公之風聲氣節不啻過之，此非天下之望、蒼生之福與？

公五旬悼亡，傍無侍媵，鰥居者三十餘載。冢嗣士聰任高唐知州，季士賢舉於鄉，仲子士奇登弘治壬戌進士，歷任兵、刑郎署，亦與時忤，今同知鳳陽府，俱有佳譽；孫七人，長廷彥以廕任南京光祿典簿，餘習舉業：近世公卿家鮮有及者。公心和身泰，繼自今百二十歲躋上壽域，崇文不敢必所可必，則仁者壽大，德者必得其壽，孔子豈欺我哉？敢以取必於天。

賜進士第、通議大夫、都察院右副都御史、前翰林院庶吉士曹南晚生王崇文謹書

壽致仕大司徒質庵韓先生八裘序

大司徒質庵韓公致仕之十有五年，爲正德庚辰秋九月二十六日，寔惟初度，壽登八十。二子仲曰士奇同知鳳陽，今升懷慶知府，季曰士賢同知開封，俱以王事入覲。事竣，將過庭爲壽，請於少師晉溪公，爲言其事諸公卿間。諸公卿皆公知舊，時遇吾鄉人，問起居，聞之喜，咸壽以歌詩，爰作二軸，少師公爲序其一，一以屬龍。龍非知言者，何足以當此哉？

竊聞大臣以道事君，社稷臣以安社稷爲悦，雖言固各有出，而異詞同旨，未始有二人，亦非有二事也。何者？大臣位高責重，與國同休戚，社稷非其職乎？事君以道，所以計安社稷。欲社稷之安而舍夫道，未有不失其計者。鑿私知，挾小數，規近利，昧乎遠且大焉。甚則患得與失，徇國之義輕，而有己之私勝，依違顧瞻，無益成敗，其如社稷何哉？大臣事君，無往非道，至國勢危疑，群情洶湧，時大有可憂者，尤汲汲焉不能須臾寧處，扶顛持危，不遺餘力，知有吾君，知有吾道，其身之禍福弗知也。雖奸雄在旁，怒目切齒，亦陰爲駴

愕，莫敢染指，卒之魄褫[四二]技窮，納諸俎醢之地，社稷屹然
山立，不爲動搖，斯其大臣矣乎！蓋其材足以任重，若明堂棟
梁，選之鄧林之鉅，而負荷無不勝也。謀而能斷，以趨事機，
若河出昆侖，奔騰東下，其勢萬折而不回也。其志趣复出，若
鳳凰翔於千仞之上，爭先快睹，不可得而攀也。勛著當時，芳
流來世，不愧古所謂大臣者有由然矣，是可以易得哉？生其
地，有以鍾山川之秀，不曰“維岳降神”乎？出其時，有以占
燕翼之謀，不曰“豐水有芑”乎？實邦家之元氣，生民之藥
石，不可一日無者，其公之謂與？

揚歷中外餘四十年，風采溢於諫垣，旬宣洽於藩省，綱紀振
於憲臺，藻鑒精於銓部，戎務飭於司馬，財計理於司徒，所至聲
藉甚，爲時屬望。當逆瑾擅權，流毒海內，包藏禍心，其勢蓋岌
岌矣。公毅然以社稷爲計，忠肝義膽，照耀天日。大議既定，幾
陷不測，而事君以道，遑恤其他。於是縉紳之士有所依據，正氣
不磨，國是攸定。日月之明不遠，而復殲厥罪人，釐革奸弊，中
外乂安，隆億萬年社稷之福，公實爲之。身退而功乃成，事定而
言益信，所學於孔孟一一見諸踐履，大臣所宜有者又備畢其躬，
品題人物，豈直吾晋產之光哉！

優游林下，日以圖籍自娛。花晨月夕，輒賦詩寄興，俾諸孫
歌以侑觴。時作楷書細字，亹亹忘倦，遒勁逼晋人，見者不知爲
老筆迹。其精力逾八望九，進之期頤有未艾者。清心寡欲，保合
太和，以爲迓續之基固已有素，而忠愛一念孚於神明，眷佑耆
老，爲世儀刑，用彰我斯文之慶，又決然不可易。

群王[四三]彙集，緘馳千里，所以爲天下賀也。龍既辱公通
家，重以少師公之約，於是乎書。

正德十五年庚辰夏四月上浣之吉，賜進士及第、翰林院
侍講學士、奉直大夫、經筵講官兼修國史玉牒、前左春坊太

子左中允兼史館修撰、領司經局事年家鄉晚生上黨劉龍頓首書

賀大司徒韓公壽八十序

我明百五十年，維天維祖宗紹佑國家，昌厥後裔，扶輿磅礴。間生名賢，敷施謀猷，經緯化機，以延億萬載無疆之休。乃俾其人耆艾康強，優游林泉，罔有灾害，頤其天年，庸彰我仁厚壽考之治焉。

大司徒洪洞韓公，鵬在先皇帝時嘗爲公屬吏。公體幹修碩，眉宇神秀，進退班行，萬衆聳觀。奏對鴻暢，金石斯鳴，靡不稱旨。鵬賤且少，罔能深窺公也。逮逆閹柄政，紊我朝紀，公以顧命，懼無以見先皇帝，伏闕請誅，弗能得，遂嬰禍羅，下詔獄，正氣浩然，塞乎天地，不少摧折。當其時，有謂公能生者鮮不謂妄矣。疇謂公親見其人伏誅，已逾十年而猶壽考若是耶？謂天謂祖宗無意於公，殆弗可也。

今年正德庚辰，公壽八十，巡撫大中丞張公謂鵬曰：“韓公功在社稷，名流夷夏，眉壽無期，光我皇化。維館閣諸老，維部寺重臣，維詞林衆彦，罔不托之撰述，播諸永言，遠勤使以介公壽。吾儕有事兹土，顧闕而弗舉，可乎？”遂與清戎侍御任君曰：“是將以屬子，子宜文，弗可諉也。”鵬曰：“昔在宋有文潞公，實維名賢，厚德雅望，百世仰止，年逾九袠，朝廷加存問焉。予聞司徒公先夫人夢潞公乃生公，公今日勳績聲烈與潞公埒，夢斯符矣。潞公在益州，有進燈籠錦一事爲世所譏，公復無此，夢詎可盡信耶？公髮如鶴，神完而氣充，異時年視潞公，殆有過無不及焉，可前知也。《詩》曰：‘三壽作朋，如岡如陵。’夫朋者，與己友者也。昔武王於太公望稱師尚父焉，不啻朋焉耳矣。如公者非其人耶？今聖明在上，圖回治道，思用舊人，則天遺一老，

詎無意與？祖宗之靈庶其在此，此巡撫公與侍御君之意而命鵬言之，蓋天下之公言也。"

正德十五年歲在庚辰秋八月吉，浙江道監察御史蜀晚生張鵬起溟甫撰并書

慶致仕大司徒質庵韓公八十序

御史東君郊過檢討元正舍而告曰："惟昔郊官平陽，獲侍大司徒質庵韓公几杖，公罔予棄，寵教有加。郊有今日，亦公玉於成也。公剛毅負氣，落落弗偕於俗。入諫垣，肅藩憲，治夏官，掌司徒，直聲勁節聳動朝野，雖孽閹傾危，黜厥秩，罰延於嗣，其志不可撓。歸洪洞，杜門絕客，日課子孫，自號河汾逸老。泊被詔復舊銜，及群公子視之囂囂爾矣，公其古所謂大人者與！今年壽八十，九月二十六日實維壽辰。仰念夙昔，慶茲多壽，敢乞一言以祝。"

元正曰："愚生公後，雖未識公面，實聞重德於父兄師友之間，中懷耿耿，瞻止質庵久矣，故壽公亦元正意也，今當與君共壽之。夫人得天地之氣以生，而克多壽焉者，氣完也。夫充塞宇宙曰浩氣，毓秀[四四]山川曰秀氣，弘裕身心曰淑氣，表儀朝宁曰正氣，頤養林泉曰清氣，罔之生也幸而免。《易》贊丈人，《詩》頌黃者，《書》紀壽俊，軻尚逵尊，貴其完也。公惟得於天而完之身也，故自幼學爲英物，壯有世爲俊士，强而仕爲長者，服官政爲名臣，躋耄年爲天下大老，非若彼慕神仙者流習呼吸吐納之術以偷生者也。夫天於木壽松柏，棟大廈也；於石壽底柱，障洪流也；於人壽大人，壽[四五]國家也。故呂望八十而佐周，文潞九十而議軍國，張蒼百歲而爲計臣，公固三大人之復生也。時維屯難，望屬經綸，臺諫百疏起公，我聖明亦將圖任耉老，公安能高臥？質庵公曰：'吾衰矣，不能事也。'是故浩庸以振委靡，秀

庸以拔彥乂，淑庸以回淳龐，正庸以弭憸壬，清庸以滌污濁。上酌元氣，中勵士氣，下消沴氣，穆穆迓衡，以永作我國家耆蔡。惟休乃若和氣萃於庭階，瑞氣浹於蘭桂，觴東海，歌南山，蒼顔玄髮，頹然於樽俎之上，自介用逸爾也。天壽平格，如斯而已乎！"

東君喜，謂予曰："是可以共壽也已！"

正德己卯秋八月八日，賜進士第、翰林院國史檢討、徵仕郎、經筵講官蝥屋晚生王元正拜手書

奉賀大司徒洪洞韓公壽八十序

弘治間，選備數明經，得與南士較文於南都。薄郊聞禁，犁然以肅，而譏訶之吏、巡偵之卒共其事不威。問之京人，曰："參贊機務大司馬韓公政也。"竊志之。又三年，濫竽鄉薦，得與天下士較文於南宫，入眞州，溯流徐淮，漕卒歡呼夾兩岸，含而哺，作吳楚歌聲。泊閘問津吏，曰："大司徒韓公政也，籃頭斛面之擾祛焉，卒飽以嬉。草茅不識先達，亦不知官政。"心竊語曰："惟政之臧，不出戶庭而福天下如此。"及叨進士出身，制合二甲，分九卿以試政，適置戶部拜公焉，償素仰志，躍如也。初試之官無案牘累，暇時求公所建白，得存稿付於十三司者録焉。誦之，嘆曰："負荷擔當，是惟艱難重大，以四三年聞於南北者窺公，非管豹夸充也耶？"

又逾年，上幼沖，嗣大歷服。孽閹握天憲，傾大臣之不與己附者，羅織首於公屆，片語不能得，逐而偵諸途，僕馬店宿，無隙以伺，阱機寢。尋又矯制械至闕，將賈禍焉屈之，益不得。時清流蟻起喧騰，閹始危之，尚除名如故，且罰及嗣，紆棠訕，非本意也。公去歸其鄉，辭里第，束書大河之西，鏤印章曰"河汾逸老"，日限書課焉以篇什，限翰染焉以水，計合初終，厭倦不

作。程畢，課子弄孫，別無所事事也。方岳郡邑之吏謁之覲，苟非其人，終闔剌不達中。詔復職，亦及嗣，視以爲固有，弗屑焉。風聲氣節赫然在天下，自京邑達於海隅，匪擇旄倪，皆曰"洪洞公百代殊絕人"云。

今年秋，被分察之役，伺於第，公以屬吏故與進也。再拜問俗，默然惟厄酒是賜。及再過，爲九月癸亥，適公越歲七十有九，函觴候焉。已聞八座而西，不敢逐塵，懼瀆耳。嗚呼！選去公今十二年，步履如飛猶舊也，一目且數行下，尋書之眼尚如月也，意者何藥而得此耶？《養生經》云："緣督以爲經，可以全生。"《亢倉子》云："聖人於聲色臭味也，順於性則滋之，曳於性則損之，壽以不替。"公揚歷中外逾四十年，興革之政被於海內，不縱以刻，順其常也。自給諫以至上卿，裘葛盤餐，下同韋布，淫哇奇巧弗接也。循是而耄焉，期焉，又益進焉，指不足爲歲計也。且曰"天壽平格"，壽公非天耶？昔張倉年百歲餘，爲漢計臣。文潞公年九十餘，平章軍國重事。郭汾陽之在唐也，斥之怡然，召之奮然，卒成再造社稷之業。閣伏誅矣，上春秋鼎盛，邇惟耆耇老成汲汲，頻年臺諫又懇懇以公名上，旦夕安車在門，公如孔光兄弟括囊朝省事乎？且曰"保乂有殷"，非公責耶？公惡諛，選實恥於上交以諂，但不敢以一人之私，又薦紳氓隸拭目矯首秘〔四六〕也。

公伯子高唐守達夫傾蓋於州，仲子駕部郎中秀夫上下議論於兩京之邸，季子嘉興別駕相夫延款於郡先後數年，皆得奉公起居惟慰。嗣笏滿床，而仲季方浸浸柄用，人號"續河東三鳳"，皆公慶云。

正德歲在戊寅秋九月下浣之吉，賜進士第、山西按察司分巡河東道兵備僉事門生婺源潘選再拜謹書

館閣名公致祭文^{〔四七〕}

吏部尚書華蓋殿大學士費宏祭文^{〔四八〕}

維嘉靖五年歲次丙戌七月壬午朔越二十六日丁未，光禄大夫、柱國、少師兼太子太師、吏部尚書、華蓋殿大學士費宏，謹以香帛牲醴之儀致祭於明故太子太保、户部尚書、贈特進光禄大夫、太傅諡忠定韓公之靈：

嗚呼！士必論其大節，節莫難於保終。不有狂瀾，何以見中流之砥柱？不有寒沍，何以知晚翠之貞松？惟公鍾兩間之正氣，爲一代之豪雄。才識敏達，器度恢洪。不矯以爲異，不詟以爲同。在諫垣則言論不阿而常存大體，歷方岳則旬宣罔倦而茂著勛庸。臺省迭進，望實加隆。乃掌國計，獨念民窮。屬世道之多變，而權倖之内訌。如雲蔽月，如桑有癭。方逞奸而煽亂，且鞠虐而哀凶。遂抗章而伏闕，敢首犯其危鋒。雖卒陷於禍阱，庶無愧於蒼穹。逮聖明之繼統，乃鑒燭其丹衷。恩重沾於黄髮，秩超進乎青宫。壽俊有光於里社，士林共仰其高踪。胡爲乎天不遺於一老，訃忽聞於九重？褒恤之典既優既備，易名之諡以定以忠，公可謂德修諸己而獲報之豐者矣。宏於名德，素所推崇。慟老成之凋謝，托遺饗於悲風。誄以斯文，少露哀悰。嗚呼哀哉，尚饗！

吏部尚書謹身殿大學士楊一清祭文

維嘉靖五年歲次丙戌七月壬午朔越十一^{〔四九〕}日辛卯，光禄大夫、柱國、少師兼太子太師、吏部尚書、謹身殿大學士楊一清謹以香帛牲醴之儀寄奠於太子太保、户部尚書、誥贈特進光禄大夫、太傅謚忠定韓公之靈曰：

公生西土，逸衆之資。邁迹甲科，給事廷墀。論議充於瑣闥，惠政洽於藩維。民戴之如父母，士信之如蓍龜。霜臺昭撫鎮之績，金部守畫一之規。正色立朝，不矯不隨。如麟鳳之能祥，而虎豹之爲威。豺狼當路，折箠以笞。彼嗥而前，奮臂當之。傷而罔害，神明護持。大奸伏法，公起則宜。薦剡雖勤，召用尚稽。意者天念公老，不欲煩之以政，而公之心亦欲歛其餘者，以爲子孫之貽也。今皇御極，壽考不遺。存問有敕，驛使將之。穹階厚廪，尊之養之。公於是時，如玉韞於山，而草木爲之華滋。胡天弗祚，哲人倐萎？八十六齡，在他人爲已足，而人之悼公，謂未滿於期頤。帝曰惜哉，喪我壽耆！贈以三公，恤典厚施。忠定易名，近歲所稀。有子而賢，早奮厥奇。位已參於藩伯，其所建立尚未可涯。子孫詵詵，玉樹蘭枝。天之報公，庶幾在斯。彼大官厚禄，或泯焉而腐澌，較之公不啻尺寸之差而已。予德不似，夙被公知。神交心醉，蓋五十年於兹。老起督戎，於關之西。遣使問公，少慰我私。手書答我，系之以詩。予未及復，而公之訃已達於京師矣。嗟呼[五〇]！太行峩峩，汾水瀰瀰。瞻望弗及，悠悠我思。瓣香束帛，重之以辭。老成凋謝，斯世之悲。尚饗！

太子太保吏部尚書廖紀等祭文

維嘉靖五年歲次丙戌秋七月壬午朔越十日辛卯，太子太保、吏部尚書廖紀，户部尚書秦金，禮部尚書席書，兵部尚書李越，刑部尚書周倫，工部尚書趙璜、俞琳，吏部左右侍郎孟春、温仁和，户部左右侍郎胡瓚、王承裕、李瓚，禮部左右侍郎劉龍、翟鑾，兵部左右侍郎胡世寧、王時中，刑部左右侍郎劉玉、王啓，工部左右侍郎童瑞、何天衢，都察院左都御史顔頤壽，左右副都御史張潤、劉文莊，大理寺卿湯沐，左右少卿徐文華、袁宗儒，寺丞毛伯温、汪淵，通政使司通政使柴義，左右通政張瓚、黨承志，左右參議陳經、葛檜〔五一〕等，謹以香帛牲醴庶品之儀致祭於皇明故太子太保、户部尚書、誥贈特進光禄大夫、太傅謚忠定韓公之靈曰：

惟公早奮甲科，服官給事。公素鯁亮，首劾權寺。謇諤八年，克樹邦紀。爰陟荆襄，實參藩議。荆襄既去，遂佐齊魯。乃長滇南，乃丞臺府。薦位亞卿，乃歷吏户。管籥留都，乃贊機務。公隨所之，澤流威布。維兹國計，帝難其人。俾召公還，僉曰老臣。於時孝廟遺弓，武宗新御。有若逆瑾，肆我國蠹。公疏伏闕，首倡在廷。豈天稔惡？公以譴行。尋致詔獄，勒籍編氓。一蹇千里，載路酸辛。嗚呼！公爲給事，世道方隆。高岡鳴鳳，未足見公。公爲司徒，内外朋暱。中流砥柱，維其公及。乃者天子，念公耆德。加以宫官，勛以柱國。重使温綸，紛其有奕。朝廷報公，可謂厚且極矣。而況子有鳳毛，孫有小同。三世登第，并美追踪。八十六年，死哀生榮，公復何憾哉！紀等辱爲公後，稔公平生。文行政理，氣節勛名。金完玉粹，鑒徹〔五二〕冰清。國家元氣，吾道典型。今其已矣，夫曷以云？徵德考懿，遠奠此文。嗚呼哀哉，尚饗！

禮部尚書兼翰林院學士吴一鵬等祭文

維嘉靖五年歲次丙戌秋七月二十四日乙巳，禮部尚書兼翰林院學士吴一鵬、詹事府詹事兼翰林院學士董玘、太常寺卿張瓚、翰林院侍讀學士徐縉、左春坊左贊善謝丕，謹以清酌庶品之奠致祭於皇明故太子太保、户部尚書、特進光禄大夫、柱國、贈太傅謚忠定韓公之靈曰：

惟公以王佐之才，臺輔之器。下帷發憤，妙齡登第。擢居諫垣，俾司國是。氣震回遹，力除垢弊。賈生之辯，董子之懿。長孺之直，子輿之邃。世爲難勝，孤堅愈勵。迴翔藩司，恩威兩至。如春斯溫，如秋斯毅。爰擢中丞，命撫楚圻。指佞觸邪，振弱扶衰。豪強褫[五三]魄，吏士委蛇。取將於伍，拔士於微。盜賊涵仁，智巧忘機。揚歷既久，眷注益隆。陟參版曹，經費以充。繼貳銓衡，品藻惟公。乃遷夏卿，注掌留務。總持紀律，揭示王度。兵練民安，劃害去蠹。希踪召畢，超軼裴杜。司徒之官，古難其人。乃召公還，敷典安民。正笏垂紳，在帝左右。有闕必縫，有過必救。逆瑾反噬，竊弄威權。砥刃以須，義不共天。讒人罔極，交亂四國。垂成而敗，禍且不測。天定勝人，事迄以白。晚歲遭際，恩寵[五四]赫奕。嗚呼公乎，豈獨在公？多有撰述。凡百有爲，皆世程式。貴顯莫逾，臞然一儒。如齊晏子，不見有餘。放歸邱樊，解縱覊靮[五五]。徜徉盤桓，不陋蓬蓽。室無妾滕，廩無儲積。惟其好義，如渴思食。惟其好學，雖老汲汲。范公與徒，武公與匹。人儀代矩，那可多得？望九月歲，溘焉云亡。士類相吊，聖心憫傷。錫以美謚，寵以袞章。豈待百年？公論昭彰。縶彼鬼魅，化爲微塵。惟公之神，遍於九垠。結爲河岳，瑩爲星辰。百千萬歲，令名永新。一鵬等追念平生，凜然在目。匍匐欲往，身爲官束。千里緘辭，以代慟哭。尚饗[五六]！

監察御史陳察等祭文

維嘉靖五年歲次丙戌秋七月壬午朔越二十一日壬寅，都察院經歷林茂竹，都事葉疊，司務田賦、龔遷，照磨鄭淳，檢校王一和，河南等道監察御史陳察、蘇恩、林有孚、石金、張英、葉忠、鄭氣、朱豹、朱衣、李儼、吳鎧、張袞、王正宗、張錄、張濂、浦鋐、王璜、郭希愈、沈教、邱養誥、高世魁、鄭洛書、張間行、穆相、雷應龍、劉濂、陳大器、端廷赦、張禄、蔣暘、楊琰、吳仲任，謹具清香素帛西向再拜，奠告於特進光禄大夫、柱國、太傅兼太子太保、户部尚書謚忠定質庵韓公之靈：

嗚呼！太上立德，其次立言、立功，下是則不越乎碌碌庸庸也。自頃國家承平日久，氣節鮮振，何幸燕雀喧啾之中而見此鳴陽之孤鳳也！蓋掎太行，起首陽，迤黄河，靡大陸，關傅之忠藎，夷齊之清節，磅礴鬱積，而明公得其梓良。是故甫髫齓以突弁，學明墳典，歌《鹿鳴》而翔析木也易若探囊。爰擢諫垣，參藩宣二，長中臺以秉衡鑒，所至望崇山斗，而去則人詠《甘棠》。逮逆豎弄威一時，號爲縉紳士夫者觀望彷徨。下之則詭隨而攀媚，上之則結舌以閉藏。時公爲地官正卿矣，忠憤激昂。有懷先吐，伏闕一疏，勁氣沮金石，而凛凛乎冰霜。不幸禍至剥膚，謫罰凡幾，身家汲汲，人不堪憂，而公從容自視，履險如夷，隱若真金百煉之剛。居無何而需血出穴，言官交章論薦，今天子褒嘉，將以奠乎廟廊。公方夷猶淡泊，徜徉綠野，而高尚允絶紀唐。是蓋能養浩然之氣，怵之灾害而不懾，臨之威武而不屈，爵禄不入心而身世兩忘者也。方期桑榆日暖，岡陵作朋，永錫難老，坐閲滄桑。夫何南極光微，箕尾身騎而神游乎無何有之鄉？雖然，仕至一品不爲不貴，壽近九裘不爲不長。龍駒蘭芽，紹箕裘，輝棣萼，而奕世彌彰。若稽古韓氏，或勸立趙後，或托疾辭位，或代政聘魯，皆平陽産也，豈公瓜瓞之所自出歟？抑姓氏惟同而名節亦相頡頏邪？猗歟公也！德澤在黔黎，事功在官署，聲名在宇宙，譬之珊瑚玉樹，雖庸人孺子皆知仰其輝光。吾是以知公雖亡矣，而實有不亡。豈其精爲雲霞，爲列宿乎？抑其氣作山河乎？不然，天何不憖〔五七〕遺一老以守我王？察等或省觀風俗，拜教登堂；或簪盍子姓，共榜同方。知公頗素，聞訃愴惶。敬緘詞以侑束芻，臨在上而質在旁。嗚呼哀哉，尚饗！

吏部左侍郎孟春等祭文

維嘉靖五年歲次丙戌七月壬午朔，吏部左侍郎孟春，都察院右副都御史張潤，禮部左侍郎劉龍，順天府府丞張仲賢，通政使司右通政黨承志，左參議鄭本公，翰林院左中允孫紹祖，吏、禮等科都給事中劉穆、解一貫、陳皋謨，各部司務郎中等官張蔓、李克中、劉從學、金中夫、祁鶴、郭玹、高汝行、韓杲、程鵬、李騰霄、劉一正、崔允、馬蓿、裴謙，都事陶冶，庶吉士郭秉聰、張鐸，中書舍人薛葵、張永齡、王珂，光禄監事邢需，京縣知縣黃雲，進士丁謹、李鏞、高金、白鋼、蔣卿、朱方、蔣應奎、周朝著、張九叙、竇一桂、寇天與、張鵬、喬瑞、周鈇、錢士聰、霍鵬、謝蘭、張湘、苗汝霖，致祭於皇明故光禄大夫、柱國、太子太保、户部尚書韓公尊靈曰：

嗚呼！公以明敏之資，剛介之性，幼齡異俗，發迹賢科。壯入仕途，筮官司諫。言多剴切，奮不顧身。既歷崇階，洊[五八]升藩省。除奸剔蠹，政惟惠民。撫治湖南，聲華久而益著。司徒北部，事業於今尚存。當權奸之勢如火熏烈，顧忠直之操如山嶙峋。卒孚天意，田里回春。以道義諭鄉曲，以詩書教子孫。頤養有道，造詣愈貞。壽登八衰，神完氣醇。維皇眷顧者舊，寵靈一新。方頃起用，忽焉訃聞。維皇念德，聿降殊恩。宮保之贈，芳諡之賜[五九]。遭際如公，可謂優渥。嗚呼！人孰無才？惟公之才常變惟穀[六〇]。人孰無德？惟公之德險夷周足。孰無壽考？公之起居至老康淑。孰無子孫？公之孫子黃甲連續。若公者真海內之大老，人間之全福。春等鄉曲晚生，久挹芳躅，目染心醉，企仰尤篤。西望河汾，灑淚盈掬。嗚呼！凡以爲世道蒼生，匪止邦人之私哭。維尚饗[六一]！

都察院左副都御史張潤祭文

維嘉靖六年歲次丁亥三月甲辰朔越二十五日壬寅，都察院左副都御史眷晚生張潤謹以清酌庶羞之奠致祭於光禄大夫、柱國、太子太保、户部尚書，致仕贈特進光禄大夫、太傅謚忠定韓公之靈曰：

於惟先生，曩者癸未冬仲，予自西夏奉召入京。登堂祇謁，玉耀蘭馨。徘徊遠送，北抵驛亭。塞風四颯，話言丁寧。浮觴幾白，眉宇橫青。

於惟先生，詎意此別，梁壞於庭？光韜何境，神泊何冥？訃聞當宁，恤謚〔六二〕大庭。於凡縉紳，罔不涕零。曰頽山斗，曰無典型。

於惟先生，遐想當日，吾人黯情。辛苦自立，卓負重名。慶孚夢兆，學啓甲榮。給舍諫議，謇諤風生。藩岳旬宣，撫字春行。憲臺肅度，激濁揚清。天曹典選，芟墨拔英。晋掌留鑰，保釐惟禎。轉陟司徒，會計用成。時方仰望，以銓以衡。爲龍利見，爲鳳陽鳴。

於惟先生，寧知逆蘗？頓蹶休程。彼奸蠱惑，我憤欲嬰。彼凶擅竊，我計欲傾。痛昔孝皇，恩重身輕。訏謀未遂，奇禍乃盈。茹艱蹈坎，斯道彌亨。江湖廊廟，天下同聲。

於惟先生，孤忠巨業，百年一身。珪璋遺範，汗簡垂珍。下屹河岳，上薄星辰。潤望履殊切，執鞭無因。而今而後，明月在天，顏色在梁，猶冀仿佛，得以慰予思慕此心於箕麓汾濱。尚饗〔六三〕！

欽差提督雁門等關兼巡撫山西江潮祭文

維嘉靖五年歲次丙戌十月辛亥朔越七日丁巳，欽差提督雁門等關兼巡撫山西地方、都察院右副都御史江潮謹以剛鬣柔毛香帛之儀敬致祭太子太保、戶部尚書贈太傅忠定韓公之靈：

嗚呼！惟公特生之瑞，間世之英。賢科委質，瑣闈蜚聲。歷試諸難，從容順軌。戀著忠真，翼弘化理。功高四序，譽浹兩都。見幾知止，撝謙若無。綠野構堂，香山結社。百年有期，奄忽長謝。訃傳環宇，哀動退啾。太行掩輝，河汾咽流。天子曰吁，是吾元老。存問累勤，胡爲不保？策勳定謚，酌酒命官。殊恩異數，亦孔之殫。潮問俗冀方，矜式有素。未展咨諏，徒增悲慕。餘慶烜赫，貽厥子孫。哲人既往，德音猶存。備物彰儀，緘辭寄奠。公靈如在，慰此瞻戀。尚饗〔六四〕！

欽差巡撫甘肅等處李珏祭文

維嘉靖六年歲次丁亥正月己卯朔越四日壬午，欽差巡撫甘肅等處、都察院右僉都御史李珏謹以羊一豕一清酌庶羞之儀致奠於特進光祿大夫、柱國、太傅、戶部尚書謚忠定韓公之靈曰：

惟靈魏公世系，潞公精英。翕張自天，爲國而生。申甫降岳，傅說列星。出應昌期，歸寄玄冥。嗚呼哀哉！

秉忠立孝，敦德天賦。略志華靡，栖神淡素。高循聖矩，遙追古步。摛藻點絢，掇英振玉。奮躍淵塗，跨騰雲路。入侍帝閽，達聰明目。歷位藩伯，化宣德布。越登憲臺，肅僚貞度。周旋廊廟，師表炳樹。朝廷耆龜，社稷幹柱。八埏想聞，百蠻馳譽。孽宦煽虐，皇路險傾。陰霾自天，貝錦以成。獨正者危，至方者稜〔六五〕。浩浩正氣，海怒濤驚。伏闕抗論，奮不顧身。大冬嚴雪，松柏愈青。嗚呼哀哉！

達人大觀，解組挂冠。浩然西歸，退守邱園。朝霞暮靄，左圖右弦。蕭穆房壼，侍媵絕前。野厲山魔，鬼神禁鞭。德薰鄰黨，化被凶頑。日居月諸，逾十五年。迨夫聖皇蒞祚，奠坤清乾。敷求遺老，乃慰乃安。龍章爛爛，鳳使翩翩。臺諫論薦，辭命就閑。萬壽是期，遽爾淪湮。嗚呼哀哉！

訃聞於上，震悼不任。胥嘆咸悲，銘德策勳。考終定諡，章行貌音。山峙川流，高風永存。珤薄宣公鄉，冀伸明薦。行鎮甘凉，莫諧夙願。緘詞寄奠，庶或歆鑒。嗚呼哀哉！尚饗[六六]！

欽差巡按山西監察御史初杲祭文

維嘉靖六年歲次丁亥四月丁未朔越三日戊申，欽差巡按山西、監察御史初杲謹以剛鬣柔毛清酌庶羞之奠致祭於太傅韓忠定公之靈曰：

惟公秉性淵懿，素履忧怐。勳在兵食，志篤忠貞。當夫鋤凶除奸而披鱗不顧，及夫守道養晦而卧龍自吟。嗟此晋國，自潞公之輔世，温公之誠身，於公再見之矣。杲有事斯土，聞訃盡心。悲老成之凋謝，傷典型[六七]之淪湮。爰持牲醴，效此寸誠。尚饗[六八]！

山西布政司左布政使李璋等祭文

維嘉靖六年歲次丁亥四月丁未朔越三日戊申，山西布政司左布政使李璋，右布政使周炯，左參政邵錫，右參政黄臣，參議張文魁、魏綸，按察使唐龍，副使王光、趙祐、寧浦、潘仿，僉事章綸、宋欽、賈啓、王綸，都指揮馬豸、劉環、趙卿，謹以剛鬣柔毛清酌庶羞之奠致祭於太子太保、户部尚書，贈特進光禄大夫、太傅忠定韓公之靈曰：

河汾之墟，實多偉人。惟公秉靈，奮俗不群。潛曜於公，協厥比鄰。及登三事，遂冠薦紳。爲宦作師，清修自列。中遭讒構，益礪奇節。危機是蹈，寧不緘舌。顧此遺直，諒不可滅。人言自人，我性自天。相彼鳴鳳，邈焉高騫。挂冠却馬，有懷林

泉。林泉莽蕪，其樂悠然。屯艱既夷，嗣興我后。資此多方，爰
及黃耇。國步亨嘉，公則阻壽。天子念之，是用有賜。節以壹
惠，忠定是謚。嗚呼我公！展矣名臣。其在於今，可謂一人。璋
等碌碌，學宦未成。方載公勛，爰作典型。幸官山右，公之桑
梓。瞻言顧之，公則已矣。嗚呼哀哉！匪國喪楨，我乃罔恃。譬
諸梁木，萎之傷陰。《薤露》載歌，復惻我心。曰供執紼，乃其
所宜。同寮異事，勢或不齊。主者行者，以盡衆私。臨楹祖奠，
哀以送之。嗚呼！尚饗〔六九〕！

巡按山西監察御史陳登雲祭祠文〔七○〕

巡按山西監察御史陳登雲有感先朝太子太保、户部尚書，贈
特進光祿大夫、太傅忠定韓公精忠粹德，輝映今古，謹以羊豕香
燭酒果走檄洪洞縣知縣胡三省告於祠曰：

人臣立朝，勛猷忠節。粵攷前修，幾人卓絶？於惟忠定，輿
論所悅。始事憲宗，留心耆哲，疏薦秉竑，惟蘄集思而補闕；繼
事孝宗，不畏權竊，指斥逢暉，深憂兵連而禍結。迨武廟御宇，
瑾黨作孽。蒂固根深，火炎川決。公揮泪封章，矢心殄滅。等生
死於鴻毛，輕祿位以土屑。諸所視乎阽危而茹苦，直若適坦啖蔗
而無別。如其勛猷，如其忠節，誠不辱三朝之知遇，信有光百代
之豪杰。彼有趨逆瑾之能予，憚逆瑾之所裂，而遂自外於公軌
轍，甘爲好官，由人嗤劣，鏡公反照，寧不顔汗而心折也耶？登
雲觀風全晉，揚休遺烈，布詞致告，冀鑒同心於粢盛之潔。
尚饗！

巡按山西監察御史劉光復祭祠文

維萬曆三十九年歲次三月二十三日，巡按山西監察御史劉光
復謹以牲醴香帛致祭於太傅韓忠定公之神位曰：

表裏山河，晋稱靈秀。篤孕哲人，維持宇宙。武廟何時，權璫作寇。朝皆咋指而思危，公獨奮軀而力奏。禍幾不測，徐回天怒。逆瑾伏誅，上念其舊。存問玉音，寵榮希遘。允爲百代之名臣，足愧當年之矛綉。復景仰高賢，觀風山右。瞻依像貌之餘光，自誓傾葵之共嗅。再拜几筵，潔陳觴豆。神鑒予心，正氣來復。尚饗！

欽差提督學校山西等處吳士奇祭祠文

維萬曆歲次壬子仲春二十三日之辰，欽差提督學校山西等處、提刑按察司副使新都後學吳士奇謹戒香帛，具牲醴，致祭於韓忠定公之靈而言曰：

恭惟先生，英鍾晋秀，世作國楨[七一]。德爲士宗，道快民望。危言危行，不降不回。身雖退而權奸膽寒，齒既尊而聖明西眷。孤忠當濁流之砥柱，元老樹昭代之儀型[七二]。士奇僻居新都，夙欽鴻猷於異地；承乏仕國，益仰景行於高山。未申與祭之忱，聊展不腆之奠。尚饗！

遷籍陝西澄城支孫懷慶府通判韓
淑與等祭祠文

維萬曆四十七年歲次己未正月之望，遷籍陝西澄城支孫懷慶府通判韓淑與、進士韓一良因補選殿試偕上神京，道便洪洞本源之地有感，謹以豕羊庶品致祭於三代祖考暨太傅先忠定公。爲之詞曰：

一脉源流，族繁分系。移籍關右，相衍數世。幸續家聲，簪笏一致。父母之邦，寧忍遺棄？吾祖商游，曩曾具祭。緬想先猷，聲望赫奕。蒼生眷懷，社稷是衛。晚誅逆瑾，尤稱特異。震耀青史，彪炳門第。慶延孫枝，光流異地。與等不才，叨爲餘裔。補選天曹，策獻聖帝。道經桑梓，心旌如繫。瞻祠望塋，曠世神契。揚祖之風，追祖之際。山高水深，難罄思憶。尚饗！

塋祠記[七三]

重修[七四]敕建韓忠定公塋記

武宗朝，逆瑾煽禍，宗社幾危。中外嘖嘖，飛語沸騰。縉紳六列咋指不敢發奸，吾鄉先達忠定公以司農奮然獨出。疏上，瑾怒，矯旨。此時岌岌，虞公不測，公竟百折益堅，感悟先皇，逆瑾伏誅，其風采凜若，傾動朝端。病老家居，世廟存問。公壽八十六而止，爲嘉靖五年。有司具奏，上念歷事忠勤，與祭九壇，輟朝一日，優賜祭葬，納禮部請謚，造墳俱以一品例行，命工部觀政進士馳驛之洪澤城東大錫溝坪阜膏腴卜吉葬公[七五]。遂會布政司，支給官錢，買辦物料，督繕享堂五楹，東西庑湢六楹，儀門三楹，樓門一座。石器列於兩傍。門外豎坊，書"清修忠亮，望重一時"八字，出自御音。人臣寵遇，可謂極矣。風雨剝落，委諸草莽，過墓者欷歔。先是，弘治五年敕修祖塋半爲頹壞，忠定祠宇潰於水濱。外祖諸城令諱景暨者爲公三世孫，於塋則修飾之，於祠則改移之。余舅四世孫高唐判嗣祖致政歸田，成父諸城君志。邑北五里許有忠定故里碑塌棄道傍，重鐫豎立，圍以磚樓。輒欲倡族之追遠者興復東阡，族委無力。未幾，舅氏中道不起也，未竟之續更[七六]付之後人矣。

邑大夫關中馬公慕忠定偉代勁節，嗅味相合，詢知庫貯前任河東兵使詹公發修塋銀兩，申准守道王公，議委族孫鄉約景皋、效祖、居巽，生員廷平，余表兄太學居乾（爲公五世孫，舅氏嗣祖子也）督工起役。馬公捐俸鳩材，計日重建。因地廣闊，稍留其餘開墾爲粢盛之資。其享堂、齋庫、門坊俱按舊制而損益之。丹堊一新，展拜有藉，不朽榮施，誰其賜之？

　　族人貽余書徵惠碑記，頌馬公德愛，以志不諼。余借忠定梓里之光，景仰先哲，且爲韓氏甥，而若外祖三世同心宣揚祖德，庶幾起忠定於九原，可以詞矣。但立朝顯業，記之青史，余生也晚，奚足揄揚毫末？特恭逢馬公蒞任三載，治狀絢然，首弔忠定，媲美前猷，振修數十年有司不舉之典，其尚德哉君子人乎！潤流衝發，鞭石修堤，保障一方，足爲千百年之利。吾鄉何幸先達有忠定！今循良司牧又何幸有關中馬公也！

　　工始於四十六年，落成於次年六月。余辱與馬公年誼，遂記之悉。馬公諱鳴世，陝西武功人，丙辰進士。督工族人後先克肖賢勞，備書以勸來者。

　　　賜進士第、吏部稽勳司主事晉淑扺頓首拜撰

太傅韓忠定公改建新祠記

　　弘正間名臣，余晉稱太傅韓忠定公文云。公家洪洞城北賈村故有公祠，敞扉高垣，周延十餘畝。垣之外去西可百步而近汾水匯焉。不佞自經生及登仕籍，都省往來，道其旁[七七]，輒拜公宇下，高山景行之思，徘徊久之，弗忍去也。祠故無碑記，公裔孫諸城令景暨與余同鄉舉，謂嘉靖己酉令趙君宸始繕之[七八]。蓋公歿而天子霈恩，予贈予諡予葬祭備矣。有司承上德意，欲特祀之，未敢專也，祔其主鄉賢祠中。居久，巡按御史黃公洪毗至，曰：“大[七九]傅倡義鋤奸，先朝勳碩，宜有專饗，以彰休德。”因檄縣立公祠。又三年，巡撫都御史應公檟至，曰：“太傅已有專祠，宜仿里前哲祀皋陶例行。”於是有司歲給官緡，具牢醴，春秋兩祀，公有常典矣。萬曆壬寅，令周君永春奉公祀，謁祠覽焉，汾流横潰，圩〔八〇〕垣遞頹，屋後隙地且坍塌漸濱於河已。周君蹙然攢眉，曰："岌岌哉！脫有不免，墮先賢之靈迹。一旦委諸沙淤，謂守土何？"奏記兩臺白其事。都御史白公希綉、御史汪公應時合議曰："太傅祠旌德表忠，使之世者也。既患水，其相基改圖，遷之城便。"檄下，周君遍覘地於城之八坊，卜善址不得。得恒德里故社學堂五楹，恢廓峻朗，漢壯繆關侯祠右鄰之。周君大喜，曰："斯非妥神地哉？"命丞史督工起役，改爲祠。堂之中飭龕座，涓〔八一〕吉迎公像離向安焉。地南北計十八丈，而中稍狹且偏，會箸償其値徙之。東西得五丈，構饗堂三楹，齋庫、庖湢及儀門，及綽楔，扛其故木石來，撤〔八二〕腐易新，加以丹堊，一一葺飭如制。

是役也，公帑之羡僅三十金，餘皆周君捐俸佐之。始事於壬寅之秋九月，越冬十一月告成。諸城君走使貽余書曰："先太傅公祠遷矣，吾韓氏得世守之觀禮，有司以相俎豆，是惟周君長者能篤於誼，光我先德，流福我子孫，不可亡述，願徽惠明公一言，碑而記之。"不佞時以病未及應。亡何，周君調劇陽曲且去，而韓君亦捐館不待矣。乙巳夏，韓氏諸文學若干人來謁余，復申前命，且縷縷道其周君賢不置口也。嗚呼！周君誠賢，他治狀亡論已，即遷公祠，比於古之式閭表墓者，豈趙君所肇始能風之？而黃公、應公、白公、汪公胡後先追崇亡異詞與？太傅之德感人深矣。

傳曰："以死勤事則祀之，以勞定國則祀之。"當武廟初，閹黨恣横，公首事抗章，率六列九司以請也，折檻批鱗，鼎鑊不避，曰"即事弗濟，予年足死矣"，謂公以死勤事，非耶？既瑾銜恨，流虐簪紳，羅織苛毒，幾置公於死而卒不死，天祚皇朝，大逆伏誅，人主終鏡公之言，用之以安社稷，謂公以勞定國，非耶？史稱韓魏公當宋事多故，處危疑之秋，讜論直氣，死生不撓，措天下於磐石之安，公非其苗裔耶？竹帛功名，追軌前烈，亡多讓矣。按《相州志》，魏公故迹有稱錦里坊者，遺廟至今在焉。五百年去世，時異代殊矣，民不忘其德，猶尸而祝之，而其血食如故。公坊僅八十年，遺德固未泯也，而人忍忘之？有司及學士大夫望公若卿雲景星，不可再睹，而其祠得巋然而再新，即千百祀可推已。

不佞距公鄉二百里，恨生也晚，不及識荊。往者待罪銓佐，實公故官，亡以當公萬一。今退伏岩穴，且老矣，幸而記公祠。太史公次列傳，願爲晏子執鞭；蔡中郎撰碑，謂郭有道不愧吾筆。不佞所效於公，意亦如此。

　　　賜進士吏部左侍郎曲沃晚生晉峰李尚思撰
　　　孫選貢嗣祖、舉人繼祖謹刊

呂狀元謚議〔八三〕

太傅、大司徒質庵先生洪洞韓公之薨也，既謚忠定矣，其孫戶部主事廷偉請議其故，以彰聖恩，揚祖德。呂柟曰：

昔者周公不云乎“爲人臣者殺其身有益於君則爲之”，況於危其身以全其君乎？公始官給事，薦起冢宰曹南李公、司馬河州王公，事涉近倖，觸憲宗皇帝〔八四〕怒，幾不獲免，辭色自如。及在武廟，位晉司徒，宦瑾八黨肆奸橫行，縉紳側目〔八五〕，公倡率群工，抗章伏闕。罪人未得，瑾亦自張，矯詔繫公，與死爲隣，褫職閑住。及瑾既誅，得復舊銜，至有今恩。公以直始，亦以直終，斯豈非危身奉上之忠乎？

《法》曰：“大慮靜民曰定，安民大慮曰定，安民法古曰定，純行不二曰定。”公之爲湖藩也，節費儲穀，禁貪賑窮，平稅理冤，視民如子；其巡撫荊豫，參贊南都，乃益蠲租救荒，發金分濟，或令官軍預支俸糧以抵〔八六〕穀價，士民全活；及其在司徒也，孝廟熟知忠亮，鹽法積弊漸次刊除，邊餉馴充，羽書一^{〔八七〕}急，經畫叢集，義惠滋茂。此其一志民瘼，致躬弗渝，於安民大慮、純行不二之道其何詭諸？斯不亦爲定乎？

公家居時，楠應召過晉，齋沐謁公，黄髮朱顔，吟咏不休。後生小子，承藉奬進，言歸二^{〔八八〕}物。天錫芳名，孰不允稱？我思巴人蹇公亦若兹謚，然尚有買田自污之疑；有宋濮人張公亦若兹謚，然猶有節義或虧之疵。豈若公終始無瑕，明德一致，展與謚稱哉？於戲！公兹永終譽矣！

玄孫乙丑進士觀工部政績祖謹録

摘《名山集》内叙忠定公傳

何普江^{〔八九〕}《名山集》云：

韓文字貫道，洪洞人。其先相人，韓琦之後也。父祖世隷醫學。生時父夢紫衣抱送文彦博其家，故名之文。以成化二年進士爲工科給事中。持節韓藩，盡却餽送。已率同官論都御史王越邀功啓釁，薦李秉、王竑骨鯁老臣，觸忤權奸，俱合起用。疏中語涉宮禁，純帝震怒，逮至文華殿，面杖三十。陝西三邊紀功郎中謹奏總兵都御史聚等殺降報功，上念文剛正，使往勘之。還奏，報可，升右給事中。文平居於物無異，而遇事侃侃，取怨貴近。滿考，出爲湖廣右參議，提督太和山，兼撫流民。均州亢旱已逾三年，文至淨樂宮，開敕甫畢，大雨如注，人皆異之。太和山鎮守太監貴聲勢凌物，文但誠心處之，貴亦心革。亡何，轉左，分守襄陽。九溪衛桑植長官頭目讎殺鄰近，侵地奪印，文身往撫諭，皆聽服。既以父喪歸，時文爲參議八年矣。

孝宗初，王恕爲吏部尚書，知其久滯，升山東左參政。濟南之俗，天旱則惡少年相聚發冢暴屍，名曰打魃。文曰：“此甚暴尪。”嚴禁之。居二年，以薦超升雲南左布政使。尋以都御史巡撫湖廣、河南。轉户部右侍郎，以母喪歸。終喪，改吏部，升參贊南京守備機務兵部尚書。先是，外守備與内守備會同議事，仰鼻息於内守備而已，外守備無一語。文復以誠心處之，諸中貴人非但不疑，且加敬服。尋升户部尚書，起行之日，軍民沿岸攀留號泣。

孝宗末年，慨然興治，召文榻前，令考祖宗鹽法之舊，以通商實邊。文上言："國家之務莫重邊餉，飛輓之利莫良鹽法，太祖高皇帝立法至嚴且備，是以凡遇邊警，糧草缺乏，招商上納，無不響應。小民免轉運之勞，塞下得濟急之用，效速而大，莫有過此。法久弊生，冒濫阻壞，開中雖多，實用全無。皇上重慮邊陲弗靖，蓄積少充，特召臣文，恭承聖諭，綸音一布，朝野騰歡。臣等敢不悉心以對？"因陳列七事。其一言買補殘鹽之事，謂祖宗舊制，各處鹽運使等衙門歲辦鹽課，如額類〔九〇〕徵，垛積以待商人開〔九一〕支，商人稱便。近者慶雲侯壽家人洪奏買兩淮殘鹽八十萬引，壽寧侯鶴齡家人成、達等奏買長蘆、兩淮殘鹽九十六萬餘引，名雖買補殘鹽，其實侵奪正課。按每引納官多至一錢，而買鹽可得一兩，八十萬、九十六萬爲銀多矣。乞令所領引目赴官銷繳，價銀如數給還，其未完者停止勿上。奏上，車駕已賓天矣。

武宗即位，許行其六事，獨買補殘鹽下文再議，文持舊議而已。上命已納價者如弘治舊旨，未納者停止如文議。文曰："陛下即位，有詔書：'内外勢要奏討奏買存積常股鹽，攙越支賣，夾帶私販。詔到之日，各該巡鹽、巡按御史從實驗理，除未支挈俱行住支。'此詔書也，請如詔。"上曰："如詔書是也。壽寧侯家人成等并商人譚景清業有旨，卿遵行之。"頃之，壽寧侯奏辭引目，而慶雲侯尚請如舊。文復請如詔書，上復曰："如前旨。"文曰："臣已累請如詔書。"上曰："有屢旨如前旨。"亡何，巡撫陝西都御史楊一清爲關中請賑，須金十萬，請開中淮、浙、四川鹽百萬引，復下文議。文復言："諸處變賣鹽銀，存積數多，行運司催取半年矣，錙銖無有，皆由商人譚景清等以隨場買補爲名霸占市利，以此官課不充。臣以爲法有成規，事不可緩。祖宗設立鹽法，專爲備邊賑饑之用，官豪勢要不許占中，此法之有成規者也。山陝饑饉，人民隨處流移，□□〔九二〕入寇，軍民多被搶掠，此事之不可緩者也。法有成規，守者變之，必至壞；事不可緩，任者忽之，靡能濟。鹽法一事，臣等屢經執奏，未蒙俞允。若以成命已下，勢難中止，則何如祖宗成憲傳之孫子〔九三〕之難以變更？若以商人資本艱難，恐致失所，則何如百萬饑民轉之溝壑之當急爲引手？況今邊方報警，□□在套，又將簡練兵馬，措辦糧草，用預調發。若買補之害不除，將鹽法之壞如故，一有猝急，曷以支持？臣等反復思維，必如新詔。第令譚景清銀已納部盡法没入情恐不堪，惟有給還原數，所領引目盡行追收，方可以全國法之至公，示天下之大信，杜奸宄之竇門，通飛輓之實利。外此〔九四〕如欲別議，是陛下所以待臣等股肱耳目之臣不若譚景清等一商人，陛下所以計宗社生民不若爲商人譚景清計一家。"疏上，仍命再議。於是大學士劉健言："譚景清等付托皇親，奏討殘鹽，既不奉詔還官，又不領回原價，挾制朝廷，搖撼官府，阻陛下之新詔，累母后之盛德。此臣等失職罪，請解臣任。"上復下文議，文言："臣等前議給還納價，收取引目，已是屈法伸情，今難復再。"上方許之。文在户部一年，如請追没妖道番僧賞賜，請裁冗濫内官，請收復景州民崇奏長寧伯或占田，明旨翻將崇逮繫，請止太監綬買辦寶石珍珠，請酌太監果〔九五〕賣鹽以備織造，先後不一疏，而所執鹽法尤爲堅梃〔九六〕。

亡何，則劉瑾輩事起，而文去任矣。蓋文約諸九卿合詞上言："人主辯奸爲明，人臣犯顏爲忠，況群小作朋，逼近君側，安危治亂胥此焉關。臣等備員股肱，當主少國疑之日，仰察天象，俯揆物議，瞻前思後，憂心如割，至於長泣涕下，不能自已，輒敢昧死上聞。臣等伏睹近歲朝政日非，號令失當。自入秋來，視朝漸晚，仰窺聖容，日漸清癯。細究其故，皆緣太監馬永成、谷大用、張永、羅祥、魏彬、劉瑾、邱聚〔九七〕等置造僞巧〔九八〕，淫蕩上心。或擊毬走馬，或放鷹逐犬，或錯陳優劇，或導萬乘之尊交易於外，狎暱媟褻，無復禮體。日游不足，繼之以夜，勞耗精神，虧損至〔九九〕德，遂使天道失序，地氣靡寧，雷異星變，桃李秋華。考厥占候，咸非吉兆。此等數人蠱惑君上，圖便己私，寧復思赫赫天命、皇皇帝業攸萃聖躬？方今大婚雖畢，儲嗣未建，萬一損身失常，即將此輩虀粉菹醢何補於事？昔高皇帝艱難百戰，取有四海，列聖繼承，傳之先帝，以至陛下。先帝臨終顧命之語，陛下所宜顧諟也。閹宦誤國，前古最烈，漢十常侍、唐甘露之變是其明效。今馬永成等罪惡既著，若縱不治，將來無忌，爲患不細。伏望奮乾剛，剖私愛，上告兩宮，下諭百僚，正典刑，以回天地之變，以泄神人之憤，潛消禍亂之階，永保靈長之祚。”疏入，上方欲治八人罪，八人者繞泣上前，得留如故。始文未上疏時，朝退入部，即對部屬官言上居起，泣至數行下。郎中李夢陽勸文爲疏，與諸公伏闕上之。文遂屬草如此，謂夢陽曰：“即事不濟，吾年足死矣。”八人既留，於是日夜求文過不得，會有解戶以贖金輸庫，事覺罪文，降一級致仕。戶科給事中徐昂言文歷官歲久，端謹素著，銀課失檢，責在屬官，乞聽以舊官致仕。內批昂褒美大臣，顯有囑托，文遂落職，并除昂名。文子高唐州知州士聰、刑部主事士奇并除名爲民。文出都門，乘筍輿，行李一車而已。瑾偵伺無以加之，又會戶部有故冊逸，代文者顧佐，瑾嗾佐上其事，佐持不可，瑾奪佐俸逐之去。復以中旨逮文鞫錦衣獄。有投匿名文書丹墀下者，言瑾欲陷文至死。人皆嘩怒，瑾乃已。禁文數月，取中旨勿擬文罪，第與故戶部侍郎張經并罰米千石，而更羅織文他事罰二千。繼之瑾誅，復職。

文廓大邃永，莊簡凝重，歷官四十餘年，歷事三朝，詢謀遠猷，根本彜憲，天下陰受其福。家居行義多可稱述，鄉里化之。年五十喪妻不娶，冬寒命小孫溫足，婢媵不得至前。老而形神堅壯，面沃有光，吟詩作楷、行不廢，文每曰："自課吟詩以篇什計，臨池以水爲度。"與劉大夏、張敷華并稱弘治中大君子。交善林俊，數千里外書問往來如東西家。肅帝登極，文已老，加太子太保，令有司存問，賜璽書曰："比權奸之竊柄，痛朝政之紛更，卿守正不阿，抱忠自誓。倡言叩闕，山岳難搖。甘禍忘家，冰霜不變。天下仰其〔一〇〇〕風采，神明相其壽康。起文彥博九裵之餘，人心攸屬；繼韓魏公百代之後，家慶彌彰。"宣讀畢，文感泣不已。年八十餘卒，吏部〔一〇一〕爲請謚，曰："愚同寧子，竟保其身；老似武公，不弛於學。"命贈特進光禄大夫、太傅，謚忠定。文身後子孫多有顯者。

跋語：

天啓辛酉，寔龍飛首科，天下當省試，我老師奉上命來典晋闈，予小子倖蒙收録。及上公車，謁老師於邸舍。老師出《名山集》一帙示予小子，中載先忠定始終奏議，予小子感激涕泣，不知所云。乃手録携歸，續入《忠定集》間。老師昔在臺中稱直臣，所見者確，所言者公，亦同聲相應，同氣相求耳。老師立朝事業當不在所集諸名公下。老師姓何氏，諱喬遠，號稚孝，福建晋江人。筆而記之，以見通家之義云。

玄孫乙丑進士續祖謹記

蔡嚴陵讀《忠定公集》説

嗚呼！此吾先師堯川翁之先乃有若忠定公者。今吾師有子篴仕高唐別駕，則三十年前吾徒所與大梁書院同筆研稱弟若兄者也。讀斯集也，忠定之名與國家不朽，夫奚俟言？而緬想吾師貞心直氣於平臺艮嶽之下，有以識淵源之所自，占流奕之無窮，猗歟休哉！爲其賞識者視舌錐股，益堅益壯，得不景前修，而竟此一簣？《語》曰：“不患無位，患所以立。”九原可作，吾誰與歸乎？

萬曆庚戌季春，嚴陵後學蔡應龍謹書

高唐守呆齋公祠堂記[一〇二]

夫民牧爲郡，治行不期異，期於存令息業、歿令恒思而已。匪人實思之，實令人思之也。思在一時可以觀政，在數世可以觀德，在無窮尤可以觀風。匪令人思之，惟人實自思之也。於戲！呆齋公何施而令高唐父老思之一時者？數世未已，且將思之無窮也。

當武廟時，公牧兹土，蓋慷慨自任，不畏疆圉，而保民則如赤子，以故吏稱民安，惟權奸時時不利公而側目之。俄忠定公爲宦瑾所中，以户部尚書致仕，尋且被逮，并謂我公綽有父風，計奪其官。時公弟亦以刑部主事去。於戲！宦官之禍，至於如此。夫以忠定公正色立朝，我公奉庭訓爲循吏，一旦遭逆瑾之辜，天下孰不切齒？況高唐父老暴失慈父母，誰不籲慕，願公速起爲國家柱礎？迨宦瑾以逆誅，世廟謀用老成，屢敕存問忠定公，且將大用，乃竟以疾辭焉。我公日侍忠定公，承顏之餘，泊然自守，惟刑部君後累官至大參云。於戲！韓氏之德可謂至矣。州民無日不思我公之德政風教，猶天下無日不思忠定公之奇節勁操也。

公諱士聰，忠定公長子，壬子省魁，山西平陽洪洞人也。今於四世孫韓君諱嗣祖以選貢復判高唐，德政日流，聲聞日著，父老僉曰召伯棠蔭[一〇三]，羊公峴首。木石無情，人猶遐思，況今親見我公孫且承覆露，有不愈踴躍追慕者非人也。乃今立石於祠側，爲之頌曰：

維岳降神，篤生台輔。靈不獨鍾，或嗣其武。庭訓有方，維所獨取。取之居家，服官維矩。移孝作忠，來守茲土。坐鎮之餘，美政難數。不愧召父，有光杜母。國步多難，宦孽跋扈。忠定危言，九重震怒。遂及我公，同罹罪罟。直風大振，詎云小補？迄今百年，惶惶思怙。思之不忘，用祠其主。乃醴乃牲，式歌且舞。公靈赫奕，頌者如堵。春秋匪懈，以篤我祜。人心如斯，神其不吐。歌以誦之，考鐘伐鼓。我實用思，恒瞻斯所。

萬曆四十年歲次壬子孟冬吉旦，賜進士、奉政大夫、右春坊右庶子兼翰林院侍讀古東朱延禧撰〔一〇四〕

校勘記

〔一〕此標題原無，今據萬曆本卷首目録補。下《巡撫河南都御史敕諭》、《南京參贊機務兵部尚書敕諭》同。

〔二〕“奸”，據萬曆本當做“訐”，乃音近形似而誤。

〔三〕“武”，據本卷下篇《巡撫河南都御史敕諭》“若軍職及文職五品以上有犯，具奏區處”云云，疑爲“職”之形誤。

〔四〕此落款左右原抄録御印“廣運之寶”字樣，其中“廣運”居右，“之寶”居左。下《巡撫河南都御史敕諭》同。

〔五〕此落款左右原抄録御印“敕命之寶”字樣，其中“敕命”居右，“之寶”居左。下《天恩存問敕諭》同。

〔六〕“天恩存問敕諭”，原作“存問敕諭”，據萬曆本卷首目録改補。

〔七〕“禮部覆科道薦起用疏”，原作“覆薦起用疏”，據本書卷首目録并參同前校引改補。

〔八〕此爲標記疏文原件吏部印章用語。又此下萬曆本有：“正德十六年八月初四日對同，都吏周沛河（急任才賢以輔新政事）。”

〔九〕“吏部覆謝恩存問疏”，原作“覆謝恩疏”，今據本書卷首目録并參萬曆本改補。

〔一〇〕"資政大夫誥命"，正文題作"進資大夫誥命"，疑"資"後當有"政"字，今依卷首目錄。又萬曆本卷首目錄題作"戶部尚書誥命"，正文無題。兩本錄此文均無落款，據《韓忠定公自傳》"是年春，以南京兵部并戶部尚書通計三年滿考，賜二品誥命，進階資政大夫"，并參韓文於弘治十六年始任南京兵部尚書，此誥命頒布當在正德元年。

〔一一〕"司徒宮保誥命"，正文題作"宮保誥命"，今依卷首目錄。又萬曆本卷首目錄題作"太子太保一品誥命"，正文無題。

〔一二〕此落款左右原抄錄御印"制誥之寶"字樣，其中"制誥"居右，"之寶"居左。下《贈太傅賜諡誥命》同。

〔一三〕"贈太傅賜諡誥命"，本書卷首目錄沿用萬曆本題作"贈太傅諡忠定誥命"，今依正文。

〔一四〕"參議公比例陳情疏"，正文及卷首目錄皆作"參議公陳情疏"，萬曆本卷首目錄題作"比例陳情疏"，正文無題，今據改補。

〔一五〕"宜尤"誤倒，萬曆本同，據文意當作"尤宜"。

〔一六〕"母"，據萬曆本當作"毋"，乃音近形似而誤。

〔一七〕"某月某日"後，萬曆本有"某"字，疑衍。

〔一八〕此下萬曆本有："嘉靖五年七月十八日對同，都吏李孟陽（比例陳情，乞恩優恤，贈諡祭葬，以光泉壤事）。"

〔一九〕"墓志銘"，萬曆本卷首目錄同，正文無題。

〔二〇〕"由"，萬曆本作"一"。

〔二一〕"三十萬石"，萬曆本及卷一《韓忠定公傳》同，卷一《韓忠定公自傳》、卷四費宏《神道碑銘》則作"三十三萬石"。

〔二二〕"以"，萬曆本同，據文意疑當作"人"，恐涉下而誤。

〔二三〕"神道碑銘"，萬曆本卷首目錄作"神道碑"，正文無題。

〔二四〕"光祿"，萬曆本同，雍正《山西通志·藝文·費宏〈韓忠定公墓碑銘〉》則於"光祿"後有"寺"。

〔二五〕"旁"，萬曆本及前校引費宏《韓忠定公墓碑銘》并作"傍"。

〔二六〕"真"，據同前校引當作"貞"，乃音同形似而誤。

〔二七〕"栲"，萬曆本同，費宏《韓忠定公墓碑銘》則作"拷"。

〔二八〕"其"，據萬曆本及費宏《韓忠定公墓碑銘》當作"具"，乃形似而誤。

〔二九〕"少參"，萬曆本同，費宏《韓忠定公墓碑銘》則作"右參議"。

〔三〇〕"翕然"，萬曆本作"浩然"，"浩"字似誤。

〔三一〕"□"，底本因避清諱空一格，據萬曆本當作"虜"。

〔三二〕"鴻盤"，萬曆本及雍正《山西通志・藝文・費宏〈韓忠定公墓碑銘〉》并作"鴻磐"。

〔三三〕"燁燁"，萬曆本同，前校引費宏《韓忠定公墓碑銘》則作"煜煜"。

〔三四〕"新阡記"，萬曆本卷首目録同，其正文題作"忠定韓公新阡記"。

〔三五〕"臨穎"，萬曆本同，據雍正《河南通志・人物四・賈詠傳》"字鳴和，臨潁人……嘉靖癸未晋（禮部）尚書，入爲大學士"云云，當作"臨潁"，"穎"乃音同形似而誤。

〔三六〕"遵"，萬曆本作"尊"，字異而義同。

〔三七〕"毋"，據萬曆本當作"母"，乃音近形似而誤。

〔三八〕"館閣名公祝壽文"，正文此題無"祝"字，今依卷首目録。萬曆本卷首目録題作"館閣名公賀八十壽文"，正文題爲"壽文"。

〔三九〕"阱"，萬曆本作"井"。

〔四〇〕"靡"，據萬曆本當作"縻"，乃音同形似而誤。

〔四一〕"接"，具萬曆本當作"節"，乃音同而誤。

〔四二〕"褫"，萬曆本同，據文意當作"褫"，乃音近形似而誤。

〔四三〕"王"，據萬曆本當作"玉"，乃形似而誤。

〔四四〕"秀"，據萬曆本當作"積"，乃涉下而誤。

〔四五〕"壽"，萬曆本同，據文意疑爲訛誤。

〔四六〕"秘"，萬曆本作"祕"。

〔四七〕"館閣名公致祭文"，正文此題作"祭文"，今依卷首目録。萬曆本卷首目録題作“館閣名公祭文”，正文亦題爲“祭文”。

〔四八〕此標題原無，今據本文作者擬定。以下祭文標題同。

〔四九〕“一”，據干支序次并參本卷下篇“七月壬午朔越十日辛卯”當衍。

〔五〇〕“嗟呼”，萬曆本同，雍正《山西通志·藝文·楊一清〈祭韓忠定公文〉》則作“嗚呼”。

〔五一〕“葛檜”，據萬曆本并參崇禎《嘉興縣志·科第·正德九年甲戌》“葛禬，通政”，其名“檜”當作“禬”，乃音近形似而誤。

〔五二〕“徹”，萬曆本作“澈”。

〔五三〕“褫”，萬曆本同，據文意當作“裭”，乃音近形似而誤。

〔五四〕“寵”，萬曆本誤作“龍”。

〔五五〕“犀”，萬曆本同，據文意當作“畀”，乃音近形似而誤。

〔五六〕“饗”，萬曆本作“嚮”。

〔五七〕“愁”，萬曆本同，據文意當作“慗”，乃形似而誤。

〔五八〕“济”，萬曆本作“荐”。

〔五九〕“賜”，據萬曆本當作“錫”。

〔六〇〕“穀”，萬曆本誤作“穀”。

〔六一〕“維”前，據萬曆本當有“伏”。又“饗”，萬曆本作“嚮”。

〔六二〕“謚”，據萬曆本當作“溢”，乃形似而誤。

〔六三〕“饗”，萬曆本作“嚮”。

〔六四〕“饗”，萬曆本作“嚮”。

〔六五〕“稜”，萬曆本作“陵”。

〔六六〕“饗”，萬曆本作“享”。

〔六七〕“型”，萬曆本作“刑”。下篇“爰作典型”同。

〔六八〕“饗”，萬曆本作“享”。

〔六九〕“饗”，萬曆本作“享”。

〔七〇〕自此以下祭文，萬曆本編入《塋祠記》。

〔七一〕“禎”，蓋刻寫訛字，據萬曆本當作“禎”。

〔七二〕“型”，萬曆本作“刑”。

〔七三〕底本原分立“重修塋記”與“重建祠記”（卷首目録作“重修祠記”）兩題，今依萬曆本及本卷通例合爲一題。

〔七四〕“重修”，底本原無，據萬曆本并參本文内容補。

〔七五〕“驛”、“澤”，萬曆本分别作“馹”、“檡”。

〔七六〕“更”，萬曆本作“㑌”，其形義未詳。

〔七七〕“旁”，萬曆本作“傍”。

〔七八〕“謂嘉靖己酉令趙君宸始繕之”，民國六年《洪洞縣志·建置·韓忠定公祠》記此作“嘉靖二十八年知縣趙鎮奉檄建”。

〔七九〕“大”，據萬曆本當作“太”，乃形似而誤。

〔八〇〕“圩”，萬曆本作“扞”。

〔八一〕“涓”，萬曆本作“𤄃”。

〔八二〕“撒”，據萬曆本當作“撖”，乃形似而誤。

〔八三〕萬曆本無此篇。

〔八四〕“皇帝”，明吕楠《三晋名賢議·明光禄大夫柱國太子太保户部尚書贈太傳韓公謚忠定議》無此二字。

〔八五〕“目”，同前校引作“足”。

〔八六〕“抵”，據同前校引并參本書卷一《韓忠定公傳》當作“低”，乃音近形似而誤。

〔八七〕“一”，據同前校引當作“告”，恐涉下而誤。

〔八八〕“二”，據同前校引當作“有”，恐涉上而誤。

〔八九〕“何普江”，據本篇後列韓續租《跋語》“老師姓何氏……福建晋江人”，當作“何晋江”，“普”乃形似而誤。又萬曆本作“何老師”。

〔九〇〕“類”，據萬曆本并參本書卷一《論鹽政七弊疏》當作“數”，乃形似而誤。

〔九一〕“閞”，萬曆本同，據本書卷一《論鹽政七弊疏》當作“關”，乃形似而誤。

〔九二〕“□□”，底本因避清諱空二格，據萬曆本當作“虜賊”。下“□□在套”句同。

〔九三〕“孫子”誤倒，據本書卷二《急處救荒疏》當作“子孫”。

〔九四〕"外此"，同前校引作"此外"。

〔九五〕"果"，萬曆本同，據本書卷二《懇乞停止賣鹽織造疏》等奏議當作"杲"，乃形似而誤。

〔九六〕"梃"，據萬曆本當作"挺"，乃音同形似而誤。

〔九七〕"邱聚"後，據《御選明臣奏議·韓文〈劾宦官疏〉》，并參《明史》本傳"是時青宮舊奄劉瑾等八人號'八虎'"，當有"高鳳"。

〔九八〕"僑巧"，本書卷二《急除群奸以保聖躬疏》作"巧僑"。

〔九九〕"至"，《御選明臣奏議·韓文〈劾宦官疏〉》、《名臣經濟錄·韓文〈劾宦官疏〉》、《洪洞縣續志·藝文·韓文〈誅逆瑾疏〉》（趙三長纂，清順治十六年刻本）俱作"志"。

〔一〇〇〕"其"，本卷《司徒宮保誥命》作"乎"。

〔一〇一〕"吏部"，據本卷《參議公比例陳情疏》"禮部爲比例陳情，乞恩優恤，贈諡祭葬以光泉壤事"云云，當作"禮部"，"吏"乃音訛。

〔一〇二〕"高唐守杲齋公祠堂記"，萬曆本作"前高唐州太守杲齋韓公祠堂碑記"。

〔一〇三〕"蔭"，萬曆本作"陰"，字異而義同。

〔一〇四〕"撰"後，據萬曆本當有"文"。

原　跋^{〔一〕}

　　我曾大父太傅忠定公自諫垣至宮保，著作甚富，板刻種種，年久脱落，惜曁生晚，不能珍重先公手澤，每愓然思，慁然懼焉。歲庚辰，鴻齋喬父母來尹吾邑，下車即尋先公遺稿，綉梓以傳，檢笥中見存者僅成是集，特十之一二耳。茲刻行也，不惟韓之子孫守爲至寶，而吾祖忠義之心復得傳播寰宇，表揚後世。至於梓人餼廩之需，一出公之俸焉。公崇重斯文之意殷哉！

　　公姓喬，諱因羽，別號鴻齋，陝西耀州世家，庚辰進士，官至廣平太守云。

　　山東諸城知縣不肖孫景曁百拜書

校勘記

　　〔一〕"原跋"，萬曆本作"刻先忠定祖後跋"。

重刻《忠定公集》後跋

　　明先太傅忠定公品如金玉，學有淵源，本性天而爲文章，由道德以作經濟。仕歷三朝，位躋極品，精忠大義炳耀簡編。獨自著作甚富，而史多遺佚。爰有家刻，梓以行世，第年久藏板散闕。先大夫屢欲重鋟之，而力不逮。宗蕃渺焉小子，幼秉先訓，徒抱一經，恭逢世宗憲皇帝臨御之六年春，詔舉賢良方正，有司謬以宗蕃名上聞，特授湖廣平江知縣。繼調漵浦，於戊午年復調善化首邑。十有餘載，蒙朝廷曠世之洪恩，念祖宗傳家之清白，夙夜小心，罔敢怠逸。公餘每憶先大夫重鋟是集之志未竟，不禁潸然。因檢遺編，稍加校輯，授之梨棗，俾韓氏子孫世世奉爲至寶，且以公諸當世，見先太傅之大節凜然至今猶有生氣也。謹列一言，以識重鐫之自云。

　　乾隆叁年歲次戊午孟冬，九代孫湖廣長沙府善化縣知縣宗蕃百拜謹跋

附忠定公子姓〔一〕

奉直大夫高唐州知州長男士聰　壬子舉人

湖廣布政司左參政仲男士奇　丙戌進士

進階兩淮運司同知季男士賢　乙卯舉人

南京太常寺典簿孫廷彥　官生

嘉靖壬午科舉人廷臣

欽授光禄寺署丞廷瑞　謝存問持〔二〕恩

廣西茗盈州吏目廷采　監生

甘肅太僕寺正卿廷偉　丙戌進士

蘇州府吳縣訓導廷建〔三〕　貢士

陝西岐山縣知縣廷芳　庚子舉人

保安衛學教授廷聘　貢士

山東濟寧州同知廷輅　貢士

山東諸城縣知縣景暨　戊午舉人

河南南陽府通判景閔　辛酉舉人

山東高唐州州判嗣祖　貢士

萬曆丙午科亞魁續祖

醫學訓科：士明、廷章、廷蘭

儒官：士實、士修、廷選、景範、景國、繼祖

國子監生：士廉、士翰、景復、景孔、居乾

廩增附生員：景儉、循祖、准祖、居春、居貞、接祖、觀祖、居廣、居易、居觀

乙丑進士天啓辛酉科文魁續祖

貢士：景儉、念祖

衣巾生員：士勤、廷鎰、廷棟、廷槐、廷勛、廷梧、廷初、廷雲、廷階、廷平、廷策、景偓、景顏、景康、景周、景蘇、景

齡、景琬、景祚、景游、景翃、景尹、象祖、從祖、悦祖

　　醫官：廷召、淑祖

　　奉祀生員：廷梲、廷梓、景維、景儼、景億、景起、景孟、景度、景科、景禹、法祖

校勘記

　　〔一〕底本未刊此篇，今據萬曆本補録。

　　〔二〕"持"，據文意當作"特"，乃形似而誤。

　　〔三〕"廷建"，據本卷《墓志銘》及《神道碑銘》當作"廷諫"。

集外散佚纂録

奏　議

會計錢糧以足國裕民事[一]

精膳清吏司案呈，准祠祭清吏司副，奉本部連送；該本司案呈，奉本部送，准户部咨，該本部會官題；河南清吏司案呈，准山東等清吏司副。照得弘治十五年四月以來，節該河南等處鎮巡等官奏稱，各該地方被水旱灾傷：河南六十七州縣衛所，山東二十三州縣衛所，山西二十三州縣衛所，湖廣四十四州縣衛所，陝西一十五州縣衛所，江西一十三州縣衛所，南直隸五十九州縣衛所，北直隸二十四州縣衛所，各要將夏稅秋糧減免等因。查得本部每年會計天下司府州縣稅糧存留一千一百七十六萬四千八百六十五石零，起運一千五百三萬四千四百七十六石零；馬草存留四百萬二千五百六十四束，起運二千一百八十五萬二千七百四十八束；絹二十七萬八千二百八十七匹，布五十七萬六百三十七匹；花絨三十七萬四千九百三十五斤十二兩；户口食鹽鈔存留七千三百五十二萬三千三百七十九貫零，起運四千四百七十九貫零；鈔關船料鈔大約二千七百一十九萬三千六百一十一貫；各運司額辦鹽課一百九十五萬四千三百五十五引；屯糧大約三百七十七萬六千二百九十三石零。及於本部遞年支運過錢糧并各處歲支卷册內查得，近年起運京邊并存留本處錢糧有遇事故停減而歲入不及原額者，有逐年加添而歲支過於原額者，至有一歲所入不足以供一歲支用者。

今以停減者言之，如漕運米四百萬石，除天津、薊州歲取三十萬石，京通二倉歲收三百七十萬石，每歲該放支三百三十八萬石。成化二十一年因腹裏地方災傷并延綏等處急缺邊儲，將額内米摘撥糴賣，減米二百二十五萬石。弘治七年又因張秋河決，於臨清倉寄收米八十九萬石。弘治十二年因運船遲誤，於德州、天津倉寄收米四十萬石。如河南、山東、山西起運京邊糧料歲有定額，弘治八年因各地方被有災傷等項，山東少起八千九十八石，河南少起三萬八千三十九石，山西少起一十三萬七千二百石。又如内府供應庫内官監、光祿寺酒醋麵局歲收粳、糯米共一十三萬四百五十石，僅勾支用，弘治十五年因詔書蠲免二分，減米五千二百一十三石，旋告不足而復徵補。此則停減之大略也。

以加添者言之，軍官折俸銀，景泰六年一季支一萬三千三十餘兩，弘治十四年一歲支一十三萬九千九十餘兩，多銀一十二萬七千兩。軍士冬衣布，成化十三年支一十九萬六千八百餘匹，弘治十四年支二十三萬三百餘匹，多布三萬三千四百五十七匹。錦衣衛官軍月糧，成化五年一月支二萬六千九百餘石，弘治十五年一月則支四萬五千六百餘石，多糧一萬八千餘石。武驤右衛勇士月糧，成化八年一月支一千五百九十餘石，弘治十五年一月則支三千一百五十石，多糧一千五百六十石。象、馬等房料豆，弘治四年一歲支二十三萬九千四百餘石，弘治十四年一歲則支二十九萬六百餘石，多料五萬一千二百石。草束，弘治四年一歲支七百六十一萬五百二十八束，弘治十四年一歲則支九百四萬五千四百一十六束，多草一百一萬九千八百六十三束。他如外承運庫，弘治十四年收絹二十七萬八千二百八十七匹，當年放支三十一萬二千三百七十二匹，多支絹三萬四千七十五匹。又如内承運庫，先年進納金兩止備成造金册支用，銀兩止備軍官折俸及兵荒支給，近年累稱不足，金、兩將稅糧折納，及於京市買過金八千三百八十六兩有零，太倉銀五次共取八百九十五萬兩，甚至又將河西務鈔關、船料等項改擬折銀進納。光祿寺先年會派廚料、牲口等項各有定數，俱勾一年供用，近來數次借過太倉銀十萬三千四百三十四兩。又如各邊先年除原派糧草之外，每歲該送銀四十八萬兩，自弘治十三年用兵以來，大同、宣府、延綏等處類解過銀四百二十三萬二百餘兩，開中過鹽六百六十一萬三千一百餘引、茶九百萬斤，舉行納官參吏等項事例三十餘件。又如各運司歲辦鹽課，先年止備兵荒之用，并無王府支領食鹽價銀并織造借補鹽價之費，近日各王府共支食鹽價銀每年該一萬一千二百八十兩，織造支過鹽六萬引、銀六萬兩。此則加添之大略也。

此皆在內者。以在外者言之，如河南布政司每歲存留稅糧共一百萬七千二百四十餘石，本處各衙門并各王府歲支共一百一十六萬五千二百九十餘石，比原額少糧一十四萬餘石。山西布政司每歲存留稅糧一百五十萬一千四百七十二石，本處各衙門并各王府歲支共一百七十九萬八千七百六十六石，比原額少糧二十九萬餘石。雖各有折色，數亦不多，以致湖廣等處大率類此，但冊文不備，卒難查考，是官用已不足矣。

此皆在官者。以在民者言之，如山東、河南、北直隸起解各邊折色稅糧，先年榆林每石不過二錢五分，宣府不過八錢五分；近年邊方多事，改徵本色，每石用銀一兩五六錢者有之，一兩八九錢者有之，似此徵輸十分偏重。又如各處空閑地土，先年許民開種，幫貼糧差；近年節被各王府及勳戚之家奏討爲業，有至千餘頃者，有至萬餘頃者，似此侵求十分太多。又如內府供用等庫速香、黃蠟，每年起解各有定額；近因糜費浩繁，廣東添買速香四萬五千斤，各司府添派黃蠟一十一萬斤，順天府又買速香三千斤、黃蠟八萬斤，是民財已耗盡矣。

夫常入之賦或以停減而不足，常用之數又以加添而過多，則知在内在外一歲所入俱不足以供一歲所出，況今天下灾傷叠見，供餉頻繁，若不早爲處置，誠恐將來誤事非細，理合呈乞施行等因，案呈到部。除灾傷行移巡按等官勘報至日另行外，臣等切惟：因地制賦乃立國之大經，量入爲出實理財之要道。故《禹貢》承六府之修而分土作貢，成周以九賦斂財賄必九式均節之。降是而後，若漢唐盛世，或度官量吏以賦民租，或計丁授田以立租調，是皆能推本末之義以適斂散之宜者也。洪惟我太祖高皇帝混一海宇，疆理之盛遠過前代，貢賦之制取准哲王，不可尚已。然洪武年間建都金陵，當時供給之大，南京爲重，各邊次之。自永樂以來定蹕燕都，其後供給之大，京師爲重，南京次之，而各邊又次之。然洪武年間供給南京止於湖廣、江西、浙江、應天、寧國、太平及蘇、松、常、鎮等處而已，供給各邊止於山西、陝西及河南、山東、北直隸等處而已。今天下司府州除陝西、山西、雲南、貴州、廣東、廣西、福建、四川八布政司，隆慶、保安二州，錢糧俱本處存留，起運邊方備用，內福建、廣東止有起運京庫折糧銀兩一項，其湖廣、江西、浙江及蘇、松、常、鎮、廬、鳳、淮、揚供南京，又供京師，北直隸、河南、山東既供京師，又供各邊，則是前項五布政司、兩直隸地方，昔之供億者一，而今之供億者二；昔之常賦甚簡，而今之常賦甚繁。然不特常賦之繁而已，正統以前國家費用減省，故百輸納皆不出常額之外。自景泰至今，國家供用日盛，科需日增，有司應上之求不得已，往往於額外加徵派納。如河南、山東等處之添納邊糧，浙江、雲、廣等處之添買香蠟、金兩，皆先年所無者。由是觀之，則知今日國用之急、民力之窮誠爲可憂也。

雖然，所可憂者不過據已往之用，計近日之費耳。若計近日以逆將來之費，又有可憂者焉。何則？往者時歲豐登，運河易達，邊方無調發之久，州縣無流徒[二]之多，有司得以藉先年之積制一歲之用，或徙有以均無，或用豐而補敗，猶之可也。今太倉無數年之積，而冗食者加於前，內帑缺見年之用而給費者日伺於後，征需已極而郡縣旱潦之不時，輸送已窮而邊方請給之不已，顧後瞻前，朝不謀夕。萬一他日河流少止，漕運遲誤，邊郡有警，軍餉空虛，則京儲求歲入三百七十萬之數固難猝至，邊餉須四百萬兩之銀亦難遽集。不幸復加數千里之水旱通行賑貸，連十數萬之軍旅皆欲餉給，是時欲賦之民而民困已極，欲借之官而官帑已虛，不知又將何所取給哉？所謂又有可憂者，正以此也。

臣等猥以菲才叨司國計，今天下倉庫處處空虛，軍民在在疲憊，晝夜思維，策無所施。伏望皇上憫天下民物凋敝之餘，念國家財賦需用之急，須先事以預圖，斯有備而無患。如蒙乞敕五府、六部、都察院、通政司、大理寺堂上官并科道掌印官公同計議，京通糧儲支費日增，如何節之使不濫費；大倉庫銀虧損日滋，如何制之使得充實；內庫告乏，累取天下銀兩以實之，然隨實隨虛，何以得常實而緩急之不誤；厨料缺用屢借別項銀以給之，然隨給隨缺，何以得減省而民困之少甦；各邊軍儲如何調度，使小民免征輸之苦；各運司鹽課如何撙節，使邊警得倉卒之用；祿米莊田如何處置可以應無已之求；馬房草料如何經畫可以省無窮之費；速香黃蠟以何年為中制可行而不濫取；布匹收受以何例為准則可守而不害民；河南、山西存留糧之短少何以補助；湖廣等處存留糧之足否何以查處；以致天下災傷，蠲免稅糧，又何以處分使有恤民之實。通行議處停當，開立條件，奏請定奪施行。如此庶於聖政有補，而天下蒼生咸被其澤矣等因。弘治十五年十月二十日本部尚書侶等具題，本月二十二日奉聖旨："是。你每公同議處停當來説。"欽此，欽遵。會同後軍都督府掌府事、太師兼太子太師英國公臣張，少傅兼太子太傅、吏部尚書馬等，會同將前項事件逐一議擬，開列條款於後。伏望皇上憫天下民窮財盡之極，體祖宗節用愛人之心，少留睿覽，斷自宸衷，俯賜施行，臣工胥慶。此外凡供應、興造之浩繁量爲減省，近臣、貴戚之賞賚少加撙節，如此庶幾存一分國有一分之益，寬一分民受一分之賜，而於邦計亦大有所賴矣。臣等不勝悃懇之至。緣係會計錢糧以足國裕民及節奉欽依"你每公同議處停當來説"事理，未敢擅便開坐。

弘治十五年十月十三日具題，弘治十六年四月十一日奉聖旨："卿等所議事宜深切時弊。'重京儲'另有旨發落，'省供應''均禁例'已有旨行了。'清鹽法''戒掊克'再議來説，其餘都准議行。"欽此，欽遵。擬合通行爲此除外，合就備由開坐，移咨前去，煩照本部會議題奉欽依内事理欽遵施行等因，送司案呈到部，擬合通行爲此。所據"慎庫藏"并"實内帑"二事係隸儀制、精膳二清吏司掌行，合就連送，仰付各司，照該部會議題奉欽依内事理欽遵施行等因，連送到司，合付前去，煩爲徑自施行。計開：

慎庫藏。查得太倉銀庫先年收貯鹽價、折草等項銀兩不下三二百萬兩，專一備預兵荒緊急及各營聽征馬匹草價、各衛軍士冬衣布匹折銀支用。弘治三年以來，禮部急缺牲口，工部計取物料，共借過一十四萬二千七百五十四兩有零，雖經户部奏取，奉有欽依，著令照數補還，至今未見分毫送部。奏准將各處拖欠并鈔關折銀補還太倉，括銖計兩能有幾何。又因陝西、大同各邊警急節次支解，即今在庫銀兩不過八十餘萬兩而已。蓋以先之數計之，借取者已至過半，而見在者乃不及三分之一，庫藏空虚，莫此爲甚。臣等公同計得：太倉銀兩專備緊急兵荒等項支用，委的不宜別項花銷。若使平居不能收蓄，倉卒何所仰賴？況今各處災傷迭見，邊方烽火頻仍，若不預爲處置以備將來，誠有不繼，深爲可憂。伏望皇上軫念庫藏之空虚，深思國計之重大，痛加撙節，不宜濫費。仍乞斷自宸衷，著爲定例，今後太倉銀兩若非兵荒等項緊急，乞免取進內庫別項支用。其禮、工二部借過之數，著令照數補還，以後分毫不許再借，違者聽該部該科論奏。如此庶庫藏可充，兵荒有賴矣。

裁革冗食節冗費奏〔三〕

禮部爲缺乏銀兩、庫藏空虛等事，精膳清吏司案呈，奉本部送，准戶部咨，該本部等衙門會題；廣西清吏司案呈，該戶部題。先該欽差總督糧儲本部右侍郎陳，又該欽差總提督京通等處倉場、御馬等監太監蔡用等及兵科給事中徐忱各題前事。

該部議得：財賦乃國儲之大計，京師實天下之根本，必倉廩實斯可以係天下之心，府庫充乃可以備軍國之費。我祖宗以來，聖聖相承，財用出入俱有定制，支費雖繁，蓄積有素，以故隨取隨繼，未見缺乏。近年以來，災異頻仍，歲入有限，且頃因先帝上賓，愈益多事，軍餉接踵於邊陲而猶稱不足，賚典大施於中外而尚有未周，故一歲之間用過銀兩將及五百萬之數。又舊歲冬季軍官俸銀尚未支給，無從措辦，不得已奏准將太倉餘米折放數萬石。目今舉大婚禮合用金銀數多，各衙門不時催促，何所取給？事之難爲未有甚於此時者也。故侍郎陳清、太監蔡用、給事中徐忱等交章論列，夫豈無自而然哉？臣等職司邦計，日夜憂惶，前此亦嘗懇詞上請會集廷臣預爲計處，雖曰施行，全無實效。中間用可節省者或拘於先朝之舊制，財可取用者狃於貴近之難行，事當權變者又制於見行之禁例。甲可乙否，迄無定論；日削月朘，致有今日。臣等深維遠慮，毛髮生寒，反躬自罪，寢食俱廢。竊聞天地生財有定數，不在官則在民；取民有定制，益於上必損於下。茲欲法遠垂永固所不宜，而因財致用未爲不可。伏望皇上憫財用匱乏之極，念民生供億之難，乞敕在京各衙門官員同攄忠愐，共濟時艱，凡有生財之道、綜理之宜，各悉所聞開具上陳，候事下本部，會同五府、六部、都察院、通政司、大理寺堂上官及六科十三道掌科掌道公同計議從〔四〕區處。何者在所當行而可以開財之源，何者在所當革而可以節財之流，何者在所當急必以義而斷之，何者在所當緩必以理而裁之，或事理可行者不必拘於禁例，或公家可取者不必泥於成規，逐一計處停當，開奏上請施行。如此庶幾集衆人之見而用其所長，審經權之宜而期於濟變，府庫因之而可充，國計由之而自裕矣。正德元年四月十三日本部尚書韓等具題，次日奉聖旨："是。"欽此，欽遵。

　　隨該戶科都給事中張文等題，爲經制國用以救乏困事。該戶部題，先該總督糧儲侍郎陳清、太監蔡用、給事中徐忱各奏太倉在庫銀兩蕩然一空，略無蓄積，合行措置等因。該本部題奉欽依，要行各衙門，陳言以憑，會官議處等因，覆奏奉聖旨"是。"欽此，欽遵。隨該戶部累行手本前來，隨轉行外。臣等待罪言路，職掌戶科，當此時艱，才乏經濟，日夜惵懼，無以塞責，而該部催迫再三，臣等敢復容默？查得先年各處救荒開行事例，有生員納粟者，有三考納粟者，有軍職納粟者，有罪人納粟者，有中納鹽糧者，有給度僧道者，有采辦礦課者，有借貸在京貴戚富室者，各例行之，雖足以濟一時之急，然利至而害亦隨之，所得不補所失。我孝宗皇帝節行禁約，蓋懼弊端之復啓，而於治體有不便耳。然豈惟我朝然哉？古之人有行之者矣。考之前史，固班班可見也。雖以朱元晦之在浙東，其救荒糴粟也，請告身數百本，乞度牒數百本，彼豈不知名器不可假哉，異端不可長哉？衣以衲舟，帶以炷燈，國勢至此危急已極，雖大賢君子亦無如之何也。近日都御史楊一清等旁及納粟之例，太監秦文等微開礦課之端，給事中徐忱謂禁例不必拘，戶部成規不必泥，雖不明言所以，而其意各有在矣。臣等惟我朝廷富有四海，自祖宗來百五十年之積，其帑藏充牣，亘古莫及，宜乎取之不窮，用之不竭，而一旦空乏，遂至於取之州縣也，而州縣困憊於民也，而民窮財竭於鄰國也。今天下一君，四海一國，孰吾鄰乎？取之前各例也，而又有言其便者，有言其不便者，甲可乙否，言人人殊，誰適從哉？所以諸臣告乏非不切，至朝廷命下近及一月，而舉朝相顧悠悠，曾何有一人言之耶？夫總理財賦固戶曹之職，而經制國用均之爲大臣宰相事也。陛下固當内謀之諸老，責之九卿，今日何道可以生財，何術可以經國。考古今之成迹，某人某人可法；按近日之典章，某事某事可行。或博采陳言，或兼收遺策，俱要講求明白，區畫停當。雖意見各出不必雷同，而事理重大，所宜畫一。且沃焦捧漏之勢，緩則事必不及，期以億萬之積不出數月之内，庶供用有賴而倉卒不至無辦矣。然生財尤莫先於節用，近年冗食冗費積集至今固非一日，自頃尤甚，供億愈難。陛下合無敕吏部查冗官，兵部查冗兵，工部查冗匠，禮部查於光禄寺，司禮監查於内府，各監局查理各項冗費。又命戶部約祖宗以來官兵吏匠及每歲本部賦入之數，酌取其中以爲定制，十以七爲經費而儲其三，以備山、陝各邊兵荒非常。此外如土木齋醮、游賞宴樂、貴戚近幸無名之賞，不經之費悉從裁節，不致妄用。情由禮約，費從事省，期以數歲積蓄有餘，物力稍紓，自然富强矣。否則雖以泥沙爲粟，瓦礫爲金，物齊而用無節，安得不乏？古人有言："國用盈虛在於節與不節。不節雖盈必竭，能節雖竭必盈。"此爲至論，伏乞聖明留意。臣等又惟，所貴乎大臣者在知之必能言，言之必能盡。幸能正言，曷若盡言？而淺言之姑以塞責，則亦何足取哉？切照尚書韓、侍郎顧既知事理，牽制本部，難以專行，當具其情上請以俟聖裁，何乃姑持兩端之説，非有一定之計，紓徐於廟堂之議，猥瑣於文字之末，是欲揖讓以救焚，象龍而致雨，其心何心哉？無乃只欲分謗而已耳。及照九卿大臣義均休戚，命下既久，若罔聞知，豈以此事不足言耶？抑豈以經制國用各有司存，不當與耶？夫讓夷急病之義既昧於今，則扶顛持危之忠安望於後？所據各官俱難辭責。合無各令回話，惟復容其自新，以後凡水旱盜賊，兵民財利，事干大計，爲大臣者不拘職司，惟有見聞并得奏請，不許推避。如此庶大臣體國愛君之職盡，而迷國誤朝之罪免矣等因。題奉聖旨："這本所言經制國用重事，户部便會同各官從長議處，逐一開具，明白來説。"欽此，欽遵。

　　臣等會同五府、六部、都察院、通政司、大理寺堂上官及六科十三道掌科掌道官查理京庫銀兩，以歲入言之，夏税共該五萬五百餘兩，秋糧九十四萬四千八百餘兩，馬草二十三萬七千餘兩，鹽課折銀二十餘萬兩，雲南閘辦三萬餘兩，通計各項實該一百四十萬九百餘兩。以歲用言之，宣府年例五萬兩，大同五萬兩，遼東一十五萬兩，延綏三萬兩，甘肅、寧夏共六萬兩，給散京衛官軍俸糧共三十三萬五千餘兩。内府成造寶玩等項，其數不得與知，大約并前折俸銀不下五六十萬餘兩。通計各項，實該一百餘萬兩。其間支剩馬草等銀，節該本部題准，俱送太倉收候，以備邊方緊急支用，不許别項支銷。故太倉之積多者三四百餘萬，少亦不下二百餘萬。夫何近年以來前項額辦銀兩或灾傷減免，或小民拖欠，或詔旨蠲免，歲入既虧於原額，而歲用乃過於常數？姑以近日言之，宣府年例外運送過六十一萬餘兩，大同年例外運送過七十七萬餘兩，陝西各邊年例外運送過四十萬餘兩，遼東預送過三十二萬四千餘兩，蓋邊方緊急，糧草缺乏，鎮巡等官[五]例外奏討之數。又征進京軍給賞過六萬九千六百餘兩，在京官軍人等共用過銀七十二萬四千二百六十餘兩，及各邊官軍共六十九萬三千三百二十兩。又陝西賑濟銀二十萬，密雲、紫荆、居庸、倒馬關等處召買糧草銀共一十二萬八千餘兩，買金進送内府二萬六千五百餘兩，迄今舉大婚禮等項支用。一歲支^[六]間實用過四百餘萬兩，通前年例將及五百餘萬兩。是舊例歲用之外又加至四倍餘矣，帑藏何由而不空？財用何由而不竭哉？

臣等竊聞：滄海不能實漏卮，鄧木不能供野火，其勢使然也。今值海内虚耗之日，百姓愁苦之時，加以兵荒之相仍，供億之浩繁，不經之費日甚於前，奢靡之習漸長於昔，而欲應變制用，倉卒取盈，豈不難哉？臣等叨備任使，受恩深重，苟有分寸之補，敢辭犬馬之勞？但晝維夜籌，計無所出。將欲少徇乎人情，又恐致傷於國體；將欲取給於目前，又恐貽患於將來。或益少而損多，或害重而利微。展轉憂思，如芒負背。臣等所以不敢輕爲之議者，蓋以此也。

竊嘗上觀往古，下迄唐宋，遠揆先王之制，近觀祖宗之法，莫不以財貨量入爲節，以勤儉愛惜爲本，以侈靡妄費爲戒，蓋因生之有限，用之無窮，若不撙節於平日，何以克濟於臨時？然撙節之道未有不自君身始者。伏望陛下念天命至重，祖業至大，民事至艱，躬履儉約，爲天下先。乞將臣等議擬條件留神覽察，斷在必行。庶乎轉嗇以爲豐，伸縮以爲贏，濟一時之用，培萬年之基。臣等下情不勝惓惓憂惕仰望之至，除有禁例難行及各官另有條陳，户部徑自覆奏外，今將會議過事件逐一開坐，上請定奪。緣係缺乏銀兩，庫藏空虚，并經制國用以救乏困，及奉欽依“這本所言經制國用事重，户部便會同多官從長議處，逐一開具明白來説”事理，未敢擅便。正德元年五月二十二日本部等衙門尚書等官韓等具題，本月二十五日奉聖旨：“這本内所開事件都准議行。近年支用緣何比前日漸增加多至數倍，及各邊解送銀兩數多，用過、存留數目，還都備細查究明白，并其餘別有可行長策再議處來説。”欽此。計開：

一、裁革冗食。查得近奉詔書并各衙門奏行事理，已將冗濫官員、軍匠通行裁革。但其間裁革尚有未盡，亦有已蒙裁革，仍復夤緣希圖照舊管事者，以致冗食如舊，支費不經。夫當此匱乏之時而不爲裁革變通之計，何以裕民生而足國用哉？合無禮部將光禄寺遞年科徵雞鵝等項厨料通行查革，俱〔七〕係不急之用，盡用〔八〕裁省。

一、崇尚節儉。臣等竊觀，自古人君莫不以勤儉興國，奢靡壞政。漢文帝躬衣弋綈，集皂囊爲帷，惜中人之産，罷露臺之費，以致海内殷富，是其明驗。邇者皇上體念民窮財竭，風俗僭侈，特敕文武百官不得僭用玄、黄、紫三色，及軍民下賤不得衣羅緞紵絲，三品以下暑月不得執扇用蓋，中外〔九〕聞之，莫不歡欣稱頌，以爲陛下躬行儉約，其效必肇於此矣。蓋人君一身萬化〔一○〕之本，君能自行則不令而從，君不能自行則雖令不從。臣等伏望皇上念祖宗創業之難，憂國用匱乏之極，守恭履儉，崇尚節約，一銀一錢之微皆爲小民之脂膏，一衣一帛之細皆係庫藏之官物，省無益之工，罷不急之用。仍乞敕司禮監御用等監，凡百上用輿馬服飾、器用玩好，屏去淫巧，務從朴素，使度數不增於前，而法制可垂於後。再乞敕光禄寺查勘内外近侍官員日逐費用、桌席酒肉等項，但係濫費應該减革者一一奉請節省，使天下臣民仰觀聖意所在，翕然向化，則儉約之風可興，奢靡之俗可革，而財利之用自足矣。

一、裁革冗費。仰惟我祖宗之朝財賦皆有定制，費出亦有常經。如天下歲辦京庫銀兩共一百四十九萬，歲用則僅該九十餘萬；漕運糧斛共三百七十萬石，歲支則僅該三百餘萬。其他料豆草束、絹布花絨與夫光禄寺厨料、内府顔料等項大率類此。是即所謂以十之七爲經費，而儲其三以備兵荒支用者也。近年以來，官兵吏匠冗食日增，水旱灾傷逋負日甚，加以土木迭興，齋醮繼作，勛戚貴近惠賚不貲，宴樂游賞費出無算，司兵柄者不計錢糧之費，掌財賦者惟圖儲蓄之多。姑以大者言之，如內承運庫自來成造金冊只用在庫金兩，近年累稱不敷，索取於外，戶部節次買過金一萬四千八百餘兩；本庫銀兩止備軍官折俸糧等項支用，自弘治十五年到今，戶部并太倉進過銀不下三百萬兩。錦衣衛官軍月糧，成化五年一月止該支二萬六千九百餘石，弘治十五年以後則月支四萬五千餘石。武驤右衛勇士月糧，成化八年一月止該一千五百九十餘石，弘治十五年以後則月支五千餘石。軍士冬衣布匹，成化十三年止該一十九萬六千八百餘匹，弘治十四年以後則支二十三萬餘匹。內承運庫絹匹，弘治十四年以前歲支二十七萬八千二百八十七匹，以後年分增至三十一萬餘匹。又如光祿寺先年會派廚料等項俱勾歲用，近年累奏不敷，借過太倉銀十萬餘兩。先年各邊除原派料草之外，歲該送銀四十八萬兩，自弘治十三年山、陝用兵及近日宣、大二鎮敵人為患，解過銀八百餘萬兩。又如京營人馬舊無聽征，而今有聽征支給草料之例；近京關隘舊無防守，而今新設防守官軍之名。調度愈繁則供餉愈急，國用愈竭則上下愈困。為今之計，若不急為裁節，年復一年，噬臍何及？合無敕令戶部，約祖宗以來歲賦之數，查正統以前歲用之則，酌為中制，永示遵守。今後非成造上用物件及王府寶冊等項不得用金，非聖旦千秋等重事不得用銀，管事人員悉遵舊制，不得纖毫浪費，及因花銷、粧造佛像〔一〕并指稱齋醮、賞賜等項多〔二〕色朦朧奏討。該部每年仍扣算進送銀兩不過五十萬兩之數，其在京官兵匠役但係傳升、乞升、收充等項，各該衙門作急查奏，曾奉旨裁革者悉從原旨，存留者照例支與俸糧一半。及今後光祿寺供應悉從裁減。務復祖宗之舊制，成清儉之美俗。至若軍旅重事，雖兵部所司，其間事干錢糧，多係先行具奏，然後開咨戶部知會撥辦，事體實有未便。況國計盈縮，事例應否，一時計處，未必皆當。今後凡調度人馬、招募軍士等項係干錢糧者，俱要會同户部計議而行。此外凡有冗費可節者，聽户部逐一查出，奏請施行。

題陳時宜革弊政事〔一三〕

禮部精膳清吏司案呈，奉本部送，禮科抄出，禮科等衙門左給事中等官田秋等題，各准本衙門關札備奉欽依内事理，會同禮部精膳清吏司主事王汝孝、太常寺卿陳道瀛等、光禄寺卿黄宗明等，親詣該寺吊取文卷，將現在厨役逐一清查造册奏繳。臣等竊惟，太常、光禄二寺厨役專以備郊廟之祭薦，奉宫闈之膳羞，賓饗四夷，餼廪百司，其職不爲不繁。太常寺原額一千五百名，見在一千一百七十三名；光禄寺原額六千八百餘名，見在五千一百餘名。雖於舊額未充，而其數已不爲少，止是正德年間以來因循日久，奸弊漸滋，占用數多，買閑例起，膳夫爲貪饕囊橐之具，官廪充游民豢養之資，煎和烹割之業荒，而操鸞執匕之人病矣。且如尚膳監等處占用光禄寺者一千四百七十餘名，已去四分之一；而神宫監等處占用太常寺者七百一十餘名，遂至三分之二。應役不敷，勢必濫收，公廪浪費，有識之士咸思欲一振舉之而未能也。兹幸聖人在上，百度惟貞，威斷大行，近習斂畏，於是廷臣目擊其弊，屢有建白。該部職司其事，節請施行。兹者臣等奉命從事，悉心查理，各官亦能仰承德意，盡數退出，事酌其繁簡之宜，人均其勞逸之節，造成執事文册，以爲定式，并將冒濫者革退，占用者取回，一時弊政似爲肅清。臣等又以爲，法立而後有司得以守其成，令定而後奸人無以乘其弊，謹斟酌未盡事宜，條具上塵睿覽。乞敕該部議擬，著之令甲，永爲遵守，則天厨之冗食可以少節，而天下之民力亦少紓矣等因。開坐，題奉聖旨："禮部議了來説。"欽此，欽遵。抄出送司。

案查先該行人司行人王禎奏前事，臣伏讀敕諭，見陛下祗悼災變，不忍元元受愆，引咎自責，退托不敏，旁謀博詢，乃仁主恤民之旨，聖人納諫之心也。陛下躬堯舜至聖之資，日親萬幾，以圖中興之治，固宜和氣致祥，百姓登足，然猶災變不已，歲歉相仍。陛下不謂罪在臣工而歸罪於己，不謂咎在天數而致咎由人，蠲減租徭，大發帑廩，覃恩而宥罪，施惠以及物，雖姒王之罪己、周武之大賚不是過矣。且猶深維弊端，詳察缺政，顧救諭頒降，謂守令之選未聞得人，謂儲蓄之政未見實效，謂軍功冒賞而負冤，謂神祇有慢而虐民，謂刑獄冤濫而無訴，謂激揚報復而不公，一有於此，足傷和氣，以招災沴。凡撓至尊之懷抱，一皆臣下之作爲，仰知日月之光明，故雖覆盆而畢照，內外臣工何以逃罪？若此者固足以消弭災變。然臣切思之，弭天下之變，當究所以致變之由；圖天下之治，當求所以致治之本。今日災變之作實由陰陽之不和而民財之不足，實由浮費之太廣。且浮費之弊有三：一曰裁抑無制，二曰設置太冗，三曰禁革無素。此皆不在陛下之臨御，而在武廟之積習；不在陛下之經費，而在冗食之虛糜。臣請備陳其詳：勛戚甲第通衢連雲，而莊田客店布散畿輔，其侵奪民利遺害多端；內臣出鎮滿載囊橐，而臺榭園池模仿內苑，其贓私告詔動計百萬。此則裁抑無制之弊也。官吏太多，而添設鬻賣，虛費廩祿，不知幾倍於古；軍兵太冗，而招集新舊，徒張虛數，不知幾倍於古；工匠厨役、醫卜伎藝新增舊續，又不知幾倍於古。此皆設置太冗之弊也。國初於異教私度者有禁，於游惰者有懲；今則釋老之徒日盛，而莫〔一四〕作之徒坐京師以冗食者不計其億萬。此則禁革無素之弊也。生民有限之財供此無涯之費，無怪乎聚斂繁急，民怨而災變生矣。苟欲救今日之災變，而弊源不革，何異於揚湯而止沸耶？臣知雖欲擇守令以牧民，天下之大，豈無循良？賦斂力役之期會惟辦事爲急，曷得以便宜而停免？雖欲廣儲蓄以賑濟，郡縣之間從有賦稅，京料邊儲之起運，其存留無幾，曷以爲糴本而備禦？至於重祭祀、審軍功、清冤獄、公舉劾，雖可弭災而回和，況未必如陛下所求者。自今言之，京師天下之根本也，而冒功升授夫豈盡革？刑院天下之觀法也，而立此拘律致錯，亦猶觸類伸求，條陳毫舉。如奢靡未盡撙節，孤貧未盡矜卹，孤臣懷異見而不和，逐臣在謫籍而未復，皆所以致陰陽之繆戾，臣故曰弭天下之變當究致變之由，圖天下之治當求致治之本也。今日百姓凋弊已極，非因循舊弊所能賑濟，必朝廷爲更化而後可矣。《易》曰："窮則變，變則通，通則久。"變非易常變古之謂，變其弊政，參酌損益，以復祖宗之舊制，以建經國之遠猷而已。夫人情樂因循而憚更改，畏任事而避浮議，且恐弊政一更而浮費冗食之徒必多不悅，先爲駕空以眩惑陛下之聰明者。其大本在陛下定聖志而獨斷於上，其輔臣專圖任而承順於下。務求長治，不爲淺謀。總計天下之財賦一歲所入者幾何，熟計天下之廩祿一歲所出者幾何。其官吏數、兵卒數、工匠諸役該用而不可缺者幾何，蠹財而無益者幾何，或量加裁減，或全爲禁革。其莊田非欽賜則給還本民，其贓私係枉法則追徵入庫。於以省冗員，使官不必備，吏惟足用，文吏以賢否而爲去留，武弁以功罪而定升降，藝略具備者方許承襲量加管事，而碌碌不逮者仍使備操以待後襲，其他以倖途干進者一切停罷，則士各自勵，職有增減，庶可省十之二三矣。於以銷冗兵，擇其精銳，汰其老弱。內而京師團營禁兵時常教閱，更替出戍，其郡縣各處僉派少壯之民兵以備域守，陛下於王畿之內蓄精兵一二十萬以輔之，則內無不重；外而邊陲鎮壘屯聚士馬精強，俱堪實用，其緣邊所在招集土民之驍勇以爲屯軍，而又選文武材略之士爲將以統之，則外無不實。且耕且戰，足食足兵，亦可省昔之少半矣。僧道不放度而久將自息，游惰有所懲而驅集南畝。凡無名之賞賚、不急之功作，皆浮費所當革。規畫既詳，立爲經制，頒之天下，敕諸有司，命臺諫以糾察，擇監司以舉行。陛下奮乾剛以昭勸懲，信命令以示遵守。循吏奉法則賞以勸功，謬吏慢令則罰所不宥，終始惟一，不少遷改。且抑兼并之弊，減科須之繁，以崇教導，以課農桑，歲之所省不下數十萬，九年之耕必有三年之積。由是愁嘆不作，灾變不生，百姓獲豐阜之樂，天下仰更化之治。借使有水旱之灾、盜賊兵戎之釁，蓄積多而備先具矣。況濟之以鹽利，益之以茶馬，積之以常平，又有以資餽餉助軍需，不必發内帑之銀加估備糴，外自有餘，陛下可高拱無虞矣。賈誼曰："積貯者，天下之大命也。苟粟多而有餘，以攻則克，以守則固，以戰則勝，招敵附遠，何爲而不可？"其陛下今日之治歟？史稱漢文之富，太倉之粟紅腐難食，都鄙之錢貫朽不較，求其所以致治，惟在恭儉。陛下恭己侔舜，克己類禹，天德之美遠過漢文，而富庶之效未臻，無乃浮冗之費未省耳。此臣所以諄諄而告於陛下也。識微慮淺，不係言責。承陛下諭以進言，窺管所得，敢不罄竭？仰惟陛下恕其愚憃，俯賜采擇，則天下幸甚。臣不勝戰悚之至等因。奏奉聖旨："該部看了來説。"欽此，欽遵。抄出送司，案呈到部除外，所據厨役合就連送，仰行精膳清吏司呈來施行等因移付到司。

查得先爲纂修事，據太常等寺典簿廳手本，各查開太常寺厨役，洪武年間定四百名，景泰六年間添三百名，成化十五年添三百名，弘治五年添三百名，共一千五百名。光禄寺宣德初年九千四百六十二名，宣德十年減四千四百六十二名，止留五千名。正統四年復添三百八十名，正統七年添一千四名，成化十一年添五百名，共該六千八百八十四名。又查得嘉靖六年六月内，爲裕京儲，安里甲，順孝情，革奸弊，以裨聖明修省事，該本部議照光禄、太常二寺厨役各項有占用過多者，太常寺行收牲口御史、光禄寺行巡視科道官清查退出，不許占吝，題奉聖旨："准議行。"

欽此。嘉靖八年三月内，又爲應詔陳言以弭灾異事，該監察御史穆相等題，本部議照二寺廚役近年冒名頂補，或父爲太常寺廚役而子爲光禄寺廚役者有之，或一家三五役者有之，合行二寺委公正官造册，會同收牲口御史、巡視科道官盡數裁革，徑自具奏定奪，題奉聖旨："是。"欽此。俱經備行各寺一體欽遵，會同清查裁革去後。隨爲遵例告補廚役，以足額數，以便供祀事，該太常寺廚役王通等奏，開本寺見在食糧廚役一千一百九十二名，逃故一百一十三名，未解一百九十五名，應不敷，要將在册餘丁吴進等准收補足。及爲遵例乞恩，將在册餘丁補足額數以甦困苦事，該光禄寺廚役葛升等奏，開原額廚役六千八百八十四名，遠年近日逃故共一千八百名，見在食糧五千八百四名，内撥大庖廚一千一百八十六名，御酒供應庫蠟燭、旛竿二寺一百一十六名，欽撥尚膳監、跟隨太監等官五百八十九名，内閣翰林院、尚寶司、吏科等衙門一百二十六名，大烹門關防搜檢、巡風二百五十二名，本寺止剩廚役二千八百一十五名，差多人少，不能支持，見有在册餘丁黄洪等乞行揀選驗補等因。具奏，奉聖旨："禮部知道。"欽此，欽遵。又經行移各寺催查，未報。今該前因通查，案呈到部。

看得前項廚役專以供給上用膳羞及内外祭祀使令，執匕司味，業各有定。本部近年遇缺隨補，空餘無多，尚據各役節告不敷，似難概以原額一切議革。但查太常寺洪武年間四百名，隨後增至一千五百名；光禄寺除洪武年間無查外，宣德十年尚止五千名，隨後增置六千八百八十四名：委的比舊增設過多。且即葛升等奏開寺監等衙門跟官等項雜差非一，實在供役人少，必是舊來占役、影射之弊因襲未除。嘉靖六、七等年，本部曾經二次題，奉欽依行合會同巡視、收牲口科道官清查明開，不許占吝，迄今屢催，竟未完報。若非嚴限從實查理，不惟冗食日增，亦恐勞逸不均，貧難偏累，計名雖多，無益於用。所據行人王禎奏稱廚役新增舊續不知幾倍於古，要行熟計該用而不可缺者幾何，蠹財而無益者幾何，量加裁減或全爲禁革一節，相應依擬勘處。合無候命下備行都察院該科，奏差老練風力給事中、御史各一員，本部差屬官一員，前去太常、光禄二寺，會同各堂上官吊取人卷，速查前項廚役舊設、續添、逃故、見在總各若干，某項官庖實該用若干名，某處供祀實該用若干名，某等衙門跟官聽事寫字是何年月題奉明旨定撥，或一時暫撥借使，遂沿爲例，實該存減若干名，并此外開載不盡條件通查明白，斟酌繁簡，立中制逐款開坐奏行。本部查照，攢造廚役文册，永爲常額。每年該寺仍奏委堂上官一員常川督屬，立法查照，禁革奸弊，周歲更代，具奏稽考。數内再有縱容私占役使、辦納月錢、借用影射不自查舉者，光禄寺從巡視科道官、太常寺從收牲口御史糾察，比照管軍多少則例奏劾處治。以後廚役在逃，除三個月以上照例送問，二次爲民外，若在逃三年以上一次者，照正統九年題准事例常川上役一年，二次者常川上役二年。其遇缺告補，務選精壯。如有違例頂名冒籍、投托勢要、希圖買閑等項事發，連原保鄉官送問本廚革。如此分數既明，勞逸亦適，官無冗役而食祀之正爲之一振等因。覆題，奉聖旨："是。依擬行。"欽此。已經通行欽遵，奏差委官清查去後，今該前因案呈到部。

看得禮科左給事中田秋、廣東道監察御史陸琳清查廚役陳事宜，各有所見，相應依擬開立前件，上請定奪，伏乞聖裁。緣係陳時宜更弊政以隆治道，以垂萬世治安事，及奉欽依"禮部看議了來説"事理，未敢擅便開坐，題奉聖旨："是。依擬行。"計開：

一、神宮監、奉先殿、尚膳監等處太監、少監丞、奉御長人等濫用廚役數多，法應查究，但積弊相承日久，又能先事退出，合無免究。取到厨役共一千九百餘名，俱應分撥原所當差。前件查得，嘉靖六年六月内，爲裕京儲，安里甲，順孝情，革奸弊，以裨聖明修省事，該本部題，奉欽依，各項有占用過多者查照題准事例，太常寺行收牲口御史、光禄寺行巡視科道官覆行清查，將各項占用人役盡令退出，不許占吝去後。今該科道等官奉命查審，各監亦能先事退出，相應免究。但各監退出厨役共一千九百餘名，人數既多，不無虚應故事，有退出之名，無退出之實。合無候命下之日仍行該寺及原委科道官照名查點，以憑收受，分撥當差，庶幾役占之弊得清，而供事不至乏人矣。

一、先該禮部題准遠年逃故厨役許同鄉之人頂補事例，蓋因未經清查，應役不敷，且原籍清勾甚爲民擾，權宜行之，以濟急用。今各該衙門占役者俱已取回，該寺應役之人已自足用，合將前例停止。況頂補之人類多軍匠勢豪詭名冒籍，除已革退太常寺二十九名、光禄寺四百二名外，以後若厨役消乏，太常寺至不足一千名，光禄寺至不足四千名，方許將在册餘丁量有力業者選取送部驗中收役，不許濫行原籍勾擾。仍三年攢造餘丁册一次，以備取用。若果餘丁不足，再行議處。

前件查得，先該本部右侍郎桂題，爲裕京儲，安里甲，順孝情，革奸弊，以裨聖明修省事，該本部議得：太常、光禄二寺逃故厨役行文原籍，暫免清勾，以蘇民困。其在厨役有逃故者，許户丁及同鄉之人願頂者赴部告補。題奉欽依准議行，已經通行欽遵收補外，無非權宜行之，以濟一時急用。其法非不美也，但法久弊生，以致詭名冒籍混濫者多。今該科道等官清查各該衙門占役者俱已取回該寺應役，已計有一千九百餘名，則同鄉頂補一時權宜之法自不必用，要將前例停止。及以後太常寺厨役消乏不足一千名，光禄寺至不足四千名，方許將在册餘丁選取送部驗中收役，不許濫行原籍勾擾。俱見審處得宜，相應依議，合候命下之日，本部行太常寺將同鄉二十九名，光禄寺將同鄉四百二名查照退革。其被革之人不許朦朧奏擾，如有故違，查究治罪。以後各等若有厨役消乏，不滿今次題准之數，方許將在冊餘丁選取送部，審勘驗中收役。仍三年攢造餘丁文冊，送部查考，不許仍前一概濫收，以滋弊端。如或餘丁不足補用，本部另行議處，奏請定奪。如此則厨役自足於用，而無詭冒之弊矣。

一、今次清查之後，占役之弊既清，以後每年定委堂上官一員、太常寺博士一員、光禄寺署丞四員，專一清查厨役，酌量繁簡分撥牌局，多寡貧富務令適均，并一應替補事情、月糧奸弊俱聽督查，年終會同巡視、監收錢糧科道官并部委官查考一次，具本題知。若有占役詐冒情弊，就行參奏革退。其神宫監、大烹門并該寺各署寫字人役亦就於年終會查更换，以防作弊。今年立法之初，尤在得人，臣等見得太常寺少卿王學夔、光禄寺寺丞彭黯皆精敏清强，相應就令管理，庶得規模有定，法守不隳。

前件臣等看得，前項厨役在太常寺者固有占役之弊，在光禄寺者占役之弊尤爲過甚，且中間替補事情、月糧奸弊及寫字人役久慣生事，誠不能無。今該科道等官清查明白，仍欲每年定委堂上官一員、光禄寺署丞四員，專一清查禁革奸弊，年終會同巡視、監收錢糧科道官并本部委官查考，無非杜漸防微、謹始慮終之意，相應依擬。但内開見得太常寺少卿王學夔、光禄寺丞彭黯皆精敏清强，相應就令管理。其所舉固爲得人，然恐各官遷轉不常，難以主名定委。合無候命下本部，備行太常光禄二寺，每年輪委各堂上官一員，督同博士、四署掌印官立法查點。至周歲更代之際，仍會同巡視、監收錢糧科道官并本部委官查考一次，具本題知。其厨役如有仍前混占者，參請重治。其各項寫字人役於年終會查更换，以防奸弊。如此則奸弊既除，法守自定矣。

一、神宫監、奉先殿内臣原占厨役悉已革回，但各官私宅上竈亦須用人，各行太常寺每月輪撥與厨役二百名，代其薪水之勞，俱不許仍前包納月錢。遇致祭祀、打掃公事，仍取供役。其驚趕寒鴉等項人役，每日辰時入，巳時出，不許止留在内私作，及於廟城蒔種花蔬，澆灌穢污。以上有違，俱聽太常寺糾舉。

　　前件臣等看得，神宫監、奉先殿内臣原占厨役悉已革回，但各官公所、住居等項亦須用人，雖非原額定例，而與權時宜亦應酌處。今該科道等官議欲每月輪撥與厨役二百名以代薪水之勞，不許仍令包納月錢，遇致祭、打掃仍取回供役，其餘驚趕寒鴉等項人役詳其出入之防，廟城所在嚴其穢污之禁，深爲得宜，相應依擬。但神宫監等監有太監、少監丞、奉御長等官，品級大小既有不同，則分撥多寡不容無別。合候命下本部，札副太常寺分別等第，酌量多寡，撥與各官役使。其致祭、打掃等項事宜，俱照原擬施行。如此庶厨役不得濫用而包納之弊革，進出不敢混雜而穢污之患除矣。

　　一、太常寺原有直廳、門庫等役，與光禄寺事體不同。其跟官、看門等項不該輕用厨役，但香帛、祭品在内，須得嚴於看守，而各官入壇供事，非厨役不得擅入，是以節年相承占用，原無定額，未免過多。合定與中制，除看門、看庫、看倉，兵部另有僉撥外，其守牙牌、祭服，每項定與四名，卿五名，少卿四名，寺丞三名，典簿博士二名，不許額外多占，違者聽收錢糧科道糾舉。

　　前件臣等看得，太常寺直廳、看門、看庫、看倉等役既有兵部僉撥人數，似難一概濫用厨役。但該寺香帛、祭品在内，此厨役之所司者，而各官入壇執事，委非厨役不敢擅入，以此相沿，役用日久。今該科道等官清查議處，要行定與中制，無非量度事體、斟酌時宜之意，相應依擬。合候命下之日，本部札副該寺逐一分撥，牙牌、祭服每項定與四名，卿六名，少卿五名，寺丞四名，典簿、博士二名，永爲定例，不許額外巧立名目，冒破多占。如有違犯者，許監收錢糧科道官糾舉。如此則事有定體，而相沿占用之弊可革矣。

一、太庖廚役一千一百餘名，今查得五百三十七名係執役之人照舊留用外，其六百三十六名俱稱奉欽依跟隨太監、少監丞、奉御長人等。臣等議得：該監内臣列職近侍，既無朝參、幹辦之勞，可免驂從、僕馬之役，況内庭密切，豈可以六百餘人濫入乎？合無止留與二百名，給各官直廬薪水之役，不許仍前包納月錢，違者聽巡視科道官糾舉。其四百三十六名仍取該寺分署執役。

前件臣等看得，廚役之設專以供給上用膳羞及内外祭祀使令，初非内監等官所敢用也。其後雖稱奉有欽依，跟隨太監、少監人等，不過乞恩請討，沿襲爲例而已。然又不依原討之數，如止許八名者占用至二三十名者有之，三四十名者有之，遂至有六百餘人跟隨濫入者。臣等竊惟，該監列職近侍既無朝參，亦無催辦遠行勞差，濫用廚役實無所據，況内庭密勿之地，而使六百餘人得以濫入，尤非所宜。今該科道等官議處查革，誠爲有見，相應依擬。合無候命下之日，本部札行光祿寺轉行掌印官查照，除大庖廚役五百三十七名原係執役之人照舊存用外，其六百三十六名内量留二百名，分別等第，撥與各官直廬薪水之役。仍行該監大小官員，務要恪遵皇上裁定節省之意，不許仍前占用包納月錢，違者巡視科道官參奏治罪。其餘四百三十六名，查照原署分撥著役。如此則積年濫冒之弊悉除，而該寺著役之人皆得實用矣。

一、各處禁密之地，該内臣執役，非廚子毋敢輒至。臣等俱經會議，酌量裁革，造有文册查考。

前件臣等看得，禁密之地豈常人所敢輒至，事簡去處雖人多亦無所爲。今該科道等官審度事體，斟酌繁簡，條陳各項應存應減事宜，逐款分晰。其撙節合乎人情，區畫得乎中制，甚爲允當，經久可行，相應依擬。合無候命下本部，備行太常、光禄二寺一體遵奉，永爲定例，庶事有畫一之規，人無偏累之苦矣。

記

改遷學宫記〔一五〕

平陽實唐虞故都，素號文獻之邦，而洪邑其屬邑也。廟學之建，考之郡志，始於唐貞觀中。歷年滋久，風雨侵頹，復值五代兵燹之餘，棟宇傾圮，顔采剥落。且居縣治之北，不滿百步，地勢卑下，規模狹淺，殊失觀瞻。正德己卯，登州浦公汝器以名進士來知縣事，筮仕之初，晋謁先聖廟庭，顧瞻之餘，乃慨然以改遷爲己任。一日節值冬至，習儀於鐘樓寺，喜其地勢規模，回視舊學，實增數倍。退而謀諸同僚縣丞胡肱、主簿王埠，各捐俸資，并措置公帑，擇日興工，市材命匠，以予鄉人。仍議選義官七人張瑄、南銃、郭鉞、楊銘、商富、段綱、王佐朝夕坐并，責限修建，務期完美，用圖經久。大成殿舊止三楹，今增爲五楹。東西兩廡舊止二十四楹，今增爲四十有八。像皆壁畫，今易爲塑像。本學之東西增建名宦祠、鄉賢祠各一所，每歲春秋祭丁之後，各設牲牢，一體以奠。明倫堂舊止三楹，今增爲五楹。又建號房三十餘間，爲肄業藏修之地。本學原無射圃，乃於學之西隅另置民間空地一所，南北共五十餘丈，東西闊五丈，仍構堂三楹，名曰射圃亭。以至戟門、欞星之建，倉庾、庖厨之設，皆以次增添，且完且美。然是役也，經始於嘉靖壬午三月一日，落成於癸未二月四日，百凡材木磚石之類皆侯自行設法措置，一毫不擾於民。然侯當此煩劇要衝之地，成此莫大之功，非才識優裕，人心樂趨，豈能如是之易耶？況善政善教洋溢遠邇，浹洽人心，非筆舌所能盡記。由是撫按及藩臬諸名公各具奏旌獎，甫及三載，獻績銓部，遂晉陟内臺，拜湖廣道監察御史。然此特小試耳，將來佐廟堂，登臺省，可計日俟矣。

關中孫侯以名進士繼公之後，懼前令之政久而弗彰，乃囑予爲文紀之，勒諸堅瑉，以垂不朽。時予謝事家居二十餘年，惟以田園爲樂，久不執筆，且病在牀褥，本難應命，第侯操存、履歷之詳皆稔聞而目擊者，故力疾書之，姑爲塞責。噫！自今伊始，凡我諸賢士各宜潛心體道，刻意問學，文章足以發理學之微，德望足以隆縉紳之譽，如此則人才輩出，後先相望，科第繩繩相繼，代不乏人。由是從仕中外，或棟梁，或榱桷，隨材器使，罔不各稱其職；爲圭璋，爲瑚璉，量材授職，靡不各適其用。有官守者則盡其職，有言責者則盡其忠，庶不負我浦侯鋭意遷學之意與吾人惓惓期待之望。不然，則借學校以爲出身之階，假科第以爲媒禄之計耳。是爲記。

重修皋陶廟記[一六]

出洪洞縣南十里，有虞士師[一七]皋陶氏廟在焉，爲堂三楹，庭稱之，規度卑隘，非直無以容俎豆、崇吉蠲，而庭與堂亦歲久傾圮[一八]弗治。嘉靖癸未秋，巡按御史萊陽王公秀過而陋之，乃擎公帑之餘若干緡，以授平陽府推官喬年董、縣之主簿王埠新之。爲享堂一，視昔加崇焉。爲内外庭二，廣視昔修倍之。爲重門一，爲綽楔於通衢又一，則視堂若門之宜以爲之制，而總署曰"有虞士師之廟"。廟成，謁記於文。文惟士師古明刑官也，古之刑非侈爲條約，待其入而敝之，如今之爲也，有教之道焉〔一九〕。教者何，君臣父子夫婦長幼朋友之倫也。古之君如堯如舜如禹皆慎徽敦典，以端是教於上，而下之爲臣者惟明夫孝、友、姻、睦、任、恤之刑，以弼是教之行耳。皋陶之謨曰：“慎厥身，修思永，敦叙九族。”意蓋可見矣。斯義不明，世之人遂有薄倫理，騁嚚訟，以犯於有司者矣。甚或出其不逞之辭，以邀庇於神。幸而售焉，則曰：“神誠予副也。”則操壺榼，群巫覡以醉，且嬉於廟，而卒莫有悟焉。嗚呼！教之不明，一至此哉！聖人過化之邦固亦有是耶？御史氏過平陽，既新堯舜禹廟器，兹復出其餘，以新斯廟，豈惟致其力於一代君臣殷祀之間哉？亦示之教耳。教之興，則民之興可卜矣。紀其事而繫之以歌，且曰使後之執裸奠於斯廟者聞皋陶之德如將見皋陶焉。歌曰：

惟天生民，若有恒性哉！惟辟奉天，厥性之盡哉！惟臣佑辟，惟刑之慎哉！性之弗盡，教曷成？教之弗成，刑何型？在昔先民，惟性之明。惟性之明，惟教之興。惟教之興，刑期無刑哉！惟彼陶唐，有此冀方。春秋報祀，曰此方之常。我祀既辰，我廟既新。匪神之私，惟爾教之陳。爾教既陳，爾民既新，惟從欲以致休於神。神歸乎來哉！惠此方之民哉！

增修堯舜禹廟碑記〔二〇〕

堯都平陽舊矣，唐顯慶三年始於郡城南建廟祀焉。後宋元相繼，或遭坤輿之變，或值兵燹之虞，廟廢而興者屢矣。我朝正統丙寅，山西左布政臨漳石公璞奉命重修。迄今歷年滋久，巡按侍御昆山周伯明公倫按臨河東，偕孫、魏二僉憲率府衛官僚恭詣展拜，徘徊瞻顧之餘，惜其殿宇、門廡等處率多傾漏，且以舜、禹二祠配於堯殿之後，殿之左爲老君祠，右爲伯王祠。祠之後爲玉皇閣，皆肖像其中，乃謀諸二公曰：“堯、舜、禹，天下之大聖也。以天位親相授受，天下之大事也。況舜都蒲坂，禹都安邑，皆平陽支郡。今置二聖於殿後，不得專尊，於禮弗稱。彼老君、伯王皆祀典所不載，於禮不經，誠有未宜。而玉皇即上帝也，惟天子得以祀之，今置老君祠後，瀆莫甚焉。"悉命撤而正之。更老君祠爲舜廟，伯王祠爲禹廟，閣則三聖并祀其上。仍榜堯殿曰"放勳"，舜曰"重華"，禹曰"文命"，閣曰"執中"。名分秩然，禮法詳備，使吾人於千百載之下謳歌擊壤，得以遐想陶唐虞夏之氣象，如親見之者，豈不休哉？

是役也，太守郭君，二守李君，通府柴君、韓君，推府東君實綱維其事。廟成，復於三殿之前各樹門，扁堯曰"俊德"、曰"協和"，舜曰"元德"，禹曰"祗德"。殿之周圍鼎建新屋五十二間、廊房六十八間，翻瓦通計四百五十間。增蓋齋宿并盛奠房各一所，共十八間。至於碑亭、神厨、階陛、垣墉等處，敝者葺之，缺者補之，卑者崇之，隘者辟之。由是易朽爲堅，撤舊爲新，凡衣冠縉紳之士得於瞻仰之際者孰不起敬起畏乎？蓋經始於癸酉之冬，落成於甲戌之春。功甫告完，太守郭君偕諸同寅請余爲記。時予以司農謝事家居，固堯民也，敢書之以揚我公追崇三聖之意。

重修解州城記[二一]

正德庚午秋，古汲李公文敏字惟聰升守解，凡政有裨補者輒急於舉行，士勸於習，民安於業。未幾，畿甸草寇發，延蔓至數千餘人，縱橫真、保及山東、河南等郡縣，搶殺攻圍，毀官民屋宇。越明年，勢滋熾，由景德而南，轉掠山西，徑趨翼城，相距本郡僅百里許。公乃繕城浚濠，募力士，設武備，嚴號令，明賞罰，與民守之，以死自誓。盜聞，遂北遁不敢犯，而一郡保無他虞。一日，公召士大夫并耆宿語之曰："邦本莫先於民，而衛民莫先於城。嘗考諸郡志，州城創自先元，迄今越二百年矣，風雨飄損，雉堞傾圮，且規制低薄，不堪保障。邇者群盜壓境，聞風遠避，吾人得脫鋒鏑之難也實僥倖耳。釋今不圖，安保將來？"於是白理釐御史羅山胡公仲善，案行所屬安邑等五縣，各集工夫，并力修築。石伐於山，木采於林，甓陶於野。其或料物弗給者，侯自爲處分。仍推本郡舉人閻輔、監生侯相董其役，而侯實朝夕督之。用是納度有方，程勸有法，民不知出財之費，工不憚服役之勞，直若子趨父事者然。甫兩月，工即告成，傳所謂"以佚道使民，雖勞不怨"者信不誣也。

夫城周匝廣袤仍舊，而壯偉森嚴，實數倍於舊，立石用垂不朽。竊惟《大易》於萃以戒不虞，而重門擊柝之制固有取諸豫。蓋居安慮危，思患預防，以爲弭奸禦暴計耳。噫！凡我郡邑之民，其尚思公之所以興舉之由及士大夫、耆宿立石之意，且俾後人享其利於無窮者，亦不敢忘其所自云。

重修州學記 [二二]

解爲平陽支郡，學廟原坐郡治之東南隅，創自有元，及今二百年矣。其原建大成殿洎明倫堂、齋號、公廨、倉庾、宰牲等房歷年滋久，風雨摧殘傾圮，前之爲守者間嘗修茸一二，然廢墜者尚多。正德四年冬，河南李侯文敏由鄉進士先知兗之魚臺，擢守是郡，下車首謁先聖廟，乃偕同知彭君佑、判官王君禮各捐俸金爲倡，百計料理，鳩工庀材，陶甓輦石，逾月工成，且完且美，殊爲改觀。於是肄業有齋，燕息有所，飲饌有庖，儲粟有庾，貯器有庫。仍建號房二十楹，外樹儒林坊、射圃亭。噫！李侯之用心亦已勤矣。

經始於正德五年十月，落成於次年八月，司訓項君鎮詣予徵文。夫興學固有司之責，而育材實師儒之任。彼教化陵夷必思有以明之，風俗頹靡必思有以正之。誠如是，則賢才之興顒顒焉，濟濟焉。出而效用於時，以鳴太平之盛，光輝前後，以媲美於古人者，未必無其人也。豈但科目賓興，榮耀一時而已哉！

詩

西藍禪院〔二三〕

西藍禪院夕陽開，古殿碑殘晝雜苔。霜冷松林無鳥宿，月明竹徑有僧來。霍山東抱諸峰合，汾水西流九曲迴。老去未忘憂國念，浮雲直北望燕臺。

羅漢院

寺近孤村路轉西，小橋流水夕陽低。經霜崖果猿偷摘，欲暮風林鳥亂栖。蛛粉尚留題壁字，香灰半入種花泥。個中老衲耽幽寂，不爲登山不渡溪。

玉峰山〔二四〕

不到仙家十五年，可人風景尚依然。半岩花語龍歸洞，滿地松陰〔二五〕鶴避烟。近水丹崖常得月，凌空畫閣欲參天。賞懷未了登臨興，歸騎斜陽懶著鞭。

其二

尋真特地到仙宫，景與塵寰自不同。殿聳層霄金碧爛，山盤大地古今雄。隔林村落烟霞外，附郭閭閻指顧中。幾度追游吟興倦，碧桃花底坐春風。

皋陶祠

衣冠今日拜皋陶，柳外東風暫駐軺。古樹有祠依故里，斷碑無字認前朝。明刑已弼清時教，血食何慚聖代褒。我忝鄉人經此過，不勝惆悵想英標。

校勘記

〔一〕録自文淵閣《四庫全書》本《名臣經濟録》卷三十一。

〔二〕“徒”，據上篇《會計天下錢糧奏》同句當作“徙”，乃形似而誤。

〔三〕録自文淵閣《四庫全書》本《名臣經濟録》卷三十一。

〔四〕“從”，據文意疑衍。

〔五〕“官”，據本書卷二《爲國庫空虛裁冗食節冗費開財源疏》及《名臣經濟録》卷三十一當作“官”。

〔六〕“支”，據本書卷二《爲國庫空虛裁冗食節冗費開財源疏》當作“之”，乃涉上且音同而誤。

〔七〕“俱”，據《御選明臣奏議》卷十二當作“但”，乃形似而誤。

〔八〕“用”，據《御選明臣奏議》卷十二當作“行”，乃涉上且形似而誤。

〔九〕“中外”後，《御選明臣奏議》卷十二有“臣民”二字。

〔一〇〕“萬化”前，《御選明臣奏議》卷十二有“實爲”二字。

〔一一〕“因花銷粧造佛像”，《御選明臣奏議》卷十二作“因事花銷”。

〔一二〕“多”，據《御選明臣奏議》卷十二當作“名”，乃形似而誤。

〔一三〕録自文淵閣《四庫全書》本《名臣經濟録》卷三十一。

〔一四〕“莫”，據文意疑當作“末”。

〔一五〕録自民國《洪洞縣志·藝文志上·記》。

〔一六〕録自民國《洪洞縣志·藝文志上·記》。

〔一七〕“師”，原缺，據雍正《山西通志·藝文二十·記七六》并參下文“有虞士師之廟”及“文惟士師古明刑官也”補。

〔一八〕“傾圮”，原缺，據同前校引補。

〔一九〕“焉”，原作“也”，據同前校引改。

〔二〇〕録自雍正《山西通志·藝文二十·記七六》。

〔二一〕録自乾隆《解州全志·藝文下·記》。

〔二二〕録自同上。

〔二三〕自此以下録自《明詩綜》卷二十八。

〔二四〕自此以下録自民國《洪洞縣志·藝文志下·詩》。

〔二五〕“陰”，雍正《山西通志·藝文四十·詩四三》作“雲”。

虎谷集

〔明〕王雲鳳　撰

張勇耀　李澤婧　點校

點校説明

《虎谷集》，明王雲鳳撰。

王雲鳳（1465—1518），字應韶，號虎谷，明山西和順人。父王佐，字廷輔，成化十四年（1478）進士，正德中任户部侍郎，因忤劉瑾遷南京户部尚書，比至，逮下詔獄，令致仕歸。雲鳳成化二十年舉進士，歷任禮部主事、員外郎、郎中。弘治十年（1497），因彈劾太監李廣下獄，謫知陝州。次年，升陝西提學僉事。歷山東按察使、國子祭酒，升右僉都御史，巡撫宣府。丁憂，服闋，復除右僉都御史，清理江淮鹽法，以疾力辭，得旨俟病瘁起用。自是不屑於出，年五十四卒。

雲鳳與王瓊、喬宇號“河東三鳳”，皆爲名卿。據其門生吕楠《墓志銘》所稱，雲鳳“天資豪邁，狀貌魁異。智識卓越，器度宏遠。博學力行，以聖賢爲標的。居無惰容，自少至老如一日”。爲人剛介，喬宇《神道碑》稱其“嚴於嫉惡而勇於趨義，是以利害莫撓乎心，通塞不易所守”，吕楠《墓志銘》稱其“遇事敢爲，機動矢發無留礙。一有弛張，上下回應，雖權力弗能齟齬。臨死生禍福之際，有定見，不苟趨避”。在官三十年，“守官清介，人不敢干以私”。一生“視國家、民生利害痛切於身”，即使退歸后，“談當世事，至綱紀不振，則感慨泣下；及奸臣貪官，怒氣勃然，須髮亦奮，有搏擊之狀。憂國之誠，老而彌篤”。然與人爲善，樂於成就他人，“獎拔善類，始終不渝”，“後學執經問難，語之諄諄忘倦。與人接，貌莊氣和，言與心乎，可畏而親”。

雲鳳學問、書法、詩文皆有可稱。喬宇稱其“爲文雄渾嚴潔，持論一主於理，力剗冗熟蹈襲之弊。善古歌行、選體，俊逸健雅。律詩清奇，夐拔流俗。工篆、隸、大楷，而尤長於八分書”，呂楠則稱其“於書無所不讀，尤邃性理之學。書法真、草、隸、篆自成一家，端勁如其爲人，四方人多求之。文有氣力，不假雕刻摹仿，而出入古格，滔滔不竭。詩賦亦清奇古雅”。

雲鳳著作，有《小學章句》《博趣齋稿》《讀四書私記》《虎谷集》。《小學章句》《讀四書私記》今不存。《虎谷集》則爲包括《博趣齋稿》在內，含《行實錄》及友朋、同僚酬贈應和詩歌之合集。

《博趣齋稿》初次刊印於明正德、嘉靖年間，由仰慕雲鳳的仇時茂出資，請呂楠幫助校正，而命其弟仇時醇、仇時閑刊刻。據呂楠《博趣齋稿序》，“虎谷先生……凡平生所著文、詩、奏議以及學政、兵務之章程咸具焉，自名《博趣齋稿》”。此本上海古籍出版社《續修四庫全書》曾予影印，共二十三卷，其中第二十二卷、二十三卷爲友朋送別、酬和、聯句詩文。另萬曆六年（1578），壽陽張夢蟾搜集他人爲雲鳳所寫墓志、祭文等編訂成集，刻有《行實錄》一卷。

《虎谷集》刊刻於清代，目前可知有嘉慶二十一年本及光緒十四年本、十八年本。嘉慶本由和順縣令雷學淇在雲鳳裔孫王三接、王恩仁等人的協助下刊印。學淇在《刻虎谷集序》中談及，其祖父雨若公順治十三年（1656）曾任和順縣令，得張夢蟾所撰雲鳳《行實錄》傳於家。學淇讀而感佩，欲購其詩文，二十餘年未果。嘉慶十九年（1814），學淇以進士銓授和順縣令，此後兩年陸續從故去士人趙漪、雲鳳裔孫王三接家得到雲鳳詩、文各一冊，以及《寓別集》一卷、《聯珠集》一卷。最後又得古文一冊，《贈行集》及《會合集》各一卷，刊印成書，合稱《虎谷集》。其中未收《行實錄》。這當是第一次將雲鳳《博趣齋稿》

與友朋酬唱之《分題寓别集》《聯珠集》《贈行集》《會合興餘集》合刊爲一書刊行。此本對原明刊本《博趣齋稿》二十三卷進行了重新編訂，分爲詩集十卷、文集四卷，校訂錯訛，且增加了後來搜集的不少篇目。這次整理刊刻，是對雲鳳詩文集及交游酬唱集的一次大規模整理，也是和順官員與王氏後人的一次較大規模的合作，動用人員之多，整理編刊之善，爲後來的重新整理奠定了良好的基礎。此本今存，藏中國國家圖書館古籍館。

另據雷學淇考察，雲鳳詩文還有大量散佚，"雖然，公文散佚已數百年，此所得者十之五六，喬、吕二公碑志所記，今其文多已弗存。予懼此既得者之更復散失也，因訪之他邑，旁及金石，又得文十餘首，匯而校之以付梓氏……後之有志立言者，得公《却貢獅》《劾李廣》諸疏而續刊之，是更予之望也已"。其實不惟他所提到的這些。明末清初藏書家黄虞稷（1629—1691）在其《千頃堂書目》中著録雲鳳著作有多種："王雲鳳《訂正復古義》十二篇；王雲鳳《四書私記》；王雲鳳《小學章句》四卷；王雲鳳、喬宇《簪萍録》一卷；杜旻、王雲鳳、邵棠繹《過亭聯句》一卷。"以上著作明末清初仍存，到雷學淇所處的嘉慶二十年前後便散佚殆盡了。

此後《虎谷集》在光緒年間的兩次刊印，皆以雷學淇所刊嘉慶二十一年本爲基礎，不同的是，前後光緒本皆增加了《行實録》。與光緒十四年本相比，光緒十八年本又略有增補。據光緒十四年本總目，此本共分四册，第一册爲序、總目、賦、詩，第二册爲書、跋、記、序、告文、祭文、墓志、行狀，第三册爲《行實録》，第四册爲《寓别集》《聯珠集》《贈行集》《會合集》、後序、姓氏。所言"姓氏"，即嘉慶版中所列的《校刊虎谷集姓氏》。到光緒十八年重新刊印時，這份"姓氏"名單由原來的一頁擴展爲七頁，增加了"編次"四人，光緒壬辰"續刻後裔”三十六人，皆爲雲鳳十一、十二、十三世孫。

　　清光緒十八年本，黄山書社《明别集叢刊》曾予影印，本次點校即以此本爲底本，以明刊《博趣齋稿》（簡稱“明刊本”）、清嘉慶本、清光緒十四年本爲校本。光緒十八年本最後刊刻，收詩文最全。然此本有殘缺，無序言，目録及詩集卷一皆有缺頁，在整理時又依據光緒十四年本及嘉慶本做了補充。爲了較爲全面地展示雲鳳詩文集的全貌，還搜集了一些佚詩、佚文作爲附録。

　　在整理過程中，得到了諸多幫助。三晋報刊傳媒集團的李澤婧女士做了初步的録入，好友韓兵强教授提供了諸多版本的電子文檔，正在整理喬宇《喬莊簡公文集》的趙瑞斐先生提供了有關王雲鳳的諸多篇目。此外，文集中的幾篇序言及附録中的《嬰童百問序》多爲草書，難以識辨，山西汾陽市書法家温學鵬先生、文水縣書法家李春彬先生以及太原學者薛新平先生等皆幫助識別。本書的整理校勘完成於我攻讀博士學位期間，我的導師、安徽師範大學詩學研究中心主任胡傳志教授給予了多方面的指導。胡老師此前出版有《金代詩論輯存校注》《湪南遺老集校注》等，在校勘方面積累了豐富的經驗，所有的指導都切實而有益。對於校勘中出現的問題，也期待讀者不吝指正，便於以後修訂，在此先行謝過。

《虎谷集》序^{〔一〕}

余歲試遼州，道和順，適竹卿同年爲邑宰，相見於旅館，語次，以王虎谷先生集示余，且曰："昔先大父宰是邑，得先生《行實錄》以歸，余少即愛誦之，輒思睹其全集，不可得。今繼爲斯邑宰，謂可大償夙願，乃放佚散失，茲編所搜緝不啻十一之於千百。然猶幸存其什一也，願一言以序之。"

夫余言何足序先生？先生之文章、氣節、理學、經濟又豈待余言？而景仰之私則有不能已者。當憲宗、孝宗之時，朝廷稱治，先生以此時進用，不可謂不遇。疏劾閹竪，稍黜即起，卒能全身以退，不可謂不見知，然究不獲大展其用，蓋賢者之建白於世，如此其難也。先生提學關中，教人先德行而後文藝，士子皆令讀《小學》《近思錄》，一時吕文簡、韓莊簡諸鉅公咸出門下，氣類之感召，誠不爽也。竹卿表章前哲，學有本原，必能以經術飾吏治，爲先生桑梓生色。顧余碌碌無所似，乃靦然校士於先生之鄉，其何以無愧先生萬一哉？竹卿其有以勖我也。

時嘉慶丁丑九月既望，善化賀長齡序於遼州試院

校勘記

〔一〕題目係點校者所擬。

刻《虎谷集》序[一]

物有求之數十年而竟得者，此非人力之果能致之，其物有不可終没者也。予於《虎谷集》而嘆人之立言誠不可不先有以自立矣。昔予祖雨若公以順治乙未成進士，明年授和順宰，又明年，授部職，攜有虎谷王中丞《行實錄》傳於家。予每讀之，愾然想中丞之爲人，因購公文集，思快所欲睹，乃求之廿餘年，竟不得。嘉慶甲戌，淇成進士，亦銓授和邑宰，欣然曰："虎谷有靈，斯文其將出乎？"既抵邑三月，得公之後裔咨之，始知遺編久軼，手澤蕩然。予愾嘆久之，命更加延訪，蓋物之貴者有難得見也如此。乙亥孟夏，聞故士趙漪家有所錄中丞詩、文各一册，公裔孫三接丐得之。又三月，得《寓别集》一卷、《聯珠集》一卷。最後又得古文一册，《贈行集》及《會合集》各一卷。其古文即趙氏所錄之中册，今又得以後合者也。

嗟乎！中丞立朝行事，其赫赫在人心目者固不必借文傳，而人臣如中丞，其文要不可不傳也。夫有明一代，璫禍最烈。公爲部曹時，即上疏祈斬李廣，起爲國子祭酒，獨不結納於劉瑾，使憲、孝之世人臣皆如中丞，彼闇然者安能肆其毒害哉？然當日與公游者，皆海内名彦，大河以北如石文介、毛文簡、王恭襄、喬莊簡，江淮而南如吳文端、楊文恪、蔡文莊虚齋、邵文莊二泉、顧文僖尚書、靳文信太傅，類皆卓然自立，大異於世俗之所爲。而關中呂文簡、韓莊簡又皆出於公之門，能篤守公之所教。然則公之立言垂世與人之所以贈言於公者，實皆有不容没之理，故予之求之也，亦數十年而果能得。向使公事君接衆，碌碌無可稱，即遺文當前，或顧而置耳，抑誰復軼而求之，求而得之，且寶之貴之，如今日也哉！

雖然，公文散佚已數百年，此所得者十之五六，喬、呂二公碑志所記，今其文多已弗存。予懼此既得者之更復散失也，因訪之他邑，旁及金石，又得文十餘首，匯而校之以付梓氏。公之裔孫恩仁亦歡然任其事，而不願資於衆力也。閱五月書成，因志其巔末。後之有志立言者，得公《却貢獅》《劾李廣》諸疏而續刊之，是更予之望也已。

丙子仲春賜同進士出身、和順縣令、前覺羅正黄旗教習通州雷學淇序

校勘記

〔一〕此序原在《分題寓別集》前。

博趣齋稿卷一

詩　集[一]

登秦嶺賦

　　我登秦嶺之巔，撫清風之泠然。雲飄飄以翼余兮，搴長松而繫馬。覽千里於咫尺兮，萬山纍纍而在下。野老導予以前路兮，曰此韓子之遺踪。望翠巘之片石兮，得夫子之幽宫。世皆奴[二]傴僂而婢呴喻兮，予有丈夫氣安得不窮？直諫自古不容於朝兮，又何問家於湘之童蒙？歷炎海之瘴癘兮，奄歲月其既老。胡生還而益壯兮，塞胸中之浩浩？蹇悃悢之蹜嵌岩兮，何不改路以嚅唲？屈原葬於魚腹兮，今之智者笑之。吾將剪彩霞以爲裳兮，結長虹而爲綬。榃洞庭以爲漿兮，種千頃之蘭蕙以爲糇。愁猿吟兮石泉鳴，九頓首兮公之堂。鬱予懷之極悲兮，予亦不自知其何情。退而讀公之文兮，夜爛爛乎其有光。

渡黄河賦

　　造化剖胎，混沌開函。黑水汸漭，昆侖塹岩。乃有百泉星聚以下列，九派虹分而可磻。忽茫洳洶涌，稟中央之正色兮，飛下萬仞之重岩。滌戎蕩狄兮，望神州而南鶩。抹雍貫豫兮，上擁磧石之滓，下吞滄海之醎。渡潼東西，衝突南北，蓋不知其幾千萬折，謂之千里而一曲者，乃其大凡。時或帶雨以奔怒，嚙崇崖而肆饞。渺平原兮曾不一瞬，渠深如谷兮岸突如岩。聲若迅雷之將擊，勢如怒兵之鼓儳。河伯踴躍兮蛟龍嘯舞，濁濤巨浪不啻日浴而天銜。野老稚子號顧以遁走兮，壯夫健婦爭持敝畚、荷長鑱。峻堤忽亘以百里兮，林空山赭曾未惜乎合抱之松杉。慨何代不罹此患兮，豈水德之非仁？抑上帝之降灾兮，而吾未有乎至誠。何艱茲辰，汴堤決緎，千村萬落，如刮如芟。天子震怒，乃責守監。何獻策之紛紛兮，曾不異乎燕語之呢喃？匪順下而障塞兮，斯又緜之檜櫪。民脂膏兮竹石，絙百丈兮落楲。溘瀑㵦兮一芥，趦疲癃兮諵諵。鬱里閭之嗌嘖兮，望天閽於霄漢。鐫功伐之蠱蠱兮，輋西山之珉瑊。我扣舷兮太息，但見漁人舟子，天際挂一葉之輕帆，欲訴真宰何辜兮，蒼生安得神巫起鄭之咸？

古　體

芸閣辭四吕先生芸閣書院爲僧所據，今逐之。有土洞，相傳爲舊物云

空山兮獨行，石澗兮泉鳴，思古人兮渺何所得？芸閣兮嘉名，嘉名兮芸閣。有宋之昌兮四賢作，有德兮有功，有言兮惠我後學。歲月幾時兮子孫無餘，墓禾黍兮屋丘[三]墟。緇衣之人兮何爲者，據其塍兮窟以廬？原慚兮谷耻，我徘徊兮悵無已。珠還浦兮璧脱秦，告萬世兮曰此吕氏之故里。

貴鄉謠大名縣即古貴鄉

貴鄉草，春榮秋枯不自保。貴鄉民，公來活我公去貧。我有慈母奪者誰？老翁相逐嬰兒啼。君不見，今之官長推不去，迎得新來又如故。

朱先鎮嘆

康王慣鼓江上枻，中原赤子號欲絕。岳侯腕上三尺鐵，淋漓盡是胡兒血。羽扇遥揮汴水腥，鐵騎欲蹴黃龍穴。滄海忽送敵兵至，巧遁潛逋皆浪説。登之廟堂曾不疑，一言惑主驚豪杰。亦有秦州無賴兒，濟惡諛奸肆媒蘖。誤國竟成二五耦，兩河諸將怒目凸。魏公本是忌疾徒，口誦詩書真假竊。長城自壞嚜不言，一棹空江謀已拙。平生怕讀岳侯傳，雙泪沾襟氣哽咽。侯性忠孝未識權，赤膚有字空勞涅。金牌使者疾如飛，昊天亦爲愁雲結。十年一旦理甚明，兵機至重君命輕。將軍出閫古有説，忍聞處處號啼聲。鄆城去京百餘里，一鼓入城旦暮耳。洒掃宮廷表請死，孤旅成功帝應喜。安能俯首就縲紲，却待愁民五日徙？

洛陽嘆

李花白，桃花紅，蜂來蝶去春匆匆。桃花紅，李花白，幾日東風好顏色？東風顏色不長好，昨日少年今已老。漢陵唐冢何纍纍，行人愁行洛陽道。洛陽道上行人愁，愁時暫上水邊樓。伊水年年白浪涌，嵩山日日紫烟浮。風景不隨塵世改，古人名姓幾人在？英雄有志莫浪消，天下蒼生正相待。

白雲閣 梯朽不能登

千尋高閣雙眼眚，眉尾一瞥青天小。天旋地底海水濕，爽氣淋漓一吞飽。狂飆捲土作霧黃，白日走傍西山蒼。胸中爽氣十萬斛，我欲噀之雨八方。是時大旱。

青天橫帶西山繞，厚地銜杯東海小。蓬萊一鶴忽飛來，我欲跨之飯鶴飽。赤手挽世爲羲黃，洞中童子愁眉蒼。愁眉蒼蒼笑童子，我有丹丘不死方。

雄閣倚空秋氣早，欄杆迴立青童小。道人何處杖竹來，獨坐石階餐菊飽。丹砂誰煉白與黃？豈有兩翼摩青蒼？市城不是尋仙處，蓬萊山高在何方？

青陵臺_{在封丘}

青陵臺，何崔嵬！妾心已爲夫婿死，蛾眉肯向君王開？地下幽魂相對語，樹頭嬌鳥求其侶。祇今名姓記韓憑，高臺何處是青陵？

銅雀臺_{在臨漳縣}

我走鄴城道，忽憶銅雀臺。臺中之主人，一去不復回。主人當途高，逆氣一何健！餘狂不自禁，翠翹三十萬。日日長歌舞，玉琴照瓊筵。錦殿春溶漾，綺窗月嬋娟。西陵七十冢，白晝妖狐踞。蘆荻漳水秋，不見歌舞處。白鳥四五來，翩然飛且鳴。行人發清商，遠歌如哭聲。野翁向我言，物豈有長好？況此亂世雄，遺迹不如掃。土花蝕殘瓦，價重珊瑚枝。巧匠鑿石〔四〕硯，舉世嗟嘆之。南望金谷園，北望邯鄲樓。萋萋連宿草，漠漠晚烟浮。

霸陵橋歌

霸陵橋上行人多，霸陵橋邊石如磨。霸陵橋下水如箭，頃刻南山風雨變。行人不行歌且謠，當年冠蓋皆蓬蒿。唐歟漢歟幾陵墓，平地往往覆土高。怪鳥西來聲急號，夜月秋風更寂寥。綉嶺宮前無瓦礫，宜春苑裏草一尺。田夫刈麥滿地黃，日欲西斜生暝色。幾度過此長太息，富貴繁華何足惜。橋東旅館欲題詩，橋上不見騎驢客。

過鐵山歌 山在徽州，今略陽路

曉離李白青泥嶺，暮度吳玠仙人關。上如緣壁蝸曳涎，下如竄莽雉束翰。曾聞陰平與三峽，舟車往往為摧殘。入蜀大抵無坦途，此地令人毛骨寒。懸岸峭壁扼深谷，枯松怪石生其間。魂驚目眩人蟻附，手捫足縮成盤跚。古寨白骨幾千載，野翁指點咤自嘆。金人既入和尚原，又報百萬開鐵山。莫道河池蜀門户，要知保蜀須長安。陰風忽自遠壑起，隨以急雪千萬里。行人半載衣裳單，還勝樵夫凍欲死。須臾雪霽雲亦無，片月當空去人咫。趙抃原非宰相才，七度過此徒勞哉。新法可罷即當罷，如何却待安石來？中原都無用武地，益州一隅非上計。木牛流馬竟何功，道險英雄難用智。吁嗟紛紛不足數，我獨有懷懷杜甫。携家凍餓白水峽，猶自高歌無所苦，眼底榮華視如土。

放舟漢江水

放舟漢江水，却悲紅塵裏。紅塵逐馬到處起，污我衣裳揮不止。放舟漢江水，水清坐見底。掬水盥手洗吾耳，洗吾耳，漱吾齒。紅塵盡作水中滓，我愛放舟漢江水。

夜過成紀見簿雲籠月吊李白

李白李白，而今安在哉？李白生以酒為命，一日一飲三百杯。注漢水之醅於君喉，未足為君醉。醉來乃繫雙眼於青天之上，俯瞰四海之塵埃。吁雲吐霞，文章縟繖。奇花瑶草，不用剪裁。凍[五]溟水長元氣足，雲波雪浪天際來。李白李白，而今安在哉？明月隱隱青雲裏，望之宛似玉女胎。李白復生矣，何日乘飄風而來哉？

元成^[六]縣過劉忠定公故里

我沿衛水尋荒丘，斷碑殘碣不可求。狐兔竄莽鳥鳴樹，但覺凜冽清風颭。劉公忠孝人，奸諛視如仇。一言再拜謝司馬，不妄之戒到白頭。浩氣剛大日以長，大塞天地不盈抔。身爲諫官恐累母，捐生報國母能許。明目張膽人中龍，面折廷諍殿上虎。君實既死群賢凋，鐵漢鐵漢氣益豪。小吏持書誰遣汝，聞之大笑秋雲高。國家棄賢如敝屣，劉公遠竄固應死。判官嘔血二十里，天遣生還非偶耳。

登黃榆嶺 梁榆之東山，南接太行

厚坤忽擁太行脊，上倚青天纔一尺。地凝餘滓蕩水痕，我憶乾坤始開闢。誰鑿萬朵玉芙蓉，蒼壁丹崖太古色？雄根西與昆侖連，爽氣東堪泰岳敵。上有夭喬之寒松，下有碨磊之怪石。瀑布直下三千丈，長虹偃蹇明珠擲。萬壑晴見雲氣流，日月時有冰花積。幽龍往往澗底眠，頃刻飛去曳雲黑。鳴泉汩汩出翠微，一泓不動玻璃碧。絕憐赤鳥巢岩幽，忽驚斑獸伏林隙。層巒回岫咫尺間，恍惚曲磴失南北。仰窺嶻嶭心骨驚，俯瞰谽谺毛髮立。馬蹄踟躕不敢馳，聳耳長鳴如有識。左右應接且徐步，一一異態看不斁。嗟我平生愛肥遁，利名不治烟霞癖。見此喜極成踴躍，安得長風駕兩腋？摩挲絕頂縱雙眸^[七]，一睇方圓天地窄。嵁岩欲付幽人居，白鶴又見飛來隻。何日買田耕紫烟，閑看雲霞朝復夕。

登定州浮屠

噫！何物哉，此突兀？欲尋歲月無殘碣。挽衣直上風轉急，秉燭導前足頻蹶。徙倚絕頂一縱目，西指華岳東溟渤。戰場慘悽燕趙韓，海烟杳靄閩吳越。身輕欲與雲共飛，首昂恐觸天爲窟。

摩挲敗墨看舊題，今人古人總飄忽。層磴下旋蝸出殼，仰視長空見明月。

登孟津看河樓

崇閣臨巔崖，決眦騁遥望。一渠昆侖濁，澎湃正東向。馮夷御長風，高嘯鼓層浪。深刮后土脂，苦塞禹門吭。湫隘者誰子，見之膽欲喪。孟氏善觀水，子亦在川上。我今俯雄濤，徙倚却惆悵。天命運不已，人心此其狀。終食一違仁，便與天非伉。所以諄諄言，如求雞犬放。守之曰敬直，勿助仍勿忘。仁苟至於熟，水勢長溶瀁。方寸有河流，滔滔不可障。

登江浦五里崗望南京憶亮之諸友

回首五里岡，鬱鬱見舊京。祥雲覆其地，青山繞其城。我昔曾一游，正值秋風生。古寺題詩處，金[八]疊盡日傾。此日長江水，何如游子情？日暮山雲起，遲遲獨趨程。

登驪山

驪山巔兮紫烟，驪山麓兮草芊芊。繫馬兮登山，汨汨兮流泉。泉汨汨兮清且潔，我懷往事兮欲愁絕。坑儒兮種瓜，浴妃子兮喪厥家。

校勘記

〔一〕"詩集"，據底本體例加。底本每卷卷首原有"梁檜虎谷王雲鳳應韶父著"字樣，今一并刪去。

〔二〕"奴"，明刊本作"與"。

〔三〕"丘"，底本皆避諱作"邱"，兹據明刊本改，以下不再一一出校。

〔四〕"石"，明刊本作"古"。

〔五〕“凍”，據明刊本當作“東”。

〔六〕“成”，據明刊本當作“城”。

〔七〕“眸”，明刊本作“目”。

〔八〕“金”，明刊本作“尊”。

博趣齋稿卷二

謁孟廟

朝行渡泗水，路出大賢邦。大賢不可見，幽廟古木蒼。回首見泰山，仿佛神昭彰。桂花落千載，餘草安有芳？卓哉閩洛子，道〔一〕塞流乃長。哀哉此誰氏，失路而彷徨？

謁比干墓在衛輝

殷衰周熾，微去箕奴。獨夫罔聞，酣淫以娛。天命有赫，西土之孤。死諍臣職，不避礩鈇。庶幾惻我，君王改途。求仁得仁，何怨心剖？宛彼崇丘，墓有〔二〕春蕪。有客南來，載瞻載趨。摩挲石刻，立馬斯須。淒淒野風，鼓樹以呼。悵望朝歌，予懷鬱紆。

謁許文正公墓元許衡，彰德人

君子懷明德，悠悠在林泉。膏澤被一世，乃其道之全。貞女必有行，良農必有田。是爲兼體用，出處非偶然。孔孟平生事，未免缺不完。彩鳳生亂世，秘音不肯宣。君者網羅之，北向始一翩。伐國爾擾擾，拯民吾惓惓。一語苟不合，朝辭夕已還。再召而再起，侃侃書五篇。惜哉讒口至，大位不付賢。遂使禮樂區，浸蕩皆□□〔三〕。鼎彝不勒功，勛業萬古〔四〕傳。程朱骨未冷，世已絕微言。況復禁錮餘，學者迷而顛。先生獨何受，自得之遺編。敏求與篤行，二者曾未偏。揭此紙上陳，昭如日月懸。縻縻吾道脉，既絕復以聯。我來覓荒冢，徘徊不能前。

商山謁四皓祠 中書舍人吉惟正限"皓"字

新祠初謁秦嶺韓,古廟又訪商山皓。道傍高冢雙復雙,座上遺容老真老。四老相逐老此山,秦皇漢祖不能撓。焚書溺冠大道隱,死不願走長安道。錦帳何如草茵麗,鼎食豈勝芝殽飽?生兒類已作天子,色愛英雄亦草草。未央宮中野雞啼,奉書急向山中禱。龍準忽驚姓名舊,漢庭盡訝衣冠好。楚歌楚舞動深悲,滅劉安劉詎終保?嗚呼四老胡爲來,畫策者誰幾喪寶。謀國自古不易言,歌罷出門雲灝灝。

送和順教諭張先生復除之永寧

先生乃關中之儒,而來余太行之隅。予聞大壑實吞舟,巨鱗之宅曲徑豈逐電神駒之途?先生曰:"不然,吾書何處不可讀,吾樂何者非吾徒?"乃頒學羿之觳,乃鼓鑄顏之爐。於是諸生莫不詩書而醉,矩墨而趨。如彼暖氣之將至,不覺其入已之肌膚。別來幾載不相見,忽漫相逢,觸熱又南徂。河洛古稱佳麗地,更多賢俊生其區。先生宦〔五〕游何所拘,一生山水與身俱。自昔儒官非俗吏,抵〔六〕今師道應時須。雨后芹香浮净几,春暮歌聲連舞雩。大道陶冶無棄物,譬諸草木人人殊。胡公遺迹尚未没,棟梁榱桷歌屬吾。

題安行之藏庵圖

澗壑谽其窈窈,松柏鬱以蒼蒼。石爲垣兮茅爲屋,君獨往兮徜徉。山如迎我兮,水爲我歌嘯。我坐讀書兮,起而吟眺。此樂兮世莫我知,白雲之外兮廊廟。

九日次陶翁韵

兹晨良有道，乃在寒温交。悠然庭除間，黃花獨後凋。采采盈懷袖，駕言登彼高。群芳盡消歇，鷹隼游青霄。物性固如斯，人生何苦勞[七]？夕景藏山氣，感兹心煩焦。雖無送酒人，村沽亦陶陶。醉臥忘千古，醉醒是來朝。

贈兖州李通判 諱穎，平遥人

吾邦有奇士，朴朴太古風。官居黃堂上，心同白屋中。妻孥亦不怨，衣食長不充。似此百年心，周公亦當窮。斯世有斯人，執鞭願相從。

送林居魯歸閩

海濱有奇士，敝衣食無餘。偶隨群鳳起，帝鄉曳華裾。神鯤懷遠志，固異夫蟲魚。世事多紛更，雜然獨愁予。言之每揮泪，伏闕三上書。平生山水性，塵埃非我居。顧瞻閩南雲，往往賦歸與。一封達九重，臣母久倚閭。客囊無所有，載之書盈車。歸哉林夫子，歸去尋故廬。臨岐何以贈，執手一欷歔。

文宗岩爲慶雲令 名森

文子吾愛之，萬壑冰一段。胸中千古藏，不數秦與漢。昔者始相逢，怡然一笑粲。臥病寄館人，瘦骨衆所嘆。乞歸今重來，忽驚三載半。憐君脫困厄，頗覺好體幹。天子念宰牧，失道而民散。不有濟時才，嗚呼其塗炭。勞子以小邑，低飛戢高翰。振袂出東門，行色殊衍衍。春風吹槁木，雲霓慰大旱。田舍無犬驚，簿書隨手判。暇時更何爲，翻書日推案。新詩欲寄誰，長吟或至旰。莫作歸來篇，歌聲聽民諺。

楊君謙以病棄官歸吳

人生各有志，適意未爲偏。仕有爲親出，官有潔身捐。賤夫比饕蠅，利祿如腥羶。譬彼大鵬運，燕雀亦翩翩。仰視驚長風，反謂何必然。楊子天下獨，胸抱百家編。超然達士懷，不受浮榮牽。旅燕注《莊子》，歸吳續馬遷。夙心苟云遂，萬鍾曾一錢。君哉茲長往，托身在雲烟。躡雲嘯於山，看月吟於泉。山雲與泉月，此味世不傳。君齒有餘甘，我頤亦垂涎。便欲隨君去，再拜君其先。

李天瑞論事遠謫春月渡河冰陷而没 二首

鴻[八]雁自南來，惠風柔且和。羨彼嚶嚶鳥，綠陰來往過。出門覓徒侶，日晏獨行歌。念我同心人，一生愁苦多。憤世欲速死，恃天強渡河。河冰忽爾裂，天意竟如何？

其二

眷彼湖上山，松柏在其端。下有冢纍纍，行人傷心肝。流光催人老，坐使彫朱顏。朱門臨廣陌，大蓋紛鳴鑾。珠簾映紅燭，清霄歌未殘。高堂有鐘皷，胡爲守幽閑？志士懷百憂，十日不一歡。所憂在何事，非爲一身安。志違身亦死，令人坐長嘆。不如飲美酒，與衆共游般。游般非盛德，去上首陽巔。

寄德華

有客扣我門，手持江上蘭。感君敦宿好，贈我向燕山。藏之芳馡發，開篋時一看。紉以終身佩，雜以蕙與荃。磁鐵本同氣，觀者良永嘆。

送李惟正

送君登樓，君莫苦辭。登樓可以望遠，見海樹之參差。樓頭日欲暮，挽衣君不住。年少歡娛得幾時，明日登樓知是誰。君不見，樓前流水雙鳧雁，一有風波忽飛散。鳧雁祇在長流水，我與君隔動千里。君飲酒須乾，君有懷須展。君醉我心歡，莫向壺中問深淺。君若醉時我送君，扶君跨馬東流津。君如不醉酒先無，我解春衣還典沽。胡爲戚戚懷往路，此別東風又一度。

送陶膺

我皇御極起漁樵，物色江湖使者勞。何人穩臥雲烟窟，自古徵君慣姓陶。雙足不離海東岸，竹石與居鷗與伴。鶴書吏捧到柴門，苦恨姓名遠通漢。既而乃曰吾往哉，豈甘腐朽同蒿萊？天曹老臣能愛士，進之天子築金臺。積棘不是栖鳳處，誰遣使臣[九]九重去。百花原上一回首，咫尺長安隔烟霧。亦有江西蕭子鵬，二人都下最知名。草莽遇時蓋如此，不須浪賦鍾山英。君視此官輕一棄，我惜君才殊未愜。國家用賢有故事，濟川待汝爲[一〇]舟楫。

送紫團山人歸山山人能詩每夢與李白游

紫團山涌千尋碧，處處雲霞老松柏。澗底春逢石乳垂，洞中時見仙翁弈。君能游之不憚遠，夢中談者仿佛李姓而名白。仰攀日月明，俯瞰天地窄。樂莫樂兮兹游，至今瞻眺情無極。君停雕鞍，我歌紫團。柳綫垂堤綠，桃花映水丹。我歌紫團，君停雕鞍。君歸兮浩浩，我愁兮漫漫。望紫團兮曾不咫尺，太行崔嵬兮羊腸艱。仙翁袖有餐霞編，欲往從之是何年？安得與君跨兩鶴，山頭長誦逍遙篇。此[一一]行若見謫仙語，謫仙授予以仙譜。授仙譜，傳仙訣。春雁來時寄我書，莫待長安飄素雪。

邵國賢生女

國賢生女蹙其眉，曰我情如下第時。明之得男玉樹姿，是日吾題竹石詩，贈以嘉兆亦太奇。靜夫春已夢熊羆，乃言不怨得子遲，但願不驚雛與雌。此言甚厚天所禧，蚌珠看爾光陸離。東之受方於秘醫，五載不效意未衰。曰將改歲以爲期，希大曾令甲子推，三十有三當有兒。嗟予舊爲國賢嗤，今也同路相追隨。生男莫喜女莫悲，吾修吾德吾何知。

送李茂卿歸分體得歌

茂卿茂卿古人徒，小樓謝客長跣趺。苦爲愛僧憎髮贅，每因看月怪形污。賣馬不踏長安陌，衙吏呼之聽若無。我聞急往訊其故，野服已作山翁癯。對榻無言三嘆息，曰吾已決君何須。手持短疏奏天子，臣有痼疾臣非誣。烟雲丘壑乃良藥，歸向湖南此可圖。棄官一身頓屬我，有似猿鳥脫樊笯。空囊貯書凡幾册，長往從教世笑迂。郢曲知音古亦少，楚狂高韵今不孤。姜子邀賓晚同餕，飲罷餘情還繾綣。莫惜尊前慷慨歌，此時分手何時面？蕭蕭木葉墮霜風，繞庭忽已星河轉。愧我欲贈無所言，但期細讀晦翁傳。

刲股歌爲金陵陸孝子作

堂上慈顔臥中感，巫媪醫師坐無策。夢裏分明神語人，有藥愈疾求難獲。陸郎年纔十八餘，篤孝生來世無敵。大恩可報身可[一二]捐，寸心欲死肉何惜？霜刃落手股不驚，赤血滿盂天爲惻。杯羹入口脫沉疴，甘似蓬萊吸雲液。一體元和氣自通，二儀可信誠堪格。母身已不用人扶，何妨兒股行無力？瘡瘢未滅母莫捫，祇恐老淚雙沾臆。

贈馬汝礪

困敦之歲青蠅作，至今踪迹猶漂泊。長安偶得握手談，每道君恩元不薄。直道何妨遭譴責，利器真須遇盤錯。辛勤數載憶郎曹，顧我無愧心亦樂。境有青山地最佳，座向黄堂官未惡。郡倅宰相之階梯，吕公素抱匡時略。君今年纔三十餘，社稷人民豈非學？願君長佩明月珠，丈夫不在高官爵。

鍾山人畫爲吕黄門題

山人運筆如運帚，造化乃在山人手。墨花點綴須臾間，萬態本無忽真有。沆漭頗驚江漢翻，微茫初訝乾坤剖。山勢遠近争巃嵷，物象濃纖漫紛揉。繁烟猛霧咫尺迷，獨跨寒驢者誰某。岡頭孤起村酒帘，橋上雙來茅笠叟。斜帆褭褭負晚風，浩蕩去訪滄波友。禿檜槎牙根欲浮，短松慘裂枝相糾[一三]。野亭突岸利於鋒，澗水眠石大如斗。作者有妙直自知，畫師墨客啼而走。豈是東海蓬萊圖，島嶼輕壓洪濤扶，不然何以雲模糊。中有童子兩兩趨，使人望之愛欲呼。我昔曾登泰山頂，又登金山之鶻嶺。萬里俯視杳靄中，爽氣清嵐心骨冷。吕君向我彼此幅，宿興何時得再騁。欲選何處山最高，携手一登看塵境。

哀婁先生 諱鯨

我生未得登公門，讀公之書思其人。學道不知老將至，書有古人所未云。羲畫周圖如指掌，分明夢寐游關閩。世間何物動懷抱，富貴輕如隴上雲。白沙定山不相讓，虚齋凛凛還同倫。祇今誰掃白鹿榻，吾將一慟悲斯文。先生曾讀書白鹿洞。

走筆題本大畫本大，號前峰。《南行稿》，西

涯詩也，本大許借予觀而久不發

五年不踏江南道，賴有西湖恣幽討。西湖信美游無舟，寂寞湖心蓮未拗。忽見江南一幅好，其高者山低者島。不辨江花與江草，婆娑江樹幾株老。一舟獨繫傍沙㳇[一四]，坐釣者誰其顛皓。朝來豈是食魚飽，竿絲依依波灝灝。醉後一尊猶未倒，清風似解撩幽人，雙鬢之間來稍稍。前峰先生每好奇，得此藏之頗珍寶。却嘆事有不相當，題詩爲博《南行稿》。

校勘記

〔一〕"道"，明刊本作"導"。

〔二〕"墓有"，明刊本作"暮雨"。

〔三〕"□□"，據明刊本當作"腥膻"。

〔四〕"古"，明刊本作"世"。

〔五〕"宦"，據文意疑當作"宦"。

〔六〕"抵"，明刊本作"祇"。

〔七〕"物性"二句，明刊本作"物性因時至，斯人何苦勞"。

〔八〕"鴻"，明刊本作"鳴"。

〔九〕"使臣"，明刊本作"便辭"。

〔一〇〕"爲"，明刊本作"來"。

〔一一〕"此"，明刊本作"兹"。

〔一二〕"可"，明刊本作"亦"。

〔一三〕"糾"，底本多訛作"斜"。以下徑改，不再一一出校。

〔一四〕"㳇"，據文意疑訛，待考。

博趣齋稿卷三

題《壽石圖》 爲陳都憲作陳公以陝
西布政升河南巡撫

嵬峩太華之巔石，飛向河洛如立壁。乾坤是日走風雲，千尋勢歛纔盈尺。屹立已作江流砥，遠貢還爲漢宮碣。吞吐雲氣雨下土，汧越秦揚四處皆公所歷。無間隔。乃知至静有神化，倏忽何曾假聲色？媧皇向天補罅漏，昆吾作劍驅妖僻。春晴拂拂飽烟嵐，歲久森森伴松柏。老父未作濟北黄，道人正卧金華白。我歌遥壽烏臺仙，蓬萊客爲重記歷。

送嚴西安滿歸

鳴鳳遺音久空杳，長安近數嚴京兆。術精幾聽吏爲愁，心勞更説民初飽。漢人文采誰爲倪，蜀守清風此亦趙。耽吟似得山川助，讀書未覺文移擾。廊廟才始郡邑中，鶴鷺姿在風塵表。歲歲屢有乄史旌，上上已奏天曹考。仕轂萬里不待言，德業古人是吾禱。

題蕭凌漢《攀卧圖》

東方未明車已膏，使者登堂宣急詔。遲遲出郭牛呼牟，草衣竹馬來童髦。挽侯不住啼而蹈，或攀其後卧其前。侯之去兮誰吾天，安能來者如侯賢？我獨撫圖長太息，民牧應多爲赧然。

永思堂爲某郎中作

永思堂，朝出暮歸空悲傷。堂上親，不可見，兒有禄，誰與共享。叶香。仰視昊天天茫茫，九泉二人何時忘？君王恩，恩無疆，吳綾七尺天語香。雙眼欲讀泪不明，叶忙。秘以玉匣藏。

和畢宗仁《東風惡》

東風惡，東風不惡，誰將我畫梁燕泥吹落？紫[一]燕雙雙不肯住，珠簾綉戶春寂寞。春寂寞，君不歸，春衫未換君何衣？誰遣君食，無[二]苦饑，妾在空閨空自悲。

平蕪曉望闋大參分題

東郊支頤，西郊倚枝，渭水秦川無限思。心在無懷葛天上，山禽野鳥飛來時。秦宮漢殿何處基？祇有鎬豐舊禾黍，年年歲歲使人悲。

題一拙竹贈樊僉憲舜舉

一拙先生造化隨肘，天真貯腹。偶然潑灑雲一斛，千竿萬竿秋矗矗。青鸞彩鳳飛相逐，瀟湘兩岸崑崙谷。婀娜柔枝裊似旌，參差新笋角如犢。爽氣淋灕過者寒，冰聲鏗戛聞之肅。磊砢惟教石作朋，姿姿更借雲爲屋。君於何處得此幅，暇裏時時出之櫝。我亦從來好此君，每一展玩三薰沐。相期共到歲寒時，惡雪猛風來看竹。

瞻柏堂與德養堂皆爲恒東石提學先生作

朝對柏，暮對柏。柏有舊時香，柏帶當年色。朝對柏，暮對柏，對柏心惻惻。

西湖載酒以下三首俱爲陳都憲作

有名世所傳，有懷人不識，胡爲乎一官華巔繫而縶。西有湖兮湖之西，雲之限兮鷗之栖。我將買舟兮載酒，左績右亮兮提携。酒酣霞彩生眉尾，塵寰小入雙瞳裏。達人何曾戀金紫，一棹更走東海水。

南山舒嘯

阮籍好哭杜陵叫，孫楚慣鳴李白笑。人各有志那得知，南山之人欲長嘯。一嘯摩礪乎高空，仙翁閉戶東海東。癡雲破碎老山裂，振爲雷電引爲風。此聲吾待一出口，抑塞胸懷爲之剖。黃鐘深秘不易發，折竹撞金亦何有？

瑞岩放鶴

朝放鶴，暮放鶴。放鶴去不返，雙翅翀雲薄。放鶴鶴早還，長鳴當面落。當面落，不可籠，背有丹丘紫瞳之老翁。老翁鶴背不肯下，挹我告我將乘萬里之剛風。乘剛風，飲玄露，回首塵埃厭一顧。塵埃一顧何渺然，度盡千年與萬年。子亥未開混沌竅，我游其間往復還，後天不老生其前。

竹爲李時升題

世上紅紫曾不顧，日日坐對江南趣。是誰霜尖掃墨花，奪取造化歸纖素。鑿得怪石湖之幽，湖若有神神亦愁。寒擁蒼鱗千叠浪，畫滴清嵐萬頃秋。上有數竿直如指，縹緲一枝墮還起。青懸滄海珊瑚鈎，彩弄丹山鳳凰尾。我今見此雙眼新，風塵騎馬是何人？秋來明月當空夜，欲向瀟湘踏綠雲。

題净拭軒爲静夫作

柳灣之灣灣最幽，幽人開軒占一湫。池清水汲長江裏，磯古石移太華頭。不數短蒲兼弱條，菱葉荷花相對浮。夜雨初收曉風静，豈有一點塵埃留？幽人讀書坐軒上，我心如洗天與游。更願種松三百樹，霜風時聽鳴颼颼。

送雍都憲赴宣府

太華西來合有人，生平願識雍方伯。方伯吾擬之古人，白頭二品居無宅。仕路何心與衆趨，閉户遺編恣研索。胡兒飲馬長城窟，無乃疆場坐失策。璽書使者疾如飛，烏府聲名動蠻貊。范老行邊賊膽寒，北顧從今憂可釋。李前葉後軍旅謠，亦有强公奸屏迹。山東李秉、蘇州葉盛、河間强珍，皆宣府巡撫，有聲。先生素有濟時才，此行一身須許國。成敗利鈍莫深惜，天下蒼生望餘澤。

題《霸陵繾綣卷》送用晦弟价儼舉人

山巉岏，水潺湲。送子千里道，別易會應難。酒罷更復酌，盡此杯中歡。丈夫四方志未了，黃鵠一舉天地小。相逢未可卜何年，後夜月明夢相繞。

商州道次遼庵先生《山中吟》韻三首

風葉蕭蕭點亂山，愁人到此亦[三]開顏，雲深日暮有柴關。稚子林間驅犢出。老翁澗底負水還。

其二
深山無雲晝陰陰，行人歷澗還登岑，偶然有興聊一吟。道德未能裨世教，功名本自非吾心。

其三
纔登秦嶺賞未休，崎嶇又轉南山陬，好景不負平生游。溪魚一一自來往，野禽兩兩相唱酬。

贈汴梁李宗一兵部關中閱馬

我昔曾游大河濱，河流正擁秋色壯。臨風一吊千古豪，駐馬日暮增悲愴。梁園草莽夷門東，中有平臺高百丈。臺下結屋者誰氏，今人古人不相讓。帶酒談鋒始發硎，面目巉岩氣排蕩。論治不數商周末，馳志直在唐虞上。良工朴不先示人，四十始聽鴻臚唱。大司馬曰此奇才，置之左右資謀訪。戰騎已遣踏北胡，監牧又欲供西將。先聲赫赫群吏愁，圉人太僕膽俱喪。漢郊苜蓿春正肥，唐廄雲錦秋相望。奏功早聞聖主褒，命太史氏書其狀。

贈石渠先生

有山不似太華雄，有水不似黃河壯。地靈合有豪杰生，石渠先生天下望。論道每憂關洛墜，救時祇恐唐虞降。生平事業掀宇宙，書之堪載竹□〔四〕兩。晚出新政輔天子，潞公入朝君實相。風采真與古人齊，聲名豈但諸公上？明時元不憂彼讒，直道自合生吾謗。年逾八十骸屢乞，疏奏十八恩初放。有詔老臣乘傳歸，仍命有司供其養。官廩衙卒乃異數，此君此臣古何讓？西郭諸茅二畝餘，野服時時一游漾。亭名"後樂"豈無意，圃題"三愛"亦自諒。匝地雲生花竹欄，一溪月照琴書帳。青衿學字常滿門，豪辨劇談神逾王。去聲。閉戶著書盈幾箱，搜盡諸儒之秘藏。絲髮丹顏恐是仙，散步逍遙不須杖。漢家復道起申公，甘卧雲烟有辭狀。後生一見一憮然，世有斯人安敢行？

題《蘇武牧羊圖》

蘇卿辭漢持漢節，夜半呼妻作死別。雙膝誓不屈氈廬，飢嚼大窖十日雪。胡服胡馬者何人，漢天子將爲胡臣。隴西萬古慚不刷，徒將軟語生人嗔。雁飛不來羝不乳，度十九年一朝露。白頭

歸畫麒麟閣，老淚雙沾茂陵樹。胡爲胡婦生胡兒，無乃鳥鼠同雄
雌。古今大節不易數，君臣大義屬蘇武。

正學書院同寒泉雨中邀平臺酒半平臺捫鼻起遂出走筆作歌平臺李源，兵部郎中。寒泉胡倬，陝西按察司僉事

十日奔走一日閑，他日塵霾今日雨。龍公似憫宦游人，故
遣佳興助賓主。雨中院景奇復奇，翠倚裳蓋竹連枝。歌聲不遣
聒吾耳，燭花似欲催君詩。詩狂酒魔曾有戒，不飲不吟兩無
賴。揮吾滿壁君莫辭，酌君大斗吾始快。促膝重欲理山殽，掉
頭忽聽門者號。寒泉老子擁髯笑，平臺先生捫鼻逃。歸來秉燭
自嘆息，窗草階花含雨色。寒泉一榻枕書眠。閉戶聽更夜
岑寂。

西坡爲程文模作

看山於是，看水於是。看松於是，看竹於是。南中信多景，
是惟景之美。西有坡兮坡之西，雲霞往往護幽栖。中有人兮獨歌
嘯，市客尋之路已迷。

邃庵行爲楊先生應寧作

庵何爲者名之邃，客有問予對以意。長安甲第臨大道，畫桷
羃飛瓦鱗次。侯家買屋兼百家，猶嫌走馬無餘地。朝弦暮管隔巷
聞，金鞭玉彎籠銜至。邃庵先生半畝宮，其門一間前後四。最後
南扉中置几，左右經史兼圖記。心遠自無車馬喧，吏隱誰知鴻鵠
志？北面白首亦執經，千里青衿來問字。明珠在浦聲價高，寶劍
貯匣光鋩利。飄忽風塵二十春，故廬今日屬何人？邃庵號已在天
下，邵子行窩到處新。新窩舊號邃則一，邃其道德功業出。已聞

槐楠淑諸生，又見麒麟成萬匹。我欲鑿石泰華巔，刻以大書紀其實。

校勘記

〔一〕“紫”，明刊本作“雙”。

〔二〕“無”前，明刊本有一“君”字。

〔三〕“亦”，明刊本作“一”。

〔四〕“□”，據明刊本當作“兼”。

博趣齋稿卷四

松雪馬次西涯先生韵贈邃庵先生

飛詔金陵走雙馬，冠蓋盡出龍江野。都憲不是尋常選，如求豫章構大厦。江頭彩鷁衝浪開，津吏處處迎船來。船來船去知多少，朝廷急待濟時材。馬政論者紛如市，元老的見何人契？東山先生識最高，一疏盡陳害與利。是日帝在奉天門，都憲稽首承殊恩。且言臣不敢負國，歸而求之令甲存。苑馬本食地所入，地半無存馬何給？鐵騎墩堭至五原，當年舊數皆不及。都憲入關衹橐衣，行邊一一按封畿。圉人太僕總失色，貪饕解印纔一揮。自此馬政日以重，浮議無勞更騰涌。豈惟得馬資戰征，又欲藏兵籍驍勇。膽氣堪提百萬兵，尋常政令嚴且精。已知馬盛兵亦盛，更道駒生卒亦生。公是何等之才器，九重有意姑一試。邊垂鎮壓將重托，廊廟謀謨留大事。衹今次第成遠模，俗吏方知世有儒。驊騮騄駬滿六院，伯樂相馬忘其粗。松雪畫馬妙手極，長風拂耳鼻噴息。涯翁持贈非偶然，日馳萬里不須策。

題畫春夏秋冬四首

春

山密近如壁，結茅輕似傘。一棹何處歸，幽花傍檐短。

夏

空山人不到，杖藜者誰氏？欲問何所之，濯足石下水。

秋

山中有何好，纔出便歸山。琴中亦何趣，不向世人彈。

冬

前山後山雪，豈有無雪處？雪裏荷襜衣，斫薪衝雪去。

如蘭次西涯先生韻 三首

昔同喬希大，初訪老圃家。退而自捫揣，中夜但長嗟。再見聽高論，恨無揮日戈。爾來忽十載，我髮亦欲皤。讀書抱群疑，如身有百痾。今日乃幸逢，欲進恐見呵。昨者數語中，愛我當如何？文章此先輩，今更有誰他？數日不能去，欲去復駐車。

其二

春風一月坐，此意長無極。天子命公來，已賣秣陵宅。二僮遠相隨，行槖如宿昔。我今亦萍逢，十年厭爲客。方今匈奴驕，索戰狂甚劇。馬少出塞難，漢兵苦征役。況復民病多，欲訴天關隔。公來馬日盛，民亦得衣食。

其三

邃翁天下士，曾讀書東觀。國馬事若微，此中有治亂。不見保馬者，諸賢救無半。帝命濟時才，恩意最繾綣。整頓極心力，籌畫仍夕旦。我懷願見心，春晚乏贄雁。

和邃庵先生止酒次陶韻

達人不廢酒，云胡剛欲止。痛飲每傷生，命在尊罍裏。所以不飲者，百世慕蘇子。不飲今未能，少飲差可喜。眉尾得微醺，纖霞天際起。康節善養身，飲少得燮理。嵇康耽酒徒，對酒不由己。彈琴且飲濁，曰志願畢矣。先生道德深，誰敢望津涘。讀罷止酒詩，歛袵如承祀。

夢椿爲冒東皋作

倚石而睡睡不醒，其中不睡者耿耿。仿佛父容如見之，醒後衣裳露華冷。吁嘻！東皋之心哀以思。其思也，日日時時，是以有夢相追隨。圖而畫之，安可無詩？

温　泉

泉之温，我可以裸。泉之清，我可以濯。我可以濯我身，不可以濯我心，我不可使我心有塵。

華山高送喬希大

壯哉太華之高兮！上與青天而平分。盤千里以爲根兮，拔地起而無群。送日月往來於左右兮，斷南北之飛雲。豈蓬萊方丈之在平地兮，絕九區之塵氛。鑿石磴之層層兮，垂鐵鎖之纏纏。我望而欲躡其巔兮，坐長嘆而復止。騁飛步於雲端兮，好奇哉喬子。瞰黄河於天際兮，揚一縷之悠然。泰岳渺其何在兮，睹天地之方圓。神翁仙子不知其安往兮，有古洞之猶傳。雲封霧鎖書一函兮，啓而讀之，龍書鳥篆之糾纏。厭世語之淫哇兮，想羲軒之已遠。恐美人之闊疏兮，嘆歲年之不返。雲冉冉以前導兮，風泠泠而翼余。我欲從此跨蒼虯兮，與子遍游六合信其所如。

白岩獨登華山西峰絕頂

白岩好山如劉伶、杜康之於酒，方其意會而神投，天地萬物吾何有！我昨與之登華山，入山瞪目且回首。而又數數顧左右，説山之好不離口。七里初躋第一關，挽袖而前露其肘。我病喘汗兩人扶，君換布襪青鞋舍我而徑走。倚樹遥望午到酉，翠壁丹崖無覓處，滿壑長松風急吼。歸來獨自宿雲臺，展轉不寐猿聲哀。

明日復至玉泉院，日暮君始下山來。祇疑君與飛仙去，去掠扶桑之枝，拂昆侖之樹。山中一宿何所爲，世人豈得知其故？君笑不言口氤氳，遥指三峰頂上雲。面帶虎豹熊羆色，身染烟嵐草樹文。君今又度太行去，澗水岩花花自芬。請君爲我細説西峰有何好，我欲登時更拉君。

崆峒玄鶴壽楊總制邃庵先生

昆侖東來萬山起，一峰直插雲霄裏。長松老檜往往高百丈，中有玄鶴飛來飛去，世不記其幾千歲。吾又安知其飢食何粟，渴飲何水。玄鶴玄鶴，吾聞昔者黄帝跨汝游蓬萊。水聲風氣山崔嵬，碧藕玄漿相饋遺。群仙處處洞天開，帝既得道乃復跨汝回。是時天下之民耕食鑿飲而歌曰："帝力何有於我哉！"此後日望玄鶴，玄鶴不歸來。不歸來，在何處？日日天涯望眼勞勞，料應祇在崆峒住。崆峒住，舞蹁躚，今日舞下崆峒巔。彩雲擁護，飛霞後先。天地爲之闊，日月爲之懸。道傍觀者肩相駢，玄鶴之至非偶然。

次西涯先生韻

西涯文章非但字，我每候門勤僕隸。一去重來今十年，講學非關欲相媚。下筆更有古人法，旁觀運筆神聳拔。妙處敢謂頗得之，學步歸來夜燒蠟。憂國病苦身猶健，填門日有求隸篆。濡墨不擇筆好惡，頃刻爲爾題皆遍。草書妙欲舞公孫，有時裊蔓仍盤根。天然變態不可測，雲飛霧散何繽紛。小楷不數鍾王舊，蠅頭鼠背争毫分。行如江水滔滔去，風吹波面自成文。我舊篋中藏一帙，不遇知者不輕出。長安多少號名家，索我觀之欲毀筆。我亦百千得十一，盡獲所願何時畢？却恐籍湜空自僵，指腕癡頑非妙質。我集古隸載以車，西涯一覽三嘆嗟。此行更欲極搜訪，未惜風塵兩鬢花。

畫爲來僉憲伯韶題

倚空百仞山色蒼，下有萬頃澄波光。老樹得雨葉更密，茅亭
四面花氣香。中一坐者布衣裳，昂頭露頂神氣揚。琴罷指閑腕猶
倦，囊琴童子在其傍。坐石不嫌江霧擁，褰帷欲引山風長。獨對
綠荷心與靜，慣看青嶂眼生涼。世人愛住長安市，紛紛車馬紅塵
起。何曾夢到山水間，白頭兩鬢多泥滓。來侯見畫心則喜，遠興
寄在畫圖裏。我今新買得兩溪，懸崖大壑清漳水。

博趣齋稿卷五

過順德望虎谷山

攬吾轡兮登彼崇丘，望太行兮酸風兩眸。山豽豽兮鬱鬱樛木，上飛雲兮下虎谷。大陸曠兮漳水浅清，我心夷猶兮我馬悲鳴。

宿虎谷

我本山林性，誤游入塵埃。弱冠別里閈，十年始一來。家人聞我至，促灑床頭醅。父老見我喜，相顧忽以哀。自言老未死，死者安在哉！籬間過炙鷄，山色映尊罍。鄰翁曳杖至，傾倒盡餘杯。但知醉爲慰，叫咤不相猜。飲罷出柴門，游戲陟崔嵬。崗巒盛松柏，瞻眺久徘徊。何時不復去，浩歌心肝摧。

雁南飛懷白岩公作

雁南飛，南飛雁何之？望君君不見，見雁增我悲，獨立西風看雁飛。金臺風冷游人稀，秋光欲盡胡不歸？

峩峩石櫃山有枸杞，頌浙中施母也二章

峩峩石櫃，於越之望。載環載抱，惟施之鄉。惟施壽母，惟山斯久。有子仳離，豈無旨酒？豈無弟昆，曷不欣欣？安得出游，逐彼飛雲？曷羽曷翼，置我兩腋？逐彼飛雲，我心則懌。

其二

山有枸杞，水有菊英。以飲以食，壽考以寧。瞻彼楓山，鬱鬱朝夕。乃降厥靈，值於其域。如金如石，如松如柏。惟施壽

母，自求多福。彩衣仙仙，以鼓以弦。惟施壽母，象服百年。

思德華

秋夜長如年，秋月涼如水。思君不可見，心到秋江裏。

沐　頭

一月不沐頭，髮根行巨虱。漢業數百年，刑臣宜爾出。

古別離

中夜有所思，所思君不知。春風吹露草，秋風摧霜枝。所以別離人，悠悠負心期。別離非所惜，年華難再得。祇恐君來時，妾已無顏色。妾已無顏色，君寧無嘆息？

虎谷野步

登山巔兮風裂我裳，野多怪石兮我足爲傷。衆怪予之去不返，谷口白雲兮芝明光。

虎　谷

深山草木稠，結廬向虛敞。盡日無人至，禽鳥互來往。讀書心力倦，手曳青藤杖。出門何所之，獨坐盤石上。山頭白雲生，我心自蕭爽。田父驅犢來，喜道桑麻長。

題《蟠桃五子圖》 送静夫侍郎，祝其壽且有子也

有贈柴墟以畫者，我一見之羨其雅。雲開霧豁雙眼明，如步瑤池之上下。紅桃綠葉掩映中，綠者愈綠紅愈紅。開花結子幾千載，二子三子宛相從。柴墟自少苦多病，伊川晚歲筋力盛。商瞿當有五丈夫，人心所向天必應。

送喬亞卿希大禱雨泰岳東海有序

正德庚午，正月至五月不雨，民用怨咨，禾槁於野。漕河湮塞，饋運不至。户部左侍郎喬君奉命禱雨於岱宗，於沂山，於東海，用幣禮也。君子謂君宜將是事而君若有重負焉，心在國與民也。往年嘗同君游華山，君飄然有塵外之想。今兹行乃古人之所願而不可得，至有“吾何修”之嘆者，安能無所樂耶！予嘗獨登泰山，踏天門之白雲，倚日觀之老樹，歷覽無際，庶幾睹天地之方圓[一]。今君之往，予又安得無感耶？於是作歌贈君。

喬君東行，將登泰山，放琅邪，至東海。往年登華山，其興今十倍。丈夫出疆，豈惟游衍吟眺之樂？固有心乎天下蒼生者在。天子憂旱遍群神，制帛官香輶以彩。喬君將之敬無怠，定有滂沱之雨遍。萬里而雲猶靉靆。飛艘帆影見參差，夜發歌聲聞欸乃。更看禾黍生意足，亦有寇盜迷心悔。但恨不得與君同此行，一舒眼外之浩蕩，吐胸中之磈磊。但當紀君行曰：時正德五載。

題畫龍爲李生鏞作

神龍不是尋常物，吞吐元氣滿胸腹。老角嵌岩聳碧峰，巨鱗錯落雕玄玉。有時奮起走太空，滿天雲霧雷以風。倘逢大旱思霖雨，須爾來收造化功。

刑曹副郎劉天瑞既没之三年其子翰林舜卿以挽詩手卷求詩予讀而悲之題以大書曰“宿草哀情”次杭僉憲古詩韵五首

正德丙寅秋，笑談二三友。憶君如昨日，死別亦已久。

意〔二〕欲尋君墓，傍誰禾黍畝？吟成挽君詩〔三〕，不忍出諸袖。

其二

訪君巷西頭，頗記灰白墻。君病已數日，强飲不盡觴。豈意成死别，英骨埋何鄉？

其三

吾家與君家，世交本同鄉。我今來京師，君名空芬芳。憶君飄然姿，如鸞鶴飛翔。眼中不見君，鬱鬱結中腸。

其四

君昔來京日，我去已多時。偶復一到京，人人誦君詩。君詩今猶在，緑水芙蓉枝。豈但工於詩，亦復妙於詞。

其五

我昔迎母喪，卧病舟中床。聞君柩去遠，已過青縣旁。夕陽慘淡中，痛哭不覺長。今欲哭君墓，秋風宿草荒。

題愛日樓

世恩事母今白頭，邀我爲賦愛日樓。愛日之心不易説，我欲把筆且復休。未來之日恐難得，已過之日恨不留。彩服常爲萊子舞，板輿時作潘郎游。白髮慈顔樓上住，畫棟彩檐雲氣度。我願更種蟠桃樹，從此年華不知數。

固安令程侯頌

惟山有雲，惟苗之焚。侯來如雨，匪民不欣。侯來何暮，我衣我晡。我田有防，我野成聚。惟侯遑遑，惟民用康。曷冠之豸，以待我皇。

校勘記

〔一〕"方圓"，明刊本作"圓方"。

〔二〕"意"，明刊本作"亦"。

〔三〕"詩"，明刊本作"詞"。

送提學陳文鳴升湖廣參政三首

教化久陵夷，黌序多聚戲。澆風相扇騰，文辭取科第。道德日以衰，貪讒爲賢哲。叶征利切。夫人有深憂，甄陶先孝弟。坦坦正學途，諄諄義與利。冥冥雲霧天，皎皎日月麗。

其二

夫子好修姱，被服多椒蘭。儼然登我堂，論古成浩嘆。古人既已遠，古道良獨難。有酒共斟酌，日暮風雨寒。風雨一以別，凝佇萬重山。目送南翔雁，江湖何渺然？

其三

雨多禾黍瘁，青蕪滿院生。饑雀何處來，喞喞簷前〔一〕鳴。經旬不出門，但聞吏點兵。如何田舍子，化爲虎縱橫？楚人性慓悍，邑里多劻勷。吾儒有化理，化理先耕桑。張敞至冀州，盜賊一時平。

題平水書室歌

姑射西來擁崒崒，下有平泉清瀰瀰。地靈祇恐隔乾坤，境幽但覺饒歲日。飄飄仙子或驂鸞，往往古人曾築室。聞君買田托以志，逃世誅茅筮之吉。爲問幽庵足幾椽，堪貯奇書盈萬幟。碧松枝老巢鶴雙，素壁堂空挂一瑟〔二〕。新稼香梗〔三〕歲十千，遠眺游童春六七。紅塵不入利名樊，青山獨抱烟霞疾。別餘十載夢屢勞，望斷千里愁難述。輞川已付良工圖，浣花重借騷人筆。虞翻元無媚人相，諸葛自有傲世膝。富貴安能賴軒冕，爾我終當向蓬蓽。

題澤永悲詩

偉哉秦侍御，白面生玉彩。立於天子庭，峩峩冠鐵豸。朝罷長安路，諸僚見者駭。御史心遑遑，曰我樂不在。母存父何之，子貴親不待。況有舊時書，欲讀泪先灑。父書藏篋中，於今二十載。此悲詎有涯，終身未能解。移孝作爲忠，古亦有明楷。

題五清書舍五首

經訓齋

六經以載道，道之原在天。求道於遺經，乃程朱大賢。

芝蘭室

往在芝蘭室，久已化其芬。今爲玉堂客，芳名乃爾馨。

朝陽軒

軒中有童子，而能慕紫陽。紫陽亦未遠，努力期同翔。

玩芳臺

群花忽以放，今春似去春。吾心亦活物，生生仁者人。

引而未發

韋齋能訓子，千載有遺風。欲識五清意，君看數語中。

虎谷十八咏

虎谷

山高虎勢猛，谷深山更高。晝静虎卧穩，清風滿林皋。

厚德山 王氏祖塋之山

避盜入山來，山深午初曙。山下聞語聲，半山有人住。

石門峽 祖塋在上

山根連地厚，山嶂插天虛。忠孝堪傳世，休談風水書。

印臺山 祖塋前山名

千山掩映間，凜凜見孤峻。此道久寂寥，誰哉傳正印？

四樹一株 塋有四樹，合爲一株。

四子各種樹，樹根合爲一。下有一樹根，上有枝千億。

筆峰山

誰縛碧嶙峋，時時染綠雲？萬里天平闊，寫成星斗文。

南虎谷

山村春晝長，柴門蔭綠樹。家家人不在，都向田中去。

南虎谷水

杖藜信步行，不覺過前浦。悠然坐忘歸，一霎豆花雨。

門樓纏 音戰。極高且險。

童子導我行，身輕逐飛鳥。天風耳畔多，人寰眼中小。

石獅

幾認莓苔字，字畫多不全。白頭識字人，云是至正年。

閭門

日暮西雲匝，草長山路微。門前看兒女，挑菜滿籃歸。

黃榆嶺

林深虎豹多，山高風雨怪。聞有山東賊，縣吏來修寨。

登雲嶺 大司徒王公未第時過林嶺，假寐土地廟前，夢土神曰：「此登雲嶺也。」

有水便有山，有山便有水。我涉復我登，作《易》理如此。

懸空寺

上有千仞崖，下有千仞崖。山僧聞客至，山下採山茶。

新泉 壙之東岡，正德八年忽有泉涌出。

山翁看泉來，拄杖入青林。不觀其流遠，安知其源深？

凝道軒

大書凝道軒，主人方乾乾。德性與問學，二者不可偏。

看山樓

野曠多芳草，天低足白雲。樓前看山久，此味也難聞。

山窑

童子倚洞口，無語意自閑。先生洞中坐，頭戴萬重山。

校勘記

〔一〕"前"，明刊本作"間"。

〔二〕"一瑟"，明刊本作"琴一"。

〔三〕"梗"，據文意疑當作"粳"。

近　體

送南京給事中樂平李宗岳時三原王公新至

聖主近徵元老至，蒼生還倚諫臣多。太行晝日迎衣錦，建業春風擁棹歌。稷契他年吾有望，唐虞今世子如何？東亭物色添離思，樽酒空時背綠波。

登泰山

日觀天門相掩映，六月爽氣成清秋。謝安初試登山屐，李白何須飲酒樓？雲盡長空天似蓋，水通四海地如舟。一自尼翁下山後，世人都作等閑游。

陽河道中挽王總兵璽

將軍雄略在天山，五載牙旗羆虎閑。瓦剌遠驚頻徙帳，中原高臥久開關。聞名空在十年外，見面無由數日間。瘦馬腐儒徒抱恨，獨揮清泪野雲寒。

悼洪太守其先在宋有爲少師者

未老歸田世或疑，由來泉石赴幽期。高明我愛今循吏，華冑人傳宋少師。公藝門閭經幾世，康成詩禮有諸兒。蕭蕭隴木秋風裏，正是行人洒泪時。

次韵贈邵國賢守許二首

獨步君登第，相逢我拜師。爲州姑去去，入座憶時時。剸劇應多暇，徵賢定不遲。古人如可學，白首共襟期。

其二

始羡儒爲郡，無勞吏作師。文高真復古，心苦爲憂時。賞有湖如故，鳴聞鳳未遲。淮陽何可薄，父老正深期。

西　山

懸崖緑樹陰，坐久晝蕭森。舊路皆塵迹，閑雲繫野心。泉聲鳴別澗，鳥影落平林。欲吸龍潭水，攀蘿上遠岑。

贈長蘆宗運使廷威

萬竈曾聞煮海勞，誰知國計亦秋毫？漢家鹽鐵因人重，故遣郎官出地曹。

玉泉亭次石邦彦韵三首

八駿西游何處踪，白頭僧老記曾逢。雲邊羽蓋擎仙掌，樹裏樓船駕海龍。日下晚山投宿雁，烟迷秋浦渡寒鐘。紅蓮似抱美人恨，愁倚霜風憔悴容。

其二

亭前歌舞散無踪，野鼠沙禽到處逢。水殿蒼茫秋草樹，石壇寂寞夜蛟龍。千山香霧諸仙洞，十里斜陽兩岸鐘。却憶漢皇成底事，壯年游樂竟衰容。

其三

石上題名認墨踪，春游往歲記闕逢。竹還幽館排銀榜，波擁長橋動彩龍。近入水鄉聞社鼓，遠尋山寺聽齋鐘。錦帆翠輦無消息，獨對荒臺一愴容。

送孟仲平陝西屯田僉事

璽書初下建章宮，諸將邊頭已望風。秦甲連營金窟北，漢屯分畝玉關東。山埋凍雪侵雲白，水落寒岩繞澗紅。聞道羌酋今款塞，須將末耜變刀弓。羌酋，《詩綜》作“西羌”。“須將”句，《詩綜》作“莫留魏尚久雲中”。

次韻送李天瑞三首

臨岐各下泪行千，雁入寒雲斷復連。海上逐臣非偶爾，沙頭愁客正茫然。孤忠結主終當合，壯志逢人不受憐。莫向湘魂吊遺恨，道窮今日已多年。

其二

山水登臨路幾千，知音誰更是成連？我方求道慚無得，君每逃名恐未然。再出當時人欲殺，三辭今日帝應憐。劍文莫遣塵埃蔽，期在青林白髮年。

其三

蠻方一謫五年餘，讀盡人間未讀書。幾向夜天看北斗，偶同秋月步前除。詩如漢魏人難學，道似關閩子不居。却憶柳州堪共笑，投荒翻欲羨慵疏。

陸孝子刲股有序

刲股事蓋起於唐陳藏器“人肉愈疾”之説，信有之，則固孝子慈孫不能自已者；然鄂人之對不取於昌黎。予以爲此當論親疾之緩急，原人心之誠僞，未可執毀傷絶滅之一端，使孝子慈孫坐視其親於藥石不救之地而不敢自盡也。少師李先生序陸生，及〔一〕昌黎而與鄂人，蓋以勸天下之孝耳。

奔忙何處問軒岐，閱盡圖書總未奇。良藥有方神入夢，孝子夢神告以刲股。此身無計肉爲醫。人言孝續千年傳，我愛心堪百世師。莫遣昌黎還對鄂，澆風今起少師悲。

訪婁原善迷路

朝回無暇待晨餐，日午南溪更北原。地有高人愁屢問，館鄰幽寺憶曾言。襄城七聖真迷路，剡水孤舟不到門。惆悵紫陽二三策，微辭何日静中論？

慶成宴次邵國賢喬希大聯句韵

閶闔辰開簇錦筵，赭袍光映翠簾前。旌旗隊合雲霞繞，簪珮班分鵷鷺聯。殿外輕風吹暖氣，觀頭祥日散晴烟。東曹獨羨連雙璧，宴罷新詩已自傳。

贈婁原善歸江西次韵二首

吳船南去覓江干，誰爲蒼生挽謝安？群謗不曾污薏苡，孤懷長是托猗蘭。手編經史傳家學，身戀山林傲俗官。同甫有才難可比，比君同甫却非難。

其二

近來頹學賴君支，幾聽微言入耳稀。路熟城南連日到，夢隨江上一春飛。買舟不跨郎官馬，逃世還裁處士衣。欲卜著書何處好，南屏山色翠成圍。

邀胡寒泉

秋光滿院葉落木，寒鶴步苔身似束。童子剥瓠烹欲熟，請君閑看新栽竹。

憩盧溝橋道旁寺

興共春來澀，愁隨水去長。寒沙當道白，平野隔河蒼。民物今畿甸，山川古戰場。兒童舊游地，夾岸兩垂楊。

過保定

南北此車馬，江山幾俊英？蓬壺百花嶼，風月兩溪亭。波净流天色，沙飛作雨聲。蒼茫兵甲地，吊古有餘情。

汴梁有感

霸主荒臺猶突兀，隋堤殘柳正蕭疏。耕夫不識市朝處，野寺猶存宮殿餘。士慣悲歌豪俠地，土含腥血戰争墟。抱城濁浪勞宸慮，漢策今慚總不如。

朱仙鎮次邵國賢韵

塞草飄零一劍秋，欲從海底起神州。南來詔下軍前急，北向師忘閫外謀。少保高名原未死，相公羞骨不堪儲。荒祠凜凜蒼松下，孤憤令人髪竪頭。

錦衣獄書壁四首

壁孔燈光照地眠，鐸巡聲急夜悠然。心閑更覺乾坤大，業廢惟愁歲月捐。成敗付天難逆睹，忠貞在我自須堅。十年祇爲君恩重，空負青山山下泉。

其二

一榻陰房昏霧烟，去來縲紲步蟬聯。敢於獄牘言無罪，却遇朝紳訝有緣。時鴻臚卿張俊等亦同逮至。望久瞳矇[二]開户鎖，坐殘榾柮擁爐磚。不知憂患今何日，得句揮毫總豁然。

其三

桎梏胥靡負罪臣，偶然為伴坐相親。桮傳户罅午初飯，榻占墻隈晚自陳。老屋閱囚應識我，疏窗透月似窺人。相逢不用相憐惜，此地劉球亦碎身。

其四

坐餘還起起還行，鐘鼓朝朝暮暮聲。日到天窗分座暖，風生鐵户步階清。庭闈繚繞愁中夢，宮闕岧嶢望裏情。獨有胸中耿耿在，江湖廊廟總來輕。

校勘記

〔一〕"及"，明刊本作"反"。
〔二〕"矇"，明刊本作"朧"。

九日登榆林孤山堡城樓驟雨有懷
仲平用晦諸君子

塞外危樓有路通，十年書劍老英雄。飛雲忽送孤山雨，短髮遙吹北海風。道在古今行不易，身於俯仰愧無功。多愁對酒不能飲，把菊登臨憶數公。

晚步天津橋

山光翠壘老龍鱗，故國遺墟草自新。世事盡隨伊闕水，行人猶踏漢宮塵。北邙高冢元無主，金谷殘花不繫春。却恐杜鵑今再至，天津橋上客傷神。

洮州即事次韵

十年奔走笑龍鍾，苦爲思親意欲東。麥酒薄難消土瘴，狐裘暖亦透山風。衙無人迹塵難掃，庭有民詞譯爲通。外侮不生真在我，防邊何必念邊功？

游華山

塵寰名利漫紛紛，到此何曾入耳聞。井泛紅霞蓮十丈，泉生香霧酒三分。山泉有三分酒氣味。道人慣續登仙譜，俗士空傳佞佛文。有作寺碑極稱佛氏之盛者。未向泰山小天下，欲登高頂看浮雲。

贈岷州張憲副世亨時世亨將赴長安

法臺坐鎮三千里，士飽民歌已六年。洮水南分羌部落，鐵城西控漢山川。欲教夷俗全歸夏，力挽文風不似邊。君去長安尋舊約，我歸曾未卜春前。

題相承奉山房

疊石移松帶野烟，偶然來坐晚涼天。山房真有山家趣，欠我藜床半日眠。

出　城

兩鬢塵埃也出城，春畦處處水流聲。漫穿綠樹陰中去，憶得家鄉山裏行。

題通渭王宗器東墅墅有留雲塢、貯月龕

野名東墅在城東，野色全歸一墅中。留塢暖雲春草樹，貯龕明月夜簾櫳[一]。門前問字青衿子，坐上鳴琴綠髮翁。欲向主人問名姓，王維詩書總能工。

寄贈周司徒先生致仕

直言何暇計身危，宮宴民田帝罷之。成敗付天難逆睹，是非於世本無疑。廣州[二]書著歸家後，司馬名高在洛時。却恐蒼生望恩澤，東山不放久栖遲。

過白樺嶺

半日行難盡，高低險復平。草深疑地軟，雨罷覺雲輕。空谷驍輿過，深林虎豹驚。山頭聊縱目，萬里一川明。

題岷州梅川館壁

霏微烟雨送秋寒，倦愛幽窗一榻閑。學語嬌鸚驚午夢，移床煎茗看青山。

宿李氏山莊二首臨洮

曉悉雨滑岡頭石，暮厭風吹澗底沙。溪上水田通一路，應知不遠有人家。

其二

石磴高攀數十層，柴門俯瞰萬山青。明朝城市逢人處，先問曾來到未曾。

文縣題壁

石磴攀緣上，江流咫尺間。我今行者路，人不到之山。秦蜀陰平道，華夷玉壘關。臺端布恩德，氐羌總同歡。

過乾州

道上行人歇馬時，空山處處有殘碑。乾陵故事應無數，祇問當年竇女祠。

秦州有懷宋惟寅胡用晦二兵備次壁間韵

宦途未了奔忙債，又挈妻孥隴外游。滅寇[三]愧無充國計，感時惟有杜陵愁。故人相見歲年晚，旅舍獨吟風雨秋。欲向飛鴻傳一札，滿塘蘆荻恨遲留。

題馬四首

曾經百戰出邊頭，老放南原晚不收。爲問主人今在否，將軍多日已封侯。

其二

前年得之大宛野，人有相曰此龍也。漢家苜蓿春飽餘，須付天下能騎者。

其三

霧鬣風鬃自有神，天閑十二更無倫。千金不用君王價，祇願常留識馬人。

其四

獨立團團似黃鵠，當面雙蹄削碧玉。飄然自有萬里心，玉勒金鞍莫裝束。

次東坡雪韵二首

滿積平原已没鴉，忍寒開戶覓柴車。鮫人十萬揮珠泪，神女三千散寶花。大地鏡光天照影，巴江春浪海爲家。趨朝欲步長安陌，先問行人路幾叉。

其二

弱瓣如花放六纖，透窗聲勢逼人嚴。西昆夜剖千山玉，北海春生萬木鹽。胡中有木鹽。僧屐滑愁迷舊齒，市樓危恐墮飛檐。豐年欲譜農家曲，禿盡吟毫幾凍尖。

孝宗皇帝挽詞次太僕少卿儲巏二首

圖治心方切，乘龍去不留。詔開三日哭，服脱百年憂。率土思宏澤，諸臣仰聖謀。且言十八載，曾有一盤游？

其二

九重坐清晏，萬里燭幽陰。禱雨齋初罷，憂民疾轉深。渴求仙掌露，帝渴極，索水不可得，遂崩。泪灑御床金。畏是庸醫議，微臣極痛心。

宿黃金渡在漢中羊縣

馬踏雲窩裏，人穿石罅中。天因秦嶺狹，山爲海江空。明月池邊雨，黃金渡口風。野亭門不鎖，滿地夕陽紅。

其二

幽亭戶掩殘燈火，久坐寒生天[四]寂然。吟罷新詩無處寫，月明獨枕漢江眠。

晚坐聞雁約張用昭登金童山山在岷州

春雨生泥罷出游，小窗疏竹晚來幽。家書每向烏占喜，客枕那堪雁送愁？幾日吟毫曾著硯，經年文案是埋頭。故人欲共壺觴約，一上金童百尺樓。

益綿壽祉卷嘉謨父没而母在堂，褒詔有"益綿壽祉"之語，故取以名卷

晚[五]來褒詔下承明，母氏劬勞此日情。髮薄翻嫌珠翠冷，先教滿額抹烏綾。

其二

萱花閑愛手親栽，事事無憂稱老懷。鄰媼不妨時過我，吾兒頻寄俸錢來。

其三

邊頭少有江南客，隔歲家書到五原。書言老母春來健，氣力猶能抱大孫。<small>時嘉謨在五原。</small>

哭胡用晦<small>陝西僉事，名倬，廣西桂林人</small>

燭下作書猶寄我，鷄鳴便死竟何爲？千里弔喪惟有泪，一春極痛不能詩。孤兒幼婦行囊薄，瘴雨蠻烟旅櫬遲。昨夜分明來夢裏，掀髯笑語似生時。

次韻惟誠述懷之作兼寄山東惟正

懶病春來入背腰，好山何處買堪樵？聞君近日思湖海，愧我多年戀市朝。遠道有書通問訊，陋風無計變荒要。山東更是停雲地，欲買千鍾一醉堯。

校勘記

〔一〕"籠"，明刊本作"櫳"。

〔二〕"州"，明刊本作"川"。

〔三〕"寇"，明刊本作"虜"。

〔四〕"天"，明刊本作"山"。

〔五〕"晚"，明刊本作"曉"。

博趣齋稿卷九

臨洮有懷蘭州彭濟物次希賢李提學韵

空庭獨住興遲遲，白雪黃花亦自宜。時八月十七二^{〔一〕}，大雪開菊^{〔二〕}。病裏得閑惟欲睡，忙中過此久無詩。何年匹馬辭官去，故里秋風動客思。可奈懷人頻入夢，停雲咫尺大河陂。濟物住黃河岸。

臨洮摩雲嶺

路襲香蕉幾曲深，攀緣更上百千尋。遠歸中國分夷夏，雄峙西垂閱古今。風樹祇疑龍虎鬥，石泉還訝雨雷侵。地寒似少陽光照，無限憂民感慨心。

蘭　州

百年邊郡依秦塞，萬里神州擁漢關。城壓風濤星宿海，樓傳烟火賀蘭山。詩書燭影連歌誦，車馬鷄聲動往還。禾稻秋來遍原野，家家流水碧潺湲。

邃庵楊公名常君承恩巡按察院之亭曰思亭作詩一首留別次韵爲贈代兩司作三首

吏事何妨文事兼，書聲深院出疏簾。祇知開卷聖賢對，自遣聞風虎豹潛。發廩濟飢親歷遍，隨車得雨頌聲僉。獨慚潦倒成何用，華髮春來出帽檐。

其二

胸襟自是出塵樊，堪爲吾皇撫一藩。吏散讀書移小座，飯餘挾矢向西園。察微雖盡心原恕，念舊多謙德更尊。王旦韓琦勛業重，每逢客處愛談論。

其三

判筆如飛豈用思，簿書全不礙吟詩。心如賈誼長憂國，才似姚崇欲救時。風采祇今人共仰，姓名當日帝先知。從來輦轂須彈壓，豹尾車旋去莫遲。

其四

名利何曾一入思，案頭惟是有書詩。民心益戀將歸日，臺法全如始至時。關隴鸞車天子召，京師驄馬路人知。清風驛館無餘廩，父老都言見此遲。

留別張用昭<small>次前韻</small>

君在秦中繫我思，我思便取讀君詩。東來落日相逢處，此後秋風獨往時。世有常情真可笑，心非同道豈能知？與君十載通家舊，訪我休來虎谷遲。

謁先塋有作

游子歸來兩鬢華，獨隨父老步岩呀。清泉出澗鬼神鑿，<small>先塋東岡正德九年忽出一泉。</small>老樹同根龍虎拿。<small>始祖四子，各種一樹，今合爲一根，盤屈甚奇。</small>三十六峰皆拱護，東西南地最幽遐。須知忠孝傳家事，祖澤蟬聯詎有涯？

再到郃陽看竹

此君重復見，似有故人情。歲久節愈勁，春來笋自生。新枝含雨潤，疏葉散雲輕。相對不知夜，華山孤月明。

送　客

春濕蒸雲雨散絲，飄飄游子別離時。愁看陌上青青草，送盡行人總不知。

題《許由棄瓢圖》

天下於身本無累，何須逃遁住空山？匏瓜自是無聲物，却被先生挂樹間。

書隴州故關巡檢司壁

泉聲樹色擁行車，問到關頭吾祖家。故事尚傳當日叟，近年初改舊時衙。前山鸚鵡何言語，別院梧桐幾歲華，冢上有松今已拱，不堪揮泪夕陽斜。

> 先祖諱義，成化二年任陝西隴州故關大寨巡檢，考滿告致仕，卒於家。二十三年贈吏部驗封司主事，弘治三年贈奉直大夫、驗封司員外郎，十年贈太常寺少卿，十三年贈户部尚書。
>
> 十七年夏六月九日，陝西等處提刑按察司副使、整飭洮泯等處邊備孫雲鳳謹書

秦州逢隴州閻允中

握手關頭夕照紅，寥寥孤雁度長空。莎平初罷昨夜雨，野曠不知何處風。鸚鵡飛看來隴上，鳳凰鳴合自岐中。十年憔悴君何往，一日離愁我向東。

岐山道中

岐下山川自不同，西來瞻眺未能東。地非漢故空陵寢，民是

周餘近鎬豐。欲聽鳳凰鳴曉日，又看禾黍動秋風。平生吊古情無極，千載興亡一望中。

謁休庵王司馬祠

數百年來一俊英，乾坤何處不知名。鐵衣禦虜人皆壯，赤手屠奸帝亦驚。南甸閭閻思父母，西垂部曲號神明。黑頭乞老誰能挽，却使虞廷瓦釜鳴。

雙鶴前導

遼庵楊公謁正學祠，因過書院。院中雙鶴整步前行，左右相對，若導引者，自書院二門至分司堂上而止。次楊公《入關詩》韵以紀之。

填巷衣冠斷往還，仙禽亦有意相關。下堂共引墀中道，入座分趨屋外〔三〕山。整步似嚴今日禮，回頭應認舊時顔。招呼欲問翻成嘆，飛上松梢〔四〕不可攀。

子午谷

馬前銅笛轉山〔五〕頻，樹〔六〕底行沿漢水濱。又〔七〕喜晚炊來子午，曾經春雨憶庚申。庚申正月到〔八〕此。采茶詞苦穿林女〔九〕，放獺聲高蕩槳人。却恨妖容幾喪國，拂衣猶有荔枝塵〔一〇〕。水邊人放獺取魚。子午谷，唐取荔枝路。

《思〔一一〕榮宴歸圖》爲呂郎中作次王侍郎茂學韵

有詔開筵禮部衙，登堂揖讓坐無譁。巾袍進士皆持笏，冠珮諸公總戴花。美酒頻來良醞署，清歌盡出教坊家。柳垂桃綻長安路，宴罷歸來意氣賒。

次吉惟正山居有作韵

清尊獨共白雲斟，雨過微凉受滿襟。野坐但教長對客，書齋何必要藏金？月來庭竹婆娑影，風拂山泉斷續音。今日紫薇花似錦，一枝誰念在空林？

灞陵別諸生

七年兩度領生徒，淺薄深慚教未敷。自是文章關氣運，敢將道德作師模。三秦豪杰周多士，八郡弦歌魯有儒。莫苦追隨終是別，秋風斜日灞陵途。

黃河西岸別胡鎰牛斗韓邦奇邦靖

曉看太華半山雨，晚步黃河兩[一二]岸風。七載宦游無可述，一時佳士遠相從。談經訓詁詞章外，論道精粗巨細中，此地不堪重回首，沙雲初起夕陽紅。

蒲州普救寺別景良弼

古寺秋風酒一杯，河聲山色坐中來。相携更上高原望，多少園亭畫裏開。

次王宣溪韵贈愈光[一三]

病目相求劍佛堂，隔簾曉日正蒼蒼。論詩總愛杜工部，學字曾臨朱紫陽。過我偶然留共飯，劇談何者敢呼郎。魏冠緩步長安陌，多少行人看拱翔。

次邃庵先生韵送希大

篆疵詩病賴君修，君有才今第一流。秦晋合歸平子賦，山川都入馬遷游。一尊別我愁應結，千里尋詩願已酬。東去牽攀總無計，片時欲借華峰留。

次希大留別韵

仙斾遙瞻隔岸船，此游真足壯山川。詩如杜甫高難學，篆似陽冰妙不傳。曉色遙開秦嶺樹，晴光忽起灞陵烟。追隨千里何堪別，一夜心飛上黨前。

校勘記

〔一〕"二"，據明刊本當作"日"。

〔二〕"開菊"，明刊本作"菊開"。

〔三〕"外"，明刊本作"兩"。

〔四〕"梢"，明刊本作"巢"。

〔五〕"轉山"，清雍正《陝西通志》卷九十六《藝文》作"數聲"。

〔六〕"樹"，同上書作"柳"。

〔七〕"又"，同上書作"且"。

〔八〕"到"，同上書作"過"。

〔九〕"詞"，明刊本作"調"。"詞苦"，清雍正《陝西通志》卷九十六《藝文》作"路曲"。

〔一〇〕"拂衣"句，同上書作"荔枝飛騎不沾塵"。

〔一一〕"思"，據文意疑當作"恩"。

〔一二〕"兩"，明刊本作"滿"。

〔一三〕"愈光"前，明刊本有一"張"字。

博趣齋稿卷十

謁孔明祠

中原無處不兵戈，獨向江[一]頭抱膝歌。醜女祇將才作配，將軍須待駕頻過。圖中龍虎真難測，身後桑田未肯多。兩表久無曹父子，一星還殞漢山河。青天白日神長在，宋碣唐碑字欲磨。寂寞荒祠儼遺像，行人不去意如何？

贈陝西巡按秦民望遷保定知府走筆次強長史景明韻二首

去歲春來今及秋，一時名重此山丘。除奸力似千鈞弩，容物心如萬斛舟。郡縣每驚傳號令，閭閻頓喜免誅求。送君欲酌寒泉水，曉露清霜作脯羞。

其二

驄馬重臨識姓秦，先[二]在陝西盤糧。三秦山色一時新。日長村巷門無吏，秋盡邊關騎不塵。此去聲名留野頌，向來風采動朝紳。漢家黃霸終爲相，未必今人讓古人。

庚午正月十一日郊祀分獻帝王壇

聖代最嚴郊社禮，儒臣叨獻帝王壇。殿開樂奏迎神曲，駕過班聯助祭官。十六位分同俎豆，自伏羲至元世祖。萬千年共仰衣冠。焄蒿真見洋洋在，一寸精誠已極殫。

送柴墟致仕正德庚午春二首

柴墟一病辭官去，江上春光似有期。十載風塵翻應別，半生踪迹最難知。祇憐客舍養親晚，未信名人得子遲。今日君恩何以報，會看身健再來時。

其二

柴墟每愛評人物，此是何等之襟期！一別數年勞夢想，相逢無語祇心知。時劉瑾用事。河開忽報辭朝去，馬病深慚出餞遲。海內交游今有幾，追隨應趁黑頭時。

送曹益之西歸

儒家詩禮將家兵，信口高談滿座傾。冀北麒麟今讓價，江南草木舊知名。益之曾游江南。雲山每憶故人面，風雨那堪此日情。聞道朔方傳羽檄，從容籌策在茲行。

送戶部尚書劉用齋致仕

近山本是讀書人，偶入塵埃誤此身。名利紛華雲漠漠，歸時一似到時貧。

次翰林劉舜卿韵四首

二十餘年祇浪游，長雲漠漠水悠悠。今朝始得歸家去，家在太行山上頭。

其二

君家交誼已多年，最羨文章父子傳。字不經師皆古老，詩非着意亦新鮮。

其三

世事難於陸地舟，何如扶杖看田頭？秋來病不能騎馬，賣馬歸家買一牛。

其四

十日餘程便到家，頭巾新浣舊時紗。閑中得句將誰寄，先寄長安劉探花。

吳主事廷勉先以考察降調國子監博士劉瑾死
改正仍食六品俸予歸山廷勉乞詩雪中作此

蒲田博士吳廷勉，每究遺經至夜殘。帳下生徒留不去，世間名利似無干。九重詔許新加俸，六品銜依舊改官。太學半年勞補助，那堪離別雪漫漫。

聞伯安自貶所召至京

一別天涯經幾載，多憂應是不勝臞。朝陽曾睹岐山鳳，明月遙歸合浦珠。報國心勞難措手，在堂親老莫捐軀。年來學道今何得，可寄微言滿紙無？

曹綉衣奉敕閱試邊關時正德七年五月也事竣
回朝作此送別

齊魯同游憶昔年，偶逢皇命遣巡邊。帳前弓箭三軍月，臺下風霜五月天。正喜鷺車來赫赫，忽看胡馬去翩翩。中原莫道無征戰，却恐貪饕未改弦。

送解銀張主事歸蒲省親

六轡西飛擁節旄，出關風雪未辭勞。文章自得山川秀，名姓頻題甲第高。邊塞喜看金作餉，庭闈欣見彩爲袍。皇家使者非無事，須采民風達聖朝。

趙　女賊射其一目、斷其一臂而死。以下四人俱潞州

頻墜雕鞍誓不行，衆憐玉貌喜還驚。眼明睨賊睛投地，臂奮迎刀血射營。一路罵聲惟至死，明朝面目尚如生。兩年被虜誰家女，笑語看人半醉醒。

袁　女年十六歲

幾人全節亂離世，此女捐生幼稚年。可怪雄山靈不祐，竟同程氏死堪憐。袁女與程氏同避雄山。賊來逃避將軍怯，筆下褒揚戚里賢。我欲題詩吊貞烈，一丘風雨草芊芊。

程　氏賊倒曳之里餘

肩輿高坐太平人，賊報飛傳却被嗔。豺虎到山翻得勢，鴛鸞入網豈堪馴？玉膚綻裂隨沙石，猩血淋漓染路塵。却笑山東冠帶國，驅車策馬去朝秦。

平　氏投井而死

山前翠黛走縱橫，投井遙令賊盡驚。百尺香泥珠不浣，一泓清水月長明。此生身獨關風化，數日人皆識姓名。女子翻能生草野，丈夫幾見出衣纓？

贈遼州守楊澤民

上黨春寒草木遲，喜聞官長惠無私。萬千山裏來何暮，二十年來再到時。兵火幾經先軫廟，風雲長護祝融祠。因君欲訪遼陽勝，可奈公家事有期。時予將赴山東。

神　劍

寶劍愈磨鋒愈利，祇因本性最精堅。若教正氣能磨得，孟子何爲説浩然？

題致仕禮部同老孫彦明鳳山書院

天下雖多湖海勝，邊頭亦有鳳凰山。雲霞低覆仙人住，猿鹿都隨野客閑。少小交游驚鶴髮，彫零僚友憶鵷班。高名正爾人傳誦，不用思鄉便欲還。

合山奇泉

四月清和雨霽時，來携父老拜神祠。四月四日懿濟聖母誕辰，故云。檐前燕雀多新壘，橋畔松楸祇故枝。環抱東西南壁合，周回三十六峰奇。靈泉兀突經今古，旋渴〔三〕旋流誰使爲？

同喬白岩胡菊水游華山白岩登西峰絶頂
余與菊水先歸次菊水韵

欲剪溪頭一段雲，陳摶洞口坐清風。□□〔四〕裂石寸步險，山到中天咫尺分。日月崖寒晴作雨，□□□□〔五〕寂如曛。白岩獨登西峰頂，費我招呼總不聞。

游石門峽二首

一代經綸誰手段，萬山泉石我襟期。民租既了吏歸後，社酒初成客到時。曉望遠隨天漠漠，春閑偏愛日遲遲。麻鞵麥帽枯藤杖，數卷圖書老不衰。

其二

濟世無能合罷官，百年容我一柴關。花香近繞讀書處，雲氣長生坐榻間。容易豆羹榆鬻飽，自然溪鳥野翁閑。春游帶斧聊尋藥，午睡開門亦看山。

游石門峽與白岩<small>喬少保聯句六首</small>

滿山旌旆迓尚書，<small>王雲鳳</small>還爲中丞訪舊居。桑梓百年連蔭澤，<small>喬宇</small>雲烟雙鬢老樵漁。閑中尚有憂時念，<small>王雲鳳</small>野外豈無供客儲。笑語怪來留竟日，<small>喬宇</small>江南一別幾居諸。<small>王雲鳳</small>

其二

緑樹森森響澗泉，<small>喬南曹</small>詩興最超然。千岩萬壑兩笠子，<small>王</small>百歲幾人雙錦韉。度嶺片雲生脚底，<small>喬</small>投林飛鳥過人前。何年再續看山約，<small>王</small>細認苔莓石上篇。<small>喬</small>

其三

山上長風受滿衿，<small>王</small>好奇隨處且登臨。懸崖有寺空中出，<small>喬</small>古竈遺丹洞裏尋。匝地寒烟日欲下，<small>王</small>連天芳草霧初深。褰裳踏遍藤蘿徑，<small>喬</small>拄杖搜窮虎豹林。<small>王</small>

其四

歷歷嵐光眼纈明，<small>喬</small>覆頭麥帽著風輕。蒼松老柏幽人趣，<small>王</small>涉水登山道者情。可是岩深堪避世，<small>喬</small>止緣身狀欲逃名。感君百里相過意，<small>王</small>愛向栖鶯聽友聲。<small>喬</small>

其五

走馬吟詩按轡書，<small>王</small>髯仙健興復誰如？雄談便覺風雲繞，<small>喬</small>

多病唯將參术儲。白髮愧無匡世手，_王碧山須有傍岩居。向來看盡浮雲態，_喬富貴功名念已除。_王

其六

久向名山感地靈，_喬行聞樹底水泠泠。雨餘近愛雲堪卧，_王酒罷凉便石可醒。蘋藻歲時常入祀，_喬羽毛州郡每充庭。百年獨愧誰稱杰，_王共説□□□五經。_喬

游懸空寺聯句 二首

千丈飛崖石倒垂，_喬酒酣偏傲亦題詩。白雲片片來無盡，_王青嶂亭亭屹不移。南有齊雲堪并駕，_喬北看古柏可同奇。奇雲、古柏，俱岩名。塵襟頓覺空如洗，_王一覽蒼茫興未涯。_喬

其二

萬山培塿手堪摩，_王俯看烟雲罩薜蘿。鬼斧有痕開石髓，_喬仙槎無計泛銀河。雄風繞樹聲難斷，_王絶磴盤空勢不頗。却愛招提最高處，_喬留君不住奈君何？_王

校勘記

〔一〕“江”，明刊本作“岡”。

〔二〕“先”前，明刊本有“民望”二字。

〔三〕“渴”，據文意疑當作“竭”。

〔四〕“□□”，明刊本作“路穿”。

〔五〕“□□□□”，明刊本作“玉泉院午”。

博趣齋稿卷一

文　集

上〔一〕楊太宰書

伏惟晋位太宰，竊惟〔二〕天下慶而不敢奉問者，非敢效劉元城不通司馬公書之義也。以時事多端，每一把筆，輒長太息而止，又不欲瑣瑣作世俗寒暄語，是以因循至今，失禮殊甚，負罪殊甚。近於咨文中始見升少保，益慶位之愈崇而志之可大行也。山中屢聞忠讜之言，近者留王昂一疏尤爲人所傳誦，不聞唐介初貶之時潞公有此也，執事於是乎加人一等矣。然介雖貶，數月之間兩轉，未久而復其殿中侍御史，今王昂既不獲還之青瑣，則推薦超升在執事筆端焉耳。他日秉史筆者書此一行，豈不足以照耀今古哉？

每恨李文達近稱賢相，然惡羅倫淪落以死，擯岳正坎坷終身，而極貪之陸布政反得峻擢。今文達之富貴安在哉？一時快意可略也，前輩影樣之多、後人是非之公可畏也；一人私情可略也，天下指視之嚴、史氏紀載之實可畏也；一身極榮極貴極富可略也，每日光陰之易去、過者不可復補〔三〕、百年歲月之無多、來者未必可追可畏也。且用舍之間，士風所繫，扶持正人則善類慶而士風以振，獎進邪人則善類沮而士風以頹。竊恐有奔趨富貴、飫餤利達之人，相見之際，非稱功頌德之詞，則乞憐求官之語，未有以直諒之言達於德聰，以古人功業望執事者，故雲鳳敢布其愚焉。惟雲鳳於執事可以此言進，故不復忌諱。

雲鳳迂陋孤踪，叠辱薦稿。今蒙委以巡撫重寄，感激之餘，慚懼交至，久病殘喘，豈堪任事？不敢祇受，輒用上陳，迂拙情詞備見奏疏，伏乞賜覽，便見愚衷。向者臨歸，寺中拜別，妄有"看不得，幹不得"之言，此雲鳳之本心也。況今兩耳全聾，調治不痊，祇當耕田納稅，爲畎畝之餘民，養親讀書，忘歲月之不我，豈有夢寐更著冠束帶耶！伏望老先生周旋其間，以必得遁藏爲幸。萬一未獲如願，必至再三，瀆而後已。非但家人往返勞費實多，而干聒左右，未免煩擾。惟俯垂憐念，縱猿鹿於林莽之外，投魚蝦於澔沔之中，使各得其性焉，則雲鳳未死之年皆執事之賜也。倘執事他日解重而南，雲鳳尚當杖竹跨驢，候閣[四]下於待隱之園。或隨杖履，登金山之巓，把酒酹[五]江，以吊千古之豪，豈不快哉！官之崇卑有無，何足挂之齒頰間也。

近聞群盜盡平，天下蒼生之慶，此固諸君子之力，而執事運謀發踪、知人用賢之功當受首賞。然釋楚之懼、平吳之憂，古人蓋有深意，而外患既寧，則有識者尤未可高枕而卧也。

又此書見《藝海珠塵》，集中失載，補刊於此。後學魯變光注

蒙賜手札，教以出處之義，開悟不肖至矣。但賤疾委不堪任事，此身一出，必升他官，若行正君救民之志，盡讜正之言，施澄清之政，則"立異好名"謗言必至，交口騰沸。撩蛇虺之頭、虎狼之尾，亡身喪家而無益國事，智不足保身，死不足善道，非孔門之訓也。若遜言恭色，取悅於人，塗罅塞漏，小補於事，倘不幸而洊至顯位，滔滔皆是，謇謇難容，毀方爲圓，枉尋直尺，危而不持，顛而不扶，既不得去，又不得死，以數年之寵榮而喪一生之節，以一家之温飽而喪一身之節，孔光、張禹之徒可以鑒矣。益明哲保身之説可言於卑微疏遠之時，而不可以言於樞要華近之後。雲鳳今日出與不出，乃一生死關頭，不可不慎。伏望臺

慈令雲鳳爲未老致仕之錢若水、文天祥，不使雲鳳犯魏桓生行死歸之義也。雲鳳今年五十二歲，假有七十之壽，不過十八九年。欲於此十八九年間汲汲力學，冀有寸進，入山惟恐不深，閉門惟恐不堅，豈暇更問天下事哉！

手札有來年索我金焦之諭，斯言也，有麟鳳不可羈縶氣象。在執事官居極品，汲黯所謂"已在其位"者與？雲鳳輩不同，祇當正心治身，使在我無纖毫罅隙可議，然後直言正論，犯顏極諫，凡事以身當之，至大利害以死決之，求死不得，乃以罪請，斯合致身授命之言，平日讀書不爲空言。杜子美贈一裴道州而曰："早居要路思捐軀。"古人忠於國者其相勉如此，所以相敬相愛，非以相病也。雲鳳雖不才，豈肯出杜子美下哉？故爲諛言諂[六]辭，勸執事保富貴身家者，兒童婦女之見，失可爲之時，喪蓋有之譽，非真愛執事者也。雲鳳欲執事盛德偉業與古人臣等，敬之至也；不欲執事虛居此位，愛之至也。

每見今之君子高爵厚禄，罔念國事，所急者修怨報恩，昵邪害正，自以爲善處世而不知陷於胡廣之中庸，自以爲善處事而不知陷於王導之周旋。天下蒼生無可頌之功，賢士大夫無可述之善，卒之身死而名不稱，無足效也。然雲鳳此言亦未審尊意何如，若以爲然，非雲鳳之幸，乃國家之幸，天也；倘以爲狂妄訛訕，非雲鳳之不幸，乃國家之不幸，亦天也：天與國家必有意矣。

書德華《文章正宗辯》後

宋西山真氏集古人詩文作《文章正宗》，蓋爲專攻文詞者設，與昭明《文選》、姚鉉《文粹》用心無異。至其《自序》，乃曰："學者所以窮理而致用也。文雖學之一事，要亦不外乎此，故今所取以明義理、切世用爲主。"則以儒者體用之學濟其說，而未勉〔七〕歧而二之。

　　夫聖賢所以相傳者，道而已。是道也，其功用極於育萬物、贊天地，而其實不外乎日用行事之間。故聖人既有是道於身，則自日用行事，以至所以育萬物而贊天地者，固已焕然其明盛而不可掩矣。若堯、舜、禹、湯、文、武、周公〔八〕之禮樂制度，威儀言辭，與凡見諸事、形諸外者皆文也。孔子曰：“文王既没，文不在兹乎？”文者，道之可見者也；而言辭者，尤文之可見者也。故六經、四書，儒者謂之“文”；誦説其文以求其道而體之於己，儒者謂之“學”。學者誠知所以學而得夫道，則所謂“文”者將復自我出，豈特言辭而已哉？若以文爲學之一事，則是孔門之徒皆將操筆學爲文詞，而不知儒者之學固未始有□〔九〕於文，而徒學爲文者固不得竊學之名也。蓋自三代之教廢而儒者之學不講，世之人徒見聖賢言辭之無弊、流傳之無窮，心慕而竊效之。然不知深探源本〔一〇〕，於是乎秉筆締思，日積月累，久而既多，編之成書，則自視以爲天下之文不吾過矣。轉相授受，仿效成風，千有餘年，使才質高明者不得進爲德義之儒，而資質庸下者不得守爲謹愿之士。

　　至於有宋，真儒迭起，講明聖學，一洗其陋。其友輔之，其徒和之，所見雖有淺深，所就雖有高下，要皆能辨於二者之間，而知所取舍矣。真氏生於諸儒之後，號爲大儒，而不能拔於文詞陷溺之中，反又從而文之。子曰“惡紫之奪朱”，似是而非，有誤後學。非若昭明、姚鉉爲淺薄之士，而《文選》《文粹》出於文家之手，固不足重輕也。其辭命、議論、叙事，德華辯之悉矣。其詩賦曰“三百五篇之詩，正言義理者無幾”云云。蓋詩者，人心之感物而形於言之餘也。人各言其志，故有是非之不同，而無工拙之可言。誦詩者諷咏之間，既有以因其言之是非，而知其心之邪正，以爲言之所當取舍。然必窮理慎獨，真有好惡之誠者〔一〕精察之久，實能爲善去惡，而後性情之正有可言者。故古人必十三誦詩，久而後能有所興起，其次第之不可紊而功效之難如此。今曰：「諷咏之間，悠然得其性情之正，即所謂義理爲言，亦傷《易》矣。」又曰：「後世之作興寄高遠，讀之使人忘寵辱，去係吝，翛然有自得之趣。」此蓋後世耽吟之流溺意詩句之間而不知其他，所謂「但覺高歌有鬼神，焉知餓死填溝壑」者，實非有見於道、安於命，胸中自悠然灑落而無寵辱係吝之可言也。

至若朱子「詩有三變」之説，蓋爲答鞏仲至之問，雖其論極盡詩之本末取舍，其意則以爲使今之作詩者能如此，亦庶乎不失古人遺意矣。豈可謂詩乃朱子之所取，學者必不可不作，而爲學之一事乎？且朱子嘗欲注莊文矣，使其書成，必能尋究其病根之所起，體貼其旨意之所在，而大有取舍於其間。蓋窮理者必如此，然後是非功罪可得而定〔一二〕也。亦將謂朱子教學者以學莊乎？況真氏雖自謂以文公之言爲準，乃不分三等，兼失之矣。

或曰：「如子之言，則孔子所謂『則以學文』『博學於文』，周子所謂『文辭，藝也；道德，實也。篤其實，而藝者書之』皆非歟？」曰：孔子所謂文，《詩》《書》、六藝之文，格物致知之謂也。若「文莫吾猶人」，則專以言辭而言，若宰我、子貢之言語者耳。真氏言文，乃作文章之文。然作文之文與周子所言之文雖若不異，而所以言之實不同。周子之意，秖謂學者當先篤其實、明其道而後可以言其言，亦不可不美。而所謂美者，則亦善其辭説云耳，非謂有志於求道者又不可不學文也。不觀朱子之言乎？人之才德，偏有長短，其或意中了了而言不足以發之，則亦不能傳於遠矣。故孔子曰：「辭達而已矣。」程子亦言：「《西銘》，吾得其意，但無子厚筆力不能作。」然言或可少而德不可無，有德而有言者常多，有德〔一三〕不能言者常少，學者先務亦勉於德而已矣。此其緩急本末、輕重取舍，學者所當潛心也。

跋《五清書舍記》

內江素庵先生劉公在山東臬司作書舍，居其子瑞，名以"五清"，自爲記與詩，且曰："學者，所以學聖人之道。舜何人也？予何人也？有爲者亦若是。"其所以望於瑞者不淺矣。今二十餘年，瑞之學有大過人者，其不負素庵之教矣！

昔韋齋將没，屬其子從某游，從某游，晦庵卒爲大儒，光於周、程，至今學者嘆晦庵之能成父志，韋齋之能知其子也。非知子之難，成父志之難。晦庵之孤十四歲，瑞之孤十三歲，實素庵作記之明年，吾又嘆其迹之同而益不可不勉也。

魯齋仕元説

世多議許子仕元者。昔者孔子嘗之楚，楚，夷也，猶夫元也。若昭王卒用孔子，孔子相楚，必有用夏以變夷[一四]之道，將不周於東而周於南矣。許子於元，孔子於楚，一也。父子、君臣、夫婦、兄弟、朋友，人之大倫也。父子、夫婦、兄弟、朋友皆知不可廢，而獨於君臣廢焉？聖賢不爲也。元之不能相許子，斯民之不幸也。若責許子不逾垣閉門以潔其身，則孔子固曰："果哉，莫之難矣。"孔子之汲汲於世者何居？但許子雖聞道而未大，恐無立斯立、道斯行之妙。譬之捕虎焉，卞莊子操戈而往，則人知其必獲虎矣；里之丈夫執梃而往，則人知其必不能獲虎矣。孔子於楚，莊子刺虎也；許子於元，里之丈夫刺虎也，不爲虎傷足矣，然則許子隱而不出可也。

跋劉廷簹族譜後

予在太學，六館士多推舉人劉廷簹者，與之語，且省其私，謹畏而不妄出一語，勤於問學，達於事務[一五]，間以所作族譜相質。

予閱之竟，嘆曰：嗟乎！道墜教亡，先王之澤之泯也盡矣，豈特一端也哉？民之蚩蚩芬芬，苟無法以聯絡之，合其離而親其情，統於一而同其倫，則有不親其親而他人是親、不長其長而他人是長者矣。宗法者，亦先王教民以親親長長之道也。宗法必有族？今族譜世多忽之，雖世錄之家亦有不知其爲何物者。富貴相驕，貧賤相棄，忿怒相戕，往往親未盡而相視如途之人。嗟乎！上失其道而民散，豈特譜牒也哉！

廷簹之譜，援祖雖遠而有據，序族雖繁而不紊，其心故親親長長之心也。劉氏子孫觀此，其不興孝弟之念乎？廷簹其更以此心求先王治天下之大經大法。

矩庵記[一六]

古之學者，惴惴焉惟恐違乎道；今之學者，貿貿焉不自知其所爲。宗之讀孔氏書而有味焉，名其庵曰“矩”，余於是知宗之非今之學者流矣。宗之早有聲於南畿諸士子間，及舉於鄉爲第一，試於禮部、於大廷俱高第，文辭泉涌而雲敷，泳游經史而泛濫乎百家之言，夫號稱學者，於今之世如斯而已，其或知古之學。有所謂道者，則往往厭經書之勤，而專求之於其心，卒無據依，以墮於老佛之歸，至有實崇莊列、尚空虛，恐吾儒擯而不納，則頗援周、程而未免醜詆晦翁。嗚呼！其厚自誣而無忌憚也亦甚矣哉！

宗之將進於道，而有味乎“矩”之一言，是豈今之學者所及知哉！矩，法度之器。在人則自一心以至於一身之所具、日用之所接，凡有是物，必有當然之則，而非人力之所及者，是則所謂矩也。庶民去之，君子循之，聖人安焉。士希賢、賢希聖之謂學，學者所以求復是矩也。宗之自是收其放心，刊落浮言，讀書窮理以考聖賢已行之成法，慎於閑居之奧而察於應物之頃，朝夕自省於法度中，如古〔一七〕之惴惴焉者，則道在是矣。身與庵居，心與矩隨，此爲己之學，所謂古之學者也。余有感於今，烏乎不記？

補燭記

弘治柔兆執徐，八月哉生魄，余直夜祠部，吏人進燭。瞑目而坐，頃之瀝瀝有聲，乃睇焉，則燭之膚内溶而逆。案有故箋，裂而防之，以爲奇策，復瞑目坐。鐸巡者報一鼓，開目視，則炙箋離披，汁四潰出，循膚而下懸者纍纍如畫猿子母手接探澗果狀，墮几而蠢者若怪石枯松、層樓鋭塔，奇者若嬉而伏犬，最奇者若老翁負子，未角之犢奔而返顧，蟻蜂蚰蜒攀緣而上，其泛濫如江河、點綴如珠玉者不可勝數，而其勢潛然未已也。余曰："息焰可免乎？"吏請以末鹽補其缺，徐以其餘爲之垣。燭燼，不復壞也。

嗟乎！燭以堅爲體，以明爲用，以不壞爲材，吾之燭豈固不良於他燭也？内有所熾不能自制，而外無勁臣强藩相與周旋保持之，吾且閉目焉。故箋之防適以爲病，吾且以爲奇策焉，向非吏之請，其不爲棄物也哉？余於是有感焉。

治安之國，光大之朝，或登一匪人，行一戾政，則衆曉曉然訴，嘖嘖然議矣。及乎小人之黨既繁，而政之積弊益甚，耳目習慣以爲常，非惟不形之言，亦復不介於心，而風俗始變，國家始衰矣。庸劣之君冥弗之覺，方且以故箋治之者，世豈少哉！漢而唐而宋，千載一轍，吁！其可慨。夫鹽之價非貴也，吏之言賤也，而可使吾燭爲良燭，然則興治之策、拯弊之才，世未嘗乏，顧人不知用之耳。載籍稱"揚側陋""詢蒭蕘"，又曰"爲政在人”，余於是乎重有感。

平水書室[一八]記

樵者趨山，漁者趨水，耕者趨野，貨者趨市，所趨在是，其志在是，而樂亦在是。仕者趨朝，豈有異於樵、漁、耕、貨者乎？世之官師小吏，走塵土以事人，莫不足其志而安其樂。若有軒冕金紫之華者，則雖顛毛雪墮而猶以休爲諱，矧乎壯年高第立天子之廷，則其志當益遠，若健翮之視長空，駛足之走曠野，豈有不樂於其心而外其職位以爲樂者哉！

吾友安君行之居山西之平陽，家食時嘗一出郭游，而愛所謂姑射山者，遵山而左，得泉曰“平水”。始如青蚓素練，縈回於沙石、叢薄[一九]間，東流數十步，潺潺有聲，聲漸揚，勢漸大，而隴畝園圃之灌溉，禾稻桑麻之侵潤，草木魚鳥之憑藉，晴烟暝霧，秋蛩春鶯，幻變無窮，應接不暇。蓋每愛而不能去，去而不能不重來也，於是擇其尤勝者買田築室焉。今君宦於京師十年矣，乃遣繪者筆於素楮，廣不盈尺，其境鬱然而不窮，其趣悠然而有餘。時或披閱，則長吟獨笑，起而永嘆，不啻置身姑射、平水之間，而讀於其室。

吾觀今之君子以宮闕廊廟、簪紳冠珮形諸圖畫，張寵光、榮遭際者往往而是。君以進士爲行人，年未及强仕，名久則大，位登則崇，宜其樂之在此，乃記憶乎服韋布而蹲寂寞者無聊取適之具，豈君子之志獨異於人人，而所趣者非其身之所處也？抑君子志超乎人之上，與古之君子者爲徒，世固莫得而同也。古之君子修其道於身，而後用於天下，不用則斂而退，以淑人而善俗，是進亦有爲，退亦有爲，故有常樂而無暫憂。今之君子反是，進則爵禄之詡耀，退則嗒然無據，呫呫窮廬而已。君好學嗜善，名[二〇]節自礪，予嘗以爲有東漢諸公之風，仕於朝，不忘乎山林，不求於進，亦不求於退，惟其時焉。持君之志，安往而不得其樂哉？乃記之。

馬生夢記

平陽馬生生十年而母李亡，今四十年矣，日望望焉，若遠出而冀其返也。時或恍焉，若聲聞於耳，容接於目，則適墓而號，睹山光草色，聽鳥鳴獸啼，無非助己之哀者。嘗赴試太原，夢於途之靈石，見母衣敝，遂歸製而焫之。今歷事行臺，又夢於水清舟中，有告者曰："而母居是屋。"生趨視之，瘠傴於床，泣而覺。吾友歸[二一]伯玉爲予道其事，且以記請。

予曰：思而有夢，《周官》言之。生於母無日不思，當無寐不夢，而二事當亦道生之甚哀者耳！世教既微，事親鮮克以孝聞者。生且[二二]不能事，歾没而能思乎？生思其母而屢感於夢，則其思之至而哀之甚也。孟子稱舜之孝爲五十而慕，不遷於少艾、妻子，以爲難。今生之年且半百，而戚戚之念若孺子然，循是以往，豈非所謂"終身慕"者乎？吾聞生有父在焉，其所以供子職而致養者必有道。吾晋之鄙將薰而仁愛以敦其風，則爲世教助不淺矣。然古人論孝，推而至於忠事君、順事長，極而至於莅官敬、交友信，予又欲進生於孝之終始。

太子太保吏部尚書王公生祠記

太子太保、吏部尚書王公年九十，而公之子承禋作公生祠成。祠周垣五畝，前有門，有重門，復[二三]有圃。重門之內爲堂，肖公像。堂有東、西序，東刻《初止作祠》詩。堂前有亭，亭內碑一，四□□[二四]公所受敕。亭東、西碑二，一刻學士張元禎《底柱圖贊》，元禎以公特立若底柱，故贊以獻公；一刻祭酒劉震所作公壽像記。堂後爲寢，亦有序。寢後西偏有門達西園。

始公家居，築書室祖塋之傍，名曰"西園"，雜植松、柏、梅、竹，牡丹、芍藥諸花於圃，而堂序之間亦然。公六子，承祚、承祐[二五]、承禄、承祥、承禮、承裕，仕者致其禄、居者致其養於亭，若無以悦親者，故作祠焉。祠之費皆自爲之，不一煩於[二六]有司。每遇和適之時，奉公居於寝，率其子璿、璟奉觴爲壽，公甚樂也。先是，承裕作弘道書院以教諸生之秀者，諸生請公爲詩，以故諸生謁雲鳳爲記。

予觀於天下，宮室、臺榭、苑囿之盛惟關輔之間爲最盛，以秦、漢、唐皆在焉故也。今豈惟頹垣遺礎無一存者，乃并其處失之。大者若阿房、未央，且不知其所在，而况其他乎！祠之有無，不足爲公輕重也。公自進士爲翰林庶吉士，歷知府、布政、都御史、兵部尚書、太子太保、吏部尚書，或事君於朝，或治民於外，或平亂於賊寇之方殷，或賑饑於水旱之交至，憂天下之志如范希文，濟天下之才如司馬君實，直諫如汲長孺，惠愛如鄭子產。今年九十矣，猶考論經史，著述爲書，而一言一動必揆諸矩度。濟南伏生九十餘能口授經，衛武公朝夕儆戒亦九十餘，公與二人無不相似，此殆傳之終古而不朽者，然則公亦無待於祠也。雖然，古之賢人君子，今其鄉多有祠，或有像贊、圖記，亦惟其人焉耳。若公，後世觀於史見其事業之隆，讀其書見其論議之正，慨然有奮乎百世之上之嘆，則是祠也，是像也。嗣而葺之，繪而傳之，如今視古，不獨王氏子孫之私有也。此承禮之志也夫！

公名恕，字宗貫，三原人。嘗以"介"名其庵，學者稱爲介庵先生，晚自稱石渠老人。

岷州衛重建儒學記

觀於四裔，而後知中原聖人之化之深也。聖人之道，父慈而子孝，君仁而臣敬，兄友而弟恭，夫婦有別，朋友有信，有冠、昏、喪、祭之文焉，有禮、義、廉、恥之風焉，有鄰里、鄉黨周恤保愛之義焉。當其盛時，化入於人，如水之在地，浸漬充滿，無處不到；如春之著物，温和之氣薰蒸透徹，無一不足。聖人既往，猶不至泯滅，或有奇邪乖戾之民，則衆執而獻於有司。有司者據理考法，以論其罪。聖人之化至於如此，豈一朝一夕之故哉！

岷，故研種羌居焉，西夷也，舊以州統之。大明洪武中，曹國公取其地，降其人，號爲“熟番”，其在前元降者爲番民，總爲里十有六，又徙内地民一里以實之，不堪爲州，乃設軍民指揮使司，戍以甲卒萬而建學焉。民之徙者、卒之戍者居既久，舉止、語音與番民無大相遠，然秀且文者亦時有之。學在郭[二七]外，陋弗稱。按察副使張君泰守岷二載，疆圉修飭，諸戎和輯，乃相地之善，鳩材之美，徵工之良，重建於城内，殿廡堂齋既雄且麗。張君遷去，予代至，復作崇閣以藏賜書。予改提學，而張君天衢代，予不可無言告岷人。然孔子之道大矣，岷，夷也。予爲岷人告，不能誦其全體，姑舉其一節焉。

孔子曰：“言忠信，行篤敬，雖蠻貊之邦，行矣。”又曰：“居處恭，執事敬，與人忠，雖之夷狄，不可棄也。”此二端者，雖因子張、樊遲問而發，大抵忠信恭敬，人之所同具而頃刻不可離焉者也。行於夷狄者不可舍此，則凡有血氣者皆有之可知矣。岷人勉於是，而後讀聖賢之書，則予所云聖人之道，書皆在焉。以忠信篤敬之質求進於道之全體，雖中原之學者不過如是而已。予觀岷人，多欺而寡誠，習怠而崇慢，故告之以忠信篤敬以先砭其病，非但爲道之一節而已也。

中憲大夫、陝西等處提刑按察司副使、提督學校、前整飭洮岷等處邊備和順王雲鳳記

陝西提學題名記

朝廷建學於天下以教士，而取以官之用康兆民。正統初又設提學官，學之政皆統焉。陝西自正統至今凡若干人矣，鎸其姓名、里爵職[二八]，欲可考也。

提學與他執[二九]事異，士之賢者必進，不肖者必退[三〇]，不以請托、偏昵之私雜乎其間，天下之綱紀所以振也；徼幸無門，則奔競之念自息，天下之士風所以正也。如是則人皆務學修行而孝弟忠信之化行，天下之民俗所以厚也。嚴其科條以作其怠，寬其限期以養其成，一言之戾有懲，一行之違有罰，天下之人才所以盛也。然人必能克去私意，胸中純天理，因事而至於仁人之地，然後好惡足以公天下而服人心。不好賢，非仁也；好賢不篤，非仁之至也。不惡惡，非仁也；惡惡不甚，非仁之至也；惡惡不甚者，好[三一]賢必不篤，是故爲提學者，在求仁而已矣。是說也，自勉以告後之提學者。

邢臺縣新建譙樓記

天制化，以聲動物，惟雷惟風，震奮呼號，萬物聽焉，以生以斂。聖人制器，以聲動民，惟鼓惟鐘，鏗鏓鐺鞈，萬民聽焉，以作以止。蓋自帝王作樂，八物之音備焉，而鐘鼓之用大，朝會、燕饗、祭祀、軍旅、徒役之事，鐘鼓無不及，而晨昏之間所係亦匪輕。然鐘鼓必庋之高以致其聲之遠，古人多作樓於城上，謂之"譙"焉。

邢臺爲畿內名邑，路當南北之衝，車馬商旅之所轕集，衣冠士夫之所游處，民繁物富，地廣務殷。宰於是者，大抵汨没於簿書，奔走於送迎，不暇問所謂譙樓者，自國初至今且百四五十年，而前代之遺迹泯[三二]焉不聞也。正德己巳，宰獲嘉王君希孟有意於是，始奠方築臺，乃遷邢〔三三〕部郎以去。陝西李君鳳繼之，即欲恢其功，而值水旱饑饉，師旅供億，有時詘舉贏之戒。壬申，盜平民安，君曰：“可矣！”遂請於太守劉公溥而舉是焉。肇工於六月十五日，至七月三十日，匠氏告厥成。力取於在官之役，民不知勞；費取於聽訟之人，公無所損。崇樓嚴嚴，鐘鼓左右，於是邑之垂白父老、山谷之民來游來觀，載咏載歌，出作入息，早夜不忒。予惟今郡縣守令，選耎解嫚者媿〔三四〕然無所事事，雖廨宇傾圮而弗能治；其精强能事之人往往好興土木以病乎民，甚有漁利其中者。李君有辯劇之才，以其餘力逮前此未有之績，一意爲公而無所私焉。觀此一事，餘可知矣。

君字鳴朝，西安後衛人。先爲沁水教諭，以能教聞。

校勘記

〔一〕“上”，明刊本作“奉”。

〔二〕“惟”，明刊本作“爲”。

〔三〕“不可復補”，明刊本作“不復可補”。

〔四〕“閣”，明刊本作“門”。

〔五〕“酬”，明刊本作“醻”。

〔六〕“詔”，底本多訛作“詔”。以下徑改，不再一一出校。

〔七〕“勉”，據明刊本當作“免”。

〔八〕“公”，明刊本作“孔”。

〔九〕“□”，據明刊本當作“意”。

〔一〇〕“源”，明刊本作“其”。

〔一一〕“者”，明刊本無此字。

〔一二〕“定”，明刊本作“論”。

〔一三〕“德”後，明刊本有一“而”字。

〔一四〕“夷”，明刊本作“之”。

〔一五〕“達於事務”，明刊本作“而達於事務者”。

〔一六〕題下明刊本有注：“爲陳宗之作。”

〔一七〕“古”後，明刊本有一“人”字。

〔一八〕“室”，明刊本作“屋”。

〔一九〕“簿”，據文意疑當作“薄”。

〔二〇〕“名”前，明刊本有一“以”字

〔二一〕“歸”，明刊本作“張”。

〔二二〕“生且”，明刊本作“且生”。

〔二三〕“復”，明刊本作“後”。

〔二四〕“□□”，據明刊本當作“面刻”。

〔二五〕“祐”，明刊本作“祜”。

〔二六〕“煩於”之“於”，明刊本作“干”。

〔二七〕“郭”，明刊本作“郛”。

〔二八〕“里爵職”，明刊本作“爵里”。

〔二九〕“執”，明刊本作“職”。

〔三〇〕“退”，明刊本作“黜”。

〔三一〕“好”前，明刊本有一“其”字。

〔三二〕“泯”前，明刊本有一“亦”字。

〔三三〕“邢”，據明刊本當作“刑”。

〔三四〕“媿”，據明刊本當作“塊”。

博趣齋稿卷二

正學書院進士舉人題名記

弘治戊午，今總制邊務都御史巴陵楊公爲提學副使，建正學書院，教士之有志於遠且大者。時來學者甚衆，至今不墜。三歷取士之科，舉於鄉者八十一人，舉進士者十人，鄉舉皆得解元，而進士得狀元一人。今制，仕進以進士爲重，其次則舉人，士之舉又皆以魁爲榮，豪杰之才胥此焉出。書院未十載，所得如此，亦盛矣。

予恐其久而或泯也，鑿石以登其姓名，如世所謂題名者。然石雖堅，有時而泐，則名亦因而泯矣，故題名於石者不若題名於天下也。題名於天下，則百世猶今日也。題名於石者，予之所書也；題名於天下，非予之所書也。題名於天下，非可矯情違道，襲取而計得也。羿善射而百世以射名之，劉伶嗜酒而百世以酒名之，有其實也。實者，所以爲名者也。全德者名爲聖，多善者名爲君子，篤行者名爲善人，皆在人之自勉何如耳。故今予之題名於石，不若名之題於石者之自題其名於天下也。

繼舉進士者次於後，舉人具列石。

正學書院藏書記

正學書院，士之穎拔者皆萃焉，始弘治庚申，今總制三邊軍務、左副都御史巴陵楊公爲提學副使，建書院，即搜葺各學遺書，得《儀禮》《陳氏禮樂書》《真西山讀書記》《通鑒記事本末》以示學者。未幾，公遷去，雲鳳継至，益以石刻五經等書，茲八載矣；然蓄猶未廣，士用固陋。時歲歉，乃鳩粟，且請公成初志，得白金，統易書若干卷。恐藏之無常所，歲久其逸，遂請於巡撫右副都御史肅寧張公，得材作樓四楹。樓有厨，厨有扃鐍，掌以鄉之耆，書逸則責之償，以防盜竊及假而不歸者。士將觀某書，言於其師，識之籍，偕友一人，登樓啟厨而讀之，觀已識之籍，納焉。其就樓內觀者不禁。於是士皆充然，若有藏數萬卷者。西安知府內江馬君炳然又錄《册府元龜》《文苑英華》諸書，生員、涇陽御史李錦子啟、參議趙鑒孫綏、長安張錢各以家所有書來獻，於是天下之書，其大者略具矣。

然《詩》《書》造士，周道也，邃古聖賢蓋無書可讀。孔子以己無行不與二三子，其教非專在讀書者，而雅言乃在《詩》《書》。子路亦言："何必讀書，然後爲學？"然則孔門亦未嘗不讀書也。但自處士橫議，而老、莊百氏迭起，正學不明，而詞章之士掉臂鼓喙於世，其書後世有述焉。若學不知道，心無權衡以稱量之，黍稷蕡稗混爲一器而不知所擇，其不至於多岐亡羊、七聖迷途者幾希。故讀書者必先之《大學》，以定爲學之規矩；次之《論》《孟》，以盡聖賢之精微；極之《中庸》，以究參天地、贊化育之妙，皆不外於君子之一心。由是反而約之吾身，動必[一]禮以踐其實，使所讀者不爲空言，而後盡讀天下之書，一以貫之，以免於徇外誇多、玩物喪志之譏。不然，則書自書，我自我，儒衣儒冠而見識無以異於市人。私意橫竪胸中，功利之説紛錯目前，隨物變遷，茫無所守，近之不足以修身，遠之不足以治天下，雖多亦奚以爲哉！

書之名數，劚於石背。

遼州學田記

宋、元學皆有賜田，其無田者，則守令之賢者必爲給之，上無所禁焉。洪武十五年，太祖皇帝以天下學田多寡不一，著令每歲給米，府一千石，州八百，縣六百，田有餘者歸之官，不足則割他田足焉。後去田，而惟徵米於有司，以至於今。然是時諸生府惟四十，州三十，縣二十，蓋凡學於學者無不廩食之人。後又增，曰[二]增廣，各如廩膳之數；有曰待缺，無名數之限。故每學之中，廩食者不過三四分之一，其孤貧之士困於飢寒、迫於婚喪而無所控訴者多矣。州縣或有閑田，官必令輿隸耕以自取其入，否則賄賂請托以與人耕。若告之曰以資諸生之養，則聊然弗聞也。大抵本朝士大夫不喜稽古禮文、教化儒業之事，乃習尚致然，已非一日。

遼州故有隙地二，一在城南西隅，一在蘇亭里，乃前守自耕及與人耕者。今守楊侯取以畀之學，請於巡撫何公，公從焉。其耕穫之役、斂散之法具有明約，予聞而喜之。予曩守陝州，曾毀太山廟，以其址與學，監司以爲非。及提學陝西，有正學書院，每欲置田數十頃，謀之數年，此可彼否，竟以無成。今楊侯能行人所不能[三]行之事，何公能從人所不能[四]從之請，然則予之喜豈特爲諸生溫飽之私哉？有感於是焉耳。侯之好儒而篤於禮教如此，諸生可不知所以副侯之意乎？

今學者雖群然日誦聖人之書，而不知以一言用之於身，規爲識見無以異於鄉里之常人。迨入仕路，則又以智巧求合於時，奸譎求富於利，惟便其身之爲，而鮮有君、民之念，然則何取於學哉？吾遼諸生自今反此，而求吾所以爲人者。於吾所讀之書，主敬以存其心，窮理以明其智，行道以復其性，窮則以是修於家，達則以是用於世，則侯之意庶乎其不負矣。

侯名惠，字澤民，洛陽人，以宰費治高遷而來。愛養貧弱，招徠流亡，吏泯奸慝，境無盜賊，頒《呂氏鄉約》以化民，善政多可書云。

山西提學題名記

進賢、退不肖於朝廷之上，而致天下治平之盛者，宰相之職也；進賢、退不肖於學校之中，而立天下治平之基者，提學之職也。國無賢，責之宰相；天下無賢，或莫知所責焉。然則提學豈[五]考課、巡閱之間而已哉？示之以聖賢之正，而使之的知所向；開之以良心之好，而使之自不能已。士之賢者廩之舉之以勸不能者，而不肖之終不可化者不使亂苗敗群於青衿之列，此真提學之職也。宰相之職失，壞於一時；提學之職失，賢才之根柢拔矣。嘗執事[六]以求之提學，有定命[七]焉。

正德己巳，泰和陳君文鳴提學山西，使士皆讀朱子之《小學》，爲立身之本；讀《近思録》，爲入道之門。凡曉告學校者，無非正士風、興禮教之事，而以身率之。吾邦之士翕然服從，皆知正學之可修身而及於天下。然聞者未察，或以爲嚴。嗟夫，寬嚴之説不明於世久矣！舜之命契，欲其教民以親、義、序、别、信五品之人倫，必優游漸漬，以變其氣質，養其德性，而各有欲去理、存喜悦，自得之妙，然後能之，非一朝一夕之可致也，故曰“敬敷五教，在寬”。今學校之教，其本固不外此，而舉業淺深高下固不可以一律齊。然有讀書作文之程，辰入酉出之規，凡所以防其侈放而約之禮法者自不可略。提學所統，少亦不下萬餘人，非有朝訓暮誨、耳提面命之相親也。若非嚴爲之令，則條格徒挂墙壁，若罔聞知。挾册而喜，易衣而游，甚則凡民之所不爲者而爲之者矣。許魯齋在太學，有“大體要嚴密”之言，正以此耳。況當此教廢法弛、民散人玩之時，予以爲十分嚴方濟一二分事，此救弊之術。而論者往往以因循姑息、周旋人事、善惡是非不大别白爲合時宜，是豈有教人濟世之實心也哉！君存主以寬而作用以嚴，其在湖南亦若是，提學之道在是矣。嗟夫！吾盡吾道，而人之知不知又安足計耶！

君暇時裒正統以來提學者而刻之石，徵予爲記。予以世未嘗究提學之職之重也，故爲之説如此，而記其故曰：提學始建於正統元年，後罷於景泰庚午，而復建於天順辛巳，自高公志至君十有三人，氏名爵里具石[八]。石在書院[九]之提學分司，虛其下方，以俟來者。正德庚午八月望日也。

黃鶴山恭慎壽藏記

徐君壽卿走書京師，徵予以壽藏之記，其書凄切，讀之慨然興懷。予曩爲祠祭郎中，君爲主事，相得甚歡。後君以父憂南歸，予亦出[一〇]於外，不常厥居，踪迹不相聞、音問不相通者十五年。今君以六十餘，而予亦華髮墮顛矣。海內故人落落無幾，記不可不作也。

君先喪[一一]其配安人丁、沈二氏於黃鶴之東岡，因自築一壙，名曰“恭慎壽藏”。君以主事考績受敕，有“持身恭慎”之褒，故名焉，榮君賜也。君先世自汴徙浙，君[一二]於德清之大麻溪，代有聞人，至君之父一誠居士，名益著。君通曉事務，敏快而持重，予同官時，資藉實多，觀茲壽藏之作，又可見其達矣。昔漢趙岐、唐司空圖皆自作墓，或畫以古賢人之像，或引客賦詩，酌酒爲樂，是雖三代所未有，要非超乎死生之外者不能爲也。君其二君子之流歟？然君累世積德，一誠公雖富且壽，未獲用於世；君已貴，而亦未大其施。天蓋將畜報於君，則君之壽未艾也。

君名九齡，壽卿其字，登丁未進士。爲主事三載，父母皆膺褒封之典云。

遼州孝子節婦記

江陰高君諱貫，字曾唯，爲刑部郎中，以無罪被逮。巨奸劉瑾賣官鬻獄，或曰彼意在求賂，君不聽，竟謫守遼。時政令苛急，小民愁怨，上下交征，廉耻道喪。君泰然以廉平處其間，期月之後，政修廢舉，民用和輯。君嘆曰："治道須漸復古，古之治在教化風俗。"於是求忠孝節義之人於境內，得父死而廬墓之子一，夫亡而不嫁之婦二十二，將次第疏其名而旌之。乃擇日偕僚貳，具彩幣，導以鼓吹，遍問其廬而往禮焉。觀者奔涌咨嗟，戴白之老或至泣下，曰："賢哉吾守，自吾生所未見也！盛哉此舉，吾今幸得見而死也！"轉相告語，遠邇歆動。又刻其氏名於石以永其傳，而哀國初以來之孝節者并刻之。

嗟夫！自秦漢以來，世之君相不復講於風俗教化之事也久矣。守令間一二君子乃獨留意焉，而其效亦未嘗不立見也。君今日之舉，吾遼節孝之風不亦有所感而勸矣乎？使今為郡縣者皆若君，古之治其不可復於今乎？君昔葬父，以養母入城，不獲居墓側，至今為恨。而君弟[一三]贅之婦沈，年少守志。君之修於身、訓於家者如此，風化之行必有所本也。夫風化之本，有志者可講[一四]也夫！

高太守學田記

尚志而為仁義之謂士，修於家以化[一五]鄉人，用於世而君正、國治、天下平者，士之功也。養士宜莫盛於三代，而經傳無聞焉，豈當時田皆井授，士皆有田以自養而不賴於上之養耶？然一夫受田百畝，野無閑民，士而有田，孰與之耕乎？四民世業，而農常為農，工常為工，商常為商。農以耕自養，工、商無田，以藝以貨自養，士而無田，孰與之養乎？《禮》有"有田則祭，無田則薦"之說，蓋士亦有有田者。而孟子曰"無恒產而有恒心者，惟士為能"，則其無田者實多，有不能不賴於上之養者矣，此彭更所以有"士無事而食"之譏也。但古者天子治畿內，諸侯各治其國，黨、庠、遂、序之學以教小子，自食於家，不須以養。及其既長，果有卓越之才，可以進於明德新民之道，然後升之國學，以需其成。其人蓋亦無多，而所以養之必有道而不可考矣。至漢以來，往往憂於用度不足，朋徒怠散。宋乃有贍學田，而有無多寡不一。惟今制，學有常廩，士皆復其身，及其家二人勿事，著在令甲，有司掌之，蓋前代所未備也。士生斯世，何其幸哉〔一六〕！

　　江陰高君謫守遼州，志在教化，以諸生猶有困於貧寠者，以布給之。既而思可久遠之道，乃取於廢寺之遺田、未籍之閑田八十一畝，出其俸金易民田一百三十畝，歲收其入以賙貧士。學舊有田十六畝，於是總計爲田二頃九畝。漢、唐、宋之養士，惟宋爲盛，然其每學之田，大抵不過五頃，他無所有也。今遼學既有國學〔一七〕之常廩，而又有田幾於宋人學之半，豈徒食焉而不知其所事乎？所謂事者，志與仁義是也。今日無講學修身之志，他日必無致君澤民之業；今日無廣居大道之實，他日得志，必無與民共由之道，視君國、民物若與己不相干，惟以高官厚祿、積帛囊金爲事而已。然自國家以經書之文取士，凡吾所謂志與仁義者少，而誦習夫人知之，反以爲常談而莫之省，世儒學士耳厭目嫌，不舉以出之口，遂致天下學無本源，人材日壞，識治道者憂之。然予舍是，他皆不足言，故以告諸生，庶幾高公之意焉耳〔一八〕。

贈潘以正升山西憲長序

　　惟天有號令，周流於四時之中，鼓動萬物，生成榮枯。雨露霜雪各專其功，而無所歸功焉者，謂之風。惟人君有號令，付之執法之臣，洗天下之垢污，疏天下之雍滯，作天下之精神，謂之憲。憲，法也。一官有一官之法，一事有一事之法，一物有一物之法。世之有憲，猶天之有風也。天之風動物，而物隨之，無遠不至，無微不入，無時不有，有似於憲，故曰“風憲”。今以監察御史、按察司爲風憲，然舉其職者纔至十之二三人，必以爲過，而波流風靡者無議焉。蓋人習於見聞，以常爲怪者之過，而非舉職者之過也。以舉直爲過，亦職治道者之所憂也。

溧陽潘君以進士讀書翰林，遷御史，遷副使，今遷山西按察使，皆風憲也。君爲風憲，克舉其職者。夫持法不可移，而凜然人不敢犯者，風憲之體也；疾惡不究其既往，而善[一九]善惟恐不及者，風憲之量也。君實兼此二者，而有懷必吐，侃侃向人，不自藏匿，見事之不可，惟恐己言之不盡，人聽之不審，所至風聲赫赫，人望而畏之，君可謂舉其職者矣。君之舉職，貪污者之所患，而田野民之所喜也。

提學憲副陳君宗之作詩送君，凡同官於此者，皆送以詩，而宗之實唱之，凡道途山川風景之勝、友朋知契離別之情盡於是矣。余故告以風憲之説焉，然余亦濫是任而職之不舉，則可愧矣。

送大參陳宗之序

予讀《孟子》而知治天下之道。孟子當戰國民窮財盡之時，齊、梁、秦、楚之君各爭富强以馳鶩於天下，其餘滕、薛小邦亦莫不欲保其人民。兵甲搶攘[二〇]、征奪頻繁之際，孟子抱文武之道，倡仁義之説，宜有出於人智，料之所不及，使聞者心嘆神服，耳驚目怪，奔走信從於我。而乃今日曰"五畝之宅"，明日曰"百畝之糞"，不曰"畜雞豚狗彘"，則曰"修孝弟忠信"，其言淡然，尋常無味。時君慢而疏之，孟子不以是自貶[二一]。然則治天下之道，如是而已乎？此其本也。且後世官府之擾擾，盡日不得息，何也？類非禮樂教化之事也，非催科則獄訟，非兵馬則徭税。民生無恒產，幼無鄉教，奸偽日滋，天下日入於多事，如是而欲求三代之治，非所聞也。

本朝以里甲聯綴天下之民，民歸於甲，甲歸於里。里有長，有耆老，天下之事皆起於里甲長老，天下之弊亦藏於里甲長老。法不行於里甲長老，雖有堯舜之澤，格而不下，滯而不通。里甲長老總於府州縣，督於布政司。布政司之設非輕也，其長爲布政使，貳爲參政，又次爲參議，皆有左右。而使之階亞六部尚書一等，參議加按察僉事一等，其階崇。其官至六員之多。其長不專任一人，事必參謀而後行。其職專以民爲事，凡民之田宅、農桑、家塾、鄉校、教養之事，無不得而問。今居其職者於民事判然若不相干，號爲能。其職者不過致意於錢穀期會之間而已。錢穀期會者，事之末也。天下之本，莫先於田宅、農桑、家塾、鄉校，然里甲鄉〔二二〕老之弊不滌，則皆爲虛談文具，反以殃民。此皆有識者之所憂，而世以爲笑且以爲迂者也。

上元陳君宗之爲提學憲副，處諸生有義有恩，操履純潔，孚於上下，凡士子登降之序皆手自書之，不與吏人。今遷江西參政，予願君求治天下之本以助吾皇雍熙之化，君其笑予言之迂乎？

《復古易》後序

秦以《易》爲卜筮書，得不焚，故《易》在六籍號爲完書。漢人有以《十翼》冠一“傳”字於其首，而統附於上、下經二篇之後者，或曰費直爲之。今考其本傳，則曰以《彖》《象》《繫辭》《文言》解說上、下經而已，豈費氏始以傳說經，其徒轉相授受，遂以附其後歟！厥後鄭玄始析《彖》《象》附於各卦之末，王弼宗之，復以《彖》并《大象》綴於各卦之下，《小象》綴於各爻之下，而乾則仍其舊。又增《文言》於乾、坤之後，雖曰欲使學者尋省易了，而不知孔子之《易》固未可爲文王、周公之《易》也。程子作傳，亦用弼本。汲郡呂氏、嵩山晁氏始欲復古，經、傳各爲一書，而間有未盡合者。東萊呂氏又更定著，始復孔氏之舊，而朱子因之作《本義》。

嗚呼！《易》之爲書也廣大悉備，是以儒者尚之。然穿鑿於漢人之支離，假竊於異端之邪曲，書雖存而道則晦矣。書不亡猶可以明道，而鄭、王二子乃割裂而淆亂焉，遂使百千年世不復見古聖賢[二三]之完書，其亦不幸矣哉！朱子求復古《易》，所取甚博，卒從東萊，所以處之者已審，後聖有作，蓋無以易。而董楷，天台；直卿，番陽。張健安胡炳文，雲峰。陳普，懼齋。諸家相繼攘臂而起，各用己見，更置紛紛。迄我朝儒臣纂輯諸經，於《易》謂程、朱不可偏廢，乃從程氏本，而以《本義》分附之，且有删改於其間。自是朱、呂之《易》復爲鄭、王之《易》，而讀《本易[二四]》者往往有不得其說者矣。

嘗與莆田鄭孔時談《易》，孔時屬予繕寫，如朱、呂原本。於是更加考究，以就以編，藏之巾笥，用備私覽，且以就正於同志君子云。

送李朝振序 名紀，潞安人

自秦而後，郡守莫重於漢，而漢之循吏，武相接，名相輝；自唐而下，郡守莫輕於今，則雖有賢者亦不能以自振矣。漢法簡易，刺史以六條監郡，而丞相挈其綱，所事者少，所[二五]任者專。後世監司繁多，令人人殊，將周旋文法，日且不暇，又安能建一事、效一謀，出於吾所事者指揮之外哉？故今之擁皂蓋而分麟符者，簿書治焉，貢賦時焉，訟獄理焉，逸戍逋役之察且舉焉，則已謂之良守，赫然衆之上矣。而吾每持以質於漢之循良武相接、名相輝者，往往不類。蓋上知所以責乎下，則下不知所以責乎己，上下相安於苟且，養望待遷而已。然則如吾民何？

吾邦潞人李君朝振以故城尹有聲，進爲錦衣經歷，復有聲，今遷臨洮守。故城敝而錦衣劇，君處之未九載，民懷事理，綉譽在人口耳，其吾所謂賢者也。今天下之民病而俗壞亦已甚矣，而天子憂勞至惓惓也。郡守，吏民之本，故每慎是選，不輕畀人。君自縣而郡，則民隱所在乃其素諳，顧而取諸囊中以施之，足矣。自内而外，則親見吾君憫民擇守之意，凡所以爲吾民者，當何如哉？

臨洮爲郡，處於陝之西偏，地瘠産薄，民多愁苦，羌戎雜居，禮教不行，則又有甚於他郡者。夫志在足民，而卒之郡以殷富，漢之人有行之者，召信臣是也；志在化俗，而卒之民尚文雅，漢之人有行之者，文翁是也。吾將進君於二君子之列，則亦在乎君之自振何如耳。今陝之藩臬多吾鄉磊落才能、識達治體之士，必能相勉以有爲，不徒以吏治相促迫而已。君之志於是乎可振，而君之賢其儷諸二君子哉！君往矣，群奸視我以起伏，諸吏視我以貪廉，衆職視我以勤惰，明其政，屬其守，先其身，而後云云者可舉而施焉。若徒度長絜大於今之守，而曰古人非所及，則非吾望於君者也。

送和順劉大尹序

事易專、令易行、力易爲者，惟治邑則然。而吾邑和順者，其境辟，無監司可否異同之奪；其俗淳，無豪猾爭論詞訟之擾；其地近[二六]而事簡，無車馬將迎、案牘叢挫之苦；其民貧而用嗇，無衣食靡麗、世禄僭擬之患，故[二七]往時諸君子惟以貢賦不時集爲念，餘則皆優游宴笑之日也。是不亦事之尤易專、令之尤易行、力之尤易爲者乎？然則令於斯者，宜多綉譽芳聲之士，足以聳世觀聽而壯人志意者矣。吾閲之志記無聞焉，詢之父老無聞焉，豈其邑之不顯，而賢有司者之不至耶？抑習於暇逸，蓋不知奮，往者無可法，來者無所感而然耶？其亦賢有司者之難逢也。

每思得高才遠識、通曉治體之士如古之良令者，始於察吏胥之因緣欺弊，而惠小弱，憫煢獨，興孝弟，作禮讓，清徭役之濫，勤士子之課，嚴二氏之禁，與凡申明旌善、養濟、醫學[二八]、陰陽之亭院局者，皆有以核其實，而不徒具其文，私懷耿耿，積以歲年。

　　薊州劉君以鄉進士謁銓部，得和順令。嗟夫！天子施德澤、頒政教於九重之上，奉而致之民者，州縣之吏耳。古之言良令者，曰卓茂，曰仇覽，爵顯當時，名垂後世，今誦其德，想其人，若邈乎其不可及矣。彝[二九]考其行事之迹，則茂視民如子，舉善而教，其效至[三〇]教化大行，道不拾遺；覽勸人業農，子弟就學，其效至於期年大化，感逆而爲孝，是豈非人[三一]之軌範哉！然世屢降益下，長民者簿書期會之外，有以撫字教化爲事者，人必以爲迂而笑之，自持不堅，久而必懈，苟非吾所謂高才遠識、曉達治體之士，惡能自拔於流俗而有爲哉？若君者，其人乎？程明道爲晉城令，條教精密而主之以誠心；漢章帝亦厭俗吏之矯飾外貌，取劉方之安靜不煩。然則虛文無實、多事滋[三二]擾者，又爲令者之所戒也。

《都門別意》序

　　營田之制，莫善於我朝，亦莫弊於今日。自兵、農既判，荷戈而編伍者不辯阡陌之東西，執耒而趨隴者不知卒旅之多寡，惟所謂“營田”，無事散之耕，有事聚之戰，有寓兵於農之意。然漢惟行之邊塞，唐雖遍行中州，不久而廢。我聖祖監古作法，凡天下兵衛鄰邇閑曠之地，皆分畝爲屯，本耕以守。令甲一定，百世不改，是其制不亦善乎？升平百餘年，兵耗於逃，貧於役使，而田遂假於豪奪，棄於游惰，田雖歲有登稼，而兵則家無遺秉。予嘗以今日兵、馬、屯田三者如不調之琴瑟、既朽之屋廬，非解而張之，徹而新之，不可鼓而居也。近世頗有知其然者，乃議分設風憲以任提督之責，則始可以興滯補罅，救十之二三。然非才能足以辨劇，風力足以懾奸，廉介足以服人，亦未易有爲於其間也。

遼州孟仲平以大理寺副贗陝西僉憲之命，總甘肅諸衛營田事。甘肅諸衛者，陝之西垂，控羌戎，扼匈奴，其地要，其兵當愈强，其食當愈急，而其責當愈重者也。或謂如仲平之賢，當留在天子左右，不宜處之外且遠。仲平亦有戀闕懷君、離群遠鄉之嘆。予謂不然，官有內外，爵有崇卑，職有要散，君子處之一也。故人不〔三三〕於身家勢利之謀，而惟君國、民物之憂，則自廊廟以至荒夷，以卿相而視倉庫，我無加損焉。且力易行而事易爲者，莫若風憲之職、璽書之使。平仲往陝〔三四〕，而平仲挾其辨劇、懾奸、服人之具，則所以興治〔三五〕補罅，有人所不能爲、不敢爲而爲之者矣。其名之大起、位之益崇可計日以待，又何遠外之計哉？

贈靜之〔三六〕序

事有俗頹而勢成者，雖聚千百人，莫覺其非；或覺而返之，雖聚千百人，莫與其是。此古之忠臣志士所以感慨砥礪，卒於世齟齬而不悔也。若夫睥睨而窺，逡巡而趨，同流合污，君子恥焉。

我國家於兩畿外設布政司以理民社、錢穀、田土、有司之事，按察司以掌刑獄、糾劾，而兵馬、城池則都指揮司主之。然分其職者或莫究其義意，專其任者或忘其所有事，如按察糾劾，蓋余髮燥而未聞焉。然庶位之濟濟也，豈無特立之士出於其間者哉？俗語"勢俗之移人不復自覺"耳。至於刑獄，則又往往急於民而緩於吏，慎於小而遺其大，知寬恤之近仁，而不知縱容之害義。如此而欲奸懲善勸，以贊吾聖天子[三七]之治，豈不難哉！

河南按察司僉事有奉璽書督理南直隸諸州衞兵備、屯種者，是以刑獄、糾劾之任兼錢穀、田土、軍馬、城池之務，合三於一，厥責彌重。冢宰選於郎官之才，由是申[三八]静之以户部員外郎承命以往。静之蘊美於内，不事表暴，而臨事明以果。户部職錢穀事，易摇奪人嗜好，而静之官七年，守益堅，名益彰，有前輩朴實之風，蓋吾所謂特立之士者也。其往踐其位[三九]也，吾不慮其移於勢俗焉。

馬氏譜序

平陽馬良臣以所作家譜謁予[四〇]，予閱之喜。自五胡之擾以及元季，中原世族[四一]往往徙而南。嘗觀於南之譜，其先世之顯者大抵皆北人也，以故譜莫盛於南。而秦晉燕趙齊梁之間，每一兵燹之後，闔數口而爲家者亦鮮，裹糧奔竄之餘又何譜之暇！人習其然，無安固久遠之心，間有不知譜爲何物者。

我明百年覆載，生齒繁庶，文明著盛，舊時干戈荆棘之場亦彬彬郁郁有詩書禮樂之風，士大夫始有聯宗族、樂太平之願，而譜由是出焉。良臣是舉，可以尚[四二]矣。嗟夫！封建廢而井田隳、宗法散，然自唐以前猶重譜牒，有宗法遺意，而近世忽焉。今南人多有之，而北[四三]人忽焉，世一改而族不聚，親未盡而支已棼，其可哉？然南之譜必引重於前代名賢，聖[四四]者推極於唐虞三代之世，夷考之無徵也。宋歐、蘇之法上盡於所知，可以一洗俗陋，君子尚之。吾觀馬氏之譜取歐、蘇法焉，其可謂有見者。間有未善，良臣屢以爲請，吾以爲[四五]官冗，欲爲厘正而未暇也。吾性不合於世，終當讀書太行、汾水之間以訪古人之踪，則與吾良臣講者將有其時矣。

校勘記

〔一〕“必”後，據明刊本有一“以”字。

〔二〕“曰”前，明刊本有一“有”字。

〔三〕“能”，明刊本無此字。

〔四〕同上。

〔五〕“豈”後，明刊本有一“直”字。

〔六〕“事”，據明刊本當作“是”。

〔七〕“命”，據明刊本當作“論”。

〔八〕“具石”，明刊本作“皆具”。

〔九〕“書院”前，明刊本有“晋陽”二字。

〔一〇〕“出”，明刊本作“黜”。

〔一一〕“喪”，據明刊本當作“葬”。

〔一二〕“君”，據明刊本當作“居”。

〔一三〕“弟”前，明刊本有一“亡”字。

〔一四〕“講”前，明刊本有一“不”字。

〔一五〕“化”後，明刊本有一“其”字。

〔一六〕明刊本此句後有：“如是而不尚志、不爲仁義，豈不負所以養我者哉！”

〔一七〕“學”，明刊本作“家”。

〔一八〕明刊本此句後有：“高公名貫，字曾唯，先爲刑部郎中，以執法忤巨奸。巨奸死，乃召爲户部員外郎。”

〔一九〕“善”，明刊本作“好”。

〔二〇〕“搶攘”，明刊本作“勱勱”。

〔二一〕此句後明刊本有“至今論孟子者，不聞以是貶”。

〔二二〕“鄉”，明刊本作“長”。

〔二三〕“賢”，明刊本作“人”。

〔二四〕“易”，據明刊本當作“義”。

〔二五〕“所”，明刊本作“而”。

〔二六〕“近”，明刊本作“迂”。

〔二七〕“故”前，明刊本有一“以”字。

〔二八〕“學”，明刊本作“社”。

〔二九〕“彝”，據明刊本當作“夷”。

〔三〇〕“至”後，據明刊本當有一“於”字。

〔三一〕“人”前，明刊本有一“今”字。

〔三二〕“滋”，明刊本作“自”。

〔三三〕“不”前，明刊本有一“能”字。

〔三四〕“平仲”，據文意疑當作“仲平”。下同。“往陝”，明刊本作“兼以往”。

〔三五〕“治”，據文意疑當作“滯”。

〔三六〕“静之”前，明刊本有一“申”字。

〔三七〕“聖天子”，明刊本作“天子聖明”。

〔三八〕“申”後，明刊本有一“君”字。

〔三九〕“其位”，明刊本作“是任”。

〔四〇〕“謁予”，明刊本作“謁序於予”。

〔四一〕“世族”後，明刊本有“故家”二字。

〔四二〕“尚”，明刊本作“卜世”。

〔四三〕“北”前，明刊本有一“吾”字。

〔四四〕“聖”，據明刊本當作“甚”。

〔四五〕“爲”，明刊本無此字。

博趣齋稿卷三

固安令程侯頌詩序

弘治甲寅，和順程侯景明尹固安，下車問民疾苦，可沿可革，行之惟果，奸豪歛避，民則大悦。邑治之西有隙地，鞠爲草莽，侯以詢吏，吏曰：“嘗爲暴客所憑，竊庫金，從此逋矣。”侯嘆曰：“是豈細故哉？”急令民芟夷之，分地授廛。不浹旬，闤闠成，商旅來。地有南鄉者，田宂堤廢，野水歲傷稼，侯曰：“是豈可緩！”募民及屯卒二千築之，令之曰“某日荷畚鍤以來”，無一後者。以安簿董其役，而率諸僚日往視之，民、卒和輯，厥績用成。父老咸曰：“我國家奠我黎民，固安爲縣百餘年矣，我黎民不敢預聞。官府之令德有施惠有不施惠，亦不能卒數，蓋亦數十人矣。惟茲二害，震驚我黎民，我黎民潛吁竊議於下，罔克聽聞。程侯撫定，定我子孫，恩在世世，我黎民其敢忘？”於是頌聲作於野，達於朝，朝縉紳[一]咸作詩歌以彰侯休，屬余序之。

余謂[二]子路治蒲，入其邑，墻屋完固，孔子稱其善；范仲淹爲興化令，築堤衛田而享其利，而史書之。侯兼子路、仲淹之政，而[三]無孔子，然國史具在，侯雖欲讓而不書，其可得乎？然民以久而孚，政以漸而成，侯治甫半載，其下用命，功之可稱述如此，古所謂“五月而報政”者，余嘗以爲誇辭，乃今幸有之矣。係以詩曰[四]：

惟山有雲，惟苗之焚。侯來如雨，匪民不欣。侯來何暮，我衣我哺。我田有防，我野成聚。惟侯遑遑，惟民用康。曷冠之豸，以待我皇。

送楊嘉興序

守令，吏、民之本，所以師帥一方，奉王化而致之民者也。古之言善治者，必曰久任。漢宣帝曰“數變易則下不安。民知其將久，不可欺罔，乃服其教化”，信斯言也。今在外若藩臬，若郡縣，推守之遷有滿九載者亦不可謂不久矣。求其人，若史[四]所稱某某者，則未之見焉[五]。豈今人果不如古耶？用之乖其道也。

漢法，郡守入爲三公，諫大夫出補郡吏，有治效者，賜金增秩，璽書、車蓋於是乎褒之，刺史非六條不得問，待之重而責之深，拘以文法者鮮。以故君子、長者出於其間，將以建事功則得安其位、效其志。而今[六]不然也。守安固之寵、專治之權，監司以奔走跪跽求其下，守令以送迎賄賂求其上，上下以私意相求，及其終也，清濁臧否，例得升遷。嗚呼！如此而欲求古良吏者出，其不難哉？雖然，此特其末耳。三代而上，進退賞罰不可瀆亂，爲善去惡，人有同風。是以百僚庶位、內外遠近、崇卑要散，位各宜其才，人莫不俯焉安其分以修其職，而無身外之慕，德盛功成，君相舉之，己無預焉。由是化行俗善，府吏、胥徒安於其役，農、工、商、賈安於其業，天下禮讓醇厚，無撓法亂政、游冶奇邪之民。後世義利不明，廉恥道喪，軒冕可以幸得，通顯可以計取，貪婪競進，忠臣賢肱，衆庶睨之，瞷然不平。乃相放效，胥史、農商群起而爭利，長上可欺則欺，貧弱可吞則吞，垢弊風俗，刑不可禁。夫民心不古，而守令爲一方師帥，雖有幹[七]旋之機，然非真有德義之行、廉恥之操足以服其心，以爲化之之具，而又輕爵祿、識事機，以身任其責，求有益於國，不求無違於衆，求無毀於民，不求有譽於上，安能陵厲風節，進退綽然，以盡教養吾民之術，庶幾乎三代之風哉？

户部郎中楊秀夫出守嘉興，有爲之惜者，則謂其年勞與賢；有爲嘉興慶者，則謂郡大務殷，催科繁急，民尚訐詐，盜賊隱於漁鹽，徭役没於豪猾，胥吏爲奸，而且巨璫督供錦綺於内藏者時往來於其境，待〔八〕之失其道，貽害而取辱，凡此數事，秀夫必有以處之。秀夫自登仕版幾二十年，牧恬守廉，不事交結。其平日視貿然干〔九〕進，計一資半級於年月久近之間者，曾不滿一哂。而天性明果沉毅，有幹局，治錢穀，給饋餉，經事變，熟矣，吾君吾相將大用之，豈特爲一郡之治哉？然則惜之者固爲失，而慶之云者亦恐未得久專其有也。然予所期於秀夫者不但在是，故特舉漢人之事以告，不足，又告以三代之事，蓋非己所得爲者，固無如之何；而在我者，固未始不可爲也。

送廣平趙守中序

府視家守，長也，僚寀以爲昆弟，群屬以爲子侄，吏胥以爲臧獲。睦昆弟，任子侄，敕臧獲，以治一府之務，如治家焉。一府之務，民爲大，然近世爲守者施諸政令，罔克念民，豈事〔一〇〕責重而反忘其大者也？吾邦聞喜趙君守中以鄉薦高等起家爲進士，調户部主事，有能名。超遷爲郎中，督遼東軍餉，績大著。滿三載，復入理司事。近廣平守缺，司銓者謂非君當之莫稱，以名上，得俞旨。邦人榮之，屬余以言贈。贈以規，永厥譽。

余退而嘆曰：天以民而立君，君以民而建官，士以民而行道，故有司之務無一不爲民而有也。衣冠而長人者乃獨簿書、賦稅焉是急，而未免虐用其民，其亦未之思耶！廣平在北畿，諸郡素以殷庶稱甲。近仍水旱，赤地四封，流者累累千里之羈，存者煢煢九室之空，村墟陌蕪，雞犬不聞。予嘗以使事歷其境，睹其狀，蓋涕下者屢焉。今我皇實以一方生齒屬命於君，而君才足以爲赤子乳，幸勿忘其所以爲民者哉！

今民之急有二：流移未返，而賦貢必取盈；凍餒未蘇，而徭役不少貸。貢賦之必殷[一一]，徭役之不貸，貧去爲盜，刑加其身，不亦悲乎！太守張恂著於魏，刺史嚴挺之著於唐，皆兹郡之表表者也。恂治以惠愛，良吏也；挺之治以嚴正，能吏也。摧折枯朽之後，必有發生華暢之春，君往爲恂可也。然必寮寀以協我理，群屬以分我職，吏胥以用我命，斯有相濟、無相奪而後可[一二]。不然，吾未見其易恂也，然則君不爲挺之亦不可也。爲挺之者，依之[一三]嚴正而已矣。以是爲君贈。

送喬白岩北上詩序

朝廷之賞罰政刑，進賢黜幽，春生秋殺，禮樂之度數，衣冠之殷盛，宮闕之壯麗，人物之富繁，臣僚之奏對，臺諫之敷陳，直諒之士各獻其忠，技藝法理之才奔走而勤事，其巧宦者又突梯滑脂[一四]於其間，此仕於京師者之所見也。上以貪，下應以賄；上以驕，下應以諂。徇私托則致人死、徙、困錮而不顧，遇直道則外爲好言而陰尼之，使不得行。是非混淆，賢否倒置，綱紀壞而不恤，風俗弊而不問。民日窮，財日匱，閭閻愁苦之聲，感疾無聊之態，處處無異。笄女無蔽體之衣，壯夫貧而爲盜，子弑其父，婦毒其夫。此仕於外者之所見也。是故仕於京師者每有豐亨豫大、歌樂太平之意，仕於外者則思患預防，履安如危，往往長太息而繼之以泣也。是故外之情每患京師者之所不知，而京師者亦每患不知乎外也。

今聖天子御極，遍告群神，遣使天下將祀事。太常少卿樂平喬君希大當之晉，北自雲中，歷雁門、太原，南至蒲，凡晉之故址無不覽焉。入關，謁師總制邃庵楊公，走千餘里，凡秦之故址無不覽焉。君弱冠仕京師，今已位通顯，宜其不屑屑於外之情者，而所至諏謀詢度，有古良史[一五]風。予始聞君至，迓於高陵，渡涇至邠，返送之河上，同登九嵕，上太華，瞰洪河，濯清渭，訪文、武、周、召政教之迹，尋秦漢劉、項爭戰之場[一六]，吊魏徵之墓，式楊震之閭，思丙、魏、姚、宋之爲治，而嘆恭、顯、盧、李之爲奸。君於是慨然而感，悄然而悲，奮然而興，有尚友千古之上之志。

君仕於京師而知外之情，在此行矣。君修謹懇密，好學能文，有應變之才，有容衆之量，有定守而處之以和，有定見而出之以遂[一七]，當天下事於他日，成光明俊偉之業，在此行矣。然予更願君黜淺近功利之説，去流俗尋常之見，以程朱之學爲必可學，以堯舜三代之治爲必可復，而細求其故，集義以養浩然之氣，仁爲己任，老而不已。夫如是，則古人何讓焉？作詩贈君，而以是説先之[一八]。

送都諫趙君知兗序

論治者莫先於論民，民之苦樂，治之所以隆替也。論治民者莫先於論守，朝廷之頒於天下者至府而後及州縣，有咈乎民，守得而議之。民事之達於上者至府而後及監司，有利乎民，守得而贊之。守之賢否，民之所以苦樂也。我朝舊章，非朝官之有聲望者不得爲府，而守之善於職者必進爲卿寺之貳、藩臬之長，監司相見，下賓主一等。於是榮其官而安其職，治化之盛胥此焉出。數十年來，苦於資格之拘、跪拜之屈，以故清要之職、英俊之士或不屑爲之，其先也恐恐然畏其及己，其後也望望然急於求去。心志之抑鬱，政務之苟簡，而民[一九]愁嘆於田里者多矣。

今聖天子勵精爲治，一新天下視聽，爲民擇官，爲官擇人，進退去留不惟其資，惟其人，於是曲沃趙君鳴教以兵科都諫往知兗州。兗州者，魯封周公之所治，而孔子之所教也。君望於龜蒙之墟，而步於闕里之庭，今之民其無異於古乎？君淳謹誠確，達於天下之務，立朝十年，多所建白，舉其大體，略其苛細，君以所以事君者憂其民，其有不宜乎？昔漢宣帝以諫大夫補郡國守相，而唐太宗選用[二〇]將相，必先試以臨民。君以都諫爲守，蓋將有大任擬君之後也。然則君爲己之可爲者，而繫之人者己不與焉，其有不榮且安者哉？然則兗州之民其將樂矣乎！

送滄州因叔大序

成化癸卯冬，予待試南宮，僑於長安僧舍。曲沃因君叔大居連稅長者也，具巾服見之。其儀肅然，其氣煦然，敦重[二一]簡默，不可涯涘。有解履而入者，展拜觸坐榻，碎其爨釜，水漬炷，炱爛充屋。君徐畢禮，令童子視之，終客之出，不一顧。予退而嘆曰：“其學外著而内定，國家且得士矣！”既試，乃黜於主司，復三試三黜，而余不見君者十餘年矣。每聞試録之出，未嘗不首詢君名，而重惜其數奇。以君懷抱動息考於人，人曰罔有戚色。予亦嘆君苦學而不遇，知行修而不得禄，略不作尋常怨尤之態，其自處有人所不及者。今吏部品其文爲第一，拜滄州知州，地近而職崇，亦罔有喜色，其寵榮貧賤不一以動其中者哉！

駕部李師孟於君爲婚家，樂其有專城之任，而所蓄者庶其展布，謂予知君，屬以贈言。方余始見君，若神駒之風鬃霧鬛，有一日千里之勢、祥麟之奇形異態，睹者生敬。今則充養益盛，堅定渾融，若商彝周鼎之爲古，而梗楠豫章必爲棟梁之具，余尚何言哉！清冰岩霜以爲操，和風甘雨以爲澤，請以是爲贈，可乎？

送江西贛州兵備副使馮君信道序

我明治兵，既有疆圉屯戍捍遏四夷，而於畿甸、藩省亦各建官授甲，以爲盜賊之防。比者又於其尤要害之地設整飭兵備官，以風憲領之，練士卒，除戎器，剔弊垢，糾頹怠，兼兵與刑，其職甚重。茌平馮君信道今被江西贛州兵備憲副之命。贛實閩、廣之交，往者有不逞之徒聚焉，至勤官兵[二二]克之，蓋地之要又有甚於他處者。余嘗以夷虜之形在手足而易見，盜賊之患在腹心而難測，自古盜賊耗弊天下以啓戎心，奸人從而乘之，擾吾生民者多矣。近頗聞徐、揚、淮、泗之間，越人于貨，竊庫而逋者往往有之，豈以頻年水旱，民困於征斂而然耶？其漸不可長也。然則有民社者當求撫字之實，提軍旅者當思不虞之戒，今其時矣。然防盜于有盜，不若防盜於未盜者[二三]，兵不用而示之用也。今[二四]之兵不可用者，在在爲然，逋匿日甚而行伍半虛，少壯巧免而羸老抵數，閑暇不聞訓練，若之何緩急而可用也！凡此者信道必有以處之。《曲禮》論治軍必曰禮，叔時論戰器先以德。德以養之，禮以齊之，信道所以處之者，其舍是而別有道乎？

贈都憲王公巡撫山東序

余嘗觀於泰、華、河、海，而知老成人之有益於人國也。又嘗觀於老成人，而知其[二五]言之不誣也。爲之不暴其迹，舉之莫得其事，無一日、二日之功，而有數百載之利。如菽粟醴漿之於食，參术蒲苓之於疾，益人於無所省覺之中，不名其功而功莫大焉。若乃呴呴其口，皎皎其行，終計之無有者，其淺之爲丈夫也。然西漢之季忠厚相尚，至於媚世取寵以固其位，出入大節或虧而不以怪，則老成之流弊也，是乃無取焉爾。華容王公爲陝西左藩，德望隱然。關陝增重，八郡人民之撫勞，三邊芻糧之供饋，振廢芟弊，不聲以色，事妥民安，一方有賴。南望泰、華，北瞻河、海，出雲雨、殖貨財以濟生民，度功絜德，公之謂矣。

弘治己未孟冬，進公都御史，巡撫山東。山東古名地，此東西秦也。公以施之秦者加之彼，罔有弗濟。或曰：“巡撫之任重也，異於藩公之爲，巡撫也當有以異於今。”余曰：“何異哉？

治其大，略其細，其爲政也同。過於愛，勿苛其政，其莅事也同。先之事而后稽其成，任理而不任一己之私，其御屬也同。若之何不同？有不同者，其獄訟也。然公嘗數載爲郎，名振法曹；兩守劇郡，政平訟理。今爲巡撫，固無以異於藩，抑豈異於爲郎爲守耶？泰山魯望，巨海齊封，公將無愧，是異時爲霖雨以潤澤天下，則又非特一山一水之功而已。”

送提學李希賢詩序

舉人榮察、生員趙鰲輩謁於余，言提學李先生希賢之善也。鰲曰：“先生之爲教也，有法制以立其綱而有科條以備其目，有程期以大其規而有通變以盡其用，勸勉以督之，優柔以化之，諸生蓋日益月盛而不知所以爲之者也。”察曰：“鰲之言是也。察及先生之門，先於關中諸生十餘年，察沾先生之教最深且久，鰲之言是也。今先生以制去位，察輩戀戀於先生者不能自已，且察及門於十數年之前，而今復遭先生於此，今先生之去，察於諸生又不知復得見先生於何時何地，乃各爲咏歌，私相傳誦。又慮夫久而無徵也，於是綴以成冊矣。請一言，行而有贈，亦古人之所不廢也。”

應之曰：予與希賢有交承之義，是不可辭。夫論治道，必先禮而後樂；論修身，必先敬而後和；論治，必先嚴而後寬。予不佞，曾辱希賢之處，主於稽弊作勤，而人論之曰嚴；希賢代予，主於禮教德化，而人稱之曰寬。古之人，有一人一地而先後寬嚴異者，張咏之治蜀也；有一人兩地而彼此寬嚴異者，薛奎之開封、成都也；有二人一地而寬嚴異者，開封之包希仁、歐陽永叔也。嚴其不得不嚴，而寬其不可不寬，此救弊之道，一人非自相反，而二人非固[二六]相庚也。希賢之寬，所以濟予之不逮，而嚴在其中矣。然居上不寬，吾何以觀吾夫子有是言也？今曰治人先嚴也何居？子朱子曰："爲政當以嚴爲本，而以寬濟之。"蓋吾夫子之所謂寬，以心之所存主言；朱子之所謂嚴，以見諸條教號令者言也。雖然，御衆治廣者必有寬心而后可以行嚴政，不然，吾未見其可也。予因以是質於希賢。

《書澤永悲詩》序

吾蒲有盛族秦氏，秦之先曰仲和，金元之際避亂自潞來徙。仲和生子信，子信生孟仕，孟仕生貴。貴娶於徐，生瓚。瓚娶於關，生昂、旻、昆、𣆀、昌。昂舉進士，爲監察御史，天子命稽餉西垂，道長安，與雲鳳曰："昂父生七年而失母，育于伯母閨。長而修，質性剛毅，言論洒然。喜讀書，小學、四書、《通鑒》之與意會者大抵能舉其辭。善治生而不談禄命，曰'非人事之急也'；謹家祀而不事浮圖，曰'非聖人之教也'；婚喪居徙不問術者，曰'死生富貴，命乃在吾，彼安能預吾事也'。嘗作棺百餘，給疫死道路者。祈愈父病，貧不能償所貸者，復貸之，且以券付焉。郡守作祠廟，出麥四十斛，以食役之寠者。成化乙巳，年五十六卒。值疫作，闔門病，昂亦病不能起，葬略於儀，墓失於志，昂日夜痛心也。仕有禄，奉吾母，而吾父不逮焉，昂所以甚痛也。比過家發篋，吾父所讀書在焉，手澤猶存，昂不能讀也。子其爲我志之。"

復之曰："予觀千[二七]古，其子孫之顯大者，必其父祖之有功德在民者也。不然，則賢而黜於時者也；不然，則有濟於物者也。秦氏之昌自今始，而君之志則可悲矣。"遂作卷以題之，復爲之詩以嗟嘆之，告於能詩者正[二八]之。詩曰[二九]：

偉哉秦侍御，白面生玉彩。立於天子庭，峩峩冠鐵豸。朝罷長安路，諸僚見者駭。侍御心遑遑，曰我樂不在。母存父何之，子貴親不逮。況有舊時書，欲讀泪先灑。父書藏篋中，於今二十載。此悲詎有涯，終身未能解。移孝作爲〔三〇〕忠，古亦有明楷。

《八分存古》書序

古書之存於今，惟篆頗具六書法，惟八分頗具篆法。古以竹木書篆，故其畫勾圓勁直，至束毛爲筆，則有點畫波法之勢矣。以筆書而篆意多者爲八分，言去篆畫二分，存八分也。八分又變，而篆意泯焉不存，則其字最簡且易矣，今之真書是也。蓋古者列國分治，或紊舊章，天子考文之典稍廢，則字體之紛更日趨省捷，勢所必至。子思以書同文爲當時之盛，則書、文之不同，古有之矣。秦并天下，一文字，以字畫之最簡易者施於徒隸簿書以取捷疾，故謂之“隸”。以其輔助篆書而行，故又謂之“佐”。至魏鍾繇始爲楷法，一點一畫皆有法式，故又謂之“楷”，又謂之“正”。其曰“真書”，則對行草而言也。大抵鳥迹、科斗既莫可考，則書莫古於篆，而八分去篆不遠，久乃趨於隸。然皆以漸而成，非一人所能爲也。或因漢石經八分爲蔡邕所書，乃以八分爲邕作；秦獄吏程邈掌徒隸之事，乃以隸爲邈作。蓋邕善八分，邈善隸耳。若邕一人自爲八分而書之石經，人之睹之必茫然莫辨。邈自爲隸而當秦多事之際，遂以用之天下，秦雖强暴，安能使有司奉行者驟識之？皆瞽説也。酈道元《水經注》曰，臨淄人發古冢，棺前隱起爲隸字，云“齊太公六代孫胡公之棺”，唯三字是古，餘同今字。此先程邈四百餘年，則隸果非始於邈矣。

然宋初以前八分之爲八分，隸之爲真，未嘗誤。故李昉等作《太平御覽》，“書部”八分之下繼以隸，隸之下繼以草書，而無真書，以隸即真也。至中葉，始以八分爲隸，婁機遂以漢碑三百九韵類其字，附以魏碑，名曰《漢隸字源》。洪適又作《隸釋》《隸續》二書，至今傳訛，罔克是正。《唐六典》校書郎正字，所掌字體有五：一、古文。二、大篆。皆不用。三、小篆，印璽、旗旛所用。四曰八分，石經、碑碣所用。五曰隸，典籍、表奏、公私文疏所用。今觀漢魏碑碣，往往皆八分，唐亦有之，則石經、碑碣所用爲八分，而非隸明矣。以隸爲典籍、文疏所用，則隸之爲真，而非指八分爲隸亦明矣。且鍾、王、歐、顔皆善真書，而史傳及諸家之論皆稱其善隸。唐張廷珪、韓擇木所書正如今所謂隸者，而《廷珪傳》則曰善八分書，杜甫《李潮歌》於擇木亦以八分稱之，則八分之爲八分，隸之爲真亦明矣。八分本謂篆畫八分，真畫二分，若《淳於長憂〔三一〕承碑》“懿”“其”“據”“善”等字是也。唐以來，書者頗施棱角，異於真書，而不能具篆之八分，則失其名義矣。近世好古之士往往學篆、學八分，然古之宫室器皿、衣服飲食之制皆不宜於今，居今之世而獨用古字亦有不必然者。但今之真書，承二王之後，又俗媚於漢魏人所書，朱子厭之，乃學曹操表篆也，八分也，亦好古者所不廢，而篆非用力之久不能通。余以爲學者頗學八分，亦足免俗。

提學陝西，遂令諸生集古碑刻，以韵類之，名曰《八分存古》。其不備者，則附以己意，然必考之古人之迹，不敢杜撰也。

徹正學祠像設告文

自古事神之道，自天地、社稷以至五祀，莫不以主。佛教入中國，始有像設，非禮矣。今制亦嘗禁施於郡縣之土神，而况加於學聖人之道者哉？往者正學祠成，有司議所以崇奉諸先生，乃問匠氏，遂從俗爲之。某始謁祠下，實用惕然，竊意諸先生亦必不安於此，謹擇日徹去，易以木主。敢告。

正學祠增祀李介庵先生告文

昔周盛時，文、武之道被於天下，惟是西土，沾化實多。士之生於王國，形諸"济济""思皇"之咏者，蓋莫非有道有德賢人君子。而當世上無二教，下無殊俗，士無異學，從可知矣，流風餘澤至於數十世不泯。及周衰，學校政息，散醇而醨，異端萌蘗。逮孔子生於魯，及門之徒三千，甚[三二]盛於是，斯道如日中天，然秦隴之間未有摳衣而班於由、求之列者。至於有宋，橫渠張子聞程氏之風而起，二吕及范、蘇諸公望橫渠之門而趨，關中之學遂有聞於世。自是而後，志士迭興，則若兩楊先生，蕭、同二先生，所造雖有淺深而問學同依於道，所遇雖有亨困而出處皆潔其身，繼前人之絕學，啟後人之迷途，然則秦未嘗無人也。

大明敷教百有餘年，忠貞直諒之士肩背相望。若至於聖賢之學而履行純固，始終一節，則惟介庵李先生一人而已。某幼聞介庵之名，後一見於長安旅舍，時予駃，未知所以問，介庵亦未有以告也。兹奉朝命爲吏，大懼淺薄不足以風動諸生，而是方實爲介庵故里，父老、士子所稱述日以有聞，遂曉然知介庵之賢，真可爲諸先生之徒。後生小子欲求諸先生之道，舍介庵無以爲行遠升高之地。今特奉介庵合享兹堂，使諸生自今爲學知擇於爲己、爲人之間，而決義利取舍以無負於諸先生之訓。介庵之没未遠，諸先生得於見聞，庶可感勵，有不待文王而興起者，則某不職之辜可以少逭。惟諸先生鑒臨在上，謹告。

祀文貞方公告文在漢中府學。先生自號遜志齋，
台州寧海人也

公博究經史，高談仁義，動息言貌必揆諸禮法。文辭渾然天成，浩浩洋洋，寫其所得，該括萬事。慨慕三代之治，自任經濟之重，入朝未久，殺身成仁，百千萬年，凛有生氣。公嘗教授漢中，未斬之澤於今猶在。某按部過此，率諸生稱公爲文貞先生，

潔除一室，題曰"正學祠"。正學者，蜀王賜公號也。作主祀公，俟後之欲知公者有考焉。謹告。

正學祠祀春秋祭文

自周之衰[三三]，儒者之道不用於時。然非有人講明於下，卓然以爲己責而任之，則是道之絶無迹于世久矣。迨有宋，兩程夫子倡明是學，張夫子勇求是學，孔、孟而後使天下知有儒者之道者，三先生之力也。今學者誦其詩，讀其書，欲學其所學，敢不有報！

兹惟仲□[三四]，敬陳明薦[三五]。尚饗！

禮部同僚祭司務戴人望文儼，華亭人

憶使軺之別我兮，宛言笑之欣然。何彼人之訕音兮，成飛語之真傳。嗟君德之粹美兮，又學問[三六]之深淵。弼宗伯以爲郎兮，冢宰亦謂其賢。顧白雲之依依兮，遣我心之懸懸。痛父書之在眼兮，懼慈闈之暮年。念三釜之養違兮，喜一棹之歸遄。何天命之酷烈兮，溘即死於江邊？有母啼之在吳兮，又妻號之在燕。忘窮達以耽吟兮，積窗下之遺篇。賴有子之及冠兮，卜家聲之未顛。陳薄奠於素帷兮，望仙馭之來旋。哀不可以哭盡兮，情不可以宣。尚饗！

禮部同僚祭介石翁文

惟介石翁，抱群編而獨究，投一壑以自專。高視闊步，玄巾白顛。蓋如是者，八十一年。鄰之弗臧，夜兼吾址。吾弗與較，鄰則自耻。户屨門車，問易問禮。登第登朝，有孫有子。有徒有賓，蟻酒雉菔。誰其侶之，葛天氏民。絶筆之吟，浩乎天真。還身造化，脱屣乾坤。是乃陶潛、邵子高出一世者之襟抱，不然，何其超然而有形，悠然而無踪，而若太空之白雲？

某等與令孫同官南宮，猝聞訃音，嘆息高風，牢醴惟誠，哀詞惟衷。尚饗！

祭孟進士汝珍文

維弘治十三年歲次庚申二月乙酉朔，越二十有八日庚戌，致祭於進士孟汝珍之靈曰：

嗚呼汝珍，何遽至此極耶？汝珍學之充然，貌之冲然，將謂汝珍必有用於時也。年力始壯，官軔始放，將謂汝珍必副吾之期也。三世舉進士，一門多顯者，將謂孟氏之積厚而於汝珍發之宜也。汝珍之翁也，剛直俊偉，望於關西而治獄甚平，將謂天報其父在其子無疑也。嗚呼汝珍，何遽至此極耶？陰陽雜柔，禍福乖錯，豈世之常不足怪耶？抑冥冥者固不可窺也？嗚呼汝珍，何遽至此極耶？某於汝珍有鄉曲之誼，有年家之好，汝珍之翁又同宦於茲也。聞汝珍之得第，其喜可知也。忽訃音之飛傳，則恍然莫知其所從來也。嗚呼汝珍，何遽至此極耶？清醑一壺，臨風酬之。侑以哀詞，用瀉吾私。尚饗！

鄉官祭車太守震卿母文

惟靈名門之秀，淑慎靜專。翁姥早慎於擇對，乃命歸諸車氏之賢。匪勤儉之自將，亦訓誨之惓惓。是以家之昌、族之盛、門第之崇既以甲於閭里，而若子若孫鳴珂而曳珮者又相望於後先。珠翟有輝，封誥自天。悠然遐福，繞膝曾玄。胡百年之未究，而一訃之遽傳也？

某等忝在鄉鄰，仰德有年。登科未獲於堂上，致奠遙望于風前。尚饗！

陝西城隍廟三司祈雨文

今年[三七]二月至於五月不雨，麥已不實，穫不償種。菽粟猶未布種，若不即雨，將無秋，秦民其饑。某等皆率民以事神者，天降災於民，某等敢不捫首[三八]？豈受職怠事，蠹政殃民；縱欲自恣，淫刑以逞；假公營私，剝下奉上；賦役不均，科法[三九]無度；民冤載路，聽若罔聞；吏弊滿前，視而不禁；人心憤怨，上干和氣歟？是皆某等之過，有一於此，神罰其身。神不罰其身而災其民，民何罪焉？往者軍餽繁興，疲瘵流離之民今尚未蘇；近日虜每伺邊，又須預防關輔。連年鮮收，供億之費，不過此孑遺之餘，而又重困之。民窮必散四方，盜起必多死獄。某等安能坐視？

謹齋戒，擇日率有司、吏人、諸生、父老以請命於明神。神之聰明正直，保祐下民，亦豈忍剪絕其命？伏願早降甘澍，使諸穀之種得及時之土，以慰斯民遑遑無所控訴之心。嗚呼！秦民之愁苦極矣。惟神憫之，期以三日，神其鑒之。謹告。

三司謝雨文

茲以久旱，穀種未播，民心憂惶，某等思過省躬，以禱於神。神之昭鑒，如響斯答，越三日而雨，又三日而大雨，歲其可望有秋，神之惠大矣！某等敢不益用祗畏，殫力以治民，竭誠以事神。伏願明神雨暘[四〇]時若，終此大惠。謹用告謝。

三司再祈雨文

近以久旱，禱雨於神。神賜以甘澍，苗之萎黃者起，萌芽者暢；穀之已種者盈隴，未種者入土矣。今將一月，風霾復作，起者或偃，長者或枯，盈隴者幹脆，入土者湮埋。若秋成之無望，將死徙之必至，民心憂恐，遠邇囂然。某等皆有民社之寄，敢不再有求於神。伏願再降數日之澤，以慰三農之望。某等謹朝夕頓首稽首以俟。謹告。

三司西郊祈雨文

旱既太甚，夏及秋矣。遍告諸神，曾莫我諸謀矣。某等有罪，敢將誰尤矣？思其過愆，夙夜懼且憂矣。民言斯地之幽奧，百靈所鳩矣。神是憑依，有禱必酬矣。用是致牲於神，庶幾其解民愁矣。若彌旬不雨，亦無所用求矣。頃刻而雨，惟神之休矣。三日而不雨，惟神之羞矣。神其奮興鞭，笞龍虯矣。密雲之敷，烈陽之收矣。始焉霡霂，若注而若流矣。嗚呼！餓者庶可生，散者庶可留矣。惟神憫下，何忍聽此啾啾矣？謹告。

校勘記

〔一〕"朝"後，明刊本有"之"字。

〔二〕"謂"，明刊本作"惟"。

〔三〕"而"後，明刊本有一"世"字。

〔四〕"史"後，明刊本有一"牒"字。

〔五〕"未之見焉"，明刊本作"未易例談者之指焉"。

〔六〕"今"後，明刊本有一"皆"字。

〔七〕"幹"，據明刊本當作"斡"。

〔八〕"待"，明刊本作"遇"。

〔九〕"干"，明刊本作"造"。

〔一〇〕"事"後，明刊本有一"夥"字。

〔一一〕"殷"，據文意疑當作"盈"。

〔一二〕"可"後，明刊本有一"恂"字。

〔一三〕"之"後，明刊本有上"以"字。

〔一四〕"脂"，明刊本作"稽"。

〔一五〕“史”，明刊本作“使”。

〔一六〕“場”，明刊本作“墟”。

〔一七〕“遂”，據明刊本當作“遜”。

〔一八〕明刊本末有落款“正德元年丙寅夏五月十九日，雲鳳書於太華山麓王泉院之山孫亭”。

〔一九〕“民”後，明刊本有一“之”字。

〔二〇〕“選用”，明刊本作“遷擢”。

〔二一〕“重”，明刊本作“龐”。

〔二二〕“兵”，明刊本作“軍”。

〔二三〕“不若防盜於未盜者”，明刊本作“不若防盜於未盜。防盜於有盜者，用吾之兵；而防盜於未盜者”。

〔二四〕“今”後，明刊本有“天下”二字。

〔二五〕“知其”，明刊本作“自信”。

〔二六〕“固”，明刊本作“故”。

〔二七〕“千”，據明刊本當作“于”。

〔二八〕“正”，明刊本作“張”。

〔二九〕“詩曰”，明刊本作“題曰《書澤永悲詩》，曰”。本詩另載於《博趣齋稿·詩》卷六，題作《題澤永悲詩》。

〔三〇〕“爲”，明刊本作“作”。

〔三一〕“憂”，據文意疑當作“夏”。

〔三二〕“甚”，明刊本作“其”。

〔三三〕此句前，明刊本有“昭告於宋豫國公明道程先生、宋洛國公伊川程先生、宋郿伯橫渠張先生曰”數十字。

〔三四〕“□”，據明刊本當作“春秋”二字。

〔三五〕“敬陳明薦”前，明刊本有“以宋學士偃師朱先生、宋博士常山劉先生、宋校書郎緱氏李先生、宋宣義郎藍田呂先生、宋正字藍田呂先生、宋博士武功蘇先生、宋學士上蔡謝先生、宋侍講洛陽尹先生、宋御史奉天范先生、元魏國公魯齋許先生、元廉訪使紫陽楊先生、元學士奉元楊先生、元祭酒奉元蕭先生、元學士奉元同先生、國朝府同知介庵李先生配”

數十字。

〔三六〕"學問"，明刊本作"問學"。

〔三七〕"年"後，明刊本有一"自"字。

〔三八〕"首"，明刊本作"省"。

〔三九〕"法"，明刊本作"罰"。

〔四〇〕"賜"，據明刊本當作"暘"。

明故冠帶散官馬君妻王氏墓志銘

余讁陝，道出河內，令馬君見焉，辭氣不凡，心敬之。去詢其政於野之耕者，函[一]曰："吾令，吾父母。"抵陝數月，吏白丈人造門，迓以語，溫厚長者，河內父也。父子皆賢，予獲交焉。今年吾來關中，聞河內母卒，乃恨未得一升堂爲壽。河內奔歸，以銘請。

母王氏，其先灤州人，陽和衛百户林之孫。伯父榮，以材略調署西安左衛鎮撫事，居西安。父貴，以德稱。母幼則整肅，伯母徐以爲類己，愛如所生。母事徐如實生。已笄，歸於馬氏之良倫，冠帶散官。逮事舅姑，家治素嚴。舅姑曰："是真吾家婦。"舅達而好客，客不時至，供具罔怠。舅卒，或以櫛賵贊其夫，辭之曰："使爲子若婦者，何所用其心?"姑既寡，養益傾竭。姑嗜茗，地有茗禁嘗，脫所愛指環購藏以待。姑以貞節被旌命，每率諸子女羅拜，以宣其慶。或負而步於庭，以求姑喜。教子嚴，不掩覆其過，故河內底有成。

河內第進士，以使得便省親，母甚慰。及除爲令，母曰："縣官勞人，吾兒何以堪此?"言輒哭。婿舉人張曷赴進士舉，念女去己，又每哭。伯兄忠死，無子，一女收養之，撫其女則哭，遂成疫[二]不起。時弘治己未三月十有三日，壽六十一。子男二，長應祥，進士，河內知縣；次應昌。女三，曰海，適舍人殷富；曰福，適舉人張曷；曰裕，許嫁李某。孫男三，大直、大忠、大雅。女二，淑賢、淑慧。以卒之月日葬於某處。銘曰：

劬以有家，訓以顯子。禄不逮養，余悲於是。

謝參政墓志銘

山東右參政謝公去官家居五年，年五十二，歲弘治甲子十二月二十五日卒。其子時雨以主事張用昭狀乞銘。

狀言公成化戊戌進士，選爲翰林庶吉士，授江西道監察御史，於通州竹木、居庸諸關、長蘆鹽法、運河漕運、四川邊儲皆一奉命巡閱。公剗弊糾奸，不避貴近，在居庸、運河、四川風采尤著。遷河間知府，迎母以養。河間素稱繁劇，庭無留訟，吏不容奸。嘗賑饑民，多賴以活。於是遷參政，未究厥施，越三〔三〕載罷歸。

公諱文，字道顯。高祖諱某，嘉興人，仕元爲山東轉運使司提舉。曾祖諱奎，國初爲景陵衛千户所鎮撫，改金州千户所，進橫海衛鎮撫。祖諱誠，失官，遂家於金。考諱宏，贈御史，再贈知府。妣王氏，封太孺人，再封太恭人。生時雨一子。於弘治十八年某月某日葬公於翠微山之原。女五，三已嫁，二許聘，婿皆良。孫男一，固。女三，俱幼。時雨業儒。銘曰：

公玉立而長身，望之者知爲貴人。黑頭歸來遏莫伸，積書教子，且以淑其鄉鄰。欲作書院漢水濱，我令有司才已搶，有告公没安忍聞？

文林郎章丘知縣白君墓志銘

弘治戊申，孟禽使大同，予亦以事至，同館于寺，經史、天下事，無不縱談。孟禽美儀度，善笑語，外和而内定，言論悠然有餘味。予歸而語諸太原王德華，德華邃理學。德華曰：“孟禽，我知之。吾與言理，不吾謬。”孟禽還爲監察御史，後爲曲周縣丞，爲章丘知縣。予亦往來無定居，然每念友朋落落，未嘗不在孟禽也。辛酉，予試生徒至寶雞，孟禽以母喪家居，予就訪焉，談復移時，因論南北差役之繁簡不均、百姓田畝之多寡不均。予曰：「均則天下治。天下之大，每患不均，治有所偏而亂生。孔子於天下曰'平均'之義也，故又曰'天下國家可均'。」孟禽曰：「嗟乎！天下何時而均乎？」予別去，方圖再會，而孟禽訃至矣。

嗚呼！以孟禽之負挾而未究其用，惜哉！孟禽姓白氏，諱鸞。祖諱和。父諱信，封監察御史。妣張氏，封孺人。孟禽幼穎悟，善記識，成化丙午貢於鄉，丁未賜同進士出身，觀政工部虞衡司。督修代王墓於大同，費省而役速。爲御史，所至舉廢滯，抑豪橫。巡按山西，按察副使楊光溥侍卒盜庫銀，詞涉曖昧，孟禽實不欲究竟。有交搆其間者，光溥懼，遂訐孟禽於朝。孟禽亦以卒盜庫事聞，上命法官窮治。孟禽罪薄，例贖炭，乃謫縣丞。孟禽不以爲意也，抵官，盡力民事，若未嘗爲貴近者。以薦，遷知縣。喪父歸，母亦喪。壬戌服闋，不欲起。癸亥七月五日以疾卒，年四十有六。娶賈氏，封孺人，再娶王氏。子男三：珝，賈出，辛酉舉人；璉、斑，王出，俱幼。女一，賈出，適李辛。乙丑二月十有六日，葬於益門鎮南二里祖塋之側，珝來乞銘。銘曰：

孟禽不可得見矣！而見其子。子之才美，孟禽其不死！

昭勇將軍指揮僉事邢公墓志銘

昭勇將軍指揮僉事邢公居北邊六十餘年，地里之遠邇險易，虜部之盛衰分合，官僚之勇怯才否，士卒之強弱多寡，戰陣攻守之法，烽候間諜之用，歷歷胸中，開口有據。自大將軍以下，禦敵舉事，必與公謀。公預以爲然，後無不然者。弘治十三年，虜寇榆林，公子都指揮僉事傑以褾將兵討之，公至榆林訪其子。公身長貌古，名望素著，衣冠甚偉。榆林人喜其來，就問以破虜之策，聽者皆自以爲不及。公又言明春虜當侵某處，我當備某處，守臣用其言，果獲功。由是公之名益振，秦晉諸邊皆知邢將軍云。正德五年五月二十八日，公年七十有九卒，北邊人惜之。傑以狀來乞銘。

按狀，公諱朗，字以然，山西和順人。祖諱政，始從戎宣府，以勇力雄其儕。父諱威，家饒而好施，貧士來干者輒有獲，人稱長者。景泰間，祖老父卒，公年方十六，慨然抵掌曰："丈夫當死邊野、建功名，安能與鋤耰者伍？"於是往代祖役，居軍中。嘗爲先鋒，以戰功三遷而至百户。成化十六年，從征大同、威寧、海子，遷副千户。十七年，從征大同黑石崖，先登，獲虜酋，遷正千户。十八年，從征榆林清水營，直前迎敵，身被數創，遷宣府右衛指揮僉事。弘治八年，以老乞致仕。致仕十六年而卒。配張氏，有家法。子男二：長傑，襲指揮僉事，以戰功累遷都指揮僉事，今以薦奉敕守備蔚州；次倫。女一，適保安衛正千户陸俊。張先公四十餘年卒，繼王氏、安氏。孫男三：鏜、鉞、錕。女五，二皆適名族，三幼。曾孫女一。公拔身行伍，自致金紫，遇敵必躍馬獨出，以身先人。每行軍，戒所部無嘩，竟無敢嘩者。銘曰：

泰山之巔，漳水之涯，是惟公之家。投身邊垂，爲國爪牙。惟吾馬首所向，虜莫敢遮。克勇克謀，蘊而不誇。既富既貴，質而不華。惟武而賢，惟士之嘉。我銘以告後人，豈直閭里之私而曰耶？

徽州知州孟君合葬墓志銘

吾遼言衣纓者，惟孟氏。孟氏自主事君祥始，祥之子爲陝西按察僉事準。準弟隆、陞皆舉人。隆爲成都判。子儒，舉進士。族兄泰，以知州老。準，予同年進士，隆與予同舉於鄉，今三十餘年，而皆淪謝不一存，可慨也夫！泰字彥亨，卒於弘治甲寅。今其配李氏乃卒，其子江以合葬之銘請。

彥亨少有英稱，家貧力學。年三十餘，遂中鄉試高第。成化戊子，吏部試優等，除陝西葭州知州。州臨北邊，虜數犯境，供億繁興，軍檄旁午。君素謹畏，夙夜罔敢懈，酬應有方，民不擾而事克濟。在州六年，以母憂去官。服闋，復除陝西徽州。有惠政於民，監司至其地者，交口稱之。三年，君厭於宦途，乞致仕以去。家居，耕以自養，不干有司，得年六十有五，鄉人言謹厚儉約之士者。先配馬氏，繼李氏，皆有淑德。李年六十有九。子男三：淮，義官，清，業儒，俱早卒；江，少而慎獨，能嗣其家。女二，適里人某某。淮、清、二女皆馬出，江李出。李撫三男二女，衣服、飲食均一，人以為賢。正德六年某月某日合葬於祝融山先塋。銘曰：

惟孟於遼，自太原徙。厥族之昌，祥初進士。科名蟬聯，奕世無浹。僉憲及儒，不替厥美。惟徽州君，歛恪不侈。兩守名郡，嘉聲隆起。黑頭歸來，曰吾倦矣。晝怡於耕，夜課其子。厥配之良，克相克理。祝融之原，豐草巖巖。我銘於穴，後昆之俟。

封南京光禄寺少卿李公墓志銘

公諱寧，字仲元，先世居平定，後徙樂平，今為樂平人。五世祖諱尉，前元某年間為蒙哥近侍，嘗負其主脫艱危，以勞復其家。曾祖諱唐，祖諱德。父諱季忠，年逾九十，恩例冠帶，家世以善良稱於鄉。

公幼嘗讀書，性純和朴實，凡事任自然，不為華矯。人與久處，未嘗見其一惡言屬色。機變強橫之徒，遇公則惘然自失，非惟不能以非禮相加，退而心服，改行者多矣。公早失母，繼母王弗慈，公事之，得其歡心。正統己巳，虜寇掠近地，鄉人相率竄避。公曰：“如吾去，吾親孰與養？”寇亦不至。景泰初，饑甚，公躬耕、採拾爲養，菽水僅足，而親安之。後公之子與孫相繼居清要貴顯，公以子官封南京刑科給事中，再封南京光禄寺少卿。自處儉素，不改於前。非法之事、非義之財與有司相涉者，非但不一污於身，而亦不復萌於心。人以其自少至老守一而不變也，號曰“一齋先生”。相戒者曰：“無愧一齋。”相擬者曰：“與一齋何如？”若公者，可謂一鄉之善士矣。

壽九十有五，無苦而終。配劉氏，贈宜人。子男二：長曰岱，丁未進士，先任南京刑科給事中、光禄寺少卿，今爲陝西布政司右參政；次曰恒，義官。女二，長適劉廷達，次適劉憲，皆宦族。孫男四：長天衢，河南按察司兵備僉事；次天街、天衝、天衛，皆幼。孫女四，長適聶鎬，次適馬騰雲，次適宋郎，次許嫁喬詩。公生於永樂十一年正月七日，卒於正德六年正月十一日，葬以四月六日，墓在南谷獅子山之原。銘曰：

皐落之墟，粵有善人。樸焉弗斫，太古之民。少孤而養，於稼於薪。既富且貴，不忘賤貧。人之譊譊，我若不聞。人之猥趨，我獨逡巡。德豐其身，利其子孫。

徐母李氏墓志銘

平定徐氏母，有五子而能教，長子崇德遂登庚午鄉貢進士。徐於平定世爲守禦士。至母有賢子，始爲詩書衣纓之門，於是鄉人皆稱母賢。

母姓李氏，州處士諱福智之仲女。父母早喪，鞠於祖母賈。母工女紅，淑慎，寡言笑。年十六，賈曰：“是女，吾憐之。吾觀於鄉，惟徐氏之子聰才，可以歸。”遂以歸。是時家貧，每藏粟以養舅姑，而己茹蔬。手斂蔬於野，絲枲、酒漿必親之，事繼母三、庶母一無間言。家漸饒裕，賙窮濟飢，雖繁不厭。叔欲分爨，母數稱古人恩義譬曉，叔不從，則勸良人以財物推之，而自取約焉。崇德幼讀書或懈，至撻之流血，故早以名顯里中，以愛而敗其子者舉相告語。母幼處姊妹，嫁處娣姒，老處姻黨，皆以禮自持，而人則之。正德辛未八月三十日以疾卒，年五十一。以某月某日葬於州西孤山之北地，從先舅姑兆。五子者，崇德，娶劉氏；崇義，早卒；崇禮，娶呂氏；崇志，州學生，娶劉氏；崇光，娶陳氏。女一，適州人王鶴。孫男三，沉、渾、淳，俱幼。銘曰：

徐實良門，李亦盛族。於今益著，惟母賢淑。女秀於閨，婦勞於家。母誨其子，學充而華。子名既顯，祿位將至。不食其報，子孫是庇。

誥封太宜人劉母田氏墓志銘

內江劉瑞喪母太宜人，以戴太守敏狀，自豐走使太行山，問銘於虎谷王雲鳳。交瑞久，有以相知，母視太宜人。先是，聞訃而泣，銘其能辭！

太宜人姓田，諱某。父諱勝理，母陳，山東按察僉憲公之配也。公諱時敦，字某。田之先自湖南徙內江，元有爲萬戶者，今稱望族。先，田氏太宜人婉瘱，寡言笑，父母擇所宜歸，以歸劉氏。事舅姑，無違禮。處娣姒五六人，罔有間言。僉憲公爲刑部主事，考封安人。僉憲公有志操，卒於山東，瑞方十三年。太宜人攜幼扶柩，間關數千里抵家。貧不能自給，父母憫焉，與田數十畝。自節縮家用，買田數畝。時匱乏，則易簪珥服飾繼之，惟以教子爲事。瑞登弘治丙辰進士，拜翰林檢討，以推恩誥封太宜人。甲子壽七十，館閣諸公及賢大夫士登堂爲壽，歌咏、頌禱之章爛然門庭。

正德初，憂時事者欲以力救正之，既而事不得施。丁卯春，賊瑾擅權，將肆虐自快，瑞即以疾告歸。出京之明日，瑾摘公卿以下五十三人，皆有名當世之士，誣以黨，矯詔廷諭百官擯責之，令瑞致仕。蒼皇道^[四]，舟行涉風濤，出入盜賊中，或野宿，餐飡不繼，太宜人安之。經湖南澧州，太宜人妹氏在焉。妹氏者，李僉憲充嗣之母也，相遇甚歡。太宜人謂瑞曰："吾畏入蜀之險，其問舍以止。"遂止。壬申正月一日疾卒，年七十有七。子男二。長瑞，太宜人卒後五月起爲山西提學副使。次瑣，女一，俱殤。孫男一，應辰。

太宜人貴不驕，富不侈，貧不戚，有餘必以周所親婦女。所親婦女或不孝、不慎，則厲聲數之，聽者凜凜。御僮僕有恩，常手爲補綴。不信佛老緣業、齋祈之事，有勸以誦經修福者，曰："吾修吾心矣。"自僉憲公以君子爲己之學教瑞。太宜人檢攝於內，飲食、衣服皆有常則，一言之失，必斥爲簡。娶婦汪，曉識書史義理。瑞動遵矩法，家祭以古禮，夫婦奠獻，太宜人諦聽焉。每朝夕朔望，瑞率注^[五]定省拜問，養先志意。太宜人早孀中困，晚遭顛沛，而常愛其子婦之賢，怡然也。瑞既致仕，喧猶謫至，且懼有不測之禍，秘不敢告。太宜人久乃聞之，曰："吾固知吾兒有是也。自古忠臣孝子，鮮不如是。吾兒得與諸君子之列，吾何恨哉？"聞者曰："使其子不幸有范滂之事，是母也今滂母矣！"癸酉某月某日，瑞歸葬於縣南某山之原，從僉憲公封。銘曰：

夫名之長，子德之英。惟相之功，惟教之方。惟兹之藏，惟後之昌。

陝西布政司右參政李公墓志銘

正德庚午冬，予謝病歸山，過樂平。公來會於邸，告余以劾蔣琮事，曰："琮狠黠人也。初守備南京，欲陷縉紳不測之禍以立威，覰縷瑣細，誣訐臺諫數十人謫以去，勢益張。又連訐諸司官，俛首就逮，冤鬱不伸。余念幸蒙恩爲言官，不可坐視。然人方縮朒，莫敢誦言攻之，異時一二雄俊敢言之士，皆以時不可爲解。一日，余騎馬出門，墨墨獨行。忽遇郭御史者，告之故。郭欣然同議，乃歸，疏琮大罪數事，合同官上之，琮遂下獄以死。"公爲言官，所論列關於朝廷政治之大者雖多，惟蔣琮則當其寵幸初隆、氣焰方張之日，尤爲人所難。余別去，逾年而公病，又數月而訃至，其子天衢以教諭沈盤狀請銘，乃述其事，公之告我有以也夫。

按狀，樂平之李，先世居平定，五代祖諱唐自平定來徙。生五子，次子諱從善，公之高祖也。曾祖諱德，祖諱季忠，考諱寧，皆稱長者。而祖尤爲鄉人所信服，年九十，以壽遇詔冠帶。考以公貴，封南京刑科給事中，進封南京光祿寺少卿。妣劉氏，封孺人，進封宜人。公諱岱，字宗岳。生而穎異，長而能文，魁其儕輩。家貧，嘗躬杵臼以養親。夜雨敗鄰人之垣，若有藏物，家人欲取焉，公聞而止之。翌日，其家始覺，得錢數斛。邑人有受金縱盜而情可原者，縣令與其人有仇，欲致之死，翟清者被怨家誣告魘魅，死罪，公皆爲營辯得出。

登成化丁未進士。弘治二年，拜南京刑科給事中，有直聲。上檢身求言，敬大臣，謹天變，數事多見采納。尚書鄭時不職，內官張廷縱恣殺人，都御史秦公紘爲安遠侯柳景誣奏，公倡諸臺諫言之，秦公竟得白，時罷去，廷置於法。又言前威寧伯王越不當貪緣起用。公內炯弗暴，謙抑簡靜，爲言官數年，不形矜色，至有檢核勘問之事，人必稱平。十年，遷南京光祿寺少卿。每歲上供天鵝、鹿腊，皆以樊籠生致於洞庭、嶺海五六千里之外，民病之。既腊或不堪充庖，公言於太宰倪公，因灾異陳言及之，止徵其直。上供法醞，每歲人送，用舟八十餘艘，役夫爲奸，且不時至。公爲之籍，使有統紀，弊遂絕。又爲籍以稽錢、物出納，增糧以蘇庖人之困。而鏡考餘子前爲光禄者，率以暇逸自諉。公每日事事，諸廢皆興，見者改觀。

正德三年，考績至京。時劉瑾用事，大肆饕虐。公卿而下，鮮不以賄通，多至千金，少亦數百金，公獨無所饋。或曰："君禍至矣！"公曰："命也！"適天衢爲刑部郎中，以誤[六]罪被逮，又不以饋。或曰："君禍大矣！"公曰："命也！"天衢竟出爲陳州守。居無何，吏部薦公爲太僕少卿，瑾識其名，乃令致仕。公不戚而喜，於是士大夫嘖嘖嘆公有守云。

公平生不事交結，瑾誅，當內遷，乃外補陝西布政司右參政。未行，丁父憂。七年二月四日病卒，年六十有八。配趙氏，封宜人。子男三：天衢，丙辰進士，河南按察司僉事；次天街、天衝。女二，生員聶鎬、喬宗伯侄詩，其婿也。孫男一，及辰。女二，幼。十二月六日葬於祖塋獅子山之原。於法宜銘，銘曰：

維德蘊才，才或鮮德。悃愊君子，確然內植。優以施之，人莫我惑。摧奸如山，拯善如溺。乃掌王羞，惟民之惻。起頹而趨，撫困以息。忤時歸來，厥聲有赫。身在田園，心在邦國。欲考公世，視此銘刻。

明故中順大夫慶陽府知府郝君墓碑銘

予提學陝西，君守慶陽，一再見君，神采毅然，壯健無疾病。未幾，予去陝而君卒且葬，今五年矣。悲夫！

君諱鎰，字廷重，先世長安人。金有諱濟賢者，爲河澗路總管，子孫遂居河澗。曾祖諱志剛。祖諱祥，思南府知府，有善政。考諱瑢，渭南縣丞，以君貴，贈御史。母宋氏，贈孺人。繼母于氏，封孺人。君幼好學，誦習舉子業，雖貧益勵。鄉人徐佑得舉回，同學者皆避去，君獨具幣跨驢迎之。成化癸卯，領順天府鄉薦。甲辰登進士第，授天長知縣。民有貸而不償者，誣券爲偽，爭於庭。君曰："吾倦，且休矣！"取其券，令畫字封而去。君閱券字無異，詰之曰："券字非爾手筆耶？"誣者愧服。民不知種麥，公給種教之，麥乃大獲，至今天長有麥。以檄理鹾政於儀真，平心處之，無不稱便。弘治辛亥，遷南京雲南道監察御史。丁宋孺人憂。服闋，改南京廣東道。巡視南京諸衛倉場，搜奸剔蠹，人皆憚之。奉敕清戎，躬閱故牘，積歲隱没之弊多所釐正。大司馬馬公嘗謂君曰："聞君清戎，數增於舊而人不冤，行將上君績於朝，以勸天下之理戎政者矣。"又命巡視鳳陽等郡，貪吏有望風解印綬去者。上疏，欲起用致仕尚書秦公紘，爲朝論所稱。壬戌，遷慶陽知府。慶陽邊郡，久不治，民多穴處，不知桑麻。君至，則革吏胥之奸，究徵輸之弊，百事一新。且召工陶瓦甓，治屋廬，教樹藝，暇則飭公署、學校。民有殺人報父仇者，君據法當杖，憲司不從，後臺議卒是君。治爲諸郡第一。

正德丙寅，年四十有九，八月初五日以疾卒。君孝友剛直，尚節概，恤故舊。渭南公卒於官，君歸葬，一切如禮。時思南公二母氏皆在堂，曲盡奉養之道。事兄撫弟，友愛獨至，登第後盡以祖遺田宅與之。同年主事蜀人盧錦與中貴人構隙，坐廢，道遠不能歸。君時尹天長，適至南京見之，遂與同舟至縣，僦屋居之，遣邑子弟穎秀者從之游，擇士人女爲之伉儷。在慶陽，宗藩若邊將以綺帛饋者，一無所受。君居官二十餘年，仕至郡守，俸禄之外一無所增，教子以讀書爲事，卒之日，貧無以爲葬。時總制楊公知君爲深，令有司厚贍其喪而歸之。君配張氏，封孺人。子男三，元進、元綉、元良。女一，適千户李延福。正德丁卯五月十二日，葬於府城東十里都家莊之原，元進請銘其墓石。銘曰：

侃侃郝君，直義之士。甲辰之歲，予識君始。同年三百，曾不二紀。存者落落，死者已矣。看君壯健，壽禄無涯。別不幾時，而遽以死。君初作縣，名譽即起。激揚有聲，八載御史。乃守慶陽，納民於軌。禮讓桑麻，教敷俗美。君疾在床，民禱於里。君柩在道，民泣不止。君葬孔安，已逾五祀。我始聞之，悲不能已。元進乞銘，知君有子。君德之報，其昌在是。

寧海知州郭公行狀

吾鄉侃侃丈夫郭公，諱容，字子仁，渾源州人。郭之先爲東勝望族，洪武中，東勝没於胡，有思榮者内走渾源，遂占籍焉，公曾大父也。大父深，父鼎，世以良謹稱於鄉，而鼎以儒爲河南儀封尹。公生於宣德癸丑二月十四日，丱角就傅，即莊重，不逐群兒戲。弱冠，補州弟子員。成化乙酉，登名鄉書。屢試春官不售，僑京師，友天下士。公銳意樹功名，既家食拓落，其魁壘之氣、卓犖之才鬱無所施，而所以自期待者不少衰，則訪求天下事而納之胸中。時一對客，抵掌高談，援據古今，出入經史，霏霏如屑。或論不合己，則面折之，人雖不堪，不少假，盡言乃已。然直諒素著，人亦不甚怨焉。

癸卯夏，天子召見便殿，訪以黄白之術，公謝不知。是歲冬，除山東寧海知州，單車以赴。民有豪猾任姓者，恣爲奸利，前守莫能制，鄉人畏之，私相戒語：“避任虎。”公縛而杖之，餘黨解散。州濱海陋無禮教，婚嫁爭財，女不時歸。公定爲條約，赤貧者匹帛樽酒，官給焉。每得亂吏治者，俾輸木自贖。民死不能葬者，資以棺具。養濟院布、粟以時頒，暇則按視，問以疾苦。公嘗謂守令之責實兼教養，於是條具利民化俗十有六事，請於監司行之，識者知公志非小就者也。甲辰冬，中貴人奉命祀海神，因欲税金以媚於上，郡邑將從之。公聞而嘆曰：“一至此哉！”中貴人將至，疾馳逆諸境上，言：“境内往歲雖産銤，今日以微渺，得之甚艱，置稅則朝廷未必得分毫之利而百姓受無窮之害。況後課額不足，又將取足於民，或有他虞，亦今日啓事者之責也。”或以饋金獻，公斥之，復以危言動其左右之人。中貴人猶豫，且心憚公，稅卒不行。

乙巳，督餉宣府，感暑疾，還至京師寓舍卒，是年十二月二十五日也，得年五十有二。配全氏。子男二，璋、璽，俱鄉貢進士。孫男三：英孫、睿孫、瑞孫。女二。公體貌魁岸，性倜儻，喜赴人急，而居家孝友。幼時，儀封嘗以世積贏金使藏之，公以語諸兄，乃藏焉。姚[七]白孺人有疾，齋沐嘗便。交友，以友過必規爲主。其在寧海一歲餘，而豪强歛迹，小弱得職。民歌思之，比於父母，有古人之風焉。

璋等以弘治五年正月葬於州東北十五里許村之原，懼公之志行將湮没而無聞也，走謀於予，欲求當世信筆表於墓以貽後之人。嗟呼！公與家君偕舉於鄉，旅寓京師，居相近也。公數過，家君則召余前，撫其頂而訓之。今公已矣，而儀采在目，聲欬在耳，善行在心，謹識不敢忘。顧惟愚稚無以白公於世者，而是之敢辭耶？退則以公世系、歷履并素所見聞者編次以授之，然懼不能詳也。謹狀。

都御史趙公行狀

都御史趙公，山西代州人，諱文博，字子約。景泰甲戌進士，除監察御史，謫陝西淳化令，遷守衛輝，調鞏昌，陟陝西布政司右參政，山東右布政、左布政，都察院右副都御史。祖諱思明，父諱忠，河南桐鄉令，俱贈右副都御史。祖妣、妣俱贈淑人。

公爲御史，按河南、南畿有聲。景泰丙子，偕同列糾奏忠國公石亨罪，英廟親訊於別殿，下錦衣獄。值雷雨之變，始得釋，謫以去。後亨事敗，上悟糾奏者非妄，詔吏部簡拔公，遂守衛輝。時境內久旱，公禱神以雨，得雨。新孔廟及諸生館舍，民莫知費所出。地瀕河，舊有舟六，特供藩臬意所遣，公疏罷之。藩臬有欲中以禍者，公又疏聞朝廷，遣官核之，直公，改臨洮。臨洮雜戎號難治，公治之如衛輝。以薦改鞏昌。鞏昌務殷稅遺，公至，期月如治臨洮。為參政，西戎為寇，奉檄督軍，竟以捷報。為都御史，巡撫河南。歲凶，民艱食，公賑貸有方，民忘其饑，陝西流民率相來歸。公瘁躬竭思，以居以哺，民忘其流。千戶席英與其黨為盜京城，懼事覺，乃晝甲以行，都人莫敢攖。肆掠於所過地，武臣以詔提兵數千躡其後，南走千餘里，亦莫敢迫。至河，公以計擒之，械送京師，伏誅，有文綺之賜。

成化丁未罷歸，遂不復起。家居十一年，弘治丁巳卒，年七十有三。配白氏，贈恭人。子男三：琛，舉人；瑀，早卒；瑜，生員。女三，歸鎮撫黃振、千戶張某，其一幼。孫男女皆四，俱幼。謹狀。

嘉議大夫刑部左侍郎張公行狀

曾祖諱興，曾祖妣某氏。祖諱信，贈嘉議大夫、右副都御史。祖妣陳氏，贈淑人。考諱善，封嘉議大夫、右副都御史。妣趙氏，贈淑人。公諱錦，字尚絅，河南太康人。高祖諱敬元，參知政事，防禦郞延。國初謫戍岷州衛，田於近縣秦安。公長，欲有所學，與釋老之徒游，見孟氏七篇，悅而求以歸。為縣學弟子員，貧不能自給，夜每就月光讀，卒業衛學。時邊陲尚武，笑儒冠者，公獨儒冠，就古廟授生徒。廟久蕪，魑魅時夜出，堅不遷。

成化乙酉，舉陝西鄉試。乙丑舉進士，拜刑部山東司主事，擢員外、郎中，聽獄必使人盡其詞而後判。曹郎失官金，尚書林公屬公廉之。公踪迹於諸從事家，疑主吏，鞫之不承，遣人詀其家，得金，吏伏辜。真定諸府大水，廷臣薦公賑之，公上免租、貸逋、薄征、馳禁等四十五事。至則平糴，勸富人粟，又取粟於省吏役年，嚳陰陽、僧道官，皆減常數，以風動來者。遣良吏郡縣，饘流丐，舉嫁娶，瘞死棄，無居者葺其廬舍，無衣者捐以布帛，游惰者以牛、穀歸之田，築行塘堤一千二百餘丈。復上四事，曰布仁恩以安民心，曰免私租以蘇民困，曰假便利以助賑給，曰施惠澤以拯流移，皆禁戚畹、宦寺之橫征求者。時患盜，邏者喜多獲，千戶賈真誣執棐強民，及武邑侯姓民之冤，公皆直其事。方山、慶城二王交惡，逮獄幾千人，公治之無冤。遷大理寺右寺丞。治岷、襄、梁三王事，祇坐其首惡。遷左寺丞、右少卿，以情輔法，多所平反。

遷都察院右副都御史，巡撫宣撫〔八〕。報始至，中貴、總帥即罷所役各千餘人。公至，理冤獄，除宿弊。榜示立紀綱、正風俗等六十二事，與吏人約。暇則延耄耋，訪求政事得失。劾罷中貴陶亮、鄭喜之蠹政，守備楚玉輩不堪守土。公志於教化，萬全左衛龍門千戶所未有學，天下都司衛所歲貢士未有額，公皆請於朝行之。青邊口戰失利，衆歸罪守備張俊。後公獎拔於稠人中者。公謂俊能以寡敵衆，令有司以羊酒、束帛犒之，後俊將率有功。公患軍中犒賞不足，市馬不時給其直，乃以他金貿粟給倉氏，徵有司額價償所出，羨至四萬餘兩。上八事，其一謂邊人閑戰陳，習勞苦，知地里險夷，若募數萬，給兵甲，無事歸農，農隙講武，有警則徵，聽主將約束而毋爲所役，且守且戰。餘皆論一時利病得失。丁父憂。服闋，遷刑部左侍郎。憲臣以事逮獄，上章自訟，語甚悖，且侵公。或欲曲當以極典，公曰不可。

乙卯，丁繼母孫憂。服闋，至京數日遘疾，歸華陰。辛酉閏七月十九日卒，年六十有二。配劉氏，封淑人，有內助。子男四：潛，癸丑進士，戶部主事；瀾，以蔭補國子生；沐、濟皆業儒。女二，長適指揮洪範，次適按察副使陳思忠子郊。瀾及二女皆卒。孫男一，之榘。公精律學，判案訟牘爲後進誦法。潛以某年某月某日大葬於秦，走岷謁予，以狀請。岷，公故里也，長老在焉，故得公志行、歷履之詳，若公者，可謂卓犖不凡者矣。謹狀。

曾祖壙記

公諱珍，字子玉，豐碩多髯，謹確仁厚。一日有男子自言："某，盜也，爲邏者捕急。聞翁長者，故敢言情。亦不敢累翁，欲自盡，祈一棺耳。"公憐而許之，且飽以飲食。盜方死，邏者至門，聞其事，嘆息而去。嘗自縣回，過林嶺，天寒甚，一夫僵卧道上，驢負囊有物，日且暮矣，公急驅驢歸，率家人舁僵夫至家，置之暖榻。或曰："此人若不可活，則其家以人命訟翁矣。且囊有物，豈不自取患乎？"公笑曰："吾知救是人耳。"其人至夜半蘇。偶爲縣市少年所辱，未幾，少年同賈人過虎谷，公邀賈人飲，而一人不敢至，則前少年也。公自往請，強以來。虎谷冬泉得水甚艱，公或自飲牛，有他牛至，必遍飲之。子弟忿曰："彼故鞭牛赴泉而不自來，何爲飲之？"公曰："彼有心，牛無心也。"

成化某年某月某日，年七十八卒。弘治十八年，以孫佐貴，贈中大夫、光祿寺卿，配周氏贈淑人。子男二：義，陝西隴州故關巡檢；俊。女三，婿爲郝時正、武英、淮安府經歷曹桂。孫男六：佐，南京戶部尚書；敖，義官；侃，國子生；聰；明；睿。曾孫男：雲鵬，義官；雲鳳，都察院右僉都御史；雲鶴，國子生；雲鴻；雲䳍；雲雁；雲鷺；雲鶁；雲鶱；雲鶹；雲鷟；雲鷗；雲鸚；雲鸛。

先祖壙記

公諱義，字士方，姓王氏，以山西布政司承差任山東濟南府譚城驛丞，有能名。尚書薛公希璉考察官員，集里民詢之，凡不應者即時罷黜，餘或應之緩，至譚城驛丞，衆極稱如一口，聲徹於外。薛公竦異，按察使古公鏞曰："我輩今日愧彼矣！"九年，以有過除膠州倉副使。有太常道官張某托以白金三百，而之海濱祭神，遂病以去。公寄之京師，張某嘆曰："世乃有斯人耶！"三載，升陝西故關大寨巡檢。任滿至京，時子佐已中舉矣，一日嘆曰："吾尚不可休乎？"遂告致仕歸。

官小禄薄，好爲義舉，嘗以俸資償族人逋稅。弟俊時乏用，必周焉。尤持正論，聽者凜凜。聞有鄉豪惡其家傭，將通縣尹誣以死，急趨縣，令出之。縣官事或乖違，必請改之，至强而後可，雖煩不厭。曰："吾豈能傍視人怨而不爲一言哉？"公强毅有卓立，雖爲小官，其志氣常侃侃然，至老不衰。

成化十八年二月十六日以疾卒，壽六十有六，葬石門峽祖塋之昭。以子佐貴，成化二十三年贈吏部驗封司主事，弘治三年贈員外郎，十年贈太常寺少卿，十八年贈中大夫、光禄寺卿。配張氏，賢明稱於鄉。初命封太安人，再封爲太宜人，三命爲太恭人。弘治十一年閏十一月初九日，年七十九卒。朝廷遣官諭祭一壇，四命贈淑人。子男三：佐，南京戶部尚書；敖，義官；侃，國子生。女四，婿爲馬聰、賈麒、同安知縣程霽，生員盧卿。孫十：雲鵬，義官；雲鳳，國子監祭酒；雲鶴，國子生；雲鴻，陰陽訓術；雲鸍、雲雁，晉府典膳；雲鷺；雲鷯；雲鶱；雲鸚。曾孫男八：之臣，舉人；之道，國子生；之德，早卒；楢；楹；櫶；樵；楷。玄孫男三，燚，炯，燁。

先母壙記

嗚呼痛哉！正德二年七月二十五日戌時，吾母卒於京師寓第。時家君爲户部左侍郎，奉命使於常州，而不孝子雲鳳在山東，病不知，藥不嘗，棺斂不親視具，卒後九日始得家報，嗚呼痛哉！葬有期，不忍爲記。期已迫，而又不忍不書也。

吾母姓馬氏，山西和順人。父諱禎，爲縣學生，强毅有志略，不能少挫於人，有古豪士之風。鄉試屢不偶，三十二以死，人咸惜之。無子而女三，吾母其仲也。生於宣德五年八月十三日，年及笄，歸家君。修謹嚴正，家人敬服；女紅、婦道，宗黨稱説。成化二十三年，以雲鳳爲禮部主事，憲廟上皇太后徽號，推恩敕封安人。弘治三年，家君爲吏部員外郎，考最，誥封宜人。弘治十八年，家君爲光禄卿，今上上太皇太后、皇太后尊號，推恩誥封淑人。自家君弘治七年爲太常少卿，凡遇命婦宫中行慶賀禮，吾母與焉。雲鳳爲員外郎、郎中，兩扶肩輿入朝，見者以羨吾母，吾母喜焉。賜鈔必手奉歸，藏之不輕用也。

吾母平素多疾，近舊病皆愈，惟患右目。正德元年九月，雲鳳以陝西提學副使上萬壽賀表至京，得見吾父母。先是，弘治十一年，雲鳳以罪謫陝州知州，其冬，朝覲至京，兩閲月即歸，至是九年矣。事竣，亦僅兩月，例不得久居。察吾母飲食、步履不减於前，而齒發、容貌頗近衰。雲鳳自幼未嘗離親側，因循苟簡，狃恩恃愛，不知所以事親之道。去陝州以來，久曠定省，乃思平日歉〔九〕缺多矣。欲求近地以便養而不可得，與吾母號哭而别。後欲棄官，疏已具，以父命，不獲自遂。既無可奈何，則竊念吾母沉疴既去，目患雖可憂，無大害也。嗚呼！豈意偶得腹疾，卧纏六日而遽至此極耶！得年六十有八而已。終天之恨，曷有窮極！

　　吾母勤儉朴素，雖累受褒封，久享榮貴，冠飾、衣袍無所芬華。性敏慧，家人不能欺。聞談國政官務、人事世故，能斷其得失情偽。事舅姑曲致孝敬，有人所難能者。子男二：雲鵬，義官；雲鳳，山東按察使。女二，一適潞州儒生張拱璧，一適定襄舉人薄徽。孫男四：之臣，舉人；之道；之德；德郎，夭。女四，皆幼。正德三年二月十六日，葬於縣東六十里虎峪石門峽先塋。嗚呼痛哉！

校勘記

　　〔一〕“函”，據文意疑當作“亟”。

　　〔二〕“疫”，據明刊本當作“疾”。

　　〔三〕“三”，明刊本作“二”。

　　〔四〕“道”前，明刊本有一“就”字。

　　〔五〕“注”，據文意疑當作“汪”。

　　〔六〕“誤”，據明刊本當作“無”。

　　〔七〕“姚”，據明刊本當作“姁”。

　　〔八〕“撫”，據明刊本當作“府”。

　　〔九〕“歉”，明刊本作“欠”。

皇明名臣虎谷王公行實録

《名臣虎谷王公行實録》叙

居恒博襍群書，上下今古，慨所謂"躬行君子"者寡不道以艱成。釋褐而來，與諸貴倨者游，談及虎谷王公之賢，私心輒向往之。迨宦處方城，儷偕同寀一峰王君，則公之再從子也，叙公之家世綦詳且悉，祗緣乏嗣，文籍散逸亡存。越數日，溘然采厥志碑、祠堂諸文授予，目之益信。公自少蹠老，自始困蹟巍陟，靡事靡不歸於正也，晋中若公詎易得哉！公大都志堅守定，與道爲際，與德爲鄰，法顏、曾褆其身，法董、賈匡其國，法程、朱造其士，無益於情者不以累德，不便於性者不以滑和，殆庶幾哉！定天地、懷萬物而友造化者乎！然其不悦以色，不縣以利，則始終大機栝也。公真近代人豪，古之誠君子歟！

概觀衰世湊學，不知原心返本，直雕琢其性，矯拂其情，以與世交，視公不天淵哉？惜乎所遇牴牾，其通學通才猶未盡展於世。涇野諸公俶然見公之德之才，而贊頌哀慕之，其厚知公哉！荀子云"天見其明，地見其光，君子貴其全"，誠然也。於戲！公勛在當時，名垂後世。兹集梓行，與《名臣言行録》互相發明，知公者將遍宇内也，孰謂公以乏嗣而泯耶！

萬曆戊寅泰月生明日，賜進士第、文林郎、知固安縣事，壽陽晚學張夢蟾頓首撰

都察院右僉都御史王公神道碑

歷觀自古國家皆有碩大閎偉之材，翊贊化理，而其生也必於

至治極盛之際，蓋天地醇粹之氣於時而會，其鍾於人則賢才出焉。譬猶時雨降而景雲興，谷風至而嘉卉作，此理之常，氣化自然者也。我國家重熙累洽，至憲宗、孝宗之世，其治極矣。當是時，海內鉅公、偉人相繼而出，若吾友都察院右僉都御史和順王公，其一人焉。

公諱雲鳳，字應詔。曾祖珍，祖義，俱贈光禄寺卿。考佐，累官南京户部尚書。曾祖妣周氏，祖妣張氏，妣馬氏，俱封淑人。公幼有異質，六歲時，尚書公與坐客論《易》，及馬爲“行地之物”，公在傍問曰：“何者爲行天之物？”客曰：“汝試以意言之。”公曰：“得非龍乎？”一坐大驚。成化癸卯舉於鄉，甲辰登進士第。丁未，授禮部主客主事。公自知學即以古人爲師，痛排流俗卑近之説，力求聖賢遠大之方。嘗讀《史記·項羽傳》，至沉船破釜，持三日糧，示士卒必死，無還心，因嘆曰：“學者設心要當如是爾，不然，其能有成者鮮矣。”自是持志益堅而進學益鋭，慎察於言動謹肆之間，詳審於取舍義利之辨。琉球貢獻使臣以金爲饋，公謝却之。弘治庚戌，撒馬兒罕貢獅子將至，公言於尚書耿公，侍郎倪公、周公，上疏乞差官宣諭遣回。朝廷從之。

歷祠祭員外郎、郎中。丁巳春，以各省灾異，詔令百官言事。時太監李廣恃寵顓恣，權傾中外，群臣莫敢有言。公於是獨具疏，劾之曰：“近者灾異疊見，亢旱爲虐，皇上特降敕旨，博詢芻蕘之言。臣竊有所見，不敢緘默。臣聞太監李廣者竊威權，通賄賂，引進黨類，嗜進無恥之輩悉走其門，大壞士風，濁亂綱紀。結托外戚，相倚爲奸。今內外臣民疾之入骨髓，獨畏其赫然之勢，不敢誦言以告陛下。衆心所同，天心必鑒，灾異之來實由於此。故臣以今日弭灾之急務莫有過於論李廣之罪者，乞斬廣以泄神人之憤。”疏入，留中不報，由是公之直聲震一時。廣銜之甚，欲中傷以事，羅織久之，無所得。是歲十二月朔，駕出省牲回，公實以禮官從，至郊壇外乘馬。廣先已令人伺之，遽取公牙牌以去。是日，下公詔獄，尋降知陝州。戊午冬，廣敗，在朝之士爭言公前劾廣被誣狀，且薦其賢，升陝西提學僉事。

公之教人先德行而後文藝，其語學者曰："聖賢之道雖多端，然其切要不過復其本然之性得於天者耳。必先立志以堅夫趨向之正，主敬以養其清明之氣，讀書以究乎事物之理，慎行以致其踐履之實。明義利之辨，謹隱微之際。勿慕高遠而忽於日用之常，勿涉詭異而出乎人情之外。"士之聞者皆翕然感動。其他條約禁導之方、舉措變化之術尤多注意。辛酉，轉副使，整飭洮、岷等處邊備。邊郡軍戍、番夷錯居互處，故狃驕縱，法弛令格。公至，則皆惴惴畏恐，無敢干犯者。甲子，以都御史邃庵楊公先生薦，仍改提學。正德丁卯，遷山東按察使。正身率物，奸弊無所容，前時諸色人往來司中者一切杜絕，禁吏胥輩，非公事不得出入。詢府縣官能否，有怠事病人者，輕則戒諭，重則逮訊，風采凜然。甫半歲，丁馬淑人憂以去。

己巳冬，服闋，起爲國子祭酒。時教法隳廢，士習恬惰，公痛懲之。士初或不堪，既而自勵，率公之教。庚午，改南京右通政，不赴，移告以歸。壬申八月，升右僉都御史，巡撫宣府地方，以病辭，不允，乃起就職。邊人素苦鎮守將佐侵暴，聞公來，皆歡然曰："我輩今幸有主矣！"宦官攬納軍需，遣左右取償民間，各懼而遁去。去稍緩者，衆憤而毆之幾斃，罵曰："汝輩復敢籍官勢乎！"公至鎮，號令嚴明，罷將官占役軍卒，革權貴私借戰馬。穀價貴，因請增折銀價以足軍食。凡軍官贖罪，悉令入[一]粟，不數旬，積米逾萬石。士大夫聞之，皆服公威望、才略果可大用也。

公雖在外，然恒有澄清當世之志，感時多弊政，乃具疏論之。其略曰："今生民益窮，盜賊迭起，京師倉庫空虛，各邊軍食盡缺。《傳》曰：'窮則變，變則通，通則久。'當此窮極之際，正宜變通，以圖久遠之計。因條省民財、復久任二事，伏乞采納。二事既行，則若光祿供應之濫、進庫銀兩之濫、寺觀齋醮之濫、近年內使之濫、王府增費之濫、添差內官之濫、傳奉升官之濫、錦衣升官之濫、內府匠役之濫、奏討地土之濫、權要囑托之濫、馬快船隻之濫、文職官員之濫、工部民匠之濫、京軍食[二]糧之濫、各邊軍伍之濫、驛遞應付之濫、衛所科派之濫、有司科罰之濫、均徭銀兩之濫等項，臣尚能一一言之。不然，則千言萬語皆爲虛文，後來之事將不止如今日而已。臣請徒步歸山，以俟[三]餓死溝壑耳。"

"一、省民財。臣嘗聞堯告舜曰：'四海困窮，天祿永終。'歷考前代，無非因上下好利，財盡民窮，海內愁怨，盜賊蜂起，而馴至不可救，乃知聖人之言，萬世不易之定論也。以臣所見，二三十年以來，內外清介之士可數者不過數人。大抵太監之貪過於公卿，公卿之貪過於布按，布按之貪過於府、州、縣，上下成風，日甚一日。私門之財日倍於往年而公家之用日竭於往年，仕宦之富日甚於往年而百姓之窮日甚於往年，財安得不匱？民安得不窮？宋臣有言：'用財有節，天下雖貧，其富易致也；用財無節，天下雖富，其貧易致也。'伏望陛下以天下之富爲富，不必積之府庫，然後爲吾之財。躬行儉約，爲天下先，凡供用、施予，一切禁罷。明詔天下，今後內外大小官員，若有交通賄賂圖謀升用者置之重法。"

"一、復久任。舊制，天下官員皆九年爲滿，方得遷轉。其布政、知府、知州、知縣亦有九年考稱不升，而仍復職管事，有至十四五年，甚至布政、知府有二十餘年者，皆安於其位，惟俯首盡職而已。是以民隱悉知，吏弊難作。自正統、景泰間添設巡撫，而布政之升始速，然猶有四五年者。自成化初年以進士補縣，行取風憲，而賢良之令無四五年在縣者，甚則布政不數月或未到任即遷巡撫，知府二三年即升副使，知縣三四年升府通判。又有知縣升主事，知州升員外之類，品級相去不遠，賢能不得成功。又升遷不計道途遠近，如右布政越數千里升左布政，一省州縣名數尚未周知，復升巡撫於數千里之外，坐席未暖，又將顧而之他。且年勞無一歲之差，人品亦相等之輩，驛遞應付，州縣接送〔四〕，彼往此來，交錯道路，送故迎新，不勝其費。居官之日甚少，行路之日反多，監司、有司上下相視，有同過客。膏澤不下於岩穴之民，號令不行於奸頑之吏，一應之弊皆從此出。乞議復舊制久任，使令可行。若以目下各部侍郎及巡撫都御史、主事、御史缺人爲説，愚意在京事簡，衙門即有員缺，亦無廢事。‘官不必備，惟其人’，務各安其職而無苟且之意，則民生幸甚。”

識者觀公之言，於是乎見其有志於天下之事矣。已而丁尚書公憂，疏不果上。乙亥，服闋，朝臣交章論薦。八月，復除右僉都御史，清理江淮鹽法。公度時不可爲而道不能用，遂陳乞致仕。命下，促公受職，公再疏力辭，始得俞旨，俟病痊起用。自是公不屑於出，蓋自知與時不合，而時亦不能必欲致公也。

戊寅七月某日卒於里第，享年五十有四。配李氏，封安人。無子，女四人，長適周監生〔五〕子守約，次適寇都御史子敦子陽，次適閻僉事道鳴子徵甫，次適馬監生勤子繼儒。公自號虎谷，學者因稱虎谷先生。公爲文雄渾嚴潔，持論一主於理，力剗冗熟蹈襲之弊。善古歌行、選體，俊逸健雅。律詩清奇，復拔流俗。工篆、隸、大楷，而尤長於八分書。所著文集若干卷，藏於家。性素剛介英邁，嚴於嫉惡而勇於趨義，是以利害莫撓乎心，通塞不易所守，其生平大節，偉如也。然公既以是齟齬於世，使善人志士喟然惜焉，意者時必終復而德益遠到，庶將試夫經濟之才，澤於斯人；究其高明之學，遺之來哲。乃又不假以年，奄至殄瘁，故天下之士尤悲之。若乃考其行而論其世，蓋庶幾乎近代豪杰之士，其名於天下後世可信不疑，公於是乎亦可以無憾矣。余與公生同鄉，仕同朝，又辱公以同志相友，責善輔仁最久且厚。懷念疇昔，使我心惻，故纂公之迹，俾其從弟國子生雲鶴揭於隧道。銘曰：

於維王公，才匪迂儒。下睨卑近，高騖遠驅。騫於郎署，士譽推重。獨蹈凶焰，孰過其勇？敷教西土，文源式辟。司憲東邦，奸竇乃塞。偽祛怠奮，善漸國子。暴柔獷伏，威罾邊鄙。凡百絕人，維公之餘。積道崇德，實富厥儲。公匪辟世，世莫知我。一丘一壑，豈曰弗可？龍潛鱗隱，尚企其徠。天不慭遺，云胡不哀？年僅中旬，後亡嗣裔。祇數之逢，降命匪戾。沒不足恃，年亦有盡。公所自立，萬世不泯。伊公之慰，匪公之悲。刻文隧道，以永厥垂。

嘉靖二年歲在癸未冬十月，賜進士出身、光祿大夫、柱國、少保兼太子太保、吏部尚書喬宇撰

祭王虎谷都憲文

喬　宇

嗚呼痛哉！應韶與余石門峽之別纔四閱星霜矣。君在上黨，我居建業，兩地音問歲率爲常。君方以采山釣水爲飲食，以著書立言爲耕桑。何此志之屯塞，遽中道之憫傷？豈人事之錯迕，殆天道之冥茫？訃音一至，我心盡傷。

嗚呼！君有高亢拔俗之操，而不知者或以爲矯；君有踔厲驚人之才，而見嫉者謬以爲狂。忠摧權奸，弗避雷霆之怒；教敷善類，化均時雨之祥。威振臺柏，愛留郡棠。至於吟體法少陵之詩

格，詞宗踵西漢之文章，篆籀擬秦，隸分邁唐，其多才與藝之美又不足以盡君之所長也。

方君之始謫，迹雖躓而名愈揚。及君之再振，身漸顯而道益昌，乃甘栖遁，乃厭紛龐。義辨王霸，道慕羲皇。辭召命而不赴，歌《考槃》以徜徉。可謂勇貫千鈞之弩，而堅逾百鍊之鋼者矣。然則君之用於國家、用於天下者，雖未獲究竟厥施，其正氣之耿耿可傳者固不在於爵位之晦與彰也。余與君，誼切兄弟之分，情深桑梓之鄉。仰高標而莫覿，慨麗澤之未忘。緘辭千里，寓哀一觴。是今日之所以哭君者，匪直吾儕悲友道之失輔，蓋爲天下悼哲人之云亡也。嗚呼痛哉！

題虎谷王公神道碑文後

近世稱河東三鳳者，太原王司馬、樂平喬少保及和順王中丞虎谷也。論虎谷者，謂剛方過白巖，廉静過晉溪。然則先生者，三人之杰出者乎！公之勛業著朝廷，德澤在人心，後人聞之，莫不思慕。思其人，必詢其里居、墳墓以慰景仰之懷。奈何虎谷没世既久，嗣續無人，門户凋弊，墓道之題尚無爲者。鎧居平定柏井，與公之居爲鄰封，居嘗慨慕鄉賢，感嘆於公者獨至。蓋公在憲宗、孝廟時首倡理學之源，力行不訛，當世有志者莫不景從。公之門人高陵吕涇野、苑洛韓邦奇謂公爲薛文清後一人，真確論也。

癸亥夏日，公之族子庠生札丐余書，欲得數字以表公之墓。余嘉其志之相契也，既書成，將付之矣。明日，有樂平氏持手卷贈余，閱之，即喬少保所撰公神道碑也。嗟乎！公之没四十余年矣，少保之没亦四十年矣，王子方欲表公之墓，而此文適出，是豈非二公之靈爽冥冥中有必不可没者乎！夫惟白巖之文始足以知虎谷，而虎谷之德實亦托白巖之文而愈顯也。因是書具巔末於所得卷後，并前墓題統付執友李龍川使達之。王子後之博訪君子，庶得以覽焉。

嘉靖四十二年歲在癸亥，平定後學柏川任鎧識

明都察院右僉都御史前國子監祭酒虎谷先生王公墓志銘

呂　柟

嗚呼！虎谷先生有作人化俗之文，有攘夷[六]戡亂之武，有因時明禮之材，有援古修樂之具。其提學關中，時柟爲所造士，親見儀範，身奉教約，雖使顏[七]、孟設科，無以過之，當其志，固欲使天下人各得其所也。及柟爲修撰時，嘗同河內何粹夫謁先生，因講“馬陵”注不合，何子少先生。而先生後當轉官，首讓何子於朝，當其志，固欲使天下賢皆盡其用也。嗚呼！先生古睿聖之徒，乃今已矣，豈天竟不欲使斯人之有知乎！嗚呼痛哉！

先生年十九歲，中成化癸卯鄉舉。明年甲辰，舉進士。丁未，除禮部主客司主事，即清忠效官，獨立不懼，無故足不躡公卿門，不赴無名飲宴。或謗其矯激，久亦自息。時憲宗弗豫，禮部沿舊[八]舉齋醮。先生言於部尚書周公洪謨曰：“祈禱固臣子至情，第行於佛老宮非禮。若爲壇於南郊隙地，大臣率屬禱於天三日。”可，乃不克用。弘治庚戌，土魯番貢獅子。先生商於司郎中，欲却之，不從，遂袖稿以見於部侍郎周公經、尚書耿公裕，皆然之。司郎中怒，乃又婉曲與語。疏入，得允，天下傳爲盛事。

弘治三年，撒馬兒罕地面阿黑麻王使人貢獅子一、鸚鵡二。先生疏曰：“憲廟雖亦曾受之，然應付靡費，奏討無厭。且獅子日一羊，自入境至京，積年累月，何啻萬羊！若他夷效貢，一不滿願，傳笑起釁。且憲廟亦嘗詔止朝鮮白鵲、海

青之獻，陛下於弘治初不受哈密玉石，今固宜踵行。宋嘉祐間有獻麒麟者，司馬光言不可信；唐中宗時有獻獅子者，姚璹言不可用。陛下何不却而不受，敕令阿黑麻王毋獻。若既到去處，但令有司量爲館待遣回。”可。

辛亥，升祠祭司員外郎。乙卯，部尚書倪公岳因灾異倡府部院官疏弊政，用先生四事草：一、懲邪慝，二、禁給度，三、停減齋醮，四、議處宗室，言甚剴切。

懲邪慝曰：近巡按江西，御史題稱正一嗣教真人府所管貴溪縣龍虎山正一元壇上清宮被火，延燒敕建官殿亭閣百有五十間，及自建殿宇三十有三院，及御賜諸經典，道士燒死一人。參照真人張元慶乃先犯凌遲罪元吉子，係應流二千里之人，今不守清規以蓋前愆，荒淫無度，人神共怒。如奏准先帝，不許妄稱天師，賣符録，度僧道，乃本官肆然不改。若明年來朝，必夤緣營建，宜另選本族有戒行之人嗣業便。

禁給度曰：文廟定制，每府僧道不過四十，州三十，縣二十，總計天下不過三萬七千。成化二年後，三次給度，將四十萬，私自簪剃數又倍之。即今軍伍空虛，匠役缺乏，人民消耗，皆因此輩避重投輕，恣爲奸盜。況舊制額數不足，方與給度。十年一度，亦是近例。即今各處行童潛住京師，投間抵隙，合照正統、成化年間禁約赶逐原籍。當差行錦衣衛巡城御史及五城兵馬司捉拿到官，依英廟欽依禁例邊遠充軍。

減齋醮曰：去年命太監賞賫山東泰安州東岳廟、山西五臺山各寺，今年命太監賞賫湖廣武當山、江西龍虎山，雖曰爲民祈福，往返需索，民反不堪。且太山頂廟火於前，龍虎山宮火於後，是祈福未得福，攘灾乃有灾。今在京寺觀又不時齋醮，動經旬月，耗盡帑藏，伏望停止，灾異可彌。

議處宗室曰：查得弘治六年正月起至四月止，各王府授封過郡王二位、鎮國將軍等、中尉四十位，夫人、郡縣等主、儀賓十八位，所用金銀、冊誥、冠服、儀仗皆出內府，房屋、祿米、厨校皆出有司。其病故者又二十三位，應造墳壙十九座，祭祀十有四壇。墳則擇撥地土，給與工匠價銀；祭則品物、喪儀皆出於民。竊惟天下地有定數，稅有定額，歲有灾傷，民有流竄。唐太宗曰："朕理天下本爲百姓，非養己之親也。"宋自中葉亦多減宗室恩澤，況欲親親於無疆，實由裕民而足國。乞將前項郡王以下祿米本色、折色，祭祀壇數、齋糧、麻布量減三分之一。如鎮國將軍歲支祿米千石，舊本色、折色中半，今折色六百石等；舊祭六壇，今減三壇等便。

丙辰，升郎中。他日，倪公默語先生曰："朝廷必欲度僧，奈何？"先生曰："當力爭之。"曰："勢已成矣，難。"先生乃疏列千餘言，三上，皆不報。僧道通中貴者謀欲普度，札以危語〔九〕，先生不動。久之，旨〔一〇〕下，度僧不多，而逃軍、囚犯不與，時人皆喜其有回天之力。

疏曰："洪武、永樂間僧道少，太祖有三年一度之制，不過三五百人。以後漸多，故五年一度，不過萬人。英廟十年一度，亦斟酌多寡行之。伏望裁抑其弊。"奉聖旨："是。在京准度八千，南京五千，直隸并各省各勘原額補缺。"

神樂觀道士多賭博或奸盜，教坊司三院或買良爲娼，錦衣衛校尉獲賊又誣娼，巧取其資，漸以成風，先生皆疏題禁絕之。又奏准天下郡縣皆立名宦、鄉賢祠，爲後人式，并祠薛文清公於鄉，而凡斥韓王徵鑾之道號，禁吉府土木之科擾，上皆嘉納，由此識其名。丁巳，京城風霾逾旬，各處天鳴地震，先生陳修德彌灾之道，大意納忠言，罷左道、齋醮、傳辦、傳奉諸事。上遂下詔求直言，先生又代部尚書及諸大臣條二十三事。

　　一、勤聖學。言經筵日講無輟，并訪問時政、人材、民情。二、接群臣。言退朝御便殿，召內閣儒臣、文武大臣并科道近侍官省決章疏，咨求治道。三、奮剛斷。言陳言彈劾章疏，不宜留中遲滯，以來奸欺。四、復早朝。言早朝則諸司得早供職。五、蘇軍衛。言御馬監秋青馬草不宜派之各衛，貽累官軍月糧陪納，合行戶部分豁。六、恤軍士。言在逃軍士多因工程逼迫，乞多寬限，令自首，仍免問罪、罰班、補操。七、清軍匠。言各監局逃竄軍匠清勾未到，不宜比較衛所照名追月糧。八、重名器。言傳升之非，欲文武職官皆由吏、兵二部。九、禁私罰。言在京各衙門遇在逃官吏、軍民人等投文等項，不得罰取銀錢、紙札。十、惜財用。言查得戶部弘治九年分各處解到折糧礦課并近增船料、地畝、賦罰等項銀計百四十六萬餘兩，入內承運庫，以備大賞勞及兵荒等用。今因各年等節賞賜宮戚、布施僧道，自五年至今，三次又支過太倉銀百三十萬，而內帑耗費幾盡，乞量爲減損。十一、崇儉德。言光祿寺題稱，自弘治九年十月至十年正月終止，賒欠行戶牲口價銀萬有七千四百五十八兩，欲借太倉銀庫內二萬兩以補賒欠。查得宣德以前牲口數止四萬，天順、成化年來徵派至十二萬，禮部因會官議以十萬爲則。今四月之間，除民間解納本色外，賒欠行戶將及二萬，皆因齋醮、筵宴供應日繁。伏望皇上昭行儉德，照元年減省便。十二、減妄費。言各馬房內官咸稱馬數有例，不許人知，故戶部委官放支草料，乃冒濫關領四五十匹者，或支百餘匹，無憑查究。乞敕各馬房按月將見在馬數開報戶部，行令委官查照，撥給草料，庶取之民者不過多，積之官者不妄費。十三、停踏勘。言保定、雄縣等處原有河淤退灘地，乞蠲與民，助其雜差。今差官踏勘，以爲皇儲官莊，騷擾村社不便。十四、節供應。言光祿寺折納猪羊，先准折猪三千，今不減省，又額外借支太倉銀二萬兩，且一雞七分，鵝三錢，猪一兩七錢，羊一兩，四萬之數，民已難供辦，乃又減去雞、鵝，加添猪、羊，民益愁苦。乞敕管辦官，除上用并各官及祭祀有常例外，其餘可量減。十五、停齋醮。言人君作於寺觀且不可，況作於官禁？乞削奪真人王應奇、佛子札巴堅參、什迦啞而嗒。十六、專巡邏。言五城兵馬及總甲火夫，即古金吾察奸盜，禦風火，謹關鍵，驗出入，宜尊憲廟舊禁，不許別項差遣各衙門拘喚打卯。且打卯一事，不止受辱，亦要用錢，以致父子分門，賃房避役。其奏准各城御史處，許每月二次打卯。十七、寬馬價。言順天府州縣民永樂間領養孳牧馬匹，并那移保定等府地方同領，却於真定等府并應天、南直隸、鳳陽等處每歲選取堪以騎操馬二萬，於太僕寺交收，轉發順天、保定州縣領養，十年該馬二十萬，其勢要、陵戶不領，然貧民倒死數多。乞暫且停追，俟歲西成。十八、恤夫役。言國初馬快船本裝運官軍馬匹，及遷都北平，裝一應薦新品物及南京回還物件，一船例用水夫二十。又內臣奏內多開稱沿途軍衛、有司衙門護送，因索財物，軍民嗟怨。今後內府各衙門合與船隻務要斟酌。十九、慎工作〔一一〕。言壽安、萬春等宮，十庫新房及皇親夫人金氏官屋，乞減役以蘇軍士。二十、謹服用。言南京、蘇松、浙江等處織造段匹及甘州等處絨褐，其內官乞暫取回。二十一、修武備。言衛所營伍統屬操練軍士，近或營造，或占使，或賣放包辦，或累逼逃竄，甚有名雖關糧，人則回籍。乞敕內臣并大臣一人、風力科道，將各衛所營伍并外衛上班官軍吊取倉糧文案，查驗見在精壯若干、差使若干，其老弱若干、放賣若干懲治。二十二、疏淹禁。言監追納米贖罪囚犯，半年之上無力者可釋免。二十三、開言路。言當出內臣何鼎於獄，凡遇真言施行。

時太監[一二]李廣與壽寧侯表裏通惡，怨徹中外，人莫敢言。先生乃又獨上疏，乞斬廣，泄神人憤以弭災變。

言："太監李廣竊弄威權，公行賄賂，顯立門庭，暗執邦政，引進黨類，布滿監局。邊將、內官之升調多出其手，嗜進無恥之士夫亦走其門。興作土木連年不休，民病軍疲，怨歸於上。結托外戚，相倚爲奸。招延無賴，求食取寵。倡齋醮、吐納、服食之說，恣爲蠱惑，遂致黃冠出入宮禁，頗有外議。臣斷以爲弭災急務無過於先論李廣之罪者。"

廣怒，令道士設醮咒死術以舒恨，亦不驗，乃令校尉數伺先生出入。十二月朔，聖駕郊天看牲回，誣以駕後騎馬，下錦衣衛獄。先生被罪，從容有詩題獄壁，蓋充養有道，見危授命者如此。

詩云："成敗付天誰可睹，忠貞在我自須堅。"

戊午三月，謫知河南陜州，命下，怡然就道。比至，問民疾苦，興利祛害，惟恐後。州城高阜，井深二百尺，民難[一三]於水，乃勸富僧通唐人長孫操廣濟渠水入城，民皆踴躍。日受百狀，皆與別白，匹夫匹婦，得言其情，口訊手判，仍應他務，人以爲有劉穆之之風。沈姓兄弟因瓮爭訟，則買瓮遺之，兄弟感謝。屬邑靈寶有誣民殺夫有其妻者，邑吏鍛煉成獄。先生察得其情，并其妻皆出之。尚書許公進之侄犯法，亦治如律，許公稱爲真君子，謝其相信之深。雨雹傷禾，乃單騎遍勘村落，穿林入谷，晚宿民舍，自出米、菜食之，里老亦自裹糗糧以從。每催徵，嚴令禁酒，里老不敢求索。乃有勢豪謀利、病窮民者，則痛治之以戒衆。而又表賢者之閭，講程朱之學，毀僧尼寺以正風俗，拆泰山廟以給學田，於是士民翕然懷服，擬諸古循良吏。

己未冬，朝覲，南京科道官上疏，言先生及布政司周瑛〔一四〕等經術、氣節，撫字鋤強，才行、政績不凡，欲照天順四年例，賜衣服、楮幣，宴於禮部，不果行。十月，李廣因先生奏漸疏於上，懼誅，飲毒死。吏部員外郎張彩及鴻臚寺丞俞琳、編修劉瑞、御史張天衢皆上疏，乞窮李廣賣官鬻爵之獄，獎先生之犯顏敢諫以慰人心。

俞曰："乞取回雲鳳復職〔一五〕，將李廣斫棺斷尸，以章天討之公。"劉奏云："學識純正，持守清介。"張奏云："秉志忠貞，操行高潔。"

閱月，乃升陝西按察司僉事，奉敕提督學校。道過陝州，父老擁輿號泣，如別慈母〔一六〕。自卯至巳，始獲出郭。至則教人先德行後文藝，鋤刁惡，拔信善，崇正學，毀淫祠。學政肅清，三秦風動，豪杰之士莫不興起。

先生教人讀書，自《小學》《近思録》始，次及各經史。語學者以聖賢之道，曰：立志以堅趨向之方，主敬以養其清明之氣，讀書以究事物之理，慎行以致踐履之實。勿妄意高遠，忽於日用之常，勿過為詭異〔一七〕，出乎人情之外。故以"五要"肅士心，曰敬以收放心，靜以定躁心，誠以息妄心，公以滅私心，正以省動心。以"十容"飾士身，曰頭容直，色容莊，耳容審，目容端，聲容静，手容恭，足容重，坐容正，立容直，揖容肅，拜容懇。以"十有一行"正士教，曰孝事父母，弟事兄長，恭事師範，睦事宗族，孫事鄉黨，忠於謀事，信處朋友，禮馭行事，義馭接物，廉馭貨物，耻馭過愆。以"九戒"敦士禮，曰冠禮以重成人，戒無序；婚禮以重夫婦，戒論財；喪禮以重哀死，戒浮費；祭禮以厚追遠，戒苟且；射禮以觀志體，戒無德；鄉相見禮以觀和敬，戒侮悍；鄉飲酒禮以尚齒德，戒偏私；慶賀節禮以觀忠愛，戒惰慢；鞭春、日月食禮以觀報本，戒忽略。又立"四科"以待衆士，曰求道科以待上士，讀書科以待博士，學文科以待俊士，治事科以待材士。以"二十有一過"禁士愆，曰逆親及當喪用酒肉，曰期功赴席請客，曰兄弟爭財，曰不睦宗族，曰不和鄉黨朋友，曰奸，曰盜，曰賭博，曰宿娼，曰酗酒撒潑，曰好飲破産，曰妻妾失序，曰侵占田土，曰誆騙錢債，曰包攬錢糧，曰買賣官物，曰教詞寫狀，曰暴橫鄉里，曰出入衙門、打攪驛遞，曰把持官府，挾制師長，曰事佛飯僧，師巫賽會，曰造言生事，浮躁驕奢。立"十政"以收士，曰聯齋號以聚士，謹衣巾以肅士，禁入酒肆以貴士，端學官以教士，鼓提調以督士，置三等簿以造士，拔公直生以稽士，選社師以發士，訪賢能以式士，禁謅呼佞跪以振士。

辛酉，升副使，奉敕整飭洮河、岷州邊備。州染夷俗，頗乖禮教、法度。乃申孝弟，革宿弊。所按部，贓污官吏有望風而遁者。軍法嚴明，邊卒悅畏，西戎遠遁。其條疏八事并禁約三十餘事皆可常行。

八事：一、團鄉兵。依宋鄉兵法，令山、陝沿邊一帶府衛州縣軍民，三丁抽一，十名編一小甲；五十團爲一隊，立一總甲。給與槍刀、銀價，除雜泛差役，令有司、軍衛正官管領，使其父子兄弟自相保守，仍號民壯舍餘。有警，給與甲馬，從巡撫調用，有功照例升賞。二、募邊軍。取有才力、人信服者，不拘旗甲、軍民、舍餘、義官、里老人等，優禮勸諭，能設法招集本族及一應土民、逃民、舍餘人等五十名以上爲軍者，與試所鎮撫，每五十名加一級。若府衛州縣招至三百名以上者，掌印官亦升一級。仍行湖廣、河南、山陝、淮陽等處，不拘礦徒、鹽徒、淘金等項，其爲首有財力之人能招集壯丁五十名以上者，除百戶。三、擇有司。言沿邊有司當選精銳有材進士、舉人補缺以拯凋弊。四、足軍器。言乞行河南撫按官，將各衛近年成造堪用盔甲、弓箭、槍刀等項查數，送陝西都司收貯，備邊領用。如遇京軍來，亦照數送給，免致扛運。在京軍器，仍將弘治十五年分料價不必另造，但估計修理前器。五、惜糧賞。言軍官問罰降級，各邊帶俸差操，不許管軍、管事者甚多，直待終身方許襲職。但此等官多老病買閑，身死方襲，虛費糧賞。乞查精壯者督發邊操，不係首將失機者，仍令管隊，有功贖罪。老疾者不分所犯重輕，就令精壯兒孫襲替，但支降級之俸差操，有功照舊。其降總旗及充軍老疾者就將月糧往支。六、恤貧軍。言領馬騎操旗軍數多倒死，合編五人爲伍，互相覺察餒飼。若減克草料，非法騎駄死者，五人首告，均陪問罪。若灾疫暴死等項，當量軍戶上下給助價銀一半，於朋合、地畝銀內支取，或撥茶易馬匹亦可。七、屬將領。查勘逗留、退縮、坐視、怯懦、無謀官，置之於法，別選諳曉韜略、兼資智勇、曾有戰功之人以允其任。八、防後患。恐虜攻臨鞏則洮岷東救，番賊乘隙則備多兵分，力寡餉匱，乞用許進、雍泰，如舊日王竑於安會、臨鞏、洮岷等處提督邊防，便益處置。

又代御史作《防邊四事疏》：一、清錢糧以足用。言各衛所軍士月糧、冬衣、布花多被官旗、積年、識字人等冒名盜支，或假公扣除，每月一衛有多至六七百石者。又各衛官軍俸糧折色錢鈔，非打點布政司吏，累年不得開支，縱一得支，多是爛鈔。奸人乘機夤緣得册，買通藩吏，撥支大府以肥己。乞敕該部行各布政司，將各衛折色俸糧派於就近府分每年收貯錢鈔，扣算放支。如陝西洮岷、河州衛，派與鞏昌府是也。二、省騷擾以壯邊。言各衛官旗及交貫識字人等，多假公騷擾所屬。乞將階州千戶所改爲守禦，徑屬都司管轄，勿屬秦州衛，以消侵迫意外之患。三、清鹽課以足馬。言彰縣、西和縣、靈州等地俱有鹽場，歲有額課。然鹽或拖欠於頑竈，銀或花費於奸商。存留本府庫者未見實出，解納布政司者未聞濟急。乞將陝西巡茶御史兼管巡鹽，將各場久近鹽課查究拖欠、花費者。自弘治十六年爲始，將彰縣鹽分撥洮岷、河州等衛，鹽斤照時估算銀十兩易馬一匹。靈鹽亦然。四、復茶馬以防患。乞將各衛地方番夷舊降內府相同鍍金銅牌族分查出，補其襲替，准令於巡茶處執牌驗進，亦以茶易馬，廣爲召商種納，仍嚴私茶之禁。

甲子考迹[一八]，都御史楊先生用寧及御史季春交薦其賢。

楊先生云："志行高古，行履端方。"季云："立心公直，學問優長。"乃復改提學。關中士子相賀曰："王先生復來，後學得依歸矣。"於是士子益自策勵，甚至有駢肩接踵向往於道，駸駸乎復周漢之舊者矣。是時，尚書馬公文升柄銓衡，因馬儀之事爲憾，有"磨氣"之說。先生聞而作《神劍詩》以曉之。

詩云："神劍愈磨鋒愈利，祇因本體最精堅。若教正氣能磨得，孟子何須說浩然[一九]？"又云："直道豈能隨世態，壯心不欲受人恩。"

正德丁卯，升山東按察使。關防凜然，人不敢犯，雖同僚有事乖理法者，亦必曰："慎勿使先生知。"且嘆服曰："王公非今之按察也。"郡縣吏之賢否，博詢諸訟者，密記之以行獎責，一時畏若神明。時劉瑾專橫，因前事陰使校尉至山東緝訪，一無刺舉，事因以寢。

　　各府州縣係告官吏貪酷、里書及軍吏作弊、人命、強盜，不拘日期進投。其小事則三、六、九日批下詞狀，各衙門於朔望開報已、未完過件數。其本司賣物行户并各衛果户盡革。凡指揮、運使運同知府、知州，問答不跪。官員、監生、生員稱呼禁勿同吏卒。

八月，丁母夫人憂，歸。明年，吏部尚書張公彩欲起復先生，乃上書力止之。己巳，服闋，升國子監祭酒。先生始被命，欲堅辭，有友遺書，言執政者誦太祖"寰中士夫不爲君用者，當殺身滅家"語，於是先生父大司徒公曰："吾老矣，汝置我何處死乎？"不得已，收拾平生詩文，付門生周朝著藏之，泣而就道。至無所饋，瑾怒，欲重以禍，竟不能得而罷。

　　時國學教廢，先生朝夕講説，約束太嚴，誹謗四出。值瑾苛時，人皆危之，先生不爲動，六館士子卒感服。先生欲更六堂名，曰主敬、窮理、修身、修道。教諸生讀《小學》以上達。瑾聞，怒曰："王雲鳳亂成法，欲代邢讓死耶！"

　　先生在監，以十有七約示師生：一、付監丞集愆册，使有過必書。二、專博士以兼課講，使有善必聞。三、嚴助教、學政、學録以授書，使班生日進。四、督典簿掌饌以廉公，使錢穀必明。五、依監規以立三等，使德行常尊。六、撥禮生侍直號長，寫課寫册，必以賢定，使士不爭競。七、撥内府及部院衙門等差必從日積，使士不貪緣。八、推素行以爲堂友長，仍月季一換。九、每堂日撥巡視一人，以監堂友長之事。十、示諸生爲己之學，以求實踐。十一、冠、射二禮，每季必行，以敦風化。十二、各堂諸生遇別堂先生，乘則下馬拱立，以存忠厚。十三、舉諸生學行、文藝、書算、兵法、水利等長，以容小過。十四、長者入班，幼者必起，以興序讓。十五、諸生有病，給藥救助，死喪資遣回籍。十六、禁止門皂索討諸生錢物以別貴賤。十七、各堂舉保孝行，記名優待，先撥以厚教本。

先生以道不行，怏怏求去。會瑾下獄，遂上疏乞致仕。時相有忌先生者，乃改南京通政司右通政。先生復上疏，陳乞准回原籍養病。壬申，御史楊邦禎、通政使丁公鳳、都御史石先生邦秀交薦其賢。

石云："操履端方。"丁云："嚴毅方正，可濟艱難。"楊云："才德優厚而執節不回，謀猷宏達而風義罔疑。長於文學矣又善於政事，精於刑名矣又閑於韜略。"

上命巡撫宣府地方，先生上疏以疾辭，不允，乃上楊太宰書。

其略曰：山中屢聞忠讜之言，近者留王昂一疏，尤爲人所傳誦[二〇]。不聞唐介初貶之時潞公有此也，執事於是乎加人一等矣。然介雖貶，未久[二一]而復其殿中侍御史。今王昂既不獲還之青瑣，則推薦超升在執事筆端焉耳。他日秉史筆者書此一行，豈不足以照耀今[二二]古哉？每恨李文達近稱賢相，然惡羅倫淪落以死，擯斥岳正坎坷終身，極貪之陸布政反不次超擢。今文達之富貴安在哉？一時快意可略也，前輩影樣之多、後人是非之公可畏也；一人私情可略也，天下指視之嚴、史氏紀載之實可畏也；一身極榮極富極貴可略也，每日光陰之易去，過者不可復補，百年歲月之無多，來者未必可追，可畏也。且用舍之間士風所係，扶持正人則善類慶而士風以振，進獎邪人則善類沮而士風以頹。惟雲鳳於執事可以此言進，故不復忌諱。況今兩耳皆聾，調治不瘥，祇當耕田納稅，爲畎畝之閑[二三]民，養親讀書，忘歲月之不我，豈有夢寐更著冠束帶耶？伏望周旋其間，以必得遁藏爲幸。縱猿鹿於林莽之外，投魚蝦於澥瀚之中，某未死之年皆執事之賜也。

稿傳京師，人爭録誦。先生再欲辭避，尚書公迫之行，不獲已，奉敕之鎮，豪猾久攬糧草者聞風遁迹。至以便宜從事，將官犯法，依律重輕，罰米至萬餘石，用足軍食。先生號令嚴明，法度整肅，自參將以下，頤指氣使，莫或敢喘息。練習軍士，率有紀律，日戒諭防衛，如賊在目前。虜畏，不敢輕入。北門鎖鑰，時論歸之。

先生在邊，遵禁例以除宿弊。一、令軍官弟男、子侄、甥婿各務本等生理，不可止靠本官巧取養活，反爲本官之累。二、鎮守下至監槍、守備内外官，跟隨軍伴不過二十四名，遞減至十二名，俱不許額外役占。三、各官不得賣放軍人，辦納月錢。四、各官精選書算軍餘二名或一名，跟隨書辦，與免征操，不得別立主文。五、都指揮跟隨軍伴止六名，遞減至鎮撫二名。若多占正軍五名以上或三名以上者，問罪降級。其他禁約私騎戰馬，處置盜賊及編總小甲呈報奸盜惡行，皆極精備。而奏發太監于喜科斂官軍財物及守備監丞陳舉擅打守備指揮，尤足以振紀綱而肅邊陲，故邊人至今懷思。

兩閱月，丁父尚書公喪歸，將士遮道感泣，有饋以香帛者，不受。乙亥二月，服闋。八月，除職如故，清理浙江鹽法。先生上疏，乞致仕。

其略曰："自聞父喪，號哭過多，正犯前病。日每自思，恐一旦身先朝露，上不能承父祖之餘業，下不能爲子孫之後計。愈思愈憂，愈憂愈病，精神減耗，遂至兩耳皆聾，不聞人聲。然耳聾之疾深藏於内，砭針之所不及，參术之所不攻，雖遇乎明醫，束手無策。”蓋以疾喻朝政也。

疏入，不允，且促使供職。先生復上疏推讓賢能，懇乞致仕。上不允，准養病，病痊起用。先生曰：“吾志遂矣！”

先生生而神氣清徹，舉止端重，異群兒。年十一歲，與鄉人立，適妓女過，拜而不答。同舍生或借其扇，潛與妓女赴人宴，先生知之。後以扇還，擲之地下，至或截其袖。同舍生慚，取他扇償之。少年趨向之正即異流俗類若此。長益刻苦自勵，穎悟出群，六經百家言一誦輒不忘，文章頃刻立就。二十登進士，相識以花紅迎賀，却之曰：“烏用是炫耀爲哉？”衆嘆其不可及。觀戶部山東司政，時廣東陳白沙、陝西薛先生顯思負重名，及門者尊之若程、朱。先生聞其言論評之，人以爲允。先生負經濟之學，以堯舜君民爲心，天下想見風采，累辭不出，人以道未大行爲恨。天資豪邁，狀貌魁異。智識卓越，器度宏遠，博學力行，以聖賢爲標的。居無惰容，自少至老如一日，常曰：“一息不敬，便與天道不相似。”理明義精，視國家、民生利害痛切於身。遇事敢爲，機動矢發無留礙，一有弛張，上下響應，雖權力弗能齟齬。臨死生禍福之際有定見，不苟趨避。守官清介，人不敢干以私。歷仕三十年，治行可采。旌擢之典，獨後於人，時論稱屈，恬不動念。拜官力辭，再三乃已。一不得志，即奉身而退，人以進退合義爲稱。

尤篤孝友，執親喪，勺水三日不入口，臥苦枕塊，哀毀骨立，妻妾不同寢處。有父在，一衣不私製，一錢不私蓄，人以爲難。自負獎拔善類，始終不踰[二四]。嫉惡甚嚴，不少假貸。家居屢空，茹蔬衣敝，瀟然自樂。門庭內外斬斬，五尺童子非稟白招呼不敢入。宜人李氏貞順莊謹，先生相敬如賓。邑宰有貪酷者，不時戒諭。里人困苦，恒注意區處之。或誣罪至死，力爲白於官，得出。後學執經問難，語之諄諄忘倦。與人接，貌莊氣和，言與心乎，可畏而親。談當世事，至綱紀不振，則感慨泣下。及[二五]奸臣貪宦，怒氣勃然，鬚髮亦奮，有搏擊之狀。憂國之誠，老而彌篤，或杖竹於門，跨驢於野，不改布衣時。行旅、農夫見者歎息，有曰：“此人入朝，天下受福。”然不理於讒佞之口，乃信於愚朴之民，天理在人心，有不可得而泯滅者如此。

於書無所不讀，尤邃性理之學。書法真、草、隸、篆自成一家，端勁如其爲人，四方人多求之。文有氣力，不假雕刻摹仿，而出入古格，滔滔不竭。詩賦亦清奇古雅。所著書有《小學章句》《博趨齋稿》《讀四書私記》若干卷。先生爲學守敬義，事君秉忠誠，功業樹中外，聲名滿朝野，道德、文章、政事皆可擬之古人云。

先生諱雲鳳，字應韶，世居山西和順之虎谷，因號焉。父諱佐，南京戶部尚書。母馬氏，誥封淑人，感奇夢，生先生。生於成化元年乙酉七月二十五日戌時，卒於正德十三年七月二十二日亥時。配李氏，誥封安人。女四，一適同邑監生周孟霄男周守約，一嫁榆次人寇都御史天叙男寇陽，一嫁太原人陝西僉事閻鐸男閻征甫，一幼。銘曰：

嗚呼，虎谷先生！志欲行道於天下而位未會，當非時邪？然亦少有試矣！由今言之，又不可謂不遇也。嗚呼，虎谷先生！

曾祖諱珍，贈光祿寺卿。曾祖妣周氏，誥封淑人。祖諱義，陝西隴州故關巡檢，贈光祿寺卿。祖妣張氏，誥封淑人。

刊虎谷王先生墓志序

奇嘗聞之先正曰：“當朝真儒，惟薛文清一人。”奇亦謂文清之後，亦惟先生一人。先生秉正嫉邪，道高寡與，流俗憎忌，遂遭黜黜，此涇野子所以爲先生志也。奇嘗謂涇野子曰：“此志當刊之萬本，流布於世，庶後之正史君子有考焉。”茲故刊之晉陽。

嘉靖十四年九月二十四日，門生苑洛韓邦奇書

虎谷祠堂記

惟公出處大節，高陵呂太史公楠、海鹽徐太守咸有志銘，有《名臣錄》，無容喙。惟張彩事似微詞，恐滋惑。魯懼其滋惑也，每以彩事質諸聞人，僉云：“公在正德年丁馬夫人憂，時彩幸逆瑢瑾，驟吏部書。彩，關中人，公故提學僉事、洮岷兵備副使、提學俱關中，風裁表表，豈唯縉紳、介冑，雖草澤岩穴亦稔知，獨彩乎？彩以讒慝獵通顯，欲得馨香重望如公與虛齋蔡公清輩以鎮壓人，固石亨薦吳聘君與弼類也。公誦法孔子同虛齋，督學正德時同虛齋，一時進祭酒同虛齋，何忝聘君？然公委質久，似白沙陳公獻章繫監生籍，與聘君韋布殊。聘君願觀秘書，不受諭德；白沙繫監生籍，不辭檢討。公自按察使委質受祭酒，易地皆然也。況白沙以母思乞還鄉，公以父迫泣就道，公無忝白沙，白沙無忝聘君，章章矣。聘君不免於亨，公獨免於彩乎？”又云：“公堅不磷，白不緇，似薛文清公瑄。公祭酒，至無所饋，瑾怒，欲重以禍，不能得，似文清公在大理卿時不諂中官振。文清公自失大理家食起入內閣，猶公自改通政養病，薦升巡撫邊方。公後力辭釐政副都御史，遂不起，視文清公力辭宰執，高朗令終，又不甚懸絕。故海內識不識，今共傳如青天白日云。”或者於公之剛介寡與也，厚誣而不讎之，儻亦有私憾之意乎？記虎谷祠堂以俟君子。

賜進士出身，亞中大夫，山西等處承宣布政使司左參政分守冀南，前奉敕提督學校，湖廣按察司副使，貴州黎平、直隸淮安、河南衛輝三府知府，戶部郎中滇南松山孫繼魯道甫撰

　　松山孫公，雲南滇南人也，與虎谷公地之相去也萬有餘

里，世之相後也百有餘年，乃能爲虎谷公立祠作記，恤其未亡人，信乎一理之潛通，有曠世而相感、異地而皆然者。厥後松山公在山西爲參政，爲按察使，爲巡撫都御史，風裁表表，皆有恩惠及民，民到於今思之。及抗疏犯世宗下獄，從容自得，無所怨悔，蓋與虎谷公同一心術、同一趣向也。記虎谷祠堂，不亦益見其真心也哉！

萬曆五年三月望日，王札識

入祀太原府學鄉賢祠贊

山西提學閔煦撰

英敏豪邁，廉靜剛方。學博古今，道期賢聖。屢疏弊政，觸權要而氣不撓。再秉文衡，畫規儀而士以奮。多方教誨，感服於六館之情；悉意撫循，造施夫一鎮之福。惓惓忠愛之悃，赫赫才德之華。

先伯虎谷王公《行實録》叙説

先伯虎谷王公生於成化元年，卒於正德十三年，因無嗣，以致家道蕩覆，遺籍散失，手澤不存。予後公十餘年始生，比及長立，雖悉意訪求，而存者一二，失者八九矣。然寰中士大夫每重公名，往來敝邑，或躬造故宅，或趨謁墓所，以予備員黌舍，稍攻儒業，每爲延見訪問遺籍、行實，予卒無以應，赧生於色，痛恨當時者久矣。且墓前無一字之題，又恐日久湮没。至嘉靖四十二年八月日，予致書平定春元柏溪，今户部郎中任翁，欲得楷書數字表公之墓，使後世之人知其所在而便於瞻拜焉。而任翁適遇貧人持白岩喬公文集以鬻，内檢出《虎谷神道碑銘》，遂喜不自勝，曰：「王子之求方至，而白岩所作之碑銘遂出，豈非二公在天之靈有以啓之也哉！」乃寄予命爲刻立。予覽碑銘，末又有命予父揭於隧道之句，予惻然泪下，竊歎曰："是先人之闕典也。追想當時，必阻於貧乏而不能爲此，以負白岩公所托爾，豈意今日有此舉，而此文遂出焉？予父亦有以啓予也，是豈能以自已乎！"予每欲成先人未成之緒，然計其費約二十餘金，則力不能繼。延至萬曆五年，予以貢選，簿[二六]宦固安，稍積俸資，即欲克幹前緒。奈宦繁不偕所願，乃先覓梓人刊爲書册，以廣其傳。又以墓志刊於關中，後刊於晉陽，止有《祠堂記》在縣，俱弗便於印傳，兹并刊之，凡士夫有所訪求，執此以應可也，而隧道之碑又當以漸而成矣！庶幾慰先伯在天之靈，成先人未成之緒，少塞予子侄之責云爾。若夫虎谷先伯之德行、政事、文章，則勳績在朝廷，公論在天下，遺思在人心，流風在後世，固不敢妄述。而予也守清白，勵勤慎，以攄葵藿之誠。竊欲少步其遺風，而不敢以出身卑微而自委也。故有兹刊。

萬曆六年歲在戊寅二月初六日，從侄王札頓首謹識

祭虎谷王先生文

莆田　周　宣

嗚呼！混沌既鑿兮，太[二七]音聲希。唾遺真蔵兮，簸扇風粃。溯洄獨往兮，彼何人斯？往懿不可作兮，流風將在兹。考德問俗兮，載龜載蓍。曷云其旋兮，曾莫惠我私。朔風其涼兮，百卉俱腓。曷以招公兮，太行之巔，涑水之湄。尚饗！

虎谷孝友書院詩

失　名

書院新題孝友名，敢將道德樹風聲。欲知爲學賢希聖，祇在存心敬人誠。萬善本來皆我備，六經須要待人行。□□□□□□，堯舜鄉人共此生。

題王虎谷畫像

給事中　趙思誠

先生剛介震人寰，未獲摳衣睹鳳顔。學政昭明秦日月，文章吞吐晋河山。天空咳嗽清狐鼠，岳立風裁起懦頑。幸有遺容千古在，文光猶射觜參間。

題虎谷祠堂

知縣事　清流　余光超

梁榆人物首先生，絕代鍾英絕代名。三立遺祠跨晋水，九京坏〔二八〕土壯孤城。曾披鴻爪鐫椽筆，予丙寅冬轉餉皋蘭，歸次西安，縱遊慈恩、雁塔，見先生題名石刻，因拓歸以遺其後裔。載識狐丘動客情。回首零苓山上望，白雲深處護樵□。

校勘記

〔一〕“入”，明喬宇《喬莊簡公集》作“納”。

〔二〕“食”，同上書作“倉”。

〔三〕“俟”，同上書作“後”。

〔四〕“送”，同上書作“迎”。

〔五〕“生”，同上書有“孟霄”二字。

〔六〕“攘夷”，清雍正《山西通志》作“禁弊”。

〔七〕“顔”，明焦竑《國朝獻徵録》（以下簡稱《獻徵録》）作“思”。

〔八〕“舊”後，明吕楠《涇野先生文集》（以下簡稱“吕集”）、《獻徵録》有一“典”字。

〔九〕“語”，《獻徵録》作“言”。

〔一〇〕“旨”，吕集、《獻徵録》作“命”。

〔一一〕“工作”，吕集作“慎作工”。

〔一二〕“太監”，《獻徵録》作“闍”。

〔一三〕“難”，《獻徵録》作“艱”。

〔一四〕“瑛”，吕集、《獻徵録》作“瑛”。

〔一五〕“雲鳳復職”，吕集作“先生復原職”。

〔一六〕“慈母”，吕集作“父母”。

〔一七〕“異”，吕集、《獻徵録》作“習”。

〔一八〕“蹟”，據文意疑當作“續”。

〔一九〕此詩又見於喬宇《喬簡莊公文集》卷四，題作“嘲虎谷”，則此詩歸屬，二者必有一誤。

〔二〇〕“誦”，吕集作“頌”。

〔二一〕“久”，吕集、《獻徵録》作“幾”。

〔二二〕“今”，吕集、《獻徵録》作“千”。

〔二三〕“閑”，吕集作“餘”。

〔二四〕“瑜”，據文意疑當作“渝”。

〔二五〕“及”，吕集有一“言”字。

〔二六〕“簿”，據文意疑當作“薄”。

〔二七〕“太”，據明刊本當作“大”。

〔二八〕“坯”，據文意疑當作“抔”。

分題寓別集

《分題寓別詩》序[一]

行有贈，古也。言而詩，詩而有所指以起焉[二]。此[三]興之流而古之變也，故君子不廢焉。禮部郎中王君應詔出守陝州，寶辱相知，預設燕餞。賓客數人，人爲二詩，詩各有題，以寓贈言之意，蓋取諸此。其始作也，或談陝之故迹有底柱者，曰："此禹功也。應詔正色危言，表然立於朝，識與不識皆知傾仰。以是往治陝，其濟乎！某盍賦是？"或曰："'蔽芾甘棠，召伯所茇'，自陝以東皆是也。而始於陝，故今以甘棠名驛。召公之遺，應詔繼之，某盍賦是？"二題既立，衆[四]以爲然。然作者尚多，詞厭複出，遂相與搜閱陝志，歷選名勝，以盡古今之變，而底柱、甘棠大矣。嗚呼！有底柱之德則可鎮天下之□□；有甘棠之德，則可綏天下之流離。豈惟[五]一郡哉！至於斟酌擬議，激昂闓闢，固有道焉。及其歸也，無愧於古而已矣！

應詔兹行，罔曰迹異，惟其心同，勿難厥難，勿易厥易，以合中正，爲前人先，不亦可乎？後之視今，猶今視昔焉，知今之舉不爲他日之故事也？諸作既成，寶僭爲引。

弘治戊午二月六日，奉議大夫、戶部郎中無錫邵寶。

鐵 牛

無錫 邵 寶

河北偃牛尾，河南峙牛頭。牛身亘河內，萬古鎮陝郛。作者云自禹，精深協神謀。母金厭子水，以類坤爲牛。默奪造化用，一沈永不浮。摩挲太古色，至今幾千秋？公行視其脊，欲鞭且還休。奇非銅槃比，質有石鼓伴。願言頌功德，屹然坐中州。中州不足撫，四海六橫流。

石　壕

吾聞石壕路，昔吏今無之。偶閱陝州志，因傷杜陵詩。召戎始女禍，反復必至茲。吏也非得已，不幸當其時。乃今數千載，地里若改移。俯觀黃河闊，旁觀原田滋。雞聲叫白晝，挈榼餉東菑。欲問天寶事，石壕故無知。作詩告太守，保此恬與嬉。恬嬉守所愛，滔滔竟何其！

西　樓

樂平喬宇

送君之虢州，聽我歌西樓。西臨潼關之古道，北瞰大河之奔流。草青綿而漾春，山莽蒼以橫秋。遷客一登眺，或可以寫胸中萬古之閑愁。君有長才領州牧，西境赤子瘡痍待君瘳。待君瘳，百廢興，乃以遨以游。瞻北極，俯東周。手揮紫毫，目送輕鷗。放歌天地窄，釃酒風雲收。醉呼甘棠起召伯，恥與後代詩人儔。

望仙臺

河上公，結廬崝函東。吸元氣，餐清風，出入紫府隨風龍。道尊不可招，車駕親幸乃授書一通。河上公，今安在？丹成已上升，漢家天子空相待。築臺望公公不來，白日蒼霞映光彩。河上公，真有無，千年廢址生寒蕪。君今登臺興不孤，笑指羽化非吾徒。采風但寫《豳風》圖，神仙之事安足模！

函谷天險

晋陽　王　瓊

十載官南宫，一旦謫居陝。左對崤山右洪河，萬古函關號天險。緬懷遺迹感慨生，地不改，人事更。長安金榜同時客，眼見雙尖鬢毛白。窮居非損達不增，念之曠然神思澄。州民凋弊待賢守，且向東風勸農畝。

阿對泉

王　瓊

京國交游十載多，東郊此別意如何？省垣往事真成夢，漳水新盟尚未訛。楊柳不知離客恨，流鶯似欲向人歌。陝州到日春將盡，阿對泉頭按輿過。

桃林塞

江都　趙　鶴

桃林高控秦中路，勢走青冥莽回互。積霰西飛華岳陰，驚沙東接潼關暮。憶昔周郊戈始偃，六軍歸農罷輪[六]輓。捷犢千頭綠草肥，舊桃十里紅相[七]遠。後王恃險崇關防，高原幾作爭戰[八]場。紅桃漸稀白骨盛，朔風吹冷秋雲黄。

桃林界

國家一統無分壤，關南關北撤兵仗。百年不識征鬥聲，萬物重瞻太平象。陝州使君號遺直，重自春官臨郡國。古人德教期有成，俗吏文移拘未得。陝州保障真長城，還憑文化銷甲兵。便令賣刀買牛犢，桃林處處開春耕。

逆旅亭

遙遙逆旅亭，冠蓋紛相集。朝送秦客歸，暮導燕賓入。亭南浩雲浮，亭北漫水流。雲水變今古，客路何時休？英英陝州守，謫官漫水口。昔對春宮花，今咏秋河柳。人生如萬物，榮悴亦易時。荒亭未堪托，芳政還永垂。

澄瀾堂

義興　杭　濟

洪川漫千古，適與吳公會。觀瀾契其心，作堂水之匯。高檻俯清漪，涵照盡淤穢。劉公感後來，撫壁題詩在。賢明顧異時，圖志具登載。雕甍儼崢嶸，州民仰遺愛。有美春官郎，中朝勵風概。行矣把一麾，居然兩公代。願以揚斯瀾，枯蕘廣沾漑。名堂久益光，功業期君待。

蝦蟆泉

人云古州治，有泉出其右。發源地中來，分流從石竇。今古流不窮，泠然夜而晝。一鍾注澄泓，凜冽凌珉甃。了非鱗介居，疑有蛟龍守。歲旱即禱之，滂沱發涓流。猗彼韓公詩，溯茲迹維舊。君行酌斯泉，載將芳潤漱。沛作商家霖，神功彌宇宙。

砥柱山

郴楊　何孟春

繄黃流之雄噴兮，原萬里而自天。道陝東其焉如兮，卒執拘而迴沿。方橫衝之無端兮，忽焉遘此孤植。豈夏后以前驅兮，遠鄉景而徠服。叶蒲北反不敢縱其淡漫兮，杴孰為之涯澔。龍門呀於山麓兮，走灕灕而就下。河中立而閱波兮，天畀之以其肩。羌春撞之爲鎮兮，異尋常之洲淤。叶呼古反嘵世道之瀾狂兮，概古今而有之。惟君子之婞節兮，潛獨挽於當時。四兆讎之所轚兮，誠蹇蹇之不能舍。叶尸預反甘放謫而不諱兮，亦人中之砥柱。五馬儵其行色兮，蹂釀暖之東風。叶孚金反應韶訴余以別兮，叩余以楚吟。悵甲黿之莫留兮，遵南陽之屬郡。披輿志而興懷兮，尚兹山之可問。自處之介特兮，靡僭恃其嶔岑。計兩間之博大，仰風裁而心歆。拳建業之石城兮，塊朱陵於衡渚。嵤何爲乎漢川兮，推何獻虜灂涹。叶當古反斾以奮於奇勝兮，多不滿於角功。雖策籍之贊紀兮，辨寰瀛而幾同。置橘以爲像兮，靈均之有意也。余兹托而陳詞兮，實先生曩之態也。態叶替

獨游山

三黜坐直道，一麾當左遷。王君笏陝郡，符竹勞承宣。地異長沙之卑濕，路非潮陽之八千。前人雅重文章守，逐客健尋山水緣。美酒曲巷何必惱，掃門挽屋事草草。潛虯暫借尺水居，骨相難應簿書老。有時按部過闅鄉，秀句滿供風月囊。積翠萬尋歆馬傍，仙游誰復原軒皇。寒烟中折見草樹，松柏蔚茂芝蘭芳。達士操心等今古，登臨底事須吾土。平生真賞寄林壑，肯以粗官絆簪組。春送東風兩足閑，謝公屐齒獨游山。向來蹤迹殊無端，笑猗寥廓窺塵寰。百年滔滔歧路間，回首冰雪凋朱顏。金石志礪困不悔，江山形滯名應在。一樽吊古竟屬誰，蔽芾甘棠有遺愛。廊廟而今正渴賢，持衣售暑還渠輩。不才孤抱鬱憂愴，蠹稿斯文任風概。願子雙梟養健翰，浮雲寧久翳長安？他年會有刀頭夢，飛渡羊腸百八盤。

披雲亭

江東　陳　欽

秦關雒崤函，陝右東迤邐。峨峨羊角峰，崑礧屹相掎。上有
百尺亭，飛翠拂雲起。相傳明昌間，杰構耀梗梓。丹崖傳夕照，
迅景逐朝駛。獨餘披雲名，載在此州史。太守今謂誰，虎谷天下
士。五馬行春餘，吊古時至止。捫蘿上青霄，聽松濯幽耳。高懷
寄千載，游目極萬里。見京亦瞻雲，陟岵仍在屺。平生忠孝節，
益爲遷謫砥。再拜甘棠陰，召伯有芳軌。苟能效微塵，盤錯寧憚
此？四野桑麻春，芃芃望中是。全銷逆旅情，頗與豐樂似。西望
綉嶺宮，瓦落卧荊杞。砥柱何崔嵬，危波激孤峙。慰予獨游篇，
雙魚托伊水。

神雀臺

陝東有高臺，蟲蟲古道傍。問臺築何年，曰兹歲在唐。神鳥
羽赤色，葳蕤此回翔。紛披動雲物，突没隨陽光。所貴靈異迹，
遂永千百霜。重華昔馭世，覽德來鳳凰。卓哉西岐君，鳴鳥亦在
崗。我明懋神化，召協虞周祥。有美丹山姿，翽羽來克疆。禮羅
致南宮，雝喈奏明堂。百鳥戢不語，側身避鷹揚。九苞本稀世，
可見不可常。翩然振遠翮，高臺一相羊。臺上何所有，飛雲接扶
桑。臺下何所有，梧竹紛成行。雲其霈雨澤，惠此中州荒。竹以
礪堅節，歲晚各蒼蒼。椅桐蔽清陰，憩者懷甘棠。坐使潁川瑞，
異代呈閿鄉。逝者勿復道，鸚鵬羞頡頏。

綉嶺宮

蕪湖　李　贊

公餘何處堪登眺，異代離宮尚有基。今日空林惟鳥語，當時

深殿貯蛾眉。泉聲訝落丹墀珮，樹色疑開翠鳳旗。聞説梁公親侍從，此心千載足相師。

墨 池

學書人去迹猶傳，春水湛湛泛暖烟。感物何能忘筆諫，知君心更出公權。

甘棠驛

蕪湖 李 貢

惟陜州之有驛，何甘棠之擅名？曰此召公之所遺，有歌咏於西京。昔姬周之興盛，公宣布以南行。至此邦而盤桓，憩佳樹之敷榮。公已去而澤留，人見樹而愛生。慨念當時兮千載，悵望佳樹兮曷尋？惟斯名兮不朽，揚高扁兮常欽。送虎谷兮出守，想古驛兮常臨。皇有澤兮吾沛，民有隱兮吾心。他日人思虎谷兮，方知人之才無古今。

茅 津

渺平野之千里，有春秋之故津。水汩汩兮赴海，草青青兮迎人。慨時代兮已改，痛往事兮誰陳？昔秦穆之違言，乃利危而侵鄰。既拜賜於彭衙，復逞忿而不悛。濟斯津望秦山，焚其舟兮誓無還。取王官兮封殽尸，向來蒙耻兮方回顏。嗟秦晋之交兵兮，已灰飛而烟滅。惟古今之愁人兮，聽啼鳥之喧喧。送虎谷兮出守，想案牘兮多閑。幽懷吊古而有賦兮，無惜示予之庸孱。

魏野草堂

汝南 强 晟

我聞魏處士，蕭然逸陜郊。平生不作兒女計，數椽之屋一把茅。繞屋好山青未了，出没烟雲接蓬島。幽居已入帝畫看，風月無邊屬詩老。吁嗟處士骨已仙，琴枯鶴斃茶無烟。草堂夜夜但明月，空有老鸛鳴風前。南宫先生暫作州，公餘五馬來尋幽。添茅築土慰精爽，圖經滲漏勞重修。思賢此日元非遠，一曲清歌興非淺。美人解後亦良緣，怪底少微光晱晱。

張芝墨池

我聞張長史，醉墨天下奇。至今陝郡之域陰，猶有張史之墨池。毛生秃盡不知幾，墨卿遺垢油池水。驪龍夜夜吐玄雲，黑帝幾回鞭不起。長史不復作，此池空自存。獨有牧牛兒，時來飲其渾。池上忽傳來五馬，袖得端溪貴無價。自臨池水洗鸛鵒，白鳥驚飛錦麟下。一洗肌骨清，再洗通神明。南宫草聖入三昧，長史不敢爭聲名。三洗四洗金可試，洗盡平生不平事。州前鐵漢可與言，獨立乾坤勵初志。

校勘記

〔一〕本文另見於明邵寶《春容前集》卷十四，題作"分題寓贈詩引"。

〔二〕"焉"，同上書作"者"。

〔三〕"此"，同上書作"蓋"。

〔四〕"衆"，同上書作"僉"。

〔五〕"惟"，同上書作"獨"。

〔六〕"輪"，據文意疑當作"輪"。

〔七〕"相"，據明刊本當作"香"。

〔八〕"戰"，明刊本作"鬥"。

聯珠集

贈寅長王君知陝州序

弘治丁巳春三月，王君應韶上疏極詆中貴，闚左道，時論危之。天子知其名，置不問。冬十二月朔，車駕還自泰壇，君以事出知陝州。予素辱知於君，所得於君者多矣，予忍違君乎哉！君平生坐立言動皆不苟，處私室如在公門，暇日未嘗不對聖賢語，予見而悅之；爲性嚴察，吏不能售奸，當事無忌諱，與人交侃侃，不脂韋相逐，予見而悅之；爲詩文核而奇，能自作古，興至揮灑，辭翰夐絕，予見而悅之。凡予之所囁括而未能者皆君之能事，予之得於君者多矣，予忍違君乎哉！

初，君弱冠舉進士，爲春官郎者七年，予始備員從君，後又三年於茲矣。恒以君位望、年勞當遷，予請益之，弗終也，而竟以是行，於予心何如哉！雖然，君之行無歉焉。彼有惜君者，曰：“春官郎，内也，尊也，其至於通顯易也；州守，外也，卑也，其至於通顯難也。卑且難，將弗獲大厥施？”嗚呼！此豈知言者哉？今夫抑之而使揚，遏之而愈光者，道是也。古之君子寧屈位以伸道，況未至於屈乎！且所謂大其施者，未聞有過於周、召者矣。一陝之墟，二公嘗并治焉。其後成王又使君陳、畢公高繼之，觀其言曰“爾有嘉謀嘉猷，則入告爾后於内”，“爾克敬典在德，時乃罔不變”，又曰“申畫郊圻，慎固封守，以康四海”，其委任、責成至於如此。而數公者卒能克成厥功以永有周之盛，則夫控制中原之要害以資藩屏之功者，其任之重而施之大也明矣。他如劉琨之仁化大行，陽城之撫字心勞，寇準之留心民事，皆稱爲陝守之良，垂之竹帛。以君踐履動法古人，不欲以漢、唐、宋諸君子自許，則夫正經界、固封疆，敬德變時，謀猷告后，遺甘棠之愛，起伐柯之歌，以追復二南之化，將必有日矣。然則予雖違君，而陝民之遇乎君也，不尤愈於予乎？乃若以小躓大伸，群然爲名位之説，予固知非君之所欲聞而亦非予之所以望於君也。

弘治十一年二月既望，賜進士出身、承德郎、禮部主事無錫錢榮書

聯句贈別

去年三月見封章，_昶知是層宵一鳳凰。_榮流涕漢廷思賈誼，_策觀風南國愛甘棠。_金山深花柳遲行騎，_昶夜久樽罍隘別腸。_榮離話幾回情轉激，_濟秦關渺渺月蒼蒼。_策

又

春風五馬別都城，_策杯酒聊傾萬古情。_金明月不孤今夜夢，_昶高山應重舊時名。_榮謾從詩杜憐虛席，_濟閑向棋壇憶覆枰。_策回首白雲天咫尺，_金短亭聊復駐雙旌。_昶

又

十載南宮起令譽，_榮抗言曾上萬言書。_策青天心事真無愧，_金白首交盟定不虛。_昶嵩岳崚嶒偏我對，_榮河流襟帶總民居。_濟馬頭隨處清風起，_策野望長吟興有餘。_金

又

傾蓋論交惜別筵，_金坐深青眼更依然。_昶陽春帶得車前後，_榮古洛循來地左偏。_濟何處亂禽啼白晝，_策幾人流水識朱弦。_金東風

綠草應南浦，_昶多少行人恨轉牽。_濟

又

晚來高興溢餘樽，_濟世事無端且莫論。_策坐裏燈花忘漏永，_金夢中詩草憶春溫。_昶壯懷激烈空千古，_榮家學分明自一源。_濟匹馬悠悠太行路，_策夕陽長嘯野雲昏。_金

　　春夜聯句贈行并錄於此。濟爲杭稽勛，昶爲華庶吉士，策、金爲陳、秦二戶部。榮又識。

贈別詩序

虎谷王君既有陝州之行，凡游於君者皆爲會以序別，而白岩喬君則首舉焉。是會在靈濟，與者九人，聯句得古、近體若干首。越三日，柴墟儲[一]繼會於慈仁，出郭登高，視靈濟少四人，增三人，又聯近體若干首。越四日又會，則於杭君世卿。越五日又會，則於何君子元。其人有同者，有不同者，各聯近體又若干首。前後凡四會，寶與者三，白岩無弗與也，其餘聯句無弗倡也。諸作既具，於是歸白岩書之。先靈濟，次慈仁，次世卿，次子元，牽連成卷，以歸虎谷，蓋數年以來贈別之盛若是至矣。

寶不敏，幸得從二君，知二君道同志，文同業，出入同事，視諸同年、同朝、同鄉者特厚。今虎谷遠去其國，白岩何能爲情哉！燕餞之不足，而召諸賓客至，再三弗已。眾人者之言，一人之意也。夫君臣、朋友皆以義合，其所厚薄觀於其一可以知二，寶嘗驗之多矣。昔之人蓋有以招之不來，麾之不去，爲臣事君之賢，而論朋友者亦謂貴在不可得親、不可得疏，厚薄之道略見於是。虎谷素篤於君臣，而茲行尤其大者，則於朋友宜其無所薄也。凡天下之言交者皆將求之，況白岩其厚者乎！寶觀是卷而有感焉，因附是説。

弘治戊午五二月二十九日，二泉邵寶序

靈濟宮聯句

使車不改舊馳驅，_{邵寶}西望甘霖正與俱。_{毛紀}劇郡分符當路陝[二]，_{儲瓘}[三]清朝結綉憶綏朱，_{石珤}春寒晚待輕陰愛，_{喬宇}夜巧[四]誰憐片月孤。_{何孟春}試向春明問前路，_{陳欽}平平如砥未荒蕪。_{邵寶}

又

東省才名十五年，_{陳欽}却飛皂蓋過潁川。_{邵寶}洗心定閲陳年案，_{儲瓘}作法曾論顧役錢。_{石珤}繞郡青山詩有助，_{喬宇}旌賢朱紱詔應先。_{孟春}春來無限雲霄夢，_{毛紀}長近蓬萊咫尺天。_{陳欽}

又

東風惜醉是離筵，_{孟春}琳館相看思惘然。_{陳欽}共道今宵須秉燭，_{邵寶}未論他日欲留鞭。_{毛紀}衙開山色南連楚，_{石珤}地控河流北到燕。_{喬宇}試檢漢家《循吏傳》，_{喬宇}幾人名續次公編。_{儲瓘}

又

暫看老鶴下青冥，_{毛紀}共訝霜毛照廣庭。_{儲瓘}洛浦神思才子賦，_{石珤}涂山人樂醉翁亭。_{喬宇}春來百興無端劇，_宗吟罷詩魂正爾醒。_{孟春}記取玄都風景在，_{邵寶}桃花紅復兔葵青。_{陳欽}

又

飛觴先賀陝州人，_{儲瓘}高蓋南來得寇恂。_{石珤}洛下采風曾立馬，_{喬宇應韶先使河南，有《立馬錄》，故云。}池中逆浪見攀鱗。_宗一麾不作延年恨，_{孟春}五嶺猶歸刺史身。_{陳欽}他夜梅花堂上月，_{邵寶}依然

又

行春五馬正從容，宗折柳亭邊別意濃。孟春康濟有才忻得郡，陳欽追隨無計願爲龍。邵寶青綾舊憶南宮直，喬宇白簡争傳左掖封。儲瓘坐對空尊聊一笑，毛紀忽驚風雨過高松。石珤

又

東風尊酒送君南，石珤記得三刀夢裏談。喬宇應詔一月前嘗夢論作州事。驛路先聲迎竹馬，宗使車餘竅附詩籠。孟春潁川舊守名應并，陳欽國賢舊爲許州守，故云。召伯遺墟澤又覃，邵寶他日賜環趨急召，儲瓘不妨重爲整朝簪。毛紀

又

偪側離心不易降，喬宇共尋幽閣倒春缸。石珤清風一路應隨馬，毛紀碧洛交流正繞艭。儲瓘勸課漫勞經濟手，邵寶侑歌休作别離腔。陳欽宦途眼底誰平步，孟春鎮定才華見擊撞。宗

又

中年苦作别，況此平生游。儲瓘夜來愛明燭，欲去且復留。邵寶清尊信奇物，豁我萬古愁。毛紀俯看春浪生，泛泛一虚舟。石珤道人地自靈，風雨撼龍湫。喬宇方春豈無贈，奈此柳未抽？孟春冰雪釀餘寒，光生五城樓。陳欽健馬當歷坂坂，終爲伯樂求。宗吳鈎未全試，奮激鬚如虬。儲瓘嵩雲爲君開，倏忽當軒流。石珤笑談擬周召，坐鎮東西州。邵寶遺風續《甘棠》，懷賢忽輕丘。石珤正途在伊洛，吊古且回輈。喬宇秋哀潼關戍，凍恤閿鄉囚。儲瓘律學漸可讀，兵機慣能籌。喬宇誰言將送煩，佇見疲癃瘳。石珤興神動高

咏，響振山幽幽。_{邵寶}吾生本贛直，不識弦與鈎。_{儲瓘}望塵者何人，豈雪此顙羞？_{喬宇}壯哉烈士志，難與俗子謀。_{邵寶}賦非湘水吊，書待周南修。_{儲瓘}放歌不能罷，仰見星河浮。_{陳欽}一笑送君去，天未生清秋。_{毛紀}

慈仁寺聯句

暫憑高閣倚清空，_{儲瓘}洛水秦山一[五]望中。_{靳貴}千里清深春草色，_{杭濟}一簾香坐雨花風。_{喬宇}餘生到處皆君賜，_{李贊}古郡傳來有召功。_{楊廷和}看鏡肯憐雙鬢改，_{白鉞}此心元不是飛蓬。_{吳儼}

又

野寺春明煥物華，_{李贊}離情詩思兩無涯。_{廷和}青青柳弱那堪折，_{白鉞}白白雲深半欲遮。_{吳儼}河上分符詞客遠，_{趙鶴}省中看疏侍臣嗟。_{儲瓘}長沙不久應前席，_{靳貴}莫向滄江問釣槎。_{喬宇}

又

芳春離夢繞毗盧，_{喬宇}太守前族已在途。_{李贊}樹老甘棠重作蔭，_{廷和}律回幽谷更噓枯。_{白鉞}虎岩月白逃狐兔，_{吳儼}棘路風清起鳳雛。_{趙鶴}攬轡知君無限思，_{儲瓘}且憑山色倒春壺。_{靳貴}

又

客路烟霞駐蓋時，_{趙鶴}問君垂組欲何之。_{儲瓘}天連春水孤帆遠，_{靳貴}樹隱晴龕午梵遲。_{杭濟}郡入弘農多漢迹，_{喬宇}官思宗伯尚周儀。_{李贊}鯉庭縱遠離憂少，_{白鉞}移孝從來慰所思。_{廷和}

又

春風隨馬赴伊瀍，_{杭濟}聖代專城每得賢。_{喬宇}望重儀曹非笯

仕，李贄詩傳吟社已連篇。廷和朋簪暫盍歡仍劇，白鉞歧路將分恨轉牽。吳儼欲盡離觴回反照，儲瓘薊門千樹渺雲烟。趙鶴

又

禁城花柳欲分春，吳儼殘雪多情洗陌塵。儲瓘晴閣浮暉朱綱動，趙鶴野橋生暖碧波鄰。喬宇庭闈北戀瞻雲日，李贄消息先傳聳吏民。廷和莫道長安與天遠，白鉞寸心元不隔楓宸。靳貴

又

十年交誼重青雲，白鉞尊酒於今且暫分。吳儼草舍春郊催曉騎，趙鶴山連平楚憶橫分。儲瓘儀曹事業乾坤在，靳貴虎谷清名遠近聞。杭濟我亦從來輕賦別，喬宇高歌元不爲離群。李贄

又

春官領郡散陽和，廷和千里遥添喜氣多。白鉞笑把一麾西近陝，吳儼擬陳三策北防河。趙鶴晨裝共訝圖書重，儲瓘曉夢猶驚劍履過。靳貴最是當春惜離別，杭濟春陵誰和次山歌？喬宇

又

寒勒幽蘭未見花，靳貴自緣春色遠天涯。杭濟將分自陝東西地，喬宇官坐如曹早晚衙。李贄少借詩情供吏事，廷和祇憑清操息民嘩。白鉞山城更鼓分明夜，吳儼應有賢書報政嘉。趙鶴

世卿席上聯

行日無多思別深，李贄惱人花事半晴陰。喬宇觥觥共惜如風手，孟春帖帖誰持似水心？邵寶秉燭桃園真勝會，杭濟下車棠樹可幽尋。李贄尊前莫怪歌聲激，邵寶洛水秦山有賞音。孟春

又

春色無端已二分，_{邵寶}一瓢清社惜離群。_{杭濟}東周化遠西連晋，_{喬宇}南國經傳北到汾。_{李寶}待漏此心猶夢警，_{孟春}瞻雲隨地有書聞。_{邵寶}行行莫吊梁王傳，_{孟春}聖主深恩過漢文。_{喬宇}

子元席上聯

五馬恩光照陝東，_{毛澄}十年郎署仰高風。_{顧清}甘棠陰裏今猶古，_{邵寶}老柏窗前我與公。_{喬宇}封事避人焚舊草，_{汪俊}危根隨地托孤蓬。_{孟春}離情莫問春深淺，_{陳欽}。且對花枝一笑同。_{吳一鵬}

又

君去何年馬又東，_{毛澄}一鞭千里躍清風。_{顧清}行囊肯以詩爲累，_{孟春}斷案應知判獨公。_{喬宇}雪沮昌黎猶識路，_{邵寶}家懷度索忍看蓬。_{汪俊}潔齊不作無生嘆，_{孟春}曠達從來我輩同。_{吳一鵬}

校勘記

〔一〕"儲"後，明刊本有一"君"字。

〔二〕"路陝"，明刊本作"陝路"。

〔三〕"儲瓘"，據明刊本當作"儲巏"。儲巏，字靜夫，號柴墟。下同。

〔四〕"巧"，明刊本作"悄"。

〔五〕"一"，明刊本作"入"。

贈行集

擬《别知賦》贈吾友王陝州也

樂平　喬　宇

巍哉太行之嶙峋兮，盤厚地而坱圠。枕三晋而控燕齊兮，萃扶輿之滃浡。中峻迤爲虎谷兮，簌上黨而嶭巀。藹修姱於若人兮，瓌淑姿而秀拔。鬱疆理之相望兮，屹北巘之横岡。前石龕而後柏岩兮，曰吾與子之舊鄉。曼余目於寰區兮，周流四方久乃下。觸世路之崎嶮兮，藴素修而莫寫。舍結愲以延佇兮，爰締盟而要之。悵吾道之弗返兮，諒《伐木》之在兹。

揖東皇而導文昌兮，遂騁步乎曲江。啓閶闔以箧籍兮，寤委質於遭逢。聽鏘鸞而侍玉螭兮，充下位於南省。纕江蘺與芳芷兮，佩夜光之耿耿。幸朝夕以輔仁兮，翻載籍以校文。心怦怦而亮直兮，匪吾人其誰敦？何浪迹之靡處兮，怊惝怳而多虞。辭京洛以載入兮，迭日月而居諸。邈正學之湮淪兮，羌永慨乎遺矩。摭微言而奮力兮，共分條[一]而析縷。末俗日以工巧兮，競呪呰而訑謾。指迂狂以嘲誚兮，曰非哲人之所安。步踽踽而徑趨兮，言侃侃而不惑。苟余分之當然兮，又奚較孰失而孰得？排異端而昌言兮，邁允踐於厥躬。怒汗顔而溳涊兮，固余心之所同。荃蕙化而雜揉兮，紛魚目之混珍也。情悄悄而介立兮，鬱孤憤之莫伸也。

溯豐隆而上征兮，叩帝閽以懲艾。皇穹亶無私阿兮，囿萬物而無外。雷霆倏鼓以威兮，忽雨露之沾濡。殆苦心而抑志兮，彼焉知造化之所如？羞瓊枝以戒行兮，葺蘭茝之初服。忻順受以康樂兮，匪愆尤之是黷。出國門而南騖兮，指甘棠之遺墟。帝重念此烝民兮，簡賢勞而受圖。竊僮伺以郭廱兮，忽忽其塊處也。恫麗澤之漸違兮，思好修而莫吾與也。淑景轉而思[二]春兮，撫白日之衆芳。斾旌搖搖不可以止兮，意緯繡而難忘。雲屏屏而結蓋兮，馳余情以求索。覽蓬瀛而歷昆侖兮，隨上下之所適。惟人生之大節兮，曰行義而不頗。嗞彼氓之栗[三]斯兮，沬襲衍而踵訛。乘嘉運以遠游兮，豈吾子之獲多？輕陰杏而有窋兮，雖外處其亦何嗟？屎余質之恂愁兮，憫悟道之不早。窮年矻矻而未得兮，恫役心於辭藻。中忉怛而外觸兮，聊徙倚而遐思。會晤不可常眷眷兮，嘆中道之分岐。余固知嘵嘵而無所用兮，惟知我者之難得。往事既莫余追兮，庶來今之不忒。莽俀俀而欲有贈兮，具前修之格言。尚崇德以永譽兮，矢斯盟之勿諼。

贈行韵

長洲　陳　璚

常羨髯翁引鳳雛，論高慮遠[四]世嫌迂。今無地著奇男子，後有人稱大丈夫。豈肯皺眉當綠酒，還看掉臂策驪駒。方州落手堪行道，要使齊民凋瘵蘇。

送王陝州[五]

傳　潮

山比孤高玉比清，應知此出是榮行。霄峥舊數驚人句，骨鯁兼傳瑞世名。共惜深巊違彩侍，即看善政到蒼生。寰區拭目瞻星鳳，文采翩翩畫不成。

送王虎谷之陝州次錢世恩韵

彭　桓

行藏如此我何諛，權貴分明用筆誅。盡使功名隨世就，却將道義仗誰扶？春明門外俄千里，砥柱山前祇一夫。莫信暗冰妨著腳，幾人顛躓不曾趨。

十六日大風懷王祠部〔六〕

劉　瑞

長安曉起翻黃埃，狂飆劃爾從西來。初疑混沌欲開闢，旋覺樓閣迷崔嵬。海濤千頃擁平地，半空誰遣轟驚雷？倚牆大樹抱幾合，高枝拂地低枝摧。飛沙墮瓦不知數，重門深閉曾誰開？耳邊澎湃已三日，餘饕尚在仍徘徊。我思太行有奇士，如何坐事縲西臺。西臺此夜不可道，寒氈老屋爐無灰。平生磊磊金石抱，世塗巇嶮真難哉。兀坐孤燈過三鼓，歌殘《伐木》令人哀。

病中送王虎谷謫陝州

張志淳

強扶新病致新詩，義在投心不在辭。雨露十年從此別，風塵兩地結相思。矜誇多得知還淺，標榜高名見恐卑。隨道卷舒舟不係，料君懷抱迥無涯。

又韵

虞牧多煩漢署郎，朝簪忽換郡侯章。諫書一洗三槐恨，確論重揚百代芳。豈止州民蒙德澤，定看伊洛避文光。由來法印非溫飽，到處知君樂且康。

又韵

高歌一曲遏行雲，世事茫茫詎足云？瀝膽獨期無負國，吹毛誰肯放過君？地方潮柳還堪喜，郡跨周秦合費勤。願把真誠移撫字，始將幽興托詩文。

又韵

皂蓋朱輪暫屈才，鳳城翹首莫徘徊。民間重困關心久，天際輕陰計日開。詩社最憐盟主去，郡民人賀福星來。錦囊佇看還金闕，遍寫中州物象回。

送應韶之陝州[七]

王　倫

　　王君應韶文章、政事、節行俱出人表，向以職事直言不顧[八]，衆皆危之。近得罪謫陝州[九]，故縉紳之士益重應韶之名[一〇]。昔漢宣帝試蕭望之於三輔，太祖高皇帝出宋景濂爲知縣，蓋皆欲老其才而大用之也。應韶今日之行，又焉知非聖主之意將玉汝於成乎[一一]！予與應韶爲同年、同僚，知之深而望之切，故於其將行作此以贈[一二]。

奇才正學重名公，直節清修激儒風。劉向盡忠忘顧忌，文皇好諫每優容。去因微罪恩何厚，出守名邦任亦隆。民事暫從三輔試，還期功業古人同。

次前韵

晋陽　王　瓊

千載甘棠頌召公，陝州應許繼流風。久知義《易》占無妄，曾讀《周書》訓有容。鄉里衣冠名獨重，少年勛業望方隆。近民慎勿嫌平易，君子由來但貴同。

次前韵

無錫　邵　寶

一杯東送柏窗公，手挽虹髯對曉風。遠道朋游真落莫，清時州郡亦從容。題銜以將名應舊，臨講兼師禮更隆。它日忠言今惠政，江湖廊廟本來同。

前　題

山陰　王鑒之

少年才氣貫長虹，便有文章動鉅公。抗疏幾回扶正學，謀身一意仗孤忠。聲名要使同前哲，踪迹從渠任轉蓬。暫把一尊澆磊塊，直將心事付蒼穹。

前　題

楊　廉

直言前日士夫驚，知有今朝陝郡行。營救獨慚臣膽小，保全忠賴聖心明。閭閻此去看歌誦，閶闔重來聽叫聲。雙鬢尚玄官五品，他年遠大望功名。

前　題

仇　東

弘農自古稱名郡，聖主憂民出省郎。共訝一麾新剖竹，獨違雙闕罷含香。春深聞雁過漳水，天霽停驂看太行。豈但甘棠追舊咏，漢廷終見召王陽。

前　題 〔一三〕

劉　台

台走仰大名久矣，在都下雖屢登龍門，未獲一聆矩誨以爲歉。昨幸接顏色，甚副。本望洗凡心，乃復荷金聲下逪，盥手朗誦，何敢仰承？然慶幸得先生長者一珠璣筆墨，蓋未可揷畫也。不自揆學，押步霜韵呈上黨謝也，惟取其意而略其詞。伏希悚然。

全樹層樓第一枝，暫收行李下彤墀。誼忠肝膽連章上，骨鯁風聲四海馳。欲將苦口瘳時病，不管平生井救饑。明王年少尤憐士，未許先生久在湄。

贈　行

陳　策

二月望後一日得會世恩宅，歸，自馬上口占一首[一四]。

輕雲黯淡輕風疾，馬上行行何嘆息。昔有長沙慟漢庭，今見王郎與之匹。仰視皇天天不言，滿空惟有月娟娟。西游太行下碣石，便覺春意回顓連。

前　題

吳一鵬

原札云[一五]："陝州命下，士論惜之。然在執事，視屈猶伸也。小詩奉慰，多見其贅耳。笑而置之。"

心事真堪問鬼神，不妨蓬轉任風塵。賈生漢室曾流涕，韓子潮陽敢愛身。雲渺家庭懷鯉對，天高宮闕戀堯仁。一麾仍有專城寄，未必青山是逐臣。

前　題

楊　節

乾坤正氣屬英雄，此日封章啓舜瞳。闕下未曾除首惡，陝東先已斥孤忠。斗山忽起蒼生望，霖雨終爲聖主崇。周室欲安天意在，肯教亶父久居東。

前　題

無錫　錢　榮

此心[一六]肝膽嫉奸諛，一疏嚴於斧鉞誅。直道自甘隨處樂，孤身端不仗人扶。更新事業看儒史，依舊旌旐建大夫。砥柱山頭獨揮手，黃河千里正奔趨。

前　題

豫章　范兆祥

都門萬里陝州程，匹馬東風送客行。坐謫如升名愈重，孤忠中法禍先萌。是非不待百年定，勝負何須一博爭。天祚吾皇終見召，路傍游子莫相驚。

贈　別

蕪湖　李　貢

貢往歲差清口，辱公長句爲贈。別[一七]後展讀前卷，感懷之餘，謹次韵奉寄[一八]。

君行有期我不悦，欲向都門挽旌節。僕夫曉發人不知，夢裏犀郎已成別。犀郎所養負正氣，往者謇謇奮雄舌。披肝瀝膽數千言，不是爭名較污潔。機牙巧伏衆方危，理命自安心不折。憂如小范無近遠，哭比長沙仍哽咽。經綸事業一肩擔，鼓鑄爐錘雙手挈。九重咫尺豈萬里，重瞳展轉非一瞥。虛懷擬洽魚水情，投閑又中鬼蜮説。朝廷待遇禮不薄，朋友論舊道真缺。送行無詩執手悲，借抄有草汗顏閲。天機轉動在須臾，人事虧誣盡湔雪。西行數月星宿應，北來一騎風雲挈。輿論中外正掀騰，薦草[一九]南北何紛迭。入覲惟知舊典遵，超遷自與長流別。十年學道今可傳，一德潛孚心不熱。關輔翼翼山水雄，庠序□□[二〇]襟珮綴。定知講授溯程朱，亦有詞章過江浙。海陵不獨安定胡，河東重見文清薛。髯郎致身本卓犖，聖主用才亦奇絶。半夜行召誰進對，前席尚虛不曾徹。陟降有筆可紀録，左右無人更媒蘖。歸來台閣已預卜，從此歲月須思撲。不才碌碌甘愚騃，華髮紛紛玷交結。起看華岳萬仞高，一夜愁城手難閟。

前 題

張子渭

乾坤公道復如何，五百年來見不多。氣壓貂璫孤節勁，文排佛老泰山磨。雖爲去國餘千里，畢竟還朝主二和。病裏不勝情事感，《甘棠》先代陝民歌。

前 題

何孟春

折柳亭邊歲一初，春風管領上單車。名當去國方難避，計不謀身未是疏。時政論餘饒感慨，騷辭讀罷幾躊躇。陝州今見文章守，天屈清才試簿書。

校勘記

〔一〕"分條"，明刊本作"條分"。

〔二〕"思"，明刊本作"司"。

〔三〕"栗"，據明刊本當作"粟"。

〔四〕"慮遠"，明刊本作"遠慮"。

〔五〕明刊本題作："客歲墜馬，新年未出。聞守郡未能走拜，而舊愛之深，令人悁悁。謹以鄙句道情，恕其草草。"

〔六〕明刊本題作"十六日大風有懷"，題下有注："祠部先生應詔尊兄，録似聊一□云耳。"

〔七〕明刊本題作："病中寡接，昨始知有陝州之行，數日耿耿，枕上輒得數韵録上，疏拙可愧，冀照於詞意之表也。”

〔八〕“直言不顧”，明刊本作“應詔直言略不顧忌”。

〔九〕“近得罪謫陝州”，明刊本作“賴皇上仁聖，竟容忠直。近以過誤得罪，衆復危之，又賴皇上保全，輕謫外州”。

〔一〇〕“故縉紳之士益重應詔之名”，明刊本作“由是縉紳益重應詔之名，而咸頌聖上之德，矧應詔以賢邁之資早列清班，雖古人之書無所不讀，而州縣民事恐未盡諳”。

〔一一〕“又焉知非聖主之意將玉汝於成乎”，明刊本作“雖在逆境，焉知上天之意、聖君之意庸非玉汝於成乎”。

〔一二〕“作此以贈”，明刊本作“贈之詩以慰其心”。

〔一三〕底本未録此詩，據明刊本補。

〔一四〕“自馬上口占一首”後，明刊本作有“奉承求教”四字。

〔一五〕明刊本無“原札云”三字。

〔一六〕“心”，明刊本作“生”。

〔一七〕“别”前，明刊本有一“作”字。

〔一八〕“奉寄”後，明刊本有“極知續貂，深用慚悚，惟冀鑒亮，幸甚”數字。

〔一九〕“草”，明刊本作“章”。

〔二〇〕“□□”，據明刊本當作“詤詤”。

會合興餘集

贈虎谷入覲擢陝西提舉

喬　宇

原札云："兩日來，恨不得即出城一見以慰所思。簿書叢沓中聊述口號，用代晤語。若比者悲歡離合、可喜可愕之事，須面乃能盡也。"

使旌遙駐白雲西，眼渴因君望欲迷。誰遣隔城嚴例禁，尚驚聯署杜詩題。西周豐芑聲先到，南國甘棠頌可齊。心事別來千萬種，雪堂樽酒待重攜。

再疊前韻

幾月分符向虢西，直將冰鑒起沉迷。彤庭詔下興情愜，憲府名高御筆題。感事竟如弓失楚，匡時全異瑟求齊。苑東珂馬朝回地，猶記天香并袖攜。

贈虎谷次喬考功原韻

邵　寶

幾夜懷君洛水西，屋梁顏色夢中迷。風霜已報新消息，山斗終歸舊品題。七日天心真自復，百年人事本難齊。邃庵故有登臺餞，肯許春醪更一攜。

前題二首

李 贊

歲杪心旌日揚西，洛車何處使人迷？書堂久下南州榻，詩社先分虎谷題。被命已知多士協，入朝還與衆官齊。釣魚臺好風光在，行日春觴取次携。

東風承詔向關西，衡柄傳聞善指迷。選士自收三輔最，考文心揭六經題。華嵩名岳歸游覽，周漢遺風入整齊。更喜庭闈同道路，沿山車蓋看扶携。

次白岩韵一首

王 瓊

故人五馬避城西，風雪漫空望欲迷。正訝郡中書久絕，忽看寺裏句新題。師儒事業關閩在，忠鯁聲名泰華齊。鄉里英賢真不乏，疏慵如我肯相携？

次前韵二首

張志淳

燈前重共玉東西，喜合翻凝是夢迷。卧病經年懷舊雨，到門凡鳥識新題。故人有約皆真率，雅會無豐自整齊。獨訝臨枰何太遜，敗來如取復如携。

楊公冰鑒照關西，繼往何人稱指迷？衆口共推名下士，師儒先荷御前題。黄河水險通天上，華岳峰高與日齊。老杜後來形勝索，煩君此去爲招携。

跋《會合餘興卷》

湯陰　蘇宏祖

童時讀虎谷先生《上邃庵書》，清風穆如，輒慨然想見其人，然亦不知先生爲和順籍也。丁亥夏，承乏此邦，悉其立朝風節、名世文章，拜謁祠下，索其家乘而讀之，呂涇野公碑志外寥寥。嗟呼！先生事業在一時，知交滿海內，唱和、遺編烟飛雨散，文獻無徵，良足慨也。

適趙文學漪傳伊戚陳氏藏《會餘》手卷欲鬻，因以俸金易之，則樂平喬冢宰、太原王司馬、無錫邵都憲手迹爛焉。其一爲李君贊，其一爲志淳，雖不悉其里居、宦業，然自先生以推測其人，當亦表表當年者矣。把玩之餘，因知古人之交人、與人交也如此。已而思之，此數行墨瀋在好事家不過文苑之懸黎結綠耳，若在王氏，則王氏之天球、河圖也，何可居籬落下，認爲己物哉？因手授公之孫茂才王君吉士曰："此君家舊物，珠還合浦，璧返邯鄲，其善視之。"

嗟呼！兵燹之餘，縹緗易散。即如此卷，公之子孫不能有而歸之陳氏，陳氏不能有而歸之予，予不忍私而復歸之公家，數十年間循環如此，百年之後，吾又安知此卷之終爲王氏有耶？雖然，元成遺笏，帝子珍視；敬宗舊硯，子瞻唾去。物之所重，果何在也？後之得是卷者，不知虎谷先生則已，苟知虎谷先生也，便宜訪其家而還之，庶數君子之詩魂字魄借先生之式靈山高水長乎！

附録一 佚詩佚文輯録

送喬希大

野寺逢君一飯時，長空星斗正高垂。快談每覺連宵短，極喜翻成數日悲。舊日塵容皆欲老，壯年豪氣不曾衰。華山仙掌應千仞，把酒同登亦太奇。

明刊本《博趣齋稿》卷十一

東皋爲冒郎中題

書首才華有數人，東皋心不在風塵。嘯登每羨陶元亮，取號真同戴叔倫。淮海雲烟千里夢，長安歲月幾回春。憑誰寫出山中趣，手把書看白氈巾。

明刊本《博趣齋稿》卷十一

過汴梁有感

霸主荒臺還突兀，隋堤殘柳正蕭疏。耕夫不識市朝處，野寺猶存宮殿餘。士憤悲歌豪俠地，土含腥血戰争墟。抱城濁浪勞宸慮，漢策今慚總不如。

清光緒《祥符縣志》卷二十

過墨鐙遇雨欽李進士宅

笑傲深村挂薜蘿，西來雲氣忽滂沱。當窗翠竹無妨坐，把酒青山欲放歌。閉户經年何所事，杖藜今日此中過。英雄莫負經時手，老我功名志已磨。

清乾隆《沁州志》卷十

潞州貞烈倡和序

我國家百四五十年矣，治化浹洽，民物繁富，海宇熙熙，干戈不用。然文矯武惰，上慢下頹，罔念人窮，惟事貪黷，閭閻之下，怨咨相聞。於是梟黠之徒呼群嘯朋，竊弄弓矢，自知釜魚延喘，糜爛必至，大肆淫凶以快目前，所過之地公私一空，而尤以虜掠婦女爲急。庸將怯卒迂途避之，凡再逾年，厥勢益熾。正德六年五月六日，自青、兗、彰德西上太行，至潞州之西火鎮。居民走匿山林，賊散兵搜索，驅其婦女數百人。有趙氏女，賊擁致馬上，女曰："我良家子，死則死，誓不受辱。"則投地，如是者三。賊見其美，不肯殺，脅之以刃。女舉止自若，罵賊求死。賊怒，矢落其一目，罵愈厲，斷其左臂而死。程氏者，焦相妻，賊牽之曰："從我則生，否則死。"程曰："吾有夫，寧就死，不汝從也。"遂仆地不起。賊強曳之，程仰面，背著地，曳半里許，膚肉綻裂，血流滿道，罵賊不從，賊殺之。袁氏女，年十六歲，與程同爲賊獲，見程死，亦不肯行。賊好言慰誘之，罵而不從，被殺。平氏者，王川妻，賊迫之行，見路傍一井，謂同行婦女曰："吾志得以遂矣。"抱幼女投井而死。

嗟乎！近世士大夫習於阿諛軟熟，以詭隨污合爲通才，一遇秉正守介之士，指爲怪異不祥之物，靡焉成風，莫或自振，虧閑爽操，庶恥衰微。豈意窮鄉下邑，閨閣弱質，乃有知節義爲美，而挺然各行其志，不與衆同，若四女者哉？時賊中從來婦女不啻四五百人，皆金珠錯落，羅綺熒煌，揚鞭語笑，略無靦顏，所驅數百人者亦俯首莫敢出一語。四女平日非有姆傳教訓之素、世家薰染之風，一旦事起倉卒，獨能却定於群趨共赴之時，塞耳於飴言甘語之誘，閉目於腥刀血鍔之威，必求一死之爲安，非其天資高潔有定守，安能偶爾而爲之？或以慷慨從容之難易爲議，而不察所遇之事勢緩急不同，則若王蠋、嵇紹諸賢卒然捐生者皆將可貶，必如豫讓之屢求殺襄、文山之三載留燕然後爲貴，凡史傳所載拒賊遇害婦女皆不得與年老守節之媼比矣，豈理也哉！

賊自西火南抵趙城北，旋至遼州，歷州縣十餘，自五月六日至六月四日出境，未及一月，四女之外不從賊而死者尚有二十八人。自賊起山東已二年，往來三四千里之地，全節婦女，耳中寥寥，何三晉婦女之多賢也！西火百家之鄉，乃有四女之死，何潞州婦女之多賢！四女之死者卓卓可書，而趙女、程氏其事尤偉，袁女年幼，亦能處於死生之際，嗟乎！雖大丈夫，臨難又何以加之？

初，賊既去，州人致仕宿州吏目仇時濟書其事，以授其弟潘藩儀賓時茂，商於儀賓牛廷瑞、宿以德、栗廷珮、郤宗魯，白於部使者而疏聞焉。吾觀今戚畹之家，惟以撞鐘伐鼓、沉酣歌舞爲務，而時茂五君者乃留意於扶名教、勵風俗之事，其志趣高遠矣！時濟去官家居，實倡首焉。潞之士風如此，則其多賢婦女，豈無自哉！旌命既下，五君作詩咏其事，聞者和之，積爲巨帙，將捐俸刻以傳，而徵序於予。

嗟乎！四女之死有關於綱常之大，五君之舉實爲國家風化之助，故爲書之，以待他日史氏之採錄。時茂名森，廷瑞名麟，以德名政，廷珮名璿，宗魯名賢，時濟名楫。

明刊本《博趣齋稿》卷十七，《明文海》卷三百五有收

《李氏族譜》序

李鳴朝譜其族成，請序於予。按譜，李出河南歸德，以高祖從軍陝西西安後衛，故四世之葬皆在武功，前對終南、西環武水者，其塋也，世之分合、墓之昭穆書之甚備。嗟乎！此豈特一家事哉？世言有天下之久長者，莫過於周，其歷年八百者非有他

道，亦非偶然也。文、武、周公之政先重民事，所以萃其離涣、和其垂争者至纖至悉，而族姓其一也。故周官小史掌奠繫世，辨昭穆，晋智果別族，必於太史。是當時譜繫不獨爲一家之私事，實爲國家之大政；不獨賢士大夫謹之，奇邪之民或有紊焉，蓋必有刑加乎其身。此周之人心，里閭鄉黨之間，大宗小宗之際，所以相附如膠漆，相視如一人，雖久而難散也。

自秦焚典籍圖書，滅先王之法，世之君臣以此等事爲贅物，閑談而莫之省。賢士大夫雖有私講於一家者，以非官府之制，易至廢墜。金元相繼，二三百年腥膻薰蒸，中原之地則又蕩然若朔漠之區矣。今文物既盛，禮樂亦興，秦晋燕齊之間譜牒多出，如鳴朝是舉豈不可爲世道慶也哉！

李之爲姓，傳記以爲出皋陶，爲堯大理，以官爲理氏。當紂時，有名利貞者，因逃難食木子得全，遂改“理”爲“李”。又以爲出於老聃，生而指李樹，因以爲姓。或曰聃則利貞九世孫。雖世遠莫考，大抵古之李猶係於一也。至唐賜徐世勣爲李，賜安抱玉、張寶臣諸人爲李，南唐賜奚廷珪爲李，於是李始棼矣。歸德之李雖不可考其所自，然其爲中原著姓則不可誣也。鳴朝不遠引前代顯貴之族而斷自高祖，亦非苟作者矣。

明刊本《博趣齋稿》卷十七

《杜少陵集》序

晦翁論君子，光明正大，疏暢洞達，磊磊落落，無纖芥可疑，以杜子美與諸葛、顏、韓、范公并稱四君子者，皆有功業睹記，在當時誦説，在後世真如青天白日，如高山大川，如雷霆雨露、龍虎鸞鳳者。而子美不過一窮餓人耳，稱之者曰“詩史”而已，曰“文章光焰萬丈”而已，曰“詩人以來未有如子美”而已，曰“詩至子美天下之能事畢”而已，安在其并於四君子也？

曰：安在其不并於四君子也？“富貴不能淫，貧賤不能移，威武不能屈”，此君子立身之本，謂之大節。大節不立，萬事皆頹，縱有功業爲世倚賴，不過權謀術數，塞漏補罅於一時者耳，非君子體用之學也。子美爲拾遺，以救房琯失官；爲嚴武參謀，又棄官寓夔，而嬰孺餓死；客秦，而採拾自給，奔陷賊中，挺然不污；嚴武欲殺，泰然不懼。是豈以富貴、貧賤、威武動其心者哉？是豈有一毫之疑者哉！此五君子之所同也。大節既同，則其事業之顯與不顯，在所遇之亨屯、時之用與不用耳，何病於子美哉！況子美以稷、契自許，而憂國憂民之意十詩而九，使得行其志，其功業豈下四君子哉？但論者謂子美文不如詩，夔州以後詩不如前，以予觀之，子美其氣厚，故其文簡奧渾健，不事藻飾，唐人一二大家外皆鮮能及。夔州後詩，則晦翁所謂晚年橫逸不可當者，或以爲勝於前，則又不敢信也。若《封西岳賦》，未免惑於封禪之說，則司馬氏以來諸賢之通弊，非可獨誚子美也。

廣平太守張侯用昭，以子美集刻者雖多，然或以所至之地爲類，或以所命之題爲類，觀者卒難得其各體之全。其釋事、釋文、補遺、補注諸書則收孥紛嗸，未易尋省。乃以詩體分爲八，爲子美作者附録詩後，文又附其後，盡去其注，爲卷十，每卷各著其目於首，判府宋君孟清實訂訛焉，子美集斯明白矣。用昭求序於余，余以子美之詩不待贊也，故獨舉其大節，使世知子美詩之傳愈久而愈爲人所寶愛，殆將與天壤俱弊者有由然也。

用昭名潛，岷州人，英爽精敏，作郡有餘力以及文事。孟清名灝，則吾邦之博能士也。

明刊本《博趣齋稿》卷十七，《明文海》卷二百四十五有收

《嬰童百問》序

余讀醫書而得治天下之道。人之生也以元氣，元氣傷則病，絶則死。天下之治也以綱紀，綱紀者，國之元氣也。綱紀紊則亂，廢則亡。綱紀莫大於進賢、退不肖、賞善、罰惡，四者明，則元氣壯，雖有讙兜、有苗，巧言令色孔壬，爾皮膚瘡疥之疾，旋自愈矣，不足憂且避而畏也。小兒醫者，尤當保其元氣者也。嗟乎！爲天下而保綱紀，如小兒之元氣，天下何足治乎！高平郭定静之以進士作州，不究其用而没，嘗得是書於邳，其子坤知藍田，鏤以傳。余觀之有感焉，於是乎書。

正德元年丙寅夏六月十八日，賜進士出身、中憲大夫、奉敕提學陝西按察司副使和順王雲鳳書於正學書院之戒懼齋

《嬰童百問》十卷，明魯伯嗣撰。録自該書明刊本序言

面奏武宗皇帝七款疏

國子監祭酒臣王雲鳳謹奏：爲面奏事。伏睹《大明律》内一款"凡國家政令得失從五府六部官面奏區處"，又一款"若百工技藝之人應有可言之事，許直至御前奏聞"。臣叨從公卿之後得侍經筵，偶有所見，直言而奏，伏乞聖明采納施行。

一、遵祖訓以復寢御之常。臣伏睹皇明祖訓有曰："朕以乾清宮爲正寢，后妃宮院各有其所。"又曰："吾平日持身之道，無優伶狎近之失，無酣歌夜飲之歡。"臣每莊誦而竊嘆曰："大哉聖德！至哉皇言！此所以治高百代而慶垂萬世者也！"蓋天子之於后，猶天之於地，資其生物之功，資其明夜之助。天子率公卿大夫，以聽天下之外治；后率妃嬪婦御，以聽天下之内治。古帝王如黄帝之嫘祖、帝嚳之四妃、舜之二女、禹之塗山、湯之有莘、文王之太姒、武王之邑姜，迨我聖祖，以至列聖相承，皆天

生聖女，坤儀合德，是以子孫神聖，繁衍無疆，非若敝屣之可棄、贅疣之無用者也。今皇上舍乾清之正寢，居豹房之別宫；廢後妃之大禮，狎群小之淫戲；違帝王之常道，廢祖宗之家法；治道無本，萬事無綱；奸人生心，小民思亂；四海如累卵之危，天下有土崩之勢。若不及今翻然改轍，誠恐日後噬臍無及。且天子有過，如日月之食，天下共睹，不可掩蔽，惟俯從人言而改之，則復於無過。以成湯之聖，而仲虺稱其"改過不吝"；高宗之賢，而傅説告以"從諫則聖"。誠以帝王不貴無過，而貴改過；不貴無事之可諫，而貴於從臣下之諫也。伏望皇上上思社稷付托之重，下念子孫繼承之休，惕然自省，不俟終日，回駕乾清，安處正寢，將左右宦豎、義子、娼優婦女及番僧人等盡數却逐，一切游樂歌飲，非禮無稽之事再不復作。如此，則宫壼清肅，和氣發祥，教化可興，紀綱可立，而聖嗣之興振振衆盛矣。且臣所謂奸人生心、小民思亂者，今天下盜賊時時竊發，朝滅於東，暮生於西者，祇以皇儲未建而皇上游樂無已，臣下莫敢諫争以歸於正，故萌非分之念，互相煽動耳。昔宋臣富弼告其君曰："陛下不納諫争，則奸雄益喜。"以謂中外皆亂，必有變事。《吕氏春秋》亦曰："朝臣多賢，左右多忠，君有失，皆交相諫争，則國日安，君日尊，天下日服伏。"望皇上思所以服天下之心，而勿使奸雄益喜，則天下幸甚。

一、復早朝以爲勤政之本。臣竊以天下大小官員無不每早坐衙理事，四海億兆之家無不每早起身治家。若官員一日不坐衙，則吏民必訝而笑之，一日之事必致遲誤，每日如是，在官人役皆相仿效，職業必墮矣；人家一日不早起，則鄰里必訝而笑之，灑掃、耕薪必在人後，每日如是，家業必替矣。況人君爲天下臣民之主，四海休戚治亂係於一身，故《書》曰"勿教逸欲，有邦兢兢業業，一日二日萬幾"，言天子不可不勤率天下，而導以安逸也。恭惟我太祖高皇帝舊制，一日三朝，列聖相承，守爲家法，雖或午、晚二朝有時暫免，而每早一朝則未嘗一日廢也。今陛下早朝常免，文武百官戴星而趨赴，日出而空回。間或一朝，又至午後。侍衛軍士棄胄投戈，狼藉闕下，枕股靠肩，散漫睡坐。四夷來朝人員亦皆橫豎枕籍，無復行列。蓋自朝至午，不得飲食，氣體倦怠，自然如此，見者驚駭，聞者憂嘆。今法度日弛，人心日玩，盜賊未滅，豈無其故哉？伏望皇上惕然警省，思爲君之克艱，念表率之在勤，復每日常朝之成憲，遵日出視朝之舊章。早朝之後，經筵日講，按日不廢。如此則聖德流行，速於置郵，天下吏民興於勤勵，人心胥悦，太平可致。惟聖明留意。

一、簡左右以防蠱惑之害。《書》曰："昔在文武，大小之臣，咸懷忠良。侍御僕從，罔非正人。以旦夕承弼厥辟，出入起居，罔有不欽，發號施令，罔有不臧，小民祗若，萬邦咸休。"夫侍御僕從，非若公卿將相之貴重也，孰不以爲微賤可忽？而乃有關於起居、號令下民萬邦之大如此，蓋左右近習之與人君朝夕親昵，情顔稔熟。得其人，則善言正事潛滋暗培，君德日進，萬事可理；非其人，則淫褻戲弄之事千變萬態，日漬月化，君心自聖，志惑意昏，而一身之間動作皆乖，一家之內至親胡越矣。唐仇士良教其黨以固寵之術曰："天子不可令閑，常宜以奢靡娛其耳目，使日興月盛，無暇更及他事，然後可以得志。慎勿使之讀書，親近儒臣。彼見前代興亡，心知憂懼，則吾輩疏斥矣！"此萬代之大戒也。伏望皇上察左右朝夕與君近習之人果正人乎，抑邪人乎，或有施仇士良固寵之術者乎。忠厚篤實、老成省事者，正人也，則留之；狐媚蠱惑、淫巧百端者，邪人也，則斥之。務使前後左右無非正人，一日之間所見者無非正事，所聞者無非正言，中心無爲，以守至正，使仇士良之徒不得施其術，則天下幸甚。

一、親君子以杜邪防之門。臣聞晉屠黍曰："國之將興，天必遺之賢人與極諫之士；國之將亡，天必遺之亂人與善諛之士。"宋朱熹曰："君子、小人迭爲消長，直諒多聞之士遠，則讒諂面諛之人至。"蓋人臣之賢不肖，關國家之興亡，而實有天意存乎其間。若人君果能遠小人、親君子，則讒諂面諛之士亦無不遠、直諒多聞之士亦無不至之理。然人君處於深宮之中、九重之上，欲遍知群臣之賢否亦爲不易，故曰帝王之德，莫大於知人；而人主之職，莫先於論相。人主但能知相之賢否足矣。本朝不設宰相，以六部頡頏行事，後又設內閣以居中參謀議，則今內閣大臣與六部尚書、侍郎俱前代宰相之任也。本朝不設諫官，而政令闕失許府部大臣面奏，則今內閣與六部、都察院又有諫諍之責矣。凡此大臣若皆得公廉剛正、敏達敢言之士，而阿諛軟熟、貪淫憸邪之輩不得以雜乎其間，則上足以輔成君德，下足以惠養軍民，內足以振舉朝綱，外足以消彌官邪，聲應氣求，彙征類聚，天下之賢能無不爲國家之用，而天下之事無一毫之疵矣！若使不肖者在位，則其心惟以交接貪黷、保寵固位爲事，甘言怡氣足以致人之喜悦，淫辭邪説足以移人之意向，詭蹤秘迹足以付人之奸利。人君德性既爲之蠱壞，而臣僚之間互相視效，志節之士隱身退處，自朝廷以至天下無非小人用事。而人君欲區區以法度防檢則并法度而喪之，以臺諫補察則并臺諫而爲奸，有司荼毒而上不知，下民怨懟而上不問，天下之亂自此始矣。伏惟聖明留意，天下幸甚。

一、革鎮守以除軍民之害。臣竊惟宦寺自古有之，乃閨闥掃除之任、守門□命之役。漢唐以來，或使之預政典兵，則國家未有不被其禍，天下未有不受其毒，而其人亦未有能保其身、全其家者，蓋將相大權非使令之輩可任，而權極勢盛非熏腐之人可勝，雖曰寵之，實則害之。本朝設司禮監，本以收掌章奏，傳遞綸音，今則政權歸之矣。設內官、御馬等監、織染、針工、酒醋等局以掌服食器用，雖仿《周禮》酒漿醢染之職，然《周官》皆統於冢宰，今則各部不得詰其出納之數，納戶不得訴其收取之重，而事權歸之矣。內而京營，外而各邊，皆有提督太監鎮守，則兵權歸之矣。此雖爲國家政事之蠹，然猶未親及於小民也。至正統以後，十三布政司又各設鎮守太監，則司府州縣、衞所軍民之事，無一而不在其掌握，豈天下不可一事而無宦官，一處而無宦官耶？今鎮守內官中，以臣所見，廉静自守如江西之鄧原、河南之藍忠，乃千萬之一二，其餘無不貪黷。蓋以此輩原非有忠君孝親之心，本圖僥幸富貴，是以忍而就此。自幼至長，父兄親故之所教訓，朋友交游之所論説，無非財利一事。及共事內府衙門，朝夕所謀者無非財利。日積月累，囊橐充盈，則謀各處鎮守，餽送司禮監，多至萬餘兩，無錢者稱貸於人。既到地方，則迫脅官司，科斂軍民，千巧百計，搜羅財物，前飽方去，後餒繼之。且府、州、縣官有牧民之事，布按官有錢穀、詞訟之事，撫按官有撫綏糾察之事，獨太監無所事事，而塊然於一方之上，名曰鎮守，實如坐猛虎於一方以啖人耳。況正統以前，各處未設太監，而地方未嘗不安。今鎮守之權日盛，而所在盜賊蜂起，坐視莫救，鎮守之有無於地方事務略無損益。臣乞聖明斷自宸衷，將各處鎮守太監俱行取回，以後再不復差遣。如姑未暇，則乞選廉静知恥如鄧原、藍忠者然後用之，則天下軍民何其幸歟！

一、謹好尚以立風化之基。臣聞孔子有曰"上好是物，下必有甚者矣"，故上之所好不可不慎也，是民之表也。臣考之，自古人君好文學則下以詩書應之，好德化則下以禮讓應之，好勇力則猛士趨焉，好音樂則優人聚焉，孔子之言非偶然也。今天下民窮盜起，馳兵馬於市井之墟，弄干戈於耕桑之野。陛下當服以德化，示以文學，乃好盔甲、弓箭之物，留意於馳馬試劍之事，是示之以所好也。愚民觀德，盜賊安得而息耶？竊思聖意蓋以各處盜賊不平，邊方警報未息，欲使梗化者聞而懷畏懼之心，敵愾者感而生奮勵之氣耳。然漢靈帝講武於平樂，觀下步兵、騎士數萬人，結營爲陣，帝躬擐甲冑介馬，行陣三匝，而還時天下盜賊蜂起，論者不稱其善，乃謂其寇在遠而設近陣，不足以昭果毅，秖爲黷武。蓋先王耀德不觀兵，聖人尚義不好勇，所以謹風化之原而防百姓之仿效也。況人君以一身臨天下之上，臣下之孰賢孰否，議論之一是一非，物情之有誠有僞，事務之可行可罷，號令之宜急宜緩，若非吾心之明足以知之，如懸明鑒而人之妍媸自別，如揮利器而木之盤錯自解，必自眩瞀迷惑，以賢爲不肖，以不肖爲賢，以是爲非，以非爲是，以誠爲僞，以僞爲誠，而行罷緩急之間皆不得其當矣。然欲心之明，必在讀書，蓋不讀《大學》則無以知古人明德、新民之道，不讀《尚書》則無以知古帝王修身、致治之迹。此外則真德秀《大學衍義》及近者大學士丘濬《大學衍義補言》，古今治亂之迹及本朝制度爲詳，皆可開廣心目，以爲處斷萬事之本。皇上倘留神數書，聖明所照，必有所得。又必主敬以爲之本，威儀動作皆有典，則言笑行坐不形怠肆，一切游戲馳驅之事皆不足以搖吾心而奪吾志，則聰明睿智皆由是出，用舍賞罰、萬事萬物之來判然明白，無難處者矣。如此則天下自化於詩書禮讓之中，盜賊果未寧靖，則軍旅之事付之兵部足矣。

一、務絜矩以服天下之心。臣竊以大學者、古帝王爲治之法而孔門傳道之書，至其功用之極，論平天下不過言與民同好惡而不專其利耳。人情好惡之大者莫過於賢不肖，亦莫過於利，故言之尤切。後人以用人理財爲説朱子大旨，反爲晦蝕，使爲君者不知用人不當，貪得無厭，無以通天下之情而服天下之心，喪身亡國，前轍後隨，皆由於此。伏望皇上召有道儒臣，將此一章講究明白，聖心曉然。知君子爲天下之所同好，小人爲天下之所同惡；富足爲天下之所同好，貧窮爲天下之所同惡。於用人之際，必審其爲君子歟，爲小人歟。果君子也，然後好天下之所同好而用之；若小人也，則惡天下之所同惡而退之。至於理財，則曰吾爲天下之主，天下之財皆我之財也，天下之民皆賴我之養，與左右近習之人不異也。戒鎮守之貢獻以弭百姓之怨，革左右之進奉以杜聚斂之端，如是則親賢、樂利各得其所，陛下享萬萬載太平之樂，而永萬萬世無疆之譽矣。

一、擇小官以盡養民之實。照得今州同知、判官、吏目、知縣、縣丞、主簿等官最爲親民，而多係歲貢、監生爲之。天順、正統以前，歲貢、監生上選之後，在部聽候，即行選用，以故當時官多得人，天下乂安。自生員有納馬、納銀、納粟入監之例，遂將歲貢、監生壅塞至聽選十二三年之上方得選用，多已衰老不堪。間有未甚衰老者，又多迫於仰事俯育之資、往來道路之費，饑寒切身，志氣沮喪。一旦得官，頗有才幹者惟事貪求，性質朴實者塊然袖手，吏胥乘之，奸弊百端，民之疾苦流移皆不復問。雖有三年朝覲黜陟之典，天下大小官員二萬五六千餘，其賢否吏部不得周知，止憑巡按御史揭帖開報。此等官員既已煩多而難知，又以卑微而易忽，御史憑兩司，兩司憑府，府憑州縣，互相抄謄考語，略以己意，想像改換，大同小異而已。中間又有賄賂之通焉，有交游之托焉，有奉承喜怒之私焉，所黜者或非民心所同惡，所留者或非民心所同喜，黜陟不足以爲勸懲，善者阻而惡者肆矣。臣悉欲吏部三年朝覲外仍照舊例，或三年，或六年，奏請兩京堂上廉明素著官考察天下官員。所至之處，拘審小民，民之所惡，便行黜罷，不使貪暴老懦之徒久爲民害。巡按御史仍照舊制，騎驢遍歷州縣，密切訪察。按察司官勿事姑息縱容貪暴罷軟官員以爲民殃。然欲吏部選用之得人，由於國監之教養；欲吏部選人之疏通，由於國監之調停。今納銀監生欲將年大者先令出身，而年幼者壓於其後，不許垂髫總角者混於五六十歲老弱之列，每季量爲行取，塞其羈旅奔走、流浪偷薄之弊。近年所增正歷盡行查革，不使苟托於國監進修之地，而空積於吏部聽選之間；亦不必減歷，起學者欲速好徑之私，撓其安心讀書之志。以後納馬、納銀、納粟之例永爲停止。歲貢生到國監，務嚴爲教訓，各勤學業，勵行檢。年老殘疾者送吏部，與冠帶終身。其不守學規、不孝不弟、淫放無耻、誹謗師長、不堪教養者，送問黜發。仍乞敕各提學官，歲貢年歲務取合學及鄰里保勘，不許妄報，違者本生黜發爲民，扶同保勘者重治以罪。務使十餘年間，將舊積監生選用盡絕，以後聽選監生到部即選。吏部選用之際，仿王翱、尹旻舊規，務詳其身言書判，量材選用。

　　錄自《山西通志》卷一百八十六《藝文五·札子奏疏二》

喬莊簡公集

〔明〕喬　宇　撰

趙瑞斐　點校

點校説明

《喬莊簡公集》十卷，明喬宇撰。

喬宇（1464—1531），字希大，號白岩，明山西樂平（今山西省昔陽縣）人。明代中期名臣，與太原王瓊、和順王雲鳳并稱爲"河東三鳳"。

喬宇出生於仕宦之家，祖父喬毅官至工部右侍郎，父親喬鳳曾任兵部職方司郎中，二人居官公忠勤勉，皆以清節顯。喬宇自幼聰穎，年方十五，隨父至京師，受業於楊一清門下，爲其得意門生。楊一清後來給喬宇寫信道："師生之義，至希大而極，不待今日始有此言。予老病廢棄，不得相與以觀厥願，益厚自培植，毋以宦成自怠，毋以時事自沮。他日山間林下有聞吾黨之士，勛業光價，鏗鉤炳耀，於時以張儒者作用之功者，必吾希大也。"（楊一清《柬喬希大少卿》）對喬宇的殷切期望由此可見一斑。

喬宇十七歲以金吾衛籍中順天府鄉試，二十一歲中李旻榜進士，隨後觀政於通政司。兩年後，任禮部儀制司主事。任職禮部期間，喬宇綜理有法，才幹優長，得到吏部尚書王恕的賞識，升任吏部考功司員外郎，後任文選司郎中。在此期間，他日益策勵自己，門無私謁，清畏人知。弘治十五年（1502），喬宇升太常寺少卿。八月，孝宗有事南郊，喬宇導引登壇，禮儀嫻熟，由此得到孝宗的贊賞。正德改元，武宗派遣喬宇告祭霍山、黃河、西海以及上古帝王陵和晋、代藩王陵。他一面完成朝廷委派的任務，一面查訪民瘼民隱。事畢，上疏言六事，一曰恤邊民，二曰厚邊軍，三曰廣儲蓄，四曰省科派，五曰慎守令，六曰重祀典，多爲武宗采納。朝臣一致認爲喬宇不辱使命，有古良使之風。正德三年（1508），喬宇轉爲正卿，不久又轉光禄卿，一年後，升户部侍郎。此時，朝政爲權宦劉瑾把握，上至公卿，下至臣民無不屈從，喬宇却恬然自持，皦然不淄。正德六年，喬宇任南京禮部尚書，事務清簡，閑暇時得以縱覽國家藏書，見識愈加深邃。正德十年，改任南京兵部尚書、參贊機務。條陳南都宿弊，指明"嚴操練以修武備，買戰馬以振軍威，定差船以便進貢，修船隻以便差用"四事。此四事從施行到成爲定制，對南直隸的政治、經濟和軍事建設起到了至關重要的作用。

　　正德十四年，明代自"靖難之役"後最大的一次藩王叛亂——寧王之亂爆發。寧王朱宸濠殺江西巡撫孫燧、按察副使許逵，革正德年號，集衆十萬，自率舟師蔽江東下，略九江、破南康，出江西，攻安慶，欲取南京。喬宇聞訊，迅速指揮布置南京防務，各門設文武大臣二員率軍守城，并設立兩個特務營，以備不虞。此前，朱宸濠派遣死士二三百人潜伏於南京，并有守備太監劉琅作内應。喬宇暗中偵察，獲得確鑿證據後，將之一網打盡。朱宸濠進攻安慶時遭到喬宇提拔的安慶守備楊鋭迎頭痛擊，被迫回守南昌。比至鄱陽湖，又爲王守仁所敗擒。寧王叛亂的消息傳到北京，武宗決定御駕親征，未至南京而寧王已經戰敗被俘，遂於南京接受獻俘。武宗駐蹕南京時，權幸江彬欲行不軌，向喬宇索要城門諸鑰，遭到嚴辭拒絶："守備者，所以謹非常。禁門鎖鑰，孰敢索？亦孰敢予？雖天子詔不可得。"江彬忿忿不已，却無計可施。武宗巡行已久，北京空虛，危機四伏，喬宇遂携南京九卿上章條陳安定人心、舉行郊祀、草料缺乏、處置罪囚、體恤夫役、攘除邊患六事，力勸皇帝回鑾。武宗在返回北京途中，於浦清江落水驚悸生病，次年正月病卒。世宗即位後，召喬宇爲吏部尚書，并論保障江南功，加封柱國少保、太子太保。

至此，喬宇的政治生涯達到頂峰。世宗新承大統，鋭意革新，對喬宇極爲倚重。喬宇感激知遇之恩，忠勤靡倦，知無不言，言無不盡。是以執掌吏部期間，辨論官才，總統百度，賢必進，不肖必退，中外翕然稱善。嘉靖二年（1523），喬宇裁革冗濫不職官員四千餘人，積垢宿弊，廓然一清，君子謂太平熙洽之治蓋始於此矣。然而，喬宇剛正不阿的個性不斷觸碰到世宗剛愎自用的底綫，再加上迅速發酵的"大禮之争"，終於割斷了君臣際遇。世宗欲封駙馬都尉崔元爲侯，外戚蔣輪、邵喜爲伯，喬宇力諫不從。不久，世宗下詔晋封壽寧侯張鶴齡爲公，皇后之父陳萬言爲伯，并授萬言子陳紹祖爲尚寶丞。喬宇言："累朝太后戚屬無生封公者，張巒亦殁後贈，今奈何以父贈爲子封？萬言封伯視巒更驟，而子授寶丞非制。願陛下守典章，以垂萬世。"世宗一并不從。喬宇遇事不當，無不力争，尤其在"大禮議"時更是立場堅决，切言諫諍。他偕九卿諫言："陛下罷汪俊，用席書；謫馬明衡、季本、陳逅，召張璁、桂萼、霍韜。舉措乖違，人心駭愕。夫以一二人邪説，廢天下萬世公議，内離骨肉，外間君臣，名爲效忠，實累聖德。且書不繇廷推，特出内降，此祖宗來所未有。乞令俊與書各仍舊職，宥明衡等，止璁、萼毋召。"不久，又請求世宗罷免張璁、桂萼、席書，而釋放争"大禮"的吕楠、鄒守益。世宗大怒，嚴詞責備喬宇，并召張璁、桂萼爲翰林學士。喬宇又言："内降恩澤，先朝率施於佞幸小人。若士大夫一預其間，即不爲清議所齒。況學士最清華，而俾萼等居之，誰復肯與同列哉？"適逢兵科給事中史道攻許楊廷和，喬宇認爲史道挾私報復，遂下之詔獄。言官曹嘉助史道，彈劾喬宇。此時，與喬宇交好的朝廷重臣楊廷和、孫交、林俊、彭澤已先後致仕。於是，喬宇三上奏疏求去。御史許中、劉隅等人上書請求世宗挽留喬宇。世宗道："非朕不用宇，宇自以疾求去耳。"嘉靖七年，

《明倫大典》修成，喬宇被奪官。兩年後，恩師楊一清去世，喬宇渡江憑吊，南京父老念及往日庇護之德，奔走相迎，皆舉手加額道："活我者，公也。"嘉靖十年，喬宇因病去世，年六十八歲。隆慶元年（1567）復官，贈少傅，謚莊簡。

喬宇少爲楊一清門生，後從李東陽游，曾肆力於詩文。早年與李夢陽、邊貢及王守仁相唱和，後又與金陵文士顧璘、劉麟互相砥礪，是茶陵派向前後七子過渡時期的重要作家。文章以不蹈襲爲工，出入六經，深沉釀鬱，自成一家。詩歌始擬古作，後擺脱前人窠臼，往往多自得語。樂府雄雋有漢魏風，識者以爲渾然一代大家之作。平日性嗜山水，所至輒游，游必以詩文記之。著有《游嵩集》《白岩集》《晋陽游記》《金陵游記》《篆韵集成》《克蒙稿》等多種，今多佚失。

《喬莊簡公集》於明隆慶四年由王世貞編輯成書。王世貞之祖王倬在喬宇任南京兵部尚書時擔任南京兵部右侍郎，兩人誼屬同僚。據史載，喬宇有人倫鑒，對尚爲孩童的王世貞的父親王忬有很高的評價，認爲此子將來必定出人頭地。正是喬宇對乃祖乃父的知遇之恩，讓王世貞大爲感激，甚至在喬宇逝世三四十年後依然念念不忘。隆慶四年，王世貞任山西按察使時，親自造訪喬宇家鄉，搜尋其遺文，但衹得到十之一二。於是他分别體例，結集而成，其中詩賦四卷，奏議和雜文六卷，共十卷。書成之後，又和崇明縣丞孫世良共同捐資付梓刊行。

此次點校即以《喬莊簡公集》明隆慶四年本爲底本，參校以收録喬宇文章的相關文獻，并搜集其逸文、逸詩以爲輯佚。底本每卷卷首有"少保贈少傅吏部尚書太原喬宇著，山西按察使琅琊王世貞編，崇明丞德興孫世良校"字樣，今一并删去。

該本現僅藏於南京圖書館，經三晋出版社張繼紅社長多次與南圖溝通，得允列入《山右叢書三編》。在點校過程中，太原師範學院王卯根教授、山西大學白平教授、武漢工業大學韓兵强教授以及學者薛新平先生提出許多寶貴意見，山西省社科院研究員張志江先生通覽全文並提出許多修改意見，特別是《名作欣賞》副總編張勇耀女士提供了許多可供參考的資料，謹此一併致謝。整理點校工作中難免有錯誤和不妥之處，望方家和廣大讀者多加指正。

少傅喬莊簡公遺集序

當憲孝朝，海內乂安，人主意不欲競於武，搢紳先生爭致其力於學，以報塞右文至意，而獨長沙李太師、石淙楊太保爲之冠。太原喬莊簡公故嘗受經二先生門，稱高弟子，退而與北地李獻吉、越人王伯安相琢磨，爲古文辭甚著。自喬公爲尚書吏部郎，佐其長持平銓衡，有大臣風，業不以文士少年目之矣。顧喬公之自喜爲詩文愈益甚，其歷卿寺，踐常伯，出入兩都八座，使事職業之暇，多游名山大川以廣其意，所至輒游，游輒搜奇剔幽，有記咏、題名之屬。又旁究書藝八法，喜延說後進，不爲貴倨，海內操觚之士延頸而望下風，借標相重者比比然，稍復疑喬公文士，少實用云。而會寧事起，公以大司馬贊留守之重，從容調兵食，約束吏士，大小受署，奪逆王膽於數百千里外。事甫定，天子以其幸來，公先幾伐謀，抗死請鑰，大奸慴息於肘腋之內而不敢動。蓋前是石淙公數立功西北，稱名將相，伯安公縛宸濠，策勳第一，封侯伯，而公復建社稷之業於留都，而後文士之用可知也。嘉靖初，天子進公位少保，爲大冢宰，虛己以聽。公推轂者舊，一時彬彬朝宁間。前後建白，軒輊國是，而其所持禮不能勝新貴人，稍不合即奉身退，高卧於介山汾水之間。天下偉其去，而望其復起。即嚮所稱長沙、石淙、伯安諸公視公於出處之際蔑如也。

公之爲大司馬，不佞大王父實佐之，而孫清簡公任太宰，相過從歡甚。公有鄉人林宗之鑒，先君子甫髫而侍，公進之膝曰："兒異日庶幾余哉！"則謂大王父曰："翁似不及也。"先君子居恒與不佞及公，未嘗不津津言之也。其貌頎然而偉長，色毅然而方，溫然而親人。若傷詩云"天降時雨，山川出雲"，公庶幾類之哉！蓋喬公歿三十又五年，而今皇帝錄舊德，加贈公少傅，易名予葬。又三年，而不佞承乏晉臬，首訪公家室，則公之血胤絕久矣。糾其遺文，得十之一二，歸而謀梓行之。會清簡之孫世良者，時丞崇明，聞而損奉共剞劂之役。集成，凡得詩賦四卷，奏議及雜文六卷。嗚呼！即憲孝間，士大夫習公文者將謂公寡折衝之略，推遜介冑。迨後習公留都事者，毋乃謂公木强持重，少文無術，如絳侯、博陸輩耶。茲集行，庶幾有以窺公全矣。

　　隆慶辛未夏月吳郡後學王世貞撰

賦

述別賦

邃庵先生比賀聖節來京師，茲復還陝臬。宇奉別瞻戀，有不能已於懷者，謹述而爲之辭曰：

閔賦質之屛屛兮，洎成童其猶蔽。羌踽踽而莫知所從兮，望迷途之無際。仰斗山於關西兮，正設科於京第。欣俯首而納履兮，遵課程之矩度。佩六經之格言兮，咀仁義之精華。曰末學之害道兮，競詞藻之爲誇。朝夕既得所依歸兮，誓終身而靡他。紛荼毒之内嬰兮，返太行之故家。維世路之嶮巇兮，并摧輈以紛拏。俯眷眷以曲成兮，排紛難之實多。前東皇而後奎壁兮，扣閶闔而延佇。駕星旄以遠鶩兮，接雲霄之步武。瞻唐虞於左右兮，揖夔龍以爲伍。恒訓辭之亹勉兮，豈盈溝澮於進取？方微垣之罷草兮，懷鄉土於南溟。馳蔉道之萬里兮，艤扁舟而言旋。嗟杖履之遠違兮，重歲序之易遷。束琴書以追隨兮，覽燕趙之山川。溯沇潦而東指兮，遂弭蓋乎清源。悵鳴玉之既遠兮，顧返轍之不前。意悵悵而惘俩兮，眺南極之星躔。秉文麾於西北兮，忽簡命之自天。縶晉陽筆於陶唐兮，衍勛華之遺澤。頹俗既以風靡兮，又典守之失職。冠豸冠之切雲兮，懸藻鑒之絶識。匝數月而南歸兮，弗獲終此奇績也。匪文化之未浹兮，實我邦之弗迪也。忳鬱悒於此時兮，抱孤憤於山城。事觸忤而糾紛兮，耿中懷之惕驚。朝秣馬於松嶺兮，夕余至乎榆杜。石硐硞而溪無梁兮，烟雨漫漫乎四野。步徙倚而不寐兮，力兼程以前奔。渺川長之不可越兮，憩旅舍於荒村。泥濁淖而跋涉兮，又西過於長子城。向暮而掩闔兮，適征車之至止。傴僂而再拜兮，聽中夜之深談。行色忽其催人兮，竟翹首於漳河之南。雷殷殷而將下兮，雲氣滃滃而直上。水增波以澎湃兮，助余懷之悽愴。睇京江於天際兮，塊獨處而索居。何風範之日遠兮，莽茅塞而未除。固斯世之不可忘兮，禫既留而即吉。馳憲節於關中兮，膺外臺之舊秩。瞻都城而入覲兮，捧霄漢之絲綸。念王事之不遑處兮，曾未浹夫數旬。粵三輔之故都兮，蔚人材之淵藪。道固有升降兮，哀民生之本厚。地廣袤以數千里兮，俯黌宫之分布。歲勤渠而按試兮，爰菁莪而作賦。復冠射之古禮兮，陳俎豆之盛儀。亘金城與陸海兮，宛弦誦之在期。續横渠之遺派兮，修明道之舊迹。贊邊謀而裨國是兮，垂身教之矩矱。采泮芹以多暇兮，占使星而興懷。封匭函而北上兮，望闕廷之崔嵬。月始周而竣事兮，少息駕以盤桓。都人尚有知姓字兮，每聚指而争觀。矚門下之舊游兮，日樞趍以在側。或矜珮之顒顒兮，或冠裳之翼翼。沃時雨之沾溉兮，充造詣所未能。扣洪鐘之紘紘兮，不知夏日之鬱蒸。斗西旋而載雲旗兮，導歸路之逶迤。恐倒景之不可望兮，欲攀送而多歧。宴星宫而未極兮，又選勝於西野。慕浴沂之歸咏兮，叨誨言之進與。擁車馬以繽紛兮，俟鑾聲之明發。超後塵而不可逐兮，絆微官於銜橛。馭長飆而駐秣陵兮，憶鐵瓮之巉巉。展松楸於桑梓兮，匪晝游之是耽。長庚炯以相映兮，太華岧岧而相待。居不日以西還兮，儼範模之攸在。嗟師道之又廢兮，世溷濁而紛庬。振孤標而不惑兮，衆呀然而相攻。委芬菲以狥俗兮，甘綏繣而取容。訝砼然之底柱兮，障百川於既東。文風忽以丕變兮，彰昭代之得賢。我二三子之不淑兮，懵倚伏其多愆。豈佁擬而倦修兮，譬爲山之自晝也。大匠不能使人巧兮，何不就繩墨而改錯也。昔顔魯之純粹兮，衍道統於孔門。彼游楊之篤志兮，世亦鮮夫斯人。咄薄劣之逞邅兮，敢齟齬而爲倫。負耒耜而力田兮，庶黃秬之可耘。執離尊而獻歌兮，述遭際之始末。紛覼縷而并陳兮，固鄙志之不可奪。邈舊德之未酬兮，仰覆載之坱圠。苟名教之不立兮，矢門墻而終絕。羨道行之在先生兮，誠繼踵於往哲。日駸駸而嚮用兮，軔始發乎藩臬。膏澤漸以遠被兮，嘆望洋而蹉跎。不撫壯而勇邁兮，顧離別之謂何。意結愲而未解兮，辭雜揉而不頗。智誠不足以知高明兮，觀者諒斯言之匪阿。

山陵賦

弘治癸亥長至節，宇以太常少卿修祀事於國陵，恭率諸執事捧祝幣庶品分趨以行。既入山，因伏讀神功聖德之碑，益知我太宗文皇帝再造區夏，實天命人心所歸，有不獲已者。至於陵寢之制，又皆本太祖高皇帝意，務從朴儉，不事奢靡，真足以洗漢唐宋之陋習矣。猗與休哉！小臣幸備章甫之末，歷覽皇圖，敬述俚言，以歌頌太平萬一，言之不文，弗避也。其辭曰：

肇鴻厖之九有兮，迭中夏而爲都。治亂更相雜糅兮，曷前王之永圖。土階瓦器之不可復兮，窮侈麗以自娛。采金石而錮三泉兮，疲數萬之卒徒。鏤蛟龍以爲柙兮，飾珠翠以爲襦。儼法象珍奇之森布兮，或歌舞嬪御之閑居。陋制既以相法沿兮，誰作俑於厥初。邁千古之獨見兮，慨我皇之貽謨。體儉德以化理兮，鑒覆轍於前車。南鍾阜而北天壽兮，皆因山以拮據。形勝自出於天巧兮，環峰巒之翼如。崇岡構以象魏兮，崒神宮之綺疏。庶民子來以赴事兮，落成久協於真符。嘆九淵之永閟兮，類鼎湖與蒼梧。繄列聖孝思之無已兮，酌古禮而去誣。撫三節而舉祭兮，群工駿奔以蹌趨。牲肥腯而粢盛潔蠲兮，品式備具以格乎。瞻翠華之在上兮，降蜿蜒之龍輿。洽神人之胥悦兮，福祉穰穰其祇且。翳國家之大一統兮，跨秦漢而追唐虞。太行、東海盤踞於左右兮，何金湯之可逾。尺地寸天咸入貢兮，亘周原之膴膴。皇運衍以千百祀兮，屹山陵之與俱。固聖澤其永命兮，奠鼇極於四隅。仰神功之赫烜兮，信開闢之所無。蹇吾逢此嘉辰兮，執豆籩以先驅。履鴻休而欲有述兮，襪綫不足以揚揄。抱悃誠之不可奪兮，又奚恤乎呫嗶？懷烝民天保之善頌兮，竊比滄溟之一盂。歷觀開創之宏達兮，維守成不可忽。諸紛末俗之窘步兮，啓後王之坦途。靡《長楊》以獻賦兮，羞《封禪》以著書。短章聊以紀歲月兮，敢藻繪乎其餘？冀菲葑之有足采兮，庶雅志之不虛。

浄拭軒賦

夫何爲乎披素函而咏吟兮，挹沉瀣之清泠。溯水風而滉漾兮，宛曲池之下通。粵美人之筮仕兮，始卜築於金陵。爰顧瞻而超詣兮，肇有托於軒名。耿吾懷此貞固兮，又進之以淑靈。肆中通而外直兮，遠滓垢之不縈。物各有攸類兮，大塊夥以賦形。苟内顧其無歉兮，固斯名之稱情。春與夏其迭運兮，廣萬彙之生植。俯葢淪之澄泚兮，森荷菱之的瀝。雨沛濛而既霽兮，候朱陽之載裹。紛丹葩與紫茆兮，皎凝鮮其如拭。香若近而忽遠兮，欲親而不可襲。或纚纚而并榮兮，或亭亭而獨立。光陸離以競敷兮，亘漣漪之千尺。信生意之不能窮兮，覘天機之自適。羌淋離而不淫兮，類任道之孤特。志炯炯而弗遷兮，詎有取於文章之輝熠？忻徙倚以佇立兮，實吾心之所符也。豈玩物之忘戒兮，庶日新之永圖也。明德亶其昭昭兮，物寧交引於吾也。朝游神於廣漠兮，夕余返乎太虛。何垢氛之足染兮！何埃壒之可廬！誓濯濯而不汶兮，懼涅緇於瀇污。要之匪以干譽兮，聊寄情於拮據。相觀民之外暴兮，遑恤德之孔疚。慕好修之不可淆濁兮，諒斯善之足受。慨采蓮之製曲兮，失風雅之敦厚。起濂溪於千載兮，刷湘洛之遺垢。抒吾衷以宣暢兮，陋末技於雕蟲。竊托根於下品兮，固臭味之所同。麗澤日以漸遠兮，凡卉糅雜其孰從。望標格於天南兮，永振踔乎清風。

別王伯安賦

　　陽明王伯安先生究心濂洛之學，常不鄙余，契愛獨深。近以讜論去國，搢紳大夫率相贈以言，體裁雖殊，其所以道情況、闡忠悃者，不一而備。宇之爲別，尤有難於人人者，故不忍以不文辭，略作數語，以寫鬱鬱之懷。雖然，宇之所望於伯安者，言豈得而盡邪！

夫何鬱悒以弗樂兮，其孰使予？羌直道之難容兮，傷賢者之見疏。皇穹亶無私阿兮，以萬物爲一體。彼秦越之翛然兮，烏知斯道之孔邇！儋人之爵兮，恥忠之弗聞。義當爲而不爲兮，奚餘者之足云？昔殷仁之鯁介兮，亦職分之攸存。彼青蠅之蔽美兮，曰好名者之爲群。正學日以浸微兮，慨關閩之既遠。吾豈不知端居之逸豫兮，恐歲年之將晚。競詞藻以鈇心兮，悔往者之莫陳。內靜專以制外兮，慮踐履之未純。抱傾陽之素性兮，蹈斧鑕其謂何？苟余心之所安兮，寧暇恤乎其他？渺龍場之何所兮，指貴南之絕域。雖蠻貃其可行兮，惟忠信以爲德。探禹穴以歷九嶷兮，復吊古於衡湘。匪江山之遠謫兮，曷兹游之可償！嗟伐木之久廢兮，祗麗澤其焉賴？悅蕭艾之采擷兮，反獨遺乎蘭茝。蹇吾生之寡合兮，非直諒其孰親？咄人事之錯舛兮，忽阻隔於參辰。仰聖明之啓運兮，闢四門以廣聰。星駕馳以勿疾兮，或精誠之感通。目眷眷以凝睇兮，懷《緇衣》之賢風。筮蠱之上九兮，知王臣之匪躬。嗟離合之靡常兮，抑憂抱之忡忡。各努力以加餐兮，期道德之日崇。申章覿縷不自覺兮，陋小技之雕蟲。情固有不能過兮，豈言語之求工？思江海之浩蕩兮，安得鼓櫂以相從！邈越南燕北之萬里兮，徒矯首於冥鴻。

華山賦

　　宇自蒲入關，還過華陰，歷雲臺，觀玉泉，入南澗，抵青柯坪，宿焉。翌日，由百尺峽以上，路皆突奥峻絶。緣天鎖而拾級者，遠或百步餘，近者亦不下數丈，駭瞀奔慶，備歷險艱。午始陟玉女峰，右折以行，飲玉井之泉，躡巨人之趾，遂躋西峰絶頂。凌虚四望，千里如掌，所謂“登泰山而小天下”者，雖移之華岳，亦未爲不可也。虎谷應韶獨至第一關而歸，贈我長歌，意與景會。于時，關中方以旱告，同胞物與之情自不能已，況采詢民瘼，亦使者之所有事也。乃爲賦一篇，始則叙述登覽之勝，終則爲禱神之辭，義歸於正云爾。其辭曰：

　　粤鴻蒙之始判兮，迭陰陽以代謝。星辰緯繡其在上兮，山川流峙乎其下。維金方曰兑位兮，實東井之分野。盤千里以爲根兮，屹三峰而并駕。肇錫封於有虞兮，列祀典於中夏。羌五岳之特顯兮，曰東岱與西華。興雲雨於咫尺兮，澤萬物而不頗。肆配天之鴻勛兮，贊化育之孔多。固靈秀之萃毓兮，儼神明之護呵。善有福而惡有禍兮，彼淫黷之謂何？緊萬仞之削成兮，麗層霄而莫狀。天梯石棧相鈎連兮，殆秦昭之始創通。呼吸於帝座兮，啓人迹之來往。休祥瑞應之屢徵兮，勤歲時之肸蠁。隱玉女之洞府兮，擘巨靈之仙掌。餐五粒之長松兮，摘蓮花之十丈。奏廣樂於雲中兮，羽蓋繽其并迎。廣成、洪厓後先而相望兮，咸通籍於蓬瀛。丹葩瑶草不可以數計兮，人動稱以千歲。信踪迹之詭秘兮，亦好事者之藻繪。余渡渭而東眺兮，仰嶻嵲而至止。經華陰而覽雲臺兮，訪希夷之故址。涉澗水以南鶩兮，劃兩崖之開張。怪石硠礚以相軋兮，馬跼縮而不行。策吾杖以騁步兮，快青鞋之輕舉。披榛莽以揮霍兮，冒藤羅之纚纚。琳宮隱見其上兮，曰青柯之舊坪。指巉巉之絕壁兮，若天之不可階而升。松飆響振於陰壑兮，嵐霧瀜其已暝。山寂不聞乎人聲兮，抱余懷之耿耿。瞻千岩之競秀兮，絢光彩於陽輝。鳥道峻仄其莫攀兮，訝鐵鎖之高垂。峽巘嵲以分裂兮，露微明而中敞。曲凌兢以仰穿兮，類猿猱之下上。足屢進而屢却兮，坐撫膺而長嘆。雖蜀道之十步九折兮，曾何足仿佛其難。探日月之兩丸兮，跨蒼虬而獨立。汲玉井之泱瀾兮，懷羽化而粒食。歸西峰之絕巔兮，匪鰲極其孰援？餐灝氣而溯長風兮，亙厚土之無垠。南荊岷而北岐梁兮，右秦隴而左嵕嵋。移萬里於指顧兮，渺黃河之如綫。連山若群龍之蜿蜒兮，背沙水之疊痕。渺齊州之九點兮，奚雲夢之足吞。目眷眷以凝思兮，澹冲默而不言。爰浩歌而朗嘯兮，與太清而爲鄰。哂余生之好游兮，將繼踵於龍門。五岳始歷其二兮，其三尚未睹其嶙峋。酌醴泉以爲饗兮，采紫芝以爲餐。吾豈不知神仙之可學兮，憫正學之日淪。身欲下而未忍兮，意充然而狂奔。望美人於山椒兮，安得永矢以勿諼？思玄功之峻極兮，韙萬世之永賴。苟災沴之忒蠲兮，固神職之或怠。禾既稼而土墳兮，念甘霖之未需。彼西土之人兮，紛嗷嗷其相待。鞭雷霆於頃刻兮，慰枯稿之來蘇。諒化機之神速兮，遍率土而無餘。旋吾駕於蒲坂兮，挹天外之芙蕖。囿蒼生於品彙兮，豈山川之舍諸？述短篇以紀盛美兮，慚事核而辭蕪。神肯鑒於余衷兮，庶斯游之弗誣。

泰山賦

　　宇早歲讀孟子書，至孔子登泰山而小天下，恒飄然有眺覽之興。往年分祀西行，獲登北岳恒山、西岳華山，見其雄峙峻拔，竊念古聖人封山浚川之功萬世永賴，尚有所謂泰山未至也。比歲山東饑，亢旱千里，水泉枯涸，運道阻艱，上特遣宇祭告東岳、東鎮、東海諸神。入境之日即大霖雨，齊魯之地皆沾足。祭之日前後，復有雨。仰思岳神靈異，益虔代祀之禮。祀畢，乃登絶頂。入山之初，望之若近，愈上愈不能到。蓋重岡蔽其前，巨壑偃其下，近雖不露其高，而遠則益見之也。道屈曲而上，凡五十餘盤，經大小天門、東西岩、上秦觀、越觀峰，謁碧霞祠，觀始皇封禪碑。超然四望，了無限隔，下視群峰若培塿在地，白雲起自半山間，倏忽隱見，變化滅没，莫知其處，謂之曰“小天下”，信其然矣！因憶兹山得中原勝地，磅礴渾融，又爲生物之始，宜乎高莫可及。嗟嘆不足，爲賦以紀之。其辭曰：

予嘗考《禹貢》，閲職方，詢乎四海之内，探乎九州之外。名山巨鎮，厜㕒數千里，最高且大者，其名曰岱。觀夫硱磳巉岩，嶕嶫岼嶬。勢摩蒼旻，形壓厚塊。春和景頤，品彙交泰。草木葱蔚，峰巒薈蔓。飛流噴玉，秀石凝黛。鳥嚶嚶以谷遷，芝燁燁而雲靄。縷晴川之紫烟，結陰澗之玄藹。炎飆揚空，朱鳥絢彩。翠萼丹葩，綉幢羽蓋。九陂籍以沾濡，百川爲之奔會。嵐光閃灼，雲容霮䨴。厭熇氣之重蒸，披凉颸而一快。色映泬寥，氣呑沆瀣。謝芳華之摇落，浄烟霏之蒙昧。俯素練於澄波，攬黄雲於絶塞。仰之彌高，向之若背。凝然不動，超然無礙。嘆潦水之歸壑，任桑田之變海。朔節奏寒，北吹舒噫。鴻濛澒洞，渤澥潏潰。雪澗凌兢，傴步而莫前；霜崿峻削，仰脅而興喟。盤領之松，貫四時而不改；陰崖之冰，歷千歲而弗壞。若乃以宇宙爲機軸，以江海爲襟帶。立表識於前經，求封禪於往代。降錫福祉，芟除灾害。走萬姓之明禋，溥群方之大賚。風雨變化，陰陽明晦。自朝徂夕，千狀萬態。奠開闢於有初，儼穹崇於無對。萬物之所發育，百神之所仰賴。宜其爲五岳之宗，而當兩儀之配。神化之妙，功用之大，蓋有巧繪者所不能圖，善書者所不能載者矣！

歲在敦牂，暵宇爲愁。國餉孔棘，民稼攸廢。帝用疢懷，興廢舉墜。修祀東方，罔不備具。牲祝吉涓，香幣受采。乃遣微臣，汝往行邁。歷燕趙之郡邑，入齊魯之疆界。念民瘼之可恫，飭使職之無怠。寅誠期於有孚，靈爽庶其如在。維岳神之鑒臨，倏霖雨之霶霈。飛廉先驅，屏翳後戒。雲溶溶之瀰漫，雷殷殷其轟湃。潤三日之膏腴，還千里之澤解。河流既以盈浚兮，指萬艘之畢屆；田疇皆爲沃壤兮，慶五穀之叢薈。實君德之感通，固民心之歡戴。仰念休徵，俯懷錫類。陟崔嵬以周覽，披蒙茸而永勵；御層霄以上征，覺九州之如隘。天門爲我以開張，日光爲我以晻曖。金鼎石室之精英，明星玉女之奇怪。雖未睹其豐容，或仿佛其謦欬。東折扶桑之枝，西沿弱水之派；北亘雲中，南跨江介。知乾坤之難窮，恥丘垤之莫逮。效蟋蟀以自吟，甘雕蟲而不悔。蓋上以答神休之不可忘，下以補平生游觀之所未備也。重爲頌曰：

岩岩泰山，峻極於天，海內望兮。魯邦所瞻，未足況兮。膚寸之雲，不崇朝而雨，天下論功者不可尚兮。五岳之長，帝王肇封其無妄兮。

東海賦

四海之水，惟東海與中國近，歷代秩祀咸在萊州府。府之西北二十里爲海，海上有廟，我朝祭告諸碑具列于中。正德庚午歲五月，宇奉命祭告岳、鎮、東海諸神，始入境即雨。祀之日，又各應以雨。在東海則六月十有八日，既峻事，乃容與海上，周覽四望，茫乎無津，浩乎無垠，令人愕喜交集，所謂"觀於海者難爲水"，信乎其難爲水也。時山東參政寧君惟臣以分守至登州，知府房君廷獻以郡事至，二君與宇皆同游遼庵先生之門，誼最厚，宦途三十年，聚散靡常，一旦會晤於是，良有非偶然者。因復邀二君至海上野坐，即平生所未見之境，極平時所未盡之歡。已而，明月東上，潮聲起，涌天光與海色相接，月復蕩漾於泱瀁中。惟臣爲今日大觀不可無述，固以屬余。余幸忝使事，逢茲勝地，誠亦有不得而辭者。遂爲之賦曰：

粵混沌之噩噩兮，莽一氣以蕩潏。肇清濁以中分兮，奠上下而乾茸。夥萬物不可以縷數兮，其最大者孰有過於溟渤。始濣濧以浩漾兮，與太清而摩窣。迴澎湃以洋洋兮，含厚塊而隴括。漠滲灘以激湏兮，靡利澤之弗悉。互兩儀其相倚兮，曾何間於沸溢。囷四極於無所不滀兮，豈東西南北之劃制。何豎亥之可騁步兮，夸父之能奔突？動則洪濤之激蕩兮，靜則澄波之凝瀲。固蛟龍之所吞吐兮，蟾烏之所出没。恍珠宮貝闕之羅列兮，實天吳、海若之所瀹淨。靈光熠燿以鼓轉兮，奚晝夜之停撥。觀大化之尾閭兮，恒天機之潑潑。翳陰陽之旋轉兮，仗真宰之運幹。嗟吾髮之既燥兮，慕山水之超軼。日嬰纏於書簿兮，苦埃塵之矻矻。樂往歲之西鶩兮，觀二岳之崒崒。瞰黃流之奔猛兮，睇龍門之屹屹。悵海岱以未睹兮，勞中懷之結懵。比有事於東方兮，布宸衷之惻怛。憫歲事之弗登兮，究民隱之當察。赤地千里之相接兮，矧漕舟之阻遏。陳牲醴之苾芬兮，薦香幣之蓬勃。幸甘霖之溥澍兮，既霑霈以沾足。瞻岱宗之峻極兮，覽沂山之巉岊。乃旋斾以東向兮，指萊境之坱圠。忽茫茫以無際兮，見大洋之空闊。心惴惴以增愕兮，歘欣欣而自逸。平生所至願而未遂兮，詫今者之可必。嘆天地之所以爲大兮，惟渤瀣其仿佛。傴僂再拜以將事兮，儼神明之饗胏。肆霖雨之如注兮，蕩炎蒸之怫鬱。對靈貺於左右兮，駭變化之洋溢。君氣翳之開朗兮，暢晴飆之披拂。望嵎夷之晻靄兮，候寅賓之出日。十洲三島閃爍其中兮，隱神仙之宅窟。涵萬象於一泓兮，軼埃壒而恍惚。蛟蜃喁然其遁藏兮，鯤鯨不敢以掀趹。興浩浩以飆馳兮，神揚揚而電抹。弭吾駕於海上兮，窮夕景之膠轕。河漢的皪其上映兮，若灝氣之煥瑟。羌徙倚以延佇兮，復徘徊而佔畢。輕陰歛於天際兮，出皎皎之素月。溯流光之空明兮，與靜影而相佔。太虛穆穆以無言兮，匯水月而為一。濯塵埃之孔潔兮，渺炎蒸之盡脫。良朋既以覿止兮，嘉茲辰之協吉。三人同心古有訓兮，匪燕趙之邅恤。情眷眷以向夜兮，湛此會之真率。發空籟於川谷兮，振疏響於林樾。雲嶠忽見於沉靄兮，涌沙渚之流沫。驚海潮之遄至兮，勢若緩而甚疾。霧濛濛以微茫兮，風泠泠而凜溧。慨逝者之如斯兮，信觀水之有術。九州之外更九州兮，咄寓言之荒黜。戒太康之無已兮，行露又君子之所怵。諒今夕之何夕兮，矢斯盟而勿失。世固有溝澮以為量兮，見管蠡而莫奪。彼奚足以喻大兮，焉能滔滔者之盡罰？誦秋水以自廣兮，悟莊生之曠達。吾誠不知其幾億萬里兮，混元氣而不竭。仰神功之蕩蕩兮，愧無能於紀述。劃然起千古之遐思兮，念川梁之不可越。爰覼縷以告同志兮，庶斯言之不伐。

古　詩五言

擬《古東門行》

步出東門行，父老相與喧。就前問何爲，收泪向我言。小邑止十里，山地少平原。稅糧備邊儲，辦納無後轅。公家肆誅求，督責令益繁。累歲薄收穫，凋弊安可論！正統值多難，晋西稱巨藩。州縣募民壯，關塞資守援。樂平六十家，家各丁齒藩。征徭賜蠲免，休息誠國恩。邇來逢執政，貪黷恣鯨吞。名輸公帑銀，强半肥私門。貧苦良不堪，棄籍剩逃奔。里胥復僉補，要使舊數存。小氓性愚劣，見害竟呼冤。不意府官至，又欲多選搥。先聲傳鄉落，驚駭如蜂屯。貧者散四方，富者潜近村。實恐定名字，代代貽兒孫。且如老夫身，數口居頹垣。驅馳已兩日，尚未飽晨飱。計窮托苞苴，或可通寒暄。以兹聚我衆，庶用塞禍源。我聞重悽惻，背若芒刺捫。緬惟立法初，罔缺垂後昆。豈謂法中弊，因仍成病根？污吏竟欺罔，政柄隨倒翻。不仁甚猛虎，聖訓良炳煥。民窮盗斯起，薄俗豈能敦？咫尺耳目下，所見尚驚魂。風土況殊異，扶桑亘昆侖。日月豈不普，餘光遺覆盆。何由具民瘼，昌言叩天閽？上裨燮理任，經邦奠乾坤。人生苟忠信，足以及魚豚。區區倘可行，永矢當勿諼。

擬《客從遠方來》

天涯一爲別，冉冉秋復春。江山遠相隔，欲逢悵無因。起看江上柳，柔條倏已新。南來雙鴻雁，飛鳴意若馴。遙傳故人札，消息道頗真。問之來何時，此意良以勤。願言各珍重，目送歸層雲。

擬《青青陵上柏》

鳴鳩飛南陌，歸燕巢東堂。春華忽已半，物候那可常？人生百歲中，憂樂鎮相妨。及時放情志，胡爲獨皇皇？朱樓臨廣路，長衢列洞房。中有同心人，素姿婉清揚。今我二三友，阻絕成參商。況當生別餘，幽明永相望。沉悲竟何益，德音幸不忘。

昌平道中見荷鍤者

山橋午初飯，繫馬沙水頭。村園近寒食，四望烟花稠。居民修奠掃，過客行且謳。中有荷鍤者，黯然獨深愁。呼之問何爲，爲我述所由。言本遠方人，戎籍來神州。三世守陵衛，一貧長自謀。比歲值多事，上官苦徵求。私門供服役，奔走不得休。更多俯仰累，能免飢寒憂？昨承都闑帖，有事山陵修。晨起別家室，囊橐裹糧餱。頳肩或負石，胝足還築隃。半旬一放役，倦鳥思林投。歸期杳難必，此瘝何當瘳？我聞重驚嘆，爲汝畫前籌。汝情雖慘惻，汝說殊繆悠。天地人且憾，豈爲澤不周？今皇切宵旰，德化方日流。臨軒問疾苦，駐蹕來謀猷。行看輦轂下，坐使枯荄抽。兵農古爲一，所用實相侔。幸當承平日，手不持戈矛。一勞諒非過，永逸誰汝諉？不聞十二營，隊隊皆貔貅。近亦應差遣，工程動經秋。矧茲君父事，雖死恩莫酬。較來汝固勝，安用復啾啾？俯首謝余去，忻如拔瘿瘤。因之綴鄙語，以俟觀風收。

贈伯安秋官

層城宿雨霽，新凉下簾箔。之子將南游，清歡共觴酌。夜深席屢移，絳蠟張高幕。眷兹冠裳會，贈處當有作。吴管揮越藤，序坐占韵各。群公人中龍，逸步間跛脚。堅辭苦未許，欲進羞屢却。破濤珠獰探，采山力猛攫。分茅齊楚間，滕薛誠小弱。争馳勢何雄，鞚韃振寥廓。終焉息哄聲，一一就矩矱。我懷杞人憂，借箸試商略。淳風日澆漓，法網肆深虐。郡邑所誅求，錙銖盡朘削。于刑理則然，誰能念民瘼。皇仁如舜湯，欽恤詔聯絡。君承使者命，實以蒼生托。豪踪快芟除，冤氣仗轟砉。素心本平反，先務非擊搏。况聞江淮水，瀰漫連潁亳。千村禾耳生，老稚轉溝壑。救荒策兼理，利器值盤錯。封章輒上聞，壯業益磊落。江鄉及春歸，便道尚可樂。奇峰訪秦望，古穴探禹鑿。文章了新逋，山水畢餘約。君行且復休，我抱方作惡。情深剌剌語，聊厚不爲薄。感彼《蟋蟀》詩，回首成曩昨。北旋勿愆期，望闕憶京洛。

奉别邃庵先生

成化戊戌春，宇歲十有五。束書立門下，再拜仍僂傴。先生舊設科，來者恒不拒。以兹不肖生，亦得叨進與。循循善誘初，首以誠爲主。次則嚴課程，森然列規矩。宇性本疏慵，賦質况莽魯。如石賴磨礱，如木就斤斧。又如歲大旱，萬物沃膏雨。契深忘面貌，言信出肝腑。分雖托師生，恩義實吾父。倏忽六載間，名第方濫舉。先生意未足，恐宇有矜詡。所期豈碌碌，必與聖賢伍。文辭亦末事，道德乃宗祖。晨夕奉箴誨，感激誠自許。駑駘固蹇步，振策力須努。先生本人豪，衡岳秀攸聚。垂髫薦帝京，廣譽播環宇。奮身天池上，五色絢毛羽。密勿專綸綍，風化關黻黼。大雅變浮華，章句陋訓詁。遺派宗關洛，微言闡鄒魯。以文則董韓，以詩則李杜。所際復時平，風雲則快睹。銓書上朝堂，休命期對揚。翻然動歸思，封匭通明光。臣少生岳州，臣祖實滇陽。羈旅三十年，水木勞中腸。願帝覃渥恩，予告還故鄉。疏聞帝曰俞，茲行繫綱常。載頒內帑資，錫以供蒸嘗。時序屬孟秋，陛辭成歸裝。西風送流火，鴻鈞轉清商。趙魏涉其臂，青徐歷其吭。孤帆下京口，陟岵心煩傷。訪舊過荊楚，吊古臨江湘。歸懷不自縶，去路渺何長！行行到滇海，梓里正懸望。逢迎走僕吏，車馬列道旁。百拜謁先塋，祭告列酒漿。烹羊宰肥豕，丹荔雜蕉黃。閭閻倐歡騰，草木被芬芳。姻親各相見，問名叙暄涼。宗盟續遺譜，江山發秘藏。民風與物態，一一歸詩囊。維古豪杰士，忠孝兩不忘。寧耽晝錦樂，滯彼天一方？蒼生望謝公，賈誼憂漢皇。還期諒不遠，霄漢虛班行。作詩寫懷抱，覵縷不自量。平生骨肉恩，臨岐重彷徨。巾車日已南，矯首天茫茫。

讀《趙孝娥傳》

至化久不作，頹風散其真。彝理豈淪斁，迷失嗟吾人。乃有閨中子，一念能存仁。何必解詩書，方於教道循？平生玉作肌，父母藏如珍。一朝痛母疾，直欲捐其身。醫工還坐視，吾家非苦貧。詞咽不能誅，胡以通明神？長跪向中夜，仰對惟高旻。鼓刀忽就股，刲刮眉不顰。豈不極苦艱，艱苦難重陳。言念身上膚，我母親哺勻。用以補尫羸，聊且停呻吟。詎意毋[一]竟起，勿藥顏亦春。移時知此事，抱哭兩酸辛。烈哉一幼女，孝義世難泯。我讀史氏文，不覺嗟賞頻。齊婧竟傷懷，趙娟應渡津。誰云生女惡，十男曾與鄰？丈夫負鬚眉，大者五人倫。所遇不盡力，此理空淪湮。吾將告有位，庶幾風俗淳。

送范原博歸四明

古今奕者誰，海內無敵手。甬東范原博，得名信非偶。紛紛方罫間，智力各相醜。柯經如設科，君當置舉首。向來試其難，因復盡所有。自言橘中樂，彼憒或見詬。縱橫腹角邊，寧論肥與瘦。一得斯小成，萬全無乃咎。我聞益豁然，要旨惟戰守。君歸需我詩，我處飲君酒。世事局戲同，不如開笑口。

觀刈禾有作

曉發城西門，遙遙步平陸。蒼山俯林莽，流水遠澗谷。逶迤蕩煩襟，迢遞開遠目。時維仲秋月，涼風天氣肅。禾黍方實好，場圃盡新築。農家勤穡事，刈穫紛相逐。時清化理均，風雨應期足。天王耕籍田，四海同五福。以茲郊畿內，宜爾稱大熟。吾生非老農，泉石固深欲。耽此塵外踪，遲徊暫忘俗。山童六七隨，藜杖宜野服。更值阡上翁，豚蹄遂穰祝。經營亦何辭，但願多廩蓄。公家有仁政，租稅寧負粟？我時聞此言，益信昌運復。康衢變敦龐，群善罔攸伏。歸來憶幽詩，馬上時暗讀。

登白岩山

兩儀判清濁，山水相峙流。上黨雄北境，太行界中州。茲岩名以白，崛起良有由。盤根連坤軸，千里互周袤。三峰迥羅列，勢與恒霍侔。立表不能算，丈尺焉可求？其下俯皋落，其廣瞰仇猶。雲雨澤萬物，四時無愆尤。我本晉冀產，氣格山相投。平生所仰止，取號以自修。冉冉壯及老，閑心始獲酬。勝日撰杖屨，丘壑恣遨游。拾級緣澗磴，褰衣涉溪流。河山一統盛，極覽無窮搜。因思纂國志，何以不見收？遺大摭瑣小，世事多繆悠。與客成一笑，呼觴進肴羞。燕齊接近壤，秦蜀亘遐陬。吐吞風雲壯，指點林壑幽。浩歌坐絕頂，天地同浮漚。

水簾洞飲

混沌鑿岩穴，洞門劃中開。瑰礧森倒立，奇狀莫與儕。飛泉上奔瀉，驚濤俯縈迴。巨石夾兩掖，澎湃如轟雷。神仙所栖遁，綠淨無點埃。曲跏坐其側，草具駢尊罍。崔然清興發，一飲輒數杯。左招安期語，右許洪厓陪。浩歌振群響，逸氣凌層臺。同游數呼我，未肯遽下來。銀蟾漸東上，白日從西頹。茫茫塵寰裏，吶吶何有哉。

瑩心亭爲薛君采賦

瑩心復瑩心，愛此一泓水。心源本瑩然，安籍淪寒泚？維皇肇生人，一心涵萬里。玉潔蘊其真，鑒空差足擬。云胡物欲萌，所習相遠矣。正如清泠淵，渾濁良有以。哲人燭性初，澡雪未但已。虛靈無蔽蒙，方寸空明裏。存存日端澄，何物敢爲滓？袪塵時濯纓，避囂或洗耳。庶幾明德心，可以見道體。古學慨蕪翳，頹風競浮靡。關洛諸老翁，教人先敬止。本原果能新，自底充實美。偉哉瑩心功，大業胥此始。我來憩亭中，惕然悟根柢。感興成聲詩，因之寓深企。誰其稱斯名？譙國薛仲子。

此日非昨日

此日非昨日，明日且復來。流光去不返，如何不興懷！十歲始讀書，恃我年尚孩。碌碌乃至今，行與三十偕。壯心未有立，初願恐漸乖。古賢善希聖，分陰惜輕回。況我中下人，萬無一與儕。往者勿復陳，來者猶可追。譬如發萬里，鞭策強駑駘。正學日以遠，編簡浩無涯。研精貴有得，實踐履平階。嘐嘐托空論，彼狂奚取哉？

食圓子次杭世卿韵

燧人有佳饌，精粗出輕揉。充庖陳几筵，算數恥筲斗。宛然混沌心，不藉摸棱手。纍纍瑤屑凝，淅淅銀泥溲。深藏護風盦，淨拭勤露帚。迷離盤欲滑，摎擲釜初受。潔身故韜光，素志豈糊口？團欒稱晶熒，瀟灑絕瑕垢。扱搖似奔前，沙汰寧肯後？珍疑魚目混，珠訝龍頷守。蘇饕嫌未多，朔飽欣已久。致饎禮懷賢，乾餱怨戒友。粗豪陋黨姬，善竊防羿婦。香翻雪蕊匙，冷沁雲英臼。自可列萇粲，安能齒蔬糗？朋簪盍東南，鼎鉉占上九。目眺眩流冰，色變思報玖。舉嘗議誰先，序坐慚我右。哀多方借箸，賞劇還扣缶。遺曾穎叔餘，味試易牙否。大官品合收，小體養非苟。春遲日候辰，獲早月記酉。服丸追朴仙，餐乳笑蒼叟。形從太極分，名爲上元取。導之玉糝羹，和以瓊餳酒。主人樂供張，健僕執奔走。清歡誦無歸，嘉節逢大有。甄收冠食經，價與連城偶。

送南京李宗岳黃門

朝陽蕩春碧，千嶂微雨晴。草色萋以綠，河流動新聲。物華紛荏苒，離思已先縈。別離正作惡，況復兼親情。千里待明發，輶車戒王程。金陵根本地，黃門高且榮。君才實宸選，雅志固蒼生。而我慚守株，南北分舊盟。常恐鄙吝態，從今復相嬰。浮雲起天際，中有鴻雁鳴。音響何激切，思群未合并。淹留不可得，延望勞心旌。放歌且勿道，相與崇令名。

贈李獻吉稅舟河西務

圓魄轉疏綺，峭寒襲輕貂。舉觶再屬君，民力久已凋。潞渚南北會，舟船日迢迢。歲課有常數，公家列章條。蠹政苟未除，刀錐不相聊。君行方在即，款語抵中宵。平生風雲氣，百練不可銷。勉哉度支計，封疏達清朝。

奉寄西涯先生

鶉尾麗陽烏，玉衡指商庚。鴻鈞素精舒，大塊玄景升。白露沾莽卉，涼飆蕩炎蒸。循環不少延，代謝無暫停。一爲門墻別，兩見歲月更。憒憒荼毒苦，綿綿哀痛嬰。寡陋固所宜，切怛終何成。徒[二]倚仰顏範，瘝痗通精誠。鶗鵬江海運，蛟龍雲雨騰。安得乘噓吸，相隨探蓬瀛？

奉寄邃庵先生二首

朝辭漳河橋，暮宿屯留驛。孤亭半燈火，山雨聲淅瀝。烏鳥啼高林，流螢隱空壁。慷慨驅離憂，遐思散岑寂。平生江海客，世路幾經歷？遠道乃所期，安能苦行役？歲序更轉輪，光景去堪惜。冥然守面墙，問學焉所得？初心恐漸負，聰明未加益。以茲憂道懷，展轉成戚戚。戚戚空爾爲，吾師有嚴規。

其二

去者日已南，來者日已北。來去曾幾何，已向千里隔。薰風搖千林，溽暑蒸萬物。時節行漸殊，浮生長契闊。亭亭京江雲，可望不可越。吾師舍其下，路遠音問闃。傷哉《蓼莪》章，同輩今幾轍？

挽李檢齋天瑞

君來既遲遲，君去復翩翩。朝辭光山縣，暮抵淮水邊。褰衣踏層冰，下有不測淵。呼聲一失勢，怒扼驪龍髯。含情欲上訴，蒼蒼默無言。山川失所守，河伯有其愆。哀鴻自南來，歲序忽已遷。人生非金石，中道成棄捐。思君不可見，幽懷鬱難宣。悲歌竟何益，亂以逍遙篇。

海子頭奕

崎嶔互分列，涌出青漣漪。茂林當夏日，綠影遞參差。撫景意先愜，避囂神自怡。因思商山樂，方罝乃其宜。適興匪鬥智，銷閑竟亡疲。俯仰二儀内，廓然無羈縻。有時發清嘯，歌聲亦間之。迴飆蕩谷響，殘霞變岩姿。攝生務有得，安命奚所疑？嗤彼誇毗子，紛争欲何爲？

答易南和令師文

列邑屬襄國，東枕洛河濱。文章飾吏事，治迹光前人。感子知我深，欲訪太行麓。贈我岳游篇，載和江行曲。薦賢世所少，誰築黄金臺？星文淬寶劍，莫遣生古苔。子才天馬同，自有伯樂識。會見臺省徵，未可淹十〔三〕室。

失　鶴

皎皎蓬山侶，翛翛冰雪容。清音和七弦，閑步引雙筞。一朝羽化去，悵望庭除空。我心匪玩物，固亦情所鍾。茫茫碧海路，想像安能從？擬爲失鶴怨，幽懷托孤桐。

太乙舟

陸海將無深，茫茫風浪闊。中盤蛟與龍，來往詎能脱？飄飄仙子舟，俯仰塵境豁。覽物恒湛然，浮雲映泡沫。

松月抱琴圖

濁世寡知音，幽懷悵莫與。月中理湘弦，古調空自許。迴風激松濤，清越變徵羽。即席思故人，霞裳欲高舉。

海岳游觀

登高必岱宗，望遠必滄海。悠悠方儀運，噩噩元氣匯。若人崇大觀，胸次何魁磊！孤帆入蒼茫，短屐遍爽塏。迴踪陵谷移，决眥桑田改。役役污垤間，卑哉復何采？

別沈洪濟 五平體

　　清商吹凉飆，華筵當秋張。乘酣更銜杯，歡娛忘宵長。伊誰縈離懷，君來星官傍。嵩呼呈龍函，言旋尋歸航。修途催南征，攀留心彷徨。姑蘇當吳中，雲山遥相望。官階王祥同，憂民恒皇皇。流亡先綏來，奢風嚴隄防。維今邊西陲，妖芒懸欃槍。王師紛驍騰，蚩尤摩青蒼。供輸艱糧匱，雲中連甘凉。經過殘傷多，家無禾登場。淫霖兼成灾，青齊徐淮揚。陂田皆洪流，私懷空琅琅。如君稱賢才，而今經綸藏。方將聞朝端，籌兵傾戎行。彎弓驅天狼，車降單于王。功成登彤墀，朋游盟堪償。封侯何人斯，無能羞爲郎。君行姑徐徐，予言誠非狂。

古　詩 七言

折楊柳曲寄友

　　折楊柳，柔條不盈手。君今在西湖，萬里孤雲望南斗。望南斗，有所思。昨夜夢君君不知，中庭起坐卧還遲，高車駟馬來何時？

隴頭月

　　隴頭月，隴水中有蛟，龍窟龍蜕上天去。千年塞下耕白骨，漢家天子重守勛，匈奴胡爲出復没？隴頭月，曾照天馬來，躡電追風真倏忽。橫行沙漠恣馳突，不用貳師千萬卒。

驪　山

山青青兮欲烟，上有草樹兮葱芊。舊宫頹兮安在，古澗響兮飛泉。濯泉兮自潔，嬰世網兮誰絶？夜夢仙人食我棗兮如瓜，吾將指瑶水而爲家。

蔡　京

艮岳起，汴都析，竟使中原陷夷狄。金兵來，避國門，不死社稷圖生存。君不見青衣侍酒天地改，笑殺完顔吳乞買。

斛律光

盲人入，國必破，出鎮徐州翻避禍。桃枝舉，槲木折，血可塗迹不可滅。嗟嗟明月照長安，作始者誰韋孝寬。

虞聖人田

歷山高，高幾許，山原縱横畎復畝。象耕鳥耘誰所傳，千歲舊址空依然。吁嗟乎！帝業艱難重民食，明日虞廷咨牧伯。

漢天子嶺

縣西石嶺高巃嵸，羊腸詰曲溪徑通。將軍提兵討河北，王室正在崎嶇中。中原赤符歸白水，豺虎遁藏銅馬死。道傍過者仰遺踪，猶説神靈漢天子。

原伯遺墟

雉堞蔓野草，古城隱荒原。蒸土勞衆力，金湯固藩垣。王綱既不振，同姓成噬吞。可憐封建尚如此，霸業區區安足論！

岳將軍寨

　　欃槍弄芒天改色，汴京失守乘輿北。鄂王唾手復中原，兩河豪杰皆奮力。刊山築寨聲裂空，和議誤國隳成功。千秋英魂或游此，森森草樹生悲風。

南山樵隱

　　朝伐柯，暮伐柯，山中一春烟雨多。松華飯歸行且歌，嚶嚶鳥鳴聲相和。雲根坐聽援女蘿，桃源石室吾同科，市朝名科當若何？

西溪漁樂

　　西溪之水清且深，漁磯正嵌蘆花陰。長絲短緡坐終日，釣得錦鱗非我心。隔船酒熟呼儔倡，醉眼乾坤真逆旅。白鷗浩渺烟蒼茫，此樂人間向誰語？

舟中雜興

　　山雲祇歸山，海雲亦歸海。山海元從一氣中，中間變化由真宰。向來觀海與觀山，識得烟雲風雨態。

絡　緯

　　絡緯絡緯，朝不眠，夕不寐。有衣有褐堪卒歲，人生不勤何所謂？化工來往無停機，寒暑四時成品彙。一物謝，一物代，分以群，聚以類。賢者勞心愚者怠，人生不勤何所謂？嗟嗟弗如彼絡緯。

曹娥碑畫

曹娥碑，渺何許。上虞山高江瀰瀰，千秋行人稱孝女。邯鄲淳，絶妙辭。陵谷可變金石不可移，高名獨與稽山垂。關西小兒楊德祖，穎敏當時誰可比？豫州老瞞正忌才，有智無智三十里。嗟嗟往事廢與興，鄴郡瓦礫碑崢嶸。畫工盤礴有深意，莫作尋常丹繪評。

四虎行

沁水之西烏嶺東，使軺晚過何匆匆。郵吏踞余前致詞，昨有四虎曾在茲。山行猛獸宜見避，請選丁夫隨械器。我行自行若罔知，人不害物物何爲？君不見古來苛政甚猛虎，力能驅除真大武，嗟嗟卞莊之輩安足數！

將至京有述

中山路，常山路，昔作宋北門，今爲漢三輔。漁陽道，范陽道，昔作唐藩鎮，今爲周豐鎬。西山東海相峙流，南船北馬來遝㕔。中原形勝關與洛，壯哉燕京天所留。君不見聖祖開基自淮甸，傳業文皇正南面。河山一統雄百王，萬里車書皆郡縣。我昔觀光游帝鄉，周覽昌運歌明良。惟願後王法前軌，永保國祚過周商。

有 懷

昔我覽勝懸空崖，于時虎谷命駕來。捫蘿佝僂步直上，峭壁太刻何雄哉！別來江南甫四載，世事紛然歲華改。祇今有墓石門峽，忍使千秋閟光采。嗚呼友道如弁髦，君其作者稱人豪。踽踽獨行莫我助，三嘆伐木心徒勞。

白雲閣

城西秋閣橫白雲，登之俯瞰天下小。千秋紫翠觸手翻，萬里江山蕩胸飽。商飆吹沙赤日黃，放歌絶叫摩空蒼。洞門高扄不可扣，安得一試騎龍方？

望仙臺

河上公，結廬嵋函東。吸元氣，餐清風，出入紫府隨飛龍。道尊不可招車駕，親幸乃授書一通。河上公，今安在？丹成已上升，漢家天子空相待。築臺望公公不來，白日蒼霞映光彩。河上公，真有無，千年廢址生寒蕪。君今登臺興不孤，笑指羽化非吾徒。采風但寫豳風圖，神仙之事安足模。

對月送文宗嚴

吳船東來待明發，關山可望不可越。憑誰借我補天手，劃斷層雲出明月。舉杯問君何日歸，知音海內者誠稀。若到長安見秋月，應憐江上咏斜暉。

擬古養蠶行

三姑祭罷開蠶紙，掃落穰穰滿簾是。一眠食葉猶星星，二眠漸多供不停。桑間采采多婦女，葉喜晴乾惡陰雨。三旬上簇繭始成，家家檐外繅車鳴。長絲短絲上機織，貨絹城中聊度日。縱逢餘羨敢爲衣，復恐催糧官限違。我生慣欲訪民瘼，也向山村安數箔。丁寧臧獲蚤暮觀，庶使生業知艱難。富家養蚕尚可說，若說貧家更愁絶。嗚呼！安得誅求常簡歲常豐，足衣足食天下同。

紀新窩長句

行窩小結當後圃，面控山亭挹花塢。端居四壁自生白，心鏡空明如洞府。影看野馬移朝昏，聲聽鳴禽變寒暑。風雪隆冬免出游，左右圖書日爲伍。親朋相過數款留，旋整盤餐具雞黍。醑醹尊裏香正壓，榾柮鑪中味先煮。抽毫漫和陶潛辭，列局閑供謝安賭。道情落落指浮雲，交態紛紛成覆雨。君不見司馬獨樂園，采藥灌花謝簪組。又不見康節安樂窩，世間榮利安足數？我今鷦鷯栖一枝，尚友何人堪踵武？坎止流行皆任天，鑿井耕田有安堵。怡然老境同無懷，一睨乾坤慨千古。

斷　碑

道傍斷者何代碑，龜趺盡剝餘雙螭。雨蒸日爍歲月改，姓名磨滅知爲誰。我行一見三致嘆，萬事興廢皆如斯。想當命匠劚山骨，人力詎有錙銖遺？煌煌金石樹功業，圖後直與千年期。那知物理各歸盡，作此虛器何能爲？君不見五侯貴族今安在，六代豪華復幾時。分明天道厭盈滿，巧者竟拙寧非痴？恃形求固尚有戒，彼勢能保無傾危。達人大觀但立德，縱欲逃名名自隨。短歌偶爾述所見，蕪陋敢備觀風詩。

贈別李獻吉

聞君西行與君語，莫作愁顏向兒女。長安芙蓉雨始花，留君且醉李膺家。君爲度支信有術，劉晏才名不世出。王事鞅掌無暫閑，馳檄又向河山間。君不見邊城民屋盡荒矮，誰念逋亡施澤解？星槎夜發東曹仙，貿糧十萬馬三千。我無長劍贈離筵，爲誦《豳風·七月》篇。

壽石圖

晴峰巉岩倚空碧，驚是鴻蒙巨靈擘。誰其作者真好奇，寫入
生綃剛數尺。千年風雨生古痕，一點烟嵐結靈液。飛來不受女媧
煉，屹向蓬壺壯仙迹。都臺豸史人中雄，骨相每愛風神同。昂藏
遠揖色不動，俯視諸巒皆下風。祇令按節鎮河洛，靈氣似與嵩山
通。蒼顏可仰未可即，閱歷甲子那能窮。狂瀾不回誰砥柱，公是
清朝廟廊具。縱令抱笏拜何辭，轉信岡陵頌堪賦。仙郎玉立秀所
鍾，萬丈丹梯曾騁步。雲霄并峙豈偶然，兩地長疑有神護。弧筵
正及秋風高，觸眼蒼翠生波濤。緘圖千里爲公壽，欲往不得心煩
勞。海中何人駕六鼇，躡虹采秀歌琅璈。憑虛未試錦囊術，還望
崆峒揮彩毫。

華山行

我初渡河經同州，南望三峰若蓮花，綽約於雲端。當時便欲
振衣往，兩脚上踏萬仞之岩巒。今過華陰走上下，自謂靈境可以
窮躋攀。雲臺十里入南澗，蹊徑巎仄泥盤盤。未探希夷峽，先扣
第一關。左右翳榛莽，時有巨石開巉岏。柯坪背枕西峰麓，插地
削壁凌空寒。鐵鎖高垂吾不知其幾千丈，步步踟躕何其難！蜿蜒
蒼龍跨上天，雲霧變化剛風旋。東辭玉峰到絕頂，一望下土塵茫
然。仙人遺我九節杖，合遣名姓留名山。蘭臺外史真矯亢，詫渠
自有丘壑，何必一一皆盤桓。招之再四不肯上，山亭箕坐觀潺
湲。題詩速我意繾綣，字字琢出青琅玕。古來達士豈同異，世間
所競忙與閑。林泉舊癖藥石不可療，物外日月非人寰。下山一笑
各分手，他日相見爲我載誦西游篇。

重經古柏岩

殷雷忽起南山陽，鬱蒸蕩盡溪風涼。前村下馬雨如注，親族款我各勸觴。須臾雲散晚山霽，萬峰如畫森開張。沙溪無泥復命駕，澗水驟添三尺強。行行石龕路昏黑，籌燈前導燃松肪。白楊峪西產龍馬，神物化去餘空岡。不知何仙瘞兩鶴，石半頂紅雙脛長。褰衣渡水更東上，峻嶺細徑盤羊腸。义䃲怪石岩倒立，老柏秀色長青蒼。上方結屋者誰子，繞棟金碧紛煒煌。隙地纔容數步許，因高架空巧莫當。我初來游歲己酉，半間木厦無垣墻。懸崖題詩紀名姓，石上醉墨多低昂。十七年中若夢寐，撫懷舊迹增感傷。情鍾棠棣既有以，澤荷豐芑何能忘。呼童設榻坐兀兀，今夕何夕栖禪房。開門仰視斗插地，微月皎皎出東方。夜深萬籟久已寂，獨聞溪響聲琅琅。雲移霧轉景千變，蓬萊宛在天中央。人間名勝信有地，雄據往往皆緇黃。雲門華岳遠難致，咫尺靈境非他鄉。考槃碩人振遐躅，我願招之意渺茫。西林鐘磬戒明發，欲行不行歌慨慷。爲謝山林忽見訝，匡廬舊約吾終償。

卯橋隱居圖歌

潤州城南花木麗，中有中朝相公第。屏却繁華祇數椽，卜幽正倚晴江漵。白日流雲自往來，蒼厓翠壑相虧蔽。橋古曾傳丁卯名，門高遠出關西裔。一從歸卧知幾年，不獨避名兼避世。山中無事日月長，幾局楸枰歲空逝。朱軒綉幰那得通，唯許仙翁共游憩。裴老難忘綠野情，謝公已遂東山計。東山綠野兩悠悠，丁卯橋邊春復秋。功名脫屣本易事，平生況負蒼生憂。在昔我公登用日，胸中攄盡經綸術。桃李滿門時雨深，貔貅萬竈烽塵息。海東執叛何足云，文武兼資今第一。銓部還稱藻鑒才，師垣更典樞機密。天門曉步上星辰，虹玉圍腰光琭琭。整頓乾坤事皆了，乞身遙羨香山逸。大賢出處固有常，歸與山水增輝光。先帝南巡親就訪，蛟龍繞壁騰精芒。復聞道德動今主，眷存有詔臨江鄉。天下安危一身繫，寵極名尊誰頡頏。憶去門墻歲雲久，傳經事落康成後。几杖常懸聽講心，台衡舊仰經邦手。江頭艤棹叩林坰，再拜我公雙眼明。靈境無塵白石響，風前愛聽丁丁聲。從傍爲乞長生道，願遺寰區化瀛島。着盡仙機了不聞，推枰一笑江山老。

逸老园歌

君不見唐家裴相公，出領諸軍破群賊。一朝臥病歸東都，綠野堂成午橋側。又不見宋家司馬公，平生姓字傳兒童。洛中買園山繞屋，取號"獨樂"嗟誰同。二公勛業世希有，落落高名今不朽。誰其繼者三南翁，逸老園開映前後。翁今隱居向京口，翠壁丹峰森户牖。水涵江漢流東南，山涌金焦蟠左右。烟霞舊癖本林泉，霄漢餘忠在畎畝。未由杖屨承翁歡，敢借江山爲公壽。憶昔摳衣拜翁早，翁年方壯今翁老。東西南北翁最勞，園以"逸"名園亦好。昆明雲夢聲名起，秦隴兵威行萬里。司徒檢校軍國儲，冢宰甄陶天下士。欣看詔下登黃閣，歘聽江頭訪丹壑。范老雖懸廊廟憂，謝公自愛山林樂。隱几那知簿領忙，投簪豈愛冠纓縛？蛟龍雨足閟泉源，鴻鵠風高溯寥廓。祇今七十古稀時，嘉平六日長生期。梓里筵開南斗外，江梅花發東風枝。身閑正值太平日，德盛況有神仙姿。乾坤壽康匪人力，社稷輕重非翁誰？門墻少年頭已白，臺鼎未謝慚吾師。遙歌逸老園中曲，願續耆英會裏詩。

并蒂牡丹

海東仙人厭塵俗，手植名花媚幽獨。欲遣芳菲伴草堂，那誇采麗侔金谷。檻內一花疑有神，連莖并蒂笑含春。殘雲亂颭流蘇濕，艷日閑窺孔雀馴。勝事來看似洛陽，衣冠宴設舊平章。幕外如聞車馬集，尊前不借綺羅張。昔公踪迹半寰宇，覽勝探奇難具數。老去初開獨樂園，歸來況有藏春塢。更將花木養天和，俯仰乾坤奈樂何？有時興到即揮灑，對酒浩然還咏歌。憶昔膠東避榮寵，急流聲價如山重。謝家玉樹今滿庭，善積公侯應有種。

題王以仁畫

空林淅瀝聞雨聲，綠草滿庭陂田平。石橋斷岸水清淺，山色岩姿迷近遠。東村西墅路接連，漠漠但見炊荒烟。中流泛舟者誰子，目送孤雲心萬里。畫師曾是羽仙流，匹練寫出滄江秋。天台洞庭渺何處，咫尺移來有神助。我生愛畫復愛詩，此意祗許王維知。市城終日苦齦齦，安得奇游遍五岳？

梅竹圖

長安見梅復見竹，宛在羅浮之巔湘水曲。坐隅空翠常襲人，頓覺高堂掃炎燠。一枝欹側開小紅，數葉葳蕤上新綠。清姿正與春色宜，直幹耻作塵容伏。穿林雨蓋隨輕飆，隔水霞裳散餘馥。歲寒似結同心盟，不獨風標振流俗。南山鄠杜未足數，西湖逸傳行堪續。化工妙意誰能傳，仿佛生綃移地軸。隆平之孫天機精，筆力可繼前人躅。承平武弁日多暇，文采風流今在目。司徒清鑒慎與可，每遇名家輒收録。凌霜舊聳蘭臺冠，回春屢判廷尉牘。乃知氣味固相投，豈在丹青之數幅？夜來拂拭求我歌，日向城西走僮僕。杖藜安得游其間，竹爲敲金梅倚玉？畫圖相對竟無言，還賦商岩與《淇澳》。

王舜耕牧牛圖二首

前林黃葉落未掃，野外新晴風景好。村童日日乘犢來，到處平原趁秋草。草深牛肥噬且鳴，空山寂寂稀人行。倦時曲肱亦自樂，世上名利誰相縈？主人有田逾百畝，受直牧牛甘白首。但願公家少誅求，年年租稅無逋負。

其二

溪頭春水波溶溶，烟光野色相淡濃。江村二月杏花雨，翠壁遠近連丹峰。牧牛歸來日將暮，水漫溪橋那可渡？徑騎牛背穩於舟，直以波濤作平路。我觀此圖開心顏，點染化機如等閑。濟南老狂不可得，今人祇説高房山。

西樓別王應韶

送君之虢州，聽我歌西樓。西臨潼關之右道，北瞰大河之奔流。草芊綿而漾春，山莽蒼以橫秋。遷客一登眺，或可以瀉胸中萬古之閑愁。君有長才領州牧，四境赤子瘡痍待君瘳。待君瘳，百廢興，乃以遨以游。瞻北極，俯東周，手揮紫毫，目送輕鷗。放歌天地窄，釃酒風雲收。醉呼甘棠起召伯，恥與後代詩人儔。

校勘記

〔一〕"毋"，據文意疑當作"母"。
〔二〕"徒"，據文意疑當作"徙"。
〔三〕"十"，據文意疑當作"斗"。

古詩類七言

贈王學士先生乃翁

洞庭山，渺何許。控江淮，瞰吳楚。太湖波濤與吞吐，鍾靈孕奇不可以遽數。是爲天下第九之洞天，仙翁隱居固其所。仙翁年紀今何如，紺髮朱顏八十餘。少時慣着王喬履，歸駕白鹿雙輪車。或撫雲嶺松，或釣花洲魚。飄然綸巾持玉杖，靈颷淅瀝吹霞裾。夜來羸繞天北極，蕊珠上扣蓬萊側。特留小仙香案傍，手握文昌爲華國。玉皇重念詞臣勞，遠錫天書旌舊德。緋袍官帶星宫銜，平地雲駢生羽翼。授以紫泥帖，緘以青琅函。蒼龍爲我引，白鸞爲我驂。霓旌上下自來往，浮丘洪崖迹可探。蒲輪欲徵不肯赴，出入空霧栖烟嵐。太平江南風日好，行歌紫芝坐瑶草。極星高懸五色峰，鰲背迥出三山道。新秋盛開玳瑁筵，羽蓋雜遝雲笙繞。雙成姑射傾玉壺，紛進玄梨剖巨棗。小仙侍帝未可歸，白雲日望心依依。長生一曲手自製，青鳥祝向吳天飛。奇踪異境世所稀，凡骨況我官曹羈。安得從翁一携九節杖，絶頂下看齊烟低？

高嶺歌

榆關高嶺高接天，勢控嶸嶸根盤旋。石缸兩旁飛洞泉，中有蒼顏太守訪道於山巔。歲時采藥耕芝田，家藏異方海上傳。有時駕鹿隨雲駢，角巾氅服雙蹁躚。瑶池萬里咫尺邊，俯視塵境心超然。三十六洞趨群仙，左招安期右偓佺。奇花瑶草紛吾前，再拜稱賀當壽筵。祇今八表風神全，方來日月不記年，披圖一賦長生篇。

送王舉人伯安下第南歸

王君北學來中州，奇迹長尋司馬游。文家墜緒久寂寞，志欲遠紹兼旁搜。浙東舊是人材藪，狀元箕裘君自有。祇今弱冠已驚人，何止瑤環間瓊玖？君如騏驥非常倫，歷塊過都信有神。天衢九萬亦易致，豈合蟄蟄隨風塵。蓬萊可望未可即，世路多歧多莫測。連城在璞人咄嗟，魚目混珍誰別擇？有時觸事談鋒生，豪氣駭若波濤傾。高文甘效退之黜，苦調恥爲東野鳴。見賢未薦我所愧，白眼何人尚猜忌？王良、伯樂今不無，會逐群龍乘六轡。西堂鉛槧夜追隨，東門整駕忽有期。興來倚韵走相贈，冗長却恐令君嗤。不如且飲杯中物，玉樹春風共披拂。世間萬事那足陳，搔首乾坤開悒鬱。太行西指高嵒嶤，南跨天津觀海潮。雲帆馳逐抵吳越，吞吸灝氣凌商飆。江山如此自可悦，不向萍踪驚暫別。極知一簣功肯虧，試險要須經九折。時哉未逢奈命何，扣角亦有前賢歌。丈夫勛名誓遠到，霜蹄暫蹶非蹉跎。昔予識君嗟已晚，此後相思應展轉。蓬蒿斥鷃安足知，一徙南溟運方遠。

送郭于蕃

廬江地僻南連楚，千山萬山多險阻。故人乘舟此中去，壯懷落落開尊俎。憶初納履東陵翁，晴窗筆研君所同。京華轉眼二十載，世事翻覆隨春風。南宮屢蹶始一薦，況是分符當劇縣。政聲數月來吳門，共道霜威鐵生面。祇今冠珮猶風塵，尺水蛟龍困未伸。亦知盤根別利器，人生何地非通津？我歌留君君不住，門外烟花已春暮。停雲漳水應我思，見月燕臺爲誰賦？東南民力近何如，蠹政煩君試一除。徵書歲歲臺中選，却恐星軺無定居。

山水圖

春雲捲雨山如沐，春草霏霏春樹綠。千巖萬壑有高人，塵土無由到茅屋。鶯啼遠近花淡濃，多少風光看不足。一童一蹇過溪橋，古路縈紆方詰曲。峰迴野寺依山阰，向午鐘聲山更幽。瑤琴何處訪知己，乘興欲窮雲盡頭。此翁無乃神仙流，鶴髮童顏三百秋。丹砂不覓長生餌，直與造化同遨游。

仁最堂爲少師王晉溪賦

晉溪之水天下聞，晉山秀色從中分。靈源匯作一泓碧，潺湲兩渠東入汾。古來勝地不常有，解識英賢出非偶。袍笏曾傳八座餘，門閭況是三槐後。憶昔西行經太原，世家親聽鄉人言。司馬勳名著天府，少師星象明台垣。築堂近傍清溪曲，綠野平泉對仿佛。多景堪供達者觀，嘉名正取仁人勖。祇今三晉誰同儔，老我二翁雙白頭。安得相期坐溪上，浩然共賦逍遥游？

《五老圖》諸公賀予生子用韵謝之

五老黑赤青白黃，上爲五星下五方。生育萬物司陰陽，斡旋化機在帝旁。厥音羽徵宮角商，夜來下降庭中央。開圖雜遝迴晶光，雲旗翠蕤相頡頏。數同陳李楊殷王，持以贈我發禎祥。知我生子期壽昌，熏沐再拜懸中堂。犀錢玉果未足當，珠璣燦爛隨篇章。繫我祖考慶源長，繩繩子孫實可望。敢謂奕華傳冠裳，賢邪愚邪付彼蒼。新春日吉初筵張，賓主燕歌喜洋洋。呼尊一飲累十觴，蓬壺仿佛群仙場。平生樂事幸可償，漫成俚言效柏梁，雅欲報德非吾狂。

東丘娛晚

荆溪老翁神仙流，十年卜隱居東丘。有山可樵水可釣，草樹
蓊蔚林塘幽。清時挂冠幾人在，今我不樂將何求？締盟輒舉真率
會，遣興或作逍遥游。主賓相對忘爾汝，一咏一觴更勸酬。鶴髮
蒼顔照閭里，尚齒不論官階優。溪雲山鳥共朝夕，物外歲月良悠
悠。九老香山堪伯仲，七賢竹林真匹儔。高標可仰未可即，百里
書札還相投。夜來夢到張公洞，仿佛海上觀瀛洲。翠岑倒立千萬
狀，鬼神變怪窮雕鎪。石乳芝田思一飫，剛風吹人難久留。覺後
依然在塵境，松濤落枕聲颼颼。東丘路與洞門接，時見羽駕來夷
猶。名山勝地世所少，鍾爲人杰良有由。安得拂衣訪翁去，形勝
遍覽東南陬？

張將軍歌

張將軍，武且文，行年三十不得用，轗軻陋巷誰與群？朝彈
長鋏暮操瑟，萬事一笑成浮雲。蟾烏奔馳歲月邁，歷盡炎凉見交
態。平生貧賤不可忘，獨愧無能薦時宰。張將軍，命也可，奈何
英雄古來亦已多。武侯曾作卧龍隱，寧戚還爲叩角歌。丈夫出處
自有道，枉尺直尋終潦倒。君不見過都歷塊天馬才，未必風塵櫪
中老。

別邊汝成

夜如何其露爲霜，百草盡歇無鳴螀。美人征軺待明發，欲往
送之道阻長。長風刮地冰盡裂，凍雲半出寒山蒼。繁弦急管進清
酌，放歌擊節聲慨慷。東陵昔綴青衿行，賤子稍長二月强。朝同
硯筆暮聯榻，直以道義攻文章。君才如鵬振風翮，下上天壤隨低
昂。周畿早已列舉選，漢科復見登賢良。長安并轡看花徹，里巷

東西近相接。三千試政走銀臺，五夜承恩拜丹闕。浮生會合豈偶然，異姓同袍今更切。功名驅人不少留，江海萍踪又離別。青州四塞古稱雄，海岳琅琊俱險絕。歐蘇治迹尚可徵，范富賢聲未宜滅。丈夫騁步當明時，飛黃可迅不可遲。大郡推刑責己重，南山一判誰能移？精詳蘇頌衆莫及，方正李常堪自持。《騶虞》《麟趾》合《大雅》，乳虎蒼鷹徒爾爲。幾欲留君苦未得，臨歧何用覷縷辭？明日天涯望顔色，憶君還誦屋梁詩。

江山勝覽圖

江山微茫抱素虹，山勢崛曲蜿游龍。樹林高下映晻靄，花塢桃溪多徑通。水行舟楫乘長風，騎驢策杖隨兩翁。乾坤勝迹恣登眺，此景半在金陵東。我昔南游經北固，遥望鍾山起烟霧。秦淮鼓棹愛春深，幕府携尊賞秋暮。江山別後難再往，烏兔平將歲年度。興來翹首念舊游，夢裏猶知石城路。是誰寫出雲山姿，錢境[一]戴進稱画師。董源、夏圭兼筆法，直以毫末分妍媸。異境移來對咫尺，昆侖方壺真在兹。并州一見賦長句，豁然爲解江南思。

虎溪圖

長橋控波虹逶迤，老松如龍雙倒垂。匡廬山水甲天下，選勝卜隱高僧知。問僧何名名惠遠，解誦沙門五千卷。一時入社皆群英，陶令攢眉從不免。河山典午歸卯金，逃禪方外尋朋簪。虎溪三嘯嘯何事，圖畫令人傳至今。

牧牛圖

牛背樂，牛背高眠殊不惡。四郊禾黍耕種餘，散牧平堤遠村落。春深草長鋪綠茵，卧噍松根還礪角。牧童本是農家兒，牛性能知飢與渴。太平時節衣食豐，況復官家租稅薄。朝出暮歸百無累，天雨天晴鎮如昨。長安多少名利徒，羈繫紅塵忙未脫。君不見青綾繡褥膚剝床，睡穩何如牛背樂？

律　詩五言

效壇次李獻吉韵二首

美人隔西嶼，春色爲誰分？高調聞黄鶴，相思望碧雲。心齋忘肉味，書妙博鵝群。今夜蓬山月，清光祇照君。

其二

齋更傳夜半，曙鼓起天西。萬燎星光近，千林月影低。分行趨玉殿，拾級上瑶梯。忽聽鈞韶奏，諸壇裸獻齊。

王伯安席上對月

庭階列嘉燕，空露濕花枝。萬里秋晴夜，中天月好時。江湖星駕遠，關塞羽書遲。今夕應何夕，長吟謝眺〔二〕辭。

雜　興

憒憒足佳睡，耿耿對晴窗。紙罅飛蟲入，簾低乳燕撞。茶香分石鼎，花氣撲春缸。偶動騷人興，誰令屈賈降？

別龍政仁僉憲

送客入山寺，春深花欲飛。雲中雙雁去，江上一帆歸。竹色含空潤，棋聲出翠微。狂吟興不極，高閣倚斜暉。

故　關

仄徑依村轉，高林隔隴疏。溪風爽毛髮，山翠濕襟裾。邊饋春輸盡，田租歲歉餘。民風兼旅況，一一爲渠書。

九日言懷次邊廷實韵

月色近簾好，秋聲入樹哀。草玄楊子宅，作賦楚王臺。雲逐青蜺遠，霜隨白雁來。登高有嘉節，誰負菊花開？

寄許啓衷賞菊

秋色向人好，寒林蟬亂號。壯懷長落落，世態任滔滔。冷艷迷花陣，清霜點鬢毛。重陽須一醉，誰羨瓦松高？

燕東園

小山新鑿翠，叢桂漸成陰。不賞秋容淡，寧知野意深？烟絲縈暖出，霜葉逗風吟。爲謝瀛洲侶，耽詩竟日尋。

游招隱洞

路入丹陽境，人傳洞府名。千岩垂石溜，萬壑響松聲。病覺塵襟爽，身思羽駕輕。樓臺出山頂，疑是到華清。

東園即事

名園列嘉燕，晴旭散清陰。地比東都勝，情同北海深。山屏環坐隱，林籟答行吟。仙迹移城市，桃源路可尋。

答玉溪王子二首

近晚山風起，還爲汗漫游。海塵迷霧島，天浪涌雲丘。策杖峰頭望，劂詩石上留。高標振薄俗，端向古人求。

其二

位切丹臺近，光分紫極高。千林起花霧，萬壑瀉松濤。枕上堪消醉，梯雲不憚勞。山川多勝賞，臨老興偏豪。

明水草堂爲王生賦

桂棟乘秋杪，藜床坐夜分。山移洞庭月，水映虎丘雲。靜裏聊觀物，興來還綴文。昌黎稱薦士，吾獨愛崔群。

西郊道中次郭子伯瞻韵

百里赴佳約，溪行日漸曛。榆枌疏下葉，峰嶼靜流雲。老愛求仙隱，閑知脫世紛。北山吾與共，未許作移文。

小　興

山淨嵐猶濕，溪清水漸收。寒林鴉陣晚，絕塞雁聲秋。徒倚尋幽事，賡冷得漫游。偶過蘭若話，莫是遠公流。

游高座寺

列席散幽襟，層軒俯翠岑。爽迴千澗遠，陰拂萬松深。梵語因風度，鐘聲向晚沉。從來空寂地，不遣一塵侵。

送瓮山偶遇潘南屏

朝旭散林薄，鐘聲出翠微。青山面湖立，白鳥背人飛。勝地不常有，幽期能久違？會逢高士話，相對欲忘歸。

答錢與謙

庭雪落未已，簾風生陣寒。美人念不徹，咫尺心萬端。江湖完舊約，杯酒遞新歡。遲鈍鉛刀手，羞登白戰壇。

送許勝宗還江陰

落葉秋先至，天涯客又歸。江湖隨夢遠，鴻雁得書稀。問俗因停棹，還家及授衣。青雲望勛業，可許寸心違？

沂水縣

上坂復下坂，出山還入山。邑連莒子國，路繞穆陵關。田稼期秋穫，民租苦歲艱。城西有沂水，日夜聽潺湲。

登天壇夜歸宿紫微宮

夜宿清虛觀，泠泠爽氣通。垂蘿千嶂月，落木萬山風。鶴立蒼松上，龍眠碧洞中。洗參餘舊井，羽駕曷能同？

五言排律一首附

壽大司馬幸庵彭公

華岳金精遠，洪河紫氣重。異才占間出，昌運際時雍。郎署初揚歷，侯藩早奮庸。豸中回日月，虎視息烟烽。文武才非忝，澄清志不容。風霜多苦節，林壑有孤踪。末路甘長往，亨衢慶再逢。授環馳驛騎，宣詔降泥封。台座看虛位，兵樞倚折衝。賜衣蟠綉蟒，題劍刻蒼龍。老境仙姿健，秋筵喜氣濃。絳桃新結子，瑤草正抽茸。社稷安盤石，功名勒景鐘。共期深許國，莫擬亟明農。此日扶丹宸，何年訪赤松？青山秦晋接，歸隱願相從。

六言律詩一首

山　中

收禾嶺畔逾北，采藥坡頭更西。白鹿群眠古洞，玄猿孤嘯前溪。林多橡子黃落，路夾松陰翠迷。有意天台再訪，歸來石上留題。

律　詩七言

過七里渠

草閣柴門祇數家，淺紅深映出墙花。春光別我期應近，野色撩人路轉賒。雲外好山開遠寺，石邊流水帶平沙。極知詩興難禁得，馬上長吟到日斜。

文丞相祠

半畝荒祠繞綠莎，舊時柴市許人過。三軍未奏江西捷，《五噫》先聞海上歌。縱掃穹廬心不竟，若爲精衛恨應多。誰言宋室成功少，得士如公更謂何？

白　燕

長日飛飛愛晚晴，水晶簾畔未分明。來頻舊巷頭渾白，舞換新衣羽最輕。掠地恐迷瑤草色，拂簷疑墮玉釵聲。冰肌未許春泥涴，浪說華胥夢裏情。

天寧寺訪康仲深

城市勞勞苦未休，爲君聊向郭西游。鐘聲午度雲邊寺，山色晴分樹裏樓。醉俯清溪還洗盞，坐依芳草漫分圖。歸來野興頻經夢，恨不行旌十日留。

謁長陵

千仞龍岡拔地雄，極知天巧自鴻蒙。九霄劍舄瞻依地，萬古山川陟降中。宗社再安功獨異，歲時嘗祭禮還同。鎬京欲擬周家頌，漢制唐宗盡下風。

游東郭園亭

過溪芳徑轉徐徐，北上高臺恣所如。繡羽巧翻花外曲，青蟲密綴竹間書。狂憐酒興逢春健，靜愛禪心與世疏。四十年來京輔客，此回須記勝游初。

柬袁騰霄

十年名姓載龍池，霄漢飛翔意未遲。直以江山供老興，不教塵土涴仙姿。寓言擬著逍遙論，感事閑吟偪側詩。欲采芙蓉何處所，美人先繫隔江思。

三茅別業

尋仙中歲竟何如，聞説三茅許卜居。丹竈煉成囊裏藥，石函傳得洞中書。三時京國常隨雁，千里江鄉遠寄魚。我亦名山好游者，幾時踪迹遍寰衢？

雨後見月

入境山河影欲空，凌虚疑在水晶宮。熇塵夜洗千林雨，薄霧晴收萬里風。花下醉應成獨酌，樓南吟更許誰同？凡襟未試通仙籍，立遍婆娑桂國叢。

歲寒亭牡丹

高護闌干着意頻，夜來花色正宜人。直須花下一杯飲，肯負人間百度春？帶露錦囊沾濕好，倚風丹幄試妝新。眼中群卉誰看并，傳得西京譜最真。

送何都紀還鎮江

羽袖承恩拂彩霞，蕊經隨地誦瑶華。秩分仙署非逃世，名在丹臺別有家。松澗試茶驚鶴夢，藥欄揮塵看蜂衙。金焦正與華陽接，應就茅君學鍊砂。

咏　雪

老馬凌寒縮蝟鋩，閉門風雪夜茫茫。聲隨落葉辭高樹，影亂輕鷗下淺塘。溪棹有人回夜半，江梅無月伴昏黄。長安寠卧知多少，飽食空慚給太倉。

冷泉莊

彩舟乘月溯空明，兩岸青山繞舵行。梵磬杳隨山月影，湘弦清應水雲聲。酒輸北海尊常綠，詩愛南山句獨勍。何必更尋韋杜曲，輞川風景畫中成。

挽邊汝成尚書

邃翁門下舊傳經，五十年來鬢尚青。八座望高還踐斗，九霄神返定爲星。家多陰德鄉人頌，國有哀章太史銘。海內親朋嗟幾在，向來何止半凋零。

送總兵趙邦彥出鎮松藩

臺端薦疏識才雄，萬里提兵向蜀中。辭陛鼓鐘開曙色，度關旌旆拂春風。山多斥堠膏腴少，地雜氐羌饋餉通。近説松州多弊政，營平須繼漢時功。

故　關

道傍松火映溪紅，夜度層關月正中。老興豈緣橫槊在，少年誰與棄繻同。河山表裏連三晋，燕趙襟喉控七雄。聖代乾坤皆一統，詩書何地不絣襷？

過雁門關 二首

清泉細路入雲濤，雁嶺重關勝百牢。千里川原開陣壘，三邊方鎮擁旌旄。天連絶漠龍沙遠，山擁重城雉堞高。却憶雲中舊時守，塞田耕盡虜弦櫜。

其二

輜車北上正逢春，古晉封疆入眼新。路隔三川纔抵代，山環千里直通秦。曾聞歲事疲邊餉，欲籍兵威靜虜塵。津吏何須問名姓，青牛不是入關人。

謁北岳三首

岱華嵩衡一覽中，天從西北紀元功。九霄香火來人境，千里雲霞擁帝宮。玉笈文隨金薤遠，寶符名與石函通。東封秦漢成何事，聖代山川祀典同。

其二

兩岩蒼翠殿當中，親上蓬萊第一宮。澗底流泉奔渴蝀，雲邊飛砌繞層空。時巡禮廢鑾回迥，象設功新廟貌崇。敢謂吾身有仙骨，名山未到夢先通。

其三

曾聞恒岳有仙臺，翠壁丹峰絕點埃。逋客豈招玄鶴下，祠臣非爲碧鷄來。石枰人去餘秋響，嶺樹猿歸起暮哀。洞口桃花春正好，采真何必羨天台？

登大同城樓

東南山勢繞皇都，西北樓高眺望孤。荒磧平沙連塞遠，片雲寒雁入空無。長城萬里卑秦築，文德千年仰舜敷。今日北門誰鎖鑰，受降城外盡輿圖。

游晉祠

洞底清泉曲曲□〔三〕，□〔四〕聲時送竹窗幽。花前野坐憐芳

草，川上閑情對白鷗。醒酒石凉堪伏枕，入簾山好怕垂鈎。江鄉
樂事寧過此，不用苕溪畫裏游。

水月閣

濯盡滄浪興不窮，更從飛閣步層空。神游碧漢無聲裏，人在
丹霞倒影中。勝地獨逢靈隱寺，羽裳誰奏廣寒宮？臨流合有行吟
者，漫賦南山桂樹叢。

夜登通明閣

仙臺層觀晚蒼蒼，白鶴飛來羽客忙。花外闌干移斗柄，月中
環珮送天香。清游獨伴雲霄侶，別夢光馳水竹鄉。更謝新篇題歲
月，人間鴻迹詎能忘？

游龍祠

兩階丹繪敞檐楹，親向龍宮勝處行。入坐花香侵酒味，隔溪
人語亂泉聲。極知濠上觀魚樂，不減山陰會客情。我欲乘風訪姑
射，枯腸何日飯青精？

游龍門二首

兩峰環峙接空青，萬里黃流路所經。聲挾飆輪吹不斷，勢翻
坤軸去難停。誰能鼓枻歌漁父，我欲乘槎訪客星。千載河清思獻
頌，便當移檄問川靈。

其二

貝宮嶕崒下何憑，海上群仙到未曾？洞底有天多霧雨，人間
無地着炎蒸。北來巨浸流衝激，南跨中條翠叠層。欲溯三門探禹
迹，山人須借一枝藤。

黄　河

乾坤元氣久胚胎，萬象先從此竅開。星海舊分天上派，雪濤長殷地中雷。千尋砥柱根何遠，百折狂瀾力可迴。安得乘槎同漢使，銀潢親看斗牛來。

商湯王陵晚眺

波光雲影共悠悠，日暮蒼凉野水頭。解珮漫逢湘浦贈，看花疑在曲江游。村邊翠塢藏溪寺，樹裏青山出縣樓。北去龍門纔咫尺，夜來曾并李膺舟。

登華山

懸崖迢遞得躋攀，紫府仙宮隔世寰。隱隱藤蘿去天上，泠泠鍾磬出雲間。丹臺路合連三島，石室書常秘九關。更愛希夷栖隱處，洞門時有鶴飛還。

嶂石岩泉

雲竇靈津漱玉真，倒垂蒼蘚叠龍鱗。山中始見石鍾乳，物外況逢花界春。青磴烟霏微有路，翠岩窗牖淨無塵。他年得作觀泉叟，策杖東峰扣隱淪。

獻邃庵老先生

社稷功成早見幾，濟川舟向急流歸。金山當户供詩案，鐵甕臨江着釣磯。一代銓衡留畫省，三朝相業在黄扉。由來身繫安危寄，還待虞廷補舜衣。

東園雅集

向晚移尊別館東，醉聞清奏下遥空。微茫月浸寒江白，仿佛花催上苑紅。妙裏笙簧聲盡歇，變來宫羽調皆同。平生愛聽烟霄曲，欲取薰弦播古風。

游靈應觀

高城薄靄散霏微，近水林亭葉亂飛。畫裏江山淹別興，飲中文字籍餘輝。仙踪自與塵寰隔，世路應慚俗駕非。向晚松陰移席坐，不知空翠濕人衣。

奉迎聖駕有述二首

紫極光芒謁上台，親承綸命渡江來。雲屯萬騎天兵下，風導千艘海禊開。共仰聖圖威絶域，應知神算縛渠魁。古來扈蹕文儒盛，却愧甘泉獻賦才。

其二

蚩尤旗出亘層霄，風伯先驅野霧消。萬姓子來那敢後，六師親統不辭遥。令嚴羽仗森矛戟，樂奏樓船應破簫。會見鎬京同獻馘，太平歌頌起漁樵。

維揚懷古

鱗次飛甍水映樓，繁華從古説揚州。爭傳帝子吹簫去，漫想仙人跨鶴游。禹甸東迴連海嶠，隋堤西上引淮流。遺踪欲問前朝事，玉樹瓊花總謬悠。

柬王伯安中丞

經年不見故人書，兩度書來一日餘。雲液頓令塵夢醒，天瓢先遣渴心除。江山興遠題應遍，社稷功高遜不居。聞説聖皇虛席久，星軺北上莫躊蹰。

送成國朱公奉使安陸

中朝冠蓋拂春雲，出餞郊垌小隊分。共仰九重隆大孝，先從八座命元勛。龍章光映金符字，鴻寶香隨玉册文。敬薦玄扃須永寐，萬方今載聖明君。

風雨後出門有述

壓城山霧天濛濛，奔流決決長溪通。樓閣蒼茫失遠近，道途咫尺迷西東。遥看雨脚下極浦，忽訝虹光明遠空。出門杖策立已久，大觀物理何終窮。

先隴道中

忽忽流光相遞摧，綿綿幽思若為開。即看今日孤村路，又是春風一度來。冰落斷溪寒欲盡，鳥啼深谷暖初回。山翁自有山居樂，已見垂楊繞舍栽。

與人話舊

小坐閑庭花落遲，有懷如與故人期。十年相見翻疑夢，萬事偶然空自知。燕壁來從元日後，晋山歸及暮春時。且須共話青燈夜，莫問明朝有別離。

西　鄰

西鄰老婦吞聲哭，問是孤兒出未歸。白髮門閭懸望久，紅塵音信寄來稀。身貧合自營家養，歲晚應誰換客衣？舊事愴然傷罔極，寸心何處報春暉？

重興寺

石殿高寒敞不扃，畫檐疏響度風鈴。烟橫薄暮千峰紫，雨落空階百草青。花氣入簾詩句得，松聲驚枕夢魂醒。禪房寂寂深更後，猶有山僧夜誦經。

濟南有懷邊廷實

幾年風雨夜論文，郢樹荆門夢未分。海內故人應憶我，濟南名士舊稱君。明湖晚映芙蓉月，華嶠晴開紫翠雲。風景絕佳誰與賦，題詩還寄楚江濆。

泰　山

蠹蠹丹梯勢拔空，恍如鰲背駕長風。天門下映山雲碧，日觀遙連海氣紅。千古孕靈開列聖，百年封禮視三公。壯游漫詫吞雲夢，九點齊州一望中。

闕　里

南沂西泗繞晴霞，北岱東蒙擁翠華。萬里冠裳王者會，千年鄒魯聖人家。高林蔽日無巢鳥，古碣埋雲半吐花。瞻望宮墻空佝僂，敢從滄海問津涯？

泗水亭

愛泉還向東林宿，白水青山暑漸收。四海源流一洙泗，千年
人世幾春秋。波光射日虹初斂，嵐氣連空蜃欲浮。聖派分明此中
是，章逢何必更他求？

東　海

溝澮蹄涔幾望洋，海東今得見扶桑。天空積水收元氣，地坼
洪濤入大荒。鯨力捲風山上下，龍珠吐月夜光芒。十洲三島真何
處，誰授仙家玉簡方？

顏魯公祠

平原西控古河濱，再拜荒祠百感新。千里羌胡雙逆豎，一門
兄弟兩忠臣。汛清河洛同匡復，保障江淮共苦辛。紀事愧無燕許
筆，空將書法效公顰。

茅　山

汗漫真從物外游，千山空翠洗雙眸。平蕪入野皆吳地，遠嶠
臨江是潤州。桃樹亂迷芳草堰，洞雲深護碧溪流。青童兩兩吹笙
迓，已到仙家十二樓。

金　山

丹梯百仞手可攀，紫翠樓閣參差間。龍宮下映海底日，鰲背
迴浮雲外山。遙天千里影漠漠，洪濤萬古聲潺潺。壯游東南此第
一，安用跨鶴超人寰？

登報恩寺塔

高標誰向地中移，千仞凌空勢不危。目極乾坤供眺咏，手探雲漢許追隨。山深絕頂長栖鶻，寺古蒼松下伏龜。夜夜燈光環列宿，魚龍江上莫相疑。

游治〔五〕城山

仙臺高處醉還憑，江上秋風散鬱蒸。水殿簾櫳浮遠樹，石壇烟雨冒垂藤。王輿看竹家家到，謝屐登山處處乘。却怪詩狂不自繫，揮毫對客病猶能。

清凉山

憂時抱病兩兀兀，把酒共醉滄江濱。關河白雁幾時到？山館青帝何處新？行歌不逢飯牛子，垂釣更想屠龍人。中原群盜捕應盡，願得海内無風塵。

寄王虎谷

蘭臺外史人中雄，曾排閶闔陳孤忠。三春缺書何以故，一日不見將無同。文章畢竟乃餘事，筋力却愁成老翁。南曹素餐者誰子，秋晚江上看冥鴻。

方山別李石樓司徒

建業東南第一山，無端春色送君還。溪橋雨過烟霏斂，江嶂晴開紫翠環。弭棹仙踪尋渡口，攀林長嘯出松間。遥知綠野堂中去，世事浮雲總不關。

孝　陵

龍岡突起水分流，松檜千行輦路幽。萬古江山佳麗地，九重宮闕帝王州。極知天授非人力，共仰神功出聖謀。南省歲時瞻拜處，擬將歌頌配西周。

省中竹柬寧庵吳宗伯

琅玕千個繞新叢，晝省疏簾爽氣通。風雨入林聲遠近，龍蛇匝地影西東。凌雲品出尋常外，造物功歸正直中。願借湖州傳墨本，玉堂題咏有蘇公。

清凉寺餞別二伯兄公著

半嶺鐘聲樹杪聞，鷲峰高處絶塵氛。青青下指緣江路，白白橫看映水雲。九日笙歌還載酒，一時冠珮總能文。向來南北輕離思，爛醉何妨到夕曛？

即　事

澆風能遣士心移，病俗須憑國手醫。天下事皆成戲劇，眼中誰可仗艱危？軍儲西北供無算，民力東南恐未支。漫向興衰感陳迹，茫茫天意豈人知？

涇川約賞紅梅

山亭花好訝新梅，紫艷凝香不待催。折簡屢煩天上使，探花先約榜中魁。直須繞樹行千匝，莫厭呼尊到百杯。看取一年開一度，百年剛得幾回來。

予莊

膏腴段段緑雲平，老圃年來學已成。松樹萬栽那紀數，牡丹千本盡題名。山中芒屩無拘束，江上柴門少送迎。但願國家輕賦稅，喜看秋穫又春耕。

清凉山值雨

溪風吹雨花冥冥，客行不行杯暫停。野陰隔江烟霧白，春色繞寺簾櫳青。無端雙屐阻登眺，聊復一歌忘醉醒。他時再游晴更好，會當移檄祈山靈。

水西門外觀競渡

奪標往日記杭州，競渡兹辰在石頭。黿背浪掀千叠鼓，龍鱗光動五方舟。乘流并進歌相應，夾岸旁觀勢未休。欲酹忠魂從楚俗，我來非是愛閑游。

謝張涇川惠魚

南有嘉魚出後池，多情相約未移時。烹鮮正屬調羹手，飽德應歌既醉詩。興在逍遥游後發，人於真率會中宜。江城旅食三年到，今日新嘗品獨奇。

四望山觀競渡

北埭西堤一水長，渚蘭汀芷共芬芳。朱簾俯見青山影，翠幕遥分碧樹凉。佳景對人渾漫興，盛時行樂故非狂。仙舟咫尺招難至，獨立沙頭意渺茫。

答張南園

探花曾共曲江杯，烏兔平將歲月催。道體未緣多病減，賞心休負一春來。輕雲遠樹含芳意，細雨空階絶點埃。我欲思君還命駕，扣門先得枉新裁。

送都督馬君北上

伏波門閥舊忠勛，督府才名衆所聞。曾建牙旗凝海色，長懸寶劍動星文。秋風驛路蟬千樹，別夢江城雁幾群。遥望紫宸朝賀後，封章還擬報明君。

崔岱屏席上

簾下華燈影亂馳，良宵剛及上元時。須知百歲銜杯樂，不負三春折簡期。東閣已如何遜興，西園還有吉卿詩。星虹欲踏尋仙路，漫起鰲山海上思。

送蔡介夫以病歸晋江

短榻孤燈話未窮，十年踪迹幾西東？如何此夜追隨地，又是離筵感慨中？身未老時多病在，道難行處幾人同？東山未必成真隱，聞説蒼生望謝公。

舟中次楊郎中韵

聞説江南唱子規，北人初聽不勝思。祇看世路長爲別，不道仙舟尚有期。漁浦杳聞烟外笛，酒家遥認月中旗。郎官白雪難爲誦，欲和空慚下里詞。

晚春呈君謙楊子

九旬春色又匆匆，小立閑庭百慮空。半落林花紛帶雨，乍飛江燕緩隨風。青雲門地三年別，畫省官僚一日同。敢謂詩才比元白，擬將交誼托書筒。

瓮山偶遇潘南屏

獨向青山檢舊詩，偶逢童子問方知。空憐塵世常相絆，却訝先生太好奇。幾日林泉聊作主，十年江海竟從誰？從今願下低頭拜，杖屨相隨未有期。

送劉惟高下第

黃金買酒上高臺，縱有離懷亦自開。獻賦漢廷猶未遇，看花唐觀是重來。征衣屢換囊應盡，寶劍頻看志未摧。日暮歌鍾何處發，隴雲秦樹正悠哉。

山　中三首

一溪流水帶平沙，桑柘陰陰四五家。坡淺牧童長下隴，草深田火未燒畬。村醪薦客當秋熟，社鼓迎神到日斜。回首舊游非往事，臨風無語嘆年華。

其二

路入青冥有洞天，土花雲磼不知年。閑心暫向此中定，勝事空於方外傳。淺水苔痕驚過鹿，幽林樹影聽鳴蟬。題詩却憶王摩詰，圖畫何須詫輞川？

其三

泠泠寒溜葉紛紛，繫馬荒原日未曛。衝雨雁聲天外盡，隔林樵語霧中聞。村村場圃秋禾納，處處耕犁歲事勤。欲向《考槃》招隱士，北山休更作移文。

過教場

壇下貔貅擁鐵衣，陣前魚鳥列戎機。京營習戰時三閱，畿衛分番歲一歸。共仰聖謨非黷武，元知兵事本防微。遙聞玉輦猶巡幸，邊塞應無羽檄飛。

將發石城

春山數疊錦屏張，帆影中流漾夕陽。鼓櫂忽醒塵土夢，移尊還愛水雲鄉。多情悵別勞相送，近郭遲歸亦不妨。咫尺龍江風雨夜，渺然燈火隔瀟湘。

觀綿水

西嶺寒流繞澗斜，離離石子帶晴沙。窮源不覺緣溪遠，覽勝何妨問路差。松塢盡時還列柵，桃源深處可移家。臨風翻出清商調，漫把湘弦聽伯牙。

陳德卿席上留別諸君子

風露虛堂秋氣清，詩籌無算酒千行。林霏影散星移座，宮漏聲遲月近城。離合萍踪難自定，悲歡物理竟誰明？雄呼不極星堂興，報到陽春賦已成。

水簾洞

繞洞飛泉數丈餘，長驚風雨落空虛。水中龍伯携難去，海底鮫人織未如。避世幾家來此地？采真何代得奇書？嗟予久抱看山癖，每過名山輒駐車。

九日游藥嶺上

行盡西溪問水源，直從東嶺到祇園。青穿松蓋分蘿徑，翠鑿雲根引洞門。高閣簾櫳秋對奕，空山風雨夜開尊。栖遲物外禪家事，城市中人未許論。

沾嶺觀清漳二首

鰲峰千叠到平林，突出招提擁翠岑。花雨夜空天水色，松風時送海潮音。山中芳草春長換，世上紅塵老不侵。却笑禪栖非我事，謝公餘興在登臨。

其二

結屋西林遠市城，數聲山犬客來驚。水邊楊柳非關別，洞口桃花空復情。廬岳幾人能遁迹？鹿門何處可逃名？醉餘坐笑中峰頂，俯看白雲岩際生。

觀百泉次盧侍御韵

曲曲青林帶碧泉，晚來凉意愛鳴蟬。聲傳急瀨斜飛雨，色净寒波倒浸天。襄國水名新入志，玉川茶譜舊通仙。臨流不盡同游興，一聽吳歌一灑然。

將至邢臺盧師邵以詩見寄

隔歲京華別夢遥，忽聞雙履到王喬。空慚隱士居盤谷，却喜詩人在灞橋。妙句先勞傳露簡，渴心真得解天瓢。誰云歧路非良會，千里心期不待招。

觀北城圩還登定山絶頂

振衣迢遰躡龍嵸，江北江南一望中。節愛登高臨九月，句因勝覽發群公。雲陰近接山頭雨，天籟遥隨海上風。安得飛仙同逸駕，弱流西畔十洲東？

鷄鳴寺憑虚閣

盤空飛閣嵌岩幽，高棟連雲費萬牛。華省壺觴來羽蓋，梵宮香火導緇流。平臨螺黛千峰小，俯瞰鱗甍九陌稠。座上誰歌郢中曲，憑將杜若寄芳洲？

白　湖

湖邊葭葦瑟秋吟，湖上峰巒浸影深。閑聽漁歌相和答，静看鷗鳥自浮沉。溶溶遠映三江色，混混中涵四海心。安得扁舟訪君去，雪中乘興比山陰？

季秋望後始見菊花

重陽未飲菊花巵，新向東籬采數枝。老眼自應憐晚節，賞心端不負佳時。醉來漉酒賡陶句，醒後餐英讀楚辭。萬卉品中稱隱逸，主人相對兩相宜。

校勘記

〔一〕“境”，據文意疑當作“塘”。

〔二〕“眺”，據文意疑當作“朓”。

〔三〕“□”，據殘存筆畫及文意疑當作“流”。

〔四〕“□”，據殘存筆畫及文意疑當作“鳥”。

〔五〕“治”，據文意疑當作“冶”。

律　詩七言

耕籍田

東郊法駕勸春耕，右列三公左九卿。王業有基開地力，聖躬無逸鑒天行。功先耒耜三推數，樂奏鈞韶九奏聲。盛禮既成還賜宴，共將豐稔頌升平。

幸太學

璧沼衣冠列廣庭，帝家心學重傳經。宮袍香引分班入，講幄恩沾賜坐聽。千古聖謨垂典則，萬方文教仰儀刑。臨雍勸籍皆奇遇，報導奎躔聚五星。

殿試閱卷

曉殿晴開紫氣浮，宸章初降玉螭頭。賢科適際龍飛運，聖訓先垂燕翼謀。注籍南宮名總稱，校文東觀品誰優？爭看五色雲呈瑞，定有韓琦榜內收。

元日復命

宮袍香引御鑪香，奏對真於百辟先。瑞雪早占嘉靖日，寶符重紀甲申年。視牲禮重青陽後，復命心懸紫極前。稽首龍顏華蓋近，不知雙履到中天。

分獻鍾山

隔江丹嶂鑿鴻濛，虎踞龍盤指顧中。地比岐豐開帝業，歲多雲雨濟神功。中天積翠瞻依近，南紀分壇配享同。三獻禮成還佇立，夜深靈樹響高風。

賞梅咏別顧太守華玉

江南野色漸回青，萬蕊千葩次第經。老愛一枝聊爾爾，醉驚雙鬢欲星星。風前綽約香移座，雪後婆娑影散庭。明到西湖尋舊譜，夢隨蘭槳過烟汀。

舟中餞別王伯安三首

樓船載酒看青山，咫尺陰晴變態間。頗愛籃輿雲外繞，不妨簑笠雨中還。古心自有銷群喙，道體猶慚見一班。臨別匆匆何所贈，歲寒同保雪霜顏。

其二

曾將讜論翊清朝，總憲臺端望自超。化遠定來南海貢，薦賢應費北山招。鍾陵舊雨同游少，鏡水停雲獨望遙。莫作陽明洞中隱，有人霄漢仰高標。

其三

野寺鐘聲送客歸，滿林明月散清輝。名山九日幾人共，古道百年知者稀。莎徑寒蛩鳴未歇，松巢老鶴睡相依。臨風擬和《清商曲》，況復江城聞搗衣。

有懷王伯安

滾滾輪蹄走俗塵，誰將正路闢荆榛？不相見者又十日，可與言哉能幾人？未許身謀甘隱遯，極知心學在經綸。年過半百猶如此，自愧頭顱白髮新。

柬王欽佩

金陵雪花飛反時，朔氣凛凛吹寒颸。歲雲暮矣足可惜，客駕渺然何所之。山色江光隱瀰洞，瑤臺貝闕高參差。青溪興到輒一往，試問主人知不知。

次中丞陽明見寄韵

汀漳南去楚雲深，別夢經春待好音。忽報雙魚來萬里，真成一字抵千金。濟時才大收群望，破賊功奇識苦心。我病獨吟江上月，舊盟何日許相尋？

送孟望之還嘉興

江城開遍桂花枝，忽報仙郎枉駕時。長劍倚天心益壯，羽觴呼月醉何辭。齊封愛古留棠樹，吳郡功多陌繭絲。幾日清觀猶未極，緇衣空賦好賢詩。

渡　江

緣江綠樹映窗明，隔岸青山繞舵行。萬里巨川楊子渡，千年佳氣石頭城。雲邊雨過輕陰散，水際潮來暑氣清。向晚龍頭磯下宿，中流猶有棹歌聲。

雨中赴杜宅飲答秦國聲何子元

潦水平街漫不流，肩輿如坐木蘭舟。涼颷蕩盡人間暑，灝氣餐餘海上秋。暫假亭臺償素約，故教簑笠伴奇游。同聲共我惟三客，金石何妨迭倡酬。

寄司徒蔣公誠之

去年南國我來時，君送江頭折柳枝。把袂未償京邸約，投簪先赴故山期。恩隆聖主稱奇遇，澤在蒼生繫舊思。卻憶湘川行樂地，新詩盈篋酒盈巵。

病灸中柬石熊峰閣老

東西咫尺如千里，卻喜詩筒遞往來。艾灼忍分今日痛，病魔須遣一時回。心馳代郡清涼石，夢繞鍾山紫翠堆。老我未能忘藥物，參苓多貯籠中材。

分獻星辰一壇

燔烟上起夜無風，峙立星壇對倚空。萬象芒寒天在北，九霄雲歛月當中。香隨龍袞瞻依近，聲奏簫韶陟降通。郊獻禮成春二日，泰階平處仰神功。

送秦國聲之南都

尚書星履下明光，南去關河道路長。根本地應先禮樂，老成人合繫綱常。芳春勝餞良非偶，舊事多情獨未忘。暫向仙曹成吏隱，鍾山相對日青蒼。

答幸庵彭公留別

十年征伐幾論兵，樞府重來感聖情。邊將分攻曾授略，虜人羅拜總知名。功存社稷收終譽，老向林泉樂太平。冰雪秦關明日道，霜威元耐苦寒行。

瀑布泉紀興

翠岩懸溜俯溪干，背叠冰花雪未殘。石乳香颸雲液潤，珠簾光映水晶寒。濯清應取塵無染，飲淡元知性所安。焉得結茅常近此，杖藜携酒日相看？

見素林公以綸巾見寄詩以謝之

仙翁寄我山巾子，遠自雲莊海上來。林壑一時增氣象，乾坤千里净塵埃。形同皂帽人爭仰，製勝黃冠客任猜。歸隱正宜今日用，願陪鶴駕訪蓬萊。

蒼岩別元瑞劉中丞

翠岩排闥峙東西，巨壁巉巉所見稀。夜壑風迴龍啓蟄，春山花發鳥爭啼。歌同芝嶺辭高蓋，隱愛蓮峰拂賜衣。惆悵親知南國去，勝游三宿未能歸。

仙人礆

絶澗山橋第一礆，兩崖峰勢突高空。雲根塞洞稀人迹，石竅通天詫鬼工。一注幽泉鳴淅瀝，九華靈樹鬱青葱。山鄉勝迹多如許，可是登臨待老翁？

登蒙山

雨過花香落澗泥，遠尋樵徑記還迷。吟躋絶巘開蒼霧，笑倚危槎拂翠蜺。下界俯看千壑迴，半空遥指萬山低。紛紛塵世何爲者，忙逐昏鴉共曉鷄？

游南墰頭寺

亘嶺羊腸曲曲行，千岩空翠濕衣輕。花宮獨占兹山勝，苔碣猶傳異代名。地迥星辰當户轉，林疏雲霧隔窗生。炎曦正午悠然坐，識得空門住夏情。

寄方提學時舉

家住東南紫翠隈，江山幽抱若爲開。病憐旅榻三秋卧，興逐詩筒百里來。蒓菜且停張翰棹，菊花須醉杜陵杯。從今晉地英才盛，不遣嘉禾混草萊。

浮山夜坐

萬叠岡頭坐渺莊，松濤風響夜琅琅。昭回接處天應近，沆瀣餐時夜未央。下界浮塵無一到，空山靈氣但聞香。蘧然解得南華意，遮莫笙歌出上方。

答郭伯瞻九日言懷

逸興逢秋底用悲，登臨猶怪出門遲。極知佳節休空度，每愛名山任所之。松釀正堪償露液，菊花須洪[一]采霜枝。淵明、太白何爲者，高曠能令百代思。

賞　燈

柏火松棚萬户同，簹蓮懸彩夜無風。雲隨鶴奏來天外，星映鰲峰出海中。三晉觀燈鄉俗好，四郊逢雪歲年豐。康衢變作陽春調，歡走村童與社翁。

思樂莊池亭

小構池亭比洛東，愛於長夏坐薰風。香隨雨氣來高樹，凉送雲陰散遠空。百歲病身須藥物，九霄羇羽出樊籠。閑居自得田家樂，日課耕桑較歲功。

有懷南坦中丞

弁山苕水近何如，南下飛鴻問起居。樂國未蕪湘岸菊，危途曾歷太行車。高岩太嶮誰爲伴，修竹奇花正憶渠。怪底臨池多墨妙，蘭亭先得換鵝書。

題佛郎機卷

憶昔西江定叛功，兵機都入運籌中。莆陽父子謀先合，天下英雄見略同。驅虎盡消山瘴黑，斬蛟猶帶水波紅。封侯況有班超骨，今代麒麟合讓公。

宿北師岩

岩穴窮探千萬餘，忽驚飛閣駕層虛。世間真境非人鑿，物外閑行得自如。玄鳥任隨芳草變，白雲長伴赤松居。禪床静愛山中宿，合向懸崖玉蘂書。

夜與客手談

明月留人坐莫辭，綺筵紅燭照花枝。高情不厭時添酒，老眼猶能夜着棋。香拂春風開笑語，聲傳金石聽歌詩。團欒甥侄追隨意，此樂年來更屬誰？

答黃海亭太守過訪

衝寒皂蓋屢相過，試罰深杯藉海螺。正倚到門消積雪，元知隨地散陽和。八叉句好驚援筆，百戰才雄欲倒戈。永夜劇談渾不寐，讀書應較十年多。

飲瓮山東澗泉

泠泠一勺淨塵心，絕愛幽泉出澗潯。敢謂微涓裨海渤，祇宜清賞助雲林。光分蟏蜍涵空遠，湍激珊瑚插地深。欲聽瀟湘水雲曲，朱弦何處訪知音？

老君堂對月

洞門高挹綿川勝，杖屨重來歲屢更。雲淨九霄看月色，風迴千嶂聽松聲。山人解送淵明酒，羽客能吹子晉笙。三十六天知遠近，仙踪吾欲訪寰瀛。

瀑布泉

岡頭形勝接綿山，爲愛懸泉數往還。石乳下通滄海底，浪花高疊翠峰間。千尋岣嶁留仙迹，一掬清泠解病顏。四十餘年羈俗駕，水邊贏得老來閑。

宿浮山

千岩秋風吹桂枝，黃葉紅葉相參差。乾坤翻手變物態，日月轉丸周歲時。駕言出游固宜爾，今我不樂將何爲。平生山水有宿契，策杖欣然隨所之。

綿水洲飯

綠樹蒼崖夾道周，誰能列席俯長流。供餐飽吸朝霞去，潤渴涼隨晚露收。洛下堂開裴相隱，蜀中山好范公游。林泉勝迹經行慣，不遣閑情愧白鷗。

午日游思樂莊

山中佳節愛端陽，細草幽花入坐香。麥秀風翻青浪遠，柳垂烟裊綠絲長。雲峰突起停車蓋，水閣平開夾鏡光。却憶江南逢此會，龍舟觀渡飲蒲觴。

游張果老洞二首

洞門高掩十三天，千丈雲梯上下連。祇爲名山長覽勝，却知平地可登仙。石幢經古從題字，丹竈灰存不記年。綿水承天皆洞府，崆峒須問廣成篇。

其二

翠微仙洞接嵯峨，石牖平開映薜蘿。沙水有痕懸叠浪，海田無變結盤渦。從知天巧非雕刻，定藉神工與護呵。願得壺中留日月，采真長和白雲歌。

後園小池蓮開用邵康節韵

映池燈影夜傳卮，綠葉亭亭出數枝。行樂正須無病日，納凉休負有花時。隔簾空霧沾蒼翠，度水香風散郁菲。仿佛聞歌采蓮曲，君恩乞得鏡湖歸。

來　鶴

物性休論點與痴，偶然胎化復何疑。九皋風露聞聲夜，萬里雲霄振翮時。小艇湖邊能報客，縞衣江上定誰知。仙家踪迹長如此，來不須留去莫追。

游蒙山

東岡地暖濕無風，幾度尋春興不空。世事盡揮談塵[二]外，道情聊托酒杯中。倚岩雲起英英白，繞澗花飛點點紅。欲采紫芝無伴侶，山深應有夏黃公。

池　亭

岸草溪花次第春，山亭長伴賞佳辰。平橋蔭石蜿蜒遠，小洞依岩刻畫新。燕雀似教人賀早，兒童應喜客來頻。誰嫌踪迹從城市，谷口須尋鄭子真。

六月十四日夜賞月

夜凉華月凈涓涓，正值西園雨後天。萬户金波流不濕，一輪銀漢轉將圓。山中欲訪吹笙伴，江上曾逢弄笛仙。莫更乘風歌《水調》，瓊樓高句恐人傳。

在邇亭次陸儼山韵

京國論文倚大家，別來長是嘆年華。夢回山館吟孤月，盟續池亭醉九霞。西橐可應勞振鐸，北扉還擬待宣麻。杜陵漸覺衰顏在，肯藉金丹一粒砂？

答儼山提學松峰道中阻雨

路繞千岩一蓋行，采風兼慰故人情。詩名久讓唐錢起，賦體爭傳漢馬卿。道裏乾坤煩指授，事關今古費商評。片時陰晦愁休劇，停看雲開萬里晴。

答杜莊別後見懷二首

閶闔排雲萬目看，暫從遷謫試諸難。蓬山舊夢親龍袞，柏府新儀整豸冠。携去烟霞秋興逸，避來星斗夜窗寒。雨中嚴駕長先發，南望松峰獨倚闌。

其二

翰林文藻擅雄才，絢爛天章手自裁。江上停雲經歲別，汾東好雨及秋來。公韶問俗催行郡，禮網求賢勝築臺。共道玉皇香案吏，使星行見入三台。

寄劉南坦司空

仙鳧南去歲無書，誰向湖州問起居？直道可宜三黜後，退心應在四休餘。看山晚拂蒼龍佩，采藥春隨白鹿車。惆悵耆英成落落，江東高會近何如？

喜　雪

向晚同雲滿太空，飛花片片落無窮。元知八蜡蟲災少，預卜三農歲事豐。調燮均時歸聖化，包涵遍處識天工。醉翁禁體詩誰續，應在星堂倡和中。

哭父師邃庵先生二首

痛哭休論巷伯詩，古來邪正各分歧。孤忠皎日終難蔽，一老蒼天竟不遺。經濟文章留館閣，安攘事業著邊陲。元臣出處同司馬，誰繼眉山涑水碑？

其二

大名山斗遍寰瀛，遠近文儒倚重輕。萬里長城三總制，四朝黃閣兩鈞衡。方看袞職山龍補，忽訝訛言市虎成。勳業格天今已矣，誰從溝壑念蒼生？

別邊華泉

山館幽懷憶屢開，故人無歲不書來。應知托興隨詩卷，豈謂陶情在酒杯？古道猶憐心未改，狂瀾今見力能回。呂梁相遇還相別，猶幸仙舟兩日陪。

宿金山是夜月色如晝

秋風江上踏金鰲，坐待冰輪影漸高。烟霧島中雙貝闕，乾坤壺裏一鴻毛。景逢勝地時堪惜，詩到名山語自豪。便欲尋仙東海去，蓬萊清淺不容舠。

中秋白尹邀飲坐月亭舟中

左右亭臺水四旁，月中秋興渺何長？九霄仙侶來星駕，萬里晴空度羽觴。青磴坐移桐樹影，碧池涼拂芰荷香。不知天上今何夕，更欲鳴橈泛越航。

游子由亭

碧樹蒼烟正晚秋，潁濱亭子在中流。雖非赤壁登舟興，也當滄浪鼓枻游。羿蓋影移楊柳岸，開尊香拂杜蘅舟。古人遺迹今人賞，莫訝征軺半日留。

廬鴻岩瀑布泉

中州瀑布此其一，我來山雨吹霏微。喝夫晝挹據岩石，幽僧夜汲開松扉。聲驚鶌禽振宿羽，影亂片月生寒輝。湛然相對悟空迹，踟坐盤陀苔蘚衣。

登嵩山

五岳生來有夙期，嵩山登處亦何奇。西連大〔三〕華三峰影，東接扶桑萬里枝。騁步力窮閶闔際，放歌聲振沈寥時。兹游最勝誰當記，恨少琳琅玉佩辭。

渡孟津懷薛君采

浩渺波濤北渡河，孟津今日始經過。憑虛漫擬登舟賦，感興先成擊楫歌。千里壯游盟未爽，中州古迹眺應多。仙郎獨向嵩山去，欲再論文奈遠何。

謁濟瀆廟

西瞻王屋勢巍巍，上有靈泉生翠微。源遠濁河終不入，派宗滄海自同歸。乾坤異迹昭神貺，雲雨深功幹〔四〕化機。四瀆齊名川浚後，生民萬世仰餘輝。

登王屋山

岩岩臺殿紫虛巔，纚纚松蘿上下連。寰海洞天應第一，蓬山仙界豈三千？攀援絕頂烟霄外，呼吸高峰日月邊。王屋嵩岑登已遍，兹游須紀洛京篇。

登天壇

萬里周迴小有洞，千岩盤礴紫微宮。軒皇鑄鼎蒼茫外，王子吹笙縹緲中。福田據山安敢伍，仙島出海將無同。岱華嵩恒盡登歷，我游汗漫心何窮？

登天壇絶頂

王屋洞天天下稀，我來山靈許振衣。佳辰似遣炫風景，今日果爾封炳霏。敢言默禱即有應，頗幸初心長不違。晚年兹行良足樂，袖中携得江山歸。

寄彭幸庵太保

南雁纔歸又北鴻，晋雲秦樹各西東。三年路遠無書到，千里神交有夢通。醉掃篆麻酬座客，閑栽花竹教山童。西莊樂事吾能説，多在塤箎倡和中。

寄考功薛君采

登盡嵩峰看濟流，北來誰復共搴舟？黃河洶涌公無渡，青嶂岩嶢子好游。意在江山收晚歲，天留風景待高秋。計程兩地皆千里，何日詩筒到亳州？

游紫金山夜宿玉清宮

循山遠上紫金游，沁水河邊問渡舟。鱗次道廊開列館，虹光仙閣駕飛樓。寰區閱遍人間世，蓬島疑來海上頭。三晉耆英惟我輩，不妨乘暇訪丹丘。

有　懷二首

林風蕭蕭木葉黃，晚行西路多山岡。燕尾縈迴澗溪遠，羊腸詰曲壂阪長。三秋懷人不得見，千里命駕今能償。石樓精舍在何所，東指奎壁輝文光。

其二

栖霞二十一年中，長記嵩山約許同。豈意人生隔南北，翻嫌世路錯西東。尊呼石室千峰月，袖拂天壇萬里風。悵望樓仙遠莫致，北〔五〕來安得駕星虹？

漫　興

昨日之日風怒號，今辰覽勝心何豪。英英片雲午出岫，矯矯獨鶴秋鳴皋。北燕郭隗逢買駿，東海任公思釣鰲。笑予飲少亦復醉，醉歌却愛廬山高。

絕　句五言

孫九峰便面松

高人結茅處，正對九峰雲。竟日悠然坐，松風時一聞。

雜畫二首

夜靜群籟息，林深影婆娑。明月入我懷，浩然時一歌。

又

香冷吳江夜，叢分楚岸秋。異芳誰共采，吾欲繫蘭舟。

灣塘山亭

花暖鶯啼早，泥深馬到遲。南山多景物，策杖任吾之。

題扇送馬成憲

江村秋過雨，孤咏入蒼茫。客棹乘風去，相思天一方。

游盧鴻岩歸月中紀興三首

盧鴻志真隱，飛瀑迥流聲。不見處士宅，空留處士名。

其二

風力猛如搏，客行殊未休。借問何爲爾，名山難再游。

其三

上巖復下巖，山色漸已晚。悠然踏月歸，豈是興空返？

顓臾城

遥遥蒙山陰，野水映殘照。不聞季氏城，却有顓臾廟。

舟中雜興十首〔六〕

逢逢鼓聲歇，高眠不知曙。卧聞水波響，説是船開去。

其二

樹影水上下，舟行雲亦行。蓬窗兀兀坐，偶爾會予情。

其三

東旭照舵樓，微茫起川霧。前途復幾許，遥見城頭樹。

其四

滄州東臨河，地鹵稱渤海。白鹺積如山，歸船不敢載。

其五

浦光開澂瀲，雲峰變崦嵫。餘映看落照，猶如東出時。

其六

繫纜長河邊，中夜息群哄。時聞潗潗聲，風來水自動。

其七

海户何爲者，敝衣常露膚。魚鹽供賦税，舟楫帶耕鋤。

其八

洪河增夜波，衝齧岸將墮。寄語沙上人，安眠恐未可。

其九

河流連夜發，我舟依水湄。蠢蠢擁流沫，恰如冰泮時。

其十

渚花吹冷香，汀草漬深碧。遙看蕩槳過，汀渚亦幽寂。

絕 句 六言

別李茂卿

湘浦離鴻歲晚，燕山落木風秋。惆悵關河路杳，故人歸去扁舟。

別李惟正

山背晴光羃羃，江頭柳色依依。離亭故人何處，明日孤舟送歸。

便 面

江口漁舟杳杳，江邊春草菲菲。陵谷幽人何處，杖藜徐去空歸。

絶 句七言

劉惟高畫

亂山前後繞孤亭，江上楓林過雨青。門外挈壺誰問字，幽人方草太玄經。

讀王應韶《立馬録》

讀盡新篇夢屢醒，夜深鯨力破滄溟。雷鞭忽送西窗雨，祇恐仙官救六丁。

題錢與謙扇

趺坐青林得大觀，空江秋浸玉壺寒。冰弦解識囊中意，不爲時人一暫彈。

早春即事二首

半檐春雪水泠泠，坐愛平階草漸青。却笑東風知此意，朝來先到歲寒亭。

又

樹頭啼鳥試新聲，樹底荒苔亦自生。身事未成年漸長，幾回延佇獨含情。

即 事二首

宮柳扶疏繞畫墻，碧雲亭樹水風凉。翠華想像宸游地，草樹猶沾雨露香。

又

太液池邊暑氣微，綠荷紅蓼競芳菲。日斜東省無封事，却伴仙郎出瑣闈。

游東郭園亭

日斜騎馬東園回，橫笛風前吹落梅。百年光陰等逆旅，今我不樂何爲哉？

柬崔世興儀部

四山蘭若自爲鄰，澗篠巖花別是春。親上中峰最高處，題詩先憶鶴樓人。

雜　畫

夫〔七〕葉濃陰漸欲齊，小山高映綠雲低。閑行定有芭蕉咏，還向芭蕉葉上題。

寄　友

東風吹雨度花溪，庭館新巢落燕泥。南國美人歸未得，薊門芳草正萋萋。

便　面

江聲不動夜潮空，綠樹青山眺望中。怪底幽人詩興好，滿船明月載春風。

偶　成

獨卧西岩窗半開，滿天星彩映三台。相看已自清如許，更有南風作陣來。

題　扇二首

冰簟高眠暑未殘，隔簾花影夜初闌。不須更拂輕羅扇，已有清風似廣寒。

其二

遠樹荒城入望新，春來烟雨暗江津。相逢盡道風濤惡，猶有中流鼓枻人。

答王應韶解嘲紅梅

黃塵正苦城中路，紅雪偶觀江上叢。誰道東君愛顏色，此心元比歲寒松。

南　溪

叠石爲山面面通，翠岑丹壁映簾櫳。人間祇説蓬萊好，未必蓬萊勝此中。

大汶口

九峰南望碧嵯峨，汶水平添一丈波。津口行人休便渡，北來山雨正滂沱。

山　行

澗聲溪響帶流湍，緑樹青山日飽看。誰道途行風雨惡，却勝塵土涴衣冠。

舟中雜興 三首

沙上白鷗正可愛，沙邊過櫓還驚飛。不如遠向江海去，浩蕩烟波罾弋稀。

其二

櫓聲咿軋間歌聲，衝雨衝風船亦行。海氣茫茫如霧裏，纔看潮落又潮生。

其三

朝餐霞彩歌初放，夜枕濤聲睡正宜。十日舟行五風雨，客懷秋色兩爭奇。

懷舍弟宸

知汝城西卜草堂，面臨溪水即滄浪。阿兄正有林泉興，准擬秋來話對床。

除夕寄長兄前峰

年年京國逢除夜，弟勸兄酬醉始歸。今日江南與江北，銜杯相望兩依依。

朝天宮後山

天外蓬壺更有天，萬山雲氣遠相連。彈棋不極晚來興，放歌重呼酒十千。

直廬即事二首

宮樹陰陰覆御溝，日長南苑報宸游。因思三十年前事，最少郎官已白頭。

其二

翠閣丹樓隔近墻，蓬山花柳占年芳。三朝盛事誰能說，親聽鳴鑾出建章。

便面贈小仙

綠淨千山暑氣微，江頭紅雨落花稀。何人鼓枻中流坐，正是乘風得意時。

無題柬張進之

海棠無力入春顛，孔雀屏深伴獨眠。幾度青鸞回信杳，可憐芳意落誰邊？

送李醫士還南昌二首

誰泛江西萬里船，匡廬無路得攀緣。山中瀑布應千尺，可有新詩吊謫仙。

其二

旅舍秋風吹鬢絲，天津南下片帆遲。君家自有岐黃術，不用還山訪舊師。

題扇寄何思道

風流愛着紫烟衣，老去尋仙願不違。猶似停橈江上望，秣陵秋樹晚依依。

代州道中

興口東來百里平，南山北山相對迎。滹沱西流復東下，逢人知是代州城。

答儲柴墟涿州對月見懷之什

關山秋色夜瀰漫，露坐空庭片月寒。何處懷人發孤咏，殷勤猶似隔山看。

襄陵公署即事二首

竹枝高下水聲中，翠靄蒼烟面面通。錯怪山禽頻喚起，不知紅日上簾櫳。

其二

南國瀟泗渺洞庭，遠游吾欲問揚舲。憑欄却愛池中石，幻出君山數叠青。

山中杏花盛開

爲愛紅芳折一枝，看花非是少年時。多情不作還家夢，又過長安兩月期。

驪山望華清宮

渭川如練日東回，南北秦山拱揖來。直欲乘風登華岳，三峰同看玉蓮開。

黄河西岸

君仍西去我東行，漁火依稀隔岸明。正是孤亭眠未得，更聞山寺晚鐘聲。

宿武鄉鋪中

前林昏黑引松明，忽聽雷鞭殷地聲。恰有郵亭堪寄宿，空山風雨夜三更。

送貢朝用致仕東歸

五湖烟景旅舟尋，老鶴凌秋萬里心。逸駕怪來留不住，知君先有倦飛吟。

答九峰司徒雪中見寄韵

玉蕚霏霏落地多，小春天氣正微和。怪來郢曲難爲和，爲有東曹白雪歌。

寄南坦中丞二首

買得山中雙玉瓶，別筵三日醉還醒。相留未已仍相送，更與題詩到水亭。

其二

京洛緇衣歲頗多，江船到岸免風波。中山夜雨逢君話，不醉尊前更若何？

甲申歲除夜漫興四首

松火千家起暮烟，晋鄉除夕景依然。相逢若問明朝事，花甲從頭數二年。

其二

莫嘆流年鬢有華，向來踪迹半天涯。人生信是歸休好，骨肉團欒聚一家。

其三

四朝全盛我親看，況復曾居一品官。今日秋毫皆帝力，恩深江海報應難。

其四

送寒殘臘雪光中，人說來年稼穡豐。願和老農歌擊壤，四郊禾黍萬方同。

乙酉歲除夜漫興 四首

茶香新揚竹鑪烟，彈罷冰弦一莞然。閑向静中觀物理，去年風景似今年。

其二

隱居無夢逐紛華，半在山顛半水涯。處處雞豚鄉老社，村村籬落野人家。

其三

鬢影星星鏡裏看，最宜林下早休官。一泉一石堪行樂，誰道相逢笑口難。

放情林壑奈渠何，俯仰乾坤得較多。歲歲今宵何所饋，山中惟咏紫芝歌。

登南峪山樓

蔭豁高樹倚晴空，突出危樓紫翠中。怪底炎蒸消欲盡，泠然如坐水晶宮。

思樂莊漫興二首

水閣窗開對奕棋，也宜杯酌也宜詩。休言性癖耽三事，是我山人適興時。

其二

池邊白鳥任群飛，池上青山匝四圍。忽見村西雲起處，老龍行雨日斜歸。

丙戌歲除夜漫興三首

竹床箕踞讀南華，老境逍遥樂未涯。誰送桃符懸户外，不知春色遍鄰家。

其二

世事浮雲已飽看，一封天上許辭官。向來得遂安居樂，不用重歌《行路難》。

其三

歲去如蛇竟若何，頭顱白髮漸看多。今宵送臘家家醉，明日迎春處處歌。

寄王虎谷

卜鄰曾擬太行巔，同考人間金石編。何事求歸歸未得，又看征櫂向江邊。

懷張南園

六詔山川萬里餘，秋來長恨賦離居。應歸不過衡陽去，何處逢人好寄書？

嘲虎谷

神劍愈磨鋒愈利，祇因本體最精堅。若教正氣能磨得，孟子何須説浩然。

送李惟守訓術還茶陵

北游曾泛洞庭船，回首京華又十年。莫向楚雲歌遠別，衡陽時有雁書傳。

雨中柬王欽佩

江南節候值清和，滿地蒼苔間綠莎。試向清溪主人道，半窗風雨興如何？

除　夕

山莊清隱謝繁華，石嶺坡前澗水涯。野凍漸消春漸暖，早將田事問農家。

西莊漫興

青藜爲杖芰爲衣，緩步芳林看翠微。偶遇村翁新酒熟，相留一醉澹忘歸。

後園山亭雜興四首

淺鑿□塘數尺餘，汲來溪水種芙蕖。開花香裊亭亭蓋，結子枝擎顆顆珠。

其二

岸上青藜堪伴老，岩前黃石合稱公。兩階花木簾櫳外，百里雲山篚畫中。

其三

近沼荷風香自清，藜床小坐葛衣輕。問余何事橘中樂，長聽丁丁得子聲。

其四

門無剝啄晝長扃，左右圖書一草亭。竹几蒲團堪適興，自磨玄玉寫黃庭。

池亭賞月二首

今年六月又六日，大與江南景不同。花下尊罍宜對月，水邊絺綌尚嫌風。

又

山城雨過晚生涼，池水新添一尺強。說到濂溪愛蓮處，好風先送碧筒香。

約石樓李公游五臺山

一別栖霞十九年，多情長籍尺書傳。高軒若許今春過，共看綿山六洞天。

行窩成漫興三首

幾缸新釀菊花香，佳客來時具一觴。漫道主人非嗜飲，忘情聊以醉爲鄉。

其二

淨几翻書欲討尋，眉棱便覺倦沉沉。向來餐得黑甜味，睡眼不如先睡心。

其三

春種園蔬秋穫田，半窗紅日照高眠。閑居野服家常飯，正是山翁快活年。

寄劉南坦司空六首

露下江空夜未闌，妙高臺迥月光寒。停杯苦憶司空老，不共金山寺裏看。

其二

萬丈江流砥柱深，乾坤開闢古猶今。我來愛飲中泠水，一洗平生見道心。

其三

江上青山多白雲，秋來離思日紛紛。別時漫鼓中流棹[八]，采得芙蓉欲贈君。

其四

北固江邊泛秋航，瓜洲渡頭夜鳴榔。相看數里不得會，漁父隔水歌滄浪。

其五

正氣常隨鐵如意，清風更着水晶冠。美人贈我慚無報，共保名完到歲寒。

其六

遠從京口送維揚，更具離尊到蜀岡。君向南歸吾北往，雲山相望兩蒼茫。

望嵩山

遠游星蓋自江南，又把中州勝迹探。不是老來山水癖，老來山水興猶酣。

寄劉希尹

往歲山城謝病回，仙郎曾寄一枝梅。如何汴省西巡旆，不到嵩陽寺裏來？

宿少林寺 二首

甘露臺邊秋月明，偶逢曇彥話三生。藜床獨坐心如水，夜半空山聞磬聲。

其二

步入招提日未斜，臺香片片落空花。少林合是禪栖地，常有山僧誦法華。

寄薛君采四首

潁水伊川路未長，嵩山舊約竟能償。朝來王屋山頭坐，望美人兮天一方。

其二

譙國歸時懶著書，分明静裏得真如。少林三日同游處，每聽玄談謝起予。

其三

度壑緣崖百里餘，離離村落半檐居。晋陽南境多幽勝，垣曲山中好讀書。

其四

潘岳花曾滿縣栽，家家門有砌花臺。雖非召伯甘棠比，每到春時爛熳開。

校勘記

〔一〕"洪"，據文意疑當作"供"。

〔二〕"塵"，據文意疑當作"塵"。

〔三〕"大"，據文意疑當作"太"。

〔四〕"幹"，據文意疑當作"幹"。

〔五〕"北"，據文意疑當作"此"。

〔六〕“十首”，據底本原目録補。

〔七〕“夫”，據文意疑當作“大”。

〔八〕“別時漫鼓中流棹”，清朱彝尊《明詩綜》作“別來擬鼓中流棹”。

奏 疏

陳愚見以廣聖聰疏 太常少卿上

臣今年二月内，奉命往祭山西中鎮、霍山諸神，歷太原、大同、平陽、蒲、潞、遼、沁等府州，凡道路所經地方利弊、邊塞軍民疾苦蓋嘗用心訪詢，略知一二。雖不敢上比於周爰咨諏之義，但臣犬馬微忱自有不能己者，謹掇拾所聞，冒干天聽。然此特一方之事，至於四海之廣，所未能知者尚多，朝廷政化之原尤有重於是者。嘗聞宋韓琦之告仁宗，謂外憂之起必始内患，因歷指綱紀不立、忠佞不分、賞罰不明、號令不信、浮費靡節、橫賜無常、務宴安之逸、游縱宮庭之奢靡、受女謁之干請、容近昵之儌幸十事爲内患，可謂深識治本者矣！仰惟陛下聖質當以堯舜爲法，無論仁宗，而臣之愚竊有慕於韓琦者，敢誦此言爲陛下獻。伏願正心窮理，節用戒游，日接賢臣，講求政理，自宮閫之近達諸天下之遠，推行有序，化導無遺，務使一民一物無不與被堯舜之澤，則光昭新政，足以慰列聖在天之靈，内患既平，外憂自息，區區西北不足以煩宵旰之憂矣。臣無任懇悃激切之至，爲此謹具奏聞。

一、恤邊民

臣竊以大同府所屬應州、山陰、馬邑等州縣皆漫散平地，相離邊墻不遠，百姓依村堡住居，無園林桑棗之利，雖有田畝耕種，所獲不多，況又連年點虜深入，侵擾禾稼，搶掠人畜，民不聊生，比與腹裏地方不同。去歲已蒙寬詔，將山西、陝西弘治十八年以前拖欠糧草停徵；但所司不能奉行，督催之吏以整理邊儲爲名，急如星火，連并上納，閭閻愁怨之聲無由上聞。昔人所謂"黃紙放，白紙催"者，臣親見其弊矣。伏望陛下悯念邊民疾苦，特敕該部除已徵在官外，其正德二年分夏秋糧草減半徵收，庶百姓少得蘇息，寬一分則民〔一〕一分之賜矣。

一、厚邊軍

大同、宣府二鎮切壓邊境，軍士不時調遣，衝突風沙，辛苦萬狀，止是月糧、歲布，別無經營。近年以來法度寬弛，所在官司誅求剝削之苦日甚一日，平居既不能休養士氣，卒然臨敵，何以責其敢勇戰鬥？自去歲游擊等兵敗衂之後，士卒寒心，威武不振。臣過雁門關，親歷廣武驛以比〔二〕村落，皆虜人殺傷搶擄之處，民物蕭條可爲慟惻。伏望皇上矜憐邊軍窮乏，特敕彼處撫按官務以愛養士卒爲重，嚴戒一應官員、旗甲人等不許侵扣、冒支軍士月糧、花布。如有指以使用爲名侵扣者，總算至值銀一兩以上，參問畢日，旗甲人等發本處極邊墩臺常川哨瞭，指揮以下官員常川帶俸差操，不許推舉管軍管事。干碍勢豪參奏，重爲處治。

一、廣諸蓄

臣聞爲國之道必重農桑而務積聚，若量入制用，何以備預凶災？故古者無六年之蓄尚謂之急，以今較昔，實可寒心。去秋山、陝二布政司禾稼不熟，各處預備倉等項所貯糧穀甚少，鄰近地方糴買苦於搬輸，鄉村小民皆立俟逃亡，人力不給者坐以待斃。所賴今歲夏麥頗收，稍爲接濟，不然，幾致狼狽。乞敕該部轉行撫按官及府州縣等衙門，除預備倉糧照依歲額收貯，今後凡問刑衙門一應輕重罪囚納米贖罪及納紙等項，不許照近年事例收銀解官，俱照舊例各納米上彼處預備倉，嚴立簿籍以憑稽考。年復一年，倉廩所積者漸自充足，遇有荒歉隨宜賑給，黎民免逃移、凍餒之患矣。

一、省科派

國家以民爲本，百姓之足與不足盛衰系焉。臣所經州縣地方田畝日益開闢，生齒日益繁夥，較之往昔大有不同。然民儲蓄恒少，用度恒苦於不足，臣嘗求其故矣。稅糧、草束歲額有常，而國用無經，冗食太衆，差役重叠，科派頻繁，百凡木植、顏料之物在在增加，加以連年轉輸邊餉，民力疲竭，無有寧止，故一遇荒歉，非流徙四方，則填塞溝壑。興言及此，可爲慟心。伏望皇上以節財用、足民食爲慮，特敕該部將一應顏料等物於山、陝二布政司免其坐派，庶財用有所蓄，民力不重勞，值有災傷亦可支持，不至顛沛失所矣。

一、謹守令

伏以親民之職繫於郡縣得人，得其人則百姓蒙其福，不得其人則百姓受其害。今天下守令，中間履行潔白、才識優長者固有其人；然亦有貪黷害政者，有巧飾詐僞以邀名譽者，有懵然不知民情、委法令於胥吏者，有暗懦不能制豪猾、使良善無所區別者，有嚴峻刑罰視人命如草芥者。若上之人無鼓舞懲勸之道，則中人之資何所勉進？而蒼生利病誰爲興革？況山陝地方連年兵荒，牧民者尤當慎擇。乞敕該部轉行二處巡撫、巡按官，務須多方糾察，不時巡歷，痛革迎送之弊，勿以奉承諂趨爲敬。仍將官員分爲三等，廉而有爲者爲上；慎於守己，不能害民而幹才頗欠者爲中；守爲俱欠，於幹辦雖優，巧於剝削者爲下。上等者必在旌舉之列，中等者略加勞勉，下等者必行黜罷，如此，庶人心知所勸懲，可以挽士風而趨於正，百姓亦得沾實惠矣。

一、重祀典

古帝王有大功德於天下者皆世享血食，非有所黷淫。是以皇上首登大寳，肇稱殷禮，即遣臣等往祭歷代帝王。臣謹考商湯王陵在榮河縣北四十里，舊傳陵已爲河水所齧，基址不存，歷代皆於岸東近地設位而祭；但屋宇卑狹，地勢淺陋，不足以奉明祀，妥聖靈。且人有一郡一邑之功尚建祠立廟，著在國典，況湯王寬仁勇智，除暴救民，爲萬世人君所當取法，顧可使之栖神無所乎？彼時臣祀禮既畢，曾與陪祭官參政才寬、僉事來天球議得，廟後有隙地三四畞，可以建置殿堂三間、廡牲房數楹。伏望陛下以帝王之祀爲重，特敕該部轉行山西布、按二司分巡、分守官親行閱勘，支無碍官錢，量撥人夫，開展修蓋，庶免因陋就簡之失，以隆一代之典。

嚴修省以回天變疏 南禮部上

臣等竊惟天心仁愛人君，常示以灾，不常示之以福；人君克謹天戒，當應以實，不當應之以文。蓋天人感應之理，捷於影響。歷觀往昔治亂興衰之迹，明效大驗，昭彰簡册，甚可畏也。近見邸報，獲知正月内乾清宮灾，兩宮及陛下皆爲震恐，累朝列聖起居寢恩[三]之所，一旦蕩爲烟燼，臣聞之不勝惶懼。歷考前代，如魯新宮灾、漢淩室灾、未央宮冞罘灾，其他不可悉舉，史猶書之以示警戒。今日之灾，誠有出於尋常變異之上者。又況正陽之月，適郊祀慶成之後，宜乎靈貺饗答，福祉駢臻，而乃不逾數日值此大異。臣伏望陛下深思其故，曰：果何以致此歟？臣按《五行傳》曰：「王者嚮明而治，賢佞分别，官人有序，率由舊章，禮重功勛，則火得其性。若信道不篤，或耀虛僞讒，夫昌邪勝正，則火失其性，自上而降，乃濫炎妄起，燔宗廟，燒宮室。」京房《易傳》曰：「君不思道，厥妖火燒宮。」故灾變之發皆所明教誡也，惟率禮修德，可以勝之。若諉諸氣數，慢然無所警省，則變不虛生，天下之事將日就於敝而不可救矣。

仰惟陛下體上天警戒之心，思列聖付托之重，當此大變，必有恐懼修省之諭以示臣工。然臣過慮，以爲若但以言而不以行，以文而不以實，切恐天意或未可回也。伏見近年以來四方多事，灾異疊見，陛下視朝勤政之禮尚爾疏闊；經筵講學之典未見頻繁；國本當建而宗藩之簡注不聞；名分當正而義子之寵榮益盛；番僧異端常留禁寺；優伶賤役猶待起居；皇店設立，盈耳嗟怨之聲；邊兵拘留，馳心戰鬥之事；京師土木之繁興，困民極矣；南京織造之供費，靡財甚矣。凡此十事皆有關君心國體，在今日之至重且急者，陛下所以思惟以消弭天變者，宜莫先於此也。臣伏願陛下自兹以往，精明一德，總攬萬幾，復視朝之常規以親政事，御經筵之舊典以絶逸游，遴選宗藩之親賢以備眷注，去義子之名爵以別嫌疑，異端番僧則逐之，賤役優伶則斥之，革罷皇店以公民利，遣還邊兵以壯軍威，停止京師土木之役則民困可蘇，取回南京織造之官則民財可省，而又簡擇賢能以修舉職業。若臣遭逢盛世，愧乏贊襄之功；玩愒歲時，難免鰥曠之罪。乞賜首加罷黜，以謝天譴。如此，則陛下有畏天之實心，有愛民之實惠，上可以安祖宗在天之靈，下可以慰中外臣庶之望，可以變灾而爲祥，轉禍而爲福，實宗社億萬年無疆之休也。臣犬馬懇切之忠憤不知所裁，觸冒天威，無任殞越待罪之至，謹題請旨。

乞宥言官以隆聖德疏<small>南兵部上</small>

臣竊見南京四川道監察御史林有年近奉聖旨差錦衣衛官校拿解赴京，中外聞之，罔不驚駭，相傳以爲本官因諫諍得罪。臣未知其詳，必是所言狂妄，不識忌諱，觸忤天顏，誠宜有罪。但御史爲朝廷耳目之官，凡政體之大、民隱之小皆當言之。其言之善者，則微婉將順而無悍訐之失；言之未善者，則憤激太過而少和平之氣。雖各有不同，然原其心，則皆忠於朝廷，非爲身家也。

仰惟陛下臨御以來擢用諍臣，啓達言路，臣工有所論列者率多采納，時有未中者，亦賜優容。今林有年上章論事，不加詳審，實出於一時之粗戆，獨未蒙聖慈寬宥，拘拿逮繫，譴責如此之重，其何以開廣耳目而來天下之善乎？夫人主以聽言不拂爲聖，人臣以進言不欺爲忠，故曰君聖則臣直。使有年之言果可罪耶，陛下肯矜而赦之，益足以隆至聖之德。若仍加罰責，適足以成小臣之名，誠恐自以後爲言官者不能振作其敢言之氣，皆循默自保、畏罪避禍之不暇，孰肯蹈不諱之戒以犯雷霆之威哉？伏望陛下少回天怒，沛施仁恩，特敕所司將林有年俯從寬釋，既有以正狂愚之罪，又有以彰包荒之美，天下臣民必將歌頌聖德於無窮矣。臣此言非敢屈爲救護，良以言路與治體相關，是以不得已冒昧上言。干瀆天威，不勝戰慄懇悃待罪之至。

請回鑾輿以慰安人心疏_{南兵部上}

　　臣等仰惟聖駕親統六師南征，蓋所以敬守祖宗之鴻業，不敢少自暇逸也。但駐蹕南都已逾半年之上，近日居民頗多驚疑，人情物議洶洶不安。臣竊思上天視聽一取於下民，民有不安，是天所以警戒皇上之意厚矣。臣憂切於中，不敢緘默，謹以耳目所繫六事條陳。伏望念祖宗開創之至難，思民心岩險之可畏，垂神省覽，早賜凱旋，則非但南京一方人心自安，而此[四]京臣民之心亦安，非但北京臣民之心亦安，而天下之人心俱安矣。臣不勝懇悃激切之至，爲此謹題請旨。

　　一、安定人心

　　南京雖江南重地，然自太宗文皇帝定鼎於北，百餘年來未晉[五]一見鑾輿巡狩。今從征軍馬數多，市井間巷軍民之家分投寄住，填塞擁雜，勢不能無，積之日久，未免行者起思歸之怨，居民苦妨廢之擾。民心惶惶，間至中夜，或目有所見，或耳有所聞，一人驚愕，百衆隨之，逾時方定，莫知所自。夫和氣致祥，乖氣致異，古今明驗。伏願皇上垂念根本重地，早定北還之期，則人心自安而和氣自應矣。

一、舉行郊祀

自古帝王之治天下，必以敬天爲第一重事。皇上親征討叛，罪人既已擒獲矣；但翠華尚未北旋，郊祀之禮久未舉行，上天之意或不能無所動於中。伏望聖心惓惓以敬天爲首務，早還京師舉行大禮，則君道無有不盡，而人心無有不悦矣。

一、草料缺乏

南京每年徵收草料皆坐派各府州縣，額有常數，所以供給各衛軍馬之用不可日缺者也。近因聖駕親征，巡撫等官奏行措置，遠至數百里外收買殆盡。即今舊積者已少，新產者未收，雖令州縣易買，倉卒無出，縱嚴加刑罰，措辦亦難。伏乞聖明洞察地方艱苦，使隨行軍馬早得回京，則所司不致嚴征峻歛，遠邇自得安生矣。

一、處置罪囚

江西俘解逆犯宸濠等皆拘繫舟中，灣泊江口已逾數月，尚未有處。雖兵夫圍守，保無他虞；然日久人心或生懈怠，意外之變誠不可不爲之慮也。況今賊中病故甚衆，若無獻馘之期，則死者多，存者少，何以告廟、示大法於天下乎？伏望聖上念天討之不易，速武功之告成，先令内外提督軍務等官督解上京，則陛下伐叛安民之功并隆於前古矣。

一、體恤夫役

仰惟聖駕駐蹕南都，各府州縣僉派人夫迎送，自去年十二月至今已七閲月，皆裹糧借貸寄宿旅舍，或誤其裁^{〔六〕}種，或誤其生理，畏懼法度，不敢逃躲。南自儀真，北至通州，沿途地方不下數十餘萬所，諸聚處饑饉死亡者甚多。伏望皇上施天地之仁，少加體恤，使早得安生，則人心無不歡欣感戴矣。

一、攘除邊患

近聞虜賊攻圍遼東，侵犯宣大，搶掠偏頭關等處，敢於肆無忌憚者，蓋竊窺我皇上南征，兵多隨行，是以乘隙入寇爾。若不急圖所以禦之，則必深犯腹裏，將爲畿甸之害。伏望陛下以邊方爲念，早回鑾輿，則先聲所至，虜必遠遁，而地方之患永息矣。

早建國本以安人心疏_{南兵部上}

臣切惟帝王之御天下，必以建儲爲首務，蓋儲貳者天下之大本，大本不立，不足以言治矣。我太祖高皇帝即位之始，未遑他圖而首建儲貳，所以貽聖子神孫以萬世不拔之謀也。百餘年來，列聖相承，治如一日，四方無覬覦之患，奸雄絕窺竊之虞，雖其良法美意維持周悉，然實早建國本以爲之基爾。

仰惟皇上嗣登寶位，前星之光久而未耀，天下臣民日望聖明且有權宜之處以安國本，於茲十有一年矣。群情日以洶洶，建議者雖多，曾未略有施行。臣愚昧不足以仰窺聖意，不知終將何如爲處也。夫嗣不早定，則有一旦之憂而貽萬世之患。今細民之家，苟有百金之產，亦且預立後嗣以絕異姓潰亂之謀，弭外姻侵奪之計，況天下之大，神器之重，而儲位可以久虛乎？陛下春秋富盛，仁覆孝感，上天陰隲，必生聖嗣。臣所請亦惟願陛下權時之宜，姑選宗藩之親而賢者，如唐宋故事育之宮中，慎簡左右以預教養，攝居儲位，仰衛聖躬，用繫四海之心，以杜群邪之釁。異時皇子誕生，然後優其禮秩，遣還藩邸。於義爲順，於事無嫌，陛下又何疑於此而不早爲之計乎？

昔宋之真宗、仁宗皆嘗預養宗室以爲儲嗣，方其計議之未定，其臣范鎮、司馬光之徒亦嘗更迭請矣。自今追論其事，孰不以二君聽言之爲明乎？又孰不以諸臣進言之爲忠乎？夫以當時諸進言者之爲忠，則知今日進言者之決非不忠，而在所宜聽亦明矣。若猶致疑於目前，曷不以往事觀之乎？上而兩宮之尊，次而諸藩之親，近而左右，外而勛戚、公卿、諸大夫，下而百司、郡縣之職事，遠而閭閻、市井之愚氓，孰不日夜惶惶以早建儲貳爲願。陛下如不以臣所言爲信，則請試歷咨詢，若其間或有不然，則是臣果爲欺罔，甘受斧鉞之誅，以爲臣下不忠之戒。臣本以庸才誤膺重寄，每思捐軀以效犬馬之報。顧國本未建，大小臣民莫不以是咨嗟彷徨，日以解體。此臣所以憂心悵悵，罔知攸措，是用不避忌諱，披瀝愚誠，相率而爲陛下一言者也。伏願陛下念祖宗創業之艱難，思國本之重大，憫群臣、百姓之至情，爲宗社萬年之遠慮，早賜施行，則天下幸甚。臣干冒天威，無任懇悃激切祝望之至。

明舊章厘宿弊以圖治安疏 南兵部上

伏惟我祖宗建邦立政，貽謀宏遠，行之萬世亦無不宜。奈何承平久則玩戲生，法令寬則奸蠹作？不及時除治，則敝壞日深而後莫可圖矣。切照南京爲天下根本之地，聖祖肇造於此百五十餘年，其間舊章雖在而有未明，宿弊已深而有未革。臣本凡庸，誤蒙簡命，視事以來日夕憂惶，罔知攸措。但政典之大者，非一人之所專行；積弊之深者，非一日之所能去。謹條陳六事，上瀆宸聰。伏望皇上仰遵累朝之典，俯察近時之弊，斷自聖衷，下之該部。如有可采，即賜施行，使畿輔之內窮困少蘇，而微臣瘝曠之罪亦可以少免矣。臣不勝懇切祈望之至。

一、嚴操練以修武備

照得南京原設大小教場、神機營、新江口四營軍馬，所以固京師以防外侮者也，操練之法誠不可不嚴。臣節伏睹累朝敕諭內事理：「南京內外守備、參贊官，四營每月該操之期，輪該一員，與協同官員閱視，嚴切比較，以示勸懲。"欽此，欽遵。夫謂之每月一次則不欲疏曠以致怠玩，謂之輪各一員則不欲重難以致廢弛，其委任之意至矣盡矣。奈何法久則寬，事多循習？今一年之間，内外守備、參贊官止是春秋會集，到營二次，非惟於操練之法未嚴，抑且與敕諭之旨不合。合無今後除春秋二次看操外，每遇該操之日，容臣與内外守備官輪各一員到營閱視，如此則舉動便而省會集之煩，比較勤而免怠玩之弊矣。

一、禁役占以肅軍政

照得各衛軍餘，我國家有百[七]餘年，休養生息，惟恐不得其所，所以充行伍而嚴備禦也。邇來營隊之間，疲敝者多，精壯者少，雖有披堅執銳之名，而無折衝禦侮之實，蓋由禁治之法既寬，役占之弊未革爾。

查得弘治十三年，該南京吏部尚書等官秦民悦等奏准，南京五府掌印官定與二十名跟用，見任佐貳每員十五名，俱於本府所屬軍多衛所空閑餘丁内撥用，其餘役占辦納月錢之人盡數退出。

爲照近年以來，各官其老成奉公者固不肯違制而縱私，其貪殘剥下者亦未免謀利而忘義，役占軍丁甚至人百餘名，取覓官錢多致月數十兩，以公家守衛之人爲私室營辦之計。況有豪猾奸頑者往往投托影射，生事害人，就輕而避重，蠹法戕政莫甚於此。乞敕該部查照前項奏准名數，申明定制，嚴加禁革。其役占軍餘及有投托影射者悉令退出差操，仍令各衛所通將退出并撥過餘丁姓名造册，送赴南京兵部、兵科查理比較。此外但有仍前占吝貪刻之徒，聽本部及科道官[八]指實劾奏，革去管事閑住，仍通行南京科道并各衛所一體遵奉施行。如此則私役少而國法振，行伍清而軍政肅矣。

一、革冗員以寬民利

照得南京龍江關，皇城、都城各門，内府"甲"字等庫，近年以來添設內宮內使數多，擾害軍民商賈，其弊有不可勝言者。且如龍江一關，乃京師商賈必經之地，今守關官員增至二十七員，進關使用橫取於常，晝夜思以營私。左右望而罔利，物價騰涌於市肆，商賈嗟怨於道途。其都城門之攘取至於賣菜之貧人，其皇城門之求索至於擔漿之細物。守庫者立茶果之名，解納者苦錢糧之費，皆以為公通可辦，私賄難酬，以致府藏不得充盈，拖欠不得完納。聖明之世豈宜有此？近年累經題奏，未奉特旨裁革，益肆荼毒，罔有忌憚。伏望特敕內外守備官務要查遵成化年以前事例，照數存留管事，其餘多添濫設者盡行革退，庶幾民害可除而民利可寬矣。

一、買戰馬以振軍威

照得用兵之法，騎為上，步次之。若營伍之間，有軍矣而無騎戰與無軍同，有馬矣而不壯盛與無馬同。今南京各營買補馬匹，舊例樁朋、租銀輳合七兩買補。正德九年，奏准增添租銀二兩，輳合樁朋銀共九兩買補。正德十一年以後，仍照舊例不許增添。但近來南京地方馬匹甚少，價值甚高，即令九兩買補，尚且羸小不堪騎操，若復減至七兩，勢愈難行。蓋有馬者固不肯低價以售於官，買馬者亦安肯出私以陪於國？苟不通乎人情，曷以濟乎實用？查得弘治年間，奏准買補馬匹須四歲以上八歲以下，價自十二兩至十五兩。今據此例則太多，若守前例則太少，莫若通融區畫以合時宜。樁銀固艱[九]更改，租銀則可增添，合無量加三兩，共輳前數，本部選委廉幹指揮一員督令各營買補，待後地方馬多價減，另行奏處。如此，則陪償之苦得以漸寬，倒失之數得以漸復矣。

一、定船差以便進貢

照得南京錦衣等衛馬快船隻，國初止為操江禦侮而設。後以京師相去遼遠，其器物所需必取給於南京，皆以馬快船隻裝運，亦一時通融暫處之計，非原設本意也。查得快船原設九百五十八隻，奉例減退一百五十隻；馬船原設八百一十七隻，奉例減退二十一隻。中間有朽爛拆卸而數年未得成造者；有漂流無存，累經查究追造而未見完報者；有大修而經歲不完，有小修而累月未畢者；有遭風沉溺，車壩損壞而甲餘俱逃者；有因公差夫船私回原籍而查拘未到者：是以船隻日益減少。其薦新、進貢除歲例照常應付外，近又巧立名目，比舊加添，又有不時取用物料、造辦等項多討船至五六十隻者，及欽差等官往來，應付差使日益浩繁，夫甲日益貧耗。甫歸之，席未暖，而後差之裝運又行；前次之債未償，而後差之幫錢隨繼。甚則蕩廢產業，鬻賣子女，痛楚萬端，無所控訴，往往逃竄他鄉，父母兄弟不能相顧，良可憫惻。至於沿河一帶軍衛、有司、驛遞等衙門，人力竭於迎送，夫錢苦於誅求，其被害尤有不可勝言者。臣請於薦新、進貢等項一一遵照先奉欽定則例差撥，近年奏討增添者量行查革。其欽差往來則少者一二隻，多者不過三四隻。其取用、造辦等項則少者七八隻，多者不過二三十隻。驗裝科道等官務要查數定扛，不許過違舊例。如此，則船隻雖曰減耗，庶免困乏之虞；夫甲雖曰貧難，庶免流離之苦矣。

一、修船隻以便差用

照得南京各衛快船先年俱是工部出價成造，後以所造多不堅固如法，奏准工部支價，本部委官成造。續又奏准工部出銀七十兩，本部出租銀二十兩，并變賣原船舊板銀十兩，共得銀一百兩。爲照快船成造必得銀一百五十餘兩，然後堅完可用，小甲陪補過多，深爲貽累。合無行令工部量添銀二十兩，本部量添租銀一十兩，轉合前銀成造，庶得工力易舉，而少免陪補之患矣。

及照南京內官監、孝陵衛等衙門斫取蘆柴，搬運磚瓦，共該馬船三十餘隻裝運，被各該官員索要幫錢數多，人夫不得安生，船隻又爲蘆柴所壓，多致損壞沉溺，深爲未便。若將快船照前量添價銀成造，其底船不使變賣，存留本府，通融措辦改造，匾淺船隻以爲裝載蘆柴等項之用。其各船撐駕人夫，合行江淮、濟川二衛備查各字號船隻，有遠年事故、徵造未起者，暫將前項船隻查照字號編補，所有解到各船，人夫就令照號編僉撐駕，待本號船隻徵造完日，另行區處。如此則快船之成造易舉，而馬船之差用有餘，一舉而兩便矣。

戒游幸以安人心以安天命疏_{南兵部上}

近者道路傳報，聖駕以七月初旬復出，幸居庸關，將往宣、大、山、陝等處，開有應用件目、供給名數。南北各衝要地方人心驚疑，思欲逃竄；有司倉皇，預謀科歛；流聞南都，亦復喧駭。臣愚昧，揆之事理，有將不然。陛下前幸宣府，以郊祀之期亟詔回鑾，時國無大故，因以再出。今日山陵甫畢，哀思方深，其何能忍？臣是以知其不然。然臣猶不能已於言者，誠以無其事而爲之説，雖有不驗，要自無損。萬一幸中機會，寧不足爲先事之防，亦臣犬馬之心所求以無悔者也。

臣聞人君之威不可玩，玩則弗震；迹不可褻，褻則難防。故先王爲鹵簿之設、警蹕之儀，爲綴衣虎賁之衛，爲巫覡祓除之節，夫然，故天下莫不畏其尊嚴，雖有奸雄，無敢睥睨，用能保世以滋大永久。至於嗣君志得意滿，無所懲創，輕萬乘之尊而馳千里之險，輟衮冕之榮而混韋布之賤，恒人見之以爲不相遠也，始有無忌憚之心，於是乎意外之禍變作矣。若夏太康畋於洛表，而后羿拒之；周穆王歌於瑤池，而徐偃叛之。自古逸豫害德，未有見其利者。況夫兵者凶器，戰者危事，變生俄頃，勇智俱困，而顧以不貲之身投諸其間，如之何其不危也哉？且陛下始幸宣府，意者邊備少馳，軍氣未振，故車駕偶一臨幸，以觀省而振作之。然一斯可矣，至於再，至於三，則天下之人不知，所謂惴惴然有旦夕之憂。

仰惟陛下天生聖武，經閱有年，豈故昧此？是必有左右貪功生事之人藉口前代用武之君以引導，陛下聖心太銳，墮其計中而莫之察爾。且所謂用武之君，不過漢之高祖、唐之太宗，此其最著者也，然豈二君之得已耶？蓋創業之初，群雄奮爭，必親冒矢石，然後天下勘定。若其繼統之君，則惟安養生息，培養國脉，未有馳騁行伍而與諸將鬥勝者，非其怯也，良以開創與守成之時不同，而驅除、維持之體亦異也。今四海一統，無門庭之寇；邊陲寧謐，無烽燧之擾。縱使間有小警，不過分遣一將備禦、征剿之足矣。陛下乃欲出未有名之師，要不可成之功，矧今各處灾傷，民窮財盡，臣恐中原內虛，而百姓離心，邊釁一開，解難之期又可必乎？

在廷之臣所以進諫於陛下者亦既屢矣，其於禍害之機亦既明且切矣，而車駕往復曾無他虞，陛下固謂天命可恃、人言無足信者，然不知天下大患方在於此。事變無常，人心莫測，以順肆者必以逆止，何則？無所畏而狃[一〇]以爲常者也。臣不敢泛及，請就漢高祖、唐太宗之事明之陛下。以二君用兵如神，爲終無敵耶？則嘗伐匈奴而有白登之圍矣，嘗伐高麗而有鴨綠之困矣。夫當用兵之時，猶不免貪兵之害如此，況非時而動，其何以保無後慮耶？雖然，此猶患之自外至者，人之所共知也。抑聞季氏伐顓臾，孔子以爲憂在蕭墻，秦人知備胡爲築萬里長城，而不知近在望夷之宮，蓋本根受病，猝不可救。是故明主先於自治而不敢挾外以逞者，爲是故耳。今陛下一出，奉九廟之祀者爲誰？奉母后之養者爲誰？一日、二日萬機總攬而臨決之者爲誰？是可不爲之寒心哉？臣愚無狀，荷國厚恩，竊念祖宗創業之難，列聖繼體之重，天命靡常，人心可畏，故敢忘斧鉞之誅，懇悃爲陛下言之。

北望闕庭，不勝隕越待罪之至。伏惟聖慈俯賜鑒納，臣幸甚，天下幸甚，宗社幸甚。

早視朝以勤聖政疏_{吏部上}

臣惟自古人君雞鳴而起，孜孜圖惟治理，非特萬幾之繁，不敢自逸，蓋夜氣清明之餘積至平旦，人之精神自然安和暢爽，御事不勞。至於夏月，暑氣上蒸，尤當夙興以防倦怠。仰惟皇上嗣登寶位，視朝恒早，精勤政務，天下臣工孰不交相慶幸？但旬日來頗覺視朝漸遲，日色已滿御道，炎蒸可畏，雖聖躬高拱沖穆，不以為勞，而盛暑之候宜當調攝保愛。又況百司庶職并四夷朝貢等項人員俱在午門前俟立，觀聽之間，所繫非小。伏望皇上體天之行健，時常戒懼，日未出而視朝，日初出而退朝，著有定規，人知遵守。不惟聖體舒泰，不為暑熱所侵，而志慮精明，自於治理有賴。

又照風雨之晨，近多暫免朝參，該日奏事因亦停止。尤望皇上遵行弘治以前列聖故事，以後免朝，除常朝官員不入外，仍乞御門，著令合該衙門應奏事件以次引奏，庶萬幾無停壅之失，朝廷有勵精之美，法祖勤政，當無大於此者。臣無任激切願望之至。

嘉靖元年六月十一日，奉聖旨："卿所言早朝勤政，具悉忠愛至意，朕當體行。弘治年以前，遇雨暫免朝參，仍御門外奏事禮儀，還查照舊規行。該衙門知道。"

暫停差官織造以慰窮民以溥聖惠疏_{吏部上}

近該各處撫巡等官奏報，災異重大，饑饉非常。以此，少師兼太子太師、吏部尚書、華蓋殿大學士楊士奇等題奉明旨，會集部院司寺及科道等官條陳荒政，奉欽依："是。這地方災傷重大，軍民十分困苦，存留起運糧米、歲辦等項錢糧俱與停免，其餘救荒事宜都准議行。還差堂上官一員前去，會同撫按官嚴督所屬，將前後動支銀兩設法賑濟，務使人沾實惠，不虛應故事。”欽此。隨改戶部疏名上請，又奉欽依：“務要用心設法，使窮民各沾實惠，以稱朕憫念元元至意。”欽此。續該兵部議奏，南京兵部題，差郎中蔡賢請敕計處馬船料價，奉欽依：“是。官不必差，待豐年來説。”欽此。又該禮部題請，嘉靖三年正月十二日大祀慶成，例該筵宴，奉欽依：“是。既各處地方灾傷，准暫免宴。”欽此。

臣備員大臣，義均休戚，仰窺聖意憫念窮民，無所不至，苟有濟於天下，當不惜於身家。顧慮臣下交修未至，敕禦無方，正思朝夕講求荒政，次第敷陳，以仰承德意。近該內織染局奏差蘇杭等處織造給事中張原、曹懷、章僑等連章論列，工部尚書趙璜等擬奏，俱以地方灾傷色〔一〕暫停免，未蒙俞允。中外物論實切驚疑，將謂恤民之政未臻實效，而屬民之令已播先聲，臣等實有意外之虞，敢忘先事之戒？切惟皇上克畏天戒，屢廑修省之諭；軫念民窮，博求賑濟之方。雖內帑可發，雖漕運可留，雖歲派可免，雖馬船工料亦可停差，雖宴會盛典亦可暫省，傳聞天下，使窮饑待盡之民亦有更生之望。若差官織造之命獨未中止，則是皇上懇惻爲民之實意徒爲矜念不切之虛文。天雖至高，其聽惟卑；民雖至愚，其知如神。以此應天，天或未格；以此濟民，民益增憂。且今年灾異近世所無，江北之生靈惟江南之仰賴。先年亦以織造煩擾，差遣非人，遂致鹽法阻壞，機戶逃亡，國本有傷，邊儲大損，覆車未遠，明鑒具存。又恐南畿財賦之地易致動搖，中原盜賊之機待釁而動，臣深憂過計，有不容不盡言者。至於上用袍服，歲有常供，鎮巡等官必能辦理，豈敢有缺？如蒙皇上俯念窮民，開納群議，暫止差官之命。仍依工部所擬，行令鎮撫管官辦料織造，務要以時解用。若有違誤及不如法者，罪有所歸。待後年豐時和，地方無事，另行議處施行。則皇上綸音之渙布、聖意之真切自足以上感天和，下慰民望，而臣參陪廷議，亦得以仰贊德化之成矣。干冒天威，不勝恐懼懇切祈望之至。

三乞天恩陳情容令休致疏 吏部上

本月□日，該臣再疏陳情，伏奉溫旨獎慰，仍遣鴻臚寺諭意，"促令供職"，欽此。拜命之餘，感激無任，誠思殫勉圖報，不敢自愛其生，極欲扶衰補憊，力疾就官，鞠躬盡瘁，斃而後已。但衰病日有所增，形神莫能自強，進退狼狽，愧懼益深。況茲庶僚具瞻之地，豈容百念盡廢之人？愚臣未免自疑，公論又將所謂。臣聞自古君臣之間，多全進退之義。如臣同時赴召，若戶部尚書孫交、兵部尚書彭澤、刑部尚書林俊、南京兵部尚書陶琰，俱以衰病自陳，得荷仁慈憫念，得遂生還。臣雖愚劣，不足以諸臣爲比，然以出處進退偶爾同時，皇仁大造，溥及萬方，臣庶賢愚，恩沾一體，伏望聖明俯垂照察臣情無僞，臣病日深，特賜俞允，得遂歸圖，使臣骸骨幸返於樂丘，則報德敢忘於結草？臣無任懇切之至。

嘉靖三年七月□□日，奉聖旨："卿才德老成，賢勞懋著，銓衡重地，方隆委任，何乃偶因微疾遽求休致？情詞懇切，特茲俞允。着馳驛還鄉。着有司月給米四石，歲撥人夫四名應用，仍歲時以禮存問。該衙門知道。"

校勘記

〔一〕"民"後，據《明經世文編》卷九十八《陳愚見以廣聖聰疏》當有一"受"字。

〔二〕"比"，據同上文當作"北"。

〔三〕"恩"，據文意疑當作"息"。

〔四〕“此”，據文意疑當作“北”。

〔五〕“晋”，據文意疑當作“嘗”。

〔六〕“裁”，據文意疑當作“栽”。

〔七〕“有百”，據文意疑當作“百有”。

〔八〕“宫”，據同上文當作“官”。

〔九〕“艱”，據同上文當作“難”。

〔一〇〕“梴”，據文意疑當作“誕”。

〔一一〕“色”，據文意疑當作“乞”。

喬莊簡公集卷六

序

《薛文清公行實》序

嗚呼！聖賢之學不明於天下久矣。自濂、洛、關、閩之後，以斯道爲己任者寥其人。在元則有魯齋許公、静修劉公，國朝則有文清薛先生，此皆所謂道學之儒者是也。先生嘗言"學者讀書窮理，須實見得，然後驗於身心，體而行之"，故其幼而壯，壯而老，出處進退、辭受取與之節，無一事不求合於義。在大理時，權奸中傷，則臨難而不避。在內閣時，義有所不合，則見幾不俟終日。在河津時，隱居樂道，則講學以淑後人。傳曰"富貴不能淫，貧賤不能移，威武不能屈"者，先生殆兼之矣。如是而謂之儒者，其無愧乎！平生所著述，若《讀書録》《續讀書録》諸書，咸明白簡易，力挽末學詞章之陋。蓋其踐履精純，言與行相顧，匪若異立炫其高遠無實者所可倫也。

或曰："從祀闕庭，凡立言行道，有功於聖門者皆取之。若静修與先生，篤志聖賢之學，終其身而不變，可謂有儒者之實矣，而弗獲預，非缺典與？"

余應之曰："歷代從祀之議，有定於一時者，有閱歷數十年與百年之後而始定者，要其極，秉彝好德之公烏能泯哉？今議者輒以著述少之，謂劉静修明道之功不如吳草廬，薛文清講道之實不如考亭諸弟子，舉其一節而遺其全體，非天下之定論也。夫生乎百世之下而奮乎百世之上，不由師傳，專心正學，所謂豪杰之士、間世之才，其有功於名教也不爲小矣！以之侑食廟庭，復何忝乎？聖朝文運聿興，崇儒重道，激勸風化之事，以漸舉行，然則二先生之從祀恐終有不可廢者矣。”

宇故幷著其説，以備論世者之采。粹是編者，河津王生鴻，娶於先生之孫，爲闕大使云。

《師生會別圖》序

吾友王伯安先生，雖業日崇，而講學益不怠。比官南都之鴻臚，地位清暇，故四方士之至者多及門焉。兹拜巡撫南贛之命，其門人監察御史莆田陳杰輩義不忍别，相率餞於石城之隅，以燕山葉澄氏所作《師生會别圖》再拜請於余曰：“先生之去，諸生皇皇，如有所失。先生進之曰：‘人以迹異，道以心同，心苟不違，雖睽隔亦何傷於是？’諸生奉觴上壽曰：‘所貴儒者之實學，毋擇於文武。革強服叛，亦道德之餘事，固先生之心之責乎？’先生曰：‘嘻！何言之易也。軍旅之事，吾未之嘗學也。吾方疏辭，庶幾得請索我於烟霞之外則可矣。’諸生默不敢言，謀以圖寫其意，而意復不能盡於圖也，敢祈叙以明之。”

余不能拒，披圖覽焉。其儼然中坐，若有深思，遐舉而未得者，吾知其爲伯安也。餘則遍詢之，乃知其人，其容恂恂，首東向坐者，即杰也；其氣顒顒，次坐於右者，兵部主事莆田林達也；其貌温温，又次坐於西者，太常博士莆田馬明衡也；其色愉愉，西向坐者，兵部郎中汶上路迎也；其履謙謙，次坐於左者，工部郎中餘姚徐愛也；體昂而舒，束帶以趨者，兵部主事鄞黃宗明也；儒風彬彬，相繼而入者，始爲鄉進士臨川饒文璧也，次莆田柯維熊也，又次潮陽薛侃也。

於戲！道之不明於天下久矣。爲師者，孰知所以教？爲弟子者，亦孰知所以爲學哉？政治之頹，士風之陋，常必由之。今觀伯安與諸君之所講授者，惟究心義理之學，不爲高遠難行以阻人之進，是宜風聲所及，觀感而趨向者日益衆也。伯安行矣，余近聞南贛諸峒夷猶弗靖，其戀思所以上副九重簡任之重，下以解群黎倒懸之苦，庶君子之學，有體有用，匪徒托諸空言而已，豈非儒者盛事哉？余悵麗澤之將遠也，故於諸君之請，頌美期望之不足，而復繼之以規。

送太子太保禮部尚書周公先生致仕西歸序

太子太保周公居太原七年，小大之臣薦章凡七十餘上。聖天子嗣大歷服，惟圖任舊人共政，有詔起公。公辭以疾，乃降璽書強起之，命掌邦禮。公再入朝，海内皆想望耆碩，翊成治化。既數月，公懇以舊恙乞休。上重違公，特賜俞允，歲給廩餼、徒隸，寵眷優渥。將戒行，上再賜璽書，若曰：“卿世篤忠貞，若考作司寇，用中於民，民弗罹於辜，嘉績多於先王。越後人顯朕，賁昭乃世，爰錫誥命，贈如其官。卿慎乃起居，和於身，天壽平格，用光我國家。卿歸，其念之哉！”我西晉士仕於朝者若干人，咸惜公去，作歌詩以寓仰止之思，謂小子宇宜有所敷紀。嗚呼！昔我先大夫式與公敦世好，若昆弟然。宇又公門下士，其曷敢辭？

粤稽古大臣，責在股肱心膂，去就與世運相重輕。進則政事惟醇，賢者恃，不賢者憚，用裨君德，保乂烝民。或恬遁以去，則臣節勵，士氣崇，風聲所及，足以激貪而起懦，其有益於人國大矣。公官翰林，即究心天下事。暨佐銓衡，總國賦，豐功偉績，遠近頌播。先皇帝嘉公勇退，貽厥燕翼，爲社稷無疆之休。比雖抱疾，弗克竟經綸業，然九重禮敬老臣，與公所以惓惓忠愛者，上下罔缺。嗚呼！君臣始終之義若公者，厥惟鮮哉。昔在宋有若文潞公留守西都，司馬溫公居洛，咸以壽耇樂閑退。朝廷有大政令往咨詢之，亦咸有所獻納，中外倚以爲重。公歷事四朝，懋著勛德，禮進義退，完名盛福，彌久益隆，章逢之士奔走望下風者不容以僞。公其迪紹前烈，身雖在外而心未始不在王室，或有嘉謨嘉猷，時達上以輸其所未竟者，公之令譽，不亦世有所聞乎？雖然，文、二公皆出吾山右，晚而不歸於鄉，後進者蓋有遺望焉。公之諸子趾美京朝，而公獨以榮名壽祉巋然爲桑梓重，是固天下所同慕，不尤爲宇輩之私幸也哉？

奉別邃庵楊公先生序

今陝爲西北巨藩，扞胡控羌，兵馬最盛。國初涼鞏汧渭之間，苑監列置，馬厩蕃息，而漢中諸山歲運茶課以百萬計，朝廷遣使持金牌入番易者恒至數千，邊伍充牣。中世以來，圉政漸馳，郡縣轉輸復病於不繼。正統間，始定歲額三萬，所貿易者大減於昔，而公家之需自是匱矣。比歲雖設御史司禁察，然止於河西茶馬，其餘苑寺則遠不屬。大司馬東山劉公乃建議，請於上，以都御史督理之，而僉舉廷臣中素有聞望、憂國如家者往蒞其事。我邃庵先生楊公首膺薦列，命下之日，縉紳無問識與不識，咸賀以爲得人。

或者乃曰：“先生文章道德，蓋世之所謂儒宗。前日之總風教，司禮樂，固其宜也。彼馬政雖難，特有司之一事，顧可盡公所蘊邪？”宇竊以爲不然。天下之事踵已成者易爲力，振久廢者難爲功。提學、奉常之職固不易稱，然勉於奉公者或可以逭愆。若馬之爲政，當今所急，且以百餘年大壞極弊之後，一旦興起而作新之，以爲國家經久不易之制，非有經綸之才、以天下爲己任者，曷足以勝斯舉哉？嘗聞之先生云：“曩在關中時，目擊其詳，大抵不調之瑟，非解而更張之不可也。姑舉其大者，若復牧地，補飼卒，擇能[一]，蓄種牝，調游騰，葺厩疥，蠲逋欠，廣互市，慎設險之方，稽充邊之數，如此，而又專任而久行之，盡吾之心無遺慮焉，竭吾之力無遺勞焉，則庶乎其可也。”夫以先生濟時之才，行道之志，持是以往，則督牧之事信有不足爲者。蓋將講尋祖宗之遺法，上不負九重之簡任，不[二]足以慰中外士大夫之望，務收成功，以臻實效，豈苟焉狥時塞責者可比哉？天下事尤有大於此者，未必不於今日之行兆之也。兹敢述平時所誨宇者，纍括爲文以獻，然非宇一人之私言也，實喜先生將大用于時而樂爲天下也。遂爲序。

送大司馬幸庵彭公致政西還序

聖天子入紹大統，迓天休命，日孜孜圖惟治理，首敷用舊人共政，“宅乃事，宅乃牧，宅乃準”，詢咨僉謀，卜筮協從。時則有若彭公濟物起關中，入典樞要，爲兵部尚書；孫公志同起安陸，度支國計，爲戶部尚書；林公見素起莆陽，命典庶獄，爲刑部尚書。徵命方殷，復以重奪雅志，璽書授介者敦勸，俾勿辭。先後聯軺至，蓬籍趨朝，歸然士林表望。惟天純佑，百僚濟濟實於廷，職率用乂。皇上敬修厥德，弗自暇，亶期敉功。肆宇寡昧，參贊留都機務，繼忝召命，用掌邦治。亦惟義德同有替，容德罔違，若游大川，暨我數人協力以往，庶有濟。今再閱歲，林公累疏，曰耄宜歸。上重違厥志，允之，進宮保秩，賜敕給驛以還。既而，孫公累疏，曰病宜歸。上重念厥躬，允之，如林公禮。行之日，更錫朝宴。今彭公又累疏，曰寵思危，盛思止，宜歸。上成其勞謙，允之，晋少保，餘如二公禮。嗚呼！三公之才猷德望，出處進退之際，率止禮義，人以卜世道升降，固莫得而先後之者。然而出也彭公則獨先，歸也彭公則獨後，朝廷寵數又若有隆士大夫於其去也，又若有永孚於休之責繫焉者，其以公之年未及林公矣乎？公之病未及孫公矣乎？

公往事先朝，冒歷艱阻，北撫未幾，而提兵中原。是時，河南、山東盜賊充斥，天下幾危。公擒斬數萬，汎掃削平，卒定大難。旋爾西征川蜀，殲厥渠魁，獻俘奏凱。臺席方溫，復經理邊務。中忤權奸，竟罹禍阱，至於褫職，窮居而不易其志。匪躬爲勞，膚功爲著，坎險爲危，是則公所備嘗，蓋有林公、孫公之所未遇者矣。國恩、朝論所以尤眷眷不能已者，信亦非偶然也。況聖天子明習國家事，方媲美周成王立政立事，休兹知恤，克迪前人光。今相爾受民，孫公則去已；和爾庶獄，林公則去已；詰爾戎兵以陟禹迹，海表咸服，彭公又去焉。甫數月，老成耆舊接踵歸隱，雖九重優眷大臣之禮與大臣自處之義上下罔缺，然其去就間所係匪一人之輕重而已也。

昔在宋，有若文潞公、富鄭公留守西都，司馬溫公居洛，皆一時耆老，樂處閑遁，而朝廷有大政事往咨詢之，亦咸有所獻納，海內倚以爲重。今公之歸也，其篤趾前烈，凡有嘉謀嘉猷，時疏以聞，所謂"爾身在外，乃心罔不在王室"者，不亦永有令聞乎？雖然，公用世之才也，今日國家恐不可少公，公勿疾其驅，召命行且下矣。

送南京都察院右都御史洪公考績序

新安洪公以右都御史滿三載，奏績北上。南都諸公卿大夫咸往賀公，而右副都御史蕭公凌漢與公有同官之誼，謬以贈言屬於余。

余惟國家當氣運隆昌之時，必有老成持重、負公輔之望者委付臺省，以弼成治化，以振厲紀綱。考諸載籍，如漢、唐、宋所稱曰長者，曰老臣，曰耆德宿望，皆有以覘世道升降之機，匪獨於其人也，顧豈偶然而已哉？

公以戊戌進士三宰劇邑，所至以循良聞。比擢南臺監察御史，屢上封事論吏臧否，切中弊政。時先帝方任賢從諫，多所采納，而公益自奮庸，無所避忌，一時風裁凜然，士論咸歸之。用是累遷藩臬長貳，尋拜右副都御史巡撫雲南，既而改升南京大理卿，以至今官。前後二十年間，所歷之地聲譽籍籍，愈久而不爲變，所謂老成持重、負公輔之望若公者非其人歟？

公歙産也。歙爲南畿文教之區，入皇朝百五十年以來，由甲科登仕版者無慮數十百人。其間階聯八座、位正九卿者實未之見，求其享榮名、荷厚福，足以鍾山川之靈而當人杰者，於公始見之。《詩》云："瞻彼旱麓，榛楛濟濟。豈弟君子，于禄豈弟。"以公敦實之心、鎮静之行、弘裕寬大之量克綏繁祉，爲造物所厚者非幸也。是誠足以符明時氣運之盛，而上可擬於甫侯、申伯，豈止爲一郡一邑之所重邪？公行矣！凡縉紳所屬望於公者，若夫肅清皇度、摧抑權奸以激揚風化者，皆公之所固有也，尚奚俟於予言哉？

送錢地官世恩歸養序

戶部郎中錢君世恩，有母太宜人在錫山，每歲欲迎養京師，弗果，居常兀兀，如有隱憂者。忽一日，不謀於親戚、朋友，即具疏懇乞終養。上憐其情，輒允之。行有日，于是君之姻黨王鴻臚廷偉、華地官濟之、國學生德宜輩圖所以餞君者，而君必欲得余言。余辱君之知舊矣，雖無所命，猶不能已於言，況兹行有關彝倫風化之大者，奚可以不文辭？

仰惟聖朝以孝理天下，敦本勸忠之典既嚴且備，復念京朝官之有父母老於家，或鮮兄弟爲依倚者，特許終養，著之令甲，體群臣之義，可謂溥矣。上之所以待下者如此其厚，然應詔而行者，歲不過三人。兩京百執事之親，豈盡皆順而適者邪？抑事勢有所難行，重違其親之命，而不敢自爲去留也。慨自道術不明，搢紳章甫之士苟安於自奉，而不知所以悦親者皆是也。此其人宜與草木同歸，惡足與議哉？中間有篤志孝行者，往往心與時違，力不我逮，是其懇切思慕之懷有莫能自遂者矣。

嗚呼！往而不可返者，時也；大而莫可報者，親之恩也。吾親之存，吾不及時以爲養，及其莫自遂也，則將誰諉乎？故曰"孝子愛日"，又曰"一日之養，不以三公易"，誠以養親之樂，舉天下之物不足以易此也。世恩純孝之資，無所矯飾，而又有致養之具。今其歸也，陂田膏腴，池圃環衍，朝夕甘旨之奉雜進於前，歲時子姓之會羅拜於側，太夫人福履駢集，優游壽鄉，其樂尤有出於人者。然則高官厚祿縱可力致，而所樂不與焉，宜其舍而不顧也。是其爲見可以振頹陋，邁等夷，彼以年資地望爲深淺輕重者奚足爲君告邪？

昔人以養母稱者，著《閑居》《歸來》二賦，詞林至今侈之以爲美。世恩早承家學，修行績文，宦轍所至，籍籍有賢譽。而操觚染翰之興，素所耽嗜，彩侍之餘形諸篇什以揄揚紀述其家慶者，當不止一再賦而已也。他日風聲所及，傳誦士林，凡思所以養其親者，必曰"賢哉！某有行之者矣"，其於彝倫風化之大所補必不細。我輩所以餞送而屬望之者，不亦有在於是乎？遂爲序。

《篆韵集成》序

自有書契，上下數千百年文字之變與時偕極。蓋龍穗變而鳥篆作，科斗變而大篆作，玉箸之作則又鳥篆、科斗之變也。著於羲農，盛於倉籀，而滋蔓於李斯。文止羲農，非不足於用也，渾樸散而民用章，聖人始不得不因變而通之者，勢也。然《周禮》保氏之教，則猶六書而已。宣王時所著十五篇，則已異矣。至秦，乃有《倉頡》《爰歷》《博學》諸篇，則又異矣。積習既久，本真遂亂，遂使孔壁科斗之書至漢孝武時已無有知者，況其他乎？

予生也晚，間嘗有志求古作者之意，而苦於聞見之不廣也。比從先師李文正公學，始得概觀古人心畫之妙，而先師之所獨得亦間以予授焉。退而翻閱諸書，體制各異，類例亦殊，叔重則起東終甲而形類以從，楚金則局於四聲而偏旁未究，武子則主六體，野王則雜以隸書。他如《字原》《正譌》《書故》諸篇，雖於發明篆學之意各有所指，然學者病於檢閱，逐流忘源，非但無以仰窺閫奧，即點畫形象之間、首尾方圓之故亦視以爲奇怪而不之考者，容或有焉。乃於公暇集諸家之書而會其成，主以韻會，原聲律也；揭以今文，書同文也；統以古文，因正宗也；次以金石諸刻名家異同，存世變也。其韵書所備而古文未詳，則闕之以俟知者，不敢誣也。音切、注義、六書本原則分注於下，而正譌之同異又間附之。雖於古人垂法立制之意未之有得，然形聲具存，源流畢備，初學之士便於考據，或因聲以考其文，因文以會其意，始於聲律形象之間，而終自得於仰觀俯察之外，則是書也固古學之階梯歟。

重刊《文選》等書序

六經、四書之後，文章傳世者，若梁昭明蕭統所集之《文選》、吳興姚鉉之《文粹》、東萊呂祖謙之《文鑒》、授經郎蘇天爵之《文類》、學士程敏政之《文衡》，自戰國、秦、漢、唐、宋、元暨我皇明來千數百年間，作者每代奚止數十百，文采輯者奚止數千餘篇，可謂盛矣！舊雖梓行，但得見者頗以爲難。晋王志道殿下崇禮嗜學，書籍有未睹者必購求之。近獲前五種文集，嘆曰：“予處親藩，積十數載而始得，況海內之士，安能遍觀其全書乎？”遂捐貲厄工通刻之。刻既完，爰命長史某屬予爲序。

竊惟道之顯者謂之文。三代而上，治出於一，文以載道，卓乎不可尚已。三代而下，治出於二，彼操觚染翰、役用心神爲文者動輒屢千百言，然於道之支離舛錯，所謂無實之文愈遠而愈失其真矣。有宋諸儒相繼闡明，人始知文必根於理道，乃爲無弊。國朝文軌大同，治教兼備，理學之文，於斯爲盛。歷觀往昔，有一代之興，必有一代之製作。凡典章、文物、禮樂、刑政之大，與夫事爲吟咏之小者，皆得以考其詳而據其實。故曰有治世之文，有衰世之文，有亂世之文，文之時義遠矣哉！其用於朝廷，薦於郊廟，達於天下。或黼黻化原，或維持政本，或紀述功德，或題品物類，察乎鬼神幽明之賾，通乎夷夏離合之由，暢之以辭，動之以風，蓋無微弗顯，無滯弗宣也。試評五集所衰擇者，雖有一二精粗不同，然一展誦間，視千數百年之久如一旦暮，視千數百年之人物如與之聚首接膝而下上其論議，文之有關於治體，其大矣乎。

今聖天子孝敬追古帝王，方以人文化成天下。賢王又能雅尚文事，稡簡群書之要者，公其傳於衆，以上翊文明之化，宜乎宸翰寵褒，爲宗藩大訓也。昔河間獻王修學好古，論集經傳，從人得善書，必好寫與之，留其本，兼加賜金以招之，漢史備載以爲美談。兹五書并刊於一時，所以嘉惠後學之意匪止一省而已。至於四方郡邑之廣，傳之遐荒，垂之後世，皆因以流布於無窮，其欽承之休、輔贊之力有補於世教者豈不韙哉？宇故不辭而樂爲之序。

《周文端公文集》序

先民有言，天下將治，元氣萃於已渙，其用乃完。國家承胡元之弊，力挽古風，恢弘至治，百六十年，于兹文化大行，作者輩出，其篇章所存，誠足以扶世教而傳世。成化、弘治來列聖相

繼，右文崇理，道澤隆洽。于時賢臣碩輔先後贊襄，有濟濟多士
之風。若太原文端周公，其一也。公舉進士，入翰林，得盡閱中
秘之書，學益博，製作日益工。其講讀經幄，引據書史，義辭劃
切，屢聳天聽而啓聖衷。其修纂史局，考校藝苑，皆翊正秉直，
無所避忌，飾葩賁藻，爲國之華。及出爲吏、禮部侍郎，陟大司
徒，侃侃論天下事，條陳利害，辭旨忠激，未嘗少有依阿意。其
序、記、傳、狀、銘、志、箴、贊、書、歌、吟咏諸作，又皆潤
邑雅，脱去塵俗，不爲詰屈怪誕艱澀之語，視彼句鍛月鍊，目劇
心鈬，終日矻矻不暇給者，不亦遠乎？蓋公所賦者完，故其所發
精詣而遠到，昌大之辭，顯明之業，可謂蔚然自振於一時者矣。

宇恒記孝廟朝，公爲户部尚書，青溪倪公爲吏部尚書，衆咸
以二公素職文字，案牘簿書或非所長，及觀施諸政令、見於敷奏
者皆奇偉卓犖，始嘆服，以爲不可及，且譽其政事在文學上。則
世之人以操觚染翰、緯章繪句爲文者，殆公之餘事，尚論公者不
專於文詞間可也。

公子漢陽知府孟手自編校公文集若干卷，將鋟梓以傳，屬宇
爲序。宇少保先君與公友最厚，公爲宇父執，宇又嘗爲公屬吏，
知公獨深，義不可遜，乃敢以不腆之辭冠於首簡。公别號松露，
賜謚文端，學者稱爲松露先生。其名爵、邑里、世系、行實之詳
則載於碑志，兹不重具云。

重刊《唐音》序

《唐音》，唐詩人咏歌之有音節者也。曷始？始於貞觀。曷
盛？盛於天寶。曷侈？侈於元和。唐有天下三百餘年，貞觀、永
徽之間方亨之會也，其氣完，故其聲平以實。天寶、貞元嘉盛之
時也，其化洽，故其聲冲以淡。元和、開成叔季之世也，其習
下，故其聲卑以弱。是豈有唐爲然？即會通之大，較人文之純

醨，亦始於羲皇，盛於二帝，備於三王，秦漢而下，非所論矣。吾夫子删詩，亦惟以二南爲得其正，邶而下得其變，雅、頌之正變如之，然則詩果盡於是乎？曰此既删之詩也，其重復紛亂之不足以法且戒者亦既刊而去之矣。既刊之後，惟唐爲風人之遺，蓋唐以詞賦取士，庠序之所養，士夫之所習，幽人韵士之所涵咏，積之者如此其久，學之者如此其專。而殷璠之《河岳英靈》、姚合之《極玄》、安石之《百家選》固已搜刮六百餘家而擇其尤，或者猶病其疏。近世所傳惟楊士弘《唐音》爲正，王風熄，大雅亡，雜韶濩以繁聲，古樂雖存，知者鮮矣。

成化間，人文載昌，楊先生、李文正公起自南服，大昌厥聲。嘗謂詩貴意、貴遠、貴淡，每意到清適，輒於詩發之，音響、格調，論者謂得宮聲之正。暇日，取士弘所選而刊正之，欲盡反希闊之音以追縱[三]風雅之盛。夫選始於六百家得二百十餘家，亦已嚴矣，而又刊之者，何耶？曰：南薰之詩，明良之歌，數言而已，至今讀之，猶能令人想見其熙皞之盛，而三百篇之選，語莊意密，萬世無弊。若唐之音去古已遠，而士弘之選在當時固有異矣。許、李之入正音，高、王之列遺響，君子有餘論焉。此先生之選《唐音》，正所以忠於唐音，抑使學者知去[四]之嚴，音律之正，養之於春容和緩之中，以期自得於冲融渾灝之外，因詩教也。序之。

書

與鎮江戴廷訓書

宇以暗劣得厠于邃庵先生之門，于今且三年矣。聞先生在鎮江時，閣下學古懷道，迥出流俗，趨函丈，實先諸弟子。既而，先生來京纔一二年，而閣下聲名籍籍江之南，真不負所學者。每欲接言論以資沾溉，奈南北阻隔，願莫之遂。

去年見閣下奉先生書，法度謹嚴，追逐古作，且念及同門，而有千里神交之語。竊自喜慰，以爲此風不見久矣，今乃忽有之，不揣駑鈍，欲奉書請教，碌碌塵事，未能也。然閣下有好古之心、與人爲善之美，宇不能仰承雅念，以達姓名於左右，自棄孰甚焉？惟士君子之學將以明道也，科目者特進身之階耳。近代學者往往究心科舉之業，而道之明不明不暇顧。其誦詩讀書，凡以規取利祿而已。及其既得，并平日之所誦習者漠然若不相與，故虛譽雖隆，實德則病，士之痼疾未始不在此也。

孔子曰："古之學者爲己，今之學者爲人。"可慨也！夫閣下居先生，聞此言久矣，刮磨奮勵，謀有道焉，不識可以見教否乎？宇自幼有志古人，常以資禀不能過人爲恨。今年十有八矣，雖幸綴名鄉書，而道德文字漫無所成就，望洋之嘆常切懷抱間，正蹈時俗之弊，如古人之所謂不幸者。閣下天性秀拔，又居江南文獻之邦，道德之修，文章之進，誠如御駿馬馳通衢，而王良、造父先後之。宇徒望下風，其何能及？愧甚愧甚！倘不以苦李見棄，俯垂教音，開我荊棘，則宇之受賜何限，而閣下神交之言亦無負矣。

因房廷憲南行，專此奉問，情隘辭煩，閣下其亦察之恕之。

寄陳文鳴都憲書

春間承翰教，方擬裁答，而使者竟不來取，遂稽遲至今也，諒能知悉。昨者又承手札詢以四大書院事，始抄出執事章疏，衆論皆嘩然，以爲國朝制度郡縣俱有學正，所以育賢才，明教化也。爲今之計，惟在巡撫重臣責成師儒總督其事，以振起頹廢，以警責疏庸，使文教大興，學者皆知敦本抑末，斯爲要務矣。抑何必遠騖異代之名，而舉此難行之典乎？若曰學校所習者舉業也，書院所講者理學也，各不相背，殊有未通。

我太祖創業，立儒學，未嘗禁科舉者，不先講明性理，其性理不明者歲久教弛，人自廢之爾，立法本意曷嘗不出於一也？今必欲崇尚書院，建官設徒，與儒學判而爲二，則此重彼輕，人益不知黌宫爲所當重矣。況天下人才盡出於科目，若使習舉業者不與，而惟取講明性理之徒，則有志用世者必不樂就。其流之弊，殆必有久困場屋，炫奇行怪，充補是選，後將頹然無所收拾，何以要其成功乎？此所以謂之難行也。每思執事好古力行，研窮理學，當此撫巡重任，倘肯推修舉書院之心移於學校之政，則教令所敷，風聲所及，自有激勸感發之妙，一變而至於道德之學，不難矣。況於鄒魯之邦，聖賢德化所先者乎？千萬留意留意。宇與執事有道誼莫逆之雅，是以瑣瑣言之，惟高明鑒亮。不宣。

寄叢廷秀都憲書

僕向所奉緘，想徹尊覽，兹有一事相告，良以僕蒙知愛最久且深，又因執事平日有容善之量，是以不敢終默也。近者，人自江北四府來者，皆云各處張挂巡撫衙門案驗：據淮安衛舍人報，稱聖駕八月十六日游五臺山，本月二十三日前站已入汴城。爲此札仰所屬府衛州縣等衙門即便預備糧草及措辦供給使用等項，敢有遲違，必治重罪，等語。軍衛、有司畏懼執事威嚴，無不倉皇奔走，設法處置。甚者有等貪私官乘此機會多方剥削，人心驚搖，將不堪命。

僕每聞聖駕在邊，凡事節儉，下人有生事擾衆者即治以軍法。如近日抄膳沿途供給等項數目，多是有司奉承迎合之過，非朝廷之本意。今南巡之期尚遠，若不早爲禁止、撫安，則濠梁淮廬之地素號雄悍，萬一民窮盜起，激生他變，則是變輿未至，百姓已離，事勢之可憂，孰有大於此者哉？《書》曰："民爲邦本，本固邦寧。"不可不慎！不可不慎！

伏惟執事擅經濟之才，秉剛方之操，素以國家事爲己任，千萬憫念黎元之苦，大布鈞令以綏靖地方，使瘹痍之軍民少得蘇息，則執事敬上之忠、愛下之義并行而不相悖矣。若曰變輿忽臨，恐緩不及事，是偶未之思耳。何者？萬乘所至，動隨一萬五六千人。縱行之速，一日之間不過數十里，果至河南省下，星夜整理，亦不致誤也。況又有途中先措置糧草等項，若馮侍郎、汝揚諸君者乎。萬希留意，急爲之圖，匪直蒼生之幸，實社稷之至幸也。芻蕘之言，冒於尊聽，惟照亮不罪，感感。

一、中都數州縣有司官内有盡括境内之民，擇其富者無不科派銀兩。

一、四府所屬州縣差人來南京買鋪陳、銅錫器皿者不可勝數。

一、軍衛指稱預備供給使用等項科歛官軍糧銀，苦不可言。

右數事非僕一人之私言，乃南都縉紳之公言也。恐下情無由自達，是以敢爾奉告，千萬體察。

校勘記

〔一〕"能"後，據文意疑有脱字，待考。

〔二〕"不"，據文意疑當作"下"。

〔三〕"縱"，據文意疑當作"踪（蹤）"。

〔四〕"去"後，據文意疑當有一"取"字。

記

南京禮部題名記[一]

（上闕一頁）謀諸侍郎吴公儼、楊公旦。粤自洪武戊申迄今，尚書凡若干人，侍郎凡若干人，總刻於石，各因官以列其名，因名以著其實。知者詳之，不知者闕之，復空其下方以俟來者。嗚呼！禮樂有關於治化大矣，然必待其人而後行。在國初有若尚書陶公凱、侍郎曾公魯，咸克修明典禮，考述章度，是以高皇帝有“文運其昌”之許。自時厥後，簜籍春卿以遭際累朝之盛者代有其人。由今觀之，其人品之高下與其職業之興廢皆不逃於指議間，甚可畏也。然則題名之舉，固將以賢者爲法，以不賢者爲戒，匪直文獻之足徵而已。宇不佞，敢借執筆用識顛末，以與我一二同志勉焉。是爲記。

重遷董子祠記

兩淮運司在揚州府治東，其地乃漢江都王相董仲舒故宅。宣德間，運使金華何君士英建祠祀董子。正統間，四明嚴君貞遷祠於廳事之後。弘治間，新城畢君亨復於運司西建正誼書院。正德辛未夏，高平畢君璽爲運使。莅任之日，見祠居廳後，惕然靡寧。以維揚當要衝之地，鹺司實會計之所，士大夫欲進謁者，恒以出入爲艱難，書院宏敞向明，盍改圖焉？乃請於巡鹽監察御史朱君冠，以爲然。於是聿新其規制，塑董子像於中，爲堂者四楹。東曰祭器庫、宰牲堂，西曰圖書房、致齋所，楹之數各如之。儀門左右有碑亭，巷之南北建綽楔二。又買田若干畝，以供春秋祭祀，羨餘則以食守祠者。祠之後，作書院，堂曰“資政”，東、西齋曰“博聞”，曰“起道”，以收商竈子第之俊秀者，擇明經士爲之師，以訓迪焉。丹堊咸備，教條具舉，誠一時之偉觀也。既落成，畢君走書於余，求爲文以志其顛末。

宇惟聖人之道自戰國以來不明於天下久矣，董子獨能抱遺經於坑焚之後，潛心正學，所以秦漢諸儒鮮有及者。觀其論道之大原，與義利、伯王、天人三策之對，皆有合孔門之大旨。先儒稱其淵源純粹，自學問涵養中來者，不信然與？惜乎武帝好大喜功，所任用而親昵者，不過曲儒、方士、詼俳、詞賦之流。至若仲舒，乃弗能用，斥之以相藩國，豈非斯世之不幸邪？然董子雖不得顯於當時，其遺言善行有功於後學者，蔚乎其未泯也。

逮至聖朝，文運天啓，高廟以仲舒從祀闕廷，憲朝又追爵廣川伯，儒者之效歷千餘年而益顯如此。夫今江都又董子宦履之地，御史朱君、運使畢君乃克崇重而作新之。凡章逢之士肄業於斯者務相勉焉，以進修其實，一洗夫薄俗功利矯詐之陋，以副我列聖崇儒重道之盛心，庶茲祠之遷有補於風化大矣，豈直潔豆邊、美輪奐而已哉？畢君所至有政績，前知廣川時亦嘗葺新董子書院，茲修舉國課之餘又能稽古考德以儀來學，皆不可不書也。是爲記。

紫陽書院學田記

紫陽書院舊有田，在宋元間多設山長以司其出納，閱歲滋久，志籍漫漶，所謂書院者亦或存或亡，而況於田乎？正德庚午冬，豫章熊侯桂來知徽州府事，慨然以興起正學爲己任，既建紫陽書院，又增置學田，教養兼舉，文化聿興。於是書院諸士謀所以紀侯之治績者，乃合辭俾程生贊謨、畢生珊來請曰："吾新安舊有紫陽書院，累遷於歙學之右，陋弗稱。侯乃擇勝地改創之，中祠先正朱文公，左爲堂曰'尊德性'，右爲堂曰'道問學'，旁列齋舍、庖湢之所凡若干楹。選拔郡學及六邑之士凡四十人親訓誨之，主以白鹿教條，而提撕激勸之道加切切焉，一時弦誦之盛著於東南。越明年，諸生以經學魁於鄉。又明年，廷對魁天下士。此雖科第之榮，而亦足以見興起之驗。侯益增廣之，幾百人。復慮養無恒產，則書院或弗能久，因籍六邑之廢寺數區，取其直以市田。又從民之便，凡入田易產者、慕義助田者、因訟願入其戶絕田者聽。凡得田總若干畝，歲收其入總若干石。田有鄉落，有字號，有畝數，有界限，侯皆核實而籍識之，可謂能稽古立教而舉百餘年既墜之典矣。若匪勒之石，曷以昭示永遠？願記其顛末以爲守吏育才者告。"

予既弗獲辭，因憶壬申歲諸峒獠自三衢竄入徽境，熊侯捍禦之功爲諸郡最，固已心知其賢，繼聞茲舉，益信所譽之非誣。夫世之爲民牧者，率取辦簿書以爲能，若以講學闡道爲言，則指爲迂闊罔濟於用，正學之不明於天下有由然哉！侯素以通經篤行稱，宜其爲政知所先務若是也。嗚呼！新安爲大儒之鄉，而書院又其講授淵源之地，流風餘韻百世猶有存者。侯學以教之，田以養之，其用心可謂無負於茲土矣，然則生於斯、學於斯、宦於斯者可不以朱子之道自勉乎？其或托名正學，不踐其實，而第以工文辭、媒[二]利禄，若俗學然，則豈惟非侯建學置田之意，固宜爲諸士之所甚愧，有不俟於余言者。余獨記之以告後之人，俾永圖之，庶無替侯之心哉。

重慶堂記

南京吏部尚書龍山王公謝政林下者數年矣，今年壽七十，九月廿九日實其誕辰。公母岑太淑人，時九十有六。喜親年之益高，乃扁所居之堂曰"重慶"。其子南京鴻臚寺卿守仁以宇爲知己，請記其事，以爲公壽。于時公卿聞而歆艷之，咸屬宇致一言之祝，義弗獲辭。

余惟人情之所至願者，莫過於親之壽與其子之賢，是皆係於天，不可强而致者，固有親壽矣而禄養之或歉，子賢矣而風木之興思，公獨兼有焉，亦何道以致之？蓋命之原於天者雖有定數，而德之修於人者實有恒理，故種德而獲福者有矣，未有不種而獲者也。

公在憲廟時，即以大魁入翰林爲修撰。逮孝廟時，累選諭德、學士，進少宗伯，俱兼經筵日講之任，其啓沃輔導勞勩多矣。正德初，遷南京吏部尚書。竟以直道忤權奸，致其仕而歸，經濟之學鬱而未究，則夫今日之百福駢集與人人殊者，寧非其所種而獲者與？太淑人年已近百，耳目清明，齒髮堅黑，□玄滿前，及見其子以古稀之年太宰致仕，承歡膝下，而又有孫若伯安者究心儒者之學，以文章、氣節顯，則夫太淑人之所種植培養於先者不益從可徵哉？昔宋吕榮公之母申國夫人治家嚴而有法，故榮公爲名宰輔，而四世之孫祖謙遂爲名儒，後世稱之，以爲美談。然則王氏之興，太淑人啓之，公作之，伯安述之，吕氏殆不得專美於前矣。余故并著其事以爲公壽，爲之記。

同門友科舉題名記

邃庵先生文章、道德爲海内名儒，自成化某歲以中書舍人司外制，縉紳、賢哲率遣子弟受學，四方士聞而來者日益衆。先生品列條教，其所本皆切五性之懿以成德，其所著皆約六經之旨而成文，循循善誘，不規規於聲律葩藻之末，伊川所謂"足可爲學，亦不奪志"者蓋在是矣。既而以明經取科第，自兩京十三省升南宮、進大廷者後先相望。乙巳，先生滿九載，上疏歸省滇南。明年，擢按察僉事，提學山西。時宇適還樂平，獲會講下。先生間語宇曰：“士相與俯仰一世，離合靡常，咸有所謂數者存。惟善教者示以意，善學者會其所極，而歸之几席相親，音問相達，雖不一其事，而所學者猶在也。爾二三子昔從我游，朝夕繼見，兹或仕於官，或學於庠，或歸求於其家，若某某歷歷可數，其進其退固未可知也。由今觀之，有不循科目而可以致身者乎？故名者，士之所趨，然亦士之所爲榮辱焉者也。有而弗稱，將焉用之？剟病其實而務隆其虛者邪？爾宇宜彙録其名氏於卷，吾將按名而夷考厥成以寓警勸，非徒爲觀美也。”

宇既受命退，爰自某科終某科得若干人，而宇預焉。因愧而嘆曰：“朝廷之選士，恒拔什一於千百，若是其難也。而我先生之門，連茹而進者若是其盛也，此其爲教不亦可徵矣哉？然先生不以獲其難是倦，猶惓惓焉恐怠厥官，隳厥名，其教方有進於此者。他日樹功建業，以無忝盛時之選而不爲先生羞，豈無所謂其人者乎？宇不肖，固不足擬此，然亦不敢不力也。”

謹書以爲記。名既題，仍虚其左方，以候繼舉者尚續而書之。

柏窗記

余友王君應韶名其官署之室爲“柏窗”，而屬記於余。余思曩者備員儀制，制與祠祭二司相向，其廳北偏爲員外郎退食之所，有柏一株，翁鬱可愛，每公事暇則往觀焉。應韶自主客主事轉祠祭員外郎，始居之，今所名者是也。既而禮部災，堂室廊廡皆壞，獨祠祭獲全，向所謂柏者亦巋然無恙也。

間嘗訪應韶，因與嘆物之盛衰興廢各有數存。若兹柏者幸不蕩滅於灰燼，而又獲子以爲之主，非數與？應韶曰：“是非吾所敢當，但其後凋之色、特立之操足以使人起敬，所謂不出簿書，咫尺之間而自得於湖山千里之外，名之者聊以樂之也。」

余曰：「古之君子懷道蘊德，或寓於他物以自適。今子之取於柏，其亦有所寓乎？《記》曰：『其在人也，如松柏之有心，貫四時而不改柯易葉。』然則子之篤志窮理，泊然無所求，挺然無所與附，其於柏實有相孚者，其寓以爲樂也固宜。雖然，此舉小以遺大，究其外而略乎內，猶非深知子者。夫人取諸身則萬物俱備，求之心則無往而不自得，是以有道者忘乎物，不玩乎物，自樂其樂，而不資物以爲樂也。蓋物有不徒寓，而亦不俟乎寓者也。今子以柏名，而實超乎迹之外，彼役役者豈得而知子邪？」

應韶莞爾而笑曰：「有是哉。」遂書以爲記。

蒼岩重修福慶寺記

井陘東南六十里，有山環拔而起伏者，曰蒼岩。東則鑾駕，西則朱會，南則天臺，諸峰環列左右，石壁削斬，林木蓊蔚，飛樓跨澗谷而突出於雲霄之表，朝暉晚靄，紫翠千變，望之若天下然，禪林一佳處也。

嘉靖乙酉歲四月一日，予與劉中丞元瑞游而樂之曰：「世界如許大，若茲岩距敝邑祇百里餘，今六十年方一到，則天壤間名勝，足迹所弗能至者豈有紀極耶？」翼旦，偕中丞自岩西福慶寺，歷東岩，登說經臺、達觀諸蘭若，結構峻整，磴階反[三]崎，足縮縮以行。轉此，地勢稍軒豁，有殿巍然，規制甚新。一老衲名續來，跽而言曰：「此隋公主真容之殿。寺之盛，實公主肇之。」問何以故，曰：「公主幼患風癬，聞岩上有石井能已此，遂湯沐其側。未幾疾愈，乃舍身事佛，比丘尼從者雲集。金大定中，始改爲僧寺，而公主之香火益崇。歲久，殿漸壞。續來矢奮重修，躬操畚鍤，親負瓦石。又募於眾，得隆平縣義民侯瓚捐貲，協力共舉此役。遠近聞者，咸樂爲助。經始於正德丙子正月十五日，落成於正德庚辰十月十五日。金碧輝映，俅[四]榱完美焕然，視昔有加。上爲皇家祝億萬壽，下爲百姓祈福，庶以畢吾志而已。值杖屨來臨，願賜一言紀之金石，以爲兹山重。"

予諾之，未暇也，別岩以來忽兩閲歲，而續來之請益勤，曰礱石以待久矣。因憶隋唐之際，佛法爲盛，岩之建寺像，設鼻祖於公主，事或有然。多歷年所，殿之圮而復振，舊而復新，焚修供奉綿綿不絶者，得非其山之靈有以陰相之歟？若其教法別爲一端與療疾創建之顛末始未深詰，特以續來之服茹粗淡，知守僧規，又能修飭增拓其殿宇，以祝上釐、讚民祉爲第一事，其心有可取者，故備書之，而并記予與劉中丞元瑞同游之歲月云。

《雲礱風景圖》記

茶陵之西北有山，綿亘磅礴，爲峰七十有一，其靈往往能興雲霧，利生物，作鎮兹土，是爲雲陽山。山之東南，蜿蜒六十里而勢少止，俯者若承，環者若抱，奔者若赴，左右峙者若屏若几，一水經其前，流爲溪，中有洲，歲久不齧，一峰卓立相對，是爲礱下村，兼是二者而有之，則一州之勝始備，實吾師李文正公先生上世所居也。成化壬辰，先生爲翰林編修時，告歸長沙，展墓合族，遍閲故鄉之山水，邇來三十有八年矣，桑梓之念，恒切切於中。正德己巳，族子嘉望乃繪爲圖，上京師。先生覽而喟然曰："兹山誠蔭吾宗，宜合而名之曰'雲礱風景'。"既以大隸題其端，又賦詩一章以志感，於是茶陵之山川無復有秘藏矣。越十載，嘉望過南都，因持此圖謁予，且必得余言紀其顛末。宇口惟先生不可作矣，手澤尚新，安能復有所贅邪？嘉望請益勤，遂不獲辭。

嗚呼！天地清淑之氣孕而後發其踵於人也，恒有所自。《詩》

云："維岳降神，生甫及申。"故君子顯其身以施於山川，厚之至也。南境之山，惟衡爲宗。雲拒衡不甚遠，而礜距雲又相近，宜其靈秀攸聚，獨於先生之族是鍾也。在勝國有若提舉公以及第顯，惜其屬時不淑，未竟厥施，地之靈有遺憾焉。又積百餘年而後，先生出，以宏文正學，盛德雅望彌亮三朝，勳業茂著，蓋雲礜之施於天下者博矣，彼州縣之小，豈足以當之邪？今其一門仕於京者、舉於其鄉者、學於庠序以待試者咸不乏人，又有以見山川之靈畜極而通，而李氏詩書之澤宣明而昌大者尚未艾也。然則，是圖之藏匪直嘉望之珍襲而已，爲李氏子孫者固宜觀其迹以溯其源，念世美之方隆，思繼述之當盡，庶無忝於先生之宗族也哉。是爲記。

游西山記

都城之西有山焉，蜿蜒磅礴，首太行，尾居庸，東向而北繞，實京師雄觀也。余自童子時，歲常嬉游，獲覽其勝。比長，登仕籍，身繫於公，酉歸卯入，無因而遂者屢矣。

今年九月七日，偶休暇，即具書逐二三友，聯鑣出阜成門。指山以望，則烟霏杳靄近遠，參差舊路，恍然如夢。緣溪而北，境漸開豁，梵寺仙宮，盤列掩映，廊檐臺榭之覆壓，丹艧金碧之煒煌，殆不可數計。又二十里，爲西湖，即玉泉所瀦者。右浸岡陂，溟漾一碧。堤之東，則稻畦千畝，接於甕山之麓。上有寺曰圓净，因岩而構，甃爲石磴數尋，游者必拾級聚足以上。絶頂有屋曰雪洞，俯面西湖之曲，由中而瞰，曠焉茫焉，如駕遠翮凌層空。余與客浩歌長吁，舉酒相屬。時天高氣清，木葉盡下，平田遠村，綿亘無際，雖不出咫尺之間，而騁眺於數百里之外。群峰拱乎北，衆水宗乎東，蕩胸釋形，將與寥廓者會。

已而，客進曰："此地美矣！西山之勝恐未止於是。夫登高不躡其巔，臨深不窮其源，要非好奇者。"於是復命駕西往，踏長橋，渡盤渦，又五里抵玉泉山。山之下，泉出如沸，有亭，爲宣皇駐蹕之所，瀦爲池，清可見毫髮。扣之而金石鳴，灑之而風雨至，其瀧愈遠，其勢愈冲瀜崩湝，所謂西湖之源也。岸則檜柏松杉之蔭鬱，洲則芰蒲菱荇之偃敷，幽龕古洞，行宮荒臺，又爭奇獻秀於左右。余乃踞大石，濯清流，頹乎其既醉，浩乎其忘歸，不知世間何物可以易此樂也。

嗚呼！觀山水之無窮而後知造物者無盡藏也。西山之勝雖非一日所周，然瓮山之高曠，玉泉之幽邃，其大率已得之矣。抑何必遭連巉屼，芰披蒙翳，如鄧詵之數月山行者，然後爲快邪？且兹山自虞唐以來，下上數千年，或爲列國，或爲名藩，或割據於英雄，或侵并於夷狄，咸未有大一統如今日者，豈天固遺之，以壯我國家哉？則士之被冠裳、操翰觚、極登臨之適以樂亨嘉之運者，匪獨賀山之遭而已也。是不可無述。至於同游姓名與聯句若干首，則別載於應詔記中，不重及。

游牛首山記

予至南都，聞牛首山之勝。暇日，命輿出南郭，三十里至山。山形兩峰相峙，如牛角然，故名。又名天闕。從山背東折而南，始見寺之浮圖與虛閣據峰之高處。從麓又西行而北，乃入弘覺寺。寺內石磴百級而上，古杉連抱夾磴而植。入天王殿，後又磴百級，列木而上，石檻環陛中，有銀杏一株，枝覆數遍，乃經僧居之。修廊緣石而登，至浮圖，躡其顛，題名。又從修廊出，懸磴數十級，至觀音閣。之後有臺，臺之上，有佛足迹，俯視平臨，若在半空。閣之下如石壁，谽谺如覆，曰兜率岩。從微徑西行，入一屋。屋後有石窟，曰文殊洞。遂從山背觀梁昭明飲馬池，登二峰，下至辟支洞，乃還。

游獻花岩記

從牛首南，緣山徑紆曲，經數峰，約五里至西風岭。東行，有石窟如屋，題曰“獻花岩”，云唐法[五]禪定於此，有百鳥獻花之異，因名。岩內復有竅，東出一旁，曰“歸雲亭”。崖之下，有一徑至大觀堂。堂制極橫敞，前繚以短垣，憑之則牛首山如障，京城宮闕歷歷可見。入華岩寺，登芙蓉閣，在石間懸出。閣之右，有亭六角，曰“六觀亭”。亭之右有修廊臨虛，曰“翠微房”。從房之後登山徑，至拱北峰。峰之上復有亭，曰“聳翠”。亭之上又數百級，乃至頂。頂極平曠，東下，有補衲臺，亦法[六]補衣處也。

游清涼山記

石城門內之北二里，有山環繞，經石梁入，徑至清涼寺。其寺乃南唐李主避暑處，故曰“清涼”，至今多竹，相傳其所遺者。其山面城平曠，中有奇基，乃翠微亭之故址也。登眺則都城、宮闕、軍廩、官府、居民街巷，遠而長江列巘，皆歷歷在目。城中具山水之幽、盡登覽之勝者，無如此山。徑南折，有靈應觀，臨烏龍潭，面城負山，亦幽隱，而登眺則不及也。

游冶城山記

冶城，乃吳冶鑄之地，晉元帝移於石頭城東高阜。唐韓滉築五城，此其一也，謂之“冶城”。宋置天慶觀其上，即今朝天宮也。宮之制，外門弘敞，內立建置碑。又入大門，從修廊九曲而入，臺殿崇峻侈麗，諸司習儀之所。殿宇後有亭，黃其垣，據高阜之顛，云高皇嘗於此更衣。西下，有西山道院，門徑幽隱，高臺短垣，可以遠眺。又從迂徑而出，據山之西一亭，林木扶疏，岡壟起伏，不見城市，亦佳處也。又西下，乃晉卜忠貞墓，前有祠，亦掌於宫之道士。

游盧龍山記

山在儀鳳門内，與獅子山相連，蜿蜒而東，故名"盧龍山"。山阿有道觀，因山之名。山憑城，瞰大江，抱都邑，崔嵬兀起，實據龍江之險。因臺宇旁一徑，叢樹環繞，而上至其巔，則平脊迴拱，去江咫尺，林木中江影掩映可愛。高皇嘗登其上，建閲江樓，命學士宋濂記之，後復親製記一篇。今樓已毁，故趾尚存。山之西下，都城之外，有天妃宫、静海寺，亦山之麓，故各據形勢，奇偉可觀。静海、毘盧閣前有石磊砢，岩穴相貫。石間有宋人泊舟於下題名，觀此，當時江實流於其下也。

游祈澤山記

予聞金陵之泉，惟祈澤最清冽，有惠山之味。壬申春，乃往觀焉。早出高橋外郭，經石馬冲，約十餘里田間小道，渡石橋，至山下。林木茂密，隱一寺，山與寺皆因泉之名。寺之東，有龍王宫，外多碑刻，乃宋省札以禱雨澤於此有應，建神祠，賜名"祈澤"。又一小石紀寺，乃元人刻也。入觀泉，泉自地中出，注於池，散流田畝間，每歲旱，得不枯。從寺東登左壟，其石林立，有一如劈，因紀游之歲月。初與行，至高不可進，乃徒步登至巔。其山與青龍相連，獨高。西望城闕，東挹淳化，北拱鍾阜，南崎天印、絳霞諸山，平眺久之，乃下。

游攝山記

出都城北，經蔣山廟東行，出姚坊門三十里入山，後有田疇平野。度石橋而東，復入山。古檜長松，連抱夾路，至栖霞寺，寺扁乃宋人書。志云仁宗賜金寶牌額，熙寧間，取寄革藏寺，恐此額非也。外叢篁中一碑，乃貞觀所刻，字法右軍，尚完。寺殿宇皆古制。殿後有石浮圖數丈，極精巧，所鑴釋像於上寸許者，眉髮皆具。前有二石佛丈餘，露立，有吳道子筆法。左入山嶺，嶺之旁有泉縈迴，其聲漱石冷冷可聽。山千岩盤繞，隨處皆鑿釋像於中，飾以金碧，頂上俱有火焰，歲久剥落。深隱者，其飾猶存。身皆有孔，云當時有縷絡置其上。大者數丈，小者盈尺，望之如蜂房燕壘，皆有徑可到，名"千佛嶺"。志云：齊明僧紹故宅，舍爲寺，釋佛皆齊文惠太子所鑿，盡工師之妙。今佛頭皆斷而復續。岩中有沈傳師、徐鉉、張稚圭、王雱題名。由嶺而北，登攝山，山多藥草，可以攝生，故名。山之頂，極衆山之高，下視江水如帶。左龍江，右龍潭，前瓜步、真州，金、焦二山如塊石在江中。江南登臨奇壯之勝、叢林之古無逾於此，乃題名而歸。

游弘濟山記

自龍江獅子山連亘而東，皆崖壁峻峭，五里至幕府，十里至弘濟。又從南而東，連亘不絕二十餘里，至攝山，而弘濟之形起上覆出如兜率，俗名"觀音山"。山下臨大江，麓有一徑，石磴而上，入弘濟寺。寺之殿宇廊舍，負山橫起，短垣長檻，接連而去。有閣，自麓至梯絕處，凡數十丈。檐阿峻起，復繫鐵索於山前，置木檻使可憑以瞰。江上陰風怒濤，勢欲飛動。晴江净練，可以坐閱，夜當明月橫江，尤可愛也。

游幕府山記

予每游梅花水，水在崇化寺後石寶，隱隱而出，注於池。其寺之山蜿蜒起伏，背向相望，地頗幽邃。蓋出都城北十餘里後聞幕府山，即去寺二里許，實相連屬。

癸酉仲秋出游，從李子岡西行，與梅花水路實歧於此。乃緣山二里許，山之闕見寺之殿脊。由徑迴曲，渡石橋，入寺。寺荒落，頗幽。後一室有石榻，云吳王所栖。又有蘆數枝，云古僧達磨渡江折於此，此其所遺也。皆漫不可考。出寺，一徑登山，至一絶墅，但見江水洶洶於前，崎嶇不可行。復折南，至山脊平曠處趺坐，云此地即晋王導迎琅琊王東渡建幕之處也，山名取此。又登至巔，見江流浩渺，兼葭楊柳、田疇沙渚相帶遠近，征帆漁艇、輕鷗飛雁歷亂於前。時草黃落，路滑，兩人掖之而下。緣山曲，仄足向北行，至一岩，空洞窿起，下臨江流，云達磨嘗息於此。予篆題“達磨洞”三字，并識歲月與同游者姓名。兩峰相夾處有小城堞，蓋都之外郭阻山帶江者也。其峰名“夾騾”，亦釋氏家之説相傳至今。

游金山記

潤之北金山，遂命舟游。山據大江之中流，初自瓜州南渡，風日和霽，江光如鏡。時予始識江，遂易視之。

九日戊子，度至山，風濤忽作，舟爲播蕩，頗有懼色。然望奇山，樓閣縹緲，若蓬萊在海上，有非世間境界，雖風濤之險，亦不欲已之也。及抵崖口，觀郭璞葬處，二島據其下，水不能没。山有寺，名“龍游”，宋真宗嘗夢游，因名。寺外，有長廊迴曲，俯瞰江上。入寺，至泉亭汲中泠泉，飲之，味甘洌。緣石級而上，至妙高臺，登吞海亭，遐觀俯瞰，烟波浩渺，山色遠帶，已不自勝。又極其巔，至留雲亭，迥出峰巒。臺觀之上，東望焦山，以極東海；西瞻金陵，以極荆楚；北帶瓜州，以極淮徐；南俯鐵瓮，以極吳越。江山形勝，當爲第一。乃呼酒飲數酌，緣石而下，至一岩，中有裴頭陀像，即唐開山得金以名山者也。左右壁有大書"浮玉山"，莫能考定何時。或云南朝時嘗名此山。予題"白岩來"三字於側，復從舊路而下。出，從南入僧方丈，左右皆懸來游者之作，予亦賦一詩。又從旁緣石壁入，徑而上，登觀音閣。蓋山下一石出水丈餘，名"善財石"，故有是閣。閣旁一岩飛起，其色如染，余題曰"□洞"。下憑欄瞰江，僧曰有老黿呼之即起，命衆呼之，果然。其時方午，仍命舟游焦山。

游焦山記

自金山順流而下十里，至焦山。山亦在大江之心，崒嵂中起，望之如黛，形較金山爲廣。金山則寺繞於外，而此山則寺隱於中。寺名"普濟"，武功徐公珵牓其門曰"諸山第一峰"。寺之內有焦隱士祠，即漢末焦光嘗隱於此山，三召不起，山因以名。復有洞名"三召"，嶺名"焦山"，皆始於光也。又有岩刻"浮玉"二大書，按志，金山初以是名，豈好事者亦擬之耶？出寺，臺殿之外，有江山壯觀亭、吸江亭、大悲亭也。亦賦一詩，縱覽而還。

游三茅山記

正德辛未歲四月五日，至閏[七]。明日，從西南輿行百廿餘里，至茅峰之西麓，有玉宸觀。門外有古檜十餘，皆逾抱，紋左紐，奇怪可盡。入門，觀晋許真人丹井，及蕭梁至宋諸碑二十有五。入道藏白馬、老君二殿，殿前各檜一株，尤古而奇。出觀南入六七里，至大茅峰。下經朝山亭，舍輿徒步。其峰屹立，路蜿蜒而上。山半一祠，少憩，復登至巔。有祐聖觀據其上，云大茅君升仙於此。其峰眺望，數百里可見，金壇井邑歷歷在下。題名訖，乃下山觀喜客泉。泉中涌沸如錢數處，傳云客鼓掌乃爾，蓋贊其異也。泉之東崖如劈，下有洞，深不可入，外鐫“華陽潤”三大書。旁多題刻，浸滅不可讀。予亦題名於側。復西行至元符萬壽宮，即陶貞白之宅。臺殿偉麗，中有二碑，一刻宋理宗“聖德仁祐之殿”六字，一刻元賜印、劍環山省札印文篆“九老仙都君印”六字，玉色蒼潤，與劍皆宣和時鎮山之物也。緣山而北，至崇禧萬壽宮，遂登第二峰。二峰西三里，有小峰名“積金”，登之。又三里，登第三峰。三峰以次高下，其所祠者亦以三君。三君各專其一，相傳升仙之地亦如之。登皆題名於石，積金之石更磊砢可愛。山自大峰東折而北，相峙盤據，凡數十里。上皆無木，惟形勢崇峻，山麓紆隱，清泉、古杉交雜於下，誠栖真之所也。

游泰山記

正德五年，燕、齊大旱，運河滯阻。天子爰舉祈方之典，命戶部侍郎臣宇於五月十四日往東方祭告岳鎮暨于東海。予夙願泰山一登，又懼此行以昭假明神、周救百姓而往，苟祀而無雨，則又不可登矣。因齋心而前，過德州即沛然下雨。過平原、禹城、泰安州，濟南之境雨皆達旦。農夫歡踊，予亦展顏，謂可以償其願矣。

二十九日，沐浴更明衣，省牲演禮，于季夏朔雞鳴後致祭於東岳廟。畢祭時，雷電合作。予又懼曰：“泰[八]漢以前登封泰山者七十二家，實爲靈墟，著於簡册。雖始皇以虎狼之威，千騎萬乘以從，上中阪遇暴風雨，不得上封。今且雷電矣，登而雨作，疲夫羸馬，不得登矣！”但頗自謂秉誠肅恭，岳豈無鑒耶？竟與胡、張二君同登。

時陰霾蔽宜[九]，行五里餘，至紅門以入，則雲漸開朗，遂由石陂西北行二十里，過嶺二，曰“回馬”“黃現[一〇]”。又五里，至御帳，觀始皇所休樹"五大夫松"，神根古幹，高皆二丈許。自御帳而上，皆石磴。飯訖，上小、大龍口。又盤曲十五里，至南天門。又三里，至絕頂。凡五十盤而上，晴晦開闔，氣候萬態，不可云狀。謁禱于碧霞元君。稍上，是爲東岳廟，磨崖碑在焉。碑高二丈，廣一丈五尺，其文乃唐玄宗御製《泰山銘》，其書隸，其立之年爲天寶，遂題名于上。又上，爲極高處，有玉皇殿。殿南，爲始皇封禪碑。即道〔一〕至山巔，覽秦頌功德碑。碑高二丈許，其文秘石套内。殿中有宋真宗石匣，内藏玉檢十六，成化間曾入御覽，驗爲祀泰山后土文也。再東爲日觀峰，有小碑，亦刻名焉。數步許，爲望海石，是爲"越觀"，可望會稽。石在頂，歸然蹲跱，愛而登之，爲題"望海石"三大字。又轉登仙人橋、五花嶺。是時，天日光麗，碧漢萬里，豁然四望，胸恢意廣。見濟南城東北華不注山，如小屋建於水上。俯觀白雲，英英緲緲，自山腰而出，冒于下方。北望京師，南瞰淮徐，西顧燕趙，東眺海上，以至於空峒、丹穴、太平、太蒙之際，誠天下之奇觀也。飯于道院，又題名篆詩于小石碑，徘徊至晚方回，遇崖石可愛者輒留書。下山至州城，則已報更矣。

游靈岩寺記

觀趵突泉畢，東行，飯於長清之故山鋪。又三十里，憩遲賢亭，壁間有靳八公之像與書。又三十里，日已西，至靈岩寺，即佛圖澄卓錫之地，在方山上。山四面方正，故名，齊乘雲疑即《水經》之玉符山也。入則周覽，殿墀丹青焕炳，今碑、古刻紛列右左。殿後觀甘露泉，一名"白露"，清渟静蓄。復捫蘿峻登而上，有崖俯垂，名曰"大石棚"，如崩如劈，遂題名於崖間。寺周山場種椒數十里以給，又有巨竹參空，雜植庭舍，翠色逼人，清蔚可愛。自北魏歷隋唐以來，世崇代蔓，故今居僧多至千人。甍連棟接，隨山高下，幽軒爽觀，香疏經室，盈被澗谷，江北梵刹莫之或先，在釋氏所謂"四絶"之一，誠然不虛。

夜於僧房浴而宿。明日，又遍搜碑刻之未覽者，有黨懷英隸書碑一，頗覺迴別。山半有巨塔，亭亭霞表，乃元祐年所建，予留詩於第一層壁上。又觀卓錫泉，泉在寺東石崖下，常潔而盈，引流於僧屋，日取資焉。又觀雙鶴泉，各爲泉篆於崖間。山之泉有六，其黄龍、獨孤、石龜三泉，尚不知其處。大抵寺大而境多，必窮數日之力乃可遍覽。子[一二]也蕭將公事，安敢放游而畢予之興耶？

登牛山記

牛山在臨淄之南十里，予往而登之。泰沂駝稷，四顧而有；風烟雲日，百里而見。余因悵然而悲，筦[一三]然而笑，戚然而憂。

從者曰："公登牛山，何悲也？何笑也？而又何憂也？"

余曰："昔齊景公與文孔、梁丘據、晏嬰登此，顧其國而流涕曰：'美哉國乎！若何去此而死也？'二子皆從而泣。晏子以爲君不仁、子諂[一四]諛而獨笑。余則以景公亦名諸侯也，其在當時朝圖暮策，輕服薄膳，與二三子皇皇然以應答乎友邦者，爲此尺寸之地也。乃不得常御而終，奄然以逝，在人情孰曰不悲？余固悲之也。爲晏子者，當告之曰：'君悲之誠是也。但自軒農以來皆不免於黄土，而其聲名昭赫至於今，蓋有萬世不死者在，顧君修之何如耳。'乃徒告之曰：'使賢者、勇者不死，則太、桓、莊、靈常守之矣，吾君安得此位乎？'若然，則如云賢者亦死又何必賢，勇者亦死又何必勇，且歆之以位，則子孫者皆幸其先君之死而及之也。晏子，齊之賢臣也，而其言若此，予故笑之也。昔孟軻氏以牛山之濯濯非山之性，乃由斧斤、牛羊而致，以喻人之禽獸也非人之性，乃由梏亡而致。余今登兹山也，見其濯濯如當時所云，而天下之不梏亡其性者亦鮮矣。仁義之心，雖余固有，存存亡亡，云胡能定，余故憂之也。”

從者曰：“善乎公之登牛也，一覽而三益。”

游沂山記

季夏癸巳日黎明，出蒙陰城。霧大漲，山彌谷盈，已猶不收。突見兩虹潤走，弘治戊申季夏，榆社山中，暨此兩見。比涉沂水，宿於縣。甲午，緣北岡行，遙望沂山，磐礴岌巚，特崭群峰，始知名“東泰山”有由然也。且載於《周禮·職方氏》，爲青州鎮，在三代時已名，故自漢武禮官祠以下至於今，列諸祀典。未刻，過穆陵關，關在大現[一五]山上。傳云齊桓公曰“賜我先君履，南至於穆陵”，即此。又爲劉宋武帝伐南燕所度之地。嶢檣[一六]虓堞，聳帶壯峙。

遵關而北十里，參政寧君惟臣來迓香帛。折而西，至東鎮廟，宿於齋房。乙未，習祀儀，潔蠲齋沐。丙申昧爽，臨事畢，遂明，見山上霞光彩映，泛泛煒煒，頗爲奇玩。稍頃，又頓陰，霏靂藥逼，雨乃急下。期以飯後往觀百丈崖，又忽杲然出日。向廟西山行十里，皆涉澗躡礫，肩棘踵莽而入。時聞鳥聲清呀於林間，意爲奇羽逸翮，而薈蔽不可睹。至於崖下，崖削立百丈，廣數十丈，瀑布泉自中而蜿蜒垂動，宛如玉龍，湍奔流迅，轔轔作響。又若飛雨倒空，沫沫四下，并泉石常沾苔潤蘿。下滙爲澄潭，幅員十餘丈，中有大石，色皆青葱可愛。

坐崖下，命從者汲泉，烹陽羨茶以飲，甘馨清美，暢達肺腑。又擇崖石可大書者二所，在泉之南高二丈許，泉之北高丈許，乃伐木爲梯，余登而書。惟臣在下視之，爲余凜凜。南書“瀑布泉”，北書“百丈崖”。潭之石二，爲書“飛虹”、“流電"。篆畢，惟臣持酒觴余於潭上，坐石仰對飛泉，意象覺在世表。因嘆古今遨游之士，但知廬山開先之有瀑布泉耳。而此泉亦爲瀑布，且出自東鎮，乃泯爾無聞，殆地僻林奥，人迹罕臻，故奇瑋之士偶無所遇歟？抑造化秘惜不欲翕露，待時而顯歟？然則天下之物體同而顯晦異者，豈獨兹泉哉？

山出三泉：一爲沭水，出山後，流經沂水縣東北，達於莒，入沂州；一爲汶水，出東麓東南，流入安丘；一爲瀰水，出西麓，一名"巨洋水"，《國語》謂之"具水"，袁宏謂之"具昧"，王韶以爲"巨篾"，東北流至益都、壽光，入於海，即此瀑布泉也。

校勘記

〔一〕"記南京禮部題名記"，據底本原目録補。

〔二〕"媒"，據文意疑當作"謀"。

〔三〕"反"，據文意疑當作"仄"。

〔四〕"倲"，據文意疑當作"棟"。

〔五〕"法"後，據文意疑當有一"融"字。

〔六〕同上。

〔七〕"閏"，據文意疑當作"潤"。

〔八〕"泰"，據文意疑當作"秦"。

〔九〕"宜"，《古今圖書集成・山川典》作"空"。

〔一〇〕"現"，同上書作"峴"。

〔一一〕"道"前，同上書有一"除"字。

〔一二〕"子"，據文意疑當作"予"。

〔一三〕"筦"，據文意疑當作"莞"。

〔一四〕"謟"，據文意疑當作"諂"。

〔一五〕"現"，據文意疑當作"峴"。

〔一六〕"檣"，據文意疑當作"牆"。

喬莊簡公集卷八

記

謁闕里記

　　正德五年夏，天子命予東祀畢，將之沂山。戊子，渡汶河，北到闕里。己丑晨，衍聖公陪謁大成殿。由大中門入，左右皆國朝碑亭。再入，爲奎文閣。閣甚宏麗，上藏秘圖、古典億萬卷。左右列唐、宋、金、元碑亭。入大成門，過杏壇。“杏壇”二字乃金黨懷英書。肅然至殿下成拜，仰瞻宣聖、配哲塑像，焕儼如在。歷觀古碑，半已剥落。又觀先帝御製碑，乃西涯翁奉命代告者。手植檜三株，俱已焚撅，尚有一枯根，可二三丈。又謁啓聖公殿，殿五楹，中設神龕一位。覽金絲堂，堂亦五楹，蓋取魯共王事以名。庚寅晨雨，對南溪、小山諸亭，幽妍清爽，風景佳甚。午後，闕里東謁顏子廟，其前爲陋巷，有顏井亭。北出龍門，入孔林，有石人、獸夾於路，拜宣聖墓前。有壇石四十有九，造於後漢魯相韓淑節。泗水侯伯魚墓在東，沂國公子思墓在南，相去甚密邇。四代白墓在西北隅，五代求墓在東北隅，六代箕墓在東南隅，七代穿墓在西南隅。自漢冢中興，祖墓以下皆分列於外林，廣十餘里，皆奇草怪木不可名狀，繁柯茂枝克蔽空日，且下無荆棘，上無鳥巢，實宣聖在天之靈有不可誣者。泗水經於北，洙水環於南，林跨石梁於干，以通入林之路。

　　梁之南，爲古之魯城。又南，謁周公廟。廟在孔廟東北三里，有真宗御贊碑，有車輞井。又西行，至東莊，觀城西竹林間，乃舊沂水流帶，宛然有江南之景。歸過其家，有大石甚奇，予爲題曰"瑞雲"。辛卯，起行。

觀東海記

六月庚子，至於東海神廟，行謁禮。又五六十步，至海濱縱望，見汪洋碧濤上，浮浮有氣色數丈。左右皆有孤島，天水無際，不風而涌，無雲而晦，片帆、一鳥不敢浮越，信乎爲千水之朝宗、四瀆之奔赴、百靈之會萃也。夜與寧君惟臣坐海上玩月，珠光玉影，下涵上蕩，晃晃萬里。因高咏《赤壁賦》，逸興飛動，各限韵賦詩。談至二鼓，夜潮奄至，騰風逸馬，難喻其速。温汾揭汨，訇磕盤涌，水勢坐添數尺，濺擊几下，可駭可愕。又貪其景，臨覽不釋，不覺逾夜分，乃歸宿於廟。

厥明辛丑，篆碑省牲，恭整祀事。忽澍降大雨，橫灑良久乃息。官從咸欣欣然，以頌海神靈應之速。壬寅昧爽，余亦恪肅奉祀。祀畢，又降微雨。雨後即晴，衆又凜凜然，以頌海神昭格之顯。與從臣享胙於廟。

觀趵突泉記

山泉，濟南之名泉，著於碑、品於論、詳於志、傳於人口者，七十有二。在府城自金綫、珍珠以下，在章丘自百脉、明以下，在泰山自白鶴、水簾以下，在新泰自玉寶以下，或取其澄澈，或可釀，或可已目翳，或如垂練，或縷縷如簾，或色如玉、明如鑒，皆不若城西之趵突泉。其源出山西之王屋山，下伏流至河南濟源縣涌出，過黄河溢爲滎，西北至黄山渴馬崖，又伏流五十里至城西，突冒而出爲此泉。昔人浮糠於源，竟達於此。其泉凡三穴，其出濆高尺許，珠沫大涌。土人云數十年前高二三尺許，豈氣有盛衰然耶？其泉之周圍皆芳草清蘭，垂流帶波，可臨可飲。其出也，又會諸泉入城，匯爲大明湖，占城三之一。由北水門出，與濟水合，沛漫無際。又流爲小清河，爲濟之南源，經章丘、鄒平、新城界入海。其歸也大，其源也千里，所以爲名泉之冠。泉上有觀瀾亭，余小憩於上。亭壁有趙松雪詩，因次其韵，遂生杖策王屋尋源之興。

觀泗水源記

泗水縣東行四十里，至林泉寺，以泗泉在東，又多古林，故名。明日，觀李希賢詩於壁，次之。出寺，南行折東數百步，是爲泗泉源，陪尾山并發，穴相去僅二丈許。自石罅各殊狀，或趵突，或沸如珠，回旋反出，晝夜不竭。又有芳樹幽花，澄鮮帶映。是日晴好，延竚容與，見諸穴若涌，扶光自內而出，溶溶金色，散於澗外。復慨然興想吾夫子講道之所，遂飲泉一勺。又汲於寺，飲其茗，俾不徒經行於名泉之濱矣。泉北合，循泗水縣，西經曲阜，貫兗州至濟寧，分南北流。南入於徐州境，北流入於會通河，爲其引以資漕運、利航楫，又能納蓼、白馬、嶮、泮、沂、黃諸水，以益其流。是宜與群泉別，遂篆“泗水”二大字於泉之石以行。

渡汶河記

季夏三日，冒雨南行十里，嵐氣切衣。又五十里，至大汶口，中央有峻石巍峙，水落巔露，始敢以渡。時河水泛漲懷冒，因留宿小寺，依依古樹，環接墟野，遂留詩於壁。汶河之源有三，發於泰山傍仙臺嶺暨萊蕪原山之陽寨子村，至州靜封鎮合焉，名曰“塹汶”，西南注流入濟，奔放湍急，南北岸相距一里。明日，循水漈而東一里許，登筏乘上流，順而西下。其筏縛八木爲之，繫大口瓮合二於四隅，四方又綴葫蘆各四枚以浮。筏上荆編藉焉，氈席肆焉，設椅坐予於上，用水工善浮者八人各腰葫蘆，肩負而過中流。傾濤駛波，洶涌而來，筏大搖動，予頗有戒心。南望曲阜，九峰偃伏於前，四顧泰山聳拔於後，又復快悵。登岸，飯於歇馬嶺。暮至泗水，仍以筏而渡。

游范公泉記

劉子汝忠餞予於青州城西門外范公泉上。泉名范公者，宋范文正公知青州，有惠政，洋溪厠出醴泉，頌古今人口不絶，泉亦恒溢聚不涸，人以泉應范公而出，故名。其泉馨冽甘美，可以已疾，故今海岱之醫用斯泉以丸藥，所謂"青州白丸"者。泉上有泉〔一〕，始構於范公、歐陽文忠諸賢，皆賦詩刻石亭中。近圮頹，轆〔二〕霜椳雨，幸而泉靈，勿隕以伏。寧君惟臣以范公故，葺而新之。偶值落成，予爲篆泉名扁於亭上。予謂汝忠曰："善哉斯游乎！西門之郊，可餞之地，近有堯駝，遠有九迴，佳山秀谷，非不可宴娱，但不過坐奇石，登危峰，眺雲物而已。泯焉無感，亦何益於予與子也？今也觀其泉，而思其人，而景其政，念猛意發，目有顧顔，有歉心，有警身，有規先憂後樂之志，亦不知何所來而繫吾之内而耿耿然也。"

游嵩山記

辛卯秋八月，予歸自京口，取道爲嵩岳之游。道出亳州，州人薛君采來迓。予往官吏部時，君采嘗爲郎屬，因拉之同行。

九月丁巳，抵登封縣。戊午，謁中岳廟。廟在黄蓋峰下，去縣東八里。謁退，觀歷代碑刻。中一斷碑八分書也，字畫勁美，類唐徐浩書。餘碑約五六十，皆宋、元、金并我朝所樹者。出廟，東北行二里，爲廬岩，蓋唐盧鴻隱處。下又五里，爲廬岩寺。自下寺至此，崖谷幽邃，竹樹陰翳，嵩少之佳處也。寺後有瀑布泉，尤爲殊勝。泉出巖頂，下瀉石壁，長逾數百尺，闊止尺餘。寺僧云泉舊闊二三丈，今歲旱，泉勢頓減，然即所見已奇麗。正德庚午，予奉命祭山東沂山，亦有二瀑布泉，形致相類，并北方名泉也。

己未，出啓嵩門，北行八里，游崇福宮。又二里，次山下。自此山行，路詰曲，循諸峰而西，皆陡絕。行十五六里，經西流泉，山氣淒洌，冰已寸許厚。又四五里，至白鶴觀，觀去絕頂尚二三里。時日已將晏，上造北極廟，蓋岳之絕頂。廟側有玉井，冬夏不竭。始予入登封境，遠望嵩岳，未知岳之高也。至山麓，所見猶然。比登絕頂，四顧群山拱列於下，北眺大河迤邐而東，然後知岳之崇高也。

君采素清臞，至觀前已疲甚，不能絕頂。予歸，顧而笑曰：“若輸我一籌矣。”歸抵縣，已二鼓。

庚申，復由啓嵩門西北行五里，至嵩陽宮，觀三將軍柏。其最大者盈六圍，相傳漢武帝所封，在漢已爲巨木，其壽遠矣。歷年久，狀特奇怪。予往歲代祀平陽媧皇廟，廟有古木，與此柏伯仲，意天下之木，殆未有甲於二木者。午後，至少林寺宿焉。

翌日，游初祖庵。庵在寺後，林壑之美倍於盧巖。自庵後陟五乳峰，即少室之別峰。行十餘里，始至峰頂，有達磨面壁洞。下望諸山，宏闊不逮嵩岳，而攢叢映帶，亦少室諸峰之冠云。

壬戌，出少林，過嶤嶺口，渡伊洛水，抵偃師。世嘗謂遍游五岳爲物外之福。予素愛山水，不減昔人，而游山之福似爲過之，恒、泰、華三岳往歲皆嘗寓目，自餘名山如句曲、清涼之屬，非五岳列者，尚不與焉。今老矣，復得歷覽嵩岳之勝，五岳中獨未歷衡岳耳。昔賢有“缺陷世界”之語，謂人間之福不宜備享，況物外之福可盡取乎？由是言之，予阿堵中雖欠祝融諸峰，未爲不可也。

游王屋山記

嘉靖辛卯秋九月丙寅，予出濟源祠，折西行四十里，登秦嶺。二十里，過澗河村。二十里，至王屋村宿焉。

丁卯昧爽，行二十里，至陽臺宮。宮在王屋南麓八仙岡上，爲唐司馬子微修仙之所，有碑刻唐睿宗與子微書并詩。宋徽宗亦嘗幸其地。中有天尊殿，壁繪神仙、龍、鶴，雲飛升降，輦節羽儀之屬甚奇，蓋開元中人筆。宮之東百步許，有洗參石槽。相傳燕真人於此得仙藥異參，遂成辟穀之道。北上一里，經山神祠，三里，觀仙猫洞。傳云燕真人丹成，雞犬俱升仙，獨猫留不去。二里，涉不老泉，路漸峻絶，确犖側仄。又三里，至李道人庵。道人曾以母病舍身墮崖而不死，後母病愈，遂結茅以居。又五里，上紫微宮，群仙環繞，崔巍屹峙。至此，已及山半，天氣澄霽，遂杖策由宮西半里，至望仙坡。少折里許有泉，刻曰“玉泉聖水”，旱澇不竭，諸觀之飲皆給焉。北上，路甚險絶。十里餘，至燕真人升仙石。石臨西崖，石上有大小足迹六。俯視群峰，綿亘千里，令人有羽駕蹻雲之意。轉東北行，三里，入南天門。石磴攀援，上一里，至絶頂。頂上有北極諸殿，瓦皆銅鐵鑄成。殿前有石壇，幅員百丈。壇三級，壇上有玉皇閣，黃琉璃爲之，高丈許，予題曰“白巖來”。壇下覆小有洞口。據《福地記》，小有洞周回一萬里，曰“清虛之天”。北望山後，千巖萬壑，岧嶤叠翠。時日將夕，遂由南天門而下，宿紫微宮。

厥明戊辰，陰晦霧靄，不復見天壇之巔。道人云：“天壇嘗陰晦，登者多不獲。”予聞之，自詫其異，紀之以詩，復篆“天下第一洞天”於宮。

觀濟源記

辛卯歲九月甲子，予發豫之偃師，與薛子君采別，二十里，過北邙山。山連洛陽、偃師、孟津，綿亘四百里餘。歷代陵寢纍纍荒蕪，睹之慨嘆。北二里許，有祀夷齊廟，昔二公叩馬而諫處。午至孟津，渡河。按周武王伐紂，諸侯會師，渡孟津，即此。河北二十里，至孟縣，縣即古河陽。乙丑曉西行，北望太行迢遞，天際隱隱，在二百里之外。七十里，暮抵濟源。丙寅，出縣西五里，經濟瀆祠，入謁大濟之神。殿北有北海神，殿左右皆祀典諸碑。殿前有池，幅員七百步，俗傳水能出物，應人之求而復償之，今不復有矣。池北臨殿楹下，水涌如沸，深不可測，嘗有黑魚游其中，人或見之。西池亦數百步，而下相通。據濟水源出自王屋天壇之巔，伏流百里，復見於此，爲二池，復東南合流於溫縣，入黃河。其水性下勁，過河之南溢而爲滎，或伏或見，出山東濟南爲趵突泉，《禹貢》云"導流水爲濟"是也。予以正德庚午奉命禱雨海岳東藩，觀趵突泉，求其源，有詩以識之。今余既登嵩岳，渡黃河，歷濟源，蓋償夙願也。

游華山記

仲夏在華陰縣，將登西岳。竊意茲山日有登者，遂與御史杜君、參政胡君、提學王君偕往。

先至雲臺觀，又輿行五里，至玉泉院。入南澗口，泥徑仄逼，荊棘偃仰。五里，至第一關，步行自此始，三君者皆色阻不往。予獨青鞋布襪，與校官一人、僕夫數人以登。以三君畏不前，又乃竊意月有登者而已。

上行七里，至希夷蛻骨嵌。嵌傍有道院，下有泉，匯爲小池。池之西，有懸崖高丈五許，遂揭水題名其上。自是，凡遇奇石輒題名。又上行二十里，蹈霞跐雲，崎嶇輆軛，而至於青坷坪。俯視麓下，已冥冥如烟雨之區。仰望三峰，嵬嵬屹屹，高聳天際，不知如何而上。坪側有道院，北有小洞，洞中一辟穀者居之。

歸宿於觀，至明攬衣直上，至回心石。石東南之路皆斜峭絕壁，攀鐵鎖自此始。游人至此，皆疲而畏險，輒還，故曰“回心”。予於此始謂歲有人登而已。

遂令從者二人先攀，校官繼之，余遂繼之。攀之狀，左右手遞接兩傍鐵鎖，足遞踏松杙，目耽耽[三]、心慄慄以上。凡攀行八十步，其名曰“千尺峽”。東北轉，行一里許，凡攀行口[四]步，其名曰“百尺峽”。又東北行，幾二里許，則面崖，而兩手并執崖上鐵鎖，足踏木棧，以漸東移，橫行百步，其名曰“仙人橋”。又東北行一里許，凡攀行六十步，其名曰“胡孫愁”。又東北行二里許，凡攀行十步，其名曰“閻王匾”。又攀行三十步，其名曰“閻王峽”。又行幾二里許，攀行七八十步，其名曰“老君犂溝”。又行四里許，至雲臺峰。折而南行三里許，至日月岩，其崖有紅、白二景天成石上。此有黃冠五六人依崖構屋居焉。轉西南行二里許，是爲山脊，兩下皆萬仞絕壁，脊廣三尺許，列鐵柱閑鐵鎖於左右。過則伸足於前，坐於脊上，兩手秉鎖，以身漸移而前百步許，其名曰“蒼龍嶺”。又上行一里許，路又忽絕，由深洞以入，三十步許，轉而上，其名曰“鷂子翻身”。歷過諸險，復得易行，上觀五松，其形怪詭，不可狀。又上至東峰絕頂，洗頭盆在焉。又折而西，三里許，是爲玉井。余挹而飲之，甘冽異常。再上，登西峰絕頂，上有鎮岳宮，傍有石洞，遂題詩壁上。西峰之頂缺空丈許，有大石蓋覆於上，此乃造化奇迹。予入缺處，命僕夫拽予後出缺口，而下望晦晦幽幽，淵然無際，不覺神變股慄。東南二峰，若仙人掌、賀老岩、黑龍潭皆覽而盡。西眺秦川，北俯黃河，如綫如帶，南則秦嶺以南，東指潼關之外諸山，不啻培塿、丘阜，六合睫下，蹙乾聚坤，大哉眺也！至此，輒敢謂代有人登而已。非天收風斂雷，又決不可上，乃知其游若山靈默相之者。初讀《山海經》，謂"太華之山削成而四方，其高五千仞"，至謂"鳥獸莫居"，未之信也，今則果然。又謂"有蛇焉，名曰肥蟥，六足四翼"。今聞山之奧處踞有巨蛇，蓋即所謂肥蟥者，方益信此書之不誣。

題名於觀之石壁，由舊路而下，頗覺稍易。還第一關，天已暝，至玉泉院宿焉。

游驪山記

仲夏十有三日，早渡咸陽南渭河，觀隋唐舊都及未央宮址，尚有截然方丘、突然高原，若斷若續，彌三十里。午過長安北郊，望雁塔聳於二十里外。東渡滻水，過灞橋，乃漢人送客至此折柳贈別之處。王莽時災，數千人沃之不滅，更其名曰"長存"。至唐則以迎新送故至此黯然，又名曰"銷魂"。余望秦川於斜陽之下，悵然懷古。於臨潼東南行二里，抵驪山下，浴於溫泉。泉幅員四丈許，即秦初砌石、漢修、唐宮焉者也。宮曰"溫泉"，玄宗改曰"華清"，治場爲池，環以山，列以室，歲幸於此。門內有宜春亭，亭內有飛霜、九龍、長生、明珠諸殿，殿側有集靈、按歌、舞馬諸臺，今則蕩爲丘墟矣。

明日，參政胡君良禎宴余溫泉之上，於是，與王君應韶二君誦崔魯之詩，論開元之事，慷慨激烈，殊有遐思。酒酣，應韶倡爲溫泉之歌，余和之。遂登驪山，躡繡嶺堆，低徊於朝元遺址前，草樹青葱，揚芳弄色，幽泉集響，如咽如悲。於是，余又倡爲驪山之歌，二君和之。午後下山，過鴻門坂，渡渭南，至赤水鎮宿焉。

游九嵕山記

五月至涇陽，王君應韶來會，遂同由縣北往九嵕山，謁唐太宗昭陵，緣坡行二十里，至焉。其山周圍十里，有廟頹聳，内有石刻青騅、什伐赤、特勒驃、颯露紫、拳毛騧、白蹄烏《六駿圖》尚存，即太宗平竇建德、王世充、宋金剛、劉黑闥、薛仁杲及東都時所乘者。是夜，與應韶對酌而歌，遂宿於齋所。

明日，登山之絶頂，浩然四顧，終南、太華遥拱於南，鳳翔諸山聯帶於西，其陽則秦川萬派，流雲漾日，邈邈歷歷，一覽可既。題名畢，下山，北觀昭陵從葬之墓。其逼山者，即所謂諸王七墓、公主二十一墓、妃嬪八墓，皆無碑。稍次，即宰相房玄齡以下十三墓、丞郎唐儉以下五十三墓，功臣大將何史那忠以下六十四墓。今皆狐居兔旋，纍纍崎崎，或崇或頹，或稍而微，或圮而夷，或泉或潰。其在當時，雖有椒房天潢之貴、鑄鼎絶世之勳、邁類超倫之智，今皆托體山阿，身埃骨朽，不亦悲夫！遂與應韶愴恨者久之，吊之以詩而去。

游恒山記

北岳在渾源州之南，紛綴典籍，《書》著其爲舜北巡狩之所，爲恒山；《水經》著其高三千九百丈，爲玄岳；《福地記》著其周圍一百三十里，爲總玄之天。予家太行白岩之傍，距岳五百餘里，心竊慕之，未及登覽，懷想者二十餘年。

至正德改元，奉天子命分告於西藩、園陵、鎮瀆，道經渾源，去北岳僅十里許，遂南行至麓。其勢馮馮熅熅，恣升於天，縱盤於地。其胸蕩高雲，其巓經赤日。余載喜載愕，欷色循坡東迤嶺北而上。是多珍花靈草，枝態不類，桃芳李葩，映帶左右。山半稍憩，俯深窺高，如緣虛歷空。上七里，是爲虎風口，其間多橫松强柏，狀如飛龍怒虬。葉皆四衍，懞懞然，怪其太茂。從者云：“是岳神所寶護，人樵尺寸必有殃，故環山之斧斤不敢至。”

其上路益險，登頓三里，始至岳廟。頹楹古像，余肅顏再拜。廟之上有飛石窟，兩崖壁立，豁然中虛。相傳飛於曲陽縣，今尚有石突峙，故歷代怯升登者就祠於曲陽，以爲亦岳靈所寓也。然歲之春，走千里之民來焚香於廟下，有禱輒應，赫昭於西方[五]如此，豈但護松柏然哉？余遂題名於懸崖，筆詩於碑及新廟之庭上。

又數十步許，爲聚仙臺。臺上有石坪，於是振衣絕頂而放覽焉。東則漁陽、上谷，西則大同以南，奔峰來趨，北盡渾源、雲中之景，南目五臺隱隱，在三百里外，而翠屏、五峰、畫錦、封龍諸山皆俯首伏脊於其下。因想有虞君臣會朝之事，不覺愴然。又憶在京都時，嘗夢登高山眺遠，今灼灼與夢無異，故知茲游非偶然者。

游雁門山記

雁門山在代州北三十五里。志云以雁出其門，故名。一名雁門塞。關因山以立。凡山西之關，四十有餘，皆踞隘保固，而聳拔雄壯，則雁門爲最。故趙之李牧、漢之郅都備邊於此，匈奴不敢近塞，固皆一時良將，而不可謂非地險以成之也。迨我皇朝，則特設武臣守禦，熊羆之士雲屯於此，而又專屬憲臺以提督之，地亦可謂要而重矣。

余出代州，北行，皆登陟盤繞之路，溪水潺潺流。其民皆依山居，高下置屋，圖不可盡。午上關，折西，躡高嶺絕頂。四望則繁峙、五臺聳其東，寧武諸山帶其西，正陽、石鼓挺其南，朔州、馬邑臨邊之地在其北，長坡峻阪，茫然無際。又見巍旌高旗飄飄雉堞之上，寒林古塞依依斜陽之下，頗動黃沙紫塞之思。因賦詩三首，筆於關之城樓。

游五臺山記

正德丙寅夏，發沙澗驛，由南峪口十五里入山。長松古杉，掀空障谷，鹿游於岩，鳥鳴於叢。上嶺，至華嚴口，望諸臺甚邇，靈雲怪霧、凄風密雪相雜而起，晃然窅然，倏陰以晴，造化奇觀不可形述。又十八盤，下嶺，石徑确犖，萬澗汩汩泠泠，如笙如簧。凡揭涉七十里，至顯通寺。寺因北岡而來，風景殊絕，梵刹數十擁於左右，此下地漸寬夷。夜遂宿於顯通。

厥明，山空澄霽，但覺風颼颼起林間。有僧進曰："諸臺風雪繁猛，石且冰，路且泥，不利躋蹬。"予笑而不顧，乘小輿徑上中臺。緣岡行十里，至玉亭寺，嶺丹碧映輝，甍〔六〕閣於山腰。又十里，至歡喜嶺。風果霑發，如隆冬時，幾不能往。稍憩嶺下，風忽和，遂至絕頂。見四臺各拱其方，如分如織；其形勢又各秀拔，如爭奇鬥麗於雲表。予遂題名於壁。

薄晚下山，游玉華、真容、圓通諸寺，皆清幽曠邃。寺傍，飲三珠泉，馨冽異常，其沸正如珠狀。去泉百步許，觀七寶珠樹，高二丈許，下爲一幹，歧分七條，上復拱合爲一，然後枝葉衍縱，披覆四下。復歸宿於寺。

又明日離寺，山行過飯仙山陽伯峪寺。二十里，過竹林寺。又過嶺，曰"金閣殿"，唐太宗所建，今已廢。下嶺，爲清凉寺，遠望宮殿綴附半岩，儼若圖畫。南有青凉石，幅員數丈，重層複級而上，俗傳可坐千人。又行十里，晚至佛光寺宿焉，已出在南臺之外也。

游霍山記

孟夏，自趙城覽周穆王封造父之地，以趨中鎮。時適雨霽，由峪口入十五里，至鎮下。其形勢可伯仲於諸岳，冢秀而崒，翼拱而墮。廟在山麓，遂行謁。其中鎮之神像，冕旒紳笏，南面而中臨。才參政汝栗、來僉事伯韶陪而在焉，余謂二君曰："先祖侍郎於景泰元年以吏科給事中分告即位於此，越今將六十年，予又叨承前役。"二君皆嘆曰："奇哉！祖孫之相輝也。"及遍觀歷代祭告碑，而府君之碑乃仆裂於地。余泫然，二君曰："向有司具石以鐫，今告文者尚幸有副在，公無悲也。"廟外皆本山分脉，合抱以繞。其前有古松數株，高數丈，槎枒怪詭，如青幢鐵幹，枝皆東向。

十四日，二君請游興唐寺。寺在廟南之山趾，唐太宗始建，斷碑猶存，依山帶壑，特勝他處。歸復宿於齋居。

十五日黎明，服玄衣祭冠，肅拜於殿下，以天子命告訖。篆今告文於石，又篆前仆碑於副石。余欲登其巔，去廟尚有三十餘里，棘莽羅密，且爲熊挂蛇吼之區，畏不敢登，因嘆古書云西方之美者，有霍山之多珠玉焉，今亦不知其處所矣。

游龍門山記

予少讀《禹書》，至於"道河自積石，歷龍門"，未嘗不邈然想游其地。今幸奉命傳祀於西及將往行禮於商湯王廟下，適河津，去龍門止三十里，且有才、來二君偕，遂出河津西門。是時，陰雲四翳，風顛木號，而興以勃發，奈路沾雨。由石棧進謁神禹王廟，遍覽壁間圖畫，東西壁皆次第治水隨刊之迹，每段標以經語，怪怪奇奇，予所見圖畫變化雄妙者莫逾於此。東有圖，其標曰"雪竇飛泉"，堯郡席天章筆。西有圖，其標曰"烟凝古柏"，晉溪素庵筆。後屏有圖二，其標曰"揭石尋珠""涌露出波"。前楣有圖，其標曰"春江晚渡"，雪軒誠意筆。想皆宋元名工，因題名於柱。

二君設酒於飛丹亭。下瞰黃河自西北而來，驚濤駭波騰驤而下，輪風驟雨相挾而作，勢益洶涌，蒼崖青嶂，爲之響振。二君復舉酒，酒半樂甚，爰命榜人舉罾河濱，得三魚。乃復烹魚，歡然對酌，聯句至夜分乃寢。

厥明，乃復登看鶴樓，以眺遠近河山，俯視洪流，陡絕百仞，凜然有垂堂之戒。河之西，是爲陝西韓城之境，其山亦自北而來，亦號“龍門”，與東岸之山相照而斷。《三秦記》云：“龍門外懸泉，而兩傍有山，水陸不通，魚鼈莫上。”今觀之，誠若此。復覽迤岸而東，卉木繁密，得懸石，崎若有待，予乃大篆“龍門”二字，筆二詩，已又賦《禹門渡》一章。

游晋祠記

初七日啓行，過太原城西，以太原人國子生宋灝善篆而劂石，遂與偕行。西南行四十五里，至於周唐叔虞始封之地。虞有祠於太原縣之西南，是爲晋祠。下輿謁焉。祠之右，有晋源神廟，其像爲聖母，殿前皆蟠飾雕金龍於柱，宋額曰“惠遠祠”，并東臨於泉上。泉自懸瓮山而出此，結二穴以泄。穴廣二尺許，因甃石。池之溢泛爲溪，北折而東，瀰漫盈決，渠穿澮引，條經井絡，用溉田疇方四十里。晋陽之民稻梁而食者皆饗其利，號爲膏腴，故歲孟秋持牲、酒報賽源神於祠下者纚屬於道。是時，農事方興，初苗被野，清流數派，環繞於綠畦之外。復有垂楊挂絲，晴花吐蕊，掩映川源，殊有江鄉之景。通渠間即智伯用以水晋陽處，凡有三派，同入於汾河。

祠內，有唐太宗御製碑。碑後，唐宋石刻左右列。傍有千年柏，桑皮黛幹，蒼蒼蓋於祠上，爲祠增色，幽鳥往來鳴於其間。予與宋生談於柳陰之下，佳景逸發，余爲詩，俾宋生篆刻於祠內之石。

游汾陽祠

在榮河東北十里處，告新天子即位於商湯王祠畢，才、來二公進曰：“汾陰古祠去此不遠，盍往觀之？可以紓從者夙夜之勞。”

二十六日，遂由縣西北行十里而至，頹然荒祠，倚於睢傍。啓括轉扉，且前後杲杲白日照於中堂，鳥巢於梁，苔侵於堂。登謁后皇，翠冠翟裳。於是循祠之北，求漢武之明壇，登軒轅之郊臺，探巫錦之鼎區，皆茫茫杳杳，不可辨矣。去祠三百步許，是爲汾河，重湍駛濤，自河津而來。河之濱，見卧有崇碑，埋有穿龜，去流惟跬步，拂而觀之，乃宋真宗西封文也。相與惻感，遂鳩隸人培土而深，貫木而旋，系繩而引，使依於祠所，庶幾不忘。

二公曰：“元鼎之時，此地乃漢天子望拜之所，必嚴觀辟路，雖當時善游之士恐不可到。今也蕩然丘墟，曠然步趨，況有龍門吐雲，中條獻奇，不亦可樂也哉？”遂舉酒於臺上。酒酣，在祠西求大舸浮河而南。中流覽景，俯仰今古，翕然興發，相與咏秋風之辭。余又爲之歌曰：“帝昔來兮壇下，駐龍輿兮輝煌。帝一去兮不返，壇有柏兮蒼蒼。悲千秋兮萬歲，汾之水兮湯湯。”歌罷，不覺抵於崖上。

游鼓堆泉記

自太原西南，其泉溉田最多、利民久者，莫若晉祠之泉；自平陽西南，其泉溉泉[七]最多、利民久者，莫若龍祠之泉；自絳州以北，其泉溉田最多、利民久者，莫若鼓堆之泉。其泉發源於九原山之西，鼓堆者，或曰其北突有二山，高圓如鼓，則泉以形似而名。志曰“泉上有堆，如覆釜形，履之聲如鼓”，則泉以聲似而名。泉有清、濁二穴，清在北，濁在南。北穴爲石，口尺五許，自匯而爲池，幅員一丈，其深稱是。中有小魚，喁喁往來沙石間。池溢而南，折而東流。南穴爲土，口尺許，亦匯池。溢而北，折而東，合於清流。泉之西則隆然高原。其南北皆平疇低田，亦資泉而溉，幽村明墟，垂楊灌木，帶接陂塘間。其東則經連緯通，溉田至於絳州，亦五十里，而南并入於汾。穴上二山在西者，昔人樓其上，敞然三楹。壁間有唐宋石刻，樊宗師、司馬君實者皆在焉。山之南麓，有蓮池，時花未開，俯而望焉，清芳可掇。復覽遠畦近塍，碧稻千頃，不覺興酣，因賦詩泉上而歸。

游滹沱源記

自王壯驛西行五十里，道瓶形關，飲孤山村下。村以小孤山而名，即《山海經》所載秦戲之山，滹沱之水出焉者。村之西，是有三泉，鼎開，相去僅五十步，皆幅員尺許，瀵涌正出，浮清泄瀾，皎然不污，泡沸如爭，迴盤如合，淪漾如織。㴎闊而流，其勢不返；混繹而出，其來不竭。予下輿，臨泉嘆曰：“玉之膏乎？坤之液乎？機之駆駆乎？道之洋洋乎？可以浣我之塵纓乎？”因歷勺飲之，遂覺腑肺泠泠，神爽氣馥。邈然面五臺而歌，循澔周覽，容容而戀，湝湝而隨，停玄泓目，光沙以縈，幽石以映。其間爲渚爲沚、爲坻爲濔者，皆窮得其端倪。注爲幽溪，沛然西折，傍無崔葭旄檉之擾，中無舟楫沿洄之撓，故得保其明潔。趨繁經代，達於平山，會於常山，爲潢潦之流，而歸於海。泉之最顯於晋者，以此低個之。頃俄，有鮮雲駕飆，冉冉自北岳而來，赴於溪上，水石奇麗，照瑩心目，不可名狀。於是，飛蓋而前，悵與泉別，則駭風驟雨，沙空平陸，卒然而至，若天待予飲三泉而然者。

雨中行抵沙澗驛，天野已暝，遂留宿焉，遠三泉所，已三十里矣。

游姑射山記

孟夏十八日，早發堯廟。才、來二君曰："姑射之山，莊周所謂'有神人居之'者，其下有龍祠，亦勝，可往觀焉。"按志云："三礁山在襄陵縣西南一十五里，其山九十餘里，其形三礁。其北有龍鬥峪，內有龍澍神祠。姑射自西北蜿蜒而來，平其支，石孔其陽，三礁其鈎帶，故曰姑射耳。"

飛駕至祠下。祠面東，巍宮謐奧，塗丹飾堊，其像冕旒而處者曰龍王。有泉自山下東流經祠，南跨建水亭，其規制塏爽宏麗，水氣林光，明風艷日，皆納而有。二君觴予於亭上，臨流賦詩。復移席山半，即發源所。泉抱山麓而出，紛紛的的，如星拱然。予命僕夫穴蓋一石，聚石而計，有百十餘穴。流珠噴玉，皓然清瑩，并歸有渠，溉襄陵西北之田四十餘里，而東入於汾河。予與二君依山盤踞而坐，東望遙川廣原，陀陀遂遂，林樹如纂繡綴錦，貞脆相雜。

徘徊談笑，薄暮以歸宿於襄陵之察院。泉流潺潺，聲於榻下，且木竹之勝，宛如江南。煎茗賦詩，一夜幾不能寢。

傳

韓忠定公傳

公諱文，姓韓氏，字貫道，別號質庵，山西洪洞人也。其先世出相州宋魏公之裔，七世祖永始避金亂於洪洞，因家焉。母吉氏嘗夢紫衣人來告曰："吾送文潞公與爾。"覺而生公，父肅因以"文"命公名。

及長，力於學。領成化乙酉鄉薦，登丙戌進士，授工科給事中。初持節詣韓府行册封禮，有所饋遺，悉不受。總制陝西憲臣要功，致引邊釁，公率同官劾之。前吏部尚書李公秉、兵部尚書王公竑皆忠鯁，以近幸請托不行，相繼罷去。公上疏薦起，辭傷激切，憲廟怒，幾不能免。嘗勘理邊師不法事，由間道往，至則盡廉其狀上之，各抵法。吏部屢薦爲都給事中，竟沮於忌者。

以九年滿，遷湖廣右參議，提督武當山兼撫流民。時鎮守中貴縱虐，奪民利，公至，一劃奸弊，嚴設禁制。又節省浮費，積有羨餘，因易穀萬餘石備賑饥饉。改理司事。公守襄南道，平稅理冤，勘處夷情，聲譽日起。轉左參議，丁外艱。

終制，以大臣會薦，升山東左參政，續升雲南左布政使。公振舉頹廢，疏雪滯枉，善政居多。升湖廣巡撫都御史，贊理軍務。貴州都勻弗靖，檄諸道兵以平，被敕奬諭。武昌諸郡歉，公上疏乞蠲租停稅，民稍安輯。移撫河南。懷孟以北旱，饑民多流徙，令所司發銀分賑，存活甚衆。屆春，民方東作，牛種無所於出。公命官措而給之，歲乃稔。守備都指揮李端貪殘暴刻，公按治之，群屬凜然。升戶部右侍郎，佐尚書太原周公，清冗食，革贠緣，風裁益著。以内艱歸。

服闋，改吏部右侍郎，轉左侍郎。冢宰缺，公署篆且久，采資望用人，藻鑒精當。升南京兵部尚書，參贊機務，至則留務一新。歲告荒，米價踴貴，死者相藉。公咨戶曹，以官軍糧俸預支三月以濟。度支難之，公曰：“救荒如救焚，民命在旦夕，安能忍死以待？第發，某坐獲罪無憾。”遂發米十六萬石，米價漸平，人不病糴。往時，留都事多可否於内守備，公一以至公裁處之，上下咸服。

俄有旨，徵拜戶部尚書，屢辭不獲。召見之日，諭以鹽法積弊，欲議處釐革以完邊餉。公遂陳七事，一曰革開中引鹽之弊，

二曰革興販私鹽之弊，三曰革賤賣官鹽之弊，四曰□□□□□
□□〔八〕，五曰革夾帶殘鹽之弊，六曰革越境賣鹽之弊，七曰革
運司廢馳之弊，論議明切，孝廟嘉納行之，於是數十年宿垢積蠹
搜剔殆盡。

　　未幾，孝廟賓天，婚喪大禮相繼，屬西北邊警告急，命將出
師，經費不貲，又更化之初，賞賚繁夥。公矢心經畫，供應罔
缺。太監苗逵、保國公朱暉、都御史史琳奉命討賊，坐擁重兵，
宿留邊徼。公劾奏，下詔切責。道士謝應循者以齋醮盜取帑藏，
奏乞追究。時戚畹宦堅〔九〕怙寵驕侈，掠民田產，窩占引鹽，及
乞討織造，紛然雜出，公悉奏裁抑舉正之。然權幸叢集怨誹，人
皆慮公，公不爲動。

　　明年，武宗皇帝即位，耕籍田，幸太學，公與九推分獻之
列。兩值吏部尚書缺員，言官交薦，廷臣會議，皆首舉公，竟不
果用。頃之，逆瑾恃上青宮舊寵，恣弄威福，逞其凶惡，納賄構
獄，勢焰熏天。士大夫環視，莫敢昌言以非者。公曰："禍機在
此矣，若是不言，豈不危廟社乎？"遂糾率公卿、臺諫合辭抗疏，
暴其罪惡數十事，請置之法以謝天下。武宗始而覺悟，旋爲所
惑，置之弗問。瑾由是矯旨降公職級致仕，又矯令落職閑住。公
子士聰時任高唐知州，士奇任刑部主事，瑾皆令罷職。瑾怨公猶
未已，復欲中傷，爰挶撫戶曹遺失舊事，械系至京，下詔獄考
訊，必置之死。公與司馬東山劉公同在圄中，倡和自若，人服二
公雅量。理官狀上，仍矯旨罰米一千石，押赴大同親納，續以他
事數次罰米二千餘石。自是業產蕩然，兼稱貸以給，公亦不以
爲意。

　　始瑾之構公也，士林皆爲公危之。既而有飛語言瑾罪惡，欲
陷韓某以必死，人始嘩。瑾聞而怒少釋。越二載，瑾伏誅，詔還
公職級。時兩京科道交薦公才望、氣節足勝大任，邃庵楊公先生

在吏部亦數薦之，俱不報。此〔一〇〕國是既定，公論大明，而公老且病，不任事矣。公雖家居，然玉音綸章稠疊錫賚，所以褒崇慰問之典蓋數十年來所僅見，宜海內莫不想慕其風采也。

公素清儉，一布帛衣，至屢浣不易。先配夫人張卒，誓不再娶，凡獨居者三十年。好汲引後進，有休休樂善之量。尤嗜吟咏，多至千餘首。愛作楷、行細書，垂老未嘗倦於學。至是以疾不起，有司具奏，上爲輟朝一日，優賜葬祭之禮。先是禮部覆議，僉謂公忠清直亮，終始一節，有寧武子之風。疏聞，賜謚曰"忠定"。

噫！若公可謂完名盛福，生榮死哀者矣。子三，曰士聰、士奇、士賢，皆以科第承其家世。士奇爲參政，才猷行業，方嚮用於時。宇恒記公與少保先君爲同鄉，交至厚。宇自童子時親承誨語，暨長又爲公屬吏，感公知愛獨深。士奇以傳請，義曷可辭？

論曰：在昔治朝必有宏碩端亮之臣，謇直不阿，屹如山岳，中外倚以爲重，求之一代不數人焉，可不謂難哉？觀公居鄉，行履恂恂，惟恐惡聲入於耳。及其剔〔一一〕歷仕途，風節峻介，聞善必行，遇義乃發，雖賁育不可禦。信哉！孔子曰"仁者必有勇"也。方瑾幸用時，欲陷縉紳以不測之禍，一時侃侃敢言之士咸縮秘，弗暇爲計。公獨忠憤自許，爲宗社鉏誅奸佞，功雖不克成，誠可謂偉然大丈夫矣。既蹈難，之死靡悔，君子謂"古之遺直"，維公有焉。

校勘記

〔一〕"泉"，據文意疑當作"亭"。

〔二〕"轤"，據文意疑當作"櫨"。

〔三〕"耽耽"，據文意疑當作"眈眈"。

〔四〕"□"，據殘存筆畫和文意疑當作"百"。

〔五〕"西方"，《古今圖書集成·山川典》作"四方"。

〔六〕"麑"，據文意疑當作"薨"。

〔七〕"泉"，據文意疑當作"田"。

〔八〕"□□□□□□□"，據《韓忠定公集·自傳》當作"革買補殘鹽之弊"。

〔九〕"堅"，據同上書《韓忠定公傳》當作"竪"。

〔一〇〕"此"，據同上書當作"比"。

〔一一〕"剔"，據同上書當作"揚（敭）"。

雜　著

奎星樓銘

環樂平皆山也，學在縣之東隅，創自洪武中，規制嚴密，高亢爽塏。蒙山突秀於左，沾嶺送清於右，漳水縈帶，皋落周迴，壯圖勝概，甲於他邑。

正德四年，縣侯韓君清嘗即欞星門東之隙地，構奎星樓三楹，凡若干丈。賁以丹堊，飾以欄楯，檐牙高啄，氣象豁然。侯與教諭某君、訓導某君每朔望禮畢，則登斯樓，與諸生討論經義。憑虛四望，山川在目，覽今思古，慨然有感於懷。因相與議曰：“茲樓之成，不經費於公帑，不濫役於民力，期月而工告成，信茲學之偉觀也，不有紀述，何以示遠而詔來學。”遂走使京師，請余言以志歲月。

余為邑人，聞茲盛事，且嘉侯之丕振儒風，增闡道化，雖詞旨蕪陋，不可不彰厥美也。爰記顛末，復系以詩曰：

五星載運，倬彼於天。經緯遞象，麗采周旋。

奎□〔一〕燦陳，畒訾降婁。昭回璇璧，焜耀文猷。

馬圖肇啓，神明幽讚。天禄摛詞，晶熒在漢。

東井攸聚，治教休明。俊乂彪炳，溶溶頌聲。

天相國家，黌宮棋布。登崇六經，層樓甍護。

藝苑蜚英，繼繼繩繩。台曜虹采，斯文之徵。

“風”字硯銘

風行水上，渙文之至也。山出雲而雨，天下澤之義也。研以“風”名，右軍之製也。蘊真子自托於斯，其志在試，不在藝也。質堅斯壽，形渙乃文。厥製伊始，傳者右軍。

硯　銘

玄液兮吐芳，華藻兮流光。匪玉闕兮遐棄，宜文苑兮永藏。

清凉山賦別引

少宰熊峰石公迪德秉哲，用協兹邦，治有令望焉。惟帝嘉之，徵貳於宗伯。厥七月十有九日戒行，余設餞於清凉之麓，暨太宰涇川張公胥往。

是日也，秋色晴霽，江山歷歷在目，撫景延佇，於是乎有感焉，乃舉兕爵而前曰：“卓哉！振振乎詞林之華也，胄監之模也，庶僚咸式之，敢不祗仰。”又曰：“懿哉！兹遷禮樂其有須乎？熙載迓衡殆基之矣，敢不祗慶？顧吾儕鳳誼方敦，其若別何？”涇川曰：“吁！情則腆矣，其何以將之？”余曰：“古之贈別也，不惟其物，惟其言。矧余昔奏績北上，辱群公祖於牛首，熊峰惠余以大篇，渢渢乎至道之訓也。今兹云邁能勿言乎？盍圖諸？”涇川曰：“然。夫言所以宣情也。情之弗宣，其何祖之爲？”爰賦近體詩二章。余曰：“思深哉！其有古風人之遺響乎！‘猶求友聲’，是之謂乎！”遂和而廣之，且題於端，以識恨別之私云爾。

太宰龍山王公先生像贊

際風雲以魁多士，赫然其名；踐台斗而統百官，端然有容。

此皆事迹之顯著者，奚足以知公？宇嘗聞諸公之子、吾友中丞矣，方其權奸肆虐，愛隨福至，怨以禍并。屢欲致公往見，酬恩於宿昔。而公遜謝辭避，卒不輕於一行。寧守正而就閑，不苟從以取榮。蓋家庭實行之可據，豈道路傳言之可憑？由余觀之，天壽平格，厥報甚明。萃一身之多福，享百歲之修齡。是宜仰公者所謂"如山如岳"，祝公者所謂"如岡如陵"者邪！

小像自贊

人以爲似我邪，我不得而知也。我以爲似我邪，人亦不得而知也。然則人與我所謂似我者，其在貌邪？其在心邪？

見素林公像贊

人亦有言，七分神仙，三分宰相。我儀觀之，弘景豐姿，廣平氣象。方其急流勇退也，隱居閩海之濱，樂耕雲莊之上。及應召而出也，邦刑賴以振舉，國是爲之主張。或嬰逆鱗之怒，或冒積羽之謗。故知公者，以爲剛方；不知公者，以爲矯亢。然則所謂法家拂士、詞林宗匠者，其庶幾爲公狀與！

贈太子太傅大冢宰屠公致仕帳詞

四明秀聚，天降周申甫，慶會風雲世争睹。親到層霄上，手執天瓢將雨露，歲旱分沾下土。　　功成身早退，故國歸來，白首丹心戀明主。更璽書優答，恩寵便蕃，晚節到此，榮名誰伍？但和太平歌，舞斑衣，待他日山龍闕時重補。

會親啓

伏以婚始人倫，荷絲蘿之并托；事緣天定，遂橋梓之同芳。欣幸自今，克昌厥後。爰念宜家之吉，願同促席之歡。一札是陳，二難端在。卜以今月某日，攀車從以來臨，仰冠裳而至止。引領欽俟，惟望俯從。

其二

嘉禮甫成，大倫伊始。天上鸞占之吉，信非偶然；人間雁幣之將，永以爲好。惟結褵聯帨之後，正肆筵設席之時。冀款親情，式瞻儀度。謹卜以今月某日，攀霞帔以光賁，仰魚軒而過臨。端俟門闌，共欣燕會。

與陳邦瑞聘親啟

竊以聯二姓之好以爲親，百千年是繼；叙三世之交而定約，四十載於兹。人豈能爲天作之合？伏惟親家令愛小姐靜德中淳，婉容外淑。小頑永殷質凡且陋，才鈍而慵。是以不自揣量，特申懇請。荷蒙許諾，輒未鄙夷。期預定於華姻，屢參符於吉兆。講修宿契，爰勤嬿婉之求；締結新盟，允圖伉儷之封。情同葭玉，義若蘭金。師資出石淙翁之門，宅相本松露公之裔。簪纓仕族，況桑梓之連陰；逢披儒家，宜絲蘿之冒秀。榮生意外，喜溢眉間。躋芳魯衛之相依，媲美朱陳之雅合。禮非雙璧，惟敬以將之；儀效十緒，庶永爲好也。具呈別楮，冀賜麾留。不腆微忱，尚希鑒亮。

題霍山代祀碑後

景泰改元，宇先祖侍郎府君爲給事中，時奉命分祀中鎮，御製告文亦既勒之石矣。正德丙寅四月望日，宇以太常少卿亦奉祀事。禮成，偶過階下，見前石折仆於地，慟惻不能已。時參政才君寬、僉事來君天球以陪祀至，嘆曰：“是先朝祭告盛典，烏可泯也。況祖孫相繼將祀於兹，尤爲奇事，可使無聞於後邪？”遂命有司重具石，宇謹再拜稽首，篆而刻之，因題碑陰以識不忘。

題《申鑒注》後

右荀悦《申鑒》五卷，乃吴郡黄省曾勉之所注也。漢史載悦爲獻帝黄門侍郎，是時政移曹操，故申漢故事以爲帝鑒及泄所蘊負共五篇以上。一曰政體，二曰時事，三曰俗嫌，四曰雜言上，五曰雜言下，皆深切時弊，關治化，人君所當遵行者。

悦之用心可謂勤矣！勉之感其所遭，而先帝之時適有奸臣心迹如操者竊弄威柄，遂憤激爲注此書，共得萬四千餘言，中所引據又皆漢事，尤爲博洽。少傅守溪王公謂其有感而爲者，誠然哉！昔揚雄自言所著《太玄經》，後世必有知子雲者。今觀勉之之注，殆亦深知荀悦者歟。

題《尚友圖》後

《尚友圖》者，今太子太保、大司馬幸庵彭公所藏以見其志者也。公在韋布時即以經濟自負，每博覽載籍，思友千古之人，深有取於諸葛武侯、陶靖節之爲人，嘗曰："大丈夫得志，則如孔明鞠躬盡瘁，死而後已；不得志，則如淵明樂天知命復奚疑？"可謂善於擇友者矣。公既筮仕，夢寐間如或見之，乃繪爲圖，因以《出師表》《歸去來辭》附書其上，以寓懷仰之意。於是薦紳士聞而歆艷之，或作歌詞美公，公亦慨然有以自信。

公際用三朝，歷郎署、郡守、藩臬，累著聲績。爲總制，提兵數十萬剿滅中原及西蜀巨寇，厥功尤偉。中遭權奸擅政，中以奇禍，公即杜門却掃，若將終身。其與武侯之料敵制勝、靖節之樂隱柴桑蓋異代而同符也。

嗚呼！世之效法古人者何限？然考其行，往往嘐嘐然徒爲大言，而弗能掩是，奚以尚友爲哉？若公者，允蹈實踐，并駕前修而無愧，苟非其浩然剛大之氣養之，克而行之，果烏足以語此也？或者謂公連總師旅，殄滅叛逆，皆功成奏凱，與武侯出師未捷者略殊；歸隱皋蘭，首被今上召用，擢任本兵，勳業赫然，又非靖節所能及。此又其所遭有遇不遇者，論人者豈可泥於時不撥以道、膠於迹不要以心而拘拘以求同邪？余故識數語於卷末，欲知公者當不以今人求公，而以古人求公可也。

祭　文

祭涯翁李公先生文

嗚呼痛哉！我先生之訃，何從而來耶？夢耶？真耶？且信且疑，倉皇駭愕，莫知所之。仲夏望日，先生猶寄我以手札，訓我以篆詞。曾幾何時，而遽至於斯也。

嗚呼痛哉！甲戌之歲，宇以考績，北上京師。先生見宇而喜曰："爾來何遲？"教我之所未學，勉我之所當爲。或連晨侍坐，或侵夜忘歸。擬洛社之傾蓋，效成門之摳衣。公事既竣，言旋有期。留僕夫以暫駐，悵函丈之遠離。拜辭之夕，使我淒其然强爲慷慨而出者，實恐勞先生之縈思。一以冀門牆瞻近之可再，一以祝先生壽考之未涯。孰知夫天運難測，人事多違，甫及二載之別，而遂成百年之悲也！

嗚呼痛哉！先生萃山川清淑之氣，稟天地中和之資。道德高天下而貞以自守，文章高天下而謙以自持。有匡扶社稷之功，與物無競；有斡旋乾坤之力，處世不隨。而又保完名於勇退，鑒盛滿於知幾。是以馳譽中夏，聲聞外夷。仰四海之山斗，著一代之蓍龜也。今則奄然長逝，而邈不可追矣。

嗚呼痛哉！昔宇受教門下，實奉成邃翁先生之命。俾宇獲撰杖屨，有所歸次。感念今昨，倏忽三十六年於茲。先生視宇如子，而宇所以視先生如父者，慚未報於恩私。病不問藥於床，殯不執紼於野，葬不掩土於墓，身欲往而莫遂，心屢折而增欷。徒緘辭於數千里之外，北望長吁，而不知涕之交頤也。嗚呼痛哉！

祭邃翁楊公先生文

嗚呼痛哉！我先生其真不起邪？己丑十月，宇俟謁於東昌舟中，先生體力康健，訓誨亹亹。宇竊自慶，十一二載間當躬謁京口，以賀八旬之壽，再見有日矣。豈意纔逾春夏，先生有書云"近患背瘡，勢甚危"，即以後事相托。宇驚愕之餘，且謂天壽平格，元老耆德必將躋耄耋，享期頤，留以爲國家弘濟匡輔之用。夫何入冬來，果以訃聞？

嗚呼痛哉！先生才本王佐，學爲儒宗，有經天緯地之文，有輔世長民之德，有知人宰物之公，有樂善容衆之量，有撥亂反正之功，有安内攘外之策。自少而壯，壯而老，歷膺簡擢之隆，晚際明良之會，任切鈞衡，忠存社稷，是以名重一世而人仰之，澤在天下而人頌之。厥後遭青蠅萋菲之譖，雖無損於高明，第大勛甫成而遽敗，歸未久而先歿，此實氣運與理數所關，蓋天也，非人也。或者諉以全名爲造物者所忌，豈其然乎？在古賢相率多有之，先生素知之明而處之裕如矣。今不幸亡矣！泰山頹矣！梁木壞矣！何嗟及矣？

嗚呼痛哉！宇義重師生，恩同父子。先生之疾也，弗獲躬侍湯藥以申問安之敬；其殯也，凡衣衾棺槨之美又未獲一盡其心。抱茲惋恨，徒增慨吁。念惟葬期將近，正宜兼程而往，攀送江郭以酬恩德之萬一。顧乃身病家冗，羈絆相仍，竟阻長途，未由奔赴，信天地間一罪人也。忉怛慚負，莫知所爲。

嗚呼痛哉！謹先具菲儀，用代數千里几筵一奠之誠，長號巨悲，涕泗沾臆。誓當俟微疾稍平，務期親哭墓前，以少抒匪極之哀，以少慰終身之恨，圖所以傳不朽、爲後報計者，庶其黽勉於斯，悠悠蒼天，諒鑒此愚衷也。嗚呼哀哉！

祭文端周公先生文

於惟我公，才德并稱。敏格端亮，寅恭直清。甲科拔秀，翰苑儲英。佐銓天部，正位地卿。勛名烜赫，風采峻凝。六旬甫至，累疏歸榮。泉石與伴，烟霞締盟。真率會舉，保完堂成。蒲輪屢召，璽書是徵。見幾既返，既哲而明。身膺茂福，壽享遐齡。兩朝台輔，四海儀刑。公今雖逝，永垂厥聲。

宇童時敬仰，父執欽承。繼隨屬吏，竊比門生。啓我訓誨，示我法程。嘉我孝友，勗我忠貞。親若子侄，通家懿情。感念疇昔，中懷靡寧。思公何處？言至省城。我有弱子，新婚中丞。中丞有女，爲公外甥。公實大父，絲蘿附榮。三世骨肉，一朝合并。爰修祀禮，用叙生平。晋山蒼嵽，汾水碧澄。公墓在焉，山川萃靈。既涓我酒，復潔我牲。陳詞再拜，冀達悃誠。公神在天，上爲列星。庶其來格，鑒此德馨。

祭韓忠定公文

嗚呼！兩儀間氣，三晋精英。自岳而降，維公誕生。甲科以進，瑣闈是升。屢陳讜論，大振厥聲。參藩九載，廉慎自若。吏隱武當，仕優而學。方伯叙遷，治行卓卓。東魯南滇，叠荷顯擢。乃拜都憲，撫綏我民。襄楚河洛，威惠惟均。入登户侍，用展經綸。藻鑒銓部，號稱得人。留都司馬，爰掌邦政。守備事宜，親所裁定。忠誠著聞，地卿簡命。國賦軍儲，區畫井井。伏闕抗疏，首發權奸。立構奇禍，略無悔顏。凶竪就殄，天道好還。福祉隆萃，寵數駢蕃。既加宮保，又錫封誥。八袠遐齡，茂膺壽考。子孫羅拜，金緋環繞。盛德完名，海内所少。一疾弗起，泰山其頹。老成凋謝，帝用疚懷。恤典優厚，足勵後來。公亦何憾，生榮死哀。宇義重通家，禮尊父行。吊哭未由，空此悵望。千里緘詞，少寓悲愴。公神在天，來格來享。嗚呼哀哉！

祭王虎谷都憲文

嗚呼痛哉！應韶與余石門峽[二]之別，纔四閱星霜矣。君在上黨，我居建業，兩地音問，歲率爲常。君方以乐山釣水爲飲食，以著書立言爲耕桑，何此志之屯塞，遽中道之憫傷？豈人事之錯迕，殆天道之冥茫？訃音一至，我心盡傷。

嗚呼！君有高亢拔俗之操，而不知者或以爲矯；君有踔厲驚人之才，而見嫉者謬以爲狂。忠摧權奸，弗避雷霆之怒；教敷善類，化均時雨之祥。威振臺柏，愛留郡棠。至於吟體法少陵之詩格，詞宗踵西漢之文章，篆籀擬秦，隸分邁唐，其多才與藝之美又不足以盡君之所長也。

方君之始謫，迹雖躓而名愈揚；及君之再振，身漸顯而道益昌。乃甘栖遁，乃厭紛庬。義辨王霸，道慕羲皇。辭召命而不赴，歌《考槃》以徜徉。可謂勇貫千鈞之弩，而堅逾百鍊之鋼者矣。然則君之用於國家、用於天下者，雖未或究竟厥施，其正氣之耿耿可傳者，固不在於爵位之晦與彰也。余與君誼切兄弟之分，情深桑梓之鄉。仰高標而莫覯，慨麗澤之未忘。緘辭千里，寓哀一觴。是今日之所以哭君者，匪直吾儕悲友道之失輔，蓋爲天下悼□□[三]之云亡也。嗚呼痛哉！

祭威寧伯王公文

嗚呼！澶海靈異，實鍾我公。臺端之豸，人中之龍。才高一世，名震四封。凡縉紳章甫之士，皆立其下風。方其身踐台斗，志垂鼎鐘。取封侯如拾芥，竟戕於傷弓。及其賜環以歸，徵輪載逢。老能益壯，節效匪躬。以紓西顧之憂，以從北伐之功。抑孰知命與時，皆物忌過中。裹屍沙漠，勛業未終。然則公所得於天者，將孰塞之而孰通耶？

宇受知既久，仰德無窮。比公赴召於京，纔喜隨十五年之杖屨；總鎮於外，又遽爲七千里之萍蓬。病弗能饋藥，葬弗能執紼，徒緘辭南望而歔欷者，公庶幾有鑒於愚衷。

祭城隍文

惟神降依茲土，克庇我民。封部之內，以莫不均。雨暘既時，災沴不舉。凡此體徵，惟神攸祜。廟貌巍岩，祀禮則然。祇承未備，人實有愆。閱歲寖深，丹臒頹壁。暗昧不蠲，莫稱靈德。謹擇從事，鳩工卜辰。乃塗乃塑，昭假孔新。惟功告成，神有戾止。胥慶胥歡，延社千祀。宇奉職勤工，實賴神休。群僚駿奔，匪曰自謀。奏音陳辭，載進清酌。祈報洋洋，以獻以樂。

祈雨告文

頃因亢旱爲災，數月不雨，庶官竭誠致禱，雖蒙霢霖之應，未獲沾足。旬時以來，陂塘乾淺，井泉告竭，田畝病於耕墾，穈麥艱於播種，秋穫無望，歲功難成，人心皇皇，控訴無所。竊思災變之生，必有所自，循省愆尤，實某等備位留都，不能盡職之所致，民則何辜？用是敬陳愚悃，再申懇祈，伏願洪鈞普惠，玄造垂仁，憫念群生，大澍甘雨，庶幾民困可蘇而神休永賴矣。

哀　辭

靳恭人哀辭

緊女德之淑姣兮，曰慈與仁。維恭人之内則兮，豈惟瀹瀟之與藻蘋？粤鬒髮之既笄兮，懷潔貞而静婉。賦桃夭以宜家兮，佩秋蘭之九畹。歷中歲之多艱兮，恒殞折而不萌。念世系之當重兮，孰祇遹乎宗祊？楣辛夷以繚杜蘅兮，將葺館於貳室。匪麗質之爲娛兮，庶胤嗣之可必。耿一念之上通兮，貫金石而不移。夫君義而弗内兮，曰吾安用此媵爲。相觀民生之憒暗兮，恒忌嫉而不容。苟中情之遏抑兮，又掩於面從。嘆恭人之淳樸兮，古賢女可同。鍾靈秀於一夔兮，天寶有以誘厥衷。忽所天之屯厄兮，悲未亡之失怙。孤煢煢以弱冠兮，憫門祚之多故。亟親賢以就業兮，乘麒麟以高騖。叩閶闔而侍玉皇兮，指蓬萊之舊路。享珍厨而被象服兮，乃迎養於京華。子賢能而順志兮，欣福履之孔嘉。日含飴以弄孫兮，晚進封於金紫。齯齒落而更生兮，信期頤之在是。恩榮既以兼備兮，殆生順而死安。卜青烏而啓竁兮，返京江之故阡。維二南之化行兮，咏《螽斯》爲稱首。夷考恭人之懿行兮，孝婦與賢母。歌執紼而送於野兮，豈余涕之無從？著恭人之不妒兮，聊以勵閨壺之澆風。

行　狀

四川按察司僉事進階朝列大夫董公行狀

外舅董公，諱寧，字伯康，世爲山西忻州人。曾叔祖諱郁，永樂中應召募徙居通州之潞縣，公祖與妣因偕來，遂定籍焉。曾祖諱興，贈刑部尚書，妣侯氏，贈夫人。祖諱政，贈刑部尚書，妣張氏，贈夫人。父諱方，累遷刑部尚書致仕，有古大臣之風。卒之日，朝廷特贈太子少保。母張氏，封淑人，加贈夫人。

公生而秀穎，數歲時，尚書公即遣就學。謹約自持，無紈綺氣習。成化戊子，舉順天鄉貢。壬辰，登進士第，觀政禮部。丁母夫人憂。丁酉，授兵部武選主事。癸卯，丁尚書公憂。乙巳，改職方主事。丙午，遷武選員外郎。未幾，爲勢家子詿誤，降湖廣常德府通判。

弘治戊申，以孝廟即位恩，轉山西絳州知州。絳州素號難治，公政令嚴明，以鋤强梗、植善良爲己任。每歲旱，必齋誠禱神，雨輒應。州民以荒歉，有盜數千人縱劫掠。公捕獲爲首者六人，置於法，餘皆屏息。滿三載，按部者屢旌其賢。壬子，擢陝西按察司僉事。督理屯田，弊政多所釐革。尋調山東按察司僉事，審獄訊刑，尤敏且慎。嘗分巡東充道，兗州府有死囚十九人，舊爲邏盜者所誣服，不得自辯，公察其冤，盡釋之。己未，又調四川按察司僉事。四川地里闊遠，羌夷雜處，公所行政如治山東者，民皆畏服，巡撫都御史、巡按御史皆有薦章聞於朝。吏部嘗擬陞松潘副使，不果。辛酉，致政歸京師。杜門簡出，歲時與縉紳居林下者數人爲裕樂會。正德改元，詔許五品以上官員致仕者，進階一級。公進爲朝列大夫。

丙寅春，偶得疾，久未瘳。丁卯七月十五日卒，距其生正統癸亥得壽六十有五。卜以是年九月二日附葬於小城南尚書塋之次。配劉氏，封安人。側室劉氏、石氏。劉氏子五人，長弘祖授恩榮官，次光祖、承祖俱國子監生，榮祖、復祖尚幼。女五人，長適宇，次適金吾左衛指揮張傅，次適錦衣百户高亮，次適湖廣道監察御史鄭陽，次適襄城伯李公子全仁。孫男三人，長世臣，次良臣、獻臣。

公自幼親承尚書公家教，飭己、居官一遵矩度，罔敢違。進士時，曾祭掃潞縣先隴，適人報鄰村有掘地得錢數石者，欲籍公爲重，衆分其所獲。公正色拒□，遣人達於縣令，貯官庫作救荒之用。其不苟取類如此。性勤儉，雖享豐裕，常如韋布人，至老不易。但資賦剛峭，於衆寡合，又偏於疾惡負氣，不肯下人，寮友間鮮有莫逆者。遲徊臬司數年，竟不得一遷，其以是夫？公病間，恒慮諸郎少，未歷世故，凡一切後事俱分處周悉，獨丁寧屬宇曰：“吾殆不起，平生履歷獲求當代大君子爲文，銘諸墓石，吾死不恨矣。此事匪托子，其誰宜？”宇銜痛謹識之，敢略述公事行之大者爲狀，伏乞采擇焉。

敕封太安人楊母張氏行狀

成化丁未，宇以母喪還樂平。時我遜庵楊先生提學山西，迎母氏太安人偕來，就養官邸。今年四月，得先生書，知太安人遘疾。宇急往視，僅得一拜床下，而數日竟不起矣。先生哀毀羸頓，治歛事，南遷有日，哭謂宇曰：“父母生子，凡以爲遲暮適。先母以不肖故，南北無寧居，然猶冀桑榆未艾，計當陳情乞歸終養。今不幸天降大戾，奄至凶變，痛恨當若之何？不肖忍死爲大事，計以六月三日奉靈輀發太原，卜以是年九月六日啓先君竁合葬焉。惟先母之世與行，子宜爲我次第之，將徵惠於立言者。"

宇因憶童子時受經門下，我先生陶訓曲成，恩并君父。壬寅、癸卯歲，假館於京，太安人矜宇違遠母氏，日夕命童僕爲飲食，撫育之惠實懸厥心。今日之事殆大母也，敢以不文辭？

太安人姓張氏，系出武弁。大父爲湖廣九溪衛百户，父處士君號爲長者，娶孟氏，生太安人。少端重，姆教甚閑習。先生父同知公爲澧州判，喪前室劉孺人，聞太安人賢，來爲繼室。處士曰："是固吾子所宜歸者。"既歸，綜理家政，井井有章。劉孺人有弱息，甫歲周失乳，病幾斃。太安人提抱與同卧起，屬乳媼乳之，求善藥藥之，久乃無恙。

公方砥礪爲清白吏，太安人以勤儉承之。公滿澧州績，擢貳廣東化州。隨任且十年，其所御服飾自受聘外，無所增置，淡妝淺飾，處同行金綺炫赫中，晏如也。公以微言覘之，太安人曰："好景恨不常，第如此足矣。"州有劇寇，公夜宿城堞間，雖極捍禦，城幾陷。州僚屬妻孥往往裹輕糧、褓小兒以俟，哭震天。太安人使人視公何爲，曰："方治戰守具。"太安人曰："不足憂也。"治家事如常時，諸家視以爲重。公既引謝，貧不能歸故里，占籍湖廣之巴陵。太安人脱簪珥，易穀粟以給旦夕寒暑之費。

先生生六歲，初授《千文》《孝經》。八歲授《尚書》，習舉子業。摽[四]授講解，雖皆出公，而督勤維持，太安人有力焉。成化丙戌，先生年十二，湖藩大臣以其神穎特出，奏薦於朝廷，遂及太安人偕來京。先皇帝詔儲養館閣，四海之士翕然望風。月入廩粟，日給大官膳以爲養。戊子，中順天府鄉試。壬辰，登進士第。癸巳，公捐館，我先生少失怙，幾不能生。太安人含泣曰："今者宗祀爲重，吾忍不即死以從汝父，凡以是也。"見其形色稍損，輒涕泣不食。先生用是强自俯抑，以慰母懷。先是劉孺人之子，婿於鎮江丹徒胡崇胤。公晚年謀所以建家者，謂雲南遠不可致，巴陵僅繫空籍，無田廬、親識可憑依，因屬意鎮江而未遂。至是，太安人承公意，命先生扶柩歸葬鎮江府丹徒縣詐輸岡大峴山支之原爲塋域。事既襄，乃占籍丹徒。

丙申服除，奉太安人來京，授官中書舍人。職務清簡，先生得以常祿爲甘旨養，未嘗一日違。己亥，滿三載，被敕命遣贈公爲儒林郎，職仍同知。太安人從夫階，當封安人，而例以獨存，得加稱太。乙巳，滿九載，將遷官。先生念雲南根本地，高曾以下三世塋皆在焉，欲上疏歸展省。太安人喜曰："汝父意也。"疏上報可。太安人留居鎮江，先生兼程而往，修祀合族，凡九閱月而還。太安人以人生貴恒業，命先生創置宅一區、田若干畝，約束僮僕使治農，爲長久計。

丁未，先生有山西提學之命，以太安人故不欲行，擬陳情乞終養。太安人聞而止之曰："君恩未報，非就便安時。吾年未老，尚可偕行。"先生遲回久之，不得已，奉太安人如山西，十月初九日上任。于時慈顏怡和，步履坦坦，視平時加健。十一月，出巡太原州縣。還司，太安人微感寒疾，先生以爲憂。比春，不復出治事，集諸醫診曰："無傷也，藥之愈。"藥投，疾果退，寢復常，先生尚未肯離左右。至二月，太安人速之再三曰："食祿無安居之理。吾小病，今愈矣，豈得妨廢職業?"先生始出按平陽。久之，太安人舊恙稍舉。先生得報，馳還司，太安人已臥床褥，延訪群醫，迄無奏功。五月，疾轉甚，先生籲天禱神，嗚咽不知所出。十五日未時，竟以訃聞，距生宣德丁未十一月初二日亥時，壽六十有二。

平居簡言笑，無故不出戶限。事夫以順相，祭祀必恭恪，處姻族和厚有禮。婢妾、臧獲隨事指教，終歲無疾言怒色，人莫測其怒與喜。先生爲中舍，縉紳、賓友造門無虛日。太安人性雖儉約，館穀務豐腆。或飲晏言笑過度，必婉語戒之。山西學政久弛，先生志在作新，刜蠹奸，汰冗濫，未免以嚴從事。太原惡少年數十輩，挾晉庶人橫行以逞。先生以法繩之，悉索渠魁，幾斃杖下。太安人聞之，愀然曰："法固當爾，第人命關繫至重。汝父嘗言：'刑官宜平恕。'汝忘之耶？"

嗚呼！太安人在室爲淑女，於歸爲能婦。有子如先生者，而義方之教凜凜如嚴師，古所謂賢母殆不是過也。先生文章道德，炯然一代名儒。太安人親被推恩，恭承睿獎，而復以蒼顔白顛優游禄養，寖以益豐。天之所以福善人者亦厚矣。則魂歸冥漠，形返故鄉，所謂生順死安，尚何憾哉？宇從先生十餘年，太安人事行得之耳目甚悉，用敢執筆爲行狀，惟大君子采擇焉。

校勘記

〔一〕"□"，據明嘉靖二十七年《樂平縣志》當作"矑"。

〔二〕"峽"，清嘉慶本《虎谷集》作"壞"。

〔三〕"□□"，據同上書當作"哲人"。

〔四〕"摽"，據文意疑當作"標"。

墓　表

通議大夫都察院右副都御史白公墓表

　　都察院右副都御史白公輔之，太子太保康敏公之仲子也，正德丁丑冬十月二十有一日卒於家。皇上軫念世臣，遣官諭祭，有司營葬事。越三年，庚辰二月望後七日，子説、誼葬公烏龍岡新阡。説請予表公墓道之石，以永公休。昔我先君與康敏公同舉天順丁丑進士，予與公又同舉成化甲辰進士，通家世契之好六十餘年矣，義不可辭。

　　公諱圻，輔之其字也，別號敬齋，出秦大夫乙丙後。宋有繼昇者，由洛陽徙居晉陵，遂爲晉陵人。高祖均禮，曾祖思恭，祖珂大冶教諭，俱贈光禄大夫、柱國、太子太保、刑部尚書。高祖妣蔣、繼王俱贈一品夫人。父昂刑部尚書，贈特進太保，諡康敏。妣蔣氏累封一品夫人。

　　公自幼穎悟絶人，年十八舉於鄉，十九舉進士。授南京户部主事，轉南京刑部員外郎、郎中，以疾歸。歸八年，起改户部郎中，奉敕督漕江南。丁康敏公憂。服除，補工部都水郎中。歷升浙江布政司左參議、福建左參政、右布政使、山東左布政使、應天府府尹、都察院右副都御史奉敕總督南京糧儲。配何氏，封淑人。子二，即説、誼。説，蔭補國子生。誼，邑庠生。女二。公生成化丙戌五月二十七日，年纔五十有二，識者悲之，謂無以盡公用也。

公在部署周慎畏謹，出納、推讞惟允惟明，人謂康敏有子。在浙東，嘗議荒政，請蠲常稅十分之四以與民。金衢歲饑且疫，公往來賑貸，下邑窮里有不能自爲飲食、醫藥者，官爲齎給。杭又饑，寧、紹、台又疫，賑恤又如之，民賴以有生。有希中貴〔一〕意，欲開溫、處銀礦，下守臣議。公具列利害，請勿開便。樂清徐總紀殺人，巧詆無罪以自免。公讞得其情，置於法。安吉豪右污知州廖紀贓罪，坐重辟。公廉得紀治行，曰："知善良而不右，如綱紀何？"竟雪其冤。鄞少年亡入日本，館爲甥，或欲因其來執之。公曰："失之無損編户，取之適足啓釁，非所以懷遠人也。"聽逸去，朝議以爲得體。溫、金持僞牒補吏，習爲常。公按黜三百餘人，自是無敢爲僞者。長興田八百頃没於浇水，稅病民久，公請蠲之。福建漳汀有寇至，震懾連數邑。公方病瘰，亟手檄諸郡兵，輿疾以往，賊遁去。泉州倅撓法，爲藩臬守臣所逮，遂鈎摭以起大獄。公比而孚，得無濫焉。山東蝗，公平賦則於諸郡。流賊甫平，所過州邑爲墟，公賑貧乏，旌遺烈，以定民志。魯藩襲封，未有適立，公議以宗法。中使境上索重賂，不應。尹應天，申明康敏公所定義役法，條舉課程、差役七事以聞，民皆稱便。尤作意學校以養人材，禮殿修之，膳米補之。凡諸廢墮振舉一新，逋亡復業者千餘家。留都歲儲漸耗，公備陳贏縮，伏乞量入爲出，及裁冗食、禁盜插逋負凡數事，悉見施行。軍衛官有挾勢中傷監收部署者，公疏置於理。蓋公明敏亮直，究心民隱，臨事而應，不爽錙銖。總督時會計軍儲，會府部大臣議，公條分縷析，或傳以家世舊聞，無不當中機宜。昔人謂朝廷顯官須大臣子弟爲之，謂習其體而憲其儀，非他寒酸可同，殆信然哉！

太宗伯二泉邵公傳稱，公歸娶，未有命，不敢先日，事與石慶不輕對馬相類。予記公在南都，母夫人忽思歸，公即疏致仕，不許。比再疏，夫人竟歸，以疾卒。公奔喪，哀瘠至以是終。嗚呼！公可謂能兼諸石孝謹之風矣。予故表而出之，使論世者有考焉。

碑　銘

南京吏部左侍郎儲公神道碑銘

正德癸酉七月十有一日，吾友海陵儲君靜夫以南京吏部左侍郎卒。訃聞，朝廷特賜諭祭，遣官營治兆域。葬且有日，其子顯泣請余文，銘諸墓道。余每記甲辰歲與君爲同榜士，同爲郎署者又十餘年，交最厚且久。君平生行業之大者，余知之獨深，今日之事固可以不文辭哉？

君名巏，靜夫其字也，別號柴墟。先世毗陵人，元末徙海陵。曾祖諱某，以行誼重於鄉，實世德所始。祖諱玉，隱居弗耀，以君貴，贈户部右侍郎。母王氏、繼母董氏，俱贈淑人。

君生而秀穎，五六歲時讀書，過目即成誦。九歲，善屬文。弱冠，名動場屋。成化癸卯，舉應天鄉試第一。甲辰會試，禮部又第一。廷對賜二甲進士第一，名聲籍甚，論者每以君未獲入翰林爲缺典。太宰濟南尹公欲選爲屬官，懇求便養，授南京吏部考功主事，尋升郎中。弘治甲寅，太宰巨鹿耿公奏改吏部考功郎中。丁巳，升太僕少卿。乙丑，升本寺卿。正德丁卯，升都察院左僉都御史，總督南京糧儲。戊辰，升户部右侍郎。己巳，升左侍郎。庚午春，以疾乞休，優詔慰惜之，賜乘傳歸。冬十月，以舊秩召用，辭不就。壬申春，復起爲南京户部左侍郎。癸酉正月，改南京吏部左侍郎。時方望其大用，而君舊疾增劇，遂不起矣。

嗚呼惜哉！君體貌不勝衣，簡重端默，實具公輔之器。其在考功時，評品精當，人才賢否，未嘗輕有所遷就，以獎恬退、抑奔競爲己任，巨鹿公得其贊畫匡輔之功居多。丙辰，當黜陟天下官員。君詢訪既精，又能堅執公道，不爲權要所屈撓，是以人無異議。其在太僕時，搜訪馬政得失，剗革其蠹弊者，修舉其所當興復者，乃疏四事以聞，詔皆報可。又上章請紀孝廟言動以示將來。其總督糧儲時，首厘正倉庾宿弊，條陳應議數事，省糧户及京邑供給之費。其在户部時，簿視錢穀數益耗，憂形於色，雖改官，猶不置念。其政迹之彰彰者如比。

平居事親孝，侍郎公年八十餘，凡奉養帕帨之具周悉備至。王淑人早世，君恒悼慟，每值忌辰節日，必齋戒以祭。伯母陳氏孀居，止存一女，鞠養、婚嫁悉賴於君。撫從子洵如己出，爲擇師，遣就學，以進士顯。平生與人寡合，名士則樂與之游。爲文簡嚴有法度，詩沖澹沉蔚，有陶、韋之風。博覽群籍，能記憶金、元間及國初遺事，欲采輯爲一書，病未能就稿。又善教人，出其門者科第相望。所著有《柴墟文集》《駉野集》、奏疏若干卷，其傳於後無疑也。

初娶周氏，贈淑人，繼娶朱氏，封淑人，俱有婦行。女三，長適按察使仲與立之子承祐，仲適千户周沐，其季未行，側室嚴氏出。公無子，以從弟崐之子顯爲嗣。春秋僅五十七，卜以某年某月某日葬於某山之原。銘曰：

淮海維揚，實生偉人。顯顯少宰，爲時藎臣。發爲文章，簡雅典則。視古作者，闖入畛域。論秀周士，舉賢漢科。褎然稱首，令譽孔多。有親在南，就養伊邇。移官金陵，山水樂只。秉衡考署，修政圍司。品士相馬，精鑒攸宜。總計南臺，晋貳東省。憂時恤民，心常耿耿。載遷鉉部[二]，允愜輿情。曾不閱歲，沉痾是嬰。凡今士風，日趨頹怠。持正敦廉，匪賢曷賴。人擬柄用，而止於斯。諸醫弗效，命也何爲？帝聞憫傷，諭哀賜葬。恤典便蕃，光賁泉壤。海陵之壖，新墳隆然。銘文樹石，於千萬年。

都察院右僉都御史王公神道碑銘

歷觀自古國家皆有碩大閎偉之材翊贊化理，而其生也必於至治極盛之際，蓋天地醇粹之氣於時而會，其鍾於人則賢才出焉。譬猶時雨降而景雲興，谷風至而嘉卉作，此理之常，氣化自然者也。我國家重熙累洽，至憲宗、孝宗之世，其治極矣。當是時，海內巨公偉人相繼而出，若吾友都察院右僉都御史和順王公，其一人焉。

公諱雲鳳，字應韶。曾祖珍、祖義俱贈光禄寺卿，考佐累官南京户部尚書。曾祖妣周氏、祖妣張氏、妣馬氏俱封淑人。公幼有異質。六歲時，尚書公與坐客論《易》，及馬爲行地之物，公在傍問曰："何者爲行天之物？"客曰："汝試以意言之。"公曰："得非龍乎？"一坐大驚。成化癸卯，舉於鄉。甲辰，登進士第。丁未，授禮部主客主事。公自知學即以古人爲師，痛排流俗卑近之説，力求聖賢遠大之方。嘗讀《史記·項羽傳》至"沉船破釜，持三日糧，示士卒必死，無還心"，因嘆曰："學者設心，要當如是爾。不然，其能有成者鮮矣！"自是持志益堅，而進學益説[三]，慎察於言動謹肆之間，詳審於取舍義利之辨。琉球貢獻使臣以金爲饋，公謝却之。弘治庚戌，撒馬兒罕貢獅子將至。公言於尚書耿公，侍郎倪公、周公，上疏乞差官宣諭遣回，朝廷從之。歷祠祭員外郎、郎中。

丁巳春，以各省灾異詔令百官言事。時太監李廣恃寵顓恣，權傾中外，群臣莫敢有言。公於是獨具疏劾之曰："近者災異疊見，亢旱爲虐，皇上特降敕旨，博詢芻蕘之言。臣竊有所見，不敢緘默。臣聞太監李廣者，弄[四]威權，通賄賂，引進黨類。嗜進無恥之輩悉走其門下，大壞士風，濁亂紀綱，托[五]外戚相倚爲奸。今內外臣民疾之入骨髓，畏[六]其赫然之勢，不敢誦言以告陛下。衆心所同，天心必鑒，災異之來實由於此。故臣以今日弭災之急務，莫有過於論李廣之罪者，乞斬廣以泄神人之憤。"疏入，留中不報。由是，公之直聲震一時。廣銜之甚，欲中傷以事，羅織久之，無所得。是歲十二月朔，駕出省牲回，公實以禮官從，至郊壇外乘馬。廣先已令人伺之，遽取公牙牌以去。是日，下公詔獄，尋降知州[七]。戊午冬，廣敗，在朝之士爭言公前劾廣被誣狀，且薦其賢，升陝西提學僉事。

公之教人，先德行而後文藝，其語學者曰："聖賢之道雖多端，然其切要不過復其本然之性得於天者耳。必先立志以堅夫趨向之正，主敬以養其清明之氣，讀書以究乎事物之理，慎行以致其踐履之實。明義利之辨，謹隱微之際。勿慕高遠而忽於日用之常，勿涉詭異而出乎人情之外。"士之聞者皆翕然感動。其他條約禁導之方、舉措變化之術尤多注意。

辛酉，轉副使，整飭洮、岷等處邊備。邊郡軍戍、番夷錯居互處，故狃驕縱，法馳令格。公至，則皆惴惴畏恐，無敢於犯者。甲子，以都御史遂庵楊公先生薦，仍改提學。正德丁卯，遷山東按察使，正身率物，奸弊無所容，前時諸色人往來司中者一切杜絕，禁吏胥輩非公事不得出入。詢府縣官能否，有怠事病人者，輕則戒諭，重則逮訊，風采凜然。甫半歲，丁馬淑人憂以去。

己巳冬，服闋，起爲國子祭酒。時教法隳廢，士習恬惰，公痛懲之。士初或不堪，既而自屬，率公之教。庚午，改南京右通政，不赴，移告以歸。壬申八月，升右僉都御史，巡撫宣府地方，以病辭，不允，乃起就職。邊人素苦鎮守將佐侵暴，聞公來，皆歡然曰：“我輩今幸有主矣！”宦官攬納軍需，遣左右取償民間，各懼而遁去。去稍緩者，衆憤而毆之幾斃，罵曰：“汝輩復敢藉官勢乎？”公至鎮，號令嚴明，罷將官占役軍卒，革權貴私借^{〔八〕}戰馬。穀價貴，因請增折銀價以足軍食。凡軍官贖罪，悉令納粟，不數旬，積米逾萬石。士大夫聞之，皆服公威望才略果可大用也。公雖在外，然恒有澄清當世之志，感時多弊政，乃具疏論之，其略曰：

今生民益窮，盜賊迭起，京師倉庫空虛，各邊軍食盡缺。《傳》曰：“窮則變，變則通，通則久。”當此窮極之際，政宜變通以圖久遠之計。因條省民財、復久任二事，伏乞采納。二事既行，則若光禄供應之濫、進庫銀兩之濫、寺觀齋醮之濫、近年内使之濫、王府增費之濫、添差内官之濫、傳奉升官之濫、錦衣升官之濫、内官匠役之濫、奏討地土之濫、權要囑托之濫、馬快船隻之濫、文職官員之濫、工部民匠之濫、京軍倉糧之濫、各邊軍伍之濫、驛遞應付之濫、衛所科派之濫、有司科罰之濫、均徭銀兩之濫等項，臣尚能一一言之。不然，則千言萬語皆爲虛文，後來之事將不止如今日而已，臣請徒步歸山以後餓死溝壑耳。

一、省民財。臣嘗聞堯告舜曰：“四海困窮，天禄永終。”歷考前代，無非因上下好利，財盡民窮，海内愁怨，盜賊蜂起，而馴至不可救，乃知聖人之言，萬世不易之定論也。以臣所見，二三十年以來内外清介之士可數者不過數人。大抵太監之貪過於公卿之貪，公卿之貪過於布、按，布、按之貪過於府州縣，上下成風，日甚一日。私門之財日倍於往年，而公家之用日竭於往年；仕宦之富日盛於往年，而百姓之窮日甚於往年。財安得不匱？民安得不窮？宋臣有言：「用財有節，天下雖貧，其富易致也；用財無節，天下雖富，其貧亦易致也。」伏望陛下以天下之富爲富，不必積之府庫，然後爲吾之財。躬行儉約，爲天下先，凡供用施予，一切禁罷。明詔天下，今後內外大小官員，若有交通賄賂、圖謀升用者置之重法。

一、復久任。舊制，天下官員皆九年爲滿，方得遷轉。其布政、知府、知州、知縣亦有九年考稱不升而仍復職管事，有至十四五年，甚至布政、知府有二十餘年者，皆安於其位，惟俯首盡職而已，是以民隱悉知，吏弊難作。自正統、景泰間添設巡撫，而布政之升始速，然猶有四五年者。自成化初年以進士補縣，行取風憲，而賢良之令無四五年在縣者，甚則布政不數月或未到任即遷巡撫，知府二三年即升副使，知縣三四年升府通判，又有知縣升主事，知州升員外之類，品級相去不遠，賢能不得成功。又升遷不計道途遠近，如右布政越數千里升左布政，一省州縣名數尚未周[九]，復升巡撫於數千里之外，坐席未暖又將顧之他。且年勞無一歲之差，人品亦相等之輩，驛遞應付，州縣接迎，彼往此來，交錯道路，送故迎新，不勝其費。居官之日甚少，行路之日及[一〇]多，監司、有司上下相視，有同過客，膏澤不下於岩穴之民，號令不行於奸頑之吏，一應之弊皆從此出。乞議復舊制久任，使今可行。若以目下各部侍郎及巡撫都御史、主事、御史缺人爲說，愚意在京事簡，衙門即有員缺亦無廢事。官不必備，惟其人務各其職而無苟且之意，則民生幸甚。

識者觀公之言，於是乎見其有志於天下之事矣。已而，丁尚書公憂，疏不果上。乙亥，服闋，朝臣交章論薦。八月，復除右僉都御史，清理江淮鹽法。公度時不可爲而道不能用，遂陳乞致仕。命下，促公受職，公再疏力辭，始得俞旨，俟病痊起用。自是公不屑於出，蓋自知與時不合，而時亦不能必欲公也。戊寅七月某日，卒於里第，享年五十有四。配李氏，封安人。無子，女四人，長適周監生孟霄子守約，次適寇都御史子敦子陽，次適閻僉事道鳴子徵甫，次適馬監生勤子繼儒。

公自號虎谷，學者因稱虎谷先生。公爲文雄渾嚴潔，持論一主於理，力剗冗熟蹈襲之弊。善古歌行、選體，俊逸健雅，律詩清奇，复拔流俗。工篆、隸、大楷，而尤長於八分書。所著文集若干卷，藏於家。性素剛介英邁，嚴於嫉惡而勇於趨義，是以利害莫撓乎心，通塞不易所守，其平生大節偉如也。然公既以是齟齬於世，使善人志士喟然惜焉，意者時必終復而德益遠到，庶將試夫經濟之才，澤於斯人；究其高明之學，遺之來哲。乃又不假以年，奄至殄瘁，故天下之士尤悲之。若乃考其行而論其世，蓋庶幾乎近代豪杰之士，其名於天下後世可信不疑，公於是乎亦可以無憾矣。

余與公生同鄉，仕同朝，又辱公以同志相友，責善輔仁，最久且厚。懷念疇昔，使我心惻，故纂公之迹，俾其從弟國子生雲鶴揭於隧道。銘曰：

於維王公，才匪迁儒。下睨卑近，高騖遠驅。骞於郎署，士譽推重。獨蹈凶焰，孰過其勇？敷教西土，文源式闢。司憲東邦，奸寶乃塞。偽祛怠奮，善漸國子。暴柔獷伏，威讋邊鄙。凡百絶人，維公之餘。積道崇德，實富厥儲。公匪辟世，世莫知我。一丘一壑，豈曰弗可？龍潛麟隱，尚企其徕。天不憖遺，云胡不哀？年僅中旬，後亡嗣裔。祇數之逢，降命匪戾。後〔一〕不足恃，年亦有盡。公所自立，萬世不泯。伊公之慰，匪公之悲。刻文隧道，以永厥垂。

南京兵部右侍郎王公神道碑銘

公諱倬，字用检。幼穎異不群。七歲，授小學於清紀郎張素庵。弱冠，授詩於郎中吳西漢。成化戊戌，登進士第，除山陰縣知縣。民有死於虎者，或誣某人殺之，公力辯得釋。未幾，以外艱去，郡守以官舟津遣之，公曰：“我罪人也，敢乘此乎？”後改餘干縣。民有張、李二氏爭湖田百餘畝，引證至千人，不決者蓋四十年，而人多獄死者。公以數言判之，而爭遂定。余興殺柴氏兄弟，久不款伏。公廉知之，訊曰：“汝非殺柴氏子，何爲竊其尸也？”及檢尸，尸果失，興乃伏誅。贛賊殺信豐尹，巡撫橄公捕之。賊據險爲栅，具藺石，不可仰攻。公曰：“賊易與也。”夜以羊千頭布山下，舉火鼓噪。賊以爲兵，發藺石殆盡。黎明，乃進兵攻之，進俘其黨。又以內艱去。改蘭溪縣。朱、郭、鄭三氏素豪猾，爲邑中害，望風屏息。盜之竊伏者皆捕獲之。民坐逋稅久繫者，公請於朝得免。

弘治乙卯，擢南京山西道御史。首劾罷文選郎不職者，繼劾罷執政五人、方面官二十七人。中官楊某驕橫，笞辱朝士，公力劾而奪其官。平江伯陳某北征，公上疏曰：“非將才也。”後果敗。壬戌，擢貴州按察副使。時新平米魯之亂，公至，申嚴武備，衆始帖然。土官阿偉恃險不見守巡，公遣人召之，偉即奉命拜曰：“我何抗公也？”未幾，改廣東瓊州兵備。黎賊復叛，公分兵扼其要路，賊每侵犯，必擒獲之。賊懼，請以所虜男婦來贖，許之。崖州千家村賊亦叛，公伺其懈，夜率兵五千襲之，連破數村。賊乞降，乃析三大村爲數十小村，以殺其勢。瓊土以寧，公絕口不言功。署按察司事，繫獄者七百餘人未逾月悉判遣之。稽考諸司庫藏，銖兩無隱，得銀八十餘萬兩，罪其奸匿者九百餘人。正德己巳，擢雲南按察使。部院所下案牘七百餘種，公晝夜檢，止三月，事悉完。擢廣東右布政使。臨、賀賊叛，總督都御史橄公征之，俘馘甚衆。逃匿山谷者，總督欲殱焉，公曰：「不可。」遣人以禍福諭之，賊果出降。全州賊起，公復率兵平之。辛未，轉四川左布政使。營山賊將叛，成都鎮守議焚城外民居，公曰：「是益張賊威爾。」乃洞開城門，以數萬人營城下。賊知有備，遁去。總制調兵十餘萬逐賊，郡縣役人運餉，疫死者太半，公悉縱遣之。出公帑銀六萬兩糴米分貯各路，民得不死，兵食亦足。

癸酉，擢都察院右副都御史，巡撫順天。值歲大侵，公乞通州餘米十萬石賑之，又益以勸諭銀二萬兩，饑民始活。修築邊墻四百餘里，事聞，加支二品俸。虜殺參將，公出兵討之，駐於馬蘭峪。公曰：「虜必東入，乘我虛也。」選精騎三千人伏於山下，虜果自東入，伏發，虜衆大敗。璽書嘉勞，賜白金、文綺。指揮十七人，御史欲以退縮法誅之。公曰：「未經督遣，何謂退縮？」由是悉得免。乙亥，擢南京兵部右侍郎，留務修明。先是六七年中，具疏十三上求去，不允。至是，疏又四上，始得允，給驛以歸，復命有司歲時以禮存問，蓋異數也。

兄求析居，以先業讓之。作家廟，治祭器，割田千畝爲義莊子，書規約授之宗子，俾世世掌之，曰：「吾之爲此者所以成祖宗之德，以終吾伯氏郎中之志爾。」榜所居室曰「質庵」，因自號曰質庵翁。貴州、瓊州人皆爲公立生祠，春秋享祀，可以觀公之德矣。

惟王姬姓，周太子晉之後，以王爲氏，代有聞者。至晉，光祿大夫覽，覽孫丞相導自琅琊而遷江東，族益大。至周，明州衙推仁鎬遷分水。至宋，漕貢進士宗成遷昆山。又八世至琳，公之大父也，至輅，公之父也，皆以公貴，贈通議大夫、南京兵部右侍郎。大母石氏、母張氏皆贈淑人。元配贈淑人，繼配封孺人，再繼封淑人，皆陳氏也。子男二，長愔，國子生；次忤。女三，長適大名府通判叶夢淇，次適盛有成，次適國子生史鋆。孫男三，世德，官生；次某、某。女三，長適周允元，餘在室。

公生以正統丁卯某月某日，卒以正德辛巳三月九日，葬於某山之原以某年某月某日。公子愔泣曰：「先公神道制有碑，碑宜有銘。公與先公實同僚宷，知先公者莫若公。公其哀而銘之，先公爲不死矣。」余不忍辭，銘曰：

蘇有聞人，後先頡頏。宋有文正，明曰文莊。文莊之後，惟公嗣之。其材孔多，靡有不宜。薦宰劇邑，人歡其德。旋升南臺，衆憚其直。或司臬事，或宣藩略。或建邊麾，或貳留鑰。冤隱畢察，罷癃以舒。蠻方既定，南都晏如。曲士褊促，一用輒弊。公之所負，孰窺其際？留省優游，以休公力。國有大事，需公南北。公曰耄矣，拜疏日至。詔固留公，莫奪公志。谷水之陽，昆山之陰。子孫侍側，左圖右琴。謂公雖老，世所倚重。奄其摧謝，海內之慟。身不可作，名不可諼。揄銘載實，允矣永存。

墓誌銘

禮科給事中郗君舜臣墓誌銘

比歲延、寧諸路寇弗靖，守臣連以捷報，廷議以禮科給事中郗君舜臣往覈之。命既下，舜臣語所親交曰：「惟茲行重且艱，我不敢懟乃事，惟不有我躬。」又語其內曰：「我式賴爾相，以終厥事。我行，匪他恤，善撫群嗣，以承我宗祧。」又語其諸子曰：「無我戚祇，載爾所恃，無墜厥緒，用昭我先人之德，以永終譽。”自是恒鬱悒不樂，人竊怪之。既而，聞其道平定過其家不入，見舅氏悲泣不自勝。又逾月，延綏來者果云：舜臣已自爲計矣。嗚呼傷哉！余既往吊，其子元深越數日乃持孫翰林汝宗所著狀乞銘於余。余每憶先公與舜臣先大夫爲鄉里同榜士，通家契厚者五十余年，今日之銘，余何忍辭哉？

按狀，君諱夒，字舜臣，世爲太原平定人。高祖諱□，曾祖諱□□，俱有隱德。祖諱信，以貢士任常德府照磨。父諱珙，以鄉進士知河南歸德州事，有惠政，未數載歸，士論咸惜之。君幼警敏嗜學，善屬文，一時儕輩皆莫之及。弘治己酉，舉山西鄉薦。連會試弗利，入太學，所與交者多海内名士。壬戌，始登進士第，授官行人。嘗主趙府喪禮，王酬以金幣，辭不受。孝廟賓天，捧遺詔於遼東。值朝鮮使臣以入貢請覿，辭勿見，第往哭，聞者以爲得體。又嘗出使山西，乃便道迎養母郝宜人於京邸。考三載績，遷户科給事中。未幾，丁宜人憂。服闋，改今官。嘗奉命點京營諸軍，京營多畏憚之。

君性至孝。歸德公所生惟君一人，家居時曾寢疾，君日侍左右進湯藥，因知醫，凡養生家諸書多所涉獵。但恨歸德公禄弗逮養，養母氏備極甘旨之奉，然自用則儉甚。前後兩喪一以古家禮襄事，不肯狥流俗。教諸子尚嚴，未嘗假辭色，是以元深早有成立。與親舊宴會，襟度爽豁，間以文字語爲謔，一座盡歡。獨於死生之際乃與平生大不相類，是其志可傷也已！配王氏，平定所千户政之女。子四，長元深，舉人，爲太僕白公思明之婿；次元洪，州學生員，爲侍郎王公瓊之婿；元清，爲趙縣丞鉉之婿；元澈尚幼。女二，長適舉人李時達，次適白鈇君。生於成化乙酉三月之五日，卒於正德庚午正月之十二日。雜著有《東平稿》《諸生經義》藏於家。將以是年某月某日葬東平原上。銘曰：

孰畀之聰，而翳其明？孰嘉其亨，而厄其通？始艱厥售，乃蓄其有。奮翼於天，在帝左右。宣命西陲，實糾百司。匪事不易，殞身於悲。天道孔邇，壽弗終祉。曷以徵之，有昌來嗣。

南京守備太子太傅魏國徐公墓志銘

正德丁丑七月十有二日，南京守備、太子太傅、魏國徐公卒，其仲子天賜以公治命泣請余銘其墓。宇與公有同官之雅，感公知己，義弗忍辭，乃按公婿給事中史君後所著狀爲志及銘。

公諱俌，字公輔，世爲鳳陽人，皇朝開國第一功臣中山武寧王五世孫也。曾祖諱輝〔一二〕，祖諱欽，父諱承宗，皆世公爵。母王氏，封夫人。公自幼穎朴，器度不凡。厥考守備南京，與夫人愛而教之，俾治《春秋》，過目即成誦，且曉解大義。厥考喪次年爲成化乙酉，始襲公爵。公恪遵禮度，凡有所行，必咨詢舊典，一時士論皆以老成人目之。辛卯，奉命冊封淮府，有所饋贈及所過諸司贐送一無取受。是年，有織金蟒衣之賜。己亥，命掌南京左軍都督府事，奉祀孝陵。

公素孝謹，每主祭，必先期齋戒以爲常。弘治壬子，賀建儲，恩賜寶鏹六千緡。甲寅，因灾異具五事上陳，大意謂應天當以實，不以文，詞甚切直，孝廟嘉納。故事，諸大臣議事，侯伯以守備坐公上。公奏乞正名分，從之。丙辰，南京守備缺員，衆議咸薦公，遂命公南京守備，仍掌南京中軍都督府事。公拜敕蒞事，惟國家憲章與先公遺矩是守，馳張戎務，寬嚴適宜。祀孝陵，由西紅門并殿右門入，禮也，執政者以爲言，公亦奏辯朝廷。迄是公事有關政體者，多所建白。嘗因北虜犯大同諸路，首陳邊務六事。又喜汲引恬退，薦拔賢才，若起用秦尚書紘，侍郎王縝、蕭禎，給事中王徽，御史强珍、胡獻，皆愜輿論。鍾山之東山實孝陵龍脉所起，有權貴建造墳祠，公獨以爲不可，力奏停罷。

辛酉，值星變，公自劾求避位，孝廟乃從公請，仍命掌左軍都督府事。公謝機務十餘年，益自靖重，人以爲得大臣體。壬申，守備缺，今上復命公總留務。報至，軍民胥相慶。公感荷知遇，守法循軌，老而彌篤。會有巨寇自武昌浮采石，過龍江，城中皆驚。公日夜焦勞，設方略防禦，至廢寢食，地方賴以無虞。功臣廟歲久漸壞，公念先公元祀，捐己俸若干葺之，煥然改觀。丙子，率五府諸大臣上章請建儲副以安人心，未報。

今年夏五月，遣祭大江之神。時有疾在告，或勸其宜自愛，公曰：「上命不可辭。」遂力疾往，成禮而還，自是病益劇。一日，呼諸子語曰：「死生有定數，吾何憂？」遺命諄諄，神觀如常，端坐而歿。訃聞，上輟視朝一日，贈太傅，諡莊靖。命工部治喪事，遣官諭祭者十有五壇。

公早失怙，奉母太夫人極孝，每早暮必問安於寢門外，事無大小悉請命而行。嘗有疾，公焚香籲天，願減己年以益親壽。母下堂傷目，公慟甚，遂不茹葷終身。居母喪，號泣骨立，送終之日，跣足塗潦中以行，哀動左右。公天性剛峭寡合，不肯少挫於人。取與不苟，能屏遠聲色，自夫人外，未嘗置一妾媵。坐無褻言，無嫚容。雖盛暑不脱巾服，自奉儒素，而恒有濟人利物之心。居常言若不出口，至莅事臨政，義氣之所激，則確然不可奪。尤善記憶，如所讀書出某處，或部下人姓名某，雖數十年前猶能歷歷言之。晚歲，喜閱《老子》書，深有契於清静無欲之旨。家法嚴肅，内外斬然，訓諸子與孫弗習紈綺，務篤忠藎，以無忝世德。待宗族姻黨，雖以恩而有節制，竟無敢撓法者。在位四十餘年，恤兵愛民，禮賢樂善，終始如一。至於體國之忠、奉親之孝、事神之敬皆天分所獨得而力行之，真可謂賢矣。前後與公同事者無不重其爲人，而宇之知公尤深。

先是公告余曰：「吾爲疾所嬰，恐追陪不久矣。」奈何宇訒之，未幾雷擊神機營旗竿折，有大星墜於西南，公果不起。公之存亡所繫信非偶然哉。南都官僚、百司奔吊赴哭不約而同，至填門塞巷，行道之人無問識與不識，莫不悼惜嗟嘆，有泣下者。嗚呼！勛爵中耆德重望若公者蓋不多見，而天奪之速可慨也夫！

距其生景泰庚午十一月二十日，壽六十有八。元配朱氏，贈太師、成國莊簡公女，繼王氏，并封魏國夫人。子男三，長壁奎，先一年卒；次應宿，錦衣勛衛；次天賜，錦衣指揮。女六，適襄城伯李輔，鎮遠侯顧溥，南京刑科給事中史後，南京錦衣衛指揮王漢，南京濟川衛指揮楊武，雲南鎮守金齒都督沐崧。孫男三，鵬翀，承重；鳳翔，鳳岐。孫女四，皆幼。卜以是年十二月某日，葬於鍾山旁祖考塋之次。銘曰：

天啓皇運，聖業肇興。元功佐命，維王武寧。于王世澤，百代纘承。茅土帶礪，來來雲仍。執禮秉虔，在公則有。赤紱桓圭，侍帝左右。爰司留鑰，政柄是授。公冠切雲，公印如斗。屢建大議，風采桓桓。莫敢予侮，虎豹在山。公退則易，公進實難。元臣舊老，國體攸關。公望所歸，都人懷止。公罷則思，公還則喜。茂績英聲，克終於始。將星殞空，公病不起。維皇悼功，恤曲優崇。賜贈錫諡，聿營兆封。鍾山鬱蔥，江水溶溶。我銘公德，千禩其同。

翰林院修撰錢與謙墓志銘

弘治甲子八月二日，吾友華亭錢與謙卒於家。其子元具鄉人沈惟忻所著行狀走書告余曰：“先君病革時，不肖元問後事，曰：‘平生知己無逾喬白岩。白岩銘我，我無憾矣。’敢泣血以請。”余方慟與謙之歿，不忍援筆者數年。比君弟鄉進士祚至金陵謁余曰：“先兄已葬華陽橋之原，猶未有銘，願執事終惠之。”余聞而愕然，乃志曰：

君諱福，與謙字也。高祖諱實。曾祖諱復，以中庸學稱於鄉。祖諱昌，隱弗仕。考諱中，雲南蘭州同知。君始生穎異不凡。蘭州公夢神語曰：“汝郎即蘇州吳寬也，善撫之。”甫七歲，能屬文。既而，吳文定公連得大魁，蘭州公喜曰：“吾兒其有徵乎？”成化戊戌，蘭州公挈君至京師，聞遼庵楊公先生善教，遣受業焉。先生曰：“此子數年後當有大名在郡庠，與今翰林學士顧士廉并價。”丙午，舉應天鄉薦。隨蘭州公試禮闈，俱落第，蘭州公遂就選。君抵家，別二親，復上京師曰：“兒名不成，弗敢歸。”乃從學於西涯李公先生。先生每器賞君所作，曰：“此吾館閣中人。”兩試太學，皆置首列。弘治庚戌，爲孝廟龍飛第一科，君試禮闈第一，廷試又第一，於是君之名赫然滿天下。松江自唐宋來未有狀元，狀元實自君始。蘭州公在滇南喜曰：“吾願畢矣！”因以公務至京，遂乞歸老。

君既入翰林，又從西涯先生後，益肆力於文章。閎衍浩瀚，闊視一世，而才高氣奇，揮毫對客，往往數千言可立就，詞鋒所向，莫之與攖。然性坦夷，不解立崖岸。每飲輒至醉，頹然自放，若不可繩以法度。用是頗不合于時，而衆望亦有所未滿者。大抵盛名之下，難以名居，故愛君者雖多，而忌者亦不可謂少也。

癸丑，同考禮闈，所取多知名士。三載考最，封蘭州公如己官階文林郎，母陸氏爲孺人。君恒念二親弗克迎養，乃具疏以疾歸。道得蘭州公訃，奔喪，躃踊哀毁，幾不能生。日夕廬墓側，間往來省母。丁巳，考京朝官例，以疾致仕。君略無芥蒂，鄉人誚君者，君謝曰：“吾始圖薄祿，爲親也。今疾弗免，亦以親故也。盡力於親，而不得竭職於君，事固不能兩全爾。”乃拓舊居，治田圃，用供甘旨費。暇則教授生徒，四方士來乞文者踵相接。又喜延賓友，雖劇談終日，不少懈。人或勸以頤心神，節精力。

君不謂然，竟以是勞瘁成疾。捐館之旦，起步於庭，復瞑目坐，移時而卒，年纔四十有四而已。

嗚呼惜哉！余與與謙同二先生之門，爲道義交者幾三十年。與謙知余獨深，而余於與謙愧莫能有所助。恒記與謙言：「作文須昌其氣，先使一篇機軸定於胸中，然後下筆，當沛然莫禦矣。」又云：「詞必根據理道，雖恒言、近事亦不可略。」此皆得之師傳，加之體識，正同類所弗如者也。平生文字多不起草，座上時爲人持去，故藁不盡存者。雜文若干篇，詩賦騷詞若干首，經義若干道，使天假之以年，則所成者殆不止是。然即是以傳，其卓然爲大家之文，亦何疑哉？

君天性孝友，自蘭州公歿，奉母孺人罔不備至。愛弟祚，終身無異辭。尤樂施予，宗族故舊有貧乏者，動給以衣食。不忍逆詐，有非禮相加者，未嘗與較。居常行事不局細小，中無羸餘，弗恤也。其天資豪邁類如此。家近鶴灘，因以自號，學者稱爲鶴灘先生云。配顧氏，封孺人。子二，長即元，國子生；次凱。孫男一，名穀。孫女一。銘曰：

維古名家出弗偶，德漸化涵鍾所受。短修克塞殊竟究，偉哉與謙吳淞秀。筆挽千鈞若揮帚，江河決奔龍蛇走。森羅萬象無不有，道淵理窟矧師授。上窺馬班下韓柳，代言宜置帝左右。名高忌深騰衆口，抱病江鄉樂田畝。世途競進君則否，寧人負我我無負。胡哲而賢殄厥壽，天實爲之又誰咎？華陽新岡風土厚，刻銘納幽昭弗朽。

校勘記

〔一〕"貴"，據文意疑當作"貴"。

〔二〕"鉉"，據文意當作"銓"。

〔三〕"説"，據《虎谷集》當作"銳"。

〔四〕"弄"，同上書作"竊"。

〔五〕"托"前，同上書有一"結"字。

〔六〕"畏"前，同上書有一"獨"字。

〔七〕"州"前，同上書有一"陝"字。

〔八〕"偕"，據同上書當作"借"。

〔九〕"周"後，據同上書當有一"知"字。

〔一〇〕"及"，據同上書當作"反"。

〔一一〕"後"，同上書作"没"。

〔一二〕"輝"後，據《明史·徐達傳》當有一"祖"字。

輯　佚

賦

擬《别知賦》贈吾友王陝州也

巍哉太行之嶙峋兮，盤厚地而坱圠。枕三晋而控燕齊兮，萃扶輿之滃涬。中峻迤爲虎谷兮，窾上黨而嶭巀。繭修姱於若人兮，瓌淑姿而秀拔。欝疆理之相望兮，屹北巘之横岡。前石龕而後柏岩兮，曰吾與子之舊鄉。曼余目於寰區兮，周流四方久乃下。觸世路之崎嶮兮，藴素修而莫寫。舍結愲以延佇兮，爰締盟而要之。悵吾道之弗返兮，諒伐木之在兹。

揖東皇而導文昌兮，遂騁步乎曲江。啓閶闔以箎籍兮，寤委質於遭逢。聽鏘鸞而待玉螭兮，充下位於南省。纕江蘺與芳芷兮，佩夜光之耿耿。幸朝夕以輔仁兮，翻載籍以校文。心怦怦而亮直兮，匪吾人其誰敦？何浪迹之靡處兮，怊惝怳而多虞？辭京洛以載入兮，迭日月而居諸。邈正學之湮淪兮，羌永慨乎遺矩。摭微言而奮力兮，共條分而析縷。末俗日以工巧兮，競呝呰而訑謾。指迂狂以嘲誚兮，曰非哲人之所安。步踽踽而徑趨兮，言侃侃而不惑。苟余分之當然兮，又奚較孰失而孰得？排異端而昌言兮，邁允踐於厥躬。怒汗顔而澳溷兮，固余心之所同。荃蕙化而雜揉兮，紛魚目之混珍也。情悄悄而介立兮，欝孤憤之莫伸也。溯豐隆而上征兮，叩帝閽以懲艾。皇穹亶無私阿兮，囿萬物而無外。雷霆倏鼓以威兮，忽雨露之沾濡。殆苦心而抑志兮，彼焉知造化之所如？羞瓊枝以戒行兮，葺蘭茝之初服。忻順受以康樂兮，匪愆尤之是贖。出國門而南鶩兮，指甘棠之遺墟。帝重念此烝民兮，簡賢勞而受圖。竊僮個以卹廳兮，忽忽其塊處也。恫麗澤之漸違兮，思好修而莫吾與也。

淑景轉而思春兮，撫白日之衆芳。旂旌搖搖不可止兮，意緯繣而難忘。雲屏屏而結蓋兮，馳余情以求索。覽蓬瀛而歷昆侖兮，隨上下之所適。惟人生之大節兮，曰行義而不頗。嗟彼氓之栗斯兮，沬襲愆而踵訛。乘嘉運以遠游兮，豈君子之獲多？輕陰暑而有窳兮，雖外處其亦何嗟？屢余質之怐愁兮，憫悟道之不早。窮年矻矻而未得兮，悁役心於辭藻。中忉怛而外觸兮，聊徙倚而遐思。曾晤不可常眷眷兮，嘆中道之分歧。余固知曉曉而無所用兮，惟知我者之難得。往事既莫余追兮，庶來今之不忒。莽悵悵而欲有贈兮，具前修之格言。尚崇德以永譽兮，矢斯盟之勿諼。

輯自清嘉慶本《虎谷集》

詩

夫子岩

南來太行支，壁立勢凌駕。巉巉巨岩旁，焉爾開一罅。崇柯冠其巔，奔浪繞其下。遙觀若有無，尋丈不相假。我游亦屢經，將覽輒弗暇。今晨值晴景，健興莫可罷。徑仄翳蒙茸，殘雪積未化。折荊旋掃除，遇險或平跨。上塑宣聖容，虛敞構精舍。石刻紀至元，讀之頗自訝。云聖西游時，過此留夙夜。因呼村翁語，相傳匪誣詐。北有孔子里，郊墟接桑柘。岩以夫子名，斯事無異差。樂平古晉疆，上黨周流亞。澗道多詰曲，難若登泰華。孔轍想未經，勝迹安敢詫？不然載籍中，遺漏恥游夏。千年事渺茫，欲辨鮮憑藉。誰當破群疑，永定兹山價。

横　山

　　樂平古封邑，水谷分一都。横山顧其北，風氣相環紆。始祖既占籍，族大成村居。東峰紛擁列，累累如貫珠。平衍卜兆域，附葬昭穆居。上刻左丞文，次列譜系圖。松枝交屈鐵，蟠龍形不殊。相傳數百載，子孫咸怡愉。或奮力末耜，或究心詩書。地靈毓人杰，此理固非誣。祖考繼科甲，金紫耀仕途。至予兄弟輩，亦復業文儒。仰荷國恩厚，勉承家慶餘。所幸孱劣質，耆年遂懸車。時節會宗族，燕飲合親疏。黍稻陳酒饌，羔豚具庖厨。欣遇太平世，永無兵革虞。相勗敦善行，薄惡相芟除。庶可保門祚，足稱君子閭。作詩告親黨，勿謂予言迂。

以上輯自清雍正十二年本《山西通志》

游冶西訪霍雪峰

　　親家霍禹績以賢能擢守通州，近因公務，便道焚黄先隴。予觸熱訪於冶西，禹績俟我於南樓，見其三子曰時雍、時熙、時邁，二侄曰時冕、時輅，一門文彩彬彬，皆青雲器也。酒既半，禹績舉觴曰："願留一言以爲鄉山增重。"宇觀壁間有我淮翁《登叠嶂樓》詩，遂援律一首，以紀一時之勝。兹同行者：義官白修之、進士張汝麟及予從子喬永言。

　　西莊山水秀，崛起石爲樓。勝地人才出，奇踪造化留。一經傳世業，群從總儒流。俗美民無僞，田豐歲有秋。峰巒晴色好，村巷晚烟浮。欲贈試袁扇，先乘訪戴舟。酒尊傾北海，卧榻下南州。我效柴桑咏，君稱畫錦游。親情聯魯衛，官績著燕幽。豈但金緋賜，循良願可酬。

輯自清光緒八年本《平定州志》

毛氏一門雙節詩

夫君成萬里，移家遠辭燕。呱呱在襁褓，一朝失所天。天遠望莫及，悲號空自憐。忍死爲人後，矢心當禍先。饕饕脫簪珥，布素辭朱鉛。兒年已弱冠，荷戟元戎前。生孫甫期歲，兒命不少延。哭夫還哭兒，幽恨徹重泉。冰蘗同慰藉，賴兹佳婦賢。晚福天所賜，相看兩華顛。孤孫又諸子，族望稱南滇。伯也瑚璉器，早以經學傳。置身青瑣闥，警笏欣蟬聯。雖無旌門詔，幸有太史編。煌煌映簡册，耿耿垂瑤鐫。家祚固中厄，名教仍照宣。餘慶況未已，世澤方綿綿。作詩播金石，上媲《柏舟》篇。

輯自明天啓本《滇志》

悼手植檜次韵

聖道炳日月，萬古常一新。植物匪觀美，曰此手澤存。移株嶧山麓，垂陽闕里門。宮室不壞魯，焚燔肯遭秦？孔林材實多，不與群卉群。盤挐作龍立，蒼翠如雲屯。閱歷數千載，尚有左紐文。傷哉鬱攸變，烈焰從何分？殿庭亦煨盡，異事駭見聞。萬物有代謝，盛衰理則均。靈根定不死，元氣相周巡。一枯復一榮，天意豈在人？陳荄發新廟，岱岳同嶙峋。

周公廟

有周開帝業，元聖合歸公。達孝承先德，咸勤啓後功。下賢三吐握，待旦幾憂恫。易象細神秘，書篇警俗聲。卜都連洛澗，定鼎配岐豐。禱病身先代，推亡罰用中。《鴟鴞》傷國難，麟趾振王風。禮樂周官出，寬仁魯制崇。申坼建奰繹，表鎮屹龜蒙。天示金縢變，人歌赤舄忠。化頑東土治，柔遠越裳通。百代茅封盡，千秋血食同。莓苔祠舊圮，丹碧殿新隆。燕雀來藩使，雞豚走社翁。闕庭唐祀久，碑碣宋文工。西望宣尼廟，靈光并鬱蔥。

以上輯自《闕里詩選》（山東友誼出版社 1989 年版）

靈岩次蘇韵寄李惟誠兄弟

鷲峰隱層巒，路入從澗底。時當新雨霽，炎熱去如洗。叢花
發幽香，鳴溜濯寒批。袈裟迎我前，羅拜首从稽。兹由古名勝，
岩扃爲予啓。岩嶢肆躋攀，幽險亦探抵。飲以甘露泉，渴脾勝酏
醴。夜尋前代刻，左右雜堂陛。偈言半隋唐，題咏有薏米。忽睹
故人篇，亦復妙衆體。渺然江南思，如見兩兄弟。詩成還寄渠，
世味忘荼薺。

輯自清康熙三十五年本《靈岩志》

沂山瀑布泉

東鎮廟之西，緣麓而上，路皆蒙翳峻絕，十五里，曰
"百丈崖"。有泉自山巔而下，映若晴虹，灑若飛雨，爲江北
瀑布之冠。歷漢唐宋來，士大夫到者寥寥未聞，以是兹泉不
得記載籍、入題咏，良可惜也。正德庚午夏六月，宇户部侍
郎奉命禱雨於沂山。祀禮既竣，乃周訪遍歷，得見所未見，
因嘆天地間奇踪勝迹不爲世所知者豈止此哉。漫賦長句，聊
以補郡志之闕云爾。

匡廬瀑布天下知，沂山隱在齊東陲。丹崖斗絕三百丈，蜿如
白龍身倒垂。層巒曲澗何迤邐，松蘿蔭濕苔蘚滋。古今游人到絕
少，誰復表白山川奇？我來岳鎮舉祀事，歷覽形勝將無遺。穆棱西
北屹東鎮，三泉涌出山兩頤。下爲巨浸分入海，萬古元氣常淋漓。
踏遍巉岏坐大石，飛雨匯作青漣漪。人間瓊液豈浪語，天上銀河真
在兹。山深六月少炎暑，水晶影動簾櫳移。平生溪山頗登涉，如此
名泉初見之。徘徊盡日不忍去，似覺岩壑生春姿。欲歸把酒更相祝，

造化何物非神司？祇今海內望霖雨，慎勿水底藏蛟螭。

輯自《中國佛教史志匯刊》（臺北明文書局 1980 年版）

謁尼山

魯城東去多峰巒，川原繚繞蟠尼山。坤靈古洞懸高刻，危磴隱隱松蘿攀。宣聖宮牆久傾圮，雙龍石柱荊榛間。我來駿奔猶瞻拜，左右階戺羅衣冠。傳聞往代事請禱，實生睿質昭人寰。吁嗟此事亦茫昧，聖作自與造化關。唐虞世遠周轍降，淳朴既散無全完。斯文在茲吾道幸，氣數否極終當還。泣麟悲鳳身已老，手取六籍親修删。經書禮樂并覆載，彝倫叙矣民生安。素王食報固當爾，雲孫弈世真象賢。祇今廟貌就剥落，徒發歔欷清涕潸。何當穹窿煥新制，萬古千秋崇聖賢？

輯自清康熙十二年《曲阜縣志》

次吳太常韻

山游一約衆即許，符臺奉親實爲主。峰迴牛首岩在南，仿佛空花散飛雨。山中選勝不一足，坐列盤餐行載筥。我亦平生愛登臨，興到輒往誰復沮？力穿龍窟險猶上，脚踏鰲峰低可俯。大如泰華小金焦，江北江南固其所。聞君山水解承歡，金陵梵宮幾延佇。列卿追陪擁冠蓋，道旁嘖嘖稱盛舉。獻壽南山歌頌多，不是尋常燕游語。歸來爲我道其事，怪却茲行惟少字。大篇強和謝山靈，莫笑雕鎪費肝腑。

輯自明萬曆三十一年《獻花岩志》

嶧山題壁三首

鸚鵡石

洞天仙境，虛空妙玄。高風亮節，醉外雲梢。

孤嶂坪

孤嶂坪底金銀窟，西倉穀米豐不輸。保嶂窮倒郗公泪，斬殺幼子血凝固。

爐丹峪

分人以財謂之惠，教人以善謂之忠，爲天下得人者謂之仁。志士不忘在溝壑，勇士不忘喪其元。

輯自《嶧山詩文選》（山東省出版總社濟寧分社 1990 年版）

芹泉道中望壽陽

西下榆關路，平潭憶舊游。水香芹欲采，陂潤草新抽。落照明關堠，殘霞映驛樓。山行殊可悅，春事滿田疇。

龍安山寺二首

其一

百折羊腸道，千重虎踞山。泉聲穿澗小，雲影挂松間。未識烟霞貌，先看桃李顏。林巒處處好，竟日愛躋攀。

其二

崛拔東峰迴，乘春試一登。憑虛懷獨往，濟勝倚誰能？帶暝雲歸岫，求聲鳥喚朋。山游樂未極，杯酌倦還勝。

以上輯自清雍正十二年《山西通志》

行靈岩道上

石徑依山轉，招提出半空。茂林鎖春氣，靈草度香風。丘壑三生外，烟嵐萬象中。幽懷與景會，得句不須工。

輯自清康熙三十五年《靈岩志》

霍山祀畢即事

松岩古廟春，封祀百王頻。川岳神如在，乾坤氣所屯。清風驅厲鬼，好雨慰蒸民。奉幣同來日，龍飛歲丙寅。

輯自民國二十二年《霍山志》

登泰山 二首

其一

五岳誰爭長，東皇萬物先。晦明分日月，呼吸變雲烟。厚脉中盤地，神功上配天。雲亭問封禪，千古意茫然。

其二

百靈朝拱處，空籟聽琅璈。地據中原勝，天臨下界高。雲山雙老眼，江海一秋毫。欲訪蓬瀛去，從誰借六鰲？

輯自清康熙十二年《山東通志》

渡伊洛

入山復出山，上下盡坡坂。人云行路難，我悔見道晚。嵩少去已遙，伊洛來不遠。二程軌轍存，迷途會當返。

輯自清雍正九年《河南通志》

顔子廟

夫子閫人極，群儒領聖傳。論年傷太早，阿道許誰先？禮樂爲邦問，簞瓢陋巷賢。章縫慚後進，不敢忘蹄筌。

輯自《闕里詩選》（山東友誼出版社 1989 年版）

登景州古塔

憫旱初逢雨，憑高獨御風。天連瀛海北，地控廣州東。日月樊籠外，雲山圖畫中。吾來訪民瘼，登賞未須同。

輯自清乾隆十年《景州志》

和韵送張子言游北岳二首

其一

玄岳留青塞，迢遥未得攀。虎風吹桂綠，龍日照芝斑。棋室春臺静，琴空暮嶺閑。毋煩禽報語，行覓雁門關。

其二

我客長安日，君攀紫岳雲。餞琴揮鶴緒，離劍犯星文。傲綴金膏藥，狂呼赤鯉群。桃花明月館，千里憶高芬。

輯自清嘉慶二十四年《恒山志》

西溪靈井

千仞靈淵鬼鑿開，真從一竅泄胚胎。蛟龍石底能潛現，霖雨寰中任往來。地界遠分梁子國，山形高枕趙王臺。西溪勝迹堪留咏，徙倚蒼松坐碧苔。

輯自清乾隆三十二年《和順縣志》

藏山廟三首

右三詩，藏山廟二、龍洞一，皆次高太守仰之韵，僧普道請勒於石，遂爲書之。道持奉兹山有年，嘗增修廟制，殿堂門廡焕然，視昔時加侈麗云。

其一

兩崖雲起澗西東，廟貌長存烈士風。仇國遺墟秋草碧，晋山殘黛晚霞紅。存孤事重功何偉，食報恩深祀不空。況有英靈彰歲禱，高名千古播寰中。

其二

遙訪名山晋鄙東，我來非是爲觀風。雲屏半展雪峰翠，石鼎旋燒霜葉紅。岩畔洞深苔匝地，林間磴遠樹盤空。當時忠義俱陳迹，感慨都歸乘史中。

其三

怪石何年自海東，巉岩一竅敞天風。雲開蠟螺光垂白，日射珊瑚影倒紅。願借仙瓢餐灝氣，誰施神斧鑿高空？藏山龍洞稱三晋，合遣名題洞府中。

輯自藏山碑刻

乞休帖詩

宇三疏乞休，既未得，遂將發山城，留別諸親舊一首，呈録知己觀之，庶見宇之苦懷也。不惜和教，幸幸！

春愁常與病相隨，莫怪南行屢易期。至慟連傷妻子女，大恩未報君親師。誰驚華髮年猶少，自信丹衷老不移。鐘鼎山林非兩事，卷舒吾道更何疑？

秋風亭下泛舟

荒庭寥落野烟空，漢武雄才想像中。簫鼓應聲開畫鷁，帆檣飛影動晴虹。山分秦晋群峰斷，水入河汾兩派通。少壯幾時還老大，不堪回首嘆秋風。

水簾洞

石圍沙堰綠渠開，萬斛泉源出地來。行岸田園資灌溉，傍山林壑映瀠洄。蘭亭暫擬流觴去，汾水還思鼓棹迴。共説仙踪多古洞，總聞夜夜響風雷。

蒙山烟雨

俯瞰荒原一掌中，亂山迢遞走西東。路盤絶頂羊腸險，勢壓層城虎踞雄。冉冉輕烟浮遠碧，霏霏零雨下空蒙。高虛合是神靈地，父老年年祀禮同。

沾水拖藍

一脉漣漪出遠嵐，山光雲影共拖藍。春深欲染雲衣净，夜久微將月鏡涵。清別涇流同渭水，碧分江派比湘潭。舊時縣治今何在，雉堞茫茫野草毿。

古寺園林

松嶺南連鐵佛東，園林深擁梵王宫。寒霜不入空門界，靈氣常浮法相中。花曉客來鐘啓户，月明僧語雀驚叢。金山玉帶誰相贈，却笑機鋒我未通。

洪水池塘

白雲芳草寺門前，舊廟寒塘定幾年。靈液有春長浸地，碧潭無影遠涵天。居存劫火迷空界，路失仙源化福田。多病不禁塵土甚，更於何處問温泉。

石馬寒雲

沾嶺南來是此峰，峰頭雲氣護寒冬。天低遠岫林俱暝，日墮陰崖雪半封。千古按圖空作馬，萬年爲瑞合從龍。因占趙地如牛象，一統山河豈易逢？

昔陽花木

三千花界路茫茫，異種人傳自昔陽。春入錦幛分五色，香翻羅袖引成行。嬌容笑日如傾國，妙舞隨風各擅場。誰向洛陽誇獨盛，舊時臺榭已荒涼。

松峰積雪

路繞危峰不易登，萬松盤亘石崚嶒。深岩慣積三冬雪，陰壑猶餘六月冰。寒結頹雲飛不起，凍穿垂溜濕還凝。朝來困暑心如渴，欲藉冷瀼散鬱蒸。

皋落奇峰

寵嵸峰勢出雲中，皋落城荒舊堞空。上黨地分西晉險，太行山據北方雄。曾知勝迹鍾靈氣，可是奇形入化工。回首故園剛數里，放歌懷古意何窮？

鳳凰山

霜樹驚飆亂葉飛，北山幽徑路霏微。力辭鈞鼎章頻上，心切雲林詔許歸。四座黃花酬令節，千岩翠靄映斜暉。登臨處處堪行樂，西華陳摶蚤拂衣。

神掌崆

沙壑西來樹草幽，采真端爲碧山游。岩坳怪石亭亭立，澗口鳴泉决决流。晴日况非三不出，晚年偏得四宜休。烟霞夢覺尋詩處，醉搦霜毫縱遠眸。

游蒙山次郭伯瞻韵

澗谷盤回帶峁岣，直從飛磴跨蒼旻。雲驅野色千鬃馬，峰叠晴光萬角麟。雄飲詎知樽有盡，捷才誰説句無神？鏡湖一曲皆君賜，高尚何如賀季真？

沾　山

繞溪蘭芷伴鷗鳧，沾嶺重來夢寐俱。上黨舊傳分野志，清漳新閲浚川圖。濯纓調古三秋和，乘楯功高萬世須。山畔群山多怪石，何人重向海東驅？

陡泉山

石磴參差路頗艱，女郎祠在翠微間。攀林絶巘清秋迥，萬壑空山白晝閑。仙駕鹿駓常濯濯，靈泓泉響自潺潺。一鄉勝迹堪留咏，高視乾坤豁醉顏。

峨尖山

東嶠尋真興未厭，振衣還上北峰尖。曾知物外閑行好，敢謂寰中樂事兼？紅葉繞林秋欲變，蒼霞滿地歲將淹。飛揚心擬昆侖望，得句時時一撚髯。

石尖山

遺世高情老不厭，東西踏遍兩峨尖。名山百里覽應盡，勝具幾人能許兼。西隴詩材尋李白，南州賦手夢江淹。華巾鶴氅無拘束，坐愛臨風拂醉髯。

秦　山

嫩黃柔綠點園英，始信東風不世情。行處好山容我隱，釀來新酒爲君傾。穿溪決決看水泮，出谷嚶嚶聽鳥鳴。獨念郊原方憫旱，何時霖雨慰蒼生？

鶴度嶺

丹梯平步立青霄，列席崔嵬酒易消。萬象俯看堆衆皺，九霄高擁散群嚣。雲根狀類浮圖迴，石乳香隨沆瀣遥。更指西南佳勝處，太行空翠接中條。

錦繡峰

籃輿到處且夷猶，意在看山豈好游。被盡烟霞輕綺服，飽餘邱壑厭珍羞。人言勝具誰能及，我訝豪吟老未休。踏盡太行三百里，化工隨地有丹丘。

嶂石岩

踏盡林巒千萬重，日斜溪寺響疏鐘。舊游翻笑入山淺，佳興非緣對酒濃。天接太行多爽氣，雲開皋落見奇峰。巉岩巨壁高千丈，欲究鴻蒙鬼斧踪。

清漳水

《海經》《泉品》載清漳，親取靈淵一勺嘗。元圃未傳餐玉法，滄浪先聽濯纓章。源分渭水秦天遠，派入湘流楚地長。欲借鳴琴翻雅調，空山猿鶴應宮商。

武安王祠

藻稅檐楹敞殿庭，古來神將幾圖形？吞吳會見江濤小，興漢安知國祚零？三晉河山傳氣概，八荒霖雨布威靈。樂平況是鄉邦地，頌美須鑱石上銘。

三郎祠

岱岳分祠出縣東，山川環繞據高空。神名誰祀三郎異？鄉俗爭傳百姓同。剩有風雲驅歲疫，固宜香火祝年豐。勒詩聊爾酬靈貺，曾夢奇方授病中。

狐突祠

晋家爭立釁誰開，霸業中衰未可回。諸子爲君從患難，當時謀國總賢才。丹青遺像忠魂在，香火空山祀典來。自古英雄常死節，不須重起後人哀。

水神祠

開盡林霏望眼明，翠微深處有泉聲。斜穿澗草孤村出，俯映溪田十里平。勝地合教神作主，舊祠猶記水爲名。吾家正與西峰接，祇少滄浪一段清。

岩泉寺

北尋蘭若路逶迤，左右峰巒夾兩頤。燕污袈裟僧定後，龍收烟霧客歸時。旌幢舊塔三生供，香火空山百代遺。笑我晚年方一到，旋披蒼蘚爲留詩。

重興寺其二

綠樹蒼蒼帶暝烟，坐來山雨思泠然。諸廊繞砌疑無地，一刹臨崖別有天。石回静聞殘溜下，塢深時見懶雲眠。真成杜老龍門宿，却笑塵心未悟禪。

園林寺

逶迤石徑逐溪行，説著登臨便有情。出壑疏松含曉翠，隔花啼鳥試春聲。山深車馬應稀迹，寺古園林剩得名。村老道旁休跪送，向來吾已謝冠纓。

石門寺

山爲屏障石爲門，中有招提數畝園。霞嶺南通仙客觀，桃居東接里人村。田荒租税貧能辦，殿古焚修業尚存。童丱經過今白首，相逢老衲與重論。

趙壁寺

百尺臺空磴繞雲，殿門香氣挹清薰。幽僧病縮青藜杖，豪客閑書白練裙。花遠磬聲經午歇，山深林響入秋聞。吟轎莫訝遲歸去，寶地靈踪與世分。

玉泉寺

蘭若泉開錫杖飛，山僧多具木棉衣。琮琤石罅鳴春漏，藻繪珠林炫晝輝。空界塵消花品凈，陽坡地暖藥苗肥。幽居却愛逃禪意，盡日閑吟未肯歸。

石馬寺

雲深山徑失西東，近遠川原霧靄中。天接空門塵不到，雲生古洞氣還通。奇游頗解坡仙樂，遐想猶存謝傅風。欲向禪堂求悟水，誰將浴具焙薰籠？

沾嶺壽聖寺

沾麓禪宮似少林，左環青翠右丹岑。空階暖霧薰花氣，香殿微風引梵音。枕上藤蘿堪自樂，城中租稅免相侵。懸車已遂看山興，一歲須教一度臨。

游藥嶺寺

遲遲車馬渡前溪，三日山游屢見携。韋老興耽西澗句，杜陵才擅少林題。花深翠巇鳴春鳥，徑轉芳村送午雞。聞説上方多勝事，擬從青嶂躡丹梯。

瀑布泉其二

岡頭形勢接綿山，爲愛懸泉數往還。石乳下通滄海底，浪花高叠翠峰間。千尋岣嶁留仙迹，一掬清泠解病顏。四十年來羈俗駕，水邊贏得老來閑。

以上輯自清雍正十二年《山西通志》

贈虎谷入覲擢陝西提舉

　　原札云："兩日來，恨不得即出城一見以慰所思。簿書叢沓中聊述口號，用代晤語。若比者悲歡離合、可喜可愕之事，須面乃能盡也。"

　　使旌遙駐白雲西，眼渴因君望欲迷。誰遣隔城嚴例禁，尚驚聯署杜詩題。西周豐芑聲先到，南國甘棠頌可齊。心事別來千萬種，雪堂樽酒待重携。

再疊前韵

　　幾月分符向虢西，直將冰鑒起沉迷。彤庭詔下輿情愜，憲府名高御筆題。感事竟如弓失楚，匡時全異瑟求齊。苑東珂馬朝回地，猶記天香并袖携。

以上輯自清嘉庆本《虎谷集》

中鎮廟古松

　　青幢紛映海霞紅，屈鐵高枝盡向東。疑合蛟龍垂潤雨，愛聞笙籟響天風。層雲上麗鶯應宿，厚土中盤草自豐。況是神明扶正直，茯苓千歲問長終。

霍　岳

　　翠岑丹壁費躋攀，冀域當爲第一山。千古巨鰲扛地軸，九霄玄豹托天關。河汾俯視灣環外，嵩華平臨伯仲間。共祝豐年答神貺，春來霖雨遍區寰。

以上輯自清乾隆二十五年《趙城縣志》

幕府山

　　説著看山興欲飛，湖西雙徑踏霏微。寧辭九日登高會，況是諸軍奏凱歸。林外鐘聲開宿靄，江頭帆影送斜暉。亦知歡會何終極，霜露休教上客衣。

輯自清康熙本《御選明詩》

游興唐寺二首

其一

　　萬峰晴日看花天，閑向空門問大千。勝迹屢經汾晋地，斷碑多紀宋金年。忘情野老休相訝，好事山僧不及前。披盡松蘿猶覓句，錦囊風月在誰邊？

其二

　　講臺零落雨花天，老樹亭亭越歲千。繞户烟嵐空盡日，映梁丹碧是何年？龍湫遠溯平泉外，鷲嶺低分太岳前。我欲尋幽兼覽勝，籃輿同醉竹林邊。

謁中鎮

　　蜿蜒一脉水雲中，培塿岡巒盡下風。帝遣名山奠中土，誰言神手擘鴻蒙？褒崇已協群生望，肸蠁還祈一念通。三十六峰那異此，丹丘何處躡星虹？

以上輯自民國二十二年《霍山志》

登應州寶宮寺木塔

　　矗矗欄杆面面迎，盤空萬木費支撑。山川一覽雲中勝，烽火遙連塞上兵。歲紀遼金留往迹，郡經秦漢有威名。雲梯踏遍穹廬頂，蜂蟻紛紛下界行。

輯自明正德本《大同府志》

雪中訪左丞呂公書院舊址

峻嶺崇崗冒雪來，冠山逼在白雲隈。松盤厚地蜿蜒出，花散諸天縹緲開。傍險欲尋歸隱洞，凌高還上讀書臺。平生仰止鄉賢意，莫遣遺踪閟草萊。

輯自山西平定文史資料《平定碑刻文選》

謁韓侯祠二首

其一

淮陰舊壘石層層，讀罷殘碑感慨增。路險却因山作陣，地窮還背水爲崩。虛勞廣武謀先合，可奈成安力未勝？試問漢廷諸大將，元功當日更誰曾？

其二

千秋遺恨在椒房，百戰功高折劍芒。已道築壇稱大將，如何移檄請真王。心原報漢終辭徹，計托歸韓不及良。鳥盡弓藏恩太薄，大風歌罷使人傷。

淮陰侯祠

六國紛爭肇始皇，中原失鹿海塵揚。楚兵何止七十戰，炎祚能開二百疆。自古功臣多被戮，當時丞相獨追亡。河山帶礪猶如此，終始雲臺説漢光。

題連珠洞

路入岩岰片石蹲，突開三洞引重門。雲深合有穹窿頂，天巧元無斧鑿痕。鹿澗水聲流夜響，螺山霞彩映朝暾。旋披蒼蘚題名字，勝迹重來仔細論。

以上輯自清乾隆元年《獲鹿縣志》

望栖霞山

殿古丹霞映碧幢，懸岩石像散空矼。山連鍾阜平開嶂，地視龍潭半繞江。三晋舊游惟我共，六朝名寺許誰雙？鶯花正值秋將暮，離思吟情兩未降。

輯自清乾隆五十五年《攝山志》

雪後登獻花岩

兩峰餘秀結蒼岩，岩畔花開色相兼。選勝地多方外據，逃禪心向醉中淹。泉烹石乳香分鼎，戶繞松枝翠入簾。古寺南朝能幾見，栖霞東指攝山尖。

輯自明萬曆三十一年《獻花岩志》

雨花臺

經臺高起帝城邊，説法神僧去幾年。寶塔穿雲迎十地，琪花含露繞諸天。松杉遠近蒼烟合，宮闕參差白日懸。嬌鳥似知歡賞意，故翻清韵到賓筵。

輯自明葛寅亮編《金陵梵刹志》

游靈谷寺

寶公蘭若近東林，十里松蘿紫霧深。山澗泉聲移盖罕，異花香氣襲衣襟。山分建業名先著，寺記南朝迹可尋。向晚欲歸還佇立，愛從山谷聽餘音。

輯自清光緒十二年《靈谷禪林志》

游封龍山三首

其一

清秋山骨曉棱棱，散盡烟霏翠色層。遍野牛羊依草澤，繞村禾黍帶田塍。地存書院尋遺老，樹掩禪房問舊僧。長嘯封龍最高頂，古今臨眺幾人曾？

其二

踏遍巑岏力未疲，老夫非是太耽奇。親看洞口雲生處，直待山腰日轉時。九點齊州開遠望，三秋恒岳占幽期。龍峰熊耳高千仞，大石題名道總宜。

其三

八面崚嶒擁翠微，封龍山好似龍飛。丹崖遠近蒼霞映，碧殿東西綠樹圍。異境一方警始到，奇游兩日澹忘歸。獨憐書院無山長，半是黃冠半衲衣。

輯自明崇禎十五年《元氏縣志》

觀趵突泉和趙松雪韵

濯盡塵襟一點無，皎如寒露在冰壺。風鳴雲涌聲先到，歲旱山空澤爲枯。定有靈根連海岱，應教餘潤比江湖。他年杖策游王屋，解道尋源興未孤。

輯自清乾隆七年《趵突泉志》

題觀音洞

路入岩頭片石蹲，突開三洞引重門。雲深合有穹窿頂，天巧原無斧鑿痕。鹿澗水聲流夜響，螺山霞彩映朝暾。旋披苔蘚題名字，勝迹重來許細論。

輯自清康熙三十五年《靈岩志》

游蒼岩八首

都察院右副都御使劉君元瑞，既得告，將還湖州，乃約余同游蒼岩，前四首爲聯句，後四首則予別元瑞者。時嘉靖四年四月初三日。

其一

角巾危坐兩峰顛，面面僧居出紫烟。南國更誰逢勝事，東林仍我繼新篇。丁丁伐木風前度，杳杳疏鐘天際傳。寶地定應留玉去，笑將禪學比坡仙。

其二

誰施神手劚雙岩，天畔飛虹勢轉巉。畿輔自宜留勝概，山林如待勒高銜。壯同劍閣居堪卜，秀并龍門句屢芟。此地有誰曾此別，人間應訝隔仙凡。

其三

直窮幽勝幾人來，兩地齊雲繡若堆。丹堊橫空飛閣起，螭龍拿日梵宮回。僧栖石罅頭顱異，花散珠林眼界開。方外岩居誰第一，掃烟時坐説經臺。

其四

岩陰鐵笛度山雲，天樂真從上界聞。絶澗俯看雲起處，危梁倒跨石中分。醉摩蒼蘚留題遍，静倚青松弭蓋勤。五十年來方一到，可教三宿又離群。

其五

東岩千仞絶紛嚻，屢爲懷人折簡詔。柱駕可能臨翠巘，題名先擬勒青瑶。閑尋丘壑辭臺省，近識雲林遠市朝。珍謝中丞能好我，越箋重叠灑吳毫。

其六

兩峰相望陟崔嵬，鳥道盤盤去復回。萬劫禪房森上列，千尋鬼斧畫中開。同行肯惜辭群醉，勝地翻驚冒險來。遥想金陵舊游處，夢君多在雨花台。

其八

複道飛桥百丈懸，花宮高下翠微連。林疏旌蓋披層靄，岩迥笙簫出半天。遍倚危欄情久注，遠馳華札句先傳。歸來旅宿空山夜，東望星軺若個邊。

輯自河北省井陘縣委統戰部 2001 年編印《古今詩人咏井陘》

游晋祠六首

其一

鷥從如雲貌儼然，盤龍丹桂勢蜿蜒。神栖樹老千年後，御制碑存五代前。勝日壺觴游雜遝，清秋簫鼓賽喧闐。張華博物曾經否，合作并州第一泉。

其二

漠漠郊原盡甫田，封疆猶記剪桐先。春游正值月三五，秋穫應歌歲十千。祠外古陂連鸛垤，地中靈液閟龍淵。膏腴不減江南勝，誰向蘭田詫輞川？

其三

三晉民風歷歷求，停車還愛北山幽。東周太史慚司馬，南國詩人笑宛丘。唐叔城邊供夕眺，女郎祠下及春游。垂楊四面皆流水，衹欠漁翁一葉舟。

其四

倒折溪流北更東，經過閑試舞雩風。簾櫳歲久分岩翠，萍藻春深采澗紅。萬井人家開沃野，千秋神廟枕高空。尋源欲續汾西志，已入宗元《晉問》中。

其六

西山蒼翠出清泠，蕭蕭神功夜不扃。千古岡巒依兌域，一方雲雨乾坤靈。鞭龍地迴潭常黑，澤物功多稼正青。景覗如斯堪廟食，摩崖須爲勒吾銘。

輯自明嘉靖三十年《太原縣志》

登恒山六首

其二

直上三千九百丈，萬峰下視皆青螺。粵初天地自開闢，應有鬼神長護呵。松杉滿澗樵採絕，蘋藻載路祈禳多。華夷限隔此爲最，大石刻頌當如何？

其三

岳勢巉巉俯北陲，曲陽飛石事應奇。百王封禮班群后，萬古神功配兩儀。壇下樹靈森虎豹，岩前芝老雜蛟螭。邊州兵歇無寧歲，願乞甘霖列郡施。

其六

丹梯萬丈瞰巖幽，石棧勾連最上頭。可是神剜兼鬼鑿，也應天巧代人謀。中原望秩恒陽近，太古登封朔地優。我欲摩崖記顛末，山經茫昧尚須求。

輯自清嘉慶二十四年《恒山志》

泮宮舊址眺望

高城雉堞繞龍嵸，廟學從誰徙舊宮？代山川在人物，千年割據幾英雄。殘碑尚有唐文字，遺俗猶存晉古風。日暮九龍原上望，萬家鱗次水烟中。

輯自清乾隆十二年《忻州志》

媧皇陵

女中帝貌自堂堂，鰲足曾知立四方。千尺荒陵高碑矹，萬年靈樹欝青蒼。松聲似聽調笙韵，霞彩疑看煉石光。今日綱常思大始，聖神功德與天長。

輯自清順治十六年《趙城縣志》

佛峽憶游

雲巒烟樹擁行車，欲覓寒山誰主家。泉出石樓聲遠近，風生松壑響谽谺。昔時臺閣成仙佛，別路山川換歲華。我擬涉汾尋窈窕，不堪回首夕陽斜。

輯自清乾隆二十五年《趙城縣志》

宿佛峽

石殿高寒敞不扃，畫檐疏響渡風鈴。烟橫薄暮千峰紫，雨落荒郊百草青。花氣入簾詩句得，松聲驚枕夢魂醒。禪房寂寂更深後，猶有山僧夜誦經。

登華山

巨靈遺迹迴難攀，白帝西來控海寰。日月兩丸生石上，虹霞千丈繞岩間。地高長有蛟龍窟，天近偏嚴虎豹關。頗怪同游王子晉，原札云：虎谷未至故云。浣山先載玉笙還。

輯自明萬曆二十五年《華岳全集》

沂山詔頒香幣梅雨玆山

岱岳西連海向東，屹然方鎮一何雄。山川自與封疆限，雲雨能收造化功。翠巇入空高落雁，玉泉垂潤下成虹。明廷憂旱來香幣，六事都歸一念中。

輯自清康熙本《山東通志》

放鶴亭

鷲峰千仞俯崇岡，暫謝長途半日忙。海內帆檣通汴泗，江南形勢控淮揚。川原雨過烟花繞，殿閣風迴竹樹凉。笑指雲龍山下路，放歌無惜醉華陽。

輯自清乾隆七年《徐州府志》

游仙人碛詩三首

仙人碛在平定州東北四十五里，隸磐石都，其村以碛名。由南澗入，石徑犖确，翠壁巉巉，龍池仙橋，奇險萬狀，誠方外幽栖地也。有僧昭寶者，能振舉禪業，修飾古刹，殿樓門垣，焕然一新。予游蒼岩，過而悅之，乃賦詩三章，以紀玆山之勝云。

其一

老謝塵縷性所恬，雲林幽賞爲誰添？真從勝地窮躋涉，慣向名山極眺瞻。青薜春深迷北洞，蒼霞夢好記東岩。臨崖莫更吹長笛，恐有蟠虬石底潛。

戊子歲臘日王乃賢約游天龍留題二首

其一

歲晚天龍洞裏行，千崖積雪炫瑤英。拿雲似奮蜿蜒勢，出霧先傳噴薄聲。境勝林巒開紫翠，岩幽臺殿鑿空明。華□句曲多相類，不及江南早著名。

其二

空門沙島踏雲行，爲憶鄉僧有夢英。原札云：僧古潭者，禪行可取，今化去矣。燦燦曇花澄水色，蕭蕭木葉下溪聲。病餘辭酒心方寂，閑裏看山眼倍明。兩具盤蔬供野饌，袈裟休問客何名。

輯自明嘉靖三十年《太原縣志》

龍安山

吾舅節判路翁與妗氏王夫人相繼以壽終，遺側室楊孺人議同苗孺人，年未四十，誓守節不貳。子男（中闕）弟克振門祚，衣冠日寖以盛。茲者（中闕）奉觴□壽，乃求予言頌美之。予每懷舅氏積德深厚，且系出民安都望族，今其孫曾多至二三十人，而二孺人白首相對，清風素節，真足表勵鄉俗矣，遂書以賀。

龍安山下路公鄉，舅氏恩深感渭陽。八帙共存雙節婦，一門能孝兩賢郎。心堅士操冰霜苦，手植孫枝歲月長。今日帨筵歌上壽，百壺春酒自携將。

按：原詩無題，今以詩前三字爲題。

輯自山西省昔陽縣政協文史委編《昔陽碑碣》

次韵郭伯瞻進士九日言懷

雨後林花净晚香，稻畦瓜圃接芬芳。芙蓉東出群峰遠，蠨蛛西來一水長。客有仙舟逢李郭，身無靈藥想岐黄。逍遥未著《南華録》，漫向濠梁嘆望洋。

游東園叠前韵

盛夏林坰草樹香，杖藜東圃看群芳。行歌未幸年華老，坐隱應便晝晷長。天外嵐光開紫翠，峰頭雲氣靄蒼黄。轟雷忽送西村雨，平地河流作海洋。

以上輯自清光緒八年《平定州志》

游蒲臺山

巨石上有蒲生焉，匯其面，水恒不乾，有禱輒應。

突起雲根凸丈形，紫蒲仙種濇清泠。梳風露葉春長在，帶雨烟蕤歲屢經。山有出雲膺郡祀，地無憂旱仗坤靈。嘉峰石瓮環前後，三處神功總勒銘。

清河泉

萬斛明珠地涌泉，茶經應載品通仙。松蘿上映峰頭月，蘭芷中涵沼内天。興到臨流嗟逝者，歌成呼酒愛陶然。兹游記取名鎸處，嘉靖時維亥紀年。

輯自清乾隆三十三年《和順縣志》

白起荒臺二首

赤旗晝拔光狼城，趙人十萬坑長平。丹水河邊有冤谷，古魂夜嘯風雨聲。

其二

千載空城樹無葉，曾爲將軍駐旌節。沉槍出土半未銷，古血青青蝕寒鐵。

輯自清乾隆三十九年《高平縣志》

游石門峽聯句六首

滿山旌斾迓尚書，_{王雲鳳}還馬中丞訪舊居。桑梓百年連蔭澤，_{喬宇}雲烟雙鬢老樵漁。閑中尚有憂時念，_王野外豈無供客儲。笑語怪來留竟日，_喬江南一別幾居諸。_王

其二

綠樹森森響澗泉，_喬南曹詩興最超然。千岩萬壑兩笠子，_王百歲幾人雙錦韉。度裏片雲生脚底，_喬投林飛鳥過人前。何年再續看山約，_王細認苔莓石上篇。_喬

其三

山上長風受滿衿，_王好奇隨處且登臨。懸崖有寺空中出，_喬古竈遺丹洞裏尋。匝地寒烟日欲下，_王連天芳草霧初深。褰裳踏遍藤蘿徑，_喬拄杖搜窮虎豹林。_王

其四

歷歷藍光眼纈明，_喬覆頭麥帽著風輕。蒼松老柏幽人趣，_王

涉水登山道者情。_喬可是岩深堪避世，_喬止緣身狀欲逃名。感君百里相過意，_王愛向遷鶯聽友聲。_喬

其五

走馬吟詩按轡書，_王髯仙健興復誰如？雄談便覺風雲繞，_喬多病惟將參木儲。白髮愧無匡世手，_王碧山須有傍岩居。向來看盡浮雲態，_喬寶貴功名念已除。_王

其六

久向名山感地靈，_喬行池樹底水泠泠。雨餘近愛雲堪卧，_王酒罷凉便石可醒。蘋藻曲靖常入祀，_喬羽毛州郡每充庭。百年獨愧誰稱杰，_王共説□□□五經。_喬

游懸空寺聯句二首

千丈飛崖石倒垂，_喬宇酒醋傴僂亦題詩。白雲片片來無盡，_王雲鳳青嶂亭亭屹不移。南有齊雲堪并駕，_喬北看古柏可同奇。_{齊雲、古柏，俱岩名。}塵襟頓覺空如洗，_喬一覽蒼茫興未涯。_王

其二

萬山培塿手堪摩，_王俯看烟雲罩薜蘿。鬼斧有痕開石髓，_喬仙槎無計泛銀河。雄風繞樹聲難斷，_王絶磴盤空勢不頗。却愛招提最高處，_喬留君不住奈君何。_喬

以上輯自清嘉慶本《虎谷集》

文

《楊文忠三録》序

少師石齋先生楊公自正德間以首相值時多虞，内蠹外釁，而以一身任天下之重，佐理匡救，啓沃扶翊，凡可爲社稷利者竭盡心力，爲之無顧忌，卒成中興弘濟之功，天下之人蓋陰受其賜而有不能盡知者也。今觀奏稿曰答天譴、遵祖訓、戒游逸數疏皆格君心、正國體之大者，他如謹名號、節權幸之類有以懾奸回之氣而褫其魄。宸聰方悟而公以憂去矣，向使公在位，國家弊端之開當不如是。

又三年，武皇亟召公還，則憸人壅間竊弄之勢已牢不可破。北狩方畢，遽復南征，内降數下，欲以至尊稱將領，促公定草，且動以危言。於是，廷臣諫者多斃杖下，孰敢有犯雷霆之怒者乎？公陳説大義，執奏愈屬，竟不從。既而，翠華久駐南都，公見諸播告之詞、居守之議者悉中機會。凡郊享諸大政令連章迭上，務請回鑾而後已。夫輔相之職，將順者易，匡忤者難。公處不可爲之時，能爲人所不敢爲之事，雖古名臣之風采何以加焉？未幾，武皇升遐，群奸洶洶，正國勢危疑之際。公頃刻間決定大策，裁剿亂逆，實以身蹈不測之禍，事勢當此，可不謂之難且急邪？

今聖皇繼統，公親扶日轂，而厘革誅罰之典又經畫精明，世一變而爲安，厥功尤偉。乃知天所以留公者，正以爲今日用也。然公有此丕績，方謙虛持盈，惴惴焉以盛滿爲懼，是其體國之忠，憂世之志，人可得而測其涯涘哉？《書》曰"乃心罔不在王室"，《傳》曰"臨大節而不可奪"，若公者，真所謂社稷之臣矣。宇辱公知愛，久因讀公奏札諸草，少寓贊述之意，并敢以功之成於前者爲公慶，而以功之圖於後者爲公祀也。

光禄大夫、柱國、少保兼太子太保、吏部尚書、前南京兵部尚書參贊機務太原喬宇序

輯自四庫全書《楊文忠三録》

古柏岩重興寺記

樂平東南七十里，有村名曰水谷。其北村曰石龕，曰橫山。橫山，余故園也。緣溪而南十里許，山水朗秀，草樹葱鬱。東有小徑，隘迫紆曲，上垂峭壁，下臨不測之溪，行者必側足，然後能進。進數百步，勢愈峻，其地稍開，□至五六尺。仰視懸崖，攢蠻中可庇風雨。左右多老柏，森立傴伏，而怪石參錯，故名曰："古柏岩"。

岩北自山陽峪肇□，巒嶂環列，嶮岑嵬嶂，東曰"風臺"，西曰"團紅"，南有峰，更蜿蜒闊蕩，數蘭若隱隱，下則平原沃壤，周袤綿邈，民依山而居，有泉出焉，是爲水谷村。每景物澄霽，倚岩四望，歷歷如指諸掌。群山哀青，一水繚碧，飄然有憑虚御空之勢。

金大定間，僧福惠始結庵於此。世傳其奉母張氏、外祖母陳氏居久之，皆端坐而逝。元至大庚戌，縣奉平定郡牒乃建寺曰"重興"，樹石勒文，其名乃益著。入國朝百餘年，舊基日圮，不過爲樵夫牧竪游憩之所。成化丁未，潞之僧曰清琦來登兹岩，顧而樂之曰："異哉！此可爲吾藏修窟也。"乃汲水伐薪，募於衆人，聞而高之，各效所有。而伯兄醫學訓科憲實主之，區畫營度，寒暑罔間，至弘治壬子落成。爲殿四，爲堂一，堂之西又別構一厦，爲僧之居。大抵因岩爲室，勢雖峻，不覺其險；地雖

逼，不覺其隘。自下觀之，參差掩映，出沒恍惚，如樓閣之在空中，信爲吾鄉勝地也。

比伯兄書來，命宇記其事。余自入官曹，瞻故岡，羈絆職務，欲再往而未可得。因嘆夫天地之間，名山大川以人而顯者有之，考諸歷代亦不多見，至爲緇衣、黃冠之所據者，則不可勝數也，非物各有數哉！然則茲岩之勝，余固樂之，其不得爲隱君子考槃而樂道者，則不能無憾於其間也。遂述其顛末，且使觀者知余爲文之意云爾。

重修臥佛岩記

嘉靖乙酉春三月二十有九日，予游蒼岩，道出建都，過孔子里宿焉。時天薄暮，有一道人蓬首垢面跽迓於道左。問之，王其姓，續錦其名。曰：“此山有岩，名臥佛，在石人山之麓，相距三里許，願一往觀，以爲茲岩光。”予乃由澗西北而入。群峰嶄削，崛起一峰，若龍拿虎攫之狀突而前，正與岩對。岩廣袤東西二十一步，南北二十武，絕壁數百仞，下可以庇風雨，老樹叉椏，擁抱左右，誠方外幽栖地也。

元至正間，鑿石佛，長數丈，臥於岩下，惜無碑刻，不知爲何僧所造。勝國來餘百年，代有緇衣奉其教不絕，但山勢險惡，非苦行篤信者不能久居。續錦又言：自壯歲後，離遠村落，草衣塊處，專意枯寂。久之，鄉人始皆信愛。遂募工創建殿四楹，劚石爲佛者三、菩薩者二、羅漢者三十有六。經始於正德庚午，成於嘉靖壬午。今幸軒蓋來臨，千載一遇，乞留數語，托金石以示永遠。予許之，未暇也。

越數月，續錦忽逝去，承其後者道人道旺，復申前請甚力。予弗獲辭，因嘆天下之事廢興勤惰率由乎人，豈特他道然哉？若續錦者，身居岩穴，淡無所慕，卒以此感動於人人，使深山茂林，人迹所不易到之處，煥然改觀，爲招提，爲蘭若，規制大勝於昔，其操心可謂堅且苦矣。有志者事竟成，不其然乎？予故憐其志，記其顛末，俾爲之徒者有考焉。是爲記。

以上輯自民國四年《昔陽縣志》

重修石佛禪寺記

太行之陽有峪曰"淮泉"，寺曰"石佛"，在贊皇縣西南一百餘里。西則吾樂平錦綉峰，北則古佛岩，東則臨城仙人山，南則障石岩，岡勢峻絶，峰巒秀拔，邈然不與村居廛相接，誠方外勝地也。

予每憶正德丙寅六月，自橫山道皋落，登嶂石岩。時岩之主僧曰月空，杖錫他所，其弟子者罔克紹其緒。適有緇衣一人，挈榼而至，自言楊其姓，大寶其名，指東北淮泉峪曰："距斯五里，鄙人隱迹於石佛寺有年矣。側聞旌斾苾止，山川有光，惟是焚修之所敝隘，不敢以勞從者。"予亦以使事期迫，未獲一往游爲歉。

甲戌六月，因考績北上，便道樂平。一日，僧大寶忽謁予，曰："曩歲瞻拜後，不覺九閱寒暑，幸資吾弟楊錦貴及諸檀越之力，鳩工聚材，剪芟蓄鑿，塗闢塏爽。新創佛殿四楹，門廡若干楹，金碧丹堊，輝赫掩映。又樹二巨碑於前，拜祝以時，禪誦有所，煥然成一偉觀。願乞名筆，用播永遠，敢頓首以請。"予以冗務未暇辭。

今年春，復請益力，又恐予以其承継者不足以當之，乃率其徒數人來，内指智華曰："山寺住持，惟此子是托。"予嘉其誠意懇至，義不可却，乃嘆曰："□□天下之事，創於其始者固難，成於其終者尤難。若金天氏之教，雅於吾道有所戾，姑就其中論之。其丕振宗風、開山起業者必其有奇資遠識，苦心積慮，然後能成，承之者亦必静願恂厚、能守清規之士，斯前人所貽者賴以弗墜，歷觀傳燈之録可見矣。"石佛之建肇於元至正間，百年以來藏修於此者代不乏人。第深岩叢莽中，不過結茅爲業，實未有基址軒豁、規制完美如今日之盛者也。然則大寶之用心可不謂勤乎？厥徒智華輩又恂恂謹篤，似能守釋氏之教者，兹寺之興其固不艾也哉！予偶有感於障石岩之事，故記此以告詔其後人，觀者幸勿以予爲不能辭而□闢之也。

積金峰玉皇閣記

大茅峰後、中峰前，相連長阿中有連石，故名爲積金山。正德辛未四月七日，予之官南都，道出丹陽，因遍歷茅山之勝。至所謂積金峰，見道士執香迎道左，跪而言曰："姓白名達，家山西之澤州，幼而遵善，服賈廣陵，恒持齋，感天地覆載之德、父母生成之恩未由以報，於是往避名山。若伏牛、武當、東岳諸山，少林、靈岩諸寺，俱嘗散財飯僧及施道法服，冀以資福。正德丙寅，有道士唐思義欲造積金山玉皇閣，工費弗繼，募緣揚州。達忻然許之，遂捐白金八百兩，廛市間聞而助者若干姓。營構玉皇閣一，三官殿一，真武殿一，山門及東西兩廊各十楹，以爲焚修祝釐之所。經始於庚午年三月，落成於甲戌年七月。兹幸值旆臨，山川增勝，願賜金石之文以永垂示。"予諾之，久未有以應也。

自後，兩謁予金陵，請益切。予爲之念曰：萬物本乎天，人本乎父母。世之爲商賈者，乘時射利，苟有所得，則侈福用，私妻子，往往皆是，能知報本者誠寡矣，達之志不亦可嘉矣乎？嘗聞之《圖經》："句曲山爲福地，爲洞天，兵火不能加，菑癘所不及，凡至忠至孝之人皆先受靈職，次爲列仙。"此言雖似不經，非儒者所取，然達乃能托迹是山，惓惓以報天地、父母恩德爲重，是以忠孝之念固性分之所不能自已者，其賢於人不既遠乎？

昔者巒嶂嵯峨之間，今則結構崇樓左右，盤虀像設，儀衛昭布，森列煥然，於名山增勝，概其用心之勤良有不可泯者。是書之以識月。若夫玉皇、三官之稱，則道家之流所襲，其名與義，未暇辯云。

按：白君丐太宰喬公文，將鳩工鑴石而白君已既世矣，遂久未立。予慨其或磨滅而白之志無有以成之，因刻而建之閣下，俾人知迹之所自云。嘉靖丙申四月吉日，江寧李曙謹識。

輯自清光緒二十四年《茅山志》

重修安隱寺碑記略

考《金陵志》，今之安隱講寺，即古之安隱院也。院在雨花臺後向南百餘步。《乾道志》："舊在蔣山後，久廢。宋紹興四年，郡人請額，置於斯，乃梅嶺岡也。"是知寺由院，爲古刹，非近代設。山水環抱，林木森鬱，層崖叠磴，旋上繞下，實奇勝之地。

永樂初，閩之福州有儒僧曰開俊者，少師姚公廣孝薦取來京，在斯院焚修，才行果富。由是太宗文皇帝優賚齋糧、金幣、鈔錠甚夥，悉皆蓄之，未嘗私費。正統改元丙辰，創建殿宇於安隱院之舊基。越己未十二月，上疏乞寺額，奉英宗睿皇帝旨："還與他安隱講寺。"行在禮部給札開俊住持。自開俊開山後，派傳至今住持惠成者，近九十載矣。又爲風雨侵凌，腐朽凋墜，命工革故鼎新，仍續置田地若干畝。肇工於正德己巳三月，畢工於庚辰十二月。

重修觀音閣記略

南都第一山曰鍾山，跨江南北諸山及江、漢諸水以獨鍾其秀，望之者，時若祥雲紫氣擁護旋繞，我太祖高皇帝陵廟在焉。

陵之東南有閣，曰觀音閣，正德庚午春罹鬱攸之變，太監蕭公通圖嗣興之。越五年甲戌，始克就緒。又明年，而閣成。

蕭公詣余言曰：“公知兹閣之始乎？我太宗文皇帝纘承大統，綏靖四方，追惟聖祖肇建丕基，祗謁陵廟，實興永慕。顧瞻山麓，有氣輪菌芬鬱，良久不散，異之。命工琢石肖形，構閣以紀其處，召方外之有戒行者，特虔焚修，以仰答聖祖在天之靈。意天人之格可以誠通，而橋山劍舄之所、瑞應禎祥之集又感通之所必有者，所以祝鴻釐，延景福，匪徒爲象教設也。”

方閣之災，公謀之諸同官，所助金總千有餘兩。筮日授事，厥既經營，庶工翕聚，殿堂門廡焕焉一新。都人士來觀，妥靈有舍，祈休有所，栖僧有廬，莫不忻然以喜，如履樂界、臨净土而心目爲之豁如也。

正德十六年辛巳。

以上輯自清葛寅亮《金陵梵刹志》

游淮泉寺記

予自正德丙寅六月游障石岩，有僧楊其姓，大寶其名，爲言“紙糊套石佛寺林壑之美”，欲一往游，未暇也。越九年，四月，予以公務過家，請作《石佛寺記》，邀予往游，又未暇也。

嘉靖甲申秋，予歸老林下，始得放情於山水之間。今年四月二十有二日，自浮山歷七艮、測魚諸峰，轉東而南，渡三交河，越野泉、橫嶺數村，乃至石佛寺，經宿凡四日，所登涉凡二百餘里，千岩萬壑，朝暉夕陰，風景變幻，奇怪百出，誠可謂勝游矣。寺枕山而設，東則臨城仙人山，南則障石岩，北則古佛岩，西引樂平錦繡峰。峰之麓懸崖數十尺，峭叠若浮圖狀，突於寺側。寺左右二石人峰又如執笏而立者，峙於天表。山之下有泉出焉，味甘而冽，曰“淮泉”，地名“淮泉峪”者是也。四面皆巒嶂環拱，中獨軒豁夷曠，禪宮、梵刹，丹碧輝映其間，所謂幽栖佳處者有以哉。

時大寶以老養静於嶂石岩，留其徒曰智華、華之徒曰能慧以住持此寺。予周覽既畢，淡然忘歸，因語華、慧曰：“汝知兹山之勝乎？支分太行，厥位面陽，秀鍾氣聚，獲爲方外净境者，良以淮泉繞其外。故爾建寺之初不以是名，而獨曰‘石佛’何居？且天下以‘石佛’名寺者，奚止千萬其數邪？宜改爲‘淮泉寺’，用弗溷於他所。”衆皆回應曰：“宜哉。”

暨數日，大寶复遣華、慧來謝，曰：“寺辱公改稱‘淮泉’，而嶂石岩爲比鄰鷲嶺，亦與有榮焉。願播之金石，俾此寺與此山此水永無崩泐之患，幸甚！”予嘉其知所向重，宜廣厥傳，遂不辭而爲之記，以見淮泉寺之定名實自予始。

輯自淮泉寺碑刻

新修夫子洞記

平定之西九里，山勢秀拔者曰冠山，元左丞吕公思誠書院舊址在焉。士有肄業者，恒僦居僧寺中。太守孫君朝用在庠時嘗讀書於此，每有興復之志而未遂，暨謝政歸，則書院已爲汪參政藻督州重修矣。君見而嘆曰：“兹山去郡學甚遠，諸士子終歲弗克盡釋奠之誠。匪設聖容，瞻拜朝夕，罔有慢愉，其何以勵學？”乃相書院南有巨石，高丈餘，廣倍之，中可劚鑿以垂永久，遂捐資，命工琢爲洞，肖夫子像，以顔子、曾子配。又叠石爲二洞，以備士類息偃、游藝之所，繚以垣墉，欲與書院相表裏。經始於嘉靖五年春二月，落成於冬十一月。君書來，屬宇記之。

或有聞而疑者曰：“夫子之道大如天地，然普天率土皆廟祀以王者之禮，其尊崇者至矣。今創洞以居，無乃非幾於褻乎？”予曰：“二氏之琳宮梵宇遍區内，金碧髹堊，窮極侈麗，至於深山岩洞之像設亦莫不然。觀者不以爲異，而兹以爲異耶？”或曰：“彼之術售幻以愚人，與吾道殊。泰山丘垤，皎日爁火，有目者自能知之，焉足以較等差哉？”予曰：“不然。宣聖之道貫古今如一日，雖不繫於洞之有無，但學者講誦於斯，食寢於斯，瞻其容，謁其位，所以親之也。親則情至，而摳趨對越之下，殆有默契，恍悟於羹墙、夢寐間者，上而道德、性命之懿亦由是以進，豈直科目之資而已乎？蒙之象曰‘養正聖功’，兑之象曰‘朋友講習’，是其感發興起之妙與親炙之者奚有間也？況禮以意起，因山之石以鑿洞，厥功亦不費。太守君取義於此，可謂探本於衆人之所未知，而用力於故典之所未備者，有裨於後學大矣！若曰徒取觀美而已，惡足以知太守之心哉？”疑者釋然而退，因書以爲記。

君名杰，登弘治庚戌進士，以知府致仕。自祖、考、弟、侄、子與孫歷五世，皆讀書於冠山書院，一門章逢之盛，吾州稱望族云。

輯自《文話冠山·冠山碑文選校》（中國文史出版社2015年版）

萬泉縣鑿井記

萬泉縣隸平陽，舊爲汾陰地，以萬泉名，雖因東谷多泉，實志水少也。城故無井，率積雨雪爲蓄水計，以罌瓶盎桶取汲他所，往返動數十里，擔負、載曳之難，百倍厥力。然民不告病而安之者，生於斯地有不獲不然爾。三原穆君伯寅以名御史出按山西，振舉憲度，究訪民瘼，所屬郡邑必親歷其處。嘉靖戊子夏四月，臨萬泉，憂水之乏，爰進父老諭之曰：“井固不可强鑿，然精誠則可感格於神。”乃檄稷山令賈憲往董其役，前期齋沐告祭，而後舉事。百姓荷畚鍤就工者，争趣劾勞罔敢後，不逾月而鑿井之一。民飲而喜曰："自創置縣治以來，有此城郭即有此人民，有此人民即掘此井，千百年中殆不知其幾掘也，而卒不可得。泉去此地甚遠，雖或有井，又皆七八十丈許。此井僅二三十丈而已，且清冽而甘，甲於他井，匪巡按君惠念我民，我曷以有今日？"無老稚婦女，無遠邇群黎，衆觀駭異，以爲神哉此事也，僉謂奇迹，不可不勒於石以永其傳。於是，邑令張鯨以告和順令鄒瓚獻卿請余記之。

余聞而嘆曰：天下之事安習故常、弗克振建者恒多。苟因民所利，利之至公無我，則一施爲間神人胥悦，必有默祐其成者。若耿恭之出泉、韓朝宗之息井患載於史策，歷歷可徵，信非偶獲而幸致之者也。《易》曰"水上有風，井。君子以勞民勸相"，《書》曰"至誠感神"。穆君此舉，協人情，宜土俗，蓋出於澤民濟物之誠，振古所未有之功，固其宜哉。自今而後，人將稱之曰："此穆公井也。"又將以井之清潔比其操履，及泉受福比其事業。是皆不可以不書，遂爲記。

輯自民國七年《萬泉縣志》

八臘廟記

平定舊有八臘廟，在州郭門之東，屋室垣墙歲久圮壞，弗稱揭虔意。大梁蔡侯重夫來守是郡，謁境內應祀之神，顧瞻而嘆曰："邦以民爲本，民以食爲天。蜡祭者重農祈穀之美制，可漠然視弗加念耶？是誠在我，不可以緩。"乃親往規畫庀工，鳩衆耆老尚義者董其役以司出納，凡百需給備，具罔有匱乏。閱數月而告成，爲正堂三楹，龕如其蜡數，左右廡凡六楹，拱以中門，繚以周垣，規制隆然而起，頓改舊觀。於是州之人士請余文記之。

嘗考諸載籍，伊耆氏始爲蜡。蜡有八，先嗇一也，司嗇二也，農三也，郵表畷四也，猫虎五也，河坊六也，水庸七也，昆蟲八也。蜡之祭也，主先嗇，大蜡之時索鬼神而以十二月合聚萬物，勞農以休息，年不順成則八蜡不通。先王立法，仁之至，義之盡，所謂“三時告勞，一日爲澤”者。歷秦漢唐宋以來，代有其祀，至皇朝尤崇是典，祀之京邑，祀之邦國，祀之郡縣，著爲令以式天下，報本追始之義大矣哉。但吏於土者往往靡知所重，以爲祭非所先者，謂之慢；以爲非所當祭者，謂之庸。慢與庸因仍相襲，其廟祀之廢也固宜。夫幽明一理，年數豐歉之祈，水旱札瘥之禱，禮樂具於此，休咎徵於彼，受斯民而牧之者其可忽諸？

　　蔡侯今兹之役非徒爲觀美以要譽者，亦非俾吾民諂事以干福禱罪，如他淫祀之爲者，蓋將推廣國家事神重農之本意以惠養黎元，其志不亦可嘉矣哉！然此特其善政之一耳，方來復有大焉者，尚當特書之。是爲記。

輯自清乾隆五十五年《平定州志》

陽曲縣題名記

　　陽曲爲山西省第一縣，巡撫臨之，藩郡隸之。令於此者朝夕經畫勤惕，罔敢懈，加以呼召迎送之繁、徭役供億之費旁午雜沓，殆無虛日，厥惟艱哉。必明斷以莅政，廉慎以持己，斯克舉其任矣。汝寧張侯景以進士知縣事，精敏剛潔，下車首問民疾苦，抑豪縱，搜蠹慝，聲價赫然。期年，政化大行，乃告於僚佐曰：“内外諸司官署例有題名，匪特識歲月、紀姓氏而已，蓋善善惡惡咸寓於斯。自洪武、永樂以來，前令凡若干人，悉漫漶無考，非缺典歟？”爰稽故牒，載名氏及里居，分年彙次而刻之於石，以爲來者勸。於是都御史陳君邦瑞寄書於予，願惠一言以記其顛末。

予因嘆朝廷設縣令，曰"親民之官"，實以導揚風化、撫字黎氓之寄責成之，厥職重矣。其中治迹彰聞、賢聲茂著者類各不同，大率以培士氣、興民行爲首務。是故書姓名，録籍址，詳其履歷之由，俾觀者循名而指其人曰："某與某也賢，未必皆出於進士也；某與某也否，未必皆出於舉貢也。"以賢爲勸，以否爲懲，瞻視對越之間有不感動而興起者乎？張侯此舉，其有裨於官箴、仕範也大矣。

侯屢膺薦剡，將有顯擢。他日嗣侯而至者，其必體侯之心，行侯之政，慎修乃職務，以第一流人物自期待以垂譽於無窮，則題名之舉庶幾爲無負也，豈但克堪繁劇，躡前人之芳躅而已哉？予故因記一邑，以告夫天下之爲令者。

輯自清康熙二十一年《陽曲縣志》

城隍廟鑄像記

祭法，以能禦灾捍患則祀之。今天下郡縣皆廟祀城隍之神者，非以其功在捍衛，故報之之典宜厚乎？樂平居萬山中，地勢隆然突出，巒嶂環拱，溪流回抱，建縣治於上。城隍廟於西北數十步，其神最靈，比他邑尤勝，蓋靈秀所鍾也。

廟始建於洪武初，至正統、成化間重加修飾，殿堂、門廡之制焕然維新，水旱厲疫，凡有所祈禱禳會者昭答如響。韓子曰："神之所依者惟人，人之所事者惟神。"惟神丕應，是以遠近之人趨向之。道人居會者自博野來，伏拜廟下，矢心曰："願托諸金以竭崇奉之禮，垂永裨勿壞。"遂募於衆。富者捐其資，貧者效其力，不數閱月，聚銅千斤，熔鑄爲像，高數尺，設於殿中，金光瑩然。觀者闐溢歡舞，神用顧欣。

於是從兄縣簿宣率鄉人宋本然董征宇文以記其成。或省之曰："神易木主，像以土木，既變於禮矣，今換金以質何居？"

道人曰：“吾賴城隍之佑以愈親疾，誓鑄像以報德，往歲在博野者一，今其二也。然不敢泛施，必靈異愛出者，斯足當之，終吾生以畢吾願而已，他又何知耶？”

予感其言，嘆曰：“有功一家一鄉者，禮尚施之，而況高城深池，有捍外衛内之功，於一鄉一邑所當祭者哉？仰惟我聖祖一統海内，大正祀典，城隍之神著於令甲，曰廟。郡邑與守令等幽明相對，展職惟均，故千百年所當崇祀，莫有改焉者。道人以堅定之忠，創爲弗朽之圖，不費於官，不勞於民，謁處妥靈，祭享如在，誠足以壯觀一方，所謂禮可以義起者，其近是乎？迹其所行，殆過於敬神者也。世固有不經之祀，爲其徒以崇其教者所鑄之像往往以千萬計，惟金三品，厥耗頗多，遍天下皆然，國法不以爲禁，愚氓不以爲非，乃獨於正神偶一爲之者屑屑致詰於其間，無乃明於此而暗於彼歟？”疑者釋然而退，因書以爲記。

重修壽聖寺記

壽聖寺在樂平西南一里，其來最遠，其境最明曠。蓋沾嶺之山自少山蜿蜒而來，迤邐繞寺之東，折北至城垣，岡形亘伏，地勢亢爽，松峰當其前，沾水抱其後，所謂南寺者是也。寺創於勝國前，洪武間僧會禧恩修建，始盛，歷歲久傾圮。正統戊午，緇流昌勝、昌廣重修正殿六楹、天王殿四楹、東西僧舍若干楹，先大父少保嘗記其事。越正德甲戌，祖能復構中殿六楹。嘉靖丁亥，僧祖慧構地藏殿亦六楹。祖鑒則自成化丁未以來，遞續經營，若殿堂、門廡、鐘樓、官廳之類，或因舊以爲新，或荒度以創造，庀事校程，心計手畫，像設丹繪，炳然頓異於前。兹寺下院在清風山孔家掌者，同曰壽聖寺，鑒實居之。舊迹元至正末毀於兵燹。其師僧會繼容、兄祖堅雖屢期興復，未就而卒。鑒慨然以身任其事，經禪之暇，百役并作，凡虛堂廣刹、修廊杰樓以至栖衆養老之室、庖湢帑庾之所皆莫不美於觀而便於事，後雖有能者無以加焉。維茲兩禪林之工既告厥成，其徒僧會續態來請爲記。

予因嘆其浮屠人爲其所難而輒有所成，吾徒見所當爲，從往畏縮、不敢舉者何哉？良以浮屠人特念甚堅，遇毀營建，必匡成而後已。其流輩方且爲之，先後輔翼以相助之，豈獨其才之異於人耶？今縉紳士夫欲有所興造，語未脫口，匪疑則謗，其能勇往其前、自信不惑者幾人？是何怪乎隳度者常多也。鑒有戒行，茹淡服粗，老而益禎，素爲同類所宗，又器識不凡，用是上承師志，下爲雲門子孫基業者罔有遺缺，可不謂之難矣乎？或者謂佛寺隆替非吾所當與，第樂成惡廢者人之恒心也，其韓昌黎所贈文暢師者亦何損於明教邪？因并存其說以詔來者，是爲記。

以上輯自明嘉靖二十七年《樂平縣志》

伯父處士伯母胡氏墓碣銘

顯祖工部侍郎公生伯父及先考郎中府君。伯父之卒已三十四年矣，宇每恨未及一見，復繼失怙恃，痛念骨肉淪喪，五內摧裂。嗚呼！宇於是時忍復銘吾伯父邪！

伯父諱鸞，字廷瑞，少有美質，倜儻剛決。先祖宦居京師，命先考就學，以家政委伯父，輒克辦，罔有稽誤。先祖喜曰："若克家，仲專乃業矣。"比居樂平，處已接物，愈益謹恪，經恒產，內外井井。性復勤儉，雖出自仕族，衣服、食飲常若庸衆人，膏粱繡綺、豪侈富汰之習若將浼其身者。然好施貸，值鄉間有貧者喪不舉者、婚娶不時給者，往往量力助之，無少吝，亦未嘗有矜色。思賢村伯姑氏貧且無子，歲給粟數石以爲常。內姨李氏老無所於歸，恒致之家，奉養勤至，或所衣敝，每爲更易，至蟣虱親以手捫之。尤尚意氣，邑里事無小大，有所析剖，咸中其情。賓禮酬接，無衆寡，無贏縮，款遇均一人，以是愛樂，皆願從之游。天順甲申三月十一日偶得疾卒，距其生宣德八年七月三日，年纔三十有二而已。

配榆關廣陽都胡氏。子二人，曰憲，曰宣。女二人，俱幼。伯母親治塋事，哀鞠諸孤，誓以承荷爲己任，百務俱給，見者稱如伯父時。時先祖聞而悲之，欲致之來躬撫育，伯母曰："敢不遵命？但世業非可他諉，終不敢墮遺訓，爲門閭羞。守身教子，死而後已。"越七年，竟以勤瘁遘疾終，爲成化辛卯五月二十一日，壽亦止四十，生先伯父一年，十一月一日也。伯兄憲方弱冠，未暇營卜兆，附葬橫山祖塋側。既長，痛二親早棄，弗克奉養送終，事又草率簡略，成化丁酉七月二十五日，遷葬縣東昔陽都喬家峪歡喜嶺之原。憲今授醫學訓科，宣授鳳陽盱眙縣巡檢。孫七，長永昌，國子生。女孫五。

弘治戊申，宇以母喪還樂平，既襄事，祭我伯父母之墓。伯兄告且泣曰："憲生無淑德，天酷薦極。今幸賴祖考之休，奠此玄宅，平生遺行弗爲白於世，何以詔我嗣人？且非子文以識，其誰宜爲者？"宇用是懼不敢以緩，乃爲銘曰：

壽夭通塞，物均受之。或虧或盈，中曷糾之？繄我伯父，德則多有。曰仁曰慈，曰孝與友。孰轗其□？孰折其鋒？式惟壯享，奄構閔□。內配之良，弗殄厥功。艱關憂恤，載積載豐。諸孤屛藐，既家既室。昊天永終，秉懷罔極。披茸履臚，卜兆爰吉。乃墍□□，揆之以日。伊誰貽謨，維伯子都。仍雲繩蟄，廉則有餘。銘文樹石，千祀弗渝。

輯自山西省昔陽縣政協文史委編《昔陽碑碣》

都察院右都御史太子太保謚莊襄俞公諫墓志

嘉靖壬午，聖天子御極，勵精求治，思用耆舊，於是臺臣以致仕右都御史俞公薦，遂起於家，使督漕運兼巡撫鳳陽等處。癸未秋，召入掌院事兼侍經筵，助耕籍田。甲申五月二十一日，以疾卒。訃聞，天子震悼，遣官諭祭及營葬事，敕有司具舟載其喪歸，贈太子太保，謚「莊襄」。然在朝士大夫以公之賢不究於用，尤嘆惜焉。

公浙之桐廬人也，自幼穎異，讀書過目輒成誦。十年，游遂庵楊公之門，亟許之。嘗入太湖山讀書，不足至城市者三年，淹貫經史，學者翕然稱之。弘治庚戌登進士，觀政工曹，奉命修江西王墳，諸饋無所入。及授長清令，值旱饑，公至輒跣足走禱，且賑濟其不能存者，每歲春給牛、種勸之耕。公暇則會諸生，講析經義，懇懇不倦。部使者屢上其治狀。戊午赴召，民立石塑像以祠。隨拜南京江西道監察御史。同僚有匿親喪者，公劾罷其官。辛酉，奉敕清西蜀戎籍，廉明不苟，積弊盡革。其後御史因其法，不敢變，至為師善，碑以紀之。乙丑，擢河南按察司僉事。雪花崖賊呂梅等作亂，公率兵破之，擒梅以還，俘其黨數千人。是冬，丁母夫人憂。正德三年服闋，復除山西按察司僉事。逆瑾方擅威福，間出內批，遣寺丞往邊境諸郡取兵為它用。公慮其意不可測，往白巡撫大臣，寢其事。瑾大怒，方欲中公以法，不果。己巳，擢江西布政司參議。袁州有富民構訟，累年不能決。公閱案良久，曰：「吾得之矣。」即坐其為首者一人於獄，訟遂息。既而大帽山賊鍾仕高作亂，公復率兵討平之。民感其德，為立碑焉。功既上，擢廣東按察司副使，中道召為大理寺右少卿，已而轉左。是歲，江南治水乏人，朝廷以為憂，公卿僉薦公才可任，遂以公為都察院右僉都御史，總水利於蘇杭。公作歌諭民，築圩塘以扦水，民享其利。眾議方急開白茅港，公謂港近海沙，隨潮下上，徒勞民力耳，上疏罷其役。未幾，山東賊劉七等來江上為患，擢公南京都察院右副都御史，奉敕專理操江，賊竟就擒。癸酉，江西有司奏桃源賊王浩八率五洞兵劫掠州郡，勢甚猖獗，上敕公往督軍務。公選將運籌，靡間晝夜，征凡九，皆大捷，遂蕩平其巢穴。以功進右都御史，賞賚白金、表裏，詔公復撫其地。建昌賊曰徐九齡者，爲患尤劇，積三十年官軍不能討，公復命師盡擒以還。上大喜，手詔褒奬，加俸一級。時宸濠方蓄異志，以得上賜，欲撫臣以下朝服賀。公不可，又去其左右爲惡者。濠怨公甚，屢欲殺公，幸得免。公以疾乞休，乃内賄閹權以奪其官。既歸，杜門不出者六年。又召起督漕運兼巡撫，清冤獄，黜貪吏，所至肅然。漕政壞，公思減推挽之費，疏清三分而所其一，上下稱便。寶應湖水蕩齧堤岸，公命值茭蒲其側，蜿蜒如龍然，水患以平，今所謂青龍港者是也。會歲凶，又發粟賑濟，全活者衆。河南賊王堂等往來寇淮西諸縣，公下車未浹月即平其亂。有司誣良民爲盜者，公審釋之，皆感泣而去。入治院事，守法詳刑，明察嚴厲，諸御史咸敬服。

公性孝友，嘗宿他所，忽心動，比明，有訛傳其父郿陽公没。公號慟，即走數千里外，至九江，舟適相值郿陽公，尚卧病舟中，父子相見，悲喜交集。及卒，扶柩歸葬，復廬墓側，哀毀幾不能生。居母喪亦如之。公居官受敕凡二十八道，有衣服、飛魚之賜。年七十病卒，時諄諄夢中語皆朝廷天下事也。卜葬於孝泉鄉黃泥凸之麓。

　　　　　　　輯自明焦竑編《國朝獻徵録》